Vilhelm Moberg

In der Neuen Welt

Eine schwedische Chronik

Roman Band 2

Vilhelm Moberg

In der Neuen Welt

Eine schwedische Chronik

Roman Band 2

Aus dem Schwedischen von Dietrich Lutze

Titel der Originalausgabe

›Invandrarna‹

Büchergilde Gutenberg

Frankfurt am Main Olten Wien

1982

Die Originalausgabe erschien bei Albert Bronniers Förlag AB, Stockholm. Deutsche Rechte bei Ullstein Verlag GmbH – Propyläen Verlag, Berlin. Autorisierte Übersetzung aus dem Schwedischen von Dietrich Lutze. Dieser Band erschien im Herbst 1954 unter dem Titel ›Neue Heimat in fernem Land‹ im Propyläen-Verlag, Berlin. Ausstattung Juergen Seuss, Niddatal bei Frankfurt am Main. Satz Dörlemann-Satz, Lemförde. Schrift Garamond Lichtsatz-System (Digiset 200 T2). Druck Paul Robert Wilk, Seulberg/Friedrichsdorf. Bindearbeiten Großbuchbinderei Monheim (R. Oldenbourg), Monheim. Printed in Germany 1982. ISBN 3 7632 2725 3

Inhaltsverzeichnis

Wie über den Winter kommen?

Das Land, das sie aufnahm

In der Mitte des 19. Jahrhunderts hatten die Vereinigten Staaten von Nordamerika nahezu die Grenzen erreicht, innerhalb deren sie zum mächtigsten Reich der Erde werden sollten.
In den vierziger Jahren des vorigen Jahrhunderts hatte sich ihr Landgebiet um mehr als ein Drittel vergrößert. Im Jahre 1845 schloß sich Texas der Union an, durch ein Abkommen mit England im gleichen Jahre wurde Oregon erworben, und im Frieden mit Mexiko im Jahre 1848 kamen Kalifornien, Nevada, Arizona, Utah, New Mexico sowie Teile der jetzigen Staaten Colorado und Wyoming an die Union. Im Jahre 1853 endlich wurden von Mexiko die Grenzgebiete käuflich erworben, die seitdem zu Arizona und New Mexico gehören.
Zu dieser Zeit bestand die Nordamerikanische Republik aus einunddreißig Staaten und acht Territorien, die sich über ein Landgebiet von etwa acht Millionen Quadratkilometer oder über mehr als vier Fünftel von Europa erstreckten.
Vor hundert Jahren war jedoch der größte Teil der Neuen Welt noch ein menschenleeres Land. Dort lagen die vielen Millionen Hektar tiefer und fruchtbarer Schwarzerde, die sich unbebaut und unangetastet unter dem wilden Gras der Prärien verbarg. In Wäldern, die so ausgedehnt waren wie in Europa Königreiche, war noch nie ein Baum von Menschenhand gefällt worden; die Stämme brachen unter Stürmen oder verfaulten auf ihren Wurzeln. Die Seen des Landes breiteten sich weit wie Binnenmeere aus, und in dem klaren Wasser seiner vielen Flüsse und Ströme hatten sich noch keine anderen Fahrzeuge gespiegelt als die Kanus der Indianer und die am Himmel dahinziehenden Wolken. Dieser Boden sollte dem ersten zufallen, der ihn zu beackern kam. Noch war er nicht gekommen.
Es hatte aber eine Entwicklung begonnen, die dieses Land völlig

verwandeln sollte. Bereits in den zwanziger Jahren des 19. Jahrhunderts hatten sich die ersten gußeisernen Pflugscharen durch die Erde der Neuen Welt hindurchgegraben, und im Jahre 1828 wurde in dem neuen Erdteil der erste Nagel in die erste Schienenschwelle geschlagen. Im Jahre 1831 erfand Mr. McCormick aus Virginia eine Maschine, die Gras mähen konnte, und schon 1850 waren in der Union dreihundertvierundfünfzig Patente für landwirtschaftliche Maschinen angemeldet worden. Und 1841 trat ein Ereignis von größter Bedeutung ein: Da nahm die Regierung der Nordamerikanischen Republik das Gesetz – preemption law *– an, das jedem Siedler in der Union das Vorkaufsrecht auf hundertsechzig Acres unbebauten Bodens gewährte. Im Anschluß daran stiegen die Ernten stark an. Bereits im Jahre 1848 betrug die Getreideernte der Union achthundertfünfzig Millionen Bushels und war damit doppelt so groß wie die Frankreichs und Österreichs zusammen, während sich die Bevölkerungszahl der Republik auf weniger als zwei Drittel derjenigen in diesen Ländern belief.*

Doch hatte die Pflugschar vor hundert Jahren die fruchtbarste Schwarzerde der Neuen Welt noch nicht erreicht: Die lag weit im Nordwesten, in den Gebieten um den oberen Mississippi. Erst im Jahre 1849 wurde das Territorium Minnesota organisiert, und durch das Abkommen des Jahres 1851 mit den Siouxindianern – the Sioux Treaties of Traverse des Sioux and Mendota *– wurden zwanzig Millionen Acres jungfräulichen Landes für Urbarmachung, Bebauung und Besiedlung erschlossen. In diesem Gebiet, das im Jahre 1857 als Staat in die Union aufgenommen wurde, befindet sich ein großer Teil des fruchtbarsten Ackerbodens Nordamerikas.*

So war die Wildmark erschlossen und war bereit, ihre Bebauer aufzunehmen. Und zu dieser Zeit geht in gedruckter Form von Minnesota ein Ruf und eine Mahnung mit geradezu biblischem Klang aus: ›Kommet her zu mir alle, die ihr hungert und frieret, und ich werde euch ernähren und kleiden und erquicken.‹

Die Neue Welt hatte Boden von unendlicher Weite, doch fehlten ihr Menschen. Die Alte Welt war mit Menschen überfüllt, denen der Boden fehlte. Amerika besaß, was Europa brauchte, und Eu-

ropa, was Amerika brauchte, und als eine Folge hiervon kam es zu der größten Völkerwanderung der Weltgeschichte.
Die Leere in der Neuen Welt, die durch die Abwesenheit des Menschen entstanden war, begann sich in der Mitte des 19. Jahrhunderts mit Menschen aus der Alten zu füllen. Die Scharen der Einwanderer wuchsen mit jedem Jahr. Etwa eine halbe Million Menschen kamen jährlich über den Atlantik nach Nordamerika. Die Sterblichkeit an Bord der Schiffe war groß und wird auf durchschnittlich ein Zehntel der Passagiere veranschlagt. Könnte man an jeder Stelle im Wasser des Atlantischen Ozeans, wo von einem Auswandererschiff ein menschlicher Leichnam hinabgesenkt wurde, ein Kreuz errichten, dann wäre der Schiffahrtsweg von Europa nach Nordamerika heute so dicht markiert, daß er als der größte Friedhof der Welt erschiene.
Es war der Zug der Millionen über das Weltmeer, der die Vereinigten Staaten von Nordamerika verwandeln sollte.
Die Menschen aus der Alten Welt stiegen in verschiedenen Häfen an Land. Für etwa zwei Drittel der Teilnehmer an der Völkerwanderung war New York Landeplatz und Tor zur Neuen Welt.

Auf der Suche nach neuen Wohnstätten

Ein Schiff löscht seine lebende Fracht

1

Auf der langgestreckten Insel Manhattan im Hudson war die größte Stadt von Nordamerika entstanden und bereits von einer halben Million Menschen bewohnt. Wie ein gewaltiges Flußpferd, das unbeweglich in seinem Element ruhte, breitete sich Manhattan im Wasser aus und teilte den Hudson in zwei Arme. Seinen Kopf hatte das Flußpferd dem Atlantik zugedreht, und hinter seinem gewaltigen Maul befanden sich die Kaianlagen des östlichen Flußarmes, wo die Schiffe mit den Einwanderern aus der Alten Welt festmachten.

Am 23. Juni 1850 traf die Brigg ›*Charlotta*‹ aus Karlshamn unter dem Kapitän Lorentz mit siebzig Passagieren – fast nur Bauern und ihren Familien –, die aus Schweden ausgewandert waren, im Hafen von New York ein. Die ›*Charlotta*‹, die sich durch Gegenwind um mehrere Wochen verspätet hatte, beendete damit ihre siebente Reise nach Amerika als Auswandererschiff. Die Brigg legte am East-River-Kai zwischen einer hohen, wie eine Kiste aussehenden englischen Bark und einem schwer mit Eisen beladenen norwegischen Schoner an. Außer seiner Zwischendecksladung, die aus Menschen bestand, hatte das Schiff Gußeisen und Stückgut an Bord.

Das erste, was Kapitän Lorentz auf amerikanischem Boden zu tun hatte, war das Umwechseln des Geldes der Einwanderer. Am letzten Tage der Reise hatte er die Barmittel seiner Passagiere eingesammelt, und mit diesem Geld, das er in einem kleinen Lederbeutel hatte, ging er zu einer Bank in der Wall Street und tauschte schwedische Bankoreichstaler und Schillinge gegen amerikanische Dollars und Cents ein. Er ließ sich keine Noten geben, sondern nur Gold- und Silbermünzen; von einer amerikanischen Banknote wußte man nichts Sicheres, außer daß sie im Umlauf nie soviel wert war, wie auf ihr stand.

Von der starken Hitze in der Stadt schnaufend, kehrte er zu seinem Schiff zurück. Kapitän Lorentz hatte New York zu allen Jahreszeiten angelaufen und kannte alle Witterungsverhältnisse in Nordamerika, und er konnte sie alle nicht leiden, besonders nicht diese sommerliche Hitze, die ihm zuwider war. Hier im Hafen merkte man ein bißchen von den Winden vom Atlantik, doch unter dem Deck der *›Charlotta‹* war die Luft unerträglich stickig. In dieser Jahreszeit bei Manhattan zu liegen, war seine scheußlichste Pflicht als Schiffsbefehlshaber.

Unten in seiner kleinen Kajüte nahm der Kapitän sich die Liste der Passagiere vor, auf der er neben jedem Namen den Betrag vermerkt hatte, den ihm jeder anvertraut hatte. Nun mußte er ausrechnen, wieviel die Passagiere in amerikanischem Gelde zurückzubekommen hatten. Das war eine unangenehme Beschäftigung, eine Arbeit für Ladengehilfen. Er war kein Rechner, er war Seemann, aber der Befehlshaber eines Auswandererschiffes mußte auch Schreiber und Wechsler sein: Er mußte für seine Passagiere sorgen wie ein Vater für seine Kinder und aufpassen, daß sie nicht betrogen oder beraubt wurden.

Und da er nun diese schwedischen Bauern über den Ozean von einem Erdteil zu einem anderen gebracht hatte, fühlte er auch eine so große Verantwortung für sie, daß er sie beim Anlandgehen nicht sich selbst überließ. Kaum hatte sein Schiff am Kai festgemacht, als auch schon alle, die von der Einfalt und Unerfahrenheit der Auswanderer lebten, sich wie gefräßige Hunde beim Schlachten am Laufsteg drängten. Diese *runners* und *grafters* und *brokers*, und wie sie sonst noch in der Landessprache hießen, paßten im Hafen auf jedes neue Schiff auf: Agenten betrügerischer Frachtkompanien und berüchtigter Auswandererhäuser und -quartiere, gutgenährte Kerls mit kleinen runden Schirmmützen auf dem Kopf, faule Fettwänste, die sich vor jeder ehrlichen Arbeit drückten. Ihm wurde übel, wenn er sie sah. Er stellte am Laufsteg immer bewaffnete Wachen auf, um sie von seinem Schiff fernzuhalten, denn sie

stahlen alles, was ihnen in die Hände fiel, wenn sie an Bord kamen, und wenn es ein rostiger Nagel oder ein loses Brett war. Die Gauner gehörten allen möglichen Völkern an und plünderten am liebsten ihre eigenen Landsleute: Wer betrügen wollte, mußte Vertrauen erwecken, und wer die Muttersprache des Ankömmlings sprach, erweckte sein Vertrauen. Alle europäischen Nationen betrogen und begaunerten und beraubten sich hier am Strande Amerikas untereinander nach bestem Können: Engländer nahmen sich Engländer vor, Iren widmeten sich Iren, und Deutsche suchten sich Deutsche als Beute, während derweilen gebürtige Amerikaner Einwanderer aus allen Ländern ohne Ansehen der Nation plünderten: Man mochte von den Amerikanern sagen, was man wollte, aber sie huldigten der Gleichheit und machten zwischen den Menschen keinen Unterschied.
Die New-Yorker Behörden waren zu lasch; mit den Verhältnissen nicht vertraute und gutgläubige Ankömmlinge genossen keinen Schutz gegen die Bestien, die ihnen beim Anlandgehen auflauerten.*
Das Papier klebte Kapitän Lorentz an den schuppigen Seemannsfäusten, die schweißnaß waren. Bei der Hitze fiel ihm die Denkarbeit schwer, und er kam mit den Zahlen durcheinander, als er Reichstaler in Dollars verwandelte. Heute wollte er sein Abendbrot in Castle Garden essen und kaltes, im Keller gekühltes Bier trinken; das Wirtshaus lag bequem und war das beste, das ihm in New York bekannt war. Auch in Castle Garden war das Essen nicht allzu schmackhaft; für die reichen Krämer und Schweinemäster aus der Stadt, die sich in dem Wirtshaus zu versammeln pflegten, mochte es noch gehen, aber wer nach Bordeaux, Marseille und Barcelona gesegelt war, hatte von einer guten Kost seine eigenen Vorstellungen. Die Amerikaner hatten so kurze Zeit in ihrem Lande gewohnt, daß sie noch nicht dazu gekommen waren, zu lernen, wie man sein Essen zubereitet. Sie hatten soviel anderes, was sie

* Erst im Jahre 1855 wurde in Castle Garden eine offizielle Empfangsstation für Einwanderer eingerichtet.

in Anspruch nahm. So bauten sie zum Beispiel besonders gern Kirchen. Davon sollte es allein in dieser Stadt einhundertundfünfzehn geben. Und in einem Buch eines berühmten Franzosen hatte Kapitän Lorentz einmal gelesen: Die Franzosen hätten hundert verschiedene Soßen, aber nur eine Religion, während die Amerikaner hundert verschiedene Religionen, aber nur eine Soße hätten. Kapitän Lorentz war diese Soße bisher leider noch nicht zu Gesicht gekommen.

Der Kapitän der ›*Charlotta*‹ konnte sich mit den Sitten und Gebräuchen, die ihm in Nordamerika begegnet waren, nicht anfreunden. Hier bildeten die vielen Völker ein einziges Durcheinander, und Stand und Stellung der Menschen waren so vermengt, daß man kaum zwischen Vornehmen und einfachen Leuten unterscheiden konnte. Menschen niedrigen Standes waren wie ausgewechselt, sobald sie hier an Land gegangen waren, und kamen sich gleich genau so vor wie Personen von hoher Herkunft und Stellung. Jeder Lümmel von Knecht und jede dumme Göre von Magd wurde dreist und ungehorsam und frech, und es war vorgekommen, daß tüchtige Leute seiner Besatzung unverschämt und aufsässig geworden waren und den Heuervertrag gebrochen hatten und ganz frech in Amerika geblieben waren. Hier wurde der Gehorsam gegenüber der Obrigkeit und den Dienstherren zerstört; auf diese Weise wurde das Gesinde in Amerika verdorben. Und hier fühlten sich alle wohl, die sich beim Essen das ganze Gesicht mit Schweinefett beschmierten, alle, die sich nach den Mahlzeiten nicht das Maul wischten.

Der Befehlshaber der ›*Charlotta*‹ rechnete und schrieb Zahlen, und der Schweiß tropfte ihm vom Gesicht aufs Papier. Bei jedem Passagier zog er die Landungsgebühr, zweieinhalb Dollar, ab, die jeder Kapitän gleich bei der Ankunft an den Stadtkämmerer in New York zu entrichten hatte. Das waren nicht weniger als sechs Bankoreichstaler und zwölf Schilling, die er von jedem einzelnen dieser armen Schlucker hier erheben mußte, die ihre paar Groschen wahrhaftig brauchten. Diese Beträge gingen jedoch an die New-Yorker Armenkasse, die sie auch brauchte: Hier gingen Tausende von mittellosen armen Teufeln an Land, die im Hafen bleiben mußten, bis man sich ihrer annahm. Europa leerte seine Armenhäuser und warf deren Insassen nach Amerika hinüber. Wie lange sollten die Amerikaner ohne zu murren die unversorgten Menschen aus dem alten Erdteil aufnehmen?

Mit dieser Fahrt hatte Kapitän Lorentz schon etwa fünfhundert Einwohner Schwedens auf seinem Schiff nach Nordamerika befördert. Er hatte eine ganze kleine Stadt auf seinem Segler über das Weltmeer geschafft. Welches der beiden Länder mußte der ›*Charlotta*‹ und ihrem Befehlshaber dafür dankbar sein – das Königreich Schweden oder die Nordamerikanische Republik? Schweden wurde seine religiösen Schwärmer und andere wunderliche und den Frieden störende Mitbürger los, aber das Land verlor auch eine große Menge von nützlichen und arbeitsfähigen Menschen. Die Menschenfracht der ›*Charlotta*‹ hatte bei jeder Überfahrt zu neun Zehnteln aus fleißigen Landleuten bestanden. Die Faulenzer und Taugenichtse, Ausreißer und Betrüger kamen meistens aus andern Ländern, auf anderen Schiffen. Hier versuchten die unternehmungslustigsten Männer Europas herzukommen: Es gab genug Einwanderer, die gleich bei der Ankunft in New York einen Koffer mit Revolvern vollpackten und anschließend nach Westen fuhren, um sich einen neuen Lebensunterhalt zu suchen.

Die Herren von der Einwanderungsbehörde, die sein Schiff bei der Ankunft untersuchten, pflegten zu sagen: Die Regierung der Nordamerikanischen Republik wünscht, daß gesunde, arbeitsame und gesittete Personen einwandern. Doch niemand hinderte die kranken, faulen und ungesitteten Menschen daran, an Land zu gehen, wenn sie auf ihren Beinen laufen konnten; nur bei Schwerkranken wurde vom Kapitän eine Sicherheit gefordert. Was die lebende Zwischendecksfracht anbetraf, die die ›*Charlotta*‹ diesmal an Bord hatte, so war diese nach zehn Wochen auf dem Meer und nach schweren Stürmen durch Seekrankheit und Skorbut stark angeschlagen

und mitgenommen. In der ersten Zeit in Amerika würden viele seiner Passagiere weder zur Arbeit noch zu unsittlichem Lebenswandel imstande sein.
Als Kapitän Lorentz aber diesmal in den Hafen kam, hatten die städtischen Behörden ein neues Plakat angebracht: Jeder Schiffsbefehlshaber, der Einwanderer mitbrachte, war verpflichtet, die Passagiere nach der Landung des Schiffes drei Tage lang an Bord zu behalten.
Auf der ›*Charlotta*‹ hatte man bereits den Laufsteg ausgelegt, als die Passagiere, die an Land gegangen waren, wieder an Bord gerufen wurden. Dann kam der Gesundheitsoffizier, und nach dessen erster Frage wußte er, was los war: Waren auf dem Schiff Fälle von Cholera vorgekommen?
New York war wieder von der Cholerafurcht gepackt worden. Im vorigen Sommer hatte die Krankheit die Einwohner aus der Stadt gescheucht, und in diesem Jahre war sie zusammen mit der großen Hitze wiedergekehrt. Die Behörden glaubten, daß die Cholera von den Auswandererschiffen aus der Alten Welt mitgebracht worden sei, und nun sollte jedes Schiff, das von einem fremden Ort kam, genau von Gesundheitsoffizieren untersucht werden, bevor die an Bord Befindlichen amerikanischen Boden betreten durften.
Namen, die auf der Passagierliste der ›*Charlotta*‹ gestrichen waren, zeigten dem Schiffsinspektor, daß auf der Überfahrt die Leichen von acht Personen ins Meer gesenkt worden waren, doch der Befehlshaber konnte mit ruhigem Gewissen versichern, daß niemand von ihnen an Cholera gestorben war. Er hatte diese Pest des Ostens einmal auf seinem Schiff gehabt und kannte die Anzeichen der Krankheit gut: Heftiger Durchfall, noch heftigeres Erbrechen und ein Durst, als hätte man einen Feuerbrand im Halse. Diese Anzeichen hatten sich jedoch auf dieser Reise bei keinem seiner Passagiere bemerkbar gemacht. Und der Gesundheitsoffizier sah sich diejenigen, die noch krank waren, selbst an und vergewisserte sich, daß die schwedische Brigg nicht die Cholera nach New York mitbrachte. Er berichtete aber von einem englischen Schiff,

›*Isaac Webb*‹ aus Liverpool, das an demselben Tage angekommen war wie das schwedische – auf diesem Schiff hatte die Pest des Ostens so schrecklich gewütet, daß siebenundsiebzig der Passagiere in der Tiefe des Ozeans begraben worden waren. Und Kapitän Lorentz wußte: Die schwierigste und ungesundeste Ladung, die ein Schiffsbefehlshaber bekommen konnte, waren Menschen. Er hatte auch viel Ungelegenheiten und schwere Mühe, als er die Ladung loswerden wollte. Er war jetzt doch noch gezwungen, die Menschen im Hafen weitere drei Tage an Bord zu behalten, und sie, die in der Hitze unten in dem engen Zwischendecksraum lagen, dankten es ihm nicht. Glücklicherweise erholten sich alle Kranken wie jedesmal ganz plötzlich, als sie an Land kommen sollten: Auch die Schwächsten versuchten, in bestem Lichte zu erscheinen. Nur ein Passagier machte ihm Kopfzerbrechen und Sorgen, eine fünfundsechzigjährige Bäuerin aus Öland. Er hatte erwartet, daß sie sterben würde, und er hatte vor kurzem auf der Passagierliste bei ihrem Namen, Fina-Kajsa Andersdotter, ein Zeichen – so ähnlich wie ein Kreuz – gemacht. Sie war auf der Nordsee, wo er ihren Mann beigesetzt hatte, Witwe geworden. Die alte Frau war so schwer von Skorbut befallen, daß niemand glaubte, sie werde das überstehen. Wenn sie nun vom Schiff ins Krankenhaus gebracht werden mußte, hatte der Befehlshaber der ›*Charlotta*‹ für sie eine Sicherheit von dreihundert Dollar an den New-Yorker Bürgermeister zu bezahlen. Warum mußte sich eine Bauersfrau in diesem Alter auf den Atlantik hinausbegeben? Die Reederei konnte doch für einen alten verbrauchten Körper wie den der Alten nicht dreihundert Dollar aufwenden! Eine Art, um die Bürgschaft herumzukommen, war vielleicht, sie auf dem Schiff liegen zu lassen, während er die übrige Ladung, das Eisen und das Stückgut, löschte. Da würde es mit der Alten inzwischen vielleicht zu Ende gehen. Und wenn sie erst einmal tot war, würde der Gesundheitsoffizier kommen und die Leiche holen, und er brauchte sich nicht einmal um die Beisetzung zu kümmern. Es war immer leichter, die tote Fracht loszuwerden als die lebende.

Die Passagiere kamen, um ihr gewechseltes Geld abzuholen. Ein kräftiger hochgewachsener jüngerer Mann stieß sich den Kopf an der niedrigen Decke der Kajüte, als er die Treppe herunterkam, und der Kapitän sagte: »Nimm deinen Kopf in acht! Den wirst du in Amerika noch brauchen!«

Aus dem Gesicht des Mannes ragte eine ungewöhnlich große und dicke Nase heraus. Lorentz brauchte nicht nach seinem Namen zu fragen. Diesen Bauern erkannte er wieder: Eines Nachts auf der Reise – in einer der schwersten Sturmnächte – hatte er bei der Frau dieses Mannes eine Blutung gestillt. Der Mann hatte ihm auch gedankt und offen gesagt, daß der Kapitän der ›*Charlotta*‹ ihr das Leben gerettet habe.

Karl Oskar Nilsson. Eingezahlt fünfhundertundfünfzehn Reichstaler banko.

Da man für einen Dollar zweieinhalb Bankoreichstaler bezahlen mußte, waren es zweihundertsechs Dollar, wovon die Wechselgebühr und die Landegebühr für Mann, Frau, Bruder und drei Kinder abgingen.

»Du hast die Landung für sechs Personen zu bezahlen: siebenunddreißig und einen halben Reichstaler.«

»Ist das das Eintrittsgeld in Amerika?«

»Man kann es so bezeichnen.«

Lorentz rechnete und zog ab: *Bleibt zu zahlen: einhundertsiebenundachtzig Dollar.* Er zählte dem jungen Bauern die Summe in Zwanzig-, Zehn- und Eindollarstücken in Gold und Silber auf. Der zählte anschließend langsam und sorgfältig selbst das Geld nach. Dann steckte er die Münzen eine nach der anderen in einen selbstgenähten Gürtel aus Schafleder, den er unmittelbar auf dem Leibe trug; der Kapitän warf einen zustimmenden Blick auf den sicheren Aufbewahrungsort. Der Bauer mit der großen Nase hatte sein Geld bekommen, blieb aber noch stehen.

»Glaubst du, daß du beim Wechseln übers Ohr gehauen worden bist?«

»Nein. Bestimmt nicht. Ich möchte aber den Herrn Kapitän nach etwas fragen ...«

»Na, was hast du?«

Karl Oskar Nilsson fuhr fort: Sie seien fünfzehn Personen, acht Erwachsene und sieben Kinder, aus demselben Kirchspiel in Småland, die auf dem Schiff zusammen hierher gefahren seien. Sie hätten sich ja auf der Reise verspätet, es sei bereits weit im Sommer, und sie wollten natürlich so ankommen, daß sie es noch schafften, sich rechtzeitig vor Eintritt des Winters Land auszusuchen, am liebsten so früh, daß sie noch dazu kamen, in diesem Jahre etwas zu säen und in die Erde zu bringen. Sie alle aus Ljuder wollten nach Minnesota. Dort sollte es für jemand, der nur wenig Geld zum Kaufen habe, guten Boden für einen günstigen Preis geben. Nun wollten sie die Reise ungehindert und so bald wie möglich fortsetzen. Ob der Kapitän wohl so nett sein wolle, ihnen zum raschen Weiterkommen landeinwärts behilflich zu sein?

»Wollt ihr zu einem bestimmten Ort?«

»Ja, hier ist der Name.«

Aus einem Geldbeutel holte Karl Oskar einen verschmutzten und abgegriffenen Zettel mit einer in vier Zeilen hingeschriebenen Anschrift hervor – der Zettel war von einem Brief abgerissen:

Mister Anders Månsson
Taylors Falls Påst Offis
Minnesota Teritory, North-America.

»Von wem hast du die Adresse?« fragte der Kapitän.

»Von einer alten Frau hier auf dem Schiff. Månsson ist ihr Sohn. Sie will zu ihm fahren, und wir alle fahren mit. Denn da, wo der Sohn wohnt, soll gutes Land sein.«

»Hast du Vertrauen zu der Frau? Wie heißt sie?«

»Fina-Kajsa. Sie ist von Öland. Ihr Mann starb beim ersten Sturm.«

Kapitän Lorentz hob schnell den Kopf: »Die alte Frau, die so schwerkrank ist?«

»Sie hat sich jetzt wieder erholt, sagt sie. Es geht ihr so gut, daß sie mit uns anderen mitfahren kann.«
»Da nimmst du also die alte Frau in deine Gruppe auf und übernimmst die Verantwortung für sie?«
»Ja. Sie hat selbst Geld für die Reise. Wir wollen uns ihrer so gut annehmen wie wir können. Wenn wir ankommen, dann wird uns ihr Sohn schon helfen, daß wir Land bekommen.«
Das Gesicht des Kapitäns hatte sich plötzlich erhellt: Das war nicht das erstemal, daß die Vorsehung ihm im richtigen Augenblick aus einer mißlichen Lage half. Nun hatte die Vorsehung also diesen Bauern zu ihrem Werkzeug ausersehen, um ihn aus der Verlegenheit mit Fina-Kajsa Andersdotter zu befreien und der Reederei dreihundert Dollar zu ersparen.
Er gab Karl Oskar den wichtigen Zettel zurück: »Es ist aber ein langer Weg nach dem Territorium Minnesota. Etwa fünfzehnhundert englische Meilen.«
»So . . . so . . . weit?«
Karl Oskars Gesicht wurde länger, und er kratzte sich in seinem ungepflegten Haar, das – hellgelb wie Gerstenstroh – auf der Fahrt von Schweden lang geworden war.
»Das sind natürlich nur zweihundertfünfzig schwedische Meilen«, beeilte sich Kapitän Lorentz plötzlich hinzuzufügen.
Er wollte dem Bauern nicht vor der langen Reise Angst machen, sondern ihn im Gegenteil bestärken in seinem Beschluß, sie zu unternehmen: Er rate Bauern, die er herüberbefördert habe, immer, sich ihre Wohnstätte so weit nach Amerika hinein zu suchen, wie sie kommen könnten. Er fuhr fort: Je weiter sie nach Westen kämen, um so besser sei der Boden, um so ausgedehnter seien die Landgebiete, wo sie sich Boden aussuchen könnten. Den größten Teil der Strecke könnten sie mit Dampfschiffen auf den Flüssen zurücklegen.
»Zweihundertfünfzig Meilen! Das ist nicht gerade das nächste Ende . . .!«
Die unerhörte Entfernung, die sich Karl Oskar zunächst vorgestellt hatte, war zu einem Sechstel zusammengeschrumpft.

Trotzdem war es zweihundertfünfzigmal die Strecke daheim von Korpamoen nach der Kirche von Ljuder. Er mußte mit den andern, die mitkamen, über die Länge des Weges vorsichtig reden, damit sie keinen Schreck bekamen.

»Ich besorge den Vertrag und bestelle die Beförderung für euch«, versprach Kapitän Lorentz. »Mit der Witwe Andersdotter sind in deiner Gruppe also sechzehn Personen.«

Karl Oskar hatte diesen wortkargen und kratzbürstigen Kapitän noch niemals so gesprächig und hilfsbereit gesehen wie an diesem Tage. Er sprach zu ihm fast wie zu seinesgleichen: Er pflege für die Passagiere, die ins Landesinnere weiterwollten, Verträge mit ehrlichen Beförderungsgesellschaften zu besorgen, sagte er. Weil er sich dafür verantwortlich fühle, wolle er dafür sorgen, daß die Menschen aus New York fortkämen; er könne sie nicht hier am Hafen lassen und sich im Battery Park ansiedeln lassen. Es gebe in New York einen redlichen Schweden, den er als Führer und Dolmetscher für die Leute in Anspruch zu nehmen pflege. Der Mann heiße Landberg, und er sei auf seinem Schiff Zimmermann gewesen, der tüchtigste Zimmermann, den er jemals angemustert habe. Als er aber vor einigen Jahren eine Gruppe von Schwärmern aus Hälsingland, Anhänger des bekannten Propheten Erik Janson, herübertransportiert habe, sei Landberg von ihrer Religion eingenommen worden, und als sie nach New York gekommen seien, habe ihn Janson überredet, die Gesellschaft zu begleiten. Nach einem halben Jahr bei Janson habe er den Propheten, der ihn ausgeplündert habe, durchschaut: Der arme Kerl habe der Gewalt Jansons entfliehen müssen. Bei seiner Flucht sei er so gut wie nackend gewesen. Seitdem habe er sich vom Dolmetschen für neu aus Schweden Angekommene ernährt, denn er spreche fließend Englisch.

Kapitän Lorentz pflegte seinem alten Zimmermann Bescheid sagen zu lassen, sobald er am Kai angelegt hatte. Diesmal hatte er vom Gesundheitsoffizier, der wegen der Cholerafurcht niemand an Bord kommen lassen wollte, einen besonderen Passierschein erwirkt.

»Wie teuer ist der Dolmetscher?« wollte Karl Oskar wissen.
»Das hängt davon ab, wie weit er mitkommen soll. Ich glaube, er nimmt für jeden Erwachsenen bis Chicago drei Dollar.«
»So. Ja, wir können uns ja nicht allein durchschlagen, wenn man kein Wort sprechen kann.«
Lorentz dachte bei sich: Die armen bedauernswerten Bauern bei der Ankunft sich selbst zu überlassen, wäre beinahe dasselbe gewesen wie eine Herde von Schafen in einen Wald zu lassen, der voller Wölfe war.
»Du hast gesagt, du willst schnell ins Land hineinkommen«, fuhr er fort. »Da mußt du mit dem Dampfwagen von Albany fahren. Landberg muß den Vertrag mit den Kompanien besorgen.«
»Vielen Dank für ihre Hilfe, Herr Kapitän!«
Auf der Fahrt war Lorentz gemeldet worden, daß dieser Bauer mit der großen Nase sich mit dem Essen und mit der Wasserzuteilung unzufrieden gezeigt und sich gegen die Befehlspersonen auf dem Schiff ungehorsam benommen habe. Doch jetzt war der Kapitän nicht mehr gegen ihn eingestellt: Er hatte wohl ziemlich viel Grütze im Kopf.
»Und die alte Frau ist soweit auf dem Posten, daß sie befördert werden kann?«
»Sie behauptet es. Sie ist heute aufgestanden und läuft herum.«
Es war eigenartig: Vor ein paar Tagen zitterte die Witwe Andersdotter noch von Fieberschauern und war durch Durchfall ausgemergelt. Solche Wunder waren jedoch schon früher vorgekommen. Lorentz machte sich aus den Lebensgewohnheiten in der Nordamerikanischen Republik gar nichts, doch mußte er zugeben, daß der bloße Anblick des Landes wie ein Zauber auf die Menschen wirkte: Wer an einem Tage noch seufzend und stöhnend und ganz kraftlos dalag und es nicht einmal fertigbrachte, den Kopf zu heben, kam am zweiten Tage wieder auf die Beine. Wenn halbtote Menschen das Ufer Amerikas erblickten, wurden sie zu neuem Leben erweckt.

3

Einhundertsiebenundachtzig Dollar in dem Ledergürtel erschienen als eine viel kleinere Geldsumme als fünfhundertfünfzehn Reichstaler. Karl Oskar war es so, als wäre sein Besitz bei der Ankunft in Amerika zusammengeschrumpft. Und was er nun hier drinnen im Gürtel trug, das war alles, was seine Familie noch für ihr Fortkommen besaß, das war ihre einzige Sicherheit in der Welt. Er wollte den Mitreisenden erzählen, daß der Kapitän für ihre Weiterreise sorgte. Sie sehnten sich alle aus dem engen Raum des Schiffes heraus und waren über den neuen Zeitverlust an Bord verärgert; mehrere von ihnen waren schon an Land, als die Verordnung kam, daß sie auf dem Schiff zurückgehalten werden sollten.

Auf dem Deck traf er Jonas Petter aus Hästebäck, den Ältesten der Gesellschaft; er hätte eigentlich statt Karl Oskar als Haupt der Gesellschaft die Besorgungen übernehmen müssen.

»Ulrika wiegelt dahinten die Frauen auf«, sagte Jonas Petter. Auf dem Vordeck, wo ein Mann der Besatzung Wache hielt und darauf achtete, daß niemand an Land gelangte, stand die ledige Ulrika in Västergöhl mitten in einer Gruppe von Frauen, fuchtelte mit den Armen, war laut und aufgeregt. »Sie behauptet, unser Kapitän sei ein Sklavenhändler.«

Was hatte das Freudenweib nun angerichtet? Er hatte schon lange befürchtet, daß sie ihre Gesellschaft bloßstellen würde. Karl Oskar trat hinzu. Ulrika hatte gerötete Wangen, und der Atem kam ihr heftig aus dem Mund.

»Gut, daß du gekommen bist, Karl Oskar! Jetzt habe ich die Wahrheit erfahren. Jetzt weiß ich, warum sie uns nicht an Land lassen.«

»Wegen der Cholera.«

»Nein. Der Kapitän hält uns eingesperrt. Denn er will uns versteigern. Er will uns als Sklaven an die Amerikaner verkaufen.«

Die Frauen, die um Ulrika herumstanden, hörten sich die Botschaft mit furchtsamen und erschrockenen Gesichtern an. Ihnen war so, als hörten sie bereits, wie die Stimme eines Versteigerers Angebote für sie verlangte. Eine der Frauen faltete die Hände über der Brust, als betete sie ein Gebet zu Gott. Karl Oskar nahm Ulrika am Arm: »Komm! Wir wollen uns mal unter vier Augen unterhalten.«

Er zog sie von den anderen fort zum Großmast. »Verbreite nicht solche Lügen!« riet er ihr eindringlich. »Das kann dir schlecht bekommen.«

»Das sind keine Lügen«, beharrte Ulrika. »Man hat uns betrogen. Jetzt, wo wir angekommen sind, sollen wir verkauft werden. Deswegen hält uns der Kapitän auf dem Schiff eingesperrt.«

»Welcher Dummkopf hat das in die Welt gesetzt?«

»Wenn du es nicht glauben willst, dann kannst du es ja sein lassen! Ich bleibe aber nicht gutwillig hier und lasse aus mir eine Sklavin machen!«

Ulrikas Augen brannten: Sie sei zu Hause in Schweden einmal als kleines Mädel verkauft worden, sie wisse, was das bedeute. Vier Jahre sei sie alt gewesen, als sie als elternloses Kind an den Geringstbietenden versteigert worden sei. Und der Geringstbietende sei der Bauer in Ålarum gewesen, der sie dann vergewaltigt habe, als sie vierzehn Jahre alt geworden sei. In Schweden werde man an den Geringstbietenden verkauft und hier in Amerika an den Höchstbietenden – das sei der ganze Unterschied. Vielleicht sei es ein bißchen ehrenvoller, dem Höchstbietenden zugeschlagen zu werden. Sie wolle aber jedenfalls den Handel nicht mitmachen. Sie sei von dem verdammten Schweden fortgefahren, um in Amerika frei zu werden. Sie werde ihre Tochter nehmen und mit ihr von dem Sklavenschiff ausrücken.

»Das sind doch aber alles Lügen!« rief Karl Oskar aus. »Es ist eine gemeine Lüge, daß der Kapitän Sklavenhändler ist!«

»Erkundige dich doch bei deinem Bruder, wenn du mir nicht glaubst! Er hat es meiner Tochter erzählt!«

»Robert? Wirklich?«

»Ich hole ihn, und dann kannst du ja selber hören!«
Und Ulrika kam mit ihrer Tochter Elin und Robert, dem jüngeren Bruder Karl Oskars, zurück. Roberts Schritte waren etwas zögernd.
»Nun erzähle uns mal, was du gehört hast, Elin!«
Elin blickte treuherzig von ihrer Mutter zu Karl Oskar: »Robert hat gesagt, daß wir auf dem Schiff bleiben müssen, bis uns der Kapitän an die Amerikaner verkaufen kann.«
Der Jüngling sah das Mädchen vorwurfsvoll an: »Ich sagte nur, daß einer der Matrosen es gesagt habe.«
Karl Oskar wandte sich streng zu seinem Bruder: »Sage jetzt die Wahrheit!«
Robert neigte verlegen den Kopf und sah auf die abgenutzten und splittrigen Decksplanken des Schiffes nieder: Er habe einen Mann der Besatzung gefragt, warum sie nicht ans Land gehen dürften. Der Mann habe erwidert, daß sie auf dem Schiff bleiben müßten, bis Amerikaner kämen, die sie holen würden. Dann sollten sie versteigert werden. Der Kapitän wolle bei dem Handel nichts überstürzen, sondern behalte sie auf dem Schiff, um den günstigsten Preis zu erzielen. Auf der vorigen Reise habe der Kapitän für zehntausend Dollar Passagiere an die Türkenhunde verkauft, habe der Mann berichtet: Er sei alle losgeworden mit Ausnahme zweier alter Frauen, die zu nichts nütze gewesen seien und zu keiner Arbeit getaugt hätten. Niemand habe Angehörige in Amerika gehabt, niemand habe nach ihnen gefragt.
Der Matrose habe sich jedoch darüber beklagt, daß der Kapitän von den zehntausend Dollar, die er bei dem Menschenhandel in New York auf der vorigen Reise verdient habe, der Besatzung nichts abgegeben habe. Er sei deswegen auf den Kapitän sehr erbittert gewesen, und deshalb wolle er die Passagiere diesmal warnen, so daß sie noch ausrücken könnten, bevor die Versteigerung angesetzt werde und sie verkauft würden.
Robert hatte natürlich gemerkt, daß der Matrose log. Wenn der Kapitän Menschen an den Türkenhund verkaufen wollte,

segelte er wohl mit ihnen nach der Türkei, wo der Türke wohnte, und nicht nach Nordamerika: Es war ja überflüssig, die Menschen über den Atlantik zu befördern. Und übrigens wußte Robert durch das Buch *Beschreibung der Vereinigten Staaten von Nord-Amerika*, daß es in Nordamerika verboten war, weißhäutige Menschen als Sklaven zu verkaufen. Eine Person mußte krauses Haar auf dem Kopf haben und schwarz sein, ehe sie verkauft werden konnte.
Er habe das, was der Matrose zusammengelogen habe, Elin nur erzählt, weil er es spaßig gefunden habe.
»Du hast aber nicht gesagt, daß es erlogen war«, verbesserte ihn das junge Mädchen.
Roberts Augen blickten etwas unstet umher: »Du mußtest es doch selber merken, daß es nicht ernst gemeint war.«
Nun hatte Karl Oskar das Gerücht über den Sklavenhandel des Kapitäns erledigt. Er wies Ulrika an, die Unruhe bei anderen leichtgläubigen Frauen zu beschwichtigen: Weder sie noch sonst jemand brauche zu befürchten, in Sklavenketten gelegt und in Nordamerika verkauft zu werden. Der Kapitän sei ein rechtschaffener Mann, der nur bestrebt sei, ihnen zurechtzuhelfen. Er habe versprochen, dafür zu sorgen, daß sie schnell weiterbefördert würden.
Ulrika ließ nun ihre Wut an Robert aus: »Dieser dämliche Bengel ist an allem schuld! Bring mal deinem Bruder bei, wie er sich zu benehmen hat, Karl Oskar!«
Robert wurde von seinem älteren Bruder streng zurechtgewiesen: Wie könne er diese Lügen einem Mädel vorerzählen, das nicht so gut Bescheid wissen könne? Wenn sie dem Kapitän zu Ohren kämen, dann würde es ihm schlechtgehen. Und nun werde er sich einmal den Matrosen vornehmen, der die Geschichte erfunden habe.
»Er ist nicht mehr auf dem Schiff«, sagte Robert schnell.
»Du sollst mir diesen Lügner zeigen!«
»Ich kann ihn nicht finden. Er soll sich davongemacht haben.«
Karl Oskar sah sich seinen Bruder an, während ein Verdacht

in ihm aufstieg: Robert war nicht immer zu trauen. Es war schon vorgekommen, daß er gelogen und etwas zusammenphantasiert hatte, und nun war es eigentümlich, daß sein Gewährsmann vom Schiff verschwunden war.
Karl Oskar warnte seinen Bruder eindringlich: Wenn er nicht bei der Wahrheit bleibe, könne er sich selbst und andere in das größte Unglück bringen. Er sei jetzt siebzehn Jahre alt und müsse Verantwortungsgefühl besitzen. Und er solle daran denken, daß sie in einem fremden Lande seien, wo ihnen viele Gefahren drohten.
Robert fühlte sich von Elin verraten. Von dem Sklavenhandel hatte er ihr streng vertraulich erzählt. Er wollte ihr nichts mehr erzählen, wenn sie es gleich ihrer Mutter ausplauderte.
Dort an Land vor ihnen, ganz in der Nähe des Schiffes, breitete sich gleichsam ein Gutspark mit großen, grünen und dichtbelaubten Bäumen aus, und unter diesen Bäumen gab es Schatten und Kühlung. Er durfte aber nicht dorthin, sondern mußte in der Hitze und Sonnenglut hier auf dem verrotteten Schiff bleiben. Da mußte er irgendeinem Menschen irgend etwas erzählen, damit die Zeit verging.
Das konnte Robert nun seinem älteren Bruder nicht erklären. Er hatte aber geglaubt, daß Elin es verstünde.

4

Der ehemalige Zimmermann der ›*Charlotta*‹ trat zu Kapitän Lorentz in die Kajüte, während er sich unter der niedrigen Decke tief bückte. Landberg war der größte Mann, der jemals auf dem Schiff angemustert hatte, nahezu sieben Fuß hoch; er war schlank und schmächtig und hatte lange Arme. Sein wohlgepflegter Vollbart öffnete sich oft zu einem breiten, frischen Lachen. Kapitän Lorentz begrüßte das ehemalige Mitglied seiner Besatzung mit einem herzlichen Händedruck.
»Was hat sich inzwischen Neues ereignet? Diese höllische Hitze ist immer noch dieselbe.«

Man sah Landberg an, daß er etwas zu berichten hatte, was er gleich loswerden mußte. Noch bevor er sich richtig hingesetzt hatte, fing er an: »Und ob ich etwas Neues habe! Haben Sie schon gehört? Der Weizenmehl-Jesus ist tot.«
Lorentz starrte ihn an.
»Der Weizenmehl-Jesus ist ermordet worden. Vorigen Monat.«
»Von wem reden Sie, Landberg?«
»Von Erik Janson natürlich. Er fing an zu prophezeien, als er in seiner Heimatgegend herumzog und Weizenmehl verkaufte. Deswegen wurde er Weizenmehl-Jesus genannt.«
»Der Prophet Janson? Der ist ermordet?«
»Er wurde auf der Gerichtsversammlung in Cambridge wie ein Hund heruntergeknallt, als er einen Prozeß führen wollte. Der schoß, war sein Prozeßgegner.«
Über diese Nachricht war Kapitän Lorentz durchaus nicht erstaunt. Er kannte die Rechtspflege in Amerika ein bißchen. Vielleicht war in den Gerichtssälen dasselbe Plakat angeschlagen, wie er es einmal in einer Schenke hier in New York gesehen hatte: Schieß zuerst! Lebe am längsten!
Es war ihm klar, daß der ehemalige Zimmermann der ›*Charlotta*‹, der der Sekte des Ermordeten angehört hatte, von dem Vorfall stark berührt war. Doch der lange Landberg, wie er hier an Bord genannt worden war, gesellte sich sicherlich nicht zur Schar der Trauernden: Er betrachtete den toten Propheten mit den Augen eines Abtrünnigen.
Der Abtrünnige fuhr fort: Erik Janson sei der größte Schurke gewesen, der jemals nordamerikanischen Boden betreten habe. Er habe ihn längere Zeit täglich gesehen, und er kenne die Taten dieses Propheten. Er habe sich selbst als den neuen Christus betrachtet, und er habe zwölf bedauernswerte einfältige Jünglinge als seine Apostel ausgesucht, die er wie einen Hof um sich herumgehabt habe. Seinen Leuten gegenüber habe er sich wie der grausamste Tyrann benommen. Er habe die Kranken gequält, so daß es die Engel zu Tränen hätte erbarmen können, wenn man im Himmel Tränen hervorpressen

könne. Es habe kein Doktor hinzugezogen werden dürfen, auch wenn die bedauernswerten Menschen noch so krank sein mochten. Wenn sie auf den Tod gelegen und keinen Finger oder Zeh mehr hätten rühren können, habe er ihnen befohlen, genesen aufzustehen, und wenn sie dazu nicht fähig gewesen seien, dann habe er ihrer Sünde und ihrem Unglauben die Schuld gegeben. Er selbst sei jedoch ohne Sünde und in jeder Beziehung vollkommen gewesen.

Als ihm, Landberg, nun die armen kranken und elenden Sektierer leid getan hätten und er sie gegen den Tyrannen in Schutz genommen habe, da habe dieser ihm all seinen Besitz, sogar seine Kleidung, fortgenommen. Er habe keine Mittel für einen Prozeß besessen und den Propheten für seine gemeine Handlungsweise nicht zur Rechenschaft ziehen können.

Erik Janson habe selbst gesagt, daß er Gott gleichkomme. Hätte er noch länger leben dürfen, wäre er wohl noch etwas Höheres als Gott geworden. Es sei jedoch eine Tatsache, daß die Menschheit dem edlen Mann, der den Weizenmehl-Jesus niedergeschossen habe, zu größtem Dank verpflichtet sei: Durch sein schnelles Eingreifen habe er Nordamerika von seinem größten Betrüger befreit, der nichts weiter als ein frecher und vorwitziger Bauernflegel gewesen sei. Er habe statt Zähne Hauer im Mund gehabt; daraus könne man ersehen, daß er von einem bösen Geist besessen gewesen sei und der Teufel in ihm gewohnt habe.

Kapitän Lorentz, der die Anhänger Jansons hier an Bord gehabt hatte, hatte gehört, wie sie ihn als das große Himmelslicht priesen, das ihnen in dem dunklen heidnischen Schweden entzündet worden sei. Sie waren ehrlich in ihrem Glauben. Für sie war er der wiedergekehrte Christus gewesen. Und jetzt nach seiner Ermordung würden sie wohl sagen, daß er gleichwie Christus seine Lehre mit seinem Blute besiegelt habe.

War Erik Janson von Gott oder vom Teufel gesandt? Wer konnte es wissen? Vielleicht von keinem von beiden. Man

mußte sich mit dem Trost zufriedengeben, daß nur Gott selbst es wußte.
Lorentz fragte seinen ehemaligen Zimmermann nach den Anhängern Jansons, den Schwärmern, die er auf seinem Schiff herübergebracht hatte: Wie gestaltete sich das Leben für sie da drüben in dem großen Prärieland Illinois, wo sie sich niedergelassen hatten?
»Janson sagte, er baue ein neues Jerusalem«, erwiderte Landberg verächtlich. »Er hat aber eine neue Hölle gegründet.«
Bishop Hill, wie der Ort nach dem heimatlichen Kirchspiel des Propheten, Biskopskulla (Bischofshügel), genannt werde, hätten die Amerikaner in Bishop Hell umgetauft. Viele Briefe trügen diese Anschrift: Auf den Umschlägen stehe Biskops Helvete (Bischofshölle), und die Briefe erreichten richtig ihre Empfänger. Doch die Anhänger Erik Jansons seien gewandte und tüchtige Bauern. Sie seien vorwärtsgekommen und wohnten nicht mehr wie die wilden Tiere in ihren Erdhöhlen. Sie hätten sich jetzt Häuser aus selbstgebrannten Ziegeln gebaut. Mauersteine seien nicht das einzige, was sie brennten. Zu Hause in Schweden hätten sie für die Enthaltsamkeit geeifert, aber in Bishop Hill hätten sie eine Branntweinbrennerei angelegt, die mit Dampf betrieben werde, und mit dem Dampf könnten sie täglich dreihundert Kannen Branntwein brennen. Wenn sie aber einmal betrunken würden, dann natürlich nur, weil sie des Geistes voll seien.
Im Frühjahr dieses Jahres hätten sie eine Gesellschaft nach Kalifornien geschickt, um – in Gottes Namen – nach Gold zu graben. Einige der bedeutendsten Apostel nähmen daran teil. Könne man sich Petrus und Paulus als Goldgräber vorstellen? Doch die Anhänger Erik Jansons suchten nicht nur nach Gottes Reich und seiner Gerechtigkeit. Von dem Propheten selbst sage man, er sei so vermögend geworden, daß er die Hauer aus seinem gottlosen Maul genommen und statt dessen Zähne aus reinem Gold eingesetzt habe. Tiefer in Hochmut und Anmaßung könne ein Mensch wohl nicht verfallen.
Nun glaubten die Menschen dort in Bishop Hill, daß Erik Jan-

son nach dem Tode auferstehen werde, so wie es sein Vorgänger Christus getan habe: Sie brennten ihre Ziegelsteine und feuerten unter den Branntweinblasen in ihrer Dampfbrennerei, während sie auf die Rückkehr ihres Meisters warteten. Jesus sei nach drei Tagen wiederauferstanden, doch nun seien bald sechs Wochen vergangen, seit Erik Janson erschossen worden sei, und man habe noch nichts von ihm gehört, soweit man wisse. Und das wolle er sagen: Wenn dieser Weizenmehl-Jesus lebendig auf die amerikanische Erde wiederkehre, dann würden es wohl viele übernehmen, ihn zum zweiten Male zu ermorden.

Lorentz hielt wohl trotzdem Erik Janson in mehr als einer Hinsicht für einen tüchtigen Mann, und als sein ehemaliger Zimmermann nun seiner Verbitterung gegenüber dem ermordeten Propheten hatte Luft machen können, kam der Kapitän auf die eigentliche Angelegenheit zu sprechen: »Du sollst mir jetzt wieder helfen, meine Zwischendecksladung zu löschen!«

»Gern, Kapitän. Im Augenblick habe ich nichts zu tun.«

In der letzten Zeit waren die Verdienstmöglichkeiten Landbergs schlecht gewesen; es war eine Zeitlang kein Auswandererschiff aus Schweden angekommen. Er hatte statt dessen Aufträge für englische Schiffer ausgeführt. In diesem Jahr waren bisher meist Deutsche gekommen. Deutsche und Iren überschwemmten jetzt gerade das amerikanische Land. Wenn er die Sprache der Deutschen auch gekonnt hätte, wären seine Einkünfte besser gewesen. In diesem Jahr klagten nur die Betrüger nicht über ihren Verdienst im New-Yorker Hafen: Die Runners liefen hier ebenso fett und wohlgenährt herum wie früher. Doch alle Kapitäne wüßten, woran sie einen ehrlichen Agenten erkennten: Es seien magere Leute!

»Und lang wie ein Mastbaum!« fügte Lorentz hinzu.

»Stimmt, Herr Kapitän. Wie groß ist die Ladung diesmal?«

»Siebzig Menschen. Die allermeisten wollen ins Landesinnere.«

»Schön. Die Emigrant-Transfer *›Isaac Newton‹* geht jeden zweiten Tag den Hudson aufwärts nach Albany.«

Die beiden Männer sahen zusammen die Papiere mit den Namen und Bestimmungsorten der Einwanderer durch. Hierbei fiel dem Agenten Landberg ein, daß er dem Kapitän von einem Landsmann, den er kannte, etwas auszurichten hatte: Der Pastor Olof Hedström, der Methodistenpfarrer auf dem Bethelschiff hier im Hafen, lasse bestellen, er gedenke am folgenden Tage an Bord zu kommen.
»So, Pastor Hedström predigt immer noch auf seinem alten Kahn? Er ist willkommen. Ein prächtiger Mann, der den Zugezogenen eine große Hilfe ist.«
Es war ein glücklicher Einfall der schwedischen Methodisten hier in New York, ein altes abgetakeltes Schiff als Kirche einzurichten. Lorentz war auf dem Bethelschiff gewesen, nachdem es ein Gotteshaus geworden war, und es hatte ihm gefallen. Vielleicht wollte eine andere Sekte die ›*Charlotta*‹ kaufen, wenn sie angefangen hatte zu verrotten, und sie hier im New-Yorker Hafen auflegen, um einen Predigtraum aus ihr zu machen. Es wäre ein großer Sieg für die Christenheit auf der Erde, wenn alle alten ausgedienten Schiffe, diese Sündennester, abgetakelt und als Kirchen eingerichtet würden.
Pastor Hedström wollte natürlich die Ankömmlinge auf der ›*Charlotta*‹ einladen, sich auf dem Bethelschiff die Predigt anzuhören und das Abendmahl zu nehmen. Doch diesmal wollte Lorentz den Pfarrer bitten, den Passagieren deutlich bekanntzugeben, daß er ein Vertreter der methodistischen Religion sei, bevor er ihnen das Abendmahl reichte. Auf der vorigen Reise hatten einige Lutheraner *the Lord's Supper* auf dem Bethelschiff erhalten, und erst hinterher war ihnen offenbart worden, daß sie das Abendmahl von einem sektiererischen Pfarrer, einem Irrlehrer, entgegengenommmen hatten. Da waren sie in schwere Gewissensnot und Verzweiflung geraten und hatten die Verdammnis gefürchtet. Sie hatten Gott um die Gnade angefleht, die falschen Gnadenmittel ausbrechen zu können, waren aber nicht erhört worden.
Führer von Auswandererschiffen mußten auch für die Seelen der Menschen sorgen.

»Tja, mein alter Zimmermann: In drei Tagen kannst du eine neue Ladung schwedischer Bauern für die Nordamerikanische Republik übernehmen . . .!«

Und am Morgen des 26. Juni, als die festgesetzte dreitägige Quarantänezeit vorbei war, konnte die Brigg ›*Charlotta*‹ aus Karlshamn endlich ihre lebende Ladung auf der Halbinsel vor Castle Garden im New-Yorker Hafen löschen.

Einwanderer im Battery Park

Nach siebzig Tagen und Nächten auf dem Meere waren die Sucher neuer Heimstätten zur Erde zurückgekehrt. Die Wellenbewegungen des Atlantischen Ozeans spürten sie immer noch in ihrem Körper. Doch jetzt setzten sie ihren Fuß auf festen Boden und standen wieder auf der sicheren, unverrückbaren Erde. Sie schieden gern von den Ansammlungen von Wasser, die der Schöpfer am dritten Tage Meer genannt hatte, und sie segneten aus der Tiefe ihres Herzens das Trockene, das Er bei der Schöpfung Erde genannt hatte. Und sie dankten ihrem Herrgott, der die zerbrechlichen Schiffsplanken sie gütigerweise über die schwindelnden Tiefen zu dem gewünschten Hafen hatte tragen lassen.

Am äußersten Ende einer Landzunge am East River lag Castle Garden, das alte Kastell, das Vergnügungsplatz geworden war, und dicht davor, von den Anlegebrücken des Flußarms durch einen breiten Promenadenweg getrennt, breitete sich Battery Park aus. Dieses Stück grünen, baumbestandenen Bodens in der Nähe des Hafens hallte täglich von schweren Bauernschritten und fremden Sprachen wider. Für die Menschen der Alten Welt, die das Tor zur Neuen Welt durchschritten hatten, lag hier der erste Rastplatz auf amerikanischer Erde. Battery Park war für die Einwanderer an dem Tage, an dem sie an Land stiegen, ein kühler und schattiger Hain.

Hier ruhten sie und suchten Kühlung, hier ließen sie sich unter dichtbelaubten Ulmen und Linden nieder, Männer und Frauen, Kinder und Alte, von ihrem mitgebrachten Eigentum umgeben: Kisten, Kasten, Bündeln, Säcken, Behältern voller unentbehrlicher Dinge. Alles, was sie in ihren Händen hatten halten können, hatten sie beim Anlandgehen festgehalten, ihre Reisetaschen und Bündel – ganz fest, so daß die Knöchel weiß wurden und die Wangen rot, weil sie fürchteten, sie könnten ihnen von den herumlungernden aufdringlichen Fremden weggenommen werden. Und auf der ganzen Weiterreise würden sie diese ihre Habseligkeiten, die auf der Überfahrt über den Ozean ihre unzertrennlichen Schlafgenossen gewesen waren, niemals aus den Augen lassen.

Ungeschlachte, breitschulterige Landleute, deren Gesichtshaut von jeder Witterung des Jahres gezeichnet war, standen mit den Händen auf dem Rücken da und sahen sich forschend in dem neuen Lande um. Auf ihren Körpern hingen – geknittert und ausgebeult – schwere Filzkleider. Die dicke Wollkleidung, die sie auf stürmischen Nordmeeren gegen die Kälte geschützt hatte, war von Schweiß durchfeuchtet und wurde ihren Trägern am sonnenwarmen Strande Amerikas zur Qual. In den harten Muskelsträngen dieser Männer steckte ein verhaltener Bewegungsdrang, ihre Gestalten waren ruhende Kräfte. In enge Schiffsräume eingesperrt, hatten sie monatelang nichts gehabt, wofür sie ihre Hände rühren konnten. Sie waren zu einem neuen Erdteil gekommen, um ihre gewohnten Arbeiten zu verrichten, um mit ihren Händen wieder Ochsenleinen und Pfluggriffe und all die Geräte und Werkzeuge zu fassen, die ihnen vertraut waren. Es waren Hände, die reich an Können waren, einem Können, das seit den Kinderjahren erworben und durch Jahrtausende hindurch von den Vätern ererbt war. Als sie wieder fest auf der Erde standen, brach nach einer quälenden Zeit der Untätigkeit ihr Arbeitseifer hervor. Doch noch dauerte ihre erzwungene Arbeitspause an, noch ließen sie ihre Hände auf dem Rücken ausruhen.

Mütter saßen, an die Baumstämme des Parks angelehnt, da und gaben ihren Kindern die Brust. Die Frauen leerten ihre mageren versiegenden Brüste, ohne daß der Magen der Kinder gefüllt wurde. Die Nahrung, die die Mutter spendete, war eher zu Ende als der Hunger des Kindes. Die Kleinen wimmerten und quäkten. In dicke Kleidungsstücke gehüllt, die sich für Kälte und kalte Winde eigneten, waren sie in der Hitze unleidlich. Und die Mütter wiegten die Kinder in der

Wiege ihres Schoßes, der weichsten und geduldigsten Wiege der Welt, der Wiege der Mutterliebe, und suchten sie in Schlaf zu lullen. Doch die Kinder quengelten, und ihre Augen wollten sich nicht schließen. Es war, als wollten sie sich unablässig umschauen, wo sie nun zum ersten Mal den neuen Wohnort sahen, den die Eltern für sie ausgesucht hatten – das Land, wo sie aufwachsen sollten, das einzige, das sie kennenlernen würden.

Ein fünfjähriger Junge in einem Mantel, der bis zu den Fußknöcheln reichte, saß ins Gras gehockt da und aß einen Roggenkringel, ein dunkles und grobes Brot. An den Schimmelflecken sah man, daß der Kringel nicht gestern gebacken war, und er war auch nicht in diesem Erdteil gebacken: Er kam aus einem alten Ofen in einer abgelegenen steinigen Gegend im nördlichen Europa. Der Junge kaute eifrig und schluckte die Bissen heißhungrig herunter. Der Roggenkringel wurde in seiner Hand schnell kleiner. Bald fand er nur einige Krümelchen, die er noch in der Hand hatte, und er warf sie in den Mund. Der Kringel war verzehrt, aber der Hunger war noch da. Und das Kind schaute verwundert auf seine leere Hand: Warum wurde der Kringel alle, während er noch davon essen wollte? Warum verschwand das Essen vor dem Hunger? Die Mutter sagte: Das ist der letzte Kringel, den ich habe, der letzte von zu Hause. Nun bekommst du nie mehr Kringel von zu Hause. Und der Junge verwunderte sich darüber: Warum nie mehr Kringel von zu Hause?

Im Battery Park sahen die Einwanderer ihre Eßwaren durch; sie zählten ihre Brotlaibe und schabten den Schimmel davon ab. Und viele aßen ihre letzten Schnitten auf, indem sie sich darauf verließen, daß sie von nun an Nahrung aus der Erde des neuen Landes erhalten würden.

Auf dem Weg, der am Flußufer entlangführte und Battery Park und Castle Garden voneinander trennte, bewegte sich ein gleichmäßiger Menschenstrom; es waren Einwohner von New York, Leute, die in der größten Stadt Nordamerikas ansässig waren. Dort spazierten Männer in hohen schwarzen

Hüten, in langen Röcken mit Schößen und anliegenden und strammenden Hosen, die die Beine wie eine äußere Haut aus Stoff umschlossen. Dort promenierten Frauen mit Schuten auf dem Kopf und mit fest zusammengeschnürten Taillen, von wo sich freigebig weite Röcke ausbreiteten, die bis zu dem Boden hinunterreichten, auf dem sie gingen. Die Frauen trugen Röcke, die gespreizt waren wie die leuchtenden Schwanzfedern von Vögeln, karierte Röcke und gepunktete und gestreifte Röcke in Rot und Weiß, Grün und Gelb. In den Händen schwenkten die Männer lange Rohrstöcke, und die Frauen trugen große aufgeklappte Sonnenschirme in hellen Farben, die sich wie kleine leuchtende Himmelskuppeln über ihren Köpfen wölbten.

Die Spaziergänger beachteten die Leute, die sich im Battery Park niedergelassen hatten, nicht weiter. Der Anblick, den die Ankömmlinge unter den Bäumen boten, war ihnen weder neu noch ungewöhnlich. Sie hatten ihn fast jedesmal erlebt, wenn sie hier am Ufer des Hudson entlanggewandert waren. Es war ein Auswandererschiff in den Hafen eingelaufen – das war gestern und vorgestern geschehen, und es würde morgen wieder so sein. Eine Schar von neu Eingewanderten stieg an Land, wartete im Battery Park auf Abtransport, wurde weiterbefördert und war fort. Statt dessen kam eine neue Schar: Es kamen dauernd neue Menschen, die sich hier versammelten und unter den Bäumen warteten. Dies war der unendliche Zug der Fremdlinge. Die Einwanderer waren der ewige Anblick für die Einwohner von New York, wenn sie hier am Flußufer entlang ihren Spaziergang machten: Sie mußten dort sein, sie gehörten zu diesem Park wie das Laub an den Bäumen und das Gras auf der Erde: Die Einwanderer würden immer dort unter den Bäumen im Battery Park warten.

Die Einwanderer kamen aber aus Gegenden, wo sie selten einen Unbekannten trafen, selten einen Fremden sahen. Jetzt waren sie in ein Land gekommen, wo jeder Mensch, den sie sahen, ein Fremdling war. Für die Einwanderer boten die Einwohner New Yorks einen neuen und ungewöhnlichen Anblick. Die Menschen im Park betrachteten den Menschenstrom auf dem Wege: Die neu Eingewanderten sahen die an, die vorher gekommen waren. Hier sahen die Ankömmlinge die bereits heimisch Gewordenen, die sich hier zu Hause fühlten, die sich schon in dem Lande zurechtgefunden hatten, die sich hier unbeschwert bewegen konnten, die geborgen und sorglos und sicher herumspazierten und mit jedem sprechen konnten, dem sie begegneten. Sie selbst waren Menschen, die nicht wußten, wohin sie sollten, die einen Zufluchtsort suchten. Die anderen hatten bereits gefunden, was sie suchten: Es waren die Heimatlosen, die die Ansässigen betrachteten.

Die Sucher neuer Wohnstätten blieben und verhielten eine Weile auf dem Wege ihrer Auswanderung im Battery Park, fremd, bestürzt, verwirrt und unsicher. Sie waren durch ihre Begegnung mit dem unbekannten Lande überrumpelt. Es waren die in der Welt Verirrten, die hier an dem Tag, an dem sie an Land gegangen waren, rasteten.

Sie sollten aber das Land, in das sie eingetreten waren, mit urbar machen und verändern, sie, die da in dem schattigen Hain am East River warteten.

Milch und Weißbrot

I

An dem Tage, da sie ihren Heimatort verlassen hatten, waren die Einwohner aus Ljuder sechzehn an der Zahl gewesen; einem von ihnen hatte sich auf der Reise das nasse Grab aufgetan, aber nachdem ein neuer Mitreisender hinzugekommen war, waren sie, als sie sich nach dem Anlandgehen im Battery Park versammelt hatten, wieder sechzehn Personen.
Danjel Andreasson aus Kärragärde saß etwas abseits bei seiner Kleidertruhe und las in seinem Gesangbuch. Sein Gesicht war nach unten geneigt, so daß der dichte braune Bart an seinem Kinn auf das Buch herunterreichte, das beim dreihundertvierundvierzigsten Liede, *Beim Tode einer Ehegattin*, aufgeschlagen war. Eine getrocknete Blume, eine Resede, lag als Lesezeichen zwischen den Seiten; sie war auf dem Blumenbeet in der Heimat gewachsen, das seine Frau gepflegt und besorgt hatte. Die Seite, auf der das Lied stand, war oft angefaßt worden und verschmutzt und schwarz und fast zwischen seinen Fingern zerrieben.

›Ach, nun hat der Tod entrückt
Den Freund von meiner Seiten.
Die Trauer mich jetzt niederdrückt,
Was kann mir Trost bereiten?‹

Danjel Andreasson kam zu dem neuen Land, das der Herr ihm angewiesen hatte, mit vier minderjährigen, mutterlosen Kindern. Er hatte Inga-Lena, seine teure Ehefrau, seine Stütze auf Erden, verloren. Der Herr hatte ihn geschlagen und ihn getreten. Und er war nun ein erbärmlicher kleiner Menschenwurm, der sich unter dem Fuß des Herrn krümmte.
Er hatte sich selbst geprüft und war zu einer neuen Einsicht

gelangt: Er hatte die Sünde der Selbstgerechtigkeit begangen. In seinem Übermut hatte er sich für besser gehalten als andere Menschen und geglaubt, daß seine Sünden ein für allemal abgewaschen und in Jesu Schweißtuch getan seien. Er hatte sich selbst für den Gerechten gehalten, der nicht mehr sündigen konnte. Doch als er in seiner ganzen Erbärmlichkeit auf dem Schiff gelegen hatte, von seinem Erbrochenen besudelt, und die Unwetter hatte toben hören und die Tiefen sich hatte öffnen sehen, da wußte er, daß er vor dem Herrn nicht bestanden hatte.

In seinem Hochmut hatte er geglaubt, er werde die Fähigkeit erhalten, Gott in der fremden Sprache zu preisen und zu loben, wenn er den Hafen erreichte. In seiner Selbstgefälligkeit hatte er gemeint, den Aposteln Christi ebenbürtig zu sein, die der Heilige Geist am ersten Pfingsttag besucht hatte, und geglaubt, daß die Ausgießungen des Geistes beim Anlandgehen über ihn kommen würden, so daß er ohne Schwierigkeiten die amerikanische Sprache benutzen könnte. Sein Schöpfer hatte ihm einmal eine sprechende Zunge verliehen, und das war ein so großes Wunder, daß es nicht größer sein konnte, wenn er ihm auch die Fähigkeit gab, seine Zunge in allen Sprachen zu gebrauchen.

Und hier schwirrte nun in seinen Ohren die fremde Sprache, die Sprache, die seine Ohren auffangen und seine Zunge nachahmen sollte. Doch sein Ohr erkannte keine Laute, seine Zunge blieb stumm und brachte keine Laute hervor. Die Worte der Sprache, die gesprochen wurde, drangen nicht bis zu ihm, und er konnte sie mit seinem Munde nicht nachahmen. Keine Eingebung des Geistes kam über ihn, er erblickte keine zerteilten Zungen, er sah keine Gesichte. Er vermochte nicht in der neuen Sprache zu prophezeien: Seine Ohren waren verstopft, seine Zunge gelähmt.

Danjel Andreasson betrat Nordamerika als ein stummer und ratloser Fremdling unter allen anderen Fremdlingen in der Menge der Sippen, Völker und Stämme, die sich hier versammelten: Der Herr hatte einmal in Babel ihre Sprache verwirrt,

so daß der eine nicht den andern verstehen sollte. Denn seine Zunge war die Zunge eines Sünders und daher keiner anderen Sprache mächtig als der der Heimat. Er hatte sich aufgelehnt und geglaubt, gerecht zu sein, und deswegen ließ ihn der Heilige Geist in dem neuen Lande im Stich: Er war der Ausgießung des Geistes nicht würdig.
Danjel war zu Boden geschlagen. Gott hatte ihn gezüchtigt und in seiner ganzen Erbärmlichkeit und Gebrechlichkeit nackend ausgezogen. Ein einziges Gesicht hatte er doch, ein entsetzliches: Der Mensch, der weniger war als ein Wurm, der den Würmern zur Nahrung diente; er sah diese Nahrung – das kleine Würmchen auf Erden, das Danjel Andreasson aus Kärragärde war.
Und mit diesem Bild seiner selbst vor Augen hatte er seinen Mitreisenden auf dem Schiff nicht mehr Gottes Wort erklärt: Wie konnte er das Heilige Wort auslegen, wo er es selbst nicht richtig aufgenommen hatte? Wie konnte er anderen raten und sie ermahnen, wo er selbst die schwerste von allen Sünden begangen hatte? Wie konnte ein Mensch sich zum Seelsorger anderer erheben, der für seine eigene Seele nicht hatte sorgen können?
Das Kirchenlied *Beim Tode einer Ehegattin* konnte Danjel auswendig. Und er legte das Buch fort und kroch dicht an seine Amerikatruhe heran: Er beugte die Knie und neigte das Haupt und legte seine gefalteten Hände auf den Truhendeckel: Ich krieche im Staube vor Dir, mein Vater im Himmel!
Auf dem Schiff hatte er ein Versprechen gegeben: In dem fremden Lande will ich Dir, Herr, einen Altar der Dankbarkeit bauen! Die alte Kleidertruhe vom Boden in Kärragärde war in diesem Augenblick ein Altar des Herrn auf der Erde Amerikas, und davor lag nun ein zerbrochener Mann, der Gott pries und ihm dankte: Er dankte aus übervollem Herzen für die Prüfung, die ihm zu seiner Besserung widerfahren war. Er dankte dem Allmächtigen, der ihm seine Ehefrau Inga-Lena entrissen und ihm seine irdische Stütze genommen hatte. Er dankte dem Herrn, der seinen vier minderjährigen

Kindern die Mutter genommen hatte. Er lobte und pries den Herrgott für die Krankheiten, Leiden und Mühsale, die er und seine Lieben hatten durchmachen müssen. Er dankte seinem Schöpfer und Herrn innig und aus vollem Herzen für alles Üble und Schädliche, was ihm beschert worden war.
Gott hatte Danjel Andreasson gesucht: Er krümmte sich wie ein Wurm unter dem Fuß des Herrn. Beim Betreten der Neuen, jugendfrischen Welt betete er um eine neue Geburt, flehte darum, von der Sünde des Hochmuts und der Selbstgerechtigkeit, die ihm von der Alten Welt her anhaftete, reingewaschen zu werden. Denn nun fühlte er, daß Gott so nahe gekommen war, näher als Er es in dem Lande, das er verlassen hatte, je gewesen war.

2

Kristina lag ausgestreckt da und hatte den Kopf auf der vollgepfropften Reisetasche. Mochte dieses Kopfkissen auch noch so uneben und hart sein – ihr erschien es jetzt als das weichste Daunenkissen: Die Reisetasche war von zu Hause mitgekommen, sie war etwas Vertrautes und Wohlbekanntes. Sie war nach der überstandenen Krankheit müde, richtig müde und schlaff in allen Gliedern. Wenn sie nun nur ruhen dürfte, lange ruhen, wenn sie so wie jetzt stilliegen könnte, auf dem Rücken im Gras liegen, ohne einen Finger oder eine Zehe rühren zu brauchen: Das war die Wonne, die sie sich wünschte. Wenn sie so daliegen dürfte, nur ruhig liegen, würde die Müdigkeit bald ihren Körper verlassen. Sie hatte aber keinen dauernden Ruheplatz: Bald mußten sie wieder aufstehen und weiterziehen.
Ein paar Armeslängen von ihr entfernt ruhte aber eine Frau, die sicher noch müder war als sie: Die alte Fina-Kajsa, die mit weitoffenem Munde dalag und schlief. Ihr Kleiderrock war zu einer Rolle um den Leib gekrempelt, und darunter sah man einen zerschlissenen, geflickten und fleckigen Unterrock, der

einmal rot gewesen war. Sie hatte einen kleinen, grün- und gelbgepunkteten Holzkasten, in dem sie ihren kostbarsten Besitz verwahrte, fest an sich gepreßt. Der Kasten hatte kein Schloß, war aber mit grober Schnur zugebunden, und die Schlafende hielt ihn eng an sich, wie eine Mutter ihr kleines Kind hält. Fina-Kajsa atmete schnarchend durch ihren spitzen, zahnlosen Mund, der sich wie ein schwarzes Loch öffnete. Zu Füßen der Alten stand ihr eiserner Kessel; ihm war auf der Überfahrt ein Bein abgeschlagen worden, und er stand flügellahm da und neigte sich wie ein Krüppel. Es war nicht erstaunlich, daß Menschen die Überfahrt schlecht vertragen hatten, wenn sogar Gefäße aus Eisen entzweigegangen waren.

Der große weiße Leinensack von Onkel Danjel, auf den Inga-Lena so stolz gewesen, war auf dem Schiff fleckig und schmutzig geworden. Die ledige Ulrika in Västergöhl, die sich des Besitzes Danjels annehmen wollte, wo er jetzt Witwer geworden war, hatte den Sack aufgemacht und suchte darin nach etwas. Sie hatte das beste Kleid von Tante Inga-Lena an: Sie und ihre Tochter hatten die Kleidung der Toten unter sich geteilt. Kristina sprach mit Ulrika nicht mehr als unbedingt erforderlich; sie litt sie in der Gesellschaft um ihres Onkels willen, aber Karl Oskar hatte versprochen, daß sie sich von der früheren Dorfhure trennen wollten, sobald es hier in Amerika möglich sei. Nun mißgönnte sie dem Freudenweib die Kleidungsstücke ihrer Tante nicht: Sie und das Mädchen brauchten etwas Neues, um sich damit zu kleiden. Und sie hatten die Sachen wohl verdient, wo sie jetzt behilflich sein mußten, die armen Kinder zu versorgen, die ihre Mutter verloren hatten.

Das Kleid, das Elin trug, hatte auch Inga-Lena gehört, doch war es für das sechzehnjährige Mädchen zu groß und zu weit und bildete an ihrem schmächtigen Körper große Falten und Beutel. Sie saß da und hatte einen kleinen Spankorb auf dem Schoß, und der erinnerte Kristina an Beerenpflücken: Was mochte es in diesem Lande für Beeren zu pflücken geben?

Erdbeeren, die süß schmeckten und im Frühjahr weiße Blüten trugen? Blaubeeren, die im Sommer die Finger schwarz färbten? Glutrote Preiselbeeren, die im Herbst auf den Buckeln wuchsen? Ulrikas Tochter hielt den Henkel ihres Körbchens ordentlich fest, als ob sie sich gerade in die Beeren begeben wollte – sie hielt ihn, wie man das einzige hält, das man in der Welt hat.

Und Kristina wachte mit beiden Augen über das Eigene, das ihnen gehörte. Dort stand ihre Truhe, lang und hoch, mit breiten eisernen Bändern beschlagen, die sie zusammengehalten hatten, so daß sie unbeschädigt über den Atlantik verfrachtet worden war. Nur eine Ecke des Deckels war etwas verschrammt worden. Und an der Vorderseite der Truhe leuchteten rot die Worte, die vor der Abreise hingemalt worden waren: *Hüfner Karl Oskar Nilsson, Nordamerika.*

Und da stand ihr großer Sack und dort der Essenbehälter. Das kleine Bündel, das am dichtesten bei ihr lag, bewegte sich manchmal – es war lebendig, denn da schlief der kleine Harald, ihr Jüngstes. Karl Oskar, der zum Schiff zurückgegangen war, um etwas zu holen, was er vergessen hatte, hatte die beiden anderen Kinder mitgenommen. Sie war besorgt, wenn sie getrennt waren: Auf dieser Reise mußten sie beisammenbleiben, damit sie nicht auseinanderkamen.

Zwischen den Bäumen sah sie den Hafen und die lange Reihe der Schiffe an den Piers. Gerade vor ihr lag ein großes, rundes gelbgrünes Haus mit einem runden Turm, den es wie eine Krone trug; es war gleichsam gekrönt und hatte ein Haupt wie ein König. Das Haus war auf einer Insel errichtet, und Menschen gingen auf einem Steg dort hinüber. Hoch oben an der Mauer über dem Eingang stand in schwarzen Buchstaben eine Inschrift, die bis zu ihr zu sehen war: *Castle Garden*. Das war natürlich der Name des Hauses, was er nun auch bedeuten mochte. Und auf der ihr zugewandten Seite des großen runden Gebäudes da draußen auf der Insel stand ein kleineres und niedrigeres Haus, bei dem fast eine ganze Mauer mit einer Inschrift bedeckt war: LABOR EXCHANGE. Der Name dieses Hauses war in den größten Buchstaben gemalt, die sie jemals gesehen hatte.

In Amerika bekamen die Häuser Namen. Und die unverständlichen Inschriften, die sie sah, erinnerten sie daran, daß sie sich in einem Lande befand, wo sie von dem, was die Menschen sagten, nichts verstand, nicht ein Sterbenswörtchen. Es würden ihr Menschen ins Ohr sprechen, ohne daß sie sie hörte, und sie selbst würde sprechen, ohne daß sie sie hörten. Hier in Amerika war sie vom ersten Augenblick an gleichsam mit zwei neuen Gebrechen behaftet: Sie war eine Taube und eine Stumme, sie würde taub und stumm unter Fremden wandeln.

Es waren vornehme Leute, die sie da drüben vor dem großen Haus mit dem Turm darauf umherspazieren sah; die Frauensleute hatten Regenschirme wie die vornehmen Frauen zu Hause in Schweden. Doch es regnete ja nicht, es war ganz klares Wetter, die Sonne schien, und am Himmel war nicht eine Wolke zu sehen – warum benutzten die Frauen heute ihre Regenschirme? Sie hatten sie vielleicht nur mitgenommen, um sie zu zeigen, wenn sie spazierengingen. Ja, die Sonne schien – es war eine unbarmherzige Wärme hier in Amerika. Sie lag drückend auf der Brust und machte das Atmen schwer. Die Luft erschien stechend heiß wie Dampf von kochendem Wasser in einem Kessel und war schwer, wenn man sie einatmete. Doch ihre Freude darüber, daß sie zur Erde zurückgekehrt war, war so groß, daß sie die Qual der amerikanischen Hitze linderte. Sie hatte geglaubt, daß sie nie mehr in Gottes helles Licht hinauskommen könnte, daß sie ihr Leben in dem dunklen Schiffsraum eingesperrt beschließen würde. Sie hatte geglaubt, daß sie nie mehr einen Grasfleck oder ein grünes Blatt oder einen grünen Halm zu sehen bekommen würde. Jetzt aber lag sie hier auf dem grünen Erdboden in der Sonne. Sie hätte ebenso wie die arme Inga-Lena auf dem Grunde des Ozeans liegen können, hinabgelassen zu den Ungeheuern der Tiefe, die ihren Leib verzehrt hätten. Doch sie war vor ihnen gerettet – sie und ihre Lieben. Was bedeutete da alles andere?

Sich mit drei kleinen Kindern in einem erbärmlichen Schiff auf den Ozean hinauszubegeben, hatte bedeutet, den Herrgott zu versuchen. Kristina hatte in einem langen, innigen Gebet ihrem Vater im Himmel gedankt, der barmherzig gewesen war und sie heil zum festen Erdboden hatte hinüberkommen lassen.

Kristina war beinahe so, als wäre sie tot gewesen und wieder zum Leben erweckt worden, als ob mit ihr ein Wunder geschehen wäre. Wie herrlich ruhig und unbeweglich war jetzt alles um sie herum! Nur wer lange in einem bewegten und auf und nieder gehenden Bett gelegen hatte, das auf hohen, unruhigen Wogen umhergeschleudert worden war, konnte es genießen, so auf der ruhigen und stillen Erde ausgestreckt zu liegen. Endlich war sie die Schaukel des Schiffes los, wo sie auf und nieder geworfen worden war, endlich war sie frei von den schwindelnden Fahrten auf den Gipfel der Woge hinauf und in ihr Tal hinunter, hinauf und hinunter. Im Spiel hatte sie gern auf der Schaukel auf der Tenne geschaukelt, doch nie mehr wollte sie die Schaukel des Meeres probieren, nun hatte sie für den Rest ihres Lebens genug. Niemals wieder wollte sie dieses schauerliche Meer vor Augen haben. Nie mehr wollte sie mit ihrem Fuß das feste Land verlassen.

Sie hatte Durst, die Zunge klebte ihr am Gaumen. Und die Eßlust war allmählich zurückgekehrt, als sie ans Land kam. Sie mußte jetzt auch essen, wo sie noch einen zu ernähren hatte.

Kristina faßte nach ihrem Unterleib: Jetzt spürte sie wieder die Bewegungen da drinnen. Es waren so viele Tage vergangen, seit sie das letztemal gefühlt hatte, daß ihre Leibesfrucht sich bewegte, daß sie angefangen hatte, sich zu fragen, ob sie immer noch am Leben sein könne. Wo sie so schwer unter der Seekrankheit und der Schiffskrankheit zu leiden gehabt hatte und heruntergekommen war, wäre es nicht erstaunlich gewesen, wenn sie in ihr gestorben wäre. Sie war froh, als sie jetzt plötzlich fühlte, wie es zuckte: Wenn sie nun schon schwanger war, wollte sie ein lebendiges Kind gebären. Eine Totgeburt

zu haben, war eine Schande und eine Strafe Gottes: Die Frau war nicht wert, das Leben zur Welt zu bringen, das Gott in ihr geschaffen hatte.
Und sie zählte die Monate an den Fingern nach: Wann würde es sein? Sie war etwa Mitte Februar schwanger geworden: März, April, Mai, Juni – sie war bereits im fünften Monat. Juli – August – September – Oktober – November: Mitte November würde es soweit sein.
Die halbe Zeit bis zum Kindbett war um – ob sie es bis dahin zu einem Bett brachten, in dem sie ihr Kind gebären konnte?
Das Kind lebte. Ein Wesen, das umsonst den Ozean überquert hatte, war ins Land gekommen. Es zuckte da drinnen in seinem Versteck in ihr und bewegte sich stärker, als die Mutter es bisher verspürt hatte. Nicht nur sie selbst lebte wieder auf – auch das Kind in ihr kam wie zu neuem Leben, als sie es in der Neuen Welt an Land getragen hatte.

3

»Schläfst du, Kristina?«
Karl Oskar stand neben ihr und wischte mit dem Jackenärmel über sein Gesicht, das vor Schweiß glänzte.
»Ist das eine Hitze! Hier kann man den Speck an den Mauern braten!«
Er zog sich seine Lodenjacke aus und warf sie beiseite. Johan und Klein-Märta kamen aufgeregt angerannt: »Rate mal, Mutter! Vater hat etwas!«
»Rate, was Vater hat . . .!«
In der einen Hand hielt Karl Oskar einen Beutel aus Papier, in der anderen ihre große Kanne. Er hielt Kristina die Tüte an die Nase: »Riech mal, was ich hier habe!«
»Guck mal, Mutter!« schrie Johan. »Vater hat süße Milch und Weißbrot gekauft!«
»Süße Milch und Weißbrot!« wiederholte Klein-Märta.
Kristina zog einen guten Geruch in die Nase, den sie lange

nicht gespürt hatte. Sie steckte die Hand in die Tüte und griff etwas Weiches: Frische weiße Brötchen – Weizenbrötchen!
»Karl Oskar . . . Stimmt das wirklich . . .?«
»Guck doch in die Kanne!«
»Mutter, das ist frische Milch!« rief Johan.
Karl Oskar hielt ihr die Kanne hin, die so voller Milch war, daß sie überschwappte.
»Sieh dich vor! Sei vorsichtig damit . . .!« warnte sie.
»Nun mußt du essen und trinken, Kristina.«
»Karl Oskar! Ich traue meinen Augen nicht. Wie hast du das bekommen?«
»Der Steuermann hat mir geholfen. Iß nun und trink! Wir haben schon gegessen und getrunken.«
Süße Milch, frische Milch – wann hatte sie das zum letztenmal zu sich genommen? Auf dem Schiff hatte sie nicht einen Tropfen in den Mund bekommen. Die letzte Milch hatte sie in ihrem Quartier in Karlshamn getrunken, und das war in einer anderen Zeit, in einer anderen Welt, in der Alten Welt.
Kristina faßte die Kanne mit beiden Händen, vorsichtig, sie durfte nichts vergießen. Ihr stiegen die Tränen in die Augen. Sie mußte sehen, wie Milch aussah, sie hatte es vergessen! Sie war gelblichweiß und dick und fett, und kein Löffel hatte die Sahne abgenommen. Und sie roch frisch, als wäre sie eben erst in das Gefäß geseiht worden.
Karl Oskar machte die Reisetasche auf, nahm einen Blechbecher heraus und goß ihn aus der Kanne voll Milch.
»Karl Oskar . . . Süße Milch und Weißbrötchen . . .!«
»Trink nun so viel wie du verträgst! Du brauchst es für deine Gesundheit!«
»Aber die Kinder? Haben die schon ihren Anteil bekommen?«
Keine Mutter durfte anfangen zu essen oder zu trinken, bevor ihre Kinder Essen und Trinken zu sich genommen hatten. Doch Karl Oskar erklärte, daß Johan und Klein-Märta sich drüben an dem Laden vor dem großen Haus, wo er die Waren gekauft hatte, sattgegessen und -getrunken hätten.
Kristina trank. Sie leerte den Milchbecher mit einigen Schluk-

ken, und Karl Oskar goß ihn wieder voll. Sie trank, bis sie nicht mehr konnte. Wer hatte vorher gewußt, daß Milch so gut war? Sie hatte selbst auf dem Melkschemel gesessen und Tausende von Kannen Milch aus Kuheutern gepreßt, sie hatte ihren Kindern morgens, mittags und abends Milch durchgegossen, sie hatte Kälber mit Milch gemästet, Ferkel mit Milch gesättigt – nie in ihrem Leben hatte ihr Milch gefehlt, bevor sie diese Reise angetreten hatte. Und nun nahm sie eine Kanne mit diesem Trank entgegen wie ein von Gott gekommenes Geschenk und wollte bei seinem Anblick weinen.
Sie sagte, das sei eine sahnige und gute Milch. Und sie nahm ein Weizenbrötchen aus der Tüte und schaute es sich genau an. Das Brötchen war ebenso groß wie bei ihnen zu Hause ein kleiner Laib. Es sah aber sehr locker aus.
Sie hatten noch etwas von den von zu Hause mitgenommenen Nahrungsmitteln übrig. Die Schiffskost war ranzig und völlig versalzen gewesen und hatte nach alten Kisten und muffigen Fässern geschmeckt. Das getrocknete harte Roggengebäck, der Schiffszwieback, hing Kristina mit seinem schlechten Geschmack und Geruch noch zum Hals hinaus. Zum Schluß kamen noch Würmer in den Schiffszwieback, und die Menschen hatten ihn in Wasser aufgeweicht und in Schweineschmalz gebraten, bevor er gegessen werden konnte. Vieles von dem Essen, das sie auf dem Schiff bekommen hatten, war nicht besser gewesen als Schweinefraß.
Wie herrlich, nach dem harten Schiffszwieback in ein weiches frisches Weißbrötchen zu beißen! Es hatte so locker ausgesehen, hatte aber, wie sich herausstellte, unter der Rinde ordentlichen Teig. Beim ersten Bissen merkte sie, daß sie Feiertagsessen zu sich nahm.
»Hier in Amerika wird prächtiges Weißbrot gebacken«, sagte Kristina.
»Hier ißt man auch in der Woche Weißbrot«, sagte Karl Oskar.
»Stimmt es, was man sagt?«
Kristina war mißtrauisch: Für sie war und blieb Weißbrot ein

Feier- und Festtagsessen. Zu Weihnachten, Ostern und Mittsommer pflegte sie einige Pfund Weizenmehl zum Backen zu kaufen. Dann zählte sie die Gebäckstücke und schloß sie in den Schrank ein, damit die Kinder sie nicht ohne Erlaubnis essen konnten. Es war Essen, das genau verteilt werden mußte, damit keinem Unrecht geschah.

»Hier wimmelt es überall von Menschen«, fand sie. »Kann das Weißbrot für alle reichen?«

Es gebe genügend Nahrung im Lande, meinte Karl Oskar, nach dem, was gezeigt werde. Er habe an mehreren Stellen hohe Stapel von Weißgebäck und Weißbrot gesehen. Sie seien ebenso hoch wie Holzstapel, und er habe große Bottiche voll süßer Milch gesehen. Von beidem gebe es so viel, daß sie und die Kinder sich wieder Kräfte anessen und -trinken könnten.

Das Bündel neben Kristina begann sich zu bewegen, und es kamen Laute heraus: Harald wurde wach und fing an zu schreien. Die Mutter nahm ihn zu sich, und sein Schreien hörte ganz plötzlich auf, als er fühlte, daß ihm süße Milch in den Mund zu laufen begann. Der Kleine schluckte den ungewohnten Trank und schwieg, schwieg und schluckte. Das Erstaunen überwältigte das Kind.

Es schnitt Kristina ins Herz, als sie sah, wie ausgemergelt die Gesichter der Kinder waren, wie eingesunken ihre Wangen, wie blau und blaß ihre Lippen, wie matt und tiefliegend ihre Augen! Wenn sie sie hochnahm, fühlten sich ihre Körper so leicht an, die Arme und Beine waren so spindeldürr geworden, die Haut auf ihren Gliedern erschien so schlaff; es war, als hätte sich das Fleisch von den Knochen gelöst. Sie waren von dem engen und dunklen und dumpfen Loch unter dem Deck des Schiffes, wo sie so lange eingesperrt gehalten worden waren, gezeichnet. Wie hatte sie sich doch um ihre Kinder gesorgt, als sie krank lag und sie alle drei um ihr Lager herumkrabbelten und sie nicht die Kraft hatte, sie zu besorgen! Wie hatte sie sich darüber gegrämt, daß sie ihnen auf der ganzen Fahrt über das Meer nicht einen einzigen Bissen frische Nahrung oder einen einzigen Mundvoll süße Milch geben konnte!

Wie hatte sie sich nach dem Augenblick gesehnt, wo sie Johan, Klein-Märta und Harald wieder an Land lassen könnte!
Diese armen blassen, abgemagerten Kinder brauchten wahrhaftig die gute amerikanische süße Milch und frische Weißbrötchen!
Johan, der bei der Jacke, die der Vater ins Gras gelegt hatte, Wache hielt, wurde ungeduldig: »Vater, du vergißt den Apfel! Den Apfel für Mutter!«
Aus der Tasche der Jacke seines Vaters holte er einen roten, blanken Apfel hervor, der ebenso groß war wie sein eigener Kopf, und reichte ihn stolz der Mutter.
»Hast du schon einmal einen so großen Apfel gesehen?« fragte Karl Oskar. »Ich habe ihn geschenkt bekommen.«
Drüben am Kai hatten sie eine Frau getroffen, die einen großen Korb trug, der bis zum Rande mit großen, schönen Äpfeln gefüllt war. Johan und Klein-Märta waren stehengeblieben und hatten auf das Obst geschaut und heißhungrig ausgesehen. Die Frau hatte etwas zu ihnen gesagt; natürlich verstanden sie nichts, doch sie hatte jedem Kind einen Apfel gegeben, und sie hatten sie gleich aufgegessen, und er hatte auch einen bekommen – den er hier für sie aufgehoben hatte.
»Karl Oskar . . . Das ist aber lieb von dir . . .«
Sie wog den großen Apfel in der Hand. Er wog bestimmt über ein Pfund. Es war der größte Apfel, den sie gesehen hatte. Johan und Klein-Märta warfen verlangende Blicke auf die Frucht, die die Mutter in der Hand hielt, und sie bat Karl Oskar, den Apfel in gleich große Teile zu schneiden, so daß jeder ein Stück erhielt. Da schnitt er den Apfel sorgfältig mit seinem Taschenmesser entzwei und verteilte ihn gleichmäßig unter sie: Ein Viertel war so groß wie zu Hause ein gewöhnlicher Apfel.
Und die Einwandererfamilie aß und genoß das erste amerikanische Stück Obst, das voller Saft war und in der Hitze im Munde erfrischte und labte.
»Ist das ein neuer Apfel?« entfuhr es Kristina erstaunt, als sie gekostet hatte.

»Ja. Das merkst du doch?«
»Ich glaubte, es sei Obst, das vom vorigen Sommer her gelagert hatte.«
»Nein. Hier in Amerika sind die Äpfel schon vor Mittsommer reif«, sagte Karl Oskar.
Der Geschmack, den der frische säuerliche Apfel im Mund gab, zeigte es Kristina: Sie aß ein Stück Obst, das in diesem Jahre geerntet war, und es war erst Mittsommer.
Mittsommer – es war gerade Feiertag gewesen, ein Mittsommer, den keiner von ihnen begangen hatte. In ihrer Eingesperrtheit auf dem Schiff hatten sie sich damit begnügen müssen, vom Mittsommerfest in der Heimat zu sprechen.
Nicht weit von ihnen sah sie den Pier mit der *›Charlotta‹*, die noch dalag und ihre übrige Ladung löschte. Sie erkannte die schwedische Brigg an den Masten. Wenn sie ihre Ladung gelöscht hatte, würde sie wieder zurücksegeln. Das Schiff würde sich noch einmal über das unruhige, unendliche Wasser durchschlagen. An einem trüben und windigen Frühlingstage hatte es den schwedischen Hafen verlassen, und vielleicht war es ein trüber und windiger Herbsttag, wenn es wieder in demselben Hafen war. Ihr Schiff würde wieder zu Hause sein.
Zu Hause – die Worte gaben Kristina einen Stich, und sie kaute beim Essen des Apfels langsamer.
Zu Hause zur Mittsommerszeit: Vater stellte volle junge Birken vor die Haustür, eine auf jede Seite. Mutter setzte auf dem Klapptisch, den sie vors Haus getragen und unter den alten Ahornbaum des Hofes gestellt hatten, Kaffee vor. Maria und Emma, ihre Schwestern, schnitten Flieder von den Sträuchern und putzten und schmückten sich zum Tanz auf der Tenne. Man roch, daß frisch gescheuert worden war, draußen und drinnen roch es sauber, es roch nach Flieder und süßlaubiger Birke. Und sie hatten sich alle um den Klapptisch unter dem Hofbaum versammelt, und sie waren fein angezogen und waren ausgelassen und lachten. So war es zum Mittsommer immer zu Hause gewesen.

Ob sie in diesem Jahr von einer sprachen, die früher dabeigewesen war? Erwähnten sie ihren Namen: Kristina, die mit Karl Oskar nach Nordamerika gezogen war, wie ging es ihr jetzt, gerade am heutigen Abend, am Mittsommerabend?
Sie wußte, wie es zu Hause aussah, aber die zu Hause wußten nicht, wie es hier war.
Sie hatte einen unermeßlich langen Weg zurückgelegt; sie kannte das weite Wasser, das sie von ihrem Heimatland trennte, das ihr Zuhause und das Hier trennte. Sie würde diesen Weg nie mehr fahren, nie mehr dieses Meer überqueren. Wenn sie aber nicht zurückkehrte, durfte sie dort zu Hause auch nie mehr dabei sein.
Erst jetzt hatte sie begonnen, sich da hineinzudenken: *Nie mehr daheim dabei sein.*
Der Gedanke erschütterte sie. Und dazu kam der Anblick des Schiffes da drüben, das umkehren würde, das wieder nach Hause fahren durfte. Dieses Schiff, wo sie so gequält worden war – was wollte sie jetzt damit –? Sie wollte doch nicht damit zurückfahren? Sie wollte doch nicht noch einmal zehn Wochen lang in dem dunklen Schiffsraum eingesperrt bleiben? Nein, nein! Warum wollten ihr dann aber jetzt die Tränen kommen? Warum? Sie verstand es nicht.
Karl Oskar setzte sich hin und wischte sich mit dem Ärmel seines Hemdes den Schweiß aus der Stirn: Man konnte auch im Schatten vor Hitze zergehen.
»Heute abend müssen wir ein Schiff besteigen und auf dem Fluß fahren!«
Sie dachte an den Weg, der hinter ihnen lag, er an den Weg, der vor ihnen lag: »Wir sind verspätet.«
Er befürchtete, daß sie zu spät im Jahre ins Land gekommen seien. Es hatte ja auch niemand daran gedacht, daß sie bis Mittsommer auf dem Meere segeln würden. Er hatte es sich ausgerechnet, daß sie um diese Zeit an ihrem neuen Wohnplatz sein würden, und da hätten sie es geschafft, etwas Land aufzuhacken, wo sie Gerste hätten säen und Kartoffeln hätten legen können. Wie würde es ihnen im Winter ergehen, wenn

das Jahr zu weit vorgeschritten war, so daß sie nichts in die Erde bekamen?
Er fand auch wie Kristina: Es wimmelte von Menschen hierzulande, in allen Ecken und Winkeln, wenigstens in dieser Stadt. So viele Menschen hatte er noch nie an einer Stelle beisammen gesehen. Es waren massenhaft Menschen vor ihnen hier hergekommen, das konnten sie jetzt sehen, und jeden Tag kamen neue Schiffe mit neuen, großen Menschenschwärmen. Vielleicht hatte man ihnen etwas vorerzählt, vielleicht war Amerika bereits voll.
Er wollte aber seine Frau am ersten Tage an Land damit nicht beunruhigen. Er mußte sie, wo sie nach der Krankheit so schwach und bedrückt war, vielmehr ermuntern. Sie hatte nun schon einige der herrlichen Sachen zu kosten bekommen, die feilgeboten wurden, sobald sie in einen amerikanischen Ort kamen, und alles, was er selbst bisher gesehen und erlebt hatte, war ihnen vielversprechend erschienen: »Ich glaube, daß Amerika ein gutes Land ist. Ich glaube nicht, daß wir es zu bereuen brauchen. Das werde ich nach Hause schreiben.«
Kristina schluckte ein paarmal und drehte das Gesicht zur Seite: Er sollte sie heute, an dem Tage, an dem sie an Land gegangen waren, nicht Tränen vergießen sehen. Sie wollte sie herunterschlucken. Und was hatte sie jetzt eigentlich noch zu weinen? Sie war wieder auf festem Boden, und sie hatte alle Ihrigen um sich herum. Und sie hatte so viel süße Milch trinken und frisches Weißbrot essen können, wie sie vermochte. Was fehlte ihr?
Karl Oskar fuhr fort: Er habe drei ganze Abende an dem Brief nach Schweden geschrieben, und nun wolle er ihn dort auf dem Truhendeckel fertigschreiben, so daß er ihn mit dem Schiff mitschicken könne, wenn es zurückfahre. Es werde ohnehin September werden, bis der Brief zu Hause ankomme; es werde vom Frühjahr bis zum Herbst dauern, bis ihre nächsten Angehörigen zu Hause etwas von ihnen über ihre Reise auf dem Fortzug erfahren könnten.
Kristina hatte eine ganze Weile nichts gesagt, nicht ein einzi-

ges Wort, seit sie erfahren hatte, daß die amerikanischen Äpfel bereits vor Mittsommer reif wurden. Hatte sie das so sprachlos gemacht? Er schaute sie an. Irgend etwas hatte sie betrübt. Was fehlte ihr? Er wollte nicht fragen, was es war, denn worum es sich auch handelte, es war ihm klar, daß eine Frage sie nur noch mehr betrüben würde.

Er hielt ihr die Tüte mit dem Brot hin: »Iß noch, Kristina!«

»Ja, das hat schon gut geschmeckt. Wenn du meinst, daß es reicht . . .?«

Kristina nahm noch cin Weißbrötchen und aß.

Und die Erinnerung an ihren ersten Tag auf amerikanischem Boden würde von nun an immer mit süßer Milch und frischem Weißbrot, mit Milch und Weißbrötchen, verknüpft sein.

Der Brief nach Schweden

Nordamerika, den 26. Juni 1850

Zärtlich geliebte Eltern!

Mein höchster Wunsch ist, daß es Euch gut geht.
Ich will Euch nun über unsere Reise aus unserm Vaterland wissen lassen, wir haben sie in zehn Wochen zurückgelegt und sind in der Stadt New York angekommen. Am Mittsommerabend erreichte das schwedische Schiff glücklich den amerikanischen Strand.
Es herrschte große Freude unter uns, als wir das neue Land schauten, die Amerikaner sind ein edelmütiges Volk, das alle Fremden durch die Tore seines Landes hereinläßt, keiner fragte uns mit einem Wort nach unserem Stand, und niemand wird hier der Eintritt verweigert. Es wird nicht danach gefragt, ob er arm oder reich ist.
In unserer Familie leben alle und sind gesund. Die See war ziemlich unruhig, aber die Reise bekam uns allen ziemlich gut. Dagegen will ich Euch berichten, daß Danjel in Kärragärde von dem großen Mißgeschick betroffen wurde, daß er mitten auf der See seine Ehefrau Inga-Lena verlor. Ihre Zeit war gekommen. Es würde aber zu weit führen, unsere Reise zu beschreiben.
New York ist eine große Stadt, und die Häuser sind groß und hoch. Hier wimmelt es von Menschen aller Art aus der bekannten Welt, die schwarze und braune und farbige Haut haben, aber es sind trotzdem Menschen. Alle, die wir getroffen haben, sind uns jedoch freundlich begegnet.
Die Amerikaner sind blaß und mager, sie sagen, das kommt von der Wärme. Hier ist heißere Luft als zu Hause.
Hier ist alles mögliche Merkwürdige zu sehen, es läßt sich in

einem Brief nicht ausmalen. Hier behauptet man, daß die Zeit in Nordamerika gegenüber Schweden um sechs Stunden verschieden ist, und zwar so, daß man alle Uhren um sechs Stunden zurückgestellt hat. Außer mit dem Kapitän auf dem Schiff kann man hier kein schwedisches Papiergeld wechseln, aber Gold und Silber haben hier ihren Wert wie zu Hause. Unser schwedisches Geld ist aber weniger wert als das amerikanische.

Meine guten Eltern, macht Euch keine Sorgen um uns. Hier sind wir in bester Hut. Ich schied zufrieden von meinem Vaterland. Wenn ich gesund und bei Kräften bleibe, werde ich mich und die Meinen hier in Nordamerika ganz leidlich durchbringen. Wenn ich etwas mit eigenen Händen anpacken kann, wird es, glaube ich, nicht schwer sein, hier sein Auskommen zu finden.

Bei unserer Ankunft trafen wir eine edelmütige Frau, die uns Äpfel aus ihrem Korb schenkte. Die Äpfel in Amerika sind außerordentlich groß. Hier werden viele Früchte feilgeboten, die in Schweden nicht gepflanzt werden. Die Amerikaner essen zu fast jeder Mahlzeit Weißbrot und nehmen kräftige Nahrung zu sich.

Unsere geliebten Kinder sind gesund und munter, sie sprechen viel von Euch. Grüßt Kristinas geliebte Eltern und Geschwister in Duvemåla schön und sagt ihnen, daß ihre Tochter gesund und zufrieden in Amerika angekommen ist.

Unser Kapitän hat Schiffsplätze für uns bestellt, damit wir weiter ins Land hinein befördert werden. Auf dem Zettel, den ich beilege, habe ich einen Ort aufgeschrieben. Dort wollen wir bleiben und uns niederlassen. Und herzliche Grüße an meine Schwester Lydia von ihrem Bruder. Wir hätten nächstes Mal gern gewußt, was sich zu Hause verändert hat.

Seid so gut und laßt uns wissen, an welchem Tage dieser Brief in Schweden angekommen ist, so daß ich ausrechnen kann, wie lange es von Nordamerika dauert.

Bezahlt nicht die Gebühr für den Brief, dann kommt er sicherer an.

Bestellt allen Freunden und Verwandten zu Hause, daß wir leben und daß es uns an Körper und Seele gut geht. Nichts in der Welt fehlt uns.
Eilig niedergeschrieben von Eurem Euch liebenden Sohn

Karl Oskar Nilsson

Die schönste Straße der Welt

I

Auf der Brigg ›*Charlotta*‹ hatte man sich erzählt, daß fast die Hälfte der Einwohner von New York aus losem Gesindel, Dieben, Betrügern, Räubern und Missetätern bestehe. Deswegen ging keiner der Ankömmlinge in der Stadt allein auf die Straße. Der Zweite Steuermann hatte aber Robert und Arvid, dem Knecht Danjels, versprochen, mit ihnen mitzugehen und ihnen New York zu zeigen, wenn sie an Land kämen. Und als er am Nachmittag des Landungstages für den Kapitän einiges in der Stadt zu erledigen hatte, durften ihn die beiden jungen Leute begleiten.

Der Zweite Steuermann war während der Fahrt über das Meer freundlich und nett zu ihnen gewesen. Sie hatten aber nie seinen Namen gehört; redete man ihn an, so sagte man Steuermann, und sprach man von ihm, dann nannte man ihn den Finnen. Er war ein gesprächiger Mann und der einzige von der Schiffsführung, mit dem sie hatten vertraulich sprechen können.

Er ging mit den beiden Jünglingen an dem Flußarm entlang, an der langen Reihe der Schiffe an den Piers vorbei. Hier auf der Ostseite des Hudson war der Kai das ganze Ufer entlang ausgebaut. Der Seemann zeigte: In diesem Hafen flatterten alle Flaggen der Welt nebeneinander. Dort liege eine Fregatte mit der amerikanischen Flagge, sternengeschmückt und gestreift; sie sollten lernen, sie zu erkennen, da sie sich hier niederlassen wollten. Das Schiff sei ein Ostindienfahrer, ein schöner Segler. Die amerikanischen Schiffe hätten schöne Rümpfe. Das Schiff dort, das so aussehe wie ein Schleppkahn, sei ein Holländer: Es sei dagegen nicht besonders schmächtig gebaut; man nenne es Schmack. Und dieses lange aus viel Holz gebaute Schiff sei ein norwegisches oder ein zur Hälfte schwedisches, denn die hätten ja denselben König. Das dürften sie aber keinem Norweger sagen, denn dann bekämen sie sofort eins über den Schädel.

Auf dem breiten Fluß drängten sich die Schiffe, Dampfschiffe und Segelschiffe, Schaluppen und Ruderboote, Fähren und Schleppkähne in einem einzigen Durcheinander. Draußen auf dem Strom wurden Schiffe durch Segel über dem Wasser angetrieben, dort wurden Schiffe mit Rädern unter dem Wasser angetrieben. Die hohen, schmalen Schornsteine der Dampfschiffe ragten im Hafen wie ein Wald aus schwarzen, verbrannten Baumstämmen empor. Der Hudsonfluß mit seinen Buchten, Einschnitten und herausragenden Landzungen floß in die Stadt New York hinein, umgab sie und schloß sie in seine Arme, und die Stadt New York ragte in den Fluß hinaus und zerteilte ihn. Der Rauch aus den Schornsteinen der Häuser in den Straßen und von den Dampfschiffen im Hafen vereinigte sich in großen Wolken, die in einem schwachen Westwind über das Wasser wegschwebten und zum Atlantischen Ozean hinaustrieben.

Über ein kleines Fahrzeug, das ohne Segel, Räder oder Ruder über das Flußwasser geeilt kam, war Robert verwundert. Er fragte, wie es angetrieben werde. Es sei eine Dampffähre, erklärte der Finne: Sähen sie denn nicht den rauchenden Schornstein, der in einem Häuschen mitten auf dem Schiff stand?

Der Zweite Steuermann der ›*Charlotta*‹ zeigte und erklärte den Jünglingen, sprach von Barken und Schmacken, Schonern und Galeassen. Sie begriffen davon nicht viel. Doch vom Deck eines größeren Segelschiffes waren Gesang und frohe, laute Zurufe zu hören. Dort oben stand eine Gruppe von Männern mit großen, breitkrempigen Hüten; sie sangen und waren ausgelassen. Es waren offenbar die Passagiere an Bord.

Hier wollten sie verweilen und sich etwas umsehen. Sie wurden neugierig.

Der Finne blieb stehen: Das Schiff sei ein Clipperschiff aus Kalifornien, das gleich nach San Franzisko abgehen würde.

Es sei ein neues Schiff, schnellsegelnd und mit Kupfer beschlagen. Die Männer dort an Bord wollten nach Kalifornien und nach Gold graben.
Der Name des Schiffes war ›*Angelica*‹, und am Bug war ein roter flatternder Wimpel mit einigen sonderbaren Worten darauf angebracht: *Ho! Ho! Ho! For California!* Dieser Wimpel sah nicht aus wie die Flaggen anderer Schiffe, und die Passagiere glichen auch nicht den Passagieren auf anderen Schiffen: Sie lachten und lärmten und sangen lustige Lieder. Es war so, als gäbe es an Bord dieses Schiffes keine Befehlspersonen.
In diesen Tagen sollte auch eine Schiffsladung mit Frauenspersonen, weißen und farbigen, hier von New York nach den Goldfeldern abgehen, sagte der Zweite Steuermann. Frauen seien in ganz Amerika knapp, aber in ganz San Franzisko gebe es nur fünfzig, und die Goldgräber wüßten nicht ein noch aus vor Geilheit. Es sei so weit gekommen, daß sie ihre Pferdestuten und Maulesel vergewaltigten. Durch Geilheit würden Männer leicht wahnsinnig. Doch Gold gebe es dort drüben – es wachse in der Erde wie in Schweden die Kartoffeln auf den Äckern wüchsen, und aus den Flüssen fische man Goldstücke heraus, die so groß seien wie Hühnereier. Er habe hier in New York selbst Proben des kalifornischen Goldes gesehen, das dreiundzwanzig Karat enthalten habe. Die Bettler in Kalifornien gingen in Lumpen, wie es überall in der Welt die Bettler täten, doch der Unterschied sei der, daß die Lumpen der kalifornischen Bettler aus Gold seien. Von hundert Schiffen im Hafen von San Franzisko seien die Mannschaften zu den Goldfeldern ausgerückt. Das Gold dort drüben werde sich über die ganze Welt verbreiten, und die ganze Welt werde in einigen Jahren reich werden.
Doch nicht viele kämen lebend von den Goldfeldern zurück. Man sage, daß die Passagiere dieses Schiffes ihre Grabsteine in New York bestellt und sie mit an Bord des Schiffes genommen hätten – um Geld zu sparen, denn es sei billiger, die Inschriften auf den Steinen hier anzufertigen.
Hier bei dem Clipper horchte Robert auf, er starrte neugierig

und wißbegierig auf die *›Angelica‹*. Dieses Schiff glich nicht der *›Charlotta‹*, weder dem Namen nach noch auf andere Weise. Es war ein frohes Schiff mit frohen Passagieren.
Als die singenden Männer ein Lied beendet hatten, stimmten sie gleich ein neues an:

> Blow, boys, blow for California!
> There's plenty of gold,
> so I've been told
> on the banks of the Sacramento ...

Sie schwenkten die Arme und winkten vergnügt mit ihren Hüten den Zuschauern zu, die sich auf dem Kai versammelt hatten. Auf der schwedischen *›Charlotta‹* hatten die Passagiere auch gesungen, doch fast nur geistliche Lieder, Totenlieder, Begräbnislieder, und es hatte selten jemand an Bord gelacht. Obwohl Robert die Worte der Lieder, die die Männer auf der *›Angelica‹* sangen, nicht verstand, merkte er doch, daß es keine Choräle sein konnten. Es mußten frohe Lieder sein. Und auf der Fahrt in das Land der Goldgräber nahmen die Sänger ihre Grabsteine mit, die bereits ihre Namen trugen – wie konnten sie so ausgelassen und munter sein, wenn sie mit ihren Grabsteinen an Bord fuhren? Vielleicht waren sie so lustig und sangen, weil sie das klügste gemacht hatten, was jemand hier tun konnte: Sie traten vielleicht eine gefährliche Reise an, aber wer in der Neuen Welt reich werden wollte, mußte natürlich schleunigst zu der Stelle fahren, wo man das Gold aus der Erde graben konnte.
»Die haben ihren Spaß auf dem Schiff«, sagte Arvid neidisch.
»Die Männer auf dem Goldschiff sind betrunken«, erklärte der Finne. »Vielleicht vertrinken sie ihre Grabsteine, bevor sie von hier fortkommen.«
›Angelica‹ – Robert betrachtete den Namen des Clippers am Bug. *›Angelica‹* und *›Charlotta‹* waren zwei Frauennamen. *›Charlotta‹* war schwer und hart, dunkel und streng und rauh – *›Angelica‹* klang leicht und weich, hell und mild. *›Char-*

lotta‹ hörte sich nach einer Hofbäuerin an, dienstherrschaftsmäßig und gebieterisch wie der Name einer dicken alten Frau – ›*Angelica*‹ war wie der Name eines zierlichen und schönen Mädchens, und er hörte sich frei und klingend an wie Vogeltrillern, er duftete wie eine Blume an einem Alltag: In diesem Namen waren Freude und Freiheit.
So sollte das Schiff heißen, mit dem er das nächste Mal fuhr.
Nun begannen die Passagiere auf dem Deck des Clippers mit langen Sätzen umherzuhopsen.
»Die Kerls da oben tanzen bestimmt die Polka«, sagte der Finne.
»Was ist das für ein Tanz?« wollte Robert wissen.
»Der neue ungarische Kriegstanz. Ein gottloser und hurerischer Tanz. Wir wollen aber hier nicht länger stehenbleiben. Wir wollen uns im Hafen noch mehr ansehen.«
Zögernden Schrittes verließ Robert die ›*Angelica*‹ mit dem flatternden roten Wimpel im Topp: Es lagen vielleicht tausend Schiffe im New-Yorker Hafen, aber nur eines, mit dem er hätte mitfahren wollen.
Sie verließen den Kai und bogen nach links ab. Der Finne ging voraus. Sie gingen schräg über Battery und kamen in die Stadt hinein.
Wenn sie die richtige Aussicht über die Insel Manhattan haben wollten, müßten sie nach Wee Hawkeen hinaufgehen, sagte der Begleiter. Jetzt habe er keine Zeit, mit ihnen dort hinzugehen, doch dort oben könnten sie all die Tausende von Häusern und all die Hunderte von Kirchtürmen sehen. Dort oben spüre man, daß man in die Welt hinausgekommen sei.
In dem Beschreibungsbuch von Nordamerika hatte Robert von New York gelesen, daß es die volkreichste und lebhafteste Stadt der Neuen Welt sei, und daß die Häuser der Stadt bis zu fünf Stock hoch, und daß die Straßen bis zu fünfzehn Klafter breit seien. Konnte es aber stimmen, was von den Einwohnern behauptet wurde: Konnte die Hälfte von ihnen Mörder und Räuber sein?
»Das ist stark übertrieben«, sagte der Finne. Nur ein Zehntel

seien Verbrecher. Man könne ungefähr so sagen, fügte er hinzu: Jedes vierte Haus, an dem man hier in der Stadt vorbeikomme, sei ein Wirtshaus, jede fünfte Frau, der man auf der Straße begegne, sei eine Hure und jeder fünfte Mann ein Verbrecher. Das könne vielleicht stimmen, soweit ein vorübergehend hier befindlicher Seemann und Fremder mutmaßen könne.

Robert begann, sich die Menschen, die auf der Straße an ihnen vorbeigingen, insbesondere die jüngeren Frauen, genauer anzusehen.

»Ihr sagt, Steuermann, daß jede fünfte Frauensperson eine Hure ist?«

»Ja . . . so im Durchschnitt, natürlich.«

Der Zweite Steuermann fuhr fort: Es gebe in dieser Stadt zwanzigtausend offene und anerkannte Dirnen, außer den heimlichen, die nur der liebe Gott gezählt habe. Es gebe zweitausend Freudenhäuser, die die ganze Woche über außer in der Zeit des sonntäglichen Gottesdienstes Tag und Nacht geöffnet seien. Es gebe zehntausend Wirtshäuser, und jeder Wirt habe einen Mann mit einer Karre angestellt, der die Leichen derer fortschaffe, die sich in seinem Wirtshaus zu Tode tränken. Der amerikanische Branntwein sei der stärkste der Welt, und eine Reihe von Wirten täten ein paar Prisen Gift hinein, um das Getränk zu mildern und ihm Geschmack zu verleihen. Die Amerikaner hätten von Kindheit an ihre Mägen mit gewürzten und mit Geschmacksmitteln versetzten Getränken abgehärtet, doch ein nicht daran gewöhnter Fremder könne tot an der Theke umsinken. In den am übelsten beleumdeten Spelunken, wie in *The Old Brewery* dahinten bei Five Point, befinde sich der Ausschank im Erdgeschoß, das Bordell im ersten Stock und der Leichenraum im Keller. Die Gäste tränken sich im Schankraum im Erdgeschoß voll, darauf gingen sie zu den Mädchen im ersten Stock hinauf, wo sie beraubt und ermordet und ausgezogen und darauf durch einen Schacht in den Leichenkeller hinuntergeworfen würden. Ja, hier in New York gebe es bequem eingerichtete Gasthäuser

und Unterkünfte, wo man schnell bedient werde. Die Polizei wage sich niemals in solche Höhlen hinein. Als dieser Jahre eine der Spelunken bei Five Point abgerissen worden sei, habe man über tausend Leichen gefunden.
Bei der Erzählung des Steuermannes begann es Robert und Arvid kalt über den Rücken zu laufen. Robert hatte aber nichts Wertvolles bei sich, und wer auf einer Wanderung nichts bei sich hatte, konnte auch keiner Sache beraubt werden. Er hatte nur ein bißchen schwedisches Geld in seinem Beutel. Sein Erbteil, das bei Karl Oskar gestanden hatte, war für die Fahrtkosten draufgegangen. Er kam wie sein Reisegenosse völlig mittellos hier an.
Doch Arvid griff nach der Uhrkette, die auf seiner Weste hing, und flüsterte Robert ins Ohr: Er habe seine Uhr bei sich. Das sei vielleicht gefährlich, aber man könne jetzt nichts machen. Robert hatte nicht einmal eine Uhr, niemand konnte ihn bestehlen, auch wenn jeder zehnte Mann, den sie trafen, ein Dieb war.
Die Jünglinge aus Ljuder wußten fast nichts von Städten. Vor New York waren sie durch eine einzige Stadt, nämlich Karlshamn, gekommen. Sie hatten nichts gesehen, was zum Vergleich dienen konnte. Arvid hatte auch nichts von Städten gelesen, da er nicht lesen konnte. Bevor Robert ihm ein erdkundliches Schulbuch gezeigt hatte, war er der festen Meinung gewesen, daß Schweden die ganze Welt darstelle. Robert wollte aber nicht als ein einfältiger und unwissender Junge dastehen, der sich noch nie unter Menschen bewegt hatte. Deswegen fragte er den Zweiten Steuermann mit einer Miene, als wäre er mit der Angelegenheit vertraut:
Waren die Frauen in den New Yorker Freudenhäusern im Lande aufgewachsen, oder waren sie zugewandert? Der Finne erwiderte, daß fast alle diese Frauenspersonen ebenso wie sie selbst in der Alten Welt aufgewachsen seien. Einige seien bereits auf den Schiffen der Sünde verfallen. Dann habe ihr Reisegeld nur bis New York gereicht. Vielleicht seien sie nicht weiter gekommen als bis hier zu dem Kai; sie seien gezwungen

gewesen, hier zu bleiben und das feilzubieten, was sich am leichtesten und schnellsten habe verkaufen lassen. Das Leben einer Hure in Nordamerika dauere aber höchstens vier Jahre, danach stelle sich der Tod ein. Da müsse sie aber zunächst gesund gewesen sein. Meist werde sie geschlechtskrank, der Körper sei mit stinkenden Wunden übersät, und ihre Glieder verfaulten und fielen eines nach dem andern ab. Das Gift verberge sich ganz im Innern des Körpers, in den Röhrenknochen. Dort pflanze es sich von Geschlecht zu Geschlecht fort. Und damit werde das Gesetz Gottes erfüllt, wie es im vierten Gebot des Katechismus gedruckt stehe; so würden die Missetaten der Väter an den Kindern bis ins dritte und vierte Glied heimgesucht, ›an denen, die mich hassen‹.

In diesem Augenblick kamen sie um eine Ecke mit hohen Häusern, und ihr Führer blieb stehen und zeigte auf einen steinernen Sockel, der sich an der Straße erhob: »Da oben stand der letzte König Posten, der in Amerika regiert hat.«

Der Steinsockel war mindestens drei Klafter hoch.

Robert fragte: »Wie hieß denn dieser König?«

»Das weiß ich nicht mehr. Es war aber ein englischer König. Er war aus Blei.«

»So. War es ein Standbild?«

»That's right, boy, das Standbild eines Königs aus Blei!«

Der Zweite Steuermann von der ›*Charlotta*‹ guckte am Steinsockel hoch: Der englische König habe so grausam regiert, daß die Amerikaner einen Krieg begonnen hätten, um ihn abzusetzen. Sie hätten aber zu wenig Kugeln für ihre Gewehre gehabt; da seien sie auf den Gedanken gekommen, diesen Bleiklotz hier einzuschmelzen, der ihren König habe vorstellen sollen. Und als die Engländer hergekommen seien, um die aufsässigen Amerikaner zu züchtigen, seien sie mit prächtiger Munition empfangen worden: Sie hätten Bleistücke ihres eigenen Königs mitten zwischen die Augen bekommen! Das habe geschmeckt, wollte man meinen. Die guten Gewehrkugeln hätten so gut gesessen, daß die Amerikaner den Krieg gewonnen hätten und ein freies Volk geworden seien.

So sei es mit dem letzten König in Amerika gegangen.
Und wer könne es wissen – vielleicht packten die Völker in Europa eines schönen Tages auch ihre Königsstandbilder in den Kessel und kochten sie und schmölzen sie zu Kugeln ein. Dann würden sie auch frei werden.
Robert nickte und begriff: Da hier Könige verboten waren, konnte man sie so schlecht machen, wie man wollte.
Sie bogen nach rechts ab und kamen auf eine sehr breite Straße. Der Finne breitete beide Hände zur Straße hin aus, ganz stolz, als hätte er das Werk seiner eigenen Hände gezeigt: Dieses sei der Broadway, die schönste Straße der Welt.
Sie waren in ein großes Menschengewimmel hineingesogen worden, hier konnte niemand schnell vorankommen. Die Menschen wichen aus, immer nach rechts, um nicht aneinanderzustoßen, und sie fingen an, es ebenso zu machen. Die Leute schauten sich nicht ins Gesicht, wenn sie sich begegneten, niemand glotzte den andern an. Robert und Arvid blieben so dicht bei ihrem Begleiter, wie sie konnten; sie wurden gestoßen und gedrängt, wenn sie nicht schnell genug auswichen, und sie fühlten sich unsicher und verwirrt mitten in dieser Menge Menschen, angesichts dieser unübersehbaren Fülle von Leuten, die auf der Straße an ihnen vorbeizogen, die von allen Straßen der Welt am breitesten und schönsten sein sollte.
Der Broadway war sicher über fünfzehn Klafter breit: Robert versuchte ihn mit den Augen zu messen. Der Name bedeutete Breiter Weg, das wußte er aus seinem Sprachbuch. Er hatte einmal ein Bild mit diesem Namen gesehen: Es stellte den Weg vor, den der Mensch durchs Leben wanderte, und er war voller Leute, die ihren Sünden nachgingen. Der Weg endete an der Pforte der Hölle. Auf dieser Straße hier, wohin sie auch führen mochte, war auch ein großes Gedränge. Die meisten Menschen, die sie sahen, hatten weiße Haut im Gesicht und ähnelten ihnen selbst, was ihr Aussehen betraf, ziemlich stark. Doch Robert war über den großen Unterschied in der Kleidung erstaunt. Da spazierten Männer in feinen, ordentlich gebürsteten, teuren Sachen mit sauberem, blendendweißem

Leinen um den Hals und blanken Stiefeln an den Füßen. Er traf aber auch Männer in zerschlissener und zerlumpter Kleidung und jämmerlichen, verschmutzten Hemden, und sie trugen schlechte Fußbekleidung, nur einige herumgewickelte Lumpen – und hier kamen Leute, die barfuß gingen. Die mußten sich bei dieser Hitze die Füße auf den Pflastersteinen verbrennen. Hier begegneten sie Leuten in allen möglichen Kleidungsstücken. Er dachte: Die so schlecht gekleidet waren, hatten das Land vor so kurzer Zeit betreten, daß sie noch nicht hatten reich werden können.

Alle Neger, die er sah, gingen frei und ungezwungen umher. Er hatte sich vorgestellt, daß die schwarzen Sklaven in Ketten gelegt waren und von Wächtern wie Hunde an der Leine geführt wurden, wenn sie aus dem Hause gingen. Er bemerkte Neger, die breit lachten, so daß ihre Zähne gegen die dunklen Lippen schimmerten, aber andere sahen so betrübt und scheu und bedrückt aus, daß ihr Anblick ihm wehtat. Er vermutete, daß die, die lachten, bessere Dienstherren hatten als die anderen.

Sie müßten wissen, daß die Häuser an dieser Straße die höchsten seien, die auf der Welt gebaut worden seien, sagte ihr Führer. Sie seien bis zu fünf Stock hoch. Höhere Häuser würde man niemals bauen können.

»Danjel sagt, daß wir zum Turm von Babel gekommen sind«, mischte sich Arvid ein.

»Der Turm von Babel ist schon vor langer Zeit umgefallen«, klärte Robert ihn auf.

Sie guckten an den Häusern längs des Broadway hoch, die aus Holz und Mauersteinen gebaut und mit vielen Farben angestrichen waren – weiß und leuchtendrot, schwarz und gelb. Einige Bauwerke hatten Mauern mit weißen Kalkstreifen; solche gestreiften Häuser sahen eigenartig aus.

Reiter in schwarzen Röcken und hohen Hüten ritten in der Mitte der Straße auf frischgestriegelten Pferden mit glänzenden Schenkeln vorbei. Es rollten Wagen vorüber: Vergoldete gefederte Wagen mit feingekleideten Frauen darin, einfache

Karren mit Bierfässern darauf, Kaleschen, die von zwei weißen Pferden gezogen wurden, Pferdedroschken und leichte Einspänner, schwere Lastwagen, vor die Ochsen gespannt waren, nette zweirädrige Wagen mit Pferden, die so klein waren wie Fohlen, vierrädrige und zweirädrige Gefährte, große und kleine Wagen, leichte und schwere Wagen. Alles, was auf Räder gesetzt und von Tieren gezogen werden konnte, rollte hier auf der breitesten Straße der Welt vorbei.
Arvid wies verdutzt auf ein kleines graues und langohriges und langhaariges Tier, das ruhig zwischen den Deichselarmen einer Karre stand: »Das da ähnelt weder einem Ochsen noch einem Pferd!«
»Das ist ein Esel«, sagte der Finne.
Robert wollte schnell zeigen, was er wußte: »Die sind auch Reittiere. Es steht in der biblischen Geschichte, daß Jesus auf einem Esel nach Jerusalem hineinritt.«
»Das ist sonderbar«, fand Arvid. »Saß er rittlings auf einem so kleinen erbärmlichen Tier?«
Sie gingen gemächlich weiter den Broadway hinauf. Eine große Muttersau mit einer Schar von Ferkeln wühlte auf ihrer Straßenseite und kam ihnen mitten in den Weg. Die Sau war hochbeinig wie ein Kalb, aber ihre Zitzen hingen weit hinunter und berührten fast den Boden. Die kleinen Spanferkel waren hellbraun und sahen so aus wie junge Hunde. Sie rannten den Menschen, die auf der Straße gingen, zwischen die Beine. Robert war drauf und dran, über eines der Ferkel zu fallen. Arvid zählte den Wurf: Die Sau hatte vierzehn Ferkel. Die amerikanischen Schweine hatten längere Beine als die schwedischen.
Robert sagte, die Amerikaner paßten nicht auf ihre Schweine auf, wenn die Tiere so ungezügelt umherlaufen könnten. Doch jeder Besitzer mache bei seinen Schweinen Einschnitte in die Ohren und kennzeichne sie, so daß er sie wiedererkenne, erklärte der Finne. Übrigens hätten sie in Amerika so massenhaft Schweine, daß es niemand etwas ausmache, wenn dieser oder jener Wurf fortlaufe. Der Abfall und der Müll

würden auf die Straße geworfen, und die Schweine sorgten in der Stadt für Reinlichkeit. Das Schweinefutter lag haufenweise hier, und manchmal spürte man es in der Nase, daß in den Häusern am Broadway Schweinefutter zurechtgemacht wurde.
Und der Geruch der Straße nach Schweinestall kam den beiden Jünglingen aus schwedischer Bauerngegend heimisch vor. Schweinemist roch in Schweden ebenso wie in Nordamerika, im Kirchspiel Ljuder genau so wie in New York, es war kaum ein Unterschied festzustellen.
Der Zweite Steuermann der ›*Charlotta*‹ blieb manchmal stehen und sah in die Fenster der Häuser, und da blieben auch Robert und Arvid stehen. Ihr Begleiter suchte nach einer bestimmten Stelle. Soweit sie in den Fenstern sehen konnten, waren in fast jedem Hause Kramläden und Kaufläden; meist stand über der Tür eine Inschrift mit großen vergoldeten Buchstaben.
Der Finne hielt an der Tür eines kleinen Gebäudes an, das so aussah wie ein Schuppen. Es schien ein Kaufladen zu sein, aber in den Fenstern waren keine Waren zu sehen. Der Finne zeigte auf ein Plakat, das an der Tür angenagelt war:

Notice

This shop is closed in honor of the King of Kings, who will appear about the twentieth of October. Get ready, friends, to crown him, Lord of All.

»Jetzt bin ich gleich da. Diesen Laden erkenne ich wieder. Der Anschlag war schon im Herbst vergangenen Jahres an der Tür, als ich hier war.«
Robert, der auf der Überfahrt angefangen hatte, aus einem Buch Englisch zu lernen, versuchte zu lesen, was an der Haustür stand. Er erkannte einige Wörter wieder, verstand aber nicht ihren Zusammenhang. Er wollte den Steuermann nicht fragen, doch statt seiner fragte Arvid, was denn da stehe?
Es sei vorausgesagt, daß der Jüngste Tag im Oktober vorigen

Jahres in New York anbrechen würde, und derjenige, der dieses Geschäft betreibe, habe seinen Laden rechtzeitig vorher zugemacht, um Christus zu ehren, wenn er zurückkäme. Der König der Könige sei noch nicht gekommen, aber das kleine Geschäft sei immer noch geschlossen. Der Besitzer sei jetzt wohl verhungert.
Etwas tiefer an der Tür standen einige Zeilen in kleinerer Schrift auf einem vergilbten Stück Papier, und der Finne beugte sich hinunter und las: *Muslin for Wedding-garments. Muslin to meet the King of the kings. Twenty Cents for a yard.*
»Der Händler verkaufte Musselin für Kleider für die Bräute Christi für fünfunddreißig Schilling die Elle«, sagte er. »Der Mann ist jetzt sicher tot.«
Jetzt mußte der Zweite Steuermann die Aufträge des Kapitäns erledigen: Er überließ Arvid und Robert sich selbst. Sie fänden doch selbst den Weg zum Hafen. Das sei nicht schwierig, sie sollten am Ende der Straße nach links abbiegen. Und wenn sie noch ein Stück weitergehen und sich den Broadway ansehen wollten, dann brauchten sie nur geradeaus zu gehen. Die Straße erstrecke sich in nördlicher Richtung durch ganz Manhattan und sei über drei amerikanische Meilen lang. In New York könnten sie sich leichter zurechtfinden als in irgendeiner anderen Stadt der Welt. Sie könnten sich nicht verirren, wenn sie sich an den Broadway hielten.
Der Finne nickte ihnen zu und verschwand in einem Wirtshaus, *Joe's Tavern*, unmittelbar neben dem kleinen Laden, der geschlossen war und auf den König der Könige wartete.

2

Arvid und Robert gingen allein den Broadway weiter hinauf. Sie waren vor ganz kurzer Zeit aus der langen Gefangenschaft auf dem Schiff entlassen worden. Das Gefühl einer neuen, ungewohnten Freiheit bemächtigte sich ihrer, als sie sich wieder ungehindert auf dem Erdboden bewegen konnten. Sie wur-

den kühn und unternehmungslustig: Sie wollten die ganze Straße entlanggehen, wie weit sie sich auch erstrecken mochte. Dann brauchten sie nur kehrtzumachen und denselben Weg zurückzugehen. Sie hatten genau aufgepaßt, und sie würden bestimmt zum Hafen und ihrer Gesellschaft finden.
Sie gingen auf der schönsten Straße der Welt weiter, sie blieben stehen und betrachteten neugierig die hohen Häuser und blickten auf die Inschriften über den Türen der Kramläden, und sie lasen: *Store, Steakhouse, Coffee House, Lodgehouse, Brown's Store, Drug Store.* Und sie versuchten, die Inschriften zu deuten: War ein Lebensmittelladen, eine Apotheke oder ein Gasthof in dem Haus? Und das Wort Store erkannten sie von einem Hause zum anderen wieder. Arvid, der das Wort auf den Schildern gelernt hatte, zeigte lachend auf einen Laden, der nicht größer war als ein Abort: »Sieh mal hier! Der Kleine dort hat auch *Store* an die Tür gemalt.«
»Die prahlen aber«, sagte Robert.
Er ärgerte sich aber nicht über die Prahlerei der Kaufleute. Und die Kleinen unter ihnen hatten es am nötigsten, sich groß* zu nennen.
Wenn die Leute in dem Gewimmel um ihn herum sprachen, versuchte er, aus den Gesprächen etwas aufzuschnappen. Doch alles rauschte an ihm als sinnlose Laute und Wortschwall vorbei; nicht ein Wort, nicht eine Silbe, die er in seinem Sprachlehrbuch gelernt hatte, konnte er heraushören. Und er war entmutigt und enttäuscht. Als er an Land ging, hatte er geglaubt, daß er genügend Englisch könnte, um zu verstehen, was die Menschen sagten, auch wenn er selbst nicht immer antworten konnte – er hatte geglaubt, daß er sich einigermaßen durchschlagen könnte. Er begann zu befürchten, daß man ihm in Karlshamn ein falsches Lehrbuch der englischen Sprache aufgeschwatzt hatte.
Sie kamen an einen offenen Platz, wo viele Verkaufsstände aufgeschlagen waren; es mußte ein Marktplatz sein. Hier

* schwed. = stor.

sperrten sie die Augen auf und standen still. Robert hatte gesagt, daß sie sich niemals hinstellen und Mund und Augen aufreißen wollten, denn dann könnten sich andere über sie lustig machen, doch hier standen sie lange und rissen Mund und Augen auf:
Hier standen lange Reihen von Holztonnen, die bis an den Rand mit Kartoffeln, Kohlrüben, Kohlköpfen, Mohrrüben, Erbsen, roten Rüben, Pastinaken und anderem Wurzelgemüse gefüllt waren, das sie zum ersten Male sahen; in einer Reihe neben der anderen standen Tonnen da, die mit Obst gefüllt waren, gelben, roten, grünen und gestreiften Äpfeln, Birnen, Kirschen, Pflaumen und anderen Früchten und Beeren, die sie nie gesehen hatten und deren Namen sie nicht kannten; dazwischen standen lange Reihen von Körben voller Hühnereier, Fässer mit Zentnern von triefender Butter; an Stangen hingen runde, fette gelbe Käse, die so groß waren wie Schleifsteine; zerlegte Rinderteile, Bratfleisch und Schweinebug, Rippespeer und Schweinerücken lagen wie Klafterholz in hohen Stößen aufgestapelt; pralle, festgestopfte Würste hingen an Schnüren über den Verkaufstischen mit fetten Sülzen und gehacktem Fleisch; Hühner, denen man den Kopf abgehackt hatte, geschlachtete Enten, geschossenes Federwild und anderes Geflügel türmten sich zu kleinen Bergen aus Federn in allen Farben der Vögel unter dem Himmel mit roten Blutspritzern hier und da an Hals und Flügeln; vierfüßiges Wild war massenhaft aufgehängt, bepelzte Körper von Hirschen und Rehen, Hasen und Kaninchen, bekannten und unbekannten Tieren; auf den langen Tischen der Marktstände lagen Fische ausgebreitet, lange und kurze Fische, breite und schmale, fette und magere, großbäuchige und verkümmerte, schwarze und weiße, rote und blaue, Fische mit gestreiftem Körper, mißgestaltete Fische, die nur aus einem Kopf mit hervorstehenden Augen bestanden, Fische mit großen Mäulern und scharfen Reißzähnen wie Hunde, Fische mit aufgedunsenen Bäuchen und Flossen, die so scharf waren wie Speere, und Fische mit langen Schwänzen, die an ihren Haken hingen und

den Vorbeigehenden an die Ohren klatschten; und in länglichen Holzkisten auf der Erde raschelte und wimmelte und kroch es von Schaltieren, scheußlichem Viehzeug, eidechsenähnlichen Wesen, Fröschen, Krebsen, Muscheln, Schnecken, Schaltieren, die so dick waren wie Kröten, und Schaltieren, die sich wie Büchsen öffneten, und Schaltieren, die umherkrochen und aussahen, wie sie es in ihrem ganzen Leben noch nie gesehen oder erlebt hatten.
Und die Tonnen, Körbe, Tienen, Tische, Platten und Kisten auf diesem Marktplatz waren so voll, daß sie überliefen, die Früchte und die Zukost, das Rind- und Schweinefleisch, die Federn und Schuppen, die Häute und Schalen, die Nahrung von vielhunderterlei Art nicht mehr faßten. Die Menschen, die hier umhergingen, um einzukaufen, traten in Eßwaren, stießen sich den Kopf an Eßwaren, waren von Eßwaren umgeben, wälzten sich in Eßwaren. Wer sollte all diese Tiere abziehen, wer konnte all diese Vögel rupfen und all diese Fische schuppen? Hier breitete sich, an einer Stelle gesammelt, vor den Augen der Fremden all das aus, was das neue Land seinen Einwohnern für den Lebensunterhalt schenkte. Hier sahen sie die vielfältigen Gaben der Schöpfung: Hier sahen sie die Früchte und Beeren von Bäumen und Sträuchern, die Wurzeln und Pflanzen und Kräuter aus dem Erdreich, das Fleisch zahmer Tiere aus dem Kuhstall und wilder vom Erdboden, sie sahen die Vögel aus der Luft und die Fische und Schaltiere aus den Tiefen des Meeres, sie sahen etwas von all dem Kriechenden und Fliegenden und Lebendigen, was Gott am fünften Tage gemacht hatte, bevor er noch den Menschen erschaffen hatte.
Die Jünglinge standen da und betrachteten die Herrlichkeit der Erde auf einem Markt an der schönsten Straße der Welt. Sie sahen auf jeden Fall, daß es in Nordamerika genug Nahrung gab. Sie mußte auch für sie reichen, auch für die siebzig Einwanderer, die heute angekommen waren.
Und nun wußten sie durch ihre eigenen Augen, daß sie einen neuen Erdteil betreten hatten.

3

Der Tag erreichte seine heißeste Zeit, die Wärme legte ihre schwerste Last auf die Stadt, und das Luftholen wurde allem, was auf der Straße lebte und atmete, schwerer. Die Menschen suchten die Schattenseite der Straße auf; sie saßen mit dem Rücken gegen die Häuserwände gelehnt und ruhten und dösten mit geschlossenen Augen. Kleine Kinder schliefen an der Brust ihrer Mütter, Frauen lagen mit dem Kopf auf dem Schoß der Männer. Ein halbnackter Negerjunge mit einer Schuhbürste in der einen Hand und einer Dose Schuhwichse in der anderen stelzte langsam auf der Straße umher und rief dabei: *Black your boots! Black jour boots!*

Arvid und Robert bewegten sich gemächlicher, denn ihre dicke Lodenkleidung belastete sie schwer. Und das Haar, das auf der Fahrt auf ihrem Kopf lang und dicht geworden war, störte sie bei der Wärme mit stechendem Jucken. Gemächlich schritten sie um die braunen Schweine herum, die in hinausgeworfenen Lebensmittelabfällen herumwühlten, und mit einiger Mühe schlängelten sie sich zwischen den Karren der Obsthändler vorwärts. Sie wurden von Leuten angesprochen, die Waren feilhielten, aber ein paarmal wurden sie auch von anderen Entgegenkommenden angehalten, die etwas zu ihnen sagten. Robert hatte sich schon vorher ausgedacht, was er den Amerikanern in der ersten Zeit erwidern wollte, wenn er angesprochen wurde: Er wollte sagen, daß er fremd im Lande sei. In dem Sprachlehrbuch hatte er gelernt, was das auf englisch hieß, er hatte den Satz fertig im Munde, und nun benutzte er ihn zum erstenmal: *»I am a stranger here.«*

Die ihn angesprochen hatten, starrten ihn nur wieder an. Er wiederholte seine Worte, langsam und deutlich, er sprach sie genau und ordentlich aus, ganz wie sie geschrieben wurden: *I am a stranger here.* Er nahm es mit der richtigen Aussprache jedes Buchstabens und Wortes nach ihrer Schreibung genau. Er erhielt aber nur ein Kopfschütteln als Antwort.

Wie kam das – wo er so viel an diesem Satz geübt hatte? Die

Amerikaner verstanden ihn nicht, wenn er sagte, daß er fremd im Lande sei. Das Sprachlehrbuch mußte falsch sein.
Ein Mann in leuchtend roten Hosen und großem schwarzen Hut ging ein Stück hinter ihnen her. Er führte ein paar magere, spitzschnäuzige Hunde an der Leine und packte Robert am Arm: *You want to buy a dog?* Die rote Zunge hing den Hunden weit aus der Schnauze heraus, und sie sahen wild und gefährlich aus. Robert bekam vor dem aufdringlichen Kerl Angst, der hartnäckig seinen Arm festhielt – was er auch wollte, so wollte Robert nichts von ihm. Er riß sich heftig aus dem Griff des Fremden los. Sie beschleunigten die Schritte, und es gelang ihnen, den Mann mit den Hunden loszuwerden.
Und Robert begann über ihre Lage nachzudenken, und seine Gedanken waren von Furcht begleitet: Sie bewegten sich hier allein in einer Stadt, wo jeder Mensch um sie herum fremd war, und wo jeder zehnte Einwohner ein Verbrecher sein sollte, und sie konnten zu niemand etwas sagen, und sie verstanden nicht, was man zu ihnen sagte. Wenn sie in Gefahr gerieten, konnten sie nicht einmal um Hilfe rufen. Nun konnte es sein, daß der Finne den Mund zu voll genommen hatte, als er gesagt hatte, daß jeder zehnte, dem sie auf der Straße begegneten, ein Mörder oder Räuber sei, aber wenn nur jeder zwanzigste oder dreißigste Mann, den sie trafen, sie berauben wollte, war es beängstigend genug. Sie wußten nicht, wie Banditen in Amerika aussahen, aber sie sahen schon viele Kerle, die einen heimtückischen und bösen Eindruck machten.
Er fragte Arvid, ob sie umkehren wollten.
Er wollte seinen Kameraden nicht ängstigen: Doch die anderen würden sich vielleicht beunruhigen, wenn sie noch länger ausblieben. Er habe keine Angst, deswegen sei es nicht. Er könne nicht beraubt werden, weil er nichts Wertvolles bei sich habe. Und Arvid habe wohl auch nichts zu verlieren?
»Ich habe natürlich meine Nickeluhr«, sagte Arvid. Und er faßte nach der breiten, gelben Messingkette auf der Weste und war plötzlich ängstlich und besorgt.

Als Arvid von zu Hause fortging, hatte ihm sein Vater diese Uhr gegeben, die sein liebster und teuerster Besitz war. Die Uhr sollte sein väterliches Erbteil sein, das er sich geben lassen konnte, als er fortzog. Sie war aus gutem Nickel und hatte zehn Reichstaler banko, mit der Kette zwölf, gekostet. Es war alles, was der Vater in seinen vierzig Jahren als Kätner auf dem Rittergut Kråkesjö für seinen Sohn hatte zusammenkratzen und sparen können. Petter Torpare wollte seinem Sohn das Erbe nicht in bar geben, weil er fürchtete, daß der Junge es mit Schnupftabak und Branntwein durchbringen würde. Eine Uhr mußte er aber behalten: Der Vater hatte seinen Sohn beim Abschied ermahnt, nicht sein väterliches Erbe aus Schweden zu vertun.
Und nun ging Arvid in dieser gefährlichen Stadt New York umher, von Räubern und Spitzbuben umgeben, und er hatte die Nickeluhr bei sich.
»Steck die Uhr in die Hosentasche«, riet Robert.
Auf seinem Bauch leuchtete nämlich die Messingkette. Sie konnte Räuber anlocken. Arvid hakte die Kette aus dem Knopfloch an der Weste aus und steckte die Uhr aus der Westentasche in die Hosentasche.
Darauf setzten sie ihre Wanderung die Straße hinauf fort. Arvid wollte weitergehen, er war heute aufgekratzt, und Robert hatte ihn noch nie so ausgelassen gesehen: Jetzt seien sie auf festem Boden, jetzt wollte er Schusters Rappen in Bewegung setzen, nun wolle er die Straße ganz zu Ende gehen. Und wo sie nun überall in Amerika trockenen Fußes vorankommen könnten, würde er den ganzen restlichen Weg, bis zu ihrem neuen Wohnort, gern zu Fuß zurücklegen. Wie lang die Strecke auch war, Arvid konnte sie gehen; er gehörte zu denen, die gut zu Fuß waren.
Ein blondhaariges Mädchen in rotem Kleid hielt ihnen einen Korb mit Kirschen hin, schwarzroten, schwellenden Kirschen. Robert schüttelte den Kopf. Vergeblich versuchte er, sich passender englischer Worte aus dem Lehrbuch zu erinnern. Und es betrübte ihn, daß er nicht auf englisch sagen

konnte, was er dem Mädchen hätte sagen wollen: Ich habe eben einen ganzen Korb voll Kirschen gekauft.
Das Mädchen blieb aber stehen und lächelte sie an, und sie lächelte so sanft und arglos, daß sie jeder eine Handvoll Kirschen aus ihrem Korb nahmen – als ob sie die Ware kosten und untersuchen wollten, bevor sie etwas kauften. Das Mädchen ließ sie gewähren und lächelte wie zuvor. Sie sagte etwas, als sie weiterging, aber es klang nicht unfreundlich. Sie waren über ihre Dreistigkeit verdutzt, und Robert bereute, daß er ihr nicht wenigstens ›besten Dank‹ gesagt hatte, denn das konnte er immerhin auf englisch sagen.
Die saftigen Kirschen erfrischten ihren trockenen Mund; sie aßen und spuckten die Kerne aus. Eine dicke alte Frau bot große Weizenkringel an, die sie an ihren dicken Armen aufgehängt herumtrug: Es war schlau, die Arme als Brotstangen zu benutzen. Der Weißbrotgeruch von den Kringeln stieg ihnen in die Nase, und sie fühlten, daß sie hungrig waren. Ein kleiner schwarzhaariger Mann in zerschlissener Kleidung, der einen Leierkasten auf dem Rücken trug und einen Affen an der Leine hatte, hielt sie mit einem Wortschwall an. Wie viele Worte er aber auch aus seinem dunkelbraunen Mund herausbrachte – sie verstanden doch nichts davon. Keiner von ihnen hatte schon einmal einen lebendigen Affen gesehen. Dieser Affe hier ging wie sie selbst auf zwei Beinen und hatte einen unbehaarten Hintern, der rot und geschwollen war und aussah wie eine offene, böse Wunde. Arvid sah dem Affen erstaunt ins Gesicht und sagte dann empört, dieses Vieh habe ein freches und naseweises Aussehen. Es sei unverschämt von einem Tier, den Menschen so ähnlich zu sehen.
Ein vollbeladener Obstkarren kippte krachend in den Rinnstein. Große unbekannte Früchte, von goldgelber Farbe und größer als Äpfel, fielen in den Pferde- und Schweinemist auf der Straße und blieben liegen. Der Fuhrmann richtete sein verunglücktes Fahrzeug auf und fuhr mit dem leeren Wagen weiter. Keiner der Vorübergehenden kümmerte sich um das Umkippen, niemand machte Miene, etwas von der Ladung

aufzuheben. Nur Robert und Arvid standen noch einige Minuten da und warteten, bevor sie es unterließen, etwas von den Früchten aufzunehmen.
Der Anblick von all dem Eßbaren und Guten verstärkte ihren Hunger. Doch wenn sie essen wollten, hatte jeder seinen Essensvorrat, an den er sich halten konnte: Robert an den Karl Oskars, Arvid an den Danjel Andreassons.
Die Jünglinge gaben aber einander nicht zu, daß ihnen der Magen knurrte. Sie erwähnen auch nicht zueinander, woran sie bei ihrer Wanderung durch die Stadt die ganze Zeit über dachten: Sie hatten sich niemals vorstellen können, daß es all diese Herrlichkeit in der Welt gab, alles, woran sie hier vorübergingen – all diese hohen Häuser mit gelben Mauern, schwarzen Dächern, weißen Türen und grünen Fenstern, all diese Läden mit ihren Inschriften über den Türen in goldschimmernden Buchstaben, all diese kostbaren Dinge, die in den Fenstern zum Anschauen aufgehängt oder ausgebreitet waren; die blinkenden Schmuckgegenstände: Gold, Silber, edle Steine, Uhren, Ringe, goldene und silberne Ketten; die kostbarsten Stoffe: Gold- und Silberstoff, Leinen, Wolle, Seide, Sammet, schimmernde Stoffe in solcher Menge, daß sie diese ganze lange Straße hätten bedecken können; die vornehmen goldenen Wagen, die mit den geschmeidigen, schlankbeinigen Pferden und ihren glänzenden Geschirren an den Deichseln vorbeifuhren, und all diese Dinge, deren Namen sie nicht kannten und von denen sie nicht wußten, wozu sie gebraucht wurden, und die sie nur betrachten und worüber sie nur staunen und sich wundern konnten.
Bevor sie sich von dem Erstaunen über eine Erscheinung erholt hatten, kam ihnen eine andere, noch merkwürdigere zu Gesicht. Ein paar hochgewachsene Männer, die grün- und weißgestreifte Kleidung trugen, kamen mit langen Stangen an, an denen Plakate mit großen Buchstaben befestigt waren: *Look at the anaconda! Look at the serpentcharmer! Look at the great boaconstrictor! Five cents!* Die Männer stellten sich, laut rufend, an die Straßenecke, und Robert strengte sich an, ihr

Plakat zu übersetzen. Aus dem Sprachbuch kannte er das Wort *boaconstrictor*, und als er auf einem kleinen offenen Platz in der Nähe ein Zelt aus rotscheckigem Stoff sah, begriff er, worum es sich handelte, und erklärte Arvid: Dort zeigten sie die Boaschlange, die gefährlichste Schlange der Welt, die bis zu 20 Ellen lang werde. Es koste nur fünf Cent, hineinzugehen . . .

Die Boaschlange? Arvid wurde neugierig. Hatte Robert ihm nicht einmal aus der *Naturlehre* von diesem merkwürdigen Kriechtier vorgelesen? . . . Ja, doch – er erinnerte sich gut: ›. . . Die Boaschlange kann den Menschen durch ihre Größe und Kraft gefährlich werden. Es fehlt nicht an Beispielen dafür, daß sie Menschen zermalmt und verschlungen hat. Sie wird bis zu vierzig Fuß lang . . .‹

»Wenn wir bloß jeder fünf Cent hätten . . .«

Sie hatten aber zusammen nicht einen einzigen Cent.

Robert empfand einen schmerzlichen Gram: Hier hätte er sich die größte Schlange der Welt ansehen können. Eine Schlange, die Menschen fraß und verschlang. Vierzig Fuß lang – und nur fünf Cent . . .

»Ist das Vieh gefesselt?« fragte Arvid.

Er schaute zu dem runden Zelt hinüber; es war dicht von Menschen umstanden, die einen großen Spektakel vollführten. Ihm lag nicht so viel daran wie seinem Kameraden, sich den Eintritt zu der menschenfressenden Schlange zu erkaufen. Er war von Anfang an nach allem, was er von den Kriechtieren hierzulande gehört hatte, vorsichtig gewesen. In seinen Angstträumen war Amerika voller hungriger, zischender Schlangen und stellte sich als ein einziges greuliches Schlangennest dar.

Er fragte, ob es nützlich sein könne, eine Boaschlange zu betrachten, die so groß und lang sei. Sie hätten sich vielleicht damit begnügen können, sich ein Stück von ihr anzusehen, nur sieben, acht Fuß reichten für ihn. Vielleicht sei der Schwanz schon genug, er sei nicht sehr für Schlangen zu haben. Und das wäre wohl auch billiger geworden.

Robert stand jedoch finster und mißgestimmt da. Er hatte den Hunger des Magens vergessen. Das, was er auf der Straße hatte feilbieten sehen, nicht zu kaufen, war schwer, aber nicht quälend gewesen. Doch nun bereitete es ihm schlimme Qualen, von dem Zelt fortzugehen, wo die große Schlange gezeigt wurde.
Wahrlich, auf dieser Straße, der schönsten Straße der Welt, gab es alles, wonach ein Mensch in dieser Welt streben konnte, alles, was sein Herz verlangen und sich wünschen konnte. Ihm wäre die Straße aber noch schöner erschienen, wenn er seinen Beutel voller amerikanischer Münzen gehabt hätte.
Doch was er vermißte, war gerade das, was er sich hier verschaffen wollte. Er war nach Amerika gekommen, um frei zu werden – und wer frei werden wollte, mußte erst reich werden.

4

Es begann plötzlich in Roberts linkem Ohr zu rauschen, mitten in dem großen Menschengewimmel; das Rauschen übertönte das Geräusch der Straße. Er hörte wieder das Echo der Ohrfeige, die er vor langem – vor Jahren – zu Hause in Schweden bekommen hatte, es war das Andenken an eine gesetzlich festgelegte mäßige Züchtigung, die sein Dienstherr ihm wegen Faulheit im Dienst hatte zuteil werden lassen. Der Wind auf dem Meer hatte das Übel im Ohr verschlimmert, es war wieder ein gelblicher dicker Schleim ausgelaufen, der schlecht roch. Und dieses Rauschen da drinnen, das er nicht loswerden konnte, das sich manchmal zu einem Getöse steigerte, war eine zudringliche Begleitung, deren er müde und überdrüssig war. Das Geräusch hatte ihn nun von Schweden nach Nordamerika verfolgt, er kam davon nicht los. Und jetzt war es wieder zu hören. Irgend etwas war drinnen im Ohr verletzt.
Mit seinem Ohrensausen trug er die Erinnerung an seinen Knechtsdienst zu Hause mit sich, Tag und Nacht, jahraus,

jahrein. Um dieser Erinnerung willen wollte er keinen Dienst als Knecht mehr tun, wollte keinen Dienstherrn mehr. Er wollte frei werden.

Er hatte versucht, sich mit dem Geräusch in seinem linken Ohr anzufreunden, er stellte sich vor, daß da drinnen eine Stimme sei, die ihm wohlwollte, die zu ihm sprach und ihn tröstete, wenn etwas übel verlaufen war, und ihn warnte, wenn Gefahr im Verzuge war. Er hatte zuweilen gemerkt, daß das Rauschen gerade dann einsetzte, wenn ihm etwas geschah oder geschehen wollte. Und nun wollte vielleicht der Freund im linken Ohr ihn wegen der Boaschlange trösten, die vierzig Fuß lang war und Menschen verschlang . . .

Das starke Brausen im Ohr wurde von einem jähen Ausruf Arvids übertönt: »Robert! Sieh mal! Sieh mal hier!«

»Was ist denn los?«

»Ein Toter! Sieh mal!«

»Was erzählst du da . . .?«

»Da liegt ein Toter! Siehst du nicht?«

Sie standen dicht an einer Hauswand, und an der Wand lag eine Mannsperson ausgestreckt auf dem Rücken. Der Mann war halbnackt und nur mit zerschlissenen Hosen bekleidet, die kaum die Beine bedeckten. Der Oberkörper war von Schmutz oder Farbe schwarz, aber die Gesichtshaut war weiß; es war kein Neger. Die Augen waren geschlossen, doch der Mund stand offen und ließ ein Paar zahnlose Kiefer und einen roten, geschwollenen Rachen sehen.

Arvid beugte sich über den Liegenden: »Der Mann ist tot! Mausetot!«

Robert schaute sich den Mann an der Wand näher an. Seine Brust bewegte sich nicht, sein Mund bewegte sich nicht – dann atmete er nicht.

Er stieß mit seinem Fuß vorsichtig an den des Liegenden. Der Kerl rührte sich nicht. Und wenn er nicht atmete, dann konnte er kein Leben in sich haben.

»Wahrhaftig: Er ist tot.«

Hier lag eine Leiche auf der Straße, und die Leute gingen

dicht vorbei, ohne sie gewahr zu werden. Menschen kamen unmittelbar neben dem toten Mann vorbei, stiegen beinahe über seine ausgestreckten Beine, aber niemand beachtete ihn, niemand sah, daß er tot war. Das war eigenartig. Das kam aber von der großen Menge Menschen, dachte Robert: Das Gedränge von lebenden Menschen war hier in Amerika so groß, daß sie die Toten, diejenigen, die still dalagen und kein Aufhebens mehr von sich machen konnten, nicht bemerkten. Arvid und er waren aber gerade angekommen, sie waren es nicht gewohnt, auf Leichen zu treten, wo sie gingen, es war das erstemal, daß ihnen das vorgekommen war, und deswegen hatten sie den Toten auf der Straße eher erblickt als alle andern. Sie starrten sich bestürzt an: Was sollten sie tun?

Sie mußten ihre Entdeckung melden. Doch wie? Sie mußten sich an die Polizei wenden. Sie wußten aber nicht, wo die Polizei war, und sie konnten nichts sagen, sich nicht erkundigen. Robert erinnerte sich eines Satzes in dem Sprachbuch: *Wie man einen Polizisten herbeiruft.* Das war aber für den Fall, daß man auf der Straße belästigt wurde. Und er konnte sich jetzt nicht besinnen, wie er hieß, weder auf schwedisch noch auf englisch. Und die Polizei würde vielleicht wissen wollen, wer sie waren, die die Meldung machten. Vielleicht würde sie geradezu Verdacht gegen sie hegen und glauben, daß sie den Toten, der da an der Hauswand lag, ermordet hätten. Es machte den Eindruck, als wäre er eben gestorben, der Leichnam roch noch nicht, wo es doch so warm war. Und er war vielleicht ermordet. Ja, sie würden wohl sicherlich verdächtigt werden. Und sie konnten nichts sagen, sie konnten nicht leugnen, sich nicht verteidigen. Sie würden sicherlich wegen Mordes festgenommen und verhaftet werden. Es war am besten, nichts zu unternehmen – nicht die Polizei zu holen. Sie konnten natürlich einen Vorübergehenden am Arm packen und auf den toten Mann dort zeigen – und dann konnten andere zur Polizei gehen. Man würde sie aber wohl doch festhalten oder als Zeugen haben wollen. Es war am besten, weiterzugehen und den Toten liegenzulassen.

»Wir lassen die Hände davon!« riet Robert. »Komm, wir wollen gehen!«
Doch Arvid stand immer noch über den Mann an der Hauswand gebeugt, er hatte eine neue Entdeckung gemacht: »Er riecht nach Branntwein!«
Er beklopfte vorsichtig den nackten Brustkorb des Liegenden: »Ja . . . Ich glaube, er lebt . . .!«
Im nächsten Augenblick fuhr Arvid mit einem Schrei zurück. Vor ihm stand ein großer, ungeschlachter, riesiger Kerl, der sich wie aus der Erde gewachsen erhoben hatte, ein Mann, der schnell auf die Beine gekommen war, ein lebendiger Mann, der ein wütendes Gebrüll von sich gab. Vor diesem plötzlichen Anblick duckte sich Robert und kroch vor Schreck in sich zusammen. Arvid machte einen Sprung nach hinten und landete dicht bei seinem Kameraden. Sie griffen sich nach den Händen.
Arvid kam gar nicht dazu zu sagen, daß der Mann an der Hauswand lebte. Er brauchte es jetzt nicht mitzuteilen: Sie sahen und sie hörten – sie sahen und hörten einen tobenden und beleidigten Riesen, der da, wenn auch noch schwankend, wieder auf den Beinen stand. Er machte ein paar Schritte auf sie zu, und aus seinem großen, roten Rachen kam ein Schwall von Worten, die bestimmt nicht sanft waren: »*You touched me . . .! Damned . . . Damned thieves . . .! Damned you . . .!*«
Noch nie hatten sie einen Menschen mit so furchterregender Sprache schreien hören.
Die Vorbeigehenden auf der Straße blieben stehen, Menschen begannen, sich um sie zu scharen, als sie das Gebrüll des Wiedererstandenen hörten. Die Jünglinge schmiegten sich aneinander, gingen rückwärts, faßten sich an den Händen, suchten Halt.
Der Mann, der sich so schnell erhoben hatte, spie Speichel und Wut aus seinem Mund und beugte sich vor, als ob er sich anschickte, auf sie loszuspringen. In seiner rechten Hand blinkte etwas, etwas blitzte in der Sonne auf.
Arvid schrie auf: »Das Messer . . .! Er sticht . . . Lauf . . .!«

Nach einigen Sekunden lähmenden Schreckens bekamen sie das Laufen und rannten fort.
Sie rannten mitten auf die Straße, wo sie am leichtesten vorwärtskamen. Sie hielten sich gegenseitig fest, sie hielten sich fest und krampfhaft an den Händen. Sie hatten Angst, auseinanderzukommen. Sie liefen die Straße hinunter, auf demselben Wege, auf dem sie gekommen waren. Sie rannten so, daß sie mit dem Atemholen nicht mehr mitkamen, es wurde ihnen warm im Brustkorb. Sie rannten an Reitern und Wagen vorbei, an Kaleschen und Karren, Pferden und Eseln, sie schlängelten sich in großen Windungen zwischen Fahrzeugen und Tieren vorwärts. Sie rannten um ihr Leben – um dem Verfolger zu entkommen, dem Mann, der sich mit etwas Blitzendem in der Hand auf sie zugebeugt hatte, dem Mann, der tot auf der Straße gelegen hatte und wieder zum Leben erstanden war. Sie fanden zurück, sie kannten den Weg – die ganze breite Straße geradeaus, den ganzen Broadway hinunter, bis er zu Ende war und dann nach links: Dann würden sie gleich den Hafen und die Schiffe sehen.
Auf ihrem ungestürmen Lauf durch die Menge rempelten sie Menschen an, erzürnte Stimmen riefen ihnen nach. Da hielt Robert seinen Kameraden zurück, sie verlangsamten ihre Schritte. Sie mußten vorsichtig sein, damit die Leute nicht auf sie aufmerksam wurden.
Als sie zu dem Marktplatz zurückkamen, blieben sie stehen und sahen sich ganz außer Atem und keuchend um. Keiner kam hinter ihnen her. Sie waren gerettet. Und sie begannen wieder mitten im Menschengedränge, wo sie verborgen waren, gemächlich zu gehen.
Arvid schüttelte es: »Das war ein gefährlicher Kerl. Er hätte uns beinahe erstochen!«
Augenblicklich sah Robert seinen Kameraden und sich selbst ausgestreckt auf der Straße liegen, in den Hals gestochen wie Schweine auf der Schlachtbank, während das Blut aus den Stichwunden strömte wie aus dem Zapfloch eines Fasses. Sie stießen ein letztes, kraftloses Mal mit den Füßen, stießen hilf-

los gegen den Tod. Ein schwaches Zucken in den Gliedern – dann hatte der Tod sie ganz in seiner Gewalt. Und da lagen sie tot da, und die Leute gingen vorbei, und niemand kümmerte sich um sie, niemand nahm sich ihrer toten Leiber an, niemand begrub sie, niemand hüllte sie in ein Leichentuch, niemand betrauerte sie hier in dem fremden Lande. Und als sie anfingen zu verwesen und zu riechen, blieben sie schließlich als Fressen für die Schweine auf der Straße liegen.
So hätte es gehen können.
Robert hatte etwas in der Hand des Mannes blinken sehen, aber er glaubte kaum, daß es ein Messer gewesen war. Er fand, daß es so ausgesehen hatte wie etwas aus Glas, eine Flasche oder etwas Derartiges. Doch Arvid versicherte, daß er sich nicht verguckt habe: Der fürchterliche Kerl habe ein Schlächtermesser herausgezogen, ein richtiges Schlachtmesser mit spitzem Ende.
Auch Robert zitterte noch am ganzen Körper, und nun schämte er sich etwas darüber. Er dachte, daß sie auch vor ihrer eigenen Angst weggerannt seien. Und er sagte zu Arvid: Sie müßten darin übereinkommen: Sie wollten sich hier in Amerika nicht bange machen lassen.
»Es war dumm von uns, wegzurennen. Hätte uns der Kerl angerührt, dann hätten wir ihn der Polizei gemeldet.«
Nun fiel ihm aus seinem Lehrbuch des Englischen ein, was man bei Überfällen von Räubern und Mördern auf der Straße rufen sollte: Bitte seien Sie so gut und hören Sie her, Herr Wachtmeister! Ich ersuche um Ihren Schutz gegen diese unangenehme Person, die mich belästigt hat. Das waren viele Worte, es nahm Zeit in Anspruch, sie herzusagen. Er mußte sich beeilen, wenn er es schaffen wollte, den ganzen Satz zu rufen, bevor er ermordet wurde. Er verstand nun, daß er keine andere Wahl hatte, als so schnell wie möglich Englisch zu lernen: wenn nicht aus anderen Gründen, dann wenigstens, um bei plötzlichen Überfällen das Leben zu retten. Er hatte doch etwas von Wert, das er verlieren konnte – das Leben selbst.
Was aber beinahe geschehen wäre, war von Arvid verschuldet

gewesen: »Ich habe dir doch gesagt, daß wir den Kerl liegenlassen wollten.«
»Ich glaubte doch, daß er sich zu Tode getrunken hätte. Er roch betrunken.«
»Aber warum hast du ihn denn angefaßt?«
»Ich sage dir ja, er roch so gut nach Branntwein. Und ich dachte, daß ein Toter nicht gefährlich sein könnte . . .«
Robert gab Arvid zu verstehen, daß er eben dumm und vorwitzig gewesen sei und sie beide in Lebensgefahr gebracht habe. Und Arvid gab zu, daß er unvorsichtig gewesen sei. Er habe sich aber heute so fröhlich und aufgeräumt gefühlt, als er ungehindert auf der breiten, schönen Straße umhergehen konnte, und da sei er übermütig und unvorsichtig geworden. Nun sei er verdattert und verärgert, und er schwöre hoch und heilig, beim heiligen Namen Gottes: So etwas solle nie mehr vorkommen. Wenn er hier in Amerika auch massenhaft Tote fände, wenn tote Menschen in langen Reihen alle Straßen und Wege entlang lägen, die er von nun an hier gehen würde, wolle er nicht stehenbleiben. Nein, er werde keine einzige der Leichen auch nur angucken oder anschauen, niemand werde ihn dazu verleiten können, einen Blick auf die Toten zu werfen – und dann wolle er auch niemand mehr anstoßen, und wenn er auch noch so gut nach Alkohol rieche. Er gab Robert die Hand darauf. Sie wären gern die Straße zu Ende gegangen, um zu sehen, wo sie hinging, wo dieser breite Weg Broadway mündete – ob er zu den Pforten des Himmels oder der Hölle führte. Doch jetzt schlenderten sie gemächlich und bedeppert und vorsichtig zu der Stelle zurück, wo er begann – zu dem großen grünen Platz, der sich wie ein Gutspark ausbreitete. Sie kehrten zu ihrer Gesellschaft zurück. Sie brannten darauf, den andern von ihrer Wanderung auf der schönsten Straße der Welt erzählen zu können, wo sie so nahe daran gewesen waren, ermordet und des einzigen, was sie besaßen, beraubt zu werden: ihres Lebens. Und Arvid tröstete sich über alles und wurde wieder guten Muts, als er die Hand in die Hosentasche steckte und fühlte, daß er noch seine Nickeluhr hatte . . .

Fahrt mit dem Dampfwagen

Vertrag über die Beförderung für Einwanderer

Wir Unterzeichneten übernehmen es, die mit der schwedischen Brigg ›*Charlotta*‹ aus Karlshamn angekommenen Einwanderer unter diesen Bedingungen von New York nach Chikago zu bringen:

1. Von New York nach Albany mit dem Flußschiff; von Albany nach Buffalo auf dem Dampfwagen; und von Buffalo nach Chikago mit dem Dampfschiff;

2. Für jede erwachsene Person sind an Fracht acht Dollar zu zahlen; Kinder zwischen zwölf Jahren und drei Jahren halber Preis; Kinder unter drei Jahren werden frei befördert;

3. Für dieselbe Bezahlung werden hundert lbs. Gepäck kostenlos befördert, auf dem Dampfwagen hundertfünfzig lbs.;

4. Das Gepäck der Einwanderer wird vom Flußschiff zum Dampfwagen und vom Dampfwagen zum Dampfschiff den ganzen Weg kostenlos transportiert.

New York, den 26. Juni 1850

I

Mit der Emigrant-Transfer *›Isaac Newton‹*, einem der größten Schiffe, die auf dem North River verkehrten, fuhren die Einwanderer den Hudsonfluß aufwärts von New York nach Albany.

Das Flußschiff verließ New York um acht Uhr abends vollbesetzt mit Passagieren und vollbeladen mit Packgut. Die Menschen wurden auf dem Unterdeck untergebracht, während ihr Umzugsgut vorn am Bug auf dem Oberdeck aufgestapelt wurde, wo es sich so hoch türmte wie die Schornsteine des Dampfschiffes.

Für die Einwanderer wurde es eine Nacht ohne Schlaf. Für die Passagiere waren keine Liegeplätze zurechtgemacht worden, und sie waren unter Deck so eng zusammengepfercht, daß es für sie nicht genug Raum gab, um sich auf den Boden zu legen. Eltern hielten ihre kleinen Kinder auf dem Arm; größere Kinder und Erwachsene standen aufrecht, und als ihre Füße in dieser Stellung ermüdeten, suchten sie zu ruhen, indem sie sich gegeneinanderstützten. Auf diesem Schiff sollten sie aber nur die Nacht über unterwegs sein.

Und in dieser Nacht hätten sie ohne Besorgnis für ihr Leben schlafen können, wenn sie nur einen Platz gehabt hätten, wo sie sich ausstrecken konnten. Diese Fahrt war keine unruhige und gefährliche Segelei auf einem aufgewühlten Meer mit heftigem Schlingern und Schaukeln, sondern eine gleichmäßige und sichere Fahrt auf einem ruhigen und geborgenen Flußwasser: Der Hudson öffnete sich ihrem Schiff in seiner ganzen Breite, mit Landzungen, Inseln und Buchten, und strömte mit ruhiger Kraft in seiner Rinne dahin. Im Dunkel der Nacht erhoben sich die hohen, steilen Ufer des Flusses wie dunkle, geheimnisvolle Festungswälle, die in schweigender Erwartung auf beiden Seiten ihren Wasserweg bewachten und schützten. Ein Gewässer zu befahren, wo sie rechts und links Land sahen, war jetzt für diese Ozeanreisenden fast wie eine Reise über festen Boden.

›*Isaac Newton*‹ wurde durch sein großes Schaufelrad am Heck vorwärtsgetrieben, das sich in den Fluß eingrub und Schaumwirbel hochwarf: Das Rad drehte sich wie ein Riesenschaumschläger im Wasser herum. Der Hudson empfing das schwerbeladene und tiefliegende Schiff mit seiner gleichmäßigen Strömung, die die Fahrt verzögerte. Das Treibrad grub eine Spur aus weißem Schaum, eine Radspur im Wasser, die eingeebnet und ausgetilgt wurde und verschwand, sobald das, was sie erzeugt hatte, weitergefahren war. Und hinter dem Schiff floß der Fluß wie vorher, ruhig und langsam, gleichmäßig und mächtig, auf seinem Wege zum Atlantischen Meer dahin.

Eine Stunde nach Tagesanbruch legte ›*Isaac Newton*‹ am Kai in Albany an. Erschöpft, übermüdet und schlapp verließen die Einwanderer das Schiff und wurden von ihren Dolmetschern und Wegweisern, die sie auf einem Weg am Fluß entlang zur Eisenbahnstation führten, in Gruppen aufgeteilt. Man wies sie in einen großen Saal im Stationsgebäude, wo die, die aus demselben Heimatland gekommen waren, für sich gestellt wurden. Ihnen allen, Engländern, Iren, Deutschen und Schweden, wurde nun von den Dolmetschern in ihrer eigenen Sprache befohlen, ganz still zu stehen: Keiner durfte sich von der Stelle bewegen. Sie erfuhren nicht, warum sie stillstehen sollten, aber allmählich verstanden sie: Zwei amerikanische Wachleute gingen um sie herum und zeigten mit dem Finger auf jeden einzelnen: Sie sollten gezählt werden. Die Männer kamen zurück und zeigten und murmelten und zählten noch einmal, und wiederum wiesen die Dolmetscher sie an, stillzustehen – einige hatten ihren Platz gewechselt, so daß die Zähler durcheinandergekommen waren.

Die Einwanderer wurden wie Schafe in der Hürde gezählt; ihre Anzahl sollte mit den Zahlen in den Kontrakten mit den Frachtkompanien übereinstimmen. Dann wurden sie aus dem Saal des Bahnhofsgebäudes herausgelassen. Sie sollten den Dampfwagen besteigen.

2

Die Einwanderer aus Ljuder hatten zu Hause von neuerfundenen Wagen gehört, die mit Dampfkraft getrieben wurden und auf Eisenstangen dahinrollten, die auf der Erde ausgelegt waren. Doch keiner aus ihrer Gesellschaft hatte bisher eine Eisenbahn gesehen oder benutzt. Die neuerdachte Art des Fahrens erschien ihnen als etwas Gefährliches und Abenteuerliches. Karl Oskar hatte aber gesagt, daß sie auf dem Dampfwagen am schnellsten ins Land hineinkommen würden, und nachdem ihr Dolmetscher dasselbe gesagt hatte, waren sie sich darüber einig geworden, ihn zu versuchen.
Sie fanden, daß sie Glück gehabt hatten, als sie einen schwedischen Dolmetscher und Führer bekamen, der so hochgewachsen war: Der frühere Zimmermann Landberg war einen Kopf größer als alle anderen in der Schar der Reisenden; wo er sich auch befand, war er über alle Menschen hinweg zu sehen – diesen Landsmann konnten sie nicht verlieren. Und Landberg paßte genau auf, daß er niemand von ihnen verlor, er hielt sich die ganze Zeit über in der Nähe seiner Gruppe von der ›*Charlotta*‹, zeigte, erklärte und war bereit zu antworten, wenn sie fragten. Er zeigte ihnen nun auch, wie sie zum Dampfwagen kamen, und sagte ihnen, daß sie beim Einsteigen sehr vorsichtig sein sollten, weil sie noch nie gefahren seien.
Da standen etwa zwanzig hohe, bedachte Wagen hintereinander, die in langer Reihe zusammengekoppelt waren. Und die Einwanderer machten große Augen, halb scheu und halb neugierig. Jeder Wagen stand auf acht eisernen Rädern und war mit Fenstern versehen und sah kräftig und fest aus. Der Wagen am weitesten vorn war anders als die anderen; es mußte der sein, der die zusammengekoppelten Wagen ziehen sollte, da er als erster stand: Das war der Dampfwagen. Er hatte vier Räder, die dreimal so groß waren wie die Räder der übrigen Wagen. Ganz vorn liefen zwei kleine. Auf dem Dampfwagen befand sich ein hoher Schornstein, der eine weite Öffnung hatte und nach unten zu schmaler wurde. Er saß darauf wie

ein Trichter, den man in einen Flaschenhals gesteckt hatte. Vor dem Wagen war ein Gegenstand befestigt, der aus Eisendraht geflochten war. Es sah aus wie eine große zusammengebogene Schöpfkelle oder Schaufel.
Aus dem Schornstein auf dem vordersten Wagen stieg dichter schwarzer Rauch, und rotglühende Funken wirbelten in der Luft herum. Auf diesem Wagen war die Dampfmaschine aufgestellt; da drinnen brannte es, der Dampfwagen hatte im Innern Feuer, und das machte die künftigen Reisenden unruhig. Sie hatten gelernt, daß man mit Feuer vorsichtig sein müsse, daß man mit brennenden Kerzen und Lampen und Kienspänen achtsam umgehen sollte. Sie lebten mit einer von ihrer Kindheit her eingeimpften Furcht vor Bränden, die durch Fahrlässigkeit entstanden. Und jetzt sollten sie mit einer Reihe zusammengekoppelter Wagen fahren, in deren vorderstem Feuer entzündet war: Es rauchte und fauchte und zischte, und es flogen Funken aus dem Bauch des Wagens. Wie leicht konnte ein Funke herüberfliegen und die Anhängewagen dahinter in Brand setzen! Sie konnten jetzt sehen, daß sie in diesem Fahrzeug einer dauernden Feuersgefahr ausgesetzt waren, wenigstens solange es in dem Dampfwagen brannte. Und sie hatten gehört, daß dieser leicht in die Luft fliegen konnte.
Robert hatte in der *Naturlehre* von der Dampfmaschine gelesen und erklärte: Drinnen in dem Dampfwagen brächten sie Wasser in einem großen Kessel zum Kochen, und dieser Kessel treibe den ganzen Eisenbahnzug an. Er wußte aber nicht, wozu die große Eisenschaufel, die vor dem Wagen angebracht war, diente, und fragte ihren Dolmetscher. Der lange Landberg erwiderte, daß die Vorrichtung wilde Tiere von der Bahn fortschaufle, wenn sie sich in den Weg stellten und versuchten, den Zug umzuwerfen.
Ulrika in Västergöhl sagte, sie wolle so weit wie möglich von dem brennenden Wagen entfernt fahren. Sie sprach die Ansicht aller aus.
Als sie ihre Plätze für die Fahrt einnehmen sollten, führte sie

der Dolmetscher zum fünften Wagen von vorn; sie hätten in größerer Entfernung von dem Feuerherd fahren wollen. Sie kletterten langsam und vorsichtig eine Trittleiter hinauf. Der Wagen, in dem sie fahren sollten, war ungefähr fünf Schritt lang und halb so breit. Längs jeder langen Seite waren Bänke aufgestellt, und in der Mitte öffnete sich ein schmaler Gang. Die Bänke waren oberflächlich aus ungehobelten Brettern zusammengenagelt. In diesem Wagen sollten noch zwei Gesellschaften reisen. Reisetaschen, Lebensmittelbehälter, Körbe und Bündel nahmen viel Raum in Anspruch, und sie mußten gut zusammenrücken, um Platz zu finden. Wer auf den Bänken keinen Platz habe, müsse sich auf den Fußboden setzen oder legen, sagte der Dolmetscher.

Die Einwanderer fanden, daß der Zugwagen wie ein großer Kälberverschlag sei.

Am Ende einer Bank machte man der alten Fina-Kajsa Platz, so daß sie halb liegend fahren konnte; sie war schwächer, als sie selbst glaubte, und konnte nicht länger als ein paar Minuten hintereinander auf den Beinen stehen. Zum dritten oder vierten Male fragte sie den Dolmetscher nach ihrem eisernen Kessel, und zum dritten oder vierten Male erhielt sie den Bescheid, daß der Kessel zusammen mit den Kisten und anderem schwereren Gepäck auf einem anderen Wagen befördert werde.

»Aber unser Schleifstein?« sagte Fina-Kajsa. »Wo ist der Schleifstein?«

Der Schleifstein, den ihr verstorbener Mann nach Amerika mitgenommen hatte, war, wie man sagte, durch Unachtsamkeit beim Ausladen in New York ins Wasser gefallen. Alle fanden, daß das ein Glück für Fina-Kajsa sei, die auf diese Weise nicht die teure Fracht für ihn landeinwärts zu bezahlen brauchte. Doch sie glaubte, daß man sie belüge: Der Sohn Anders in Minnesota habe nach Hause geschrieben, daß Schleifsteine in Amerika sehr knapp seien, und nun hätten die Amerikaner natürlich die Gelegenheit wahrgenommen und den Stein gestohlen, sobald sie ihn erblickt hätten.

Fina-Kajsa streckte sich aus und seufzte: »Ach du lieber Gott! So eine ewige Reise! Wir kommen niemals an!«
Die Einwanderer teilten in gutem Einvernehmen den Platz, den es in dem Eisenbahnwagen gab. Niemand versuchte, sich breit zu machen; alle rückten zusammen. Sie hatten sich allmählich daran gewöhnt, zusammengepfercht zu leben und sich aneinander zu reiben, und sie fanden sich mit Gleichmut darein. Hier konnten sie sich jedoch etwas mehr bewegen als auf dem großen Flußschiff. Die Luft im Wagen wurde aber dick und stickig, als sich zweieinhalb Dutzend Menschen zusammengefunden hatten; bei Tagesanbruch hatte ein heftiger Regenschauer die Erde erfrischt, doch nun hatte die Sonne zu brennen begonnen, obwohl es früh am Morgen war, und sie sahen ein, daß der Tag ihnen eine Gluthitze bescheren würde. Noch standen die zusammengekoppelten Wagen still, und bei den Reisenden hielt sich eine stumme Spannung, eine Unruhe ohne Worte: Was würde geschehen, wenn sie zu fahren begannen? Auf dieser Fahrt lauerten unbekannte Gefahren auf sie. Was würde geschehen, wenn der Wagen mit dem brennenden Feuer in sich anfing, sich zu bewegen? Sie hatten gehört, daß viele Menschen die Beförderung auf der Eisenbahn nicht vertrugen; das setzte den Fahrenden so stark zu, daß sie ohnmächtig wurden und stundenlang bewußtlos dalagen.
So hatte es Kristina gehört; sie saß in einer Ecke des Wagens und hatte Klein-Märta und Harald auf dem Schoß, während Johan auf die Reisetasche geklettert war, die zwischen der Bank und ihren Füßen eingeklemmt stand. Der älteste Junge hatte auch bei ihr sitzen wollen, und das hätte er gedurft, wenn sie nur drei Knie gehabt hätte, doch hatte sie ja nicht mehr als zwei. Das wollte Johan aber nicht begreifen, obwohl er der größte war. Seit sie ans Land gegangen waren, war der Junge ungeduldig und lästig geworden. Jetzt fing er wieder an; er zog die Mutter am Arm: »Wohnen wir jetzt nicht in einem Haus, Mutter?«
»Ja. Bald, habe ich gesagt.«
»Wann ist es bald? Wann wohnen wir in einem Haus?«

»Wenn wir ankommen.«
»Wir sind aber jetzt in Amerika, sagt Vater.«
»Ja. Sei jetzt aber still, sage ich dir.«
»Du lügst, Mutter! Du hast gesagt, daß wir in einem Haus wohnen, wenn wir nach Amerika kommen. Jetzt sind wir da. Da müssen wir doch jetzt in einem Haus wohnen?«
»Ja . . . ja . . . Nun halte aber den Mund, Junge . . . Kannst du nicht still sein?«
Johan machte sie ganz müde; sie wußte nicht, was sie mit diesem Jungen machen sollte. Sie mußte ihn gewähren lassen, bis er selbst ermüdete. Nach der Nacht auf dem Schiff, wo sie kein Auge zugetan hatte, war sie außerstande, dem Kind zu antworten. Sie wollte sich nur irgendwo ausstrecken und ausruhen dürfen, sie wollte liegen, stilliegen und schlafen – nur schlafen, nichts als schlafen. Auf dieser ganzen Reise würde sie aber wohl nie Ruhe finden, keine richtige Ausspannung, keinen ordentlichen Schlaf. Wenn sie auf diesem beängstigenden Dampfwagen fuhren, konnte sie auch in der nächsten Nacht nicht schlafen.
Karl Oskar stand in der Wagenecke vor ihr eingeklemmt und sprach mit Jonas Petter und Danjel Andreasson über den Dampfwagen. Danjel sagte: So sei jetzt die Prophezeiung in Erfüllung gegangen, die da vorausgesagt habe, daß, wenn die Jüngsten Tage der Welt herankämen, die Wagen ohne Pferde fahren würden.
Er selbst habe sich gefragt, ob es Gottes Wille sein könne, daß seine Kinder die Dampfkraft als Zugtier verwendeten. Wenn diese Kraft etwas Gutes und Nützliches gewesen wäre, hätte der Herr sie den Menschen doch nicht so lange verborgen gehalten, seit der Erschaffung der Erde, beinahe sechstausend Jahre lang. Daher sei es denkbar, daß die Dampfkraft vom Übel sei, daß sie von den Mächten des Bösen in den himmlischen Räumen geschickt sei. Doch bis jetzt habe der Herr ihnen auf dieser Reise geholfen, und auch auf dem Dampfwagen seien sie in seiner Hand.
Kristina fiel ein: Der Propst Brusander habe bei einer häusli-

chen Prüfung gesagt, daß die Eisenbahnen eine verderbliche menschliche Erfindung seien, die die Seele dem Schöpfer entfremdete und so wie alle Mechanismen für arm und reich ins Unglück und Elend führte. Die Dampfkraft schwäche die Fähigkeiten der Seele und des Körpers und begünstige Müßiggang, Unzucht und Unsittlichkeit. Der Propst habe daher dringend gehofft, daß die Dampfwagen niemals über Schweden hereinbrechen würden, daß man sie in schwedischen Landen niemals einführen wollte.
Und Kristina fragte sich, ob sie gegen eines der Zehn göttlichen Gebote verstießen, wenn sie mit dem Dampfwagen führen; soweit sie den Propst zu Hause verstanden hatte, wäre es in diesem Falle das sechste Gebot.
Sie hatte von diesem Wagen vorher nichts gewußt, aber jetzt hatte sie sich und die Ihren ihm mit Haut und Haaren ausgeliefert, und es war zu spät, es sich anders zu überlegen. Es war ihr, als hätte sie sich auf den Bock gesetzt, um mit einem wilden, ungezähmten jungen Pferd zu fahren, das zum erstenmal vor einen Wagen gespannt war, einem unbändigen und feurigen Tier, das sich alle möglichen Seitensprünge einfallen lassen konnte, das von der Straße heruntergaloppieren konnte, das scheu werden konnte, das sich auf der Erde wälzen konnte. Sie konnte nicht vergessen, daß der Dampfwagen Funken aus seinen Eingeweiden spie. Und sie befürchtete, daß diese Reise ihr bisher gefährlichstes Unternehmen sei. Noch war ihnen in Amerika nichts Gefährliches zugestoßen, aber sie hatten sich noch nicht weit vom Ufer entfernt: noch konnte alles geschehen.
Danjel hatte sein Gesangbuch geöffnet und das *Gebet vor Antritt einer Reise* aufgeschlagen. Und als Kristina sah, wie ihr Onkel die Hände über der Brust faltete, tat sie dasselbe: Zusammen mit ihrem Mann und ihren Kindern hatte sie bereits ihr Leben auf dem Meere gewagt, und nun sollten sie alle auch an Land ihr Leben aufs Spiel setzen – in einem stillen Gebet rief sie ihren Schöpfer um seinen Schirm während ihrer Fahrt mit dem Dampfwagen an.

3

An beiden Enden des Wagens öffnete sich eine schmale Tür, und über beiden Ausgängen war mit großen schwarzen Buchstaben angeschrieben:

DANGER
WATCH YOUR STEP

Karl Oskar hatte dieselbe Inschrift am Pier in New York gesehen, als sie das Flußschiff bestiegen; und als er sie nun wiedersah, fragte er den Dolmetscher, was sie bedeutete: Er erfuhr, daß sie vor gefährlichen Stellen warnte; hier sollte man vorsichtig gehen und aufpassen, wo man hintrat. Unerfahrene Reisende konnten leicht danebentreten und aus dem Wagen fallen, wenn sie hinaus- oder hineinwollten.
Karl Oskar erklärte die Inschrift seinerseits Kristina, die fand, daß es vorausschauend sei, in Amerika Plakate zu drucken und sie an gefährlichen Stellen anzubringen: Sie wolle auch an die vier Worte denken, die da so schwarz und drohend warnten und die leicht zu erkennen seien.
Vor dem Fenster des Wagens stand ein weißgestrichener Pfahl mit mehreren Reihen fußhoher Buchstaben in roter Farbe:

SIGNALS FOR THE TRAINS
A WHITE FLAG BY DAY
A WHITE LAMP BY NIGHT
SHOWS
ALL RIGHT

Karl Oskar fragte sich, was dieses Plakat bedeutete; vermutlich handelte es sich um etwas, was sich auf die Reisenden im Wagen bezog und was sie wissen mußten. Und es quälte ihn, daß er nicht eine Silbe der fremden Sprache konnte, daß er nicht ein einziges verständliches Wort zusammenbekam. Er kam sich vor, als wäre er wieder am ersten Tage zu Hause in der Schule – wie damals, als Schulmeister Rinaldo ihm zum erstenmal die Fibel vor die Augen hielt. Er war jetzt ein ganz reifer Mann, siebenundzwanzig Jahre alt, der drei Kinder hatte, und nun wurde er hier wieder wie ein Schulkind, ein Anfänger. Er mußte buchstabieren und zusammensetzen und lernen, die Wörter zu erkennen. Er hätte sich vielleicht noch damit abgefunden, daß er die Sprache nicht lesen konnte, doch am meisten grämte es ihn, daß er von den gesprochenen Worten nichts verstand. Es quälte ihn, daß die Menschen in seiner Nähe sprachen, ohne daß er erfaßte, was sie sagten. Vielleicht sprachen sie über ihn, und es war dumm und ärgerlich, wenn von ihm gesprochen wurde, wenn er selbst dabei war, ohne daß die anderen darauf Rücksicht nahmen, daß er dabei war. Hier in Amerika konnte man Leuten ins Gesicht sehen, die einen verleumdeten und schlechtmachten, und man konnte nichts dagegen tun. Nicht mehr, als dastehen und einfältig und hilflos und dumm dreinschauen. Seit er Amerika betreten hatte, war er sich öfter dumm vorgekommen als in seinem ganzen vorhergegangenen Leben zu Hause in Schweden.

Doch wollte er nicht glauben, daß sein Verstand unter der Auswanderung gelitten hatte.

Die Inschrift über der Wagentür wurde durch den Kopf des Dolmetschers Landberg verdeckt, der über die Köpfe aller anderen hinweg zu sehen war: Er sprach englisch mit einem Mann im blauen Rock und gelben Knöpfen und mit einem gelben Abzeichen an der Mütze, einem der amerikanischen Wachmänner oder Führer im Eisenbahnzug. Vermutlich sprachen die beiden Männer über die Menschen hier im Zuge, über die gerade Zugereisten, über ihn und die anderen. Und Karl Oskar horchte und spitzte die Ohren und versuchte, etwas zu erlauschen, was Worten *ähnelte*, die er kannte. Das Gespräch des schwedischen Dolmetschers und des Amerikaners klang seinen Ohren aber nicht wie menschliche Rede: Es hörte sich an wie das Surren von Hummeln, verdreht, verwirrt und durch und durch verworren. Es war, als verdrehten sie die

Münder und machten sich Knoten in die Zungen, um sonderbare Laute hervorzubringen. Man hätte glauben können, daß sie einander nachahmten und sich aus Spaß so hatten. Für Karl Oskar hörte sich die amerikanische Sprache nur wie eine Menge sinnloser Laute an, und jedesmal, wenn er sie hörte, wurde er verzagter: Er konnte wohl niemals seinen Mund dazu bringen, diese Sprache zu benutzen.
Der Wachmann verließ den Wagen, nachdem er die Tür verschlossen hatte. Dann rief der Dolmetscher: »Haltet euch einen Augenblick fest, liebe Leute! Unser Zug fährt an!«
Der Warnung folgte ein scheußliches langgezogenes und schneidendes Geheul aus dem vordersten Wagen. Einen derartigen Lärm hatten sie noch nie gehört; weil er weder von Menschen noch von Tieren herrührte, sondern von einem toten Ding, erschreckte er sie. Hinterher wurde es ganz still im Wagen; es war eine Stille des Bebens. Gesichter wurden blaß, Hände faßten nach einander, die Reisenden hielten sich aneinander fest, suchten einen Halt an Bänken und Wänden, an allem Festen, was sich in der Reichweite ihrer Arme befand, an allem, was sie mit den Händen erreichen konnten.
Der Augenblick war da. Der Dampfwagen setzte sich in Bewegung. Sie merkten an den Erschütterungen, daß auch ihr Anhängewagen sich bewegte, sie hörten an dem Getöse der Räder von unten, daß er über die Eisenschienen rollte, sie sahen durchs Fenster, daß er sich vorwärtsbewegte.
Der Wagen rüttelte und schüttelte an, es knackte und knarrte in den Wänden. Es verging eine Minute und zwei, und dann ruckte es stärker, der Wagen schaukelte plötzlich und legte sich auf die eine Seite über. Erschrocken neigten sich einige der Sitzenden auf den Bänken nach vorn, um ein Gegengewicht zu bilden und ihr Gewicht auf die andere Seite zu verlegen. Fina-Kajsa, die zur Hälfte lag und es am bequemsten hatte, schrie ganz schrill auf. Es war ein Schrei wie in Todesnot. Sie schrie, daß sie am Ersticken sei. Ulrika in Västergöhl machte ihr schnell das Kleid auf, und darauf verstummte Fina-Kajsa bald und atmete ruhiger.

»Wir kippen um!« Johan klammerte sich krampfhaft am Bein seiner Mutter fest. »Wir kippen um, Mutter!«
»Ruhig, Junge!«
»Wir kippen aber um . . .! Ich habe solche Angst . . .!«
»Das ist nicht gefährlich«, tröstete Karl Oskar. »Klein-Märta und Harald schreien nicht. Da willst du schreien, wo du der größte bist?«
Johan durfte nicht zu seiner Mutter auf den Schoß, der schon von seinen kleineren Geschwistern besetzt war. Er mußte sich damit begnügen, sich an dem einen Bein seiner Mutter festzuhalten. Er umklammerte es um so fester, während sie weiterfuhren; ihm liefen große Tränen über die mageren Backenknochen.
Doch die Mutter, an der der Kleine sich festhielt, war ebenso verängstigt wie das Kind, obwohl sie sich beherrschte und nicht schrie. Als sie durchs Fenster sah, wie sich der Erdboden, Häuser, Bäume und Pfähle rückwärts bewegten, drehte sich ihr alles vor den Augen; sie hatte einen Druck in der Magengrube, der Hals war ihr wie zugeschnürt, und es kribbelte und stach im Kopf. Ihr wurde schwindlig. Sie wollte nichts sehen, nichts fühlen – sie machte die Augen zu und biß die Zähne aufeinander. Sie mußte den Schwindel verjagen. Sie zog die Kinder auf dem Schoß näher zu sich heran und biß die Kinnbacken noch fester zusammen: Nur nicht ohnmächtig werden . . . Wenn sie stillsaß und die Augen geschlossen hielt, würde sie vielleicht nicht ohnmächtig werden . . .
Und Kristina schloß die Augen, während der Eisenbahnzug losfuhr und die Räder schneller rollten. Der Dampfwagen stieß Rauch und Funken aus seinen Eingeweiden aus, qualmte und zischte und atmete immer heftiger aus und ein. Die Räder rollten, krachten und dröhnten, und der Zugwagen ruckte, schüttelte und rüttelte. Und die Menschen, die darin eingeschlossen waren, saßen ganz gespannt da, und jeden Augenblick erwarteten sie, daß etwas geschähe.
Doch ihr Wagen entgleiste nicht, er kippte auch nicht um und geriet auch nicht in Brand. Es ereignete sich nichts.

Nachdem sie eine ganze Weile gefahren waren, machte Kristina die Augen auf; sie tat es nur versuchsweise. Sie sah durchs Fenster, wie Bäume, Sträucher, Hügel und Äcker mit atemberaubender Geschwindigkeit an ihr vorbeisausten, und das Gefühl kam wieder. Sie fuhren mit einer schwindelnden Geschwindigkeit; sie vertrug es nicht, zu sehen, wie schnell sie fuhren, ihr Kopf vertrug es nicht. Sie war gezwungen, die Augen zu schließen.
Und der Zug mit den Einwanderern fuhr ins Land hinein. Blaß, schweigend und ernst fuhren die Einwanderer auf der Eisenbahn, und es schien ihnen, daß sie sich mit der Geschwindigkeit des Windes bewegten.
Karl Oskar sagte: Vielleicht seien sie die ersten aus ihrer schwedischen Heimat, die hinter einem Dampfwagen fuhren.

4

Die Passagiere beruhigten sich allmählich und begannen wieder zu sprechen und sich zu bewegen. Sie wurden jedoch stark von der Hitze geplagt, die sie mit tausend unsichtbaren kleinen Nadelspitzen in die Haut stach. Und da es keine Luftzufuhr von außen gab, wurde es in dem Wagen immer stickiger, das Atmen fiel immer schwerer, und die Kinder wurden quengelig und gereizt.
Karl Oskar wandte sich an den Dolmetscher: »Können wir nicht die Fenster aufmachen?«
»Die Fenster im Wagen lassen sich nicht öffnen.«
»Können wir da nicht die Türen aufmachen?«
»Die sind zugeschlossen. Wir machen sie aber auf, wenn der Zug hält.«
Sie mußten sich gedulden und sich auf ihren Begleiter verlassen. Sie waren in seiner Hand, er hütete sie wie eine Herde Schafe. Und Karl Oskar glaubte, daß er ein rechtschaffener und aufrichtiger Mann sei.
Landberg erklärte: Es sei vorgekommen, daß Reisende in Ein-

wandererzügen während der Fahrt hinausgefallen seien und sich zu Tode gestürzt hätten. Deswegen würden die Türen aus Sorge um ihr Leben verschlossen. Doch werde er schon aufpassen, daß sie auf der Reise so viel Luft bekämen, wie sie brauchten. Verschlossene Türen brächten auch Gefahren mit sich. Im vergangenen Jahr habe sich in einem Einwandererzug ein schlimmes Unglück ereignet: Als der Zug in Buffalo angekommen sei und man einen Güterwagen ohne Fenster geöffnet habe, der die ganze Strecke von Albany verschlossen gewesen sei, habe man darin fünf Tote gefunden. Drei der Erstickten seien aus Schweden gekommen. Die Überlebenden in dem Wagen seien schwer mitgenommen gewesen. Die Einwanderer hätten gerufen und gebeten, die Türen zu öffnen, aber niemand habe verstanden, was sie gerufen hätten, denn sie hätten keinen Dolmetscher bei sich gehabt. Daraus könne man den großen Nutzen eines Dolmetschers ersehen. Doch daraufhin seien die Eisenbahngesellschaften angewiesen worden, die Türen jedesmal, wenn der Zug hielt, öffnen zu lassen. Und er werde schon darauf achten, daß so viel Luft hereinkomme, daß niemand auf dieser Reise ersticke.

Und ihr stattlicher Landsmann, der frühere Zimmermann, lächelte seiner Schar im Wagen ermunternd zu. Er hatte einen Mund voller Zähne, die weiß und schön blitzten, und seine Wangen waren von einem schwarzen, wohlgepflegten Bart bedeckt. Es war ein Mann, den die Frauen anschauten. Als die ledige Ulrika in Västergöhl ihn nach etwas fragen wollte, steckte sie einen Finger in ein Knopfloch seines Rockes, so daß er nicht von ihr wegkommen könnte. Sie hatten keinen anderen, den sie fragen konnten, keinen anderen, bei dem sie sich beklagen konnten. Der lange Landberg hatte viel zu besorgen; er wurde jedoch nicht ungeduldig und fertigte keinen kurz ab.

Kaum war den Reisenden ausreichend Luft zum Atmen versprochen worden, als sie darüber unruhig wurden, daß das Getöse der Räder stärker und dumpfer wurde. Sie schauten hinaus und sahen auf beiden Seiten wirbelndes Wasser: Sie fuhren auf einer Brücke über einen breiten Fluß. Die Amerikaner legten Eisenstangen und Querhölzer für die Bahn auch über das Wasser. Es seien kühne Menschen, die Amerikaner, sagte der Dolmetscher. Sie beschäftigten sich am liebsten damit, ihr Leben zu wagen, sie wollten kaum etwas anderes tun. Auf ihre Weise seien sie also faul.

Robert und Arvid saßen nebeneinander auf dem Boden des Wagens und sprachen leise. Arvid war nicht wohl zumute; ihm tat ein Zahn weh. Er hätte die Reise lieber zu Fuß fortgesetzt. In den ersten vierundzwanzig Stunden hatte er noch die Bewegung der Meereswogen in den Beinen gehabt, und beim Gehen war ihm so gewesen, als träte er auf Schwingrasen, doch nun waren alle Glieder wieder in Ordnung. Und jetzt sollte er eingesperrt und eingeschlossen in diesem engen und heißen Kälberverschlag sitzen! Vielleicht war der Wagen auch für den Viehtransport benutzt worden, denn unter einer der Bänke hatte er getrockneten Kuhmist gefunden. Robert hatte ihn dem Dolmetscher gezeigt, der glaubte, daß in ihrem Wagen Schlachtvieh beförderte worden sei, bevor Bänke und Fenster angebracht worden seien und man ihm zum Einwandererwagen umgebaut habe.

Arvid fragte: Könnten sie sich sicher darauf verlassen, daß die Räder die ganze Strecke den ausgelegten Eisenstangen folgten? Robert erwiderte, daß an den Rädern ein Falz angebracht sei, der sie zwinge, auf den Schienen zu bleiben. Es könne natürlich vorkommen, daß der Wagen das eine oder andere Rad verliere, besonders, wenn er sich so schnell wie jetzt vorwärtsbewege. In diesem Augenblick führen sie wohl drei Meilen in der Stunde, der Dampfwagen befördert sie dreimal so schnell wie ein gefederter Wagen. So schnell und stark sei die Dampfkraft.

Arvids Augen blickten unruhig umher: »Stimmt es, daß der Dampf nur Dunst ist?«

»Ja. Was dampft, wenn man Wasser zum Kochen bringt.«

Und Robert erklärte die Kraft des Dampfes: Er und einige andere Jungen hätten einmal eine alte ausgediente Büchse genommen, das Zündloch zugenagelt, den Lauf voll Wasser gefüllt und die Mündung mit einem Holzpfropf verschlossen. Dann hätten sie im Walde ein Feuer gemacht und den Büchsenlauf ins Feuer gelegt. Er sei bald rotglühend geworden und der Schuß sei losgegangen: Es habe einen schrecklichen Knall gegeben, die Büchse sei in tausend Stücke zersprungen, und einem der Jungen seien drei Finger der einen Hand abgerissen worden. So stark sei die Dampfkraft, wenn sie freikomme.

Wenn das Unglück es wolle, könne der Dampf hier im Zug auch freikommen und ausbrechen und sie alle zersprengen, sie in kleine Stücke sprengen, so klein, daß sie wie Hackfleisch in einem Kessel würden und man die Fleischfetzen und Knochenstückchen des einen nicht von denen des anderen unterscheiden könnte.

Arvid biß sich in seinen Zeigefinger, was er zu tun pflegte, wenn er nicht zufrieden war.

»Du glaubst doch nicht, daß der Dampf freikommt?«

»Nein . . . Ich habe gesagt, wenn es aber das Unglück will.«

Robert hatte seinem Kameraden erzählt, was in der *Naturlehre* über Eisenbahnen und Dampfkraft stand, damit er sich auf der Reise sicherer fühlen sollte. Doch Arvid war nicht ganz wohl zumute. Er flüsterte: »Weißt du noch, was wir uns versprochen haben? Daß wir immer zusammenhalten wollten. Was uns auch immer begegnet – wir wollen zusammenhalten!«

»Das wollen wir, Arvid!« Robert wurde tiefernst. »Ich vergesse das Versprechen nicht! Was uns beiden in Amerika auch begegnet – wir wollen zusammenhalten!«

Nachdem sie auf der breiten Straße in New York zusammen das Leben aufs Spiel gesetzt hatten, hatten sie einander versprochen, unverbrüchlich zusammenzuhalten, so wie sie eines Nachts in einer Knechtekammer in ihrem Heimatland einander die Hand darauf gegeben hatte, daß sie zusammen über den Ozean wollten.

Und Robert warf einen Blick auf seinen älteren Bruder und fügte mit leiserer Stimme hinzu: Karl Oskar wolle ihm gegen-

über manchmal als Dienstherr auftreten. Er wolle aber von Dienstherren nichts wissen. Daher wolle er lieber mit ihm, Arvid, zusammensein. Und solche Freunde zu sein, wie Arvid und er es waren, das galt noch mehr, als Brüder zu sein.
Nun verlangsamte der Dampfwagen seine Geschwindigkeit, und bald stand ihr Wagen still. Der Dolmetscher hielt sein Versprechen: An beiden Enden des Wagens wurden die Türen geöffnet, und sie bekamen frische Luft herein, die das Atmen leichter machte. Durch das Fenster sahen sie einige ziemlich hohe Häuser an einer Straße, aber hier waren viele kleinere Häuser errichtet, und einige von ihnen waren nicht größer als Holzschuppen.
Nun wagte Kristina wieder die Augen aufzumachen, und sie schaute hinaus, solange ihr Eisenbahnzug stillstand. Karl Oskar fragte, was mit ihr sei: »Es ist nichts Gefährliches. Mir ist etwas schwindlig.«
»Das kommt natürlich von dem Wagen, der so schnell fährt.«
Gerade gegenüber von Kristina saß die ledige Ulrika in Västergöhl, und sie hatte die ganze Zeit über hinausgesehen und die Gegend betrachtet, aber es machte nicht den Eindruck, als ob es ihr schlecht bekommen wäre. Sie war auf der ganzen langen und schwierigen Überfahrt gesund geblieben und hatte ihre frische Farbe behalten. Sie hatte auf See nie eine Mahlzeit ausgelassen, sie war keinen Augenblick seekrank gewesen, sie hatte von allem, was sie verzehrt hatte, nicht einen Bissen ausgebrochen. Und sie hatte keinen Skorbut bekommen, sie war nicht von den Schiffsläusen befallen worden, und sie hatte unter keinerlei körperlichen Beschwerden zu leiden gehabt. Von den Passagieren war keiner so gesund geblieben wie sie. Sie hatte in Amerika völlig gesund und bei vollen Kräften an Land gehen können. Und nun saß sie hier, und die schreckliche Geschwindigkeit setzte ihr nicht im geringsten zu: Es tat ihr gut, hinter dem Dampfwagen zu fahren!
Kristina fragte sich, wie diese Frau gebaut und beschaffen sei. Am allereigentümlichsten war jedoch, daß ein zwanzigjähriger liederlicher Lebenswandel bei dem Freudenweib keine

sichtbaren Spuren hinterlassen hatte. Seit sie sich der Lehre Danjels angeschlossen hatte, trieb sie keine Hurerei mehr, und in letzter Zeit hatte Kristina allmählich geglaubt, daß sie sich gebessert habe. Sie war gut zu den mutterlosen Kindern Danjels und besorgte sie ordentlich; das merkten sie jetzt alle. Es machte den Eindruck, als wollte sie ihr Leben in Hurerei ernstlich sühnen: In Gottes Schuldbuch war viel über Ulrika in Västergöhl aufgezeichnet, es stand jedesmal etwas da, wenn sie ihren Körper zur Unzucht hergegeben hatte. Sie selbst glaubte, daß Jesu Blut sie bereits reingewaschen habe, und daß ihre Sünden wie ein Haufen verschmutzter Unterwäsche in das Schweißtuch des Erlösers eingeknotet seien.

Nun war Kristina gezwungen, hier im Eisenbahnzug denselben Abtritt zu benutzen wie Ulrika, und das widerstrebte ihr: Sie konnte die zahlreichen Männer, die das Freudenweib in seinem Leben bei sich gehabt hatte, nicht vergessen. Am Ende des Wagens war für die natürlichen Bedürfnisse ein kleiner Verschlag eingerichtet, und immer stand jemand wartend vor der Tür, die hineinführte, weil fast alle in der Gesellschaft an schwerem Durchfall litten, der sie nach dem Anlandgehen befallen hatte. Das war ein körperlicher Übelstand, der sie noch mehr mitnahm. Der Durchfall gehöre aber in Amerika in der ersten Zeit dazu, hatte ihr Führer gesagt; es sei eine besondere Art von Durchfall, ein Einwandererdurchfall. Er entstehe durch den Wechsel des Landes und die veränderte Witterung, und kaum ein einziger Ankömmling entgehe der Plage. Nun waren sie in den letzten vierundzwanzig Stunden alle stündlich zum Abort gelaufen – alle außer Ulrika in Västergöhl: Sie schien, was ihre Eingeweide anbetraf, ebenso fest und unbeeinflußt zu sein. Sie widerstand allem Bösen und Üblen: Vielleicht war sie auch um den Durchfall herumgekommen. Gott hatte ihr wahrhaft große Geduld gezeigt, obwohl sie so tief in der Sünde versunken gewesen war, während er den Onkel Danjel, der immer bestrebt gewesen war, gerecht zu leben, schwer geprüft hatte. Das Benehmen des Herrn den Menschen gegenüber war unerforschlich.

Es war ja aber gut, wenn Ulrika ihren Abort hier im Wagen nicht zu benutzen brauchte.
Zum drittenmal, seit der Zug sich in Bewegung gesetzt hatte, kam Jonas Petter aus dem kleinen Verschlag am Ende des Wagens und nestelte am Hosenbund. Er war auf der Überfahrt abgemagert und hatte ein abgezehrtes Gesicht und war um den Leib dünner. Er klagte Karl Oskar: »Man wird ganz elend und hat kaum noch etwas herauszubringen! Das kommt wohl von der amerikanischen Wärme.«
»Der Durchfall ist keine lebensgefährliche Krankheit. Wenn der Bauch sich daran gewöhnt hat, geht sie vorüber.«
Karl Oskar griff nach der Reisetasche.
»Ich kuriere mich selbst mit Pfefferbranntwein. Willst du einen ordentlichen Schluck haben, Jonas Petter?«
Er holte die Kruke mit dem Branntwein, einen Blechbecher und eine kleine Spitztüte mit gemahlenem schwarzem Pfeffer hervor. Nachdem er den Becher aus der Kruke vollgegossen hatte, tat er eine ordentliche Prise Pfeffer hinein. Der Trunk, der den Einwandererdurchfall heilen sollte, färbte sich schwarz wie Moorwasser.
»Kipp es schnell hinunter!«
Jonas Petter nahm den dunklen Schwarzpfefferschnaps und schnitt hinterher ein Gesicht.
»Als ob man rotglühende Kohlen schluckt!«
»Es stopft aber das Loch! Trink morgen früh auch einen Schluck Pfefferbranntwein – dann brauchst du nicht zu rennen!«
Jonas Petter sagte: Es sei eine ulkige Erfindung, in einem Wagen zu sitzen und zu fahren, während man sein Bedürfnis verrichtete. Vor ihnen hätten wohl noch niemals Menschen von zu Hause in Schweden bei einer solchen Verrichtung fahren können, sie seien sicherlich die ersten, die es so bequem gehabt hätten. Die Amerikaner seien erfinderisch: Diese Einrichtung spare viel Zeit. Wenn der Dampfwagen jedesmal hätte anhalten sollen, wenn einer der Reisenden seinen Leib entleeren müßte, hätten sie am Tage nicht weiter als einen

Büchsenschuß fahren können. Doch nun sammele wohl niemand diesen Mist der Leute vom Eisenbahnzug ein, so daß er dem Boden und dem Pflanzenwuchs zugute komme? Vielleicht sei der amerikanische Ackerboden so fett, daß er nicht gedüngt zu werden brauche.

Karl Oskar bot Kristina von dem Pfefferbranntwein an, doch sie wollte keinen haben: Sie glaubte nicht, daß sie ihn vertrüge. Sie hatte dieser Tage auf dem Schiff einen Schluck versucht, hatte ihn aber wieder herausbringen müssen. Das kam vielleicht daher, daß sie in anderen Umständen war. Durch die Schwangerschaft setzte ihr die Wärme mehr zu als den anderen. Sie hatte sich viele Male gefragt, warum Gott schwangeren Frauen so viele Qualen auferlegte, wo er selbst die Leibesfrucht in ihnen geschaffen hatte.

Da jetzt die halbe Zeit vergangen war, würde man es ihr bald ansehen, daß sie ein Kind erwartete. Bisher wußte niemand in der Gesellschaft außer Karl Oskar, wie es mit ihr stand. Es konnte aber nicht mehr lange verborgen bleiben. Die Frauen entdeckten so etwas zuerst aneinander, sie hatten ihre Zeichen. Und sie hatte schon manchmal festgestellt, daß Ulrika prüfend auf ihren Leib gestarrt hatte. Diesmal hatte sie kein verbergendes Kleidungsstück anzuziehen. Sie hatte es nicht geschafft, sich eine Umstandsschürze zu nähen, bevor sie sich auf die Reise begaben, und sie hatte wohl keine Zeit oder Gelegenheit, sich hier in Amerika später eine zu nähen. Sie hatte übrigens nur Nadel und Faden mit, nicht das kleinste Stückchen Stoff.

Zu Hause war es üblich, daß eine Frau ihre Schwangerschaft so lange verbarg, wie es ging. Doch weswegen sollte sie nun hier weit fort in einem fremden Lande, wo sie keinen einzigen Menschen kannte und kein einziger sie kannte, eine Umstandsschürze brauchen? Und vielleicht regte sich hierzulande niemand darüber auf, daß man den Frauen die Schwangerschaft ansah? Sie hatten in Nordamerika vielleicht andere Gepflogenheiten. Hier sollte sich niemand darum kümmern, wie die Leute sich benahmen, wurde behauptet.

Doch nun saß Ulrika da und starrt sie wieder an, so forschend, als hätte sie sich die Frage vorgelegt, in welchem Monat sie sich befände. Und sie ärgerte sich über Ulrikas Gesicht: Sie hatte doch das Recht, schwanger zu sein. Sie lebte mit ihrem Mann in einem christlich geschlossenen Ehebund, sie hatte einen anerkannten Vater für das Kind. Wie war es aber mit den eigenen Kindern der ledigen Ulrika gewesen? Wer war eigentlich der Vater Elins, dieses Mädels da, das Danjels Kindern Kindermädchen war und jetzt Evchen auf dem Schoß hatte? Man hatte teils Landstreicher und teils den Kirchenältesten in Åkerby vermutet. Und wer war Vater der Kinder gewesen, die ihr gestorben waren? Sie hatte wohl viele Männer, bei denen sie es vermuten konnte; die richtigen Väter kannte vielleicht nur der Herrgott. Sie hätte sich in dieser Beziehung Rechenschaft ablegen müssen, ehe sie Untersuchungen darüber anstellte, wie es mit anderen Frauen sein könnte. Kristina hätte sich gern eine neue Umstandsschürze genäht – nur um Ulrika zu ärgern.

5

Die Einwanderer aus Ljuder fuhren mit dem Dampfwagen durch ein fruchtbares und grünes Land. Von ihrem Zuge sahen sie weitgestreckte Äcker, die eine dichte Decke prächtiger, eben gesprossener Saat trugen, und Äcker mit Getreide, das schon Ähren gebildet hatte. Sie sahen Wiesen mit dichtem, hohem und fettem Gras, wo Vieh weidete; an manchen Stellen wuchs das Gras so hoch, daß es die Beine der Tiere verdeckte und man nur ihre Körper sehen konnte: Die Kühe wateten in ihrem Futter und mußten mehr Gras zertreten, als sie fraßen. An mehreren Stellen sahen sie mehr als fünfzig Kühe, die gemeinsam weideten, und sie fragten sich, ob eine solche Herde mehr als einen Besitzer habe. Sie sahen Wälder von ragenden und dichtbelaubten Bäumen, sie erkannten Eiche, Ahorn, Ulme, Linde und Birke. Sie fuhren an Gehölzen mit unbekannten niedrigen Bäumen vorbei, die voller weißer Blüten waren, und sie hätten gern gewußt, wie die hübschen Bäumchen hießen. Vielleicht war es eine Art Kirsche, die so spät im Jahre blühte? Die Bäume wuchsen aber so zahlreich, daß sie wild sein mußten.

Danjel Andreasson glaubte, daß es Feigenbäume seien, die es auch im Lande Kanaan gebe und von denen Jesus Gleichnisse gelehrt habe. Sie stünden nun dort in ihrem Blütenkleide ebenso weiß wie Jesus selbst, als er sein himmlisches Kleid und Gewand getragen habe.

Sie fuhren durch ein helles Land mit Getreideäckern, Grasebenen, laubreichen Gehölzen. Die Welt, die sie sahen, war fruchtbar und ließ alles gut wachsen. Wenn der Erdboden grünte, versprach er auch Nahrung für Mensch und Tier, kündete den Bauern eine gute Ernte und ein sicheres Leben an. Wo es auf der Erde grün leuchtete, gedieh das Leben gut, dort hatten Menschen gut wohnen.

Und solche guten Stellen mit dem Grün des Erdbodens suchten sie für ihre neuen Wohnstätten. Hier hätten sie bleiben können, wenn ihnen nicht andere zuvorgekommen wären.

Karl Oskar Nilsson war mit dem Anblick, der sich ihm bot, zufrieden: Hier sah man, daß die Erde fett und eben und gut dalag, er entdeckte auf den Äckern nicht einen einzigen hindernden Stein. Und als er über die weiten Felder hinblickte, erinnerte er sich des Bildes mit dem Weizenacker in Nordamerika, das er zu Hause in der Zeitung gesehen hatte. Er war durch die Abbildung nicht getäuscht worden, er war nicht in die Irre geführt worden: Die amerikanischen Äcker lagen hier vor seinen Augen ebenso weitgestreckt und steinlos, ebenso eben und gleichmäßig, wie das Bild gezeigt hatte. Und sie sollten sich weiter landeinwärts noch größer und ebener ausbreiten, sagte man. Dazwischen fuhren sie an magererem Boden, Hügeln und Bergen, Hochebenen, langen Rücken und Nadelwäldern vorbei. Er hatte auch nicht geglaubt, daß das ganze nordamerikanische Land so aussehe wie auf dem Bild mit dem Weizenacker.

Die Eisenbahnfahrt war lang, es verging eine Stunde nach der andern, und neue Gegenden zeigten sich, neue Äcker, neue Wiesenflächen, neue Wälder, neue Saaten und neue Weiden und neue große Herden von grasendem Vieh. Karl Oskar stellte fest, daß die Kühe groß waren, größer als in Schweden, und sie hatten eine weiße oder hellgelbe Farbe, wie die Milch und die Butter; zu Hause waren sie rot oder manchmal schwarz. Die amerikanischen Pferde waren auch großwüchsiger als die zu Hause. Er fragte sich, ob es wilde Pferde waren, die man gezähmt hatte. Die Schafe waren schwarz- und weißwollig, und sie waren dick und rund und hatten Bäuche wie Tonnen. Auch Schweine liefen umher und wühlten im Erdreich; sie waren schwarz und rotbraun, mager und hochbeinig und ähnelten nicht den Schweinen in Schweden. Auf jeden Fall sah er schon jetzt, daß das Vieh in der Neuen Welt nicht ganz so wie zu Hause aussah: Kühe und Pferde waren größer, die Schafe waren fetter, aber kurzbeiniger, die Schweine waren magerer und hatten längere Beine.
Menschen waren auf den Äckern und sonst in der Gegend selten zu sehen. Es gab wenig Menschen, aber viel Tiere. Angesichts all der Menschen, die er in New York gesehen hatte, hatte er allmählich gefürchtet, daß Amerika bereits voll sein, und daß er zu spät hierhergekommen sei. Nun sah er, daß er sich keine Sorge zu machen brauchte. Dieses Land hier breitete sich so weitläufig aus, daß es noch für viele reichen mußte; es wurde bestimmt weder in diesem noch im nächsten Jahr voll. Zu Hause war es aber eng gewesen; die Leute hatten von ihm gesagt, daß er mit seiner langen Nase nicht Platz bekomme, und das war vielleicht wahr. Hier gab es sicher Platz für ihn und alle in ihrer Gesellschaft, hier würde er wohl einen Wohnplatz finden, wo er sich drehen und bewegen konnte wie er wollte, und wo andere Menschen weder unter ihm selbst noch unter seiner großen Nase zu leiden hatten.
Danjel Andreasson hatte lange Zeit stumm dagesessen und die grünenden Felder betrachtet, die sich ihnen auf beiden Seiten eröffneten. Er sagte schließlich: Diese Landstriche

seien üppig und fruchtbar. Es sei ein gutes und breites Land, dieses hier, ein gesegnetes Land. Sie müßten dem Herrn demütig danken, daß sie hier hätten hereinkommen dürfen.

6

Landberg sagte, daß die Reise auf der Eisenbahn nach Buffalo knapp vierundzwanzig Stunden dauere. Es könnten aber Ereignisse eintreten, durch die sie sich verspäteten. Einmal habe sich der Dampfwagen um sechs Stunden verspätet, weil die Eisenschienen mit einer dicken Schicht von Heuschrecken bedeckt gewesen seien.

Ulrika tat es leid, daß diese Fahrt mit dem Dampfwagen bereits am folgenden Tage zu Ende sein sollte: Ein so großes Vergnügen habe sie noch nie zuvor in ihrem Leben mitgemacht. Den Armen zu Hause in Schweden seien solche Freuden wahrhaftig nicht vergönnt: Die meisten von ihnen könnten ihr ganzes Leben hindurch auf keinem einzigen Wagen fahren, bis sie zu Grabe müßten und schließlich auf den Leichenkarren kämen. In Schweden wollten die vornehmen Leute am liebsten, daß die Armen zum Grabe liefen.

Der Dolmetscher lächelte sie breit an.

»Liebe Frau, Sie werden in Amerika schon noch oft Eisenbahn fahren können!«

Er hatte sie mehrmals mit Frau angeredet, und das klang ihr eigenartig. Sie hatte immer die ledige Ulrika in Västergöhl geheißen, und unter diesem Namen war sie ins Kirchenbuch eingetragen, und alle nannten sie so. Es war, als müßte es besonders betont werden, daß sie unverheiratet war, und es hörte sich so an, als ob gerade sie unverheirateter sei als irgendeine andere Frau in der ganzen Welt. Nun sah man, wie Ulrika es genoß, daß der erste fremde Mann, dem sie in Amerika begegnete, sie in den verheirateten Stand erhob, sogar bis zu den vornehmen Leuten, und sie Frau heißen ließ.

Sie erriet, was die anderen darüber dachten, und sie sagte ab-

lenkend: »Wenn man nun auch noch einen anderen Namen annähme!«
Es komme vor, daß die Schweden ihre Namen änderten, wenn sie nach Amerika kämen, erzählte der lange Landberg. Manche wechselten sie ganz und gar. Wer zu Hause Andersson und Larsson geheißen habe, nenne sich hier Pantzarskiöld, Silfverkrona und Lejonstjerna. Es seien aber natürlich meist Gauner, die das Bedürfnis nach einem neuen Namen verspürten: Ein ehrlicher Mensch habe ja keinen Nutzen davon. Und hier helfe ein adliger Name keinem Taugenichts weiter, wie es in Schweden der Fall sei.
Das sei recht und billig, meinte Ulrika in Västergöhl. Doch sonst hätte sie sich gern Frau Ulrika von Lejonstjerna genannt. Für eine bedauernswerte alleinstehende und bettelarme Frau wäre ein adliger Name gar nicht so übel gewesen. Die Männer fänden allerdings bei einer adligen Frauensperson nicht mehr und nichts Besseres als bei einer einfachen. Auch bei adligen Damen gebe es nicht mehr als ein Loch.
Der Dolmetscher lachte, doch von denen, die mit Ulrika im gleichen Kirchspiel gewohnt hatten und ihre Vergangenheit kannten, verzog kaum einer den Mund. Sie hatten sich an ihre unverschämte und freche Redeweise gewöhnt. Nun spielte sie sich ihrem Führer gegenüber auf, der ja nicht wissen konnte, was für eine sie gewesen war. Aus seiner Handtasche holte der Dolmetscher einen Haufen Büchsen hervor; es waren Medikamente, die er auf den Reisen an die Einwanderer zu verkaufen pflegte: *Pain-Killer* stand auf den Büchsen, das bedeutete Schmerztöter. Es waren Pillen, die all die Krankheiten heilten, die Ankömmlinge in Amerika in der ersten Zeit befielen: Cholera, Ruhr, Durchfall, Wechselfieber und Gelbes Fieber. Der *Pain-Killer* kurierte sowohl tödliche Leiden als auch kleinere Wunden und Schrammen. Besonders wirkungsvoll war er gegen das Gelbe Fieber. Eine Büchse kostete einen Dollar, und dabei verdiente er nicht mehr als fünf Cent: Landberg hielt es für unter seiner Würde, sich an den Schweden, die hierherkamen, zu bereichern.

»I am your countryman, you see!« sagte er.
Er ließ ab und zu einige englische Worte einfließen, als ob er zeigen wollte, daß er die Sprache konnte.
Danjel und Jonas Petter kauften jeder eine Büchse *Pain-Killer*, hauptsächlich, um dem Verkäufer seinen Willen zu tun. Karl Oskar lehnte ab: Seine Familie war jetzt recht gesund, und niemand brauchte Medikamente. Der Verkäufer meinte, daß sie die Büchse zur Hand haben sollten, falls sie krank würden – die tödlichen Krankheiten seien zahlreich, und weder junge noch alte Menschen wüßten, was ihnen am nächsten Tage geschehe. Doch Karl Oskar dachte an das Geld in seinem Ledergürtel, das zusammenschmolz; vierundzwanzig Dollar hatte er allein für die Fahrkarten nach Chikago ausgegeben. Wenn sie noch etwas übrig haben wollten, wenn sie in Minnesota ankamen, durfte er nichts weiter kaufen als das Essen, das die Familie brauchte, um auf der Reise das Leben zu fristen.
Arvid klagte bei Danjel über seinen Zahnschmerz, und der kaufte auch seinem Knecht eine Büchse *Pain-Killer*. Landberg sagte Arvid, daß, wenn die Pillen nicht gegen die Zahnschmerzen hülfen, er sich hier seine Zähne ganz schmerzlos mit Gas für fünfundzwanzig Cent je Zahn ausziehen lassen könne. Dann könne er sich dafür neue Zähne kaufen. Ein Professor hier draußen habe kürzlich Zähne aus Guttapercha erfunden, die weich und bequem und völlig unverwüstlich seien. Sie kosteten nur zehn Dollar die Reihe und je Stück einen Dollar; es sei ja billiger, wenn man eine ganze Reihe Zähne auf einmal kaufe.
Danjel Andreasson machte wieder seinen Beutel mit dem breiten, gelben Messingschloß auf und nahm ein neues Eindollarstück aus Silber heraus. Er betrachtete die fremde amerikanische Münze, ehe er sie dem Dolmetscher gab: Auf der einen Seite war ein Adler eingeprägt, der mit ausgebreiteten Flügeln dastand und spähte. Der Vogel hielt ein paar silberne Zweige in der einen Klaue und in der anderen ein Bündel spitzer Pfeile. Und als er den Silberdollar umdrehte, saß auf der an-

deren Seite eine Frau mit bloßen Armen, die in ein bis zu den Füßen herunterreichendes Kleid gekleidet war und in beiden Händen Blumensträuße hielt. Sie saß wie eine Königin auf ihrem Thron mitten in einem Kranz von blitzenden silbernen Sternen.

»In Amerika haben sie schönes Geld«, sagte Danjel. »Es ist mit den Sternen des Himmels geschmückt.«

»Sie sollen die ersten dreizehn Staaten darstellen«, erklärte Landberg.

»Was bedeutet der spähende Adler?«

»Ich weiß nicht genau. Die Amerikaner haben keinen König, den sie auf das Geld setzen können. Da haben sie wohl gedacht, daß ein Raubvogel ebensogut paßt.«

Karl Oskar nahm auch einen Silberdollar heraus, um ihn sich näher anzuschauen; es war nützlich, sich mit den Münzen des Landes vertraut zu machen.

»Unter dem Thron, auf dem die Frau sitzt, ist etwas zu lesen. Könnt Ihr es erklären, Landberg?«

»Ich weiß, was auf dem Dollar steht: *In God we trust.* Das bedeutet: Wir vertrauen auf Gott.«

»Was sagt Er? Steht das Glaubensbekenntnis auf dem Geld?« entfuhr es Danjel Andreasson.

»Jawohl. Diese Worte stehen hier auf allen Geldstücken.«

Ein Freudenschimmer leuchtete Danjel aus den Augen, und er begann, seinen Silberdollar mit einem ganz neuen Eifer zu untersuchen: »So. Wirklich? Die hierzulande das Geld machen, verlassen sich auf Gott. Das hört man gern, daß hier kein Heidentum herrscht.«

Und Danjel in Kärragärde machte ein befriedigtes Gesicht, während er dasaß und die blanke Münze in seiner Hand musterte: Zu Hause in Schweden trugen die Scheidemünzen nur Namen und Bild Oskars I. Dort glaubte man, daß es genüge, einem irdischen Herrscher zu dienen und ihn zu verehren. Die für das Geldwesen in Amerika verantwortlich waren, wußten aber, daß keine Münze zuverlässig und echt sein konnte, wenn nicht der Name Gottes darauf geprägt war.

Hier verließen sie sich in erster Linie auf den himmlischen König.
»Wir vertrauen auf Gott!« wiederholte er für sich selbst.
Der Silberdollar hatte für Danjel Andreasson durch diese Inschrift einen ganz anderen Wert erhalten: Er war in ein Land gekommen, wo die Regierung das Wichtigste aus den Glaubensartikeln auf die Scheidemünzen des Reiches hatte prägen lassen. Er war jetzt davon überzeugt, daß sie in Nordamerika eine gottesfürchtige Regierung hätten, und daß dieses ein christliches Land sei. Er verstand nun, daß die Amerikaner den Herrgott jedesmal, wenn sie einen Dollar in die Hand nahmen, in tröstlicher und demütiger Erinnerung hatten: Dann dachten sie immer daran, daß Silber und Gold nichts anderes waren als ein Schatz aus Staub, den die Motten und der Rost fraßen, und daß sie vor ihrem Schöpfer den Würmern gleich waren: Wir vertrauen auf Gott! In einem Lande, wo solche Münzen im Handel Gültigkeit hatten, mußten unter den Menschen Ehrlichkeit und Redlichkeit herrschen, weil niemand versucht wurde, seinen Nächsten um des elenden Geldes willen zu betrügen.
Und Danjel hielt die Münze hoch, so daß sie in dem Sonnenlicht von den Fenstern des Wagens glitzerte: »Seht! Gottes Silberdollar!«
Er gab den Dollar dem Dolmetscher als Bezahlung für die Büchse mit dem Schmerztöter für Arvid, und Landberg nahm seine Medikamente, um sie den Passagieren in dem Wagen vor ihnen anzubieten.
Arvid wurde auf das amerikanische Geldstück neugierig und bat, sich Karl Oskars Silberdollar anschauen zu dürfen. Er wollte wissen, wer die schöne Frau in dem silbernen Kleid wohl sein könnte, die da auf der einen Seite der Münze dargestellt war: »Ob es vielleicht die Königin von Amerika ist?«
»Wenn es hier keinen König gibt, kann es auch keine Königin geben«, belehrte ihn Robert.
»Ja, richtig! Sie haben ja dafür einen Präsidenten.«
»Und dann hat die Frau auch keine Krone«, sagte Karl Oskar.

Arvid schaute sich das Bild noch einmal an. Dann platzte er eifrig heraus, als hätte er eine große Entdeckung gemacht: »Nun weiß ich, wer sie ist: Sie ist natürlich die Frau des Präsidenten!«
Und Robert nahm an, daß sein Kamerad recht habe. Die Frau mit den nackten Armen in dem langen, bis an die Füße reichenden Kleid, die da zwischen den Sternen mit Blumen in den Händen auf dem Dollar auf ihrem Thron saß, konnte niemand anderes sein als die Gattin des Präsidenten der Nordamerikanischen Republik.

7

Die Kinder plärrten nach Essen, und zum drittenmal seit der Abreise aus Albany holte Kristina den Korb mit dem Reiseproviant von zu Hause vor. Von ihrem Essensvorrat war jetzt nicht mehr viel übrig: ein paar Roggenbrote, eine Schlackwurst, ein Käsekanten, einige Salzheringe, ein guter halber Liter Honig und ein Stück des getrockneten Hammelbuges. Es waren kostbare Happen, die sie einteilen mußten. Hier im Eisenbahnzug konnten sie sich kein Essen kaufen; wer nichts mithatte, mußte hungern.
Von New York her hatte Kristina für die Kinder ein paar Weißbrötchen aufgehoben, von dem Brotlaib schnitt sie für die beiden Männer und sich selbst Scheiben ab, und dann teilte sie die letzte Schlackwurst so gerecht sie konnte zwischen ihnen allen. Das Roggenbrot war trocken und hart, und die Rinde hatte sich von ihm gelöst, und allen Schimmel hatte sie nicht wegkratzen können. Doch alle aßen von ihm, als wäre es frisches Weihnachtsbrot gewesen.
Jonas Petter nahm auch seinen Lebensmittelkasten hervor und begann zu essen, und Danjels beide Jungen, der vierzehnjährige Olof und der elfjährige Sven, saßen neben ihm und sahen sehnsüchtig zu, während er kaute und schluckte. Und jetzt fiel Kristina ein: Sie hatte ihren Onkel und seine Familie heute noch nichts essen sehen.

»Wollt Ihr nicht essen, Onkel Danjel?«
Er sah auf den Fußboden hinab, etwas beschämt: Von ihrem Mundvorrat hätten sie nicht einen einzigen Krümel übrig.
Das war schlecht eingeteilt, dachte Kristina, die wußte, was für einen großen Essensvorrat Inga-Lena zurechtgemacht hatte: Zwanzig Brote, mehrere große Käse, einen großen geräucherten Schweinebug und vieles andere. Doch nun konnten sie nicht hier sitzen und ihre Mahlzeit essen und Danjels mutterlose hungrige Kinder zusehen lassen. Sie sah, wie die Jungen verlangten, wie ausgehungert sie starrten.
Sie schnitt den Rest des Laibes in Scheiben und verteilte das Brot an Danjel und seine vier Kinder, und für jeden war auch eine kleine Scheibe Käse da, als sie den Kanten zerschnitt. Robert hatte von seiner Wurst bereits Arvid abgegeben, der das harte Brot wegen seiner Zahnschmerzen nicht kauen konnte. Und dann konnte er außerdem von der Pillenbüchse mit *Pain-Killer* essen.
Dann aber sank die Hand Kristinas mit dem Brotmesser auf den Schoß hinunter: In der Gesellschaft gab es noch zwei Personen, die nichts zu essen hatten, hier saßen noch zwei, die ihren Hunger nicht stillen konnten: Ulrika in Västergöhl und ihre Tochter Elin.
Die beiden wurden auch von Danjel beköstigt; sie hatten auf der ganzen Reise von seinem Mundvorrat gegessen. Und nun war der Lebensmittelvorrat zu Ende. Nun saßen Ulrika und ihr Mädel da und mußten zusehen, während alle anderen in der Gesellschaft ihre Mahlzeit zu sich nahmen.
Die Hand Kristinas, die das Brot geschnitten und verteilt hatte, lag still auf ihrem Schoß: Sie war niemals auch nur im entferntesten auf den unmöglichen Gedanken gekommen, daß sie von ihrem Mundvorrat dem Freudenweib etwas abgeben würde.
Ulrika sah unverwandt zum Wagenfenster hinaus und betrachtete die Landschaft, die sie durchfuhren, als hätte sie nicht bemerkt, daß die anderen beim Essen waren. Elin hatte ihr Körbchen hervorgeholt, und darin hatte sie ein paar jäm-

merliche Brotkrusten entdeckt, auf denen sie mit einer Miene herumkaute, als säße sie an einem vollbeladenen Tisch. Weder die Mutter noch die Tochter schienen zu merken, daß sie von der Mahlzeit der anderen ausgeschlossen waren.

Ulrika bekam bei Inga-Lenas Tod den Essensvorrat der Familie in ihre Verwahrung, dachte Kristina. Sie gehörte nicht zu denen, die mit dem Eigentum anderer kargten und sparten: Sie war mit der Kost so großzügig gewesen, daß sie bereits alle geworden war. Das hatte sie sich selbst zuzuschreiben.

Doch der gesunde Körper des Freudenweibes verlangte viel Nahrung, und sie versäumte niemals eine Mahlzeit. Wo sie nun den ganzen Tag über nichts in den Magen bekommen hatte, war sie sicher tüchtig hungrig, und es mußte in ihr vor Hunger noch mehr brennen und wehtun, wenn sie das Essen sah, das die anderen aßen. Man mußte Mitleid mit ihr haben: Wo sie allen anderen von ihrem Essenvorrat abgegeben hatte – konnte sie da Ulrika und ihre Tochter übergehen? Es stand in der Bibel, daß man dem Hungrigen sein Brot brechen sollte.

Kristina hatte jedoch nur einen Laib Brot übrig, einen einzigen. Mußte sie nun ihren letzten Laib des Freudenweibes wegen anschneiden? Sie hatte einen Mann mit gutem Appetit, einen ebenso eßlustigen Schwager und drei kleine Kinder, die mager und abgezehrt waren und ihre ordentlichen Mahlzeiten haben mußten. Und sie wußte nicht, wann sie sich das nächste Mal etwas zu essen kaufen konnten. Konnte es Gottes Wille sein, daß man seine eigenen armen Kinder um das Brot bringen sollte, um es einem Menschen wie Ulrika, einer alten Hure, einem verderbten Wesen, zu geben? Wieviel Leid hatte diese Ulrika in Västergöhl anderen Frauen zugefügt! Wie hatte man sie zu Hause im Kirchspiel gemieden und verachtet! Und wie hatte es sie, Kristina, gepeinigt, daß sie gezwungen war, mit ihr zusammen zu fahren! Wenn sie nun von ihrem Mundvorrat der großen Hure abgab, dann hatte sie sie damit als Gast an ihren Tisch geladen. Das wäre gleichbedeutend damit, daß sie sie anerkannte, sie als eine ehrbare Frau betrachtete, als eine Gleichgestellte. Ihr etwas anzubieten wäre dasselbe wie ihr die Hand zu reichen. Es war wie eine Demütigung, als ob sie dem Freudenweib nachgäbe, als ob sie sie zu ihrer Freundin machen wollte.

Einem Bettler warf man einen Bissen Brot hin. Doch Ulrika hatte niemals gebettelt, sie war stolz, das mußte man zugeben, sie war mehr als stolz, sie war überheblich; sie hatte sich geweigert zu essen, als sie wegen Vergehens gegen das Abendmahl im Gefängnis saß, sie hatte in die Kohlsuppe gespuckt, erzählte man. Wenn sie etwas annehmen sollte, mußte man es ihr als einer Gleichgestellten anbieten.

Kristina wollte aber nicht als ihr gleichgestellt gelten.

Die Hand mit dem Brotmesser lag noch still. Mitten im Rasseln der Wagenräder hörte man das Geräusch eifrig kauender Kiefer. Doch sie, die die Speise verteilt hatte, hatte selbst noch nicht angefangen zu essen.

Kristina begann das Herz zu pochen, so unschlüssig war sie. Das letzte Brot anschneiden – oder es aufheben? Sie hatte das unbestimmte Gefühl, daß es für ihre ganze Gesellschaft sehr wichtig war, was sie nun tat. Sie ahnte, daß ihnen allen in dem neuen Lande große Veränderungen bevorstanden; hier schienen sich die Leute anders zu benehmen als zu Hause, sie waren vielleicht gezwungen, sich auf andere Weise zu benehmen, auf eine neue und ungewohnte Weise, auf eine Weise, wie sie es in der Heimat nie getan hätten. Und wo sie hier nun mit all dem Fremden und Unbekannten um sich herum zusammengebracht waren, wurden sie zueinander getrieben – es war immer mehr, als wären sie eine einzige Familie. Und da mußten sie versuchen, einander auszustehen und es wenigstens unterlassen, einander zu quälen. Wie sollte es ihnen sonst gehen?

Nun litt Ulrika Hunger, und wer ihr Nahrung geben konnte, es aber nicht tat, verlängerte ihre Qual. Sie konnte doch nicht so grausam sein, daß sie es fertigbrachte, einen anderen Menschen leiden zu sehen, wenn sie ihm helfen konnte? Sie hatte sich so oft die Frage vorgelegt, warum die Menschen sich in dieser Welt gegenseitig so unbarmherzig quälten. Nun konnte sie diese Frage an sich selbst richten: Ulrika ist ausgehungert – warum läßt du sie sich quälen? Du meinst, sie sei überheblich. Was bist du aber selbst? Willst du sie nicht aus Überheblichkeit übergehen?

Die Hand Kristinas packte den Griff des Brotmessers fester, als wäre sie bereit, wieder anzufangen zu schneiden: Es war aber das Brot der Kinder, und die waren schwächlich und brauchten jeden Bissen. Du kannst ihnen nicht ihr Essen wegnehmen. In ihr Brot zu schneiden ist so wie in dein eigenes Fleisch zu schneiden. Das Freudenweib ist groß und erwachsen und frech und dreist, sie kommt immer durch, sie verhungert nicht. Etwas anderes ist es mit deinen hilflosen Kleinen. Wenn sie reichlich zu essen gehabt hätten, mehr, als sie gebraucht hätten . . . Aber so – nein . . .

Doch so konnte es nicht weitergehen. Sie konnten sich nicht immer weiter quälen. Sie waren ja alle arme bedauernswerte Geschöpfe, die sich in der neuen Gegend verirrt hatten. Niemand wußte, was ihnen in ihrem neuen Land bevorstand, niemand wußte jetzt von einem Tage zum andern, was sie durchmachen und aushalten mußten. Ein Brot rettete auf die Dauer niemand das Leben. Und wenn der eine dem anderen behilflich sein konnte . . . Wer ist dein Nächster? Das Freudenweib war auch ihr Nächster. Sie hatte von ihrem Schöpfer auch eine unsterbliche Seele erhalten. Er hatte sie von Anfang an ebenso hoch eingeschätzt wie alle andern. Sie war auch ein Werk des Herrn. Er mußte auch auf sie achtgeben. Und man mußte wohl glauben, daß er sich auch der kleinen Kinder annahm, so daß sie nicht zu verhungern brauchten . . .

Kristina nahm das übriggebliebene Brot heraus, schnitt Scheiben über den ganzen Laib und reichte sie Ulrika in Västergöhl und ihrer Tochter: Wollten sie mit dem alten harten und trokkengewordenen Brot von zu Hause vorlieb nehmen, das sie noch hatte – sie habe versucht, den Schimmel zu entfernen . . .?

Mutter und Tochter dankten und nahmen. Ulrika schien nicht

erstaunt über das Angebot, sie sah nur dankbar aus, ehrlich dankbar. Und Kristina reichte ihnen auch das Messer und den geräucherten Hammelbug, damit sie sich selbst Zukost zum Brot abschneiden könnten. Und sie aßen und kauten langsam und beherrscht, aber man sah, daß sie sich dabei anstrengten: Sie hielten die Bewegung der Kiefer zurück, um nicht ihren großen Hunger und ihre Gier zu verraten.
Und als Kristina schließlich selbst zu essen begann, legte sie sich die Frage vor: Was hätten die zu Hause gesagt, wenn sie gesehen hätten, was sich jetzt hier zutrug – was hätten sie gesagt, wenn sie gesehen hätten, wie sie ihr letztes Brot von zu Hause anschnitt, um davon Ulrika in Västergöhl anzubieten, wenn sie gesehen hätten, wie sie die Dorfhure zu Gast bat?

8

Als es soweit war, wurde es in kurzer Zeit dunkel und wurde vor den Fenstern des Eisenbahnwagens so schwarz wie in einem Kartoffelkeller. Alles in diesem Lande verlief schneller, sogar die Dämmerung kam eiliger als zu Hause. Und das dichte Dunkel, das sich in einer Nacht wie dieser, gerade zur Mittsommerzeit, herabsenkte, rief bei den Einwanderern Erstaunen hervor. Um diese Zeit des Abends wäre es zu Hause völlig hell gewesen. Doch alles, was amerikanisch war, würde bestimmt gerade entgegengesetzt dem Schwedischen sein: Hier hatten sie im Sommer dunkle Nächte statt heller und weiße Kühe auf der Weide statt schwarzer.
Ihr Zug hielt an und stand lange still. Es verging wohl eine Stunde, und der Zug der Einwanderer stand immer noch still. Durch die Fenster konnten sie kaum mehr etwas von der Landschaft draußen unterscheiden. Vielleicht stand der Zug bei einer der Städte, die der Dolmetscher als Stellen genannt hatte, wo sie längere Zeit halten würden: Schenectady, Utica oder Syracuse. Es waren schwere und seltsame Namen für Städte, die so waren wie die Bezeichnungen der biblischen

Orte, von Städten im Lande Kanaan. Diejenigen, die gute Augen hatten, sagten jedoch, daß sie mitten in einem großen Walde gehalten hätten – es standen auf beiden Seiten gewaltige dicke Bäume. Der Dolmetscher hielt sich in einem anderen Wagen auf. Sie konnten niemand fragen.
Vielleicht konnte der Eisenbahnzug nachts nicht fahren, vielleicht wurde es zu dunkel? Vielleicht würden sie hier halten, bis es graute?
Im Wagen brannte kein Licht, und auf mehr als eine Armlänge konnten die Passagiere nicht ihre Gesichter unterscheiden. Sie saßen aber dicht beieinander, sie wußten, wo die anderen saßen und wo sie ihre Habseligkeiten hatten: Sie konnten im Notfall ohne Licht auskommen. Sie wollten lieber Luft haben, und die den Zug bedienten, hatten die Türen an den beiden Enden des Wagens aufgemacht, als der Zug hielt, so daß sie sich an der Kühle der Nachtluft erquicken konnten. Doch keiner der Reisenden wagte auszusteigen.
Es verging noch eine Stunde, und der Einwandererzug stand immer noch still. Die Einwanderer begannen hin- und herzurutschen, sie wurden verwundert und unruhig. Vor den Fenstern sahen sie die Funken vom Dampfwagen im Dunkeln herumwirbeln wie einen aufgeregten Schwarm kleiner rotglühender Fliegen, und bei diesem Anblick fühlten sie sich nicht sicherer. Sie begannen sich zu ängstigen, daß mit ihrem Zug ein Unglück geschehen war oder gerade geschah. Warum kam der Dolmetscher nicht zurück?
Jemand meinte, daß er sie vielleicht sitzen gelassen habe.
Sie hörten das Zischen und Fauchen des Dampfwagens da vorn, sie sahen die fliegenden Feuerfunken, sie befanden sich tief in einem großen und wilden Wald, und hier saßen sie wie eingesperrte blinde Hühner auf ihren Stangen im Dunkeln und konnten nicht einmal jemand über ihre Lage befragen – nicht einmal jemand fragen, ob sie sich in Gefahr befänden. Sie wußten nichts, daher fürchteten sie alles.
Schließlich begannen sie zu beratschlagen: Wenn sie jemand auswählten, der auf den Erdboden hinunterstieg und sich er-

kundigte, was mit ihrem haltenden Zug geschehen war? Er konnte vielleicht mit den Augen und Ohren erkennen, obwohl er nicht sprechen konnte.

Doch kaum hatten sie den Gedanken ausgesprochen, als der Zug sich mit einem so kräftigen Ruck in Bewegung setzte, daß die Passagiere durcheinanderpurzelten. Und da kam auch der Mann, den sie vermißt hatten – jetzt kam der lange Landberg ganz vergnügt und ruhig zurück und erklärte:

Sie hätten auf der Bahnstrecke eine so lange und starke Steigung vor sich, daß noch ein Dampfwagen erforderlich sei, um sie hinaufzuziehen. Der Zug habe stillgestanden und auf den neuen Dampfwagen gewartet, der nun ganz hinten herangeschoben sei und der den Zug die Steigung aufwärts schieben sollte.

Und die Fahrt ging weiter, der Zug der Einwanderer fuhr weiter im nächtlichen Dunkel nach Nordamerika hinein. Noch war ihnen nichts Gefährliches zugestoßen, und noch konnte alles geschehen.

Fahrt mit dem Dampfschiff

I

Am Vormittag des nächsten Tages kamen die Einwanderer mit dem Dampfwagen in Buffalo an, von wo sie am Abend mit dem Dampfschiff ›*Sultana*‹ über den Erie-See weiterfuhren. Der ganze Rest ihrer Reise sollte auf Wasserwegen, auf Seen, Flüssen und Kanälen, zurückgelegt werden. Jetzt hatten sie drei große Binnenseen vor sich, die sie befahren sollten. Von Buffalo kamen sie auf weites und bewegtes Süßwasser hinaus, wo sie jedoch auf der einen Seite des Schiffes Land sehen konnten. In kürzeren oder längeren Zeitabständen lief die ›*Sultana*‹ Land an und setzte Passagiere und Packgut ab oder nahm sie auf oder lud Brennholz für die Heizung der Dampfmaschinen ein.

Die ›*Sultana*‹ war ein großes Dampfschiff mit zwei Schaufelrädern, einem auf jeder Seite, und sie war über die Reling mit Menschen und Packgut beladen. Den Einwanderern wurde ihre Unterkunft eine Treppe tiefer, auf dem Zwischendeck, angewiesen, und mit den Namen für dieses Quartier, *steerage*, lernten sie ein neues englisches Wort. Um den Schiffsraum herum waren in drei Reihen Kojen aufgestellt. Jede Koje war vier Fuß breit und war für zwei Erwachsene gleichen Geschlechts oder für Mann und Frau bestimmt. Zwei Kinder unter acht Jahren wurden als ein Erwachsener gerechnet. Kinder unter drei Jahren wurden kostenlos befördert, aber niemand fragte nach dem Alter der Kleinen, sondern alle Kinder, die die Eltern beim Einsteigen auf dem Arm tragen konnten, wurden ohne Bezahlung befördert, sie mochten so groß und so alt sein, wie sie wollten.

Karl Oskar trug Johan auf dem einen Arm und Klein-Märta auf dem anderen, während Kristina Harald nahm; sie brauchten für keines der Kinder Fahrgeld zu bezahlen. Johan war vier Jahre alt, aber ebenso groß wie ein Sechsjähriger, und andere Eltern brachten Kinder angetragen, die noch größer waren: Noch nie hatte man auf der Welt so große Dreijährige gesehen wie unter den Kindern der Einwanderergruppen. Es machte aber den Eindruck, als ob alle Amerikaner sich über kleine Kinder freuten: Sie strahlten und lächelten so freundlich, sobald sie ein Kind zu sehen bekamen, und niemand fuhr die Kinder an, wenn sie lärmten oder Dummheiten machten. Von den Einwanderern schienen die Kinder am willkommensten zu sein.

Kristina war immer ängstlich, wenn sie ein Verkehrsmittel besteigen oder es verlassen wollten – sie hatte eine solche Angst, daß sie auf der Fahrt voneinander getrennt werden würden; am liebsten hätte sie es gesehen, wenn sie sich alle an den Händen gefaßt hätten.

Das amerikanische Dampfschiff war neu und das Zwischendeck größer, heller und trockener als die Räume der Passagiere auf dem alten schwedischen Schiff, und es roch auch nicht so muffig. Doch als alle an Bord gekommen waren und sich da unten zusammengedrängt hatten, wurde es ebenso eng und unbequem wie auf der ›*Charlotta*‹. Das Umzugsgut der Passagiere nahm viel Platz weg; es wurde, wie es gerade kam, auf beiden Seiten vor dem Zwischendeck aufgestapelt, und die Besitzer mußten selbst darauf aufpassen und zusehen, daß es an Bord blieb. Solange schönes Wetter war, hatten sie auf der ›*Charlotta*‹ ungehindert Zutritt zum Oberdeck gehabt, aber hier waren sie die ganze Zeit über auf das untere verbannt. Sie konnten aber selbst sehen, daß auf dem oberen Achterdeck reichlich Platz war; dort spazierten nur wenige Passagiere umher. Und diese Mitreisenden, die in eigenen Kabinen wohnten und mehr Platz hatten, als sie brauchten, wurden neiderfüllt betrachtet: Warum sollte das Deck dort oben im Tageslicht einigen wenigen vorbehalten sein, während die große Menge der Menschen hier unten in dem Gedränge bleiben mußte?

Der lange Landberg erklärte, daß das Oberdeck der erste

Platz sei, der viel mehr koste als die Plätze unten in *steerage*, und daß die Damen und Herren dort oben vermögende Reisende seien, *ladies and gentlemen*, die sich auf einer Vergnügungsreise befänden und nur unterwegs seien, um sich die Welt anzusehen.

Kristina merkte, daß die Passagiere auf dem Oberdeck ihrer Kleidung nach so aussahen wie die Leute, die sie im Hafen von New York hatte spazierengehen sehen: Die Frauen trugen seidene Kleider und Samtschuhe und die Männer Zylinder und lange Röcke aus kostbarem Stoff. Und auch hier gingen die Frauen mit aufgespannten Regenschirmen umher, obwohl es nicht regnete. Diese Menschen dort oben befanden sich aber nicht wie sie selbst auf dem Umzug; sie hatten bereits eine Wohnung und reisten nicht, um sich neue Behausungen zu suchen. Warum fuhren sie umher, wenn sie nicht dazu gezwungen waren? Wie konnte jemand freiwillig auf Seen und Meeren umherreisen? Wenn Kristina in diesem Leben noch einmal eine Wohnung bekam, wollte sie wahrhaftig zu Hause bleiben.

Die Passagiere, die nur zum Vergnügen umherfuhren, konnten aber das ganze Deck dort oben für sich benutzen, während andere, die reisen mußten, hier unten zusammengepfercht waren und zusammenkriechen und die Ellbogen einziehen mußten. Kristina fand, daß die, die da auf dem ersten Platz auf dem Schiff wohnten, den vornehmen Leuten zu Hause in Schweden glichen. Und sie erinnerte ihren Schwager Robert, der den Inhalt aller möglichen Bücher gelernt hatte: Er habe ja gesagt, daß die Menschen in Nordamerika nicht so wie zu Hause in Herrschaften und einfache Leute geteilt seien.

Robert erläuterte es näher: Er habe nur gesagt, daß es in der Neuen Welt keine verschiedenen Stände gebe, keinen Adel, der sich vererbe. Jedoch gebe es natürlich Unterschiede zwischen den Menschen, indem einige reich und andere arm seien. Einige könnten sich mehr leisten, andere weniger. Einige hätten das Geld, die teuren Plätze auf einem Schiff zu

kaufen, andere hätten es nicht. Es gebe in Nordamerika nur zwei Arten von Leuten: Die hier so lange gewohnt hätten, daß sie es zu Reichtum gebracht hätten, und die so neu angekommen und frisch seien, daß sie immer noch arm seien.
Einen anderen Unterschied zwischen den Menschen könne man nicht entdecken, sagte Robert. Kristina könne sich selbst umsehen: Sie werde niemand sehen, der den Hut oder die Mütze abnehme, wenn man einander begrüße, keine Männer verneigten sich und keine Frauen machten einen Knicks. Hier krieche man nicht voreinander, der Arme liege nicht vor dem Reichen auf dem Bauche, wozu er in Schweden gezwungen sei.
Die Kost auf dem Schiff war reichlich und reichte, und es blieb etwas übrig, doch sie schien ihnen eigentümlich zubereitet und hatte einen sonderbaren Geschmack. Die amerikanische Verpflegung bestand meist aus etwas Zusammengemischtem und Zusammengerührtem, und die Zunge konnte das eine nicht vom anderen unterscheiden: Sie wußten nicht immer, was sie aßen und in sich hineinbekamen. Doch noch fremder als die Nahrung an Bord waren die Mitreisenden unter Deck: Sie waren unter Zugezogenen wie sie selbst einquartiert, Menschen aus anderen Reichen in der Alten Welt, von denen jedes einzelne seine eigene Sprache hatte. Ihre Fahrtgenossen hatten sonderbare Kleidung an, sie lachten und sangen und benahmen sich eigenartig, und sie hatten eine Menge Umzugsgut mit: Äxte, Hacken, Spaten, Pferdegeschirre, Sägen, hölzerne Tienen, Baljen, Wiegen, Wanduhren, Kessel, Garnwinden, Braunbierfässer. Die Einwanderer aus Schweden kamen sich vor, als wären sie mit leeren Händen nach Nordamerika gekommen, als sie sahen, was die anderen Zugezogenen mitschleppten.
Die das Schiff mit ihrem Gut überschwemmten, seien die Deutschen, sagte der Dolmetscher.
Ein Deutscher sei mit seiner Habe verwachsen, wenn er auswandere. Sähen sie aber einen Spaten mit einem Stiel, der sechs Fuß lang sei, dann sei ein Ire Besitzer des Werkzeugs.

Die Iren seien zu bequem, den Rücken krummzumachen, wenn sie grüben; sie stünden bei der Arbeit kerzengerade. Einige hochgewachsene Männer in Lederkleidung, die große Jagdtaschen und Büchsen und lange Messer am Gürtel trugen, stachen von den anderen Menschen ab: Es waren Pelzjäger, die zur Herbstjagd in die Wälder des Westens wollten. Die allereigenartigsten Passagiere unten im Zwischendeck waren jedoch zwei Männer, die von den Einwanderern mit scheuer Verwunderung betrachtet wurden: Sie wurden als Indianer bezeichnet.

Die Männer waren in Umhänge aus einem rotgestreiften Wollstoff gehüllt, die vom Scheitel bis zu den Knien hinabhingen und die sie sorgfältig um den Körper hüllten und mit der Hand festhielten. Unter den Umhängen trugen sie Hosen, die nur die Oberschenkel hinaufreichten, wo sie von Bändern gehalten wurden, die an einem Gürtel um den Leib befestigt waren, und eine Art Hemd, das da anfing, wo die Hosen aufhörten. An den Füßen hatten sie Lederschuhe, die die Beine hinaufgeschnürt waren, aber keine Strümpfe. Von den Ohren der Indianer hingen schöne glänzende Seidenbänder herab, und in der Nase trug jeder ein Hölzchen, das wie Silber glänzte und in dem Knorpel zwischen den Nasenlöchern festgemacht war. Die Gesichtsfarbe war rußbraun oder schwarzbraun, und ihre Augen, die so schwarz waren wie Schlehenbeeren, lagen tief versteckt und lauerten unter der Stirn.

Die Indianer saßen meist ruhig in ihrer Koje und starrten ernst vor sich hin, während sie die Umhänge um den Körper festhielten, als wären die Kleidungsstücke das einzige, was sie besaßen. Niemand sprach zu den braunhäutigen Männern, und sie selbst waren schweigsam und redeten keinen an. Sprachen sie miteinander, wechselten sie Worte in einer Sprache, die sich wie ein einziges abgehacktes Näseln anhörte. Die beiden Indianer konnten keine Wilden sein, weil sie ungehindert unter weißen, getauften Menschen reisten. Sie saßen aber abseits von ihren Mitreisenden da, die schweigend und etwas unsicher an ihnen vorübergingen: Vielleicht waren sie doch

Heiden, man konnte es nicht genau wissen. In ihrem Gesichtsausdruck lag etwas Dunkles und Drohendes und Grausames – die Ringe in ihren Nasen, die an eiserne Krampen und Anbindevorrichtungen in den Viehständen erinnerten, wirkten furchterregend. Und man wußte nicht, was man von den Gestalten, die sich in diese eigenartigen Umhänge hüllten, halten und vermuten sollte.

Die Besatzung des Dampfschiffes war zahlreich: Es waren Bootsleute, Maschinisten, Heizer und Deckmannschaften. Die Neger waren am fleißigsten: Die schwarzen Männer mit dem wollig-krausen, hobelspanähnlichen Haar auf dem Kopf bereiteten das Essen zu und servierten es, warteten auf, löschten und beluden, räumten auf und machten rein und sausten so flink wie Ratten auf dem ganzen Schiff herum. Die schwarzen Mannschaften waren frei, aber bei den Passagieren unter Deck gab es zwei Negersklaven, denen ihre Besitzer Fußfesseln angelegt hatten, weil sie von Natur ungebärdig sein sollten.

Kristina quälte der Anblick der beiden Schwarzhäutigen, denen die Füße gefesselt waren und die da bleiben mußten, wo sie sich befanden. Warum fesselte man Menschen mit Stricken und Fußeisen, die nichts Böses getan hatten? Der, der über die Sklaven zu bestimmen hatte, sollte sich unter den Vergnügungsreisenden auf dem Oberdeck befinden. Sie hätte ihn am liebsten gebeten, die bedauernswerten armen Neger zu befreien, wenn sie hätte sprechen können.

Der kleine Johan hatte lange schweigend die Neger betrachtet.

Schließlich fragte er seine Mutter: Wie lange seien sie so schwarz im Gesicht gewesen?

»Sie sind immer so gewesen.«

»Sind sie den ganzen Tag über so schwarz?«

»Ja. Neger sind immer schwarz.«

»Aber sag mal, Mutter: Wie können sie wissen, wann sie sich waschen müssen?«

»Das weiß ich nicht . . . Sei nun ruhig!«

Der Junge ließ nicht locker: »Du kannst es mir doch sagen, Mutter: Wie wissen die Neger, wann sie schmutzig sind? Wenn sie immerzu schwarz sind?«
Kristina konnte sich nicht aufraffen, Johan eine Auskunft zu geben. Sie selbst regte sich beim Anblick all der verschmutzten Menschen auf, die sich unter den weißen Leuten im Zwischendeck befanden. Kein Neger konnte dafür, daß der Herrgott ihn schwarz gemacht hatte, doch wenn Gott dem Menschen eine weiße Haut gegeben hatte, war er es auch seinem Schöpfer schuldig, sie sauber zu halten. Kinder und Männer mußten, um sich wohl zu fühlen, einigen Schmutz behalten, aber von den Frauen verlangte Kristina etwas mehr. Hier sah sie Frauen, die im Gesicht und an den Händen eine ordentliche Abspülung mit kochendheißer Seifenlauge nötig hatten, und deren Kinder sahen aus, als ob sie seit ihrer Taufe äußerlich mit keinem Wasser in Berührung gekommen wären. Fina-Kajsa verschmutzte viel und wusch sich widerwillig, aber neben diesen fremden Frauen leuchtete sie sauber wie ein Engelsbild. Sie waren natürlich zu faul, um den Schmutz von sich fernzuhalten; aus weiblicher Faulheit entstand die Unreinlichkeit und aus ihr das Ungeziefer. Unter den Menschen hier mußten sie sich in acht nehmen, damit sie nicht wieder Läuse bekamen.
In dem Schiffsraum waren keine Spucknäpfe aufgestellt, obwohl solche an allen sauberen Stellen unter sauberen Menschen vorhanden sein mußten. Nun war das Deck bald so von dem Ausgespieenen der tabakkauenden Männer überschwemmt, daß sie die Röcke hochheben mußte, wenn sie darübergehen wollte. Und sie war entsetzt, wenn sie sah, wie kleine Kinder auf Händen und Füßen auf diesem besudelten und mit Schleim bedeckten Boden herumkrochen und -krabbelten. Sie hatte alle Mühe, den kleinen Harald davon fernzuhalten.
Es gab zwar Waschkübel für die Passagiere im Zwischendeck, doch das Wasser wurde nicht erneuert. Nachdem zwei Dutzend Personen sich die Hände gewaschen und das Gesicht in

den Kübeln abgespült hatten, war das Wasser so dick und schwarz, als hätte man Blutkuchen darin gekocht. Und dasselbe Handtuch ging in der Menge von einer Hand zur anderen, ohne daß es jemand zurückwies. Die Schiffsoffiziere meinten vielleicht: Haben sich fünfzig vor dir an dem Handtuch abgetrocknet, dann geht es auch für dich! Kristina wollte aber weder sich selbst noch die Kinder in Wasser waschen, das von den verschmutzten Mitreisenden benutzt worden war. Am ersten Morgen bat sie den Dolmetscher um Hilfe, und als das Schiff das nächstemal anlegte, besorte er ihr eine Bütte mit reinem Seewasser. Zum Abtrocknen benutzte sie eigene mitgenommene Handtücher, die sie auf der Reise ausgewaschen hatte.

Doch wie sie sich auch über die äußerlich so unsauberen Reisegenossen ärgerte, so konnte sie es nicht fertigbringen, ihre Mitreisenden nicht zu mögen. Diese fremden Menschen, die arm, schmutzig und schlecht gekleidet waren, erwiesen sich als so freundlich in ihrem Aussehen und Benehmen: Ihr und den Kindern warfen sie nur gute Blicke zu und lächelten sie an. Wenn die Fremden sie ansprachen, verstand sie, daß sie nichts Häßliches sagten, sondern etwas Nettes und Aufmunterndes. Es mußten gutmütige und freundliche Menschen sein, die ihr nur wohlwollten. Und sie wurde verlegen und schämte sich darüber, daß sie ihnen nicht mit denselben Worten antworten konnte. Sie mußte sich damit begnügen, zurückzulächeln, so sehr und so freundlich, wie sie konnte, und im übrigen den Kopf zu schütteln. Wie gern hätte sie ein Gespräch mit ihnen begonnen. Sie litt darunter, daß sie nicht dazu in der Lage war, und hatte das Gefühl, als täte sie den Fremden unrecht – als bliebe sie ihnen etwas schuldig, wenn sie nicht antworten konnte. Sie waren offen und gutmütig, und sie konnte ihnen mit keinem einzigen Wort entgegenkommen. Hier hätte sie ehrliche Freunde bekommen können – und diese Freunde wies sie mit ihrem Schweigen immer wieder von sich.

Kristina litt und grämte sich schon über das Los, das sie in dem neuen Lande erwartete: unter den Menschen umherzugehen, als wäre sie taub und stumm.

2

Es war abgemacht worden, daß der Dolmetscher Landberg mit der Einwanderergesellschaft nur bis Chikago mitkommen sollte; danach sollte er nach New York zurückfahren.
Während er seine Landsleute begleitete, wollte er ihnen nun Auskünfte und Ratschläge geben, die für Neuangekommene von Nutzen sein konnten. Landberg hatte alle großen Meere befahren, er hatte viel von der Welt gesehen, sowohl vom Wasser als auch vom Lande, sich aber am besten in Nordamerika zurechtgefunden. Nirgends habe er so wie hier vor der Obrigkeit Ruhe gehabt, nirgends habe er so über sich bestimmen können wie hier, nirgends seien die Menschen so hilfsbereit gegeneinander wie hier. Was die Menschen nicht entbehren könnten, seien die Freiheit, sich zu bewegen, und die Nahrung zum Leben, und hier in Nordamerika habe er mehr Freiheit und billigere Nahrung gefunden als an irgendeiner anderen Stelle des Erdballs. Hier könne man zum Beispiel Schweinefleisch für drei schwedische Schilling das Pfund kaufen, und dieses Schweinefleisch sei so gut, daß einem das Fett um den Mund spritze, wenn man es esse. Der lange Landberg nannte die Nordamerikanische Republik das Land der Freiheit und des fetten Schweinefleisches.
Sie sollten aber daran denken, daß es hier wie überall sonst in der Welt gutmütige und boshafte, fleißige und faule, freigebige und habgierige, ehrliche und unehrliche Menschen gebe. Sie sollten sich vor zwei Sorten in acht nehmen: den Runnern, die sie berauben wollten, und den Sektierern, die sie für ihre Lehre gewinnen wollten. Landberg warnte vor den Anhängern Erik Jansons, die vor ihnen aus Schweden nach hier gekommen seien. Der Prophet Erik Janson sei ein Menschenschinder gewesen. Erst habe er in seiner Sekte die Ehe verbo-

ten, damit die Frauen nicht durch das Gebären von Kindern an der Arbeit gehindert werden sollten, doch als die Menschen gemurrt hätten, sei er gezwungen gewesen, Heiraten zu gestatten, worauf er fünfzig Hochzeiten auf einmal veranstaltet habe. Die verheirateten Anhänger Erik Jansons hätten nicht über sich selbst bestimmen dürfen: Wenn ein Ehemann mit seiner Frau habe verkehren wollen, habe er seinen Wunsch lange vorher dem Propheten anzeigen und um seine Erlaubnis bitten müssen. Und habe der Eigenmächtige die Erlaubnis dazu gegeben, dann habe er verlangt, daß Mann und Frau es vor aller Augen täten. Viele hätten sich davor gescheut. Er, Landberg, habe eine Zeitlang der Gemeinschaft angehört, aber er und viele andere, die die Einfälle Jansons nicht hätten vertragen können, hätten sie verlassen.
Dann gebe es *Shakers* oder Schüttler. Sie dienten Gott, indem sie ihren Körper schüttelten und rüttelten, sie tanzten und sprängen umher, sängen und heulten, bis sie erschöpft umfielen und ohnmächtig würden. Das Tanzen und das Schütteln der Körper bis zur Bewußtlosigkeit stelle die Wanderung der Seligen zum Himmel hinauf dar. Die Schüttler meinten, daß des Menschen Zunge nicht allein Gott preisen und loben dürfe, sondern der ganze Körper, der Kopf, der Leib und die Glieder sollten das Recht haben, daran teilzunehmen und diese Freude mit zu genießen. Und hierin könne man vielleicht derselben Meinung sein. Eine andere gefährliche Sekte seien die Peitscher, die böse Geister dadurch austrieben, daß sie einander mit Geißeln schlügen, bis die Körper mit geronnenem Blut bedeckt seien. Manchmal widerstünden die bösen Geister der Mißhandlung und blieben, bis die Seele sich vom Körper trenne: Diese Sektierer könnten einander zu Tode peitschen, bis der Körper über und über mit Blut bedeckt sei.
Er, Landberg, sei zur alten Kirche ihrer Väter zurückgekehrt, der evangelisch-lutherischen Lehre, und er wolle allen aus Schweden Eingewanderten eindringlich raten, sich hier in Amerika an den Glauben ihrer Väter und an den einzigen wahren Gott zu halten und sich nicht durch im Irrwahn be-

findliche und falsche Priester verleiten zu lassen. Und er freue sich darüber, daß sie ihre Bibeln und Gesangbücher mitgenommen hätten, so daß sie ihre eigenen Gottesdienste abhalten könnten.
Kristina wollte wissen, wie die schwedischen Lutheraner hier draußen die Gnadenmittel genießen könnten. Am letzten Sonntag zu Hause vor Antritt ihrer gefährlichen Reise hätten sie und ihr Mann das Abendmahl genommen. Denn es sei ihr so vorgekommen, als sollte sie sich zu ihrem Sterbelager begeben. Und nun hätten sie wiederum das Sakrament sehr nötig. Zu Hause seien sie jeden Monat zum Tisch des Herrn gegangen, und nun seien bereits drei Monate verflossen, ohne daß sie das Abendmahl hätten erhalten können. Der Mensch sündige täglich auf vielerlei Weise, und wieviel hätten sie in den vergangenen neunzig Tagen gesündigt. Müßiggang sei aller Laster Anfang, heiße es, und sie seien meist müßig gegangen. Sie, Kristina, habe lange gefühlt, wie die Sünde sie bedrücke und beunruhige und schwer auf ihr laste. Die Sündenschuld hafte ihr an wie eine unsichtbare, ekelhafte Krätze; sie sei eine Erniedrigung. Sie sehne sich danach, in Christi teurem Blut reingewaschen zu werden. Und sie alle brauchten Ablaß, Sündenvergebung, doch wie lange werde es dauern, bis sie das nächste Mal die Gnadenmittel genießen dürften? Der schwedische Pfarrer, der in New York auf dem Schiff zu ihnen gekommen sei, habe gesagt, daß er das Sakrament erteile, aber als sie gehört hätten, daß er Methodist und Sektierer sei, habe ihm keiner zu seinem Altar folgen wollen.
Der Dolmetscher Landberg erwiderte: In Chikago gebe es einen schwedischen lutherischen Pfarrer, der Unonius heiße und ein prächtiger Mann und rechter Christ sei. An ein paar anderen Orten in Illinois, in Andover und Moline, solle es auch einige Pfarrer der rechten Lehre geben. Wenn sie nach Chikago kämen, wolle er Pastor Unonius aufsuchen, der sicherlich allen, die es wünschten, die Gnadenmittel austeilen würde.
Er selbst, Landberg, wolle Chikago verlassen, sobald er seine

Obliegenheiten erledigt habe. Die Stadt sei der einzige Ort in Amerika, den er verabscheue: Sie sei das Eingangstor zum Westen, durch das alle Reisenden hindurchmüßten, doch die meisten dankten Gott, daß sie weiterfahren dürften. Chikago sei ein sumpfiges Nest, wo die Winde freies Spiel hätten, und es sei auf den niedrigen Sumpfufern eines Sees und eines Flusses erbaut. Der See liege auf der einen Seite und die Prärie auf der anderen, so daß die Winde ungehindert darüber hinfegen könnten, und der Wind sei so stark, daß den Menschen Haar und Augenbrauen vom Kopfe gerissen würden. Es gebe nur drei ordentliche Straßen: Kinzie Street, Clark Street und Chikago Avenue. Auf den übrigen Straßen ständen noch von der Rodung des Waldes her ellenhohe Stümpfe, und fast die ganze Nordseite sei ein einsames Gebiet mit verstreut stehenden Bäumen, wo Kühe weideten. Die Häuser seien Neubauten, jedoch trotzdem grau und schmutzig und ohne Anstrich, denn die Malerfarbe werde bei den Orkanen von den Mauern geweht. Und die ganze Stadt rieche nach dem Morast und Schlamm von den sumpfigen Ufern. Fast überall seien Tümpel mit herumkriechenden Schlangen und Eidechsen und anderem scheußlichem Gewürm. Es gebe 30000 Einwohner, doch mehrere tausend von ihnen ernährten sich davon, daß sie die durchfahrenden Einwanderer ausraubten und betrögen. Die Kuhweide in Chikago sei gut, und die Tiere fühlten sich in der Stadt wohl. Die Menschen aber, die keine Runner seien, hielten es nicht lange an diesem Orte aus. In weniger als zwanzig Jahren würde Chikago sicherlich entvölkert und vom Erdboden verschwunden sein.

Pastor Unonius bemühe sich darum, daß alle Landsleute in Chikago blieben und sich dort niederließen, doch er, Landberg, glaube, daß der Pastor in diesem Punkte den Willen Gottes falsch ausgelegt habe.

Der Dolmetscher Landberg war für die Ankömmlinge wie ein Vater zu seinen Kindern, und alle fanden, daß er die drei Dollar, die jeder Erwachsene in der Gesellschaft ihm zahlen sollte, wohl verdient habe.

»Er ist ein ehrlicher und aufrichtiger Dolmetscher!« stellte Karl Oskar fest. Und er dachte mit Grauen daran, wie es gehen würde, wenn sie keinen Deuter der Sprache mehr zwischen sich und den Amerikanern hätten.

Der Dolmetscher hatte Robert ein neues Lehrbuch des Englischen geschenkt: ›*Kurze Anleitung zum Sprechen der englischen Sprache*‹. Darin gab es eine Aussprachelehre für Schweden, und es wurden die englischen Wörter aufgezählt, die von einfachen Leuten am meisten gebraucht wurden, amerikanische Münzen, Maße und Gewichte wurden erklärt und den Zugezogenen wichtige Hinweise gegeben. Das Geschenk des Dolmetschers war ein ganz kleines Buch, kaum größer als der Kalender; Robert konnte es in der Tasche bei sich tragen und es beinahe mit der Hand umschließen. Es ließ sich leicht hervorholen und benutzen, wenn man es gerade brauchte. Landberg hatte ihm auch das andere Sprachbuch erklärt. Robert hatte nicht herausfinden können, weshalb die Sätze auf englisch darin auf zwei ganz verschiedene Arten geschrieben wurden, die durch eine Klammer getrennt waren. Nun erfuhr er, daß die Wörter so ausgesprochen werden sollten, wie sie in der Klammer geschrieben waren. Er hatte es von Anfang an ganz verkehrt gemacht.

Das erste, was er den Amerikanern hatte erzählen wollen – daß er Fremder sei – war ihm zu sagen nicht gelungen. *I am a stranger here,* hatte er ja gesagt, wenn er angesprochen wurde, und er hatte die Wörter genau und ordentlich ausgesprochen, ganz wie sie geschrieben wurden. Die Menschen hatten ihn aber nur groß angestarrt, und kein Amerikaner hatte etwas verstanden. Bisher war es ihm noch nicht gelungen, einem Menschen zu erklären, daß er in Amerika fremd sei.

Doch nun wußte er, wie es lauten sollte: *Aj äm ä ßtrehn'dschör hihr.* Nun würde er sich nicht mehr hinters Licht führen lassen.

Und Robert begann fleißig die richtige Art zu üben, die sechsundzwanzig Buchstaben des englischen Alphabets auszusprechen. Er beschleunigte das Erlernen der Sprache, und zwar, um sich selber zu helfen und um den anderen in der Gesellschaft seinen Mund leihen zu können, wenn sie sich von dem Dolmetscher getrennt hatten. Er wollte ihnen zeigen, was er konnte, und die anderen würden ihn dann höher einschätzen und ihm die Achtung erweisen, die sie der Gelehrsamkeit schuldig waren. Von nun an las er in jedem freien Augenblick in den Sprachbüchern und immer allein, niemals zusammen mit Elin. Er sagte ihr spöttisch: Könne sie noch nicht Englisch sprechen – habe sich der Heilige Geist noch nicht über die Neugeborenen ergossen? Seit sie in New York das Geheimnis des Sklavenhandels des Kapitäns verraten hatte, gab es zwischen ihnen keine Vertraulichkeit mehr: Er wagte es nicht, ihr etwas zu erzählen. Und Elin fiel die fremde Sprache nicht leicht. Sie bewegte die Lippen zu stark und schob ihre Zunge zu weit vor, wenn sie Englisch sprechen wollte. Er hatte ihr so viele Male gesagt, daß sie den Mund ruhig lassen und die Zunge mehr zurückhalten sollte, aber sie gehorchte nicht. Und alle Menschen waren auch nicht so glücklich veranlagt, daß sie lernen konnten, eine neue Sprache zu sprechen. Es half nichts, daß sie in Christus neugeboren waren.

Wer sich hier draußen in Lebensgefahr befunden hatte, wußte, was für eine Hilfe es sein konnte, Englisch zu sprechen. Landberg erzählte Robert von einem schweren Unglück, das einen nach hier ausgewanderten schwedischen Bauernknecht betroffen habe: Als er einen Monat hier gewesen sei, habe er zufällig eine grausame und herzlose und listige Frau getroffen, die ihn übertölpelt habe, mit ihr zu einem Pfarrer zu gehen, der sie getraut habe. Der Knecht habe erfaßt, was vor sich gegangen sei, habe aber nicht ein Wort Englisch gekonnt, er habe bei der Vermählung nicht das Wort ›nein‹ sagen können, und das habe die vorsichtige Frau gewußt. Und nun sei der Knecht von einem Gericht verurteilt worden, für sie zu sorgen, solange sie lebe. Es sei also leicht zu begreifen, daß man gezwungen sei, die Sprache zu lernen, um Gefahren aller Art zu entgehen, die in diesem Lande lauerten.

3

Karl Oskar und Kristina standen an der Reling des Dampfschiffes auf der Steuerbordseite, wo sie ihr Umzugsgut, den Dreischeffelsack und die große Truhe, die in der Nähe des Schaufelkastens abgestellt waren, im Auge behalten konnten. Die See ging mäßig, der Wind kühlte, die Wärme war nicht so qualvoll, wenn das Schiff in Fahrt war. Doch Karl Oskar fand, daß das Dampfschiff zu langsam fahre. Die ganze Zeit über hatte er Angst, daß sie so spät im Sommer an ihrer neuen Wohnstätte ankommen würden, daß sie nichts säen und in die Erde bringen konnten. Wenn sie in diesem Jahr aller Ernte verlustig gingen, würden sie schlimm daransein. Und er war ein rastloser Mann, der sich nur an Tagen wohl fühlte, an denen er arbeiten konnte.
Kristina betrachtete belustigt das kreisende Schaufelrad, das in dem Wasser da unten herumschlug wie der Quirl in einem Butterfaß voller Sahne. Wenn man Butter kirnte, spritzte einem die Sahne ins Gesicht, und nun schleuderte das Rad Wasser gegen die Schiffsseite, daß sie die Tropfen in die Augen bekam: Das war in der Hitze erfrischend und angenehm.
Ulrika in Västergöhl kam aufgeregt auf Karl Oskar zu. Sie sprach ihn empört an: »Jetzt habe ich die Wahrheit erfahren! Nun mußt du mir Rede und Antwort stehen!«
Er drehte sich langsam zu ihr um: »Was hast du jetzt erfahren?«
»Daß du uns hinters Licht geführt hast! Daß du uns dazu verleitet hast, diesen langen Weg zu fahren!«
»Was zum Teufel wirfst du mir vor?«
»Du hast gesagt, daß wir nur zweihundertfünfzig Meilen zu fahren hätten.«
»Das hat der Kapitän auf der ›*Charlotta*‹ gesagt.«
»Unser Dolmetscher sagt aber, daß der Weg fünfzehnhundert Meilen ist, sechsmal so weit. Und er lügt nicht! Du hast aber gelogen, um uns zum Mitkommen zu verlocken! Und nun mußt du dich verantworten, Karl Oskar!«

Ulrikas Mund bebte heftig, ihre Augen blitzten, und ihr ganzer Körper zitterte vor Erbitterung: »Sollen wir anderen deinetwegen viele hundert Meilen unnütz reisen? Weil du uns belogen hast? Weil du uns alle betrogen hast? Antworte, du verdammtes Lügenmaul!«
Karl Oskar wurde bei diesen Beschuldigungen weiß im Gesicht. Kristina bekam einen Schreck und fürchtete, daß er die Besinnung verlöre.
Ulrika verlangte eine Antwort, gab ihm aber keine Zeit zur Erwiderung: Wie könne er so erbärmlich werden, daß er Menschen aus seinem eigenen Kirchspiel in einem fremden Lande betrügen wolle, so verworfen, daß er sie locke, so weit nach Amerika hineinzufahren? Keiner von ihnen wäre mitgekommen, wenn sie gewußt hätten, daß sie einen so ewiglangen Weg zurücklegen müßten. Ja, er sei wirklich ein grausamer und falscher Kerl! Hier müßten sie nun über ein Meer nach dem anderen fahren, nur um seinetwillen, weil sie sich auf ihn verlassen hätten! Sie hätten das Fahren jetzt alle satt, ob nun zu Lande oder zu Wasser. Sie wollten ankommen, sie wollten sich irgendwo niederlassen. Und jetzt sollte er sie nicht mehr an der Nase herumführen: Nun sei es aus! Sein Betrug sei aufgedeckt! Nun habe sein Lächeln und Lügen und Betrügen ein Ende! Nun müsse er sich verantworten!
Karl Oskar, in dem der Zorn hochwallte, fiel das Sprechen schwer. Er stammelte hervor: »Du beschuldigst mich . . .! Du kränkst mich . . .! Du . . . du alte Nut . . .«
Er brach ab. Doch Ulrika in Västergöhl feuerte ihn an: »Ja, sprich es nur aus! Du alte Nutte, ja! Das wolltest du doch sagen? Sprich das Wort ganz aus! Schnell!«
Sie waren beide laut geworden; der lange Landberg befand sich in der Nähe und trat hinzu, als er den Wortwechsel hörte. Danjel Andreasson und Jonas Petter kamen hinter ihm her.
»Ulrika wirft mir vor, ich hätte euch mit der Länge der Reise belogen . . .!«
Der Dolmetscher konnte gleich alles richtigstellen: Wenn Karl Oskar gesagt habe, daß es von New York nach Minne-

sota zweihundertfünfzig Meilen seien, habe er die Wahrheit gesprochen, denn ungefähr so weit sei die Entfernung in schwedischen Meilen. Und wenn er selbst zu Ulrika gesagt habe, daß derselbe Weg fünfzehnhundert Meilen lang sei, dann sei auch das wahr, denn er habe amerikanische Meilen gemeint. Eine amerikanische Meile betrage nur ein Sechstel einer schwedischen.

Beide – Karl Oskar und Ulrika – hätten recht, und sie könnten ihren Streit beenden.

Auf beiden Seiten waren jedoch zu beleidigende Worte gefallen. Karl Oskar war tief gekränkt: »Glaubt noch ein anderer, daß ich gelogen und unsere Gesellschaft betrogen habe? Er soll hervorteten!«

Kristina nahm ihn am Arm: »Beruhige dich doch jetzt! Es war ja ein Irrtum.«

»Nein! Jetzt will ich sagen, wie es ist!«

Und Karl Oskar legte verletzt und entrüstet los: Es gehe außer ihm und seiner Familie niemand an, daß er sich entschlossen habe, sich in Minnesota niederzulassen. Er habe keinen gebeten, ihn dahin zu begleiten. Die anderen führen von sich aus mit. Warum täten sie es? Warum machten sie dasselbe wie er? Sie könnten, zum Teufel noch einmal, hinreisen und sich niederlassen, wo sie wollten – was mache er sich daraus? Er habe nie darum gebeten, Anführer der Gesellschaft zu werden, doch wenn sie zu ihm gekommen seien, habe er ihre Angelegenheiten auch erledigt. Und jetzt habe er dafür seinen Lohn erhalten! Ulrika und die anderen brauchten nur zu sagen, wenn sie sich von der Gesellschaft trennen und selbständig weiterfahren wollten. Er würde keinem eine Träne nachweinen; wenn außer seinen Angehörigen keiner mitkäme, würde er nicht flennen. Er habe weniger Mühe, wenn er mit seiner Familie allein fahren könne. Sie brauchten also nur ein Wort zu sagen, wenn der Weg zu weit sei!

»Mach dir nichts aus Ulrikas übereilten Worten!« sagte Jonas Petter. »Wir vertrauen dir! Wir sind dir alle Dank schuldig!«

Und Danjel Andreasson versuchte mit Blicken und Worten

Karl Oskar und Ulrika zur Versöhnung zu ermahnen: »Ihr habt euch beide nichts vorzuwerfen! Gebt euch die Hand!«
»Ihm die Hand geben?« zischte Ulrika. »Habt ihr gehört, wie er mich genannt hat?«
»Du hast mich einen falschen Kerl und ein Lügen . . . genannt.« Karl Oskar brachte es nicht fertig, das ganze unverschämte Wort in Gegenwart seiner Frau auszusprechen.
»Nehmt beide zurück, was ihr gesagt habt!« vermittelte Jonas Petter.
»Seid christlich und versöhnlich!« mahnte Danjel. »Vergebt einander, so wie unser Herr Jesus uns allen vergibt!«
»Wenn eine Gesellschaft von Einwanderern zusammenhalten soll, darf keine Feindschaft herrschen!« sagte der Dolmetscher.
Karl Oskar und Ulrika waren dicht von neugierigen Fahrtgenossen umringt und sahen sich starr in die Augen, schweigend und unbeweglich, und keiner von ihnen ließ sich begütigen. Auch Robert und Arvid hatten den Auftritt gehört und kamen herbei. Doch der lange Landberg ging kopfschüttelnd von dannen: Schwedische Bauern hatten ein merkwürdiges Vergnügen daran, zu Hause und auf fremdem Boden Streit miteinander zu suchen.
»Seid friedlich, liebe Leute!« bat Danjel noch einmal tief bekümmert. »Gebt euch jetzt die Hand!«
Karl Oskar und Ulrika schwiegen immer noch. Beide hatten aber angefangen sich zu besinnen und hätten jetzt in eine ausgestreckte Hand eingeschlagen. Ulrika wußte, daß Karl Oskar in gutem Glauben gewesen war, und daß sie ihn ungerechtfertigterweise der Betrügerei beschuldigt hatte. Und Karl Oskar bereute die Worte, die er eben gesagt hatte; es war berechtigt, Ulrika in Västergöhl eine alte Nutte zu nennen, doch es war unbarmherzig und dumm von ihm, alten Mist von der Heimat auszugraben und ihn hier in der Fremde ihr ins Gesicht zu werfen. So gaben beide innerlich zu, daß es richtig wäre, wenn sie alles zurücknähmen. Beide waren bereit, eine zur Versöhnung ausgestreckte Hand anzunehmen.

Doch keiner von beiden wollte der erste sein: Beide fürchteten, von dem anderen barsch abgewiesen und gedemütigt zu werden.
Auf diese Weise blieben ihre Hände unbeweglich. Danjel neigte betrübt seinen langen, ungepflegten Bart auf die Brust. Vom Innerdeck rief Elin nach ihrer Mutter, und mit langen, stolzen Schritten ging Ulrika davon.
Jonas Petter sah ihr nach und sagte leise zu Arvid und Robert: Ulrika in Västergöhl fange an, toll und verrückt zu werden, weil sie lange Zeit keinen Mann bei sich gehabt habe.
Karl Oskar und Kristina verzogen sich in einen Winkel hinter dem Schaufelradgehäuse.
»Jetzt ertrage ich das Freudenweib nicht mehr!« sagte er. »Wir wollen uns von ihr trennen.«
»Sie gehört aber zu Danjels Familie!« wandte Kristina ein. »Sie ist die Pflegemutter der Kinder. Willst du sie den armen mutterlosen Kindern fortnehmen?«
Karl Oskar schwieg und überlegte mit finsterem Gesicht: Wie sollte er sich verhalten?
»Und was willst du mit Ulrika machen?« wollte Kristina wissen. »Sie ins Wasser werfen?«
»Früher wolltest du immer das Freudenweib loswerden. Nun verteidigst du die alte Hure!«
»Nicht, wenn sie sich so benimmt wie eben gegen dich. Doch sonst kann ich sie besser leiden, seit wir hier hergekommen sind.«
Kristina fuhr fort: Ulrika habe sich gleichsam geändert, seit sie ihr kürzlich etwas von ihrem Mundvorrat abgegeben habe. Sie sei gesprächig und mache einen sanften Eindruck, und sie hätten beinahe so miteinander gesprochen, als hätte niemals zwischen ihnen Feindschaft geherrscht. Und Ulrika habe viel gesagt, das wahr und unterhaltend sei. Bis dahin habe sie das Freudenweib gescheut, als wäre sie ein Schädling voller Feindseligkeit und Haß, als wollte sie andern nur Böses tun. Sie sei aber nicht nur schlecht und böse. Denn in jemand, der so besorgt und fürsorglich mit Kindern sei wie Ulrika mit

Danjels Kindern, den armen Würmern, müsse doch etwas Gutes stecken. Und zu Hause in Schweden sei Ulrika, seit sie als kleines Kind versteigert worden sei, bestimmt großes Unrecht geschehen. Deswegen traue sie anderen Menschen so gern etwas Schlechtes zu. Wenn man gegen das Freudenweib häßlich sei und sie meide, sei sie ebenso zu einem, und sie könne es doppelt und dreifach zurückgeben. Sie benehme sich wie die Schlange, wenn man auf sie trete: Sie beiße zu und verspritze ihren Geifer. Wenn man sie aber in Ruhe lasse ... Ja, wenn sie nun statt dessen rücksichtsvoll zu Ulrika in Västergöhl seien und sie nicht träten oder verachteten ...?

»In unserer Gesellschaft ist kein Auskommen, ehe wir sie nicht loswerden!« beharrte Karl Oskar.

Was Kristina über Ulrika gesagt hatte, war ihm erwägenswert erschienen, er ließ es aber nicht merken.

Und Kristina hatte noch in anderer Beziehung eine eigene Meinung, hielt sie aber vor Karl Oskar verborgen: Sie war über diese weite Reise nach Amerika hinein derselben Ansicht wie Ulrika!

Sie hatten sie gerade erst begonnen, und man sagte, daß es mehrere Wochen dauern würde, ehe sie an ihrem Bestimmungsort ankämen. Und warum mußten sie nun eine solche unvorstellbar weite Strecke fahren? Sie hätten doch an einer nähergelegenen Stelle bleiben können. Es war Karl Oskar, der es so haben wollte, er hatte die Verantwortung dafür, und es geschah nach seinem Willen. Er hatte bestimmt, daß sie die alte Fina-Kajsa zu ihrem Sohn in Minnesota begleiten sollten. Und die anderen aus der Gesellschaft kamen bloß mit: Sie glaubten, daß das, was er tat, das Beste sei. Er gab Ratschläge, und die anderen befolgten sie. Wer wußte aber, ob er recht hatte? Hatten sie es nötig, über mehrere Seen und Flüsse zu fahren, um einen Wohnplatz zu bekommen? Konnten sie nicht näher einen finden?

Das war der große Fehler bei Karl Oskar: Er konnte nie maßhalten. Alle anderen Menschen waren schließlich zufrieden, waren irgendwann einmal zufrieden – er jedoch nie. Viele hätten sich mit einem Umzug in ein anderes Land begnügt – er war erst befriedigt, wenn er in einen anderen Erdteil zog. Und anderen hätte es gereicht, fünfzig Meilen ins Land hineinzufahren – doch er mußte zweihundertfünfzig reisen, fünfmal so weit. Er mußte so weit hinein, wie er kommen konnte, bevor er zufrieden war. Er wollte zu der besten Erde kommen, sagte er. War es denn nun aber so sicher, daß der beste Boden am weitesten entfernt lag? Doch so war Karl Oskar: Er glaubte immer, daß das Entferntere besser sei als das Nähere, daß das Unerreichbare besser sei als das, was man erreichen konnte, und daß das, was in der Welt am weitesten entfernt lag, das Allerbeste sei.

Und nun fuhren sie wieder auf einem Schiff, wenn es auch nicht durch Segel angetrieben wurde, sondern durch Dampf und Räder. Dabei hatte sie sich doch vorgenommen, niemals wieder auf der See zu fahren! Und die anderen fuhren mit. Nur Ulrika murrte, Ulrika fühlte dasselbe wie sie, und sie sagte ohne Scheu ihre Meinung. Die ungerechtfertigten Beschuldigungen des Freudenweibes brauchte er sich ja nicht gefallen zu lassen, doch was sie Karl Oskar über diese ewige Fahrerei gesagt hatte, das war wie aus ihrem eigenen Munde gesprochen. Es war ganz gut für ihn, wenn er deutlich zu hören bekam, daß es Menschen gab, die diese Reise satt hatten. Kristina hatte genug davon und war todmüde: Es waren volle drei Monate vergangen, seit sie auf dem Hof in Korpamoen zur Abfahrt das Pferdefuhrwerk bestiegen hatte – und sie fuhr immer noch! Und wie sehr war sie doch darüber erstaunt, daß ihre kleinen Kinder bisher diese endlose und gefährliche Reise überstanden hatten, und sie staunte, daß es sie nicht alle das Leben gekostet hatte!

Wie inbrünstig sehnte sie sich doch nach einer Stelle, wo sie in Ruhe sein konnte, wo sie für sich selbst sein konnte und selbst schalten und walten konnte, wo sie fremde Menschen nicht mehr so nahe auf dem Leibe hatte, wo sie unter ihrem eigenen Dach in ihrem eigenen Bett liegen und für ihren Mann und ihre Kinder wieder einen Hausstand gründen konnte! Wie begierig wünschte sie sich in ihrem Herzen wieder ein Heim, wie verzweifelt sehnte sie sich zutiefst danach, den Ort zu schauen, wo sie bleiben dürfte!

4

Das Dampfschiff ›*Sultana*‹ fuhr in einen Sund, der bald zu einem breiten Fluß wurde, und legte am Kai in Detroit an.

Die Einwanderer näherten sich der Nordgrenze der Vereinigten Staaten. In diesem Hafen sollte das Schiff so lange liegenbleiben, daß jeder, der Lust hatte, eine Weile an Land gehen und sich umsehen konnte. Detroit sei eine schöne Stadt; sie sei ziemlich alt und kein Ansiedlerdorf mit hohen Baumstümpfen und weidendem Vieh auf den Straßen, und die Stadt habe richtig angelegte Straßen, beinahe wie die Städte in Schweden, sagte Landberg.

Vom Schiff aus betrachtet war Detroit auf einem Höhenzug am Ufer erbaut. Dort lagen Reihen hoher, gutgebauter und gepflegter Häuser, und über den Häusern erhoben sich Kirchtürme und Turmspitzen. Unmittelbar am Kai erstreckte sich ein großer Marktplatz. Längs des Ufers auf beiden Seiten lagen große üppige Obstgärten, wo die Zweige der Apfel- und Kirschbäume sich unter der Last herrlicher Äpfel und roter Kirschen herabbogen, die einem verführerisch ins Auge stachen. Und so weit man das Land um die Stadt herum überblikken konnte, erschien es fruchtbar und gut.

Von den Passagieren der ›*Sultana*‹ gingen die meisten an Land. Die Gesellschaft aus Ljuder ließ nur die beiden kleinsten Kinder, Karl Oskars Sohn Harald und Danjels Töchterchen Eva, auf dem Schiff zurück. Fina-Kajsa blieb auch an Bord, und ihr wurde die Beaufsichtigung der beiden Kleinen anvertraut.

Die größeren Kinder waren lustig und ausgelassen, als sie sich wieder auf dem Erdboden bewegen konnten, obwohl sie nicht zu den Obstbäumen hinübergehen durften. Kristina hatte Johan und Karl Oskar hatte Klein-Märta an der Hand, und die Kinder wurden ganz lebhaft, weil sie wieder festen Boden unter den Füßen haben durften. Doch nachdem man ein paar Stunden in der Stadt herumgestreift war, wobei man sich viele merkwürdige Dinge angeschaut hatte, bekamen Kinder und Erwachsene müde Füße; sie waren jetzt so lange herumgefahren und transportiert worden, daß es sie anstrengte, sobald sie ein Stück Weges zu Fuß zurücklegten. Dazu kam die Hitze, die ihnen hier an Land stärker zusetzte. Sie kehrten zufrieden zum Schiff zurück.

Als die Passagiere zum Kai zurückkamen, hatte die Besatzung der ›*Sultana*‹ gerade begonnen, die Trossen, mit denen das Schiff vertäut war, loszumachen. Ein großer Schleppkahn voller Vieh hatte neben dem Dampfschiff angelegt, und das Löschen der Ladung war in vollem Gange. Ein halbes Dutzend kräftiger Männer mit nacktem Oberkörper und Strohhüten auf dem Kopf führten gerade die Tiere an Land. Eines geriet dabei in Gefahr, zu ertrinken: Ein großer schwarzer Stier sperrte sich, rutschte auf der Laufplanke aus und fiel in den Fluß. Dicht am Kai war es tief, und nur der Kopf des Stieres war über dem Wasser zu sehen. Um die Ladearbeiter, die das Tier aufs Trockene zu bringen versuchten, drängten sich Neugierige. Der Stier wälzte sich im Wasser wie ein gewaltiges Seeungeheuer, prustete und brüllte, und das Wasser spritzte ihm in dicken Strahlen aus den Nasenlöchern. Die Männer stemmten sich gegen die Poller auf dem Kai und zogen dabei an einem dicken Tau, das sie dem Stier um die Hörner gelegt hatten. Während die anderen an Bord gingen, blieben Karl Oskar und Jonas Petter stehen, um aus der Nähe zu betrachten, wie der Stier herausgeholt wurde. Und nach einer kleinen Weile gelang es den Männern mit vereinten Kräften, den Stier auf seichtes Wasser heraufzuziehen. Als das Tier aufs Trockene gebracht wurde, schüttelte es sein duchnäßtes Fell und schnaubte und prustete.

Als Karl Oskar an Bord der ›*Sultana*‹ gehen wollte, kam ihm Kristina auf dem Laufsteg entgegen: »Kommst du allein?«

»Ja. Vermißt du jemand?«
Sie sah ihn erschrocken an: »Hast du Klein-Märta nicht mit?«
»Nein. Ist sie nicht schon auf dem Schiff?«
»Mit mir ist nur Johan mitgekommen.«
»Was – das Mädel ist nicht auf dem Schiff?«
Karl Oskar holte heftig Atem.
»Nein . . .!«
»Bist du ganz sicher?«
»Jaa . . . Ich hatte den Jungen, und du hattest das Mädel. Wo ist sie?«
»Sie war eben noch auf dem Kai . . .«
»Hast du sie etwa losgelassen?«
»Ich dachte, sie sei mit dir mitgegangen.«
»Du lieber Gott! Wo ist Klein-Märta?«
Kristina schrie auf: »Gott im Himmel! Das Kind ist noch an Land!«
Kristina stürzte über den Laufsteg zurück, und Karl Oskar rannte hinterdrein. Sie liefen auf dem Kai hin und her und suchten nach dem vermißten Kind. Der schwarze Stier, der glücklich vorm Ertrinken gerettet worden war, stand sicher angebunden an einem Pfahl. Die Männer, die mit dem Tier zu tun gehabt hatten, wandten ihre Aufmerksamkeit jetzt dem Mann und der Frau zu, die umherrannten und ihr Kind suchten. Karl Oskar und Kristina riefen den Namen des Mädchens, doch niemand antwortete. Sie suchten überall nach der Kleinen, auf dem Kai und in seiner Umgebung, unter den ausgeladenen Gütern, hinter Tonnen und Kisten, Säcken und Tauwerk; sie sahen hinter Holzstöße und Bretterstapel, sie untersuchten jede denkbare Stelle, wo sie sich hätte verstekken können, jeden Fleck, jeden Schlupfwinkel, jeden Schuppen, jeden Platz, wo sich eine Dreijährige verborgen halten konnte. Wenn die Kleine sich nun in der Menschenmenge verirrt hatte – auf dem Kai waren jetzt nur noch Erwachsene, und ein Kind hätte sich von ihnen unterschieden und wäre leicht zu entdecken gewesen. Doch hier war kein Kind, soweit ihre Augen blicken konnten; sie schauten nach den Ufern hin und

zum Marktplatz hinauf: Hier an Land war nirgends eine Spur von Klein-Märta zu entdecken. Ihr Kind war verschwunden. Das Mädel war vor kurzer Zeit noch auf dem Kai gewesen. Als Karl Oskar stehenblieb und sich den Stier ansah, der im Wasser lag, hatte er geglaubt, daß sie mit ihrer Mutter mit an Bord gehe. Der Vater hatte aber auf sie aufzupassen: Er hatte schuld. Er hatte das Kind aus den Augen gelassen.

Die Glocke der ›*Sultana*‹ läutete durchdringend und gab zu erkennen, daß das Schiff vom Kai ablegen wollte. Der schwarze Stier antwortete von Land mit einem wütenden Gebrüll, als wollte er das Schiff fortscheuchen, und Karl Oskar starrte das Tier finster an: Wenn das verdammte Rindvieh nicht ins Wasser gefallen wäre – wenn er nicht stehengeblieben wäre, um zuzusehen . . .!

Kristina wandte sich an die Ladearbeiter: »Hat man hier ein Mädelchen gesehen . . .? Drei Jahre alt . . .?«

Sie faßte einen bärtigen Riesen verzweifelt am Arm: »Ein kleines Mädchen . . .? Mit einem blauen Kleid . . .? Sie hat rote Haarschleifen . . .«

Der Mann starrte sie hilflos an und murmelte ein paar Worte in seiner Sprache. Und Kristina ging zu dem nächsten, sie ging von einem zum andern und fragte immer wieder, sie vergaß, daß keiner von ihnen verstehen konnte, was sie sagte: »Ein Mädchen . . . Hat keiner sie gesehen? Unser Mädel?«

Karl Oskar hatte auch den Mund geöffnet, um nach Klein-Märta zu fragen, doch es fiel ihm rechtzeitig ein, daß er hier unter Fremden stumm war.

Ihr Kind war verschwunden, aber sie konnten nicht einmal einem Menschen erzählen, daß es verschwunden war. Niemand konnte ihnen sagen, ob Klein-Märta hier aufgetaucht war, keiner konnte sagen, wo sie hingegangen war, keiner konnte ihnen helfen, denn sie konnten selbst niemand um Hilfe bitten – keiner konnte ihnen helfen, ein Mädchen in einem blauen Kleid und mit roten Schleifen im Haar zu finden.

»Wenn sie ins Wasser gefallen ist . . .?« Kristina brach anklagend gegen Karl Oskar aus: »Du hast sie losgelassen!«

»Ja . . . Ich bin daran schuld. Nur ich . . .!«
»Du hattest sie die ganze Zeit über bei dir . . .«
»Ich war mit meinen Gedanken woanders . . . Ich begreife es nicht . . .!«
»Wo ist sie . . .?! Klein-Märta . . . Klein-Märta . . .!«
Die Mutter schrie wild den Namen des Kindes, aber keiner antwortete. Die Tränen brachen hervor, und sie rief weinend:
»Wir haben das Kind verloren . . .! Du hattest sie bei dir . . .«
»Ja, Kristina . . . Ja, ich hab's getan . . .«
»Unser zweites Mädchen . . . Anna . . . weißt du noch . . .!?«
Karl Oskar hatte Klein-Märta an der Hand gehabt. Eltern mußten ihre Kinder an der Hand halten, wenn sie an Land gingen. Was zusammengehörte, mußte sich die ganze Zeit über festhalten, diese ganze Reise hindurch. Sonst wurden sie leicht getrennt. Und nun war Klein-Märta von ihren Eltern getrennt worden. Die Selbstbeschuldigungen stürzten sich über ihn wie ein heranrollendes Meer: Wir haben sie verloren! Du bist daran schuld!
Kristina hatte den Namen Annas, der Toten, genannt. Vor Karl Oskar stieg die Vergangenheit hoch: Er trug einen kleinen Sarg im Arm, und er war auf dem Wege zu einem Grab, er ging mit schweren Schritten, denn er trug einen Sarg, den er selbst gemacht hatte, den er selbst gezimmert hatte, aus feinen Brettern, den feinsten, astfreien Brettern, die er hatte finden können. Es war Anna, und es war *damals* und *das* Mädchen: Wir haben sie verloren!
Auf der ›*Sultana*‹ hatte man den Anker hochgewunden, und die Kette lag zu einem Haufen geringelt auf dem Vorderdeck. Die Schaufelräder des Dampfschiffes begannen sich zu drehen, das Wasser unter den Radkästen wurde aufgewühlt, und der Schaum spritzte umher. Wieder läutete die Schiffsglocke, und der Kapitän, *the old man*, stand auf der Kommandobrücke und rief: »*Strangers from board!*«
Einige Leute der Besatzung schickten sich an, den Laufsteg einzuziehen. Niemand hatte bemerkt, daß von den Passagieren zwei zurück an Land gegangen waren.

Karl Oskar stand noch wie gelähmt auf dem Kai. Jetzt zuckte er bei dem mahnenden Klang der Schiffsglocke zusammen:
»Das Schiff fährt uns fort . . .!«
»Wir können aber doch nicht ohne Klein-Märta abfahren . . .!?«
»Die andern Kinder sind aber auf dem Schiff . . . Alles, was wir besitzen, ist auf dem Schiff . . .!«
»Ich bleibe an Land! Wir müssen nach ihr suchen . . .«
Doch Kristina war auf einer Holzkiste unter dem Frachtgut niedergesunken. Sie konnte nicht mehr.
Karl Oskar sah sich schnell um, er schaute noch einmal umher und suchte nach dem vermißten Kinde, er schaute nach dem Schiff, das gerade abfahren wollte, er sah auf seine Frau, die ganz aufgelöst und vom Schluchzen erschüttert dasaß. Und in diesem Augenblick war er der arme hilflose Mensch, ganz ratlos, der nicht wußte, was er in der nächsten Minute unternehmen sollte. Doch bereits in der nächsten Minute mußte er es wissen, mußte er sich entscheiden.
Zwei von ihren Kindern waren auf dem Schiff, eines war noch hier an Land. Gingen sie ohne das Mädchen an Bord, dann würden sie es niemals wiedersehen. Blieben sie an Land, dann waren ihre Söhne auf dem Schiff sich selbst überlassen. Was sollten sie tun?
Was sie in der nächsten Minute taten, konnte über ihr ganzes zukünftiges Leben entscheiden.
Und nun gleich, hier auf der Stelle, mußte er sich entscheiden. Bevor er noch zwanzig Atemzüge getan hatte, mußte er wissen, was er tun sollte.
Immer handeln, so gut man es verstand, niemals glauben, daß nichts mehr half, nie etwas verlorengeben, wie schlimm es auch aussah. Bis jetzt hatte er noch nie etwas verlorengegeben.
Er konnte an Bord stürzen – den Dolmetscher suchen – der Dolmetscher konnte den Kapitän veranlassen, das Schiff noch etwas liegenzulassen – so lange liegenzubleiben – bis sie fanden . . .

Doch schon war der Laufsteg eingezogen.
Karl Oskar machte einen großen Satz an den Rand des Kais, fuchtelte mit beiden Armen, winkte und rief und schrie: »Wartet . . . Wartet doch ein bißchen . . . Habt Erbarmen! Hört ihr nicht . . .?!«
Ein Matrose kam heran und rief etwa zurück. Karl Oskar war jedoch bereits verstummt. Er hörte jemand rufen, den er kannte.
Vom Ufer hörte man eine kräftige Frauenstimme, die seine eigene übertönte – eine Stimme, die seine Muttersprache sprach: Eine durchdringende Stimme, die durch allen Lärm und alles Gerassel von den Schiffen und vom Kai zu hören war, eine schrille, wütende Stimme, die lauter wurde als alle Stimmen von Menschen oder Tieren: »Schämt ihr euch nicht, ihr Kerls auf dem Schiff? Wollt ihr mich hier sitzenlassen?«
Auf einem kleinen Pfad, der am Ufer entlanglief, kam eine Frau angerannt, und während sie rannte, rief sie außer Atem und erbost. Der Stier an seinem Pfahl brüllte die ganze Zeit über, aber sie übertönte ihn: »Legt den Laufsteg aus! Ich komme, so schnell ich kann!«
Karl Oskar hatte die Stimme gleich wiedererkannt: Es war Ulrika in Västergöhl, die sich an Land verspätet hatte und auch Gefahr lief, zurückgelassen zu werden. Sie war aber nicht allein, als sie jetzt zu dem Schiff stürzte: Sie trug eine Last, sie trug ein kleines widerspenstiges Kind auf dem Arm, und deswegen war sie auch bei ihrem Rennen so atemlos geworden.
Auf dem Arm trug das Freudenweib ein kleines Mädchen in einem blauen Kleid und mit roten Schleifen im Haar. Sie stand nun keuchend auf dem Kai neben Karl Oskar: »Verdammte Kerls! Nun mal schnell mit dem Laufsteg, ihr Faulpelze!«
Jetzt standen vier zurückgebliebene Passagiere auf der Anlegebrücke, und die Mannschaften begannen wieder den Laufsteg hervorzuziehen. Doch Karl Oskar und Kristina stürzten sich auf ihr Kind.
»Das Mädel stand da drüben an einem Baum«, erklärte Ulrika. »Sie aß von den Morellen.«

Ganz dicht am Ufer hatte Ulrika ein ganzes Gehölz von Morellenbäumen stehen sehen, die voller Kirschen hingen, und da sie geglaubt hatte, daß es noch eine Weile dauern würde, bevor ihr Schiff abging, war sie dort hingegangen, um von ihnen zu kosten, denn sie wurde ja bei der Wärme so durstig. Und da stand bereits dieses Kind, das auch nach den durststillenden Früchten verlangte, denn es war schon vor ihr zu den Bäumen gelaufen: Das Kind versuchte, Kirschen zu pflücken. Das Mädchen reichte natürlich nicht an sie heran, sie war zu klein, doch Ulrika hatte ein paar Handvoll für sie abgepflückt. Das Mädel wollte mehr Kirschen haben und hatte sich noch mehr gewehrt, als Ulrika sie mit sich zurücktrug.
Klein-Märta war immer noch widerspenstig. Als die Mutter sie ganz fest in die Arme schloß, fing sie an zu schreien: Bei der Umarmung ließ sie eine der Morellen fallen, die sie in der Hand gehalten hatte.
Der Laufsteg war wieder ausgelegt. Die Besatzungsmitglieder begrüßten Ulrika mit freudigen Zurufen, als sie an Bord zurückkam: Vielleicht hätten sie nicht so gelächelt und wären nicht so erfreut gewesen, wenn sie verstanden hätten, was sie ihnen zugerufen hatte.
Das Dampfschiff ›*Sultana*‹ glitt langsam aus dem Hafen von Detroit hinaus, und von seinen Passagieren fehlte keiner.
Sobald sie jenseits der Reling des Schiffes angelangt waren, streckte Karl Oskar Ulrika seine Hand hin und faßte die ihrige, faßte sie fest und krampfhaft, ergriff sie und behielt sie in der seinigen: Es war die Hand, die sein Kind den Eltern zurückgebracht hatte. Sein Kind war gerettet – und damit auch er selbst. Doch war er außerstande, jetzt etwas zu sagen, und er brachte nicht eine Silbe heraus. Es brannte zu stark in seiner Kehle, sie wurde ihm zu eng, seine Zunge zitterte zu sehr: Er konnte keine Worte formen, er bekam nichts heraus. In seiner Kehle und an seiner Zunge war etwas, was nicht weichen wollte. Seit er erwachsen war, hatte ihn dies manchmal befallen – an Stelle der Tränen: Karl Oskar Nilsson weinte auf diese Weise, ohne daß man es sah – er weinte wie ein Mann.

5

Nach einer sechstägigen Fahrt über die großen Seen und die Flüsse und Engen, die sie trennten, erreichte die ›*Sultana*‹ Chikago. Während sie auf ein anderes Schiff, mit dem sie weiterfahren sollten, warteten, blieben die Einwanderer drei Tage in der Stadt und wohnten in einem Emigrantenquartier, das Landberg ihnen besorgt hatte. Inzwischen bestellte er für sie die Passage für ihre weitere Reise. Weil aber der Pastor Unonius, der schwedisch-lutherische Pfarrer in Chikago, zu einer Siedlung außerhalb der Stadt gefahren war, konnte Landberg seiner Gesellschaft nicht das Abendmahl verschaffen, das er versprochen hatte.

Am Morgen des 6. Juli begleitete Landberg die Gesellschaft an Bord eines Dampfschiffes, das den Illinois River befuhr und das sie auf Flüssen und Kanälen zu den weiten Fluten des Mississippis bringen sollte. Der Dolmetscher hatte damit seinen Auftrag erfüllt und verabschiedete sich von seinen Landsleuten, wobei er ihnen Gesundheit und Wohlergehen in ihrem neuen Heimatland wünschte. Sie waren nun auf sich selbst angewiesen, aber er befahl sie alle in Gottes des Allmächtigen Hand.

Die Einwanderer hatten das Tor zum Westen durchschritten. Sie waren auf ein ganz neues Schiff gekommen, und auf dem neuen Schiff trafen sie ein neues Meer, das keinem anderen glich, das sie gesehen und befahren hatten: Das Meer des großen Westens.

Bauern auf dem Grasmeer

I

Mitten im Flachland hatte die Hand des Schöpfers einen gewundenen Einschnitt geritzt, und in diesem Einschnitt floß der Fluß dahin, der das Fahrzeug der Einwanderer trug. Die Ufer des Wasserweges waren ihnen nahe, nur einige Klafter vor der Reling. Der Anblick des festen Bodens beiderseits des Schiffes, wo sie ihren Fuß setzen konnten, gab den Reisenden das Gefühl der Sicherheit. Die Angst um ihr Leben, die sie beim Segeln auf dem Ozean begleitet hatte, war beseitigt: Sie fuhren auf dem Wasser, aber sie waren wieder dem Erdboden nahe.

Und doch kamen sie sich auf dieser Flußfahrt ebenso verirrt vor, als ob sie immer noch über das große Meer segelten.

Sie fuhren durch ein unübersehbares Flachland, eine endlose Leere von offenem, mit Grashöckern durchsetztem flachem Boden. Ebensowenig wie auf dem Ozean fanden ihre Augen im Umkreis einen festen Punkt: Keine Bäume, keine Gehölze, keine Anhöhen, keine Hügel, keine Berge. Das war der einzige Anblick, der sich ihnen bot: eine Grasebene mit wildwachsendem Gras, Kräutern und Blumen, ein Feld von Grasbuckeln und Mulden von Gras, mit Wellen von Gras, die auf allen Seiten wie Blasen auf dem Erdboden in unendlicher Zahl dahinrollten, und derselbe Anblick, dieselben grünen Wellen, reichten bis an den Rand, wo das flache Land mit der Kuppel des Himmels eins wurde – bis dahin, wo das Auge nicht mehr hinreichte. So wie der Atlantische Ozean breitete sich die baumlose öde Weite vor ihnen wie ein einziges Gebiet aus. Nichts unter dem Rund des Himmels unterschied den einen Landstrich vom andern. Die Grashöcker wölbten sich auf und versanken und erhoben sich wieder aus der Mulde, die Grashöcker waren die Wellen der Ebene, die einander glichen und

in der ganzen Landschaft wiederkehrten und überall dieselben waren: Sahen sie eine, hatten sie sie alle gesehen. Diese einförmige Gegend wurde Prärie genannt.
Siebzig Tage lang waren die Einwanderer über den Atlantischen Ozean, ein Meer von Wasser, gefahren. Nun fuhren sie über das nordamerikanische Flachland, ein Meer von Gras.
Hier grünte eine Wiese, die so ausgedehnt war wie ein Königreich. Hier hatten nur die wilden Tiere geweidet. Hier konnte man Heu in solcher Menge einbringen, daß es in allen Scheunen der Welt nicht unterzubringen war, hier konnte ein Schnitter mit der Sense tagelang und meilenweit in einer Furche dahingehen. Er konnte den ganzen Sommer hindurch in der Furche dahingehen, die Wiese war groß genug, und er brauchte nie umzukehren. Und hier lagen Blumenland und Weiden, hier war ein Überfluß an Blumen und Viehfutter. Hier breitete sich vor den Augen der weither gekommenen Reisenden ein blühender Ozean aus, über den man trockenen Fußes hinwegschreiten und den man ohne Schiff befahren konnte.
Dies war nicht das unfruchtbare Meer, in dessen Tiefen es dunkel ist und das unter der Feste lag, ehe das Trockene zu sehen war, sondern das grünende und tragende Meer, wo noch nie ein Mensch eine Ernte eingebracht hatte.
Doch auch hier gingen die Winde darüber hin, und sie durchfegten das Gras und wühlten Wogen auf, die endlos dahinrollten. Der mächtige Wind überfiel das Gras, legte sich mit aller Macht darüber, walzte es platt und drückte es nieder, so daß es wie mit einem Kamm geglättet und gekämmt dalag. Wenn der Wind aber seine Kraft verlor und die Walze einmal ruhte, erhob sich das weiche Gras wieder und streckte seine Halme in die Höhe. Das Grasmeer lag wieder da, beweglich und lebendig und unbeugsam, und wogte hin und her in seinem ewigen, unveränderlichen Fluß und spielte sein ewiges Spiel, wie es hier seit Erschaffung der Welt gewesen war.
Die Einwanderer hatten ihr Leben in einer Gegend verbracht, wo der Wald das Alltägliche war, das ihnen immer vor Augen

stand. Von ihrer Heimat her waren sie mit Bäumen, Sträuchern und Pfaden durchs Dickicht vertraut; ihnen waren die Höhen und Täler, die Rücken und Hügel bekannt. In ihrer Heimatgegend fanden sie leicht Wegzeichen und Erkennungsmerkmale. Doch in diesem Grasmeer fanden sie nichts, woran ihre Augen sich erinnern konnten, nichts, wonach sie sich richten konnten: Keine Wege, keine Radspuren, keine Steige, keine Steinhaufen. Wohin sie auch vom Deck des Flußschiffes schauten, sahen sie nur wilden, unbetretenen Boden, wo nichts verriet, daß Menschen hier gegangen waren. Ohne Wegweiser würde sich ein Wanderer durch diese Weiten öden, flachen Landes verirren und sich darin verlieren: Wie sollte er seinen Weg finden, wenn die eine Meile ganz genau aussah wie die andere?
Die Bauern aus dem Walde reisten über das offene Flachland, und sie scheuten vor dem Land zurück, das sich vor ihren Augen in seiner unbegreiflichen Mächtigkeit auftat. Sie wollten gleichmäßigen und ebenen Boden bebauen, doch ihnen genügte die offene Ebene bei all ihrer Größe nicht. Hier fehlte etwas in dieser weiten Grasebene: Gott hatte dieses Land nicht fertiggeschaffen. Er hatte den Boden gemacht und das Gras gepflanzt und alles andere, was auf dem Boden wuchs, doch hier fehlten die Bäume, die Sträucher, die Höhen und die Senken. Und dieses Grasmeer war zu groß: Es erschreckte sie. Alles, was weiter reichte als die Augen überblicken konnten, rief Furcht und Gefühle der Verlassenheit und Einsamkeit hervor. Sie fürchteten sich vor dem Grasmeer, weil sie bei ihm kein Ende erblicken konnten, so wie sie vor der Ewigkeit erschauerten, die sie nach dem Tode erwartete.
Das Flachland schnitt ihnen mit seiner mächtigen Öde und Leere ins Herz. Die Grasebene lag diesseits des Gesichtskreises, und sie lag jenseits von ihm, sie ging ins Unsichtbare weiter, sie kreiste sie von allen Seiten und Enden ein, und sie wollten sich vor ihr in ihrer Hilflosigkeit zusammenkauern und verstecken. Je weiter sich die Erde in die Ferne ausbreitete, um so mehr schrumpfte der Mensch zusammen.

Hier sahen die Einwanderer fruchtbares Erdreich, das sich dem Pflug anbot, einen Boden mit üppigem Pflanzenwuchs. Wo die Erde grün war, konnten auch Menschen wohnen und sich ernähren. Und Flüsse und Bäche ohne Zahl waren ins Land eingeschnitten und bewässerten es mit ihren Fluten. Was konnte ein Siedler mehr wünschen? Doch hier wollten sie nicht bleiben, nicht unter den besten Bedingungen: Dieses Land war nicht das, was sie suchten.

Sie waren im Wald geboren und aufgewachsen, und sie würden im offenen Flachland niemals zufrieden werden und sich zurechtfinden. Sie wollten die ganze göttliche Schöpfung um ihre Wohnstätten haben, sie wollten Bäume haben, die im Sommer Schatten und Kühlung spendeten und im Winter Windschutz und Wärme boten.

Hier gab es nicht einen Baumstamm, den man als Bauholz hätte fällen und kaum einen Strauch, den man als Brennholz hätte umhauen können. Sie wollten in gezimmerten Wänden wohnen, und sie wollten die Brennholzscheite für das Feuer im Herd hoch aufschichten. Wer sich aber auf diesem ebenen Lande niederlassen wollte, mußte sich eine Höhle in die Erde graben und das Leben eines Maulwurfs führen, und das ganze Jahr über müßte er wegen der schonungslosen Winde gebeugt dahingehen. Und die Bauern aus dem Walde würden von dem Anblick, der sie ständig verfolgte, an ihrer Seele siech werden – diesem unbarmherzigen Anblick einer einförmigen, öden und leeren Endlosigkeit, die die Wohnstätte des Siedlers bewachte und umschloß.

Hier würden sie von der Abgeschiedenheit und der Entsagung verzehrt werden; sie würden, an die Ewigkeit des Grasmeeres ausgeliefert, an Körper und Seele vergehen.

Das Flachland schien ihnen für eine Niederlassung oder einen dauernden Aufenthalt nicht geeignet. Und sie befanden sich noch im Umzug: Vom Deck des Flußdampfers aus sahen sie die Prärie als eine Gegend zum Befahren, nicht zum Besiedeln, als eine Fahrstraße, die sie benutzten, um weiterzukommen, als ein neues Meer, um darüberzufahren. Und als Vor-

überfahrende weideten sie sich an ihrem Anblick und waren damit zufrieden.
Diese Reise ging in dem Einschnitt des Flusses weiter, und neue Flachlandstrecken öffneten sich. Ihr neues Heimatland zeigte ihnen seine Größe. Und je mehr sie von seiner Weite und seiner Ausdehnung sahen, um so mehr fanden sie, daß sie selbst kleiner würden. Sie sahen, daß das Land groß war, und dabei wurden sie selbst klein – und mehr als je zuvor auf der langen Reise kamen sie sich in der Welt verloren vor.

2

Des Nachts herrschte in der Tiefe des Grasmeeres Dunkel. Der Wind hielt den Atem an und erstarb. Vom Erdboden stieg ein Rauschen auf wie von schwächer werdenden Wellen auf einem stillen Gewässer. Die Decke des Dunkels hüllte das wilde Gras und die Blumen ein, der grünende Ozean wurde von der Nacht verborgen. Von der Feste, die der Schöpfer am zweiten Tage über der Erde aufgerichtet und Himmel genannt hatte, schienen die Sterne mit klarem Feuer. Die Welt hier unten war groß, doch die Feste des Himmels mit den Lichtern da oben war größer – so bot es sich dar, als die Nacht das Land in Dämmer gesenkt hatte, und das gereichte den Menschen zum Trost, wenn sie sich für die große Erde zu klein dünkten.
Eines Abends in der Dämmerung flammte genau in der Fahrtrichtung ein goldener Schein am Himmel auf. Irgendwo in weiter Ferne brannte ein Feuer, das seinen goldroten Glanz auf die Wolken zurückwarf. Auf der Erde war ein Feuer entzündet worden, das so hoch flammte, daß es rote Streifen in die grauen Wolken wob und bis zum Himmel aufstieg: Das Grasmeer brannte.
Lange nachdem die Dunkelheit eingebrochen war, schauten die Einwanderer auf den Brand, den das Himmelsgewölbe vor dem Schiff ihnen zeigte. Hoch am Himmel erhob sich eine

Wand von Flammen und Lohe, und rundherum schwebten dichte Rauchwolken wie die ausgebreiteten Schwingen eines schwarzen, schauerlichen Raubvogels. Das Licht der Sterne erblich vor der rotglühenden Himmelswand. Es ging ein gefährliches Feuer über das Flachland dahin, ein Feuer, das das Gras verzehrte, das ein Meer von Nahrung vor sich hatte.
Doch für den Zuschauer in der Ferne sah es aus, als stünde der Himmel des Herrgotts in dieser Nacht in Flammen. Und ein brennender Himmel war für jeden, er mochte sein wer er wollte, ein erschreckender Anblick.
Auch die Kinder merkten, daß der Himmel über ihnen von einem Brand verheert wurde, und sie fragten nach den Engeln und wollten wissen, ob sie davonfliegen könnten, bevor ihnen die Flügel versengt wurden, ob sie nicht in dem Feuer verbrennen müßten.
Der nächtliche Anblick, der sich den Einwanderern am Himmel bot, rief ihnen das Bild des Altargemäldes in der Kirche des heimatlichen Kirchspiels vor Augen. Das Gemälde stellte das Jüngste Gericht und Jesu Rückkehr auf die Erde dar: Da schwebten feuerrote Wolken am Himmel, und der Brandrauch zog dunkel, qualmend und schwer umher. Und von der Höhe kam Jesus auf einer brennenden Wolke herniedergefahren, mit seinem schneeweißen Kleid angetan und von einem weißen Kranz unzähliger Engel umgeben. Die Menschen sollten abgeurteilt werden, und voller Schrecken und auf zitternden Beinen versammelte sich das Volk, während die Erde vom bleichen Schein einer verdunkelten Sonne erleuchtet wurde: Es war Tag, aber es war doch wie Nacht, denn es war der Jüngste und Letzte Tag.
Und hier sahen sie nun den Himmel von einem Feuer brennen, das einen furchterregenden Schein über die Erde verbreitete: Das Altargemälde ihrer Heimatkirche war dort vor ihnen an der Wand der Feste vergrößert und in lebendige Wirklichkeit verwandelt aufgehängt worden.
Noch hatte sich jedoch der Teil des Bildes nicht offenbart, der dem Gemälde seinen Inhalt gab: Noch war Jesus nicht auf den

feuerumkränzten Wolken zu sehen – noch kamen Jesus und seine Engel im Himmel nicht.
Viele von ihnen wären aber nicht erstaunt gewesen, wenn sie ihn in dieser Nacht beim Schein der himmlischen Flammen hätten von der Höhe herniederkommen sehen, um Lebendige und Tote zu richten.
Sie erkannten die Zeichen, sie sahen sie selbst am Himmel: So würde es aussehen, wenn der letzte Tag der Welt herangekommen war. Das Meer und die Lüfte würden groß lärmen, und die Kräfte des Himmels würden beben. Und nun konnte im nächsten Augenblick der Richter der Welt von seinem himmlischen Thron herabgeschwebt kommen, während der Schein eines vom Feuer gefärbten Himmels ihm den Weg zur Erde erhellte.
Und wenn sie jetzt auch nur den Widerschein eines irdischen Brandes sahen, wenn es das große Flachland war, das sich in ein brennendes Meer verwandelt hatte, so wurden sie doch immer näher an das Feuer herangebracht: Das Schiff fuhr so, wie der Fluß verlief, und der Fluß floß genau auf die rote Wand von Flammen und Rauch zu. Sie hätten gern den Kapitän gefragt, warum das Schiff nicht anlegte, warum es immer weiter auf das Feuermeer zusteuerte, ob er sein Schiff absichtlich in die Flammen hineinsteuerte, damit es mit den Passagieren und der Besatzung zugrunde ginge. Doch wer nicht sprechen konnte, konnte auch nicht fragen, und wer nicht fragen konnte, erfuhr nichts. Sie wußten nur, daß das Feuer immer näher zu sehen war, und daß das Schiff immer näher auf das Feuer zusteuerte: Das Feuer und das Schiff mußten sich begegnen.
Konnte ein Mensch bei lebendigem Leibe durch ein brennendes Meer hindurchkommen? Die Ängstlichen suchten Trost in ihrer Bibel, wo der Prophet Jesaja niedergeschrieben, was der Herr gesagt hatte: ›Denn so du durch Wasser gehst, will ich bei dir sein, daß dich die Ströme nicht sollen ersäufen; und so du ins Feuer gehst, sollst du nicht brennen; und die Flamme soll dich nicht versengen.‹

In dieser Nacht dachte niemand an Schlaf, und die sich hinlegten, lagen wach da und standen in kurzen Abständen auf, um den brennenden Himmel anzuschauen. Und viele wachten in Angst und verzweifeltem Gebet; wenn sich ihr letzter Tag jetzt nahte, dann war er ihnen zu schnell angebrochen, und der himmlische König würde sie vielleicht nicht als die Seinigen erkennen: Geht fort von mir, ihr Verdammten . . .!

Es war die Nacht vor dem Jüngsten Gericht unter den Menschen auf dem Flußdampfer, es war die Furcht vor dem Richter aus dem Himmel, den sie in Flammen sahen, und es war das große Grasmeer, das irgendwo weit in der Ferne brannte, weiter, als sie sich vorstellen konnten.

Doch bereits am nächsten Morgen erschien der Widerschein des Brandes am Himmel seitlich vom Schiff. Während der Nacht hatten der Fluß und das Schiff eine Biegung nach links gemacht, während das Feuer sich nach rechts verzogen hatte. Sie entfernten sich immer weiter voneinander. Im klaren Tageslicht war der Schein des Brandes erblichen und geschwächt, und er verlor zum größten Teil seinen Schrecken auf die, die ihn als die Androhung des Tages des Gerichts auf Erden gedeutet hatten.

Im Laufe des Tages nahmen die goldroten Flammen am Himmelsgewölbe immer mehr ab, und bevor der Tag sich geneigt hatte, waren sie vom Deck des Flußdampfers aus dem Blick entschwunden.

In der Ferne hatten sie einen Präriebrand gesehen. Doch in der Umgebung lag das ebene Land, so weit der Blick reichte, unverbrannt und grün da.

Die Einwanderer waren über das stürmende Meer gefahren und waren mit dem Leben davongekommen. Nun dankten sie wiederum ihrem Gott, daß er ihnen geholfen hatte: Sie waren auch dem brennenden Meer entkommen.

3

Und sie wurden von dem Flußdampfer weiter nach Westen gebracht, in den tiefen Einschnitt, den der Schöpfer einmal durch das Land aus Gras gezogen hatte, wo die Wogen der Grasbuckel unter dem groben Kamm des Windes stiegen und sanken. Unten im Wasser des Flusses ging das Schaufelrad herum. In der Tiefe füllte es seine Eimer und schleuderte die weißen Funken der Wassertropfen zum Tageslicht hinauf.
Seit die Einwanderer ihren Heimatort verlassen hatten, waren sie mit dem Federwagen und dem Segelschiff gereist, mit dem Flußschiff und dem Dampfwagen, mit dem Kanalschiff und dem Dampfschiff. Sie waren hinter Pferden gefahren, sie waren durch die Winde vorwärtsgetrieben worden, sie waren durch die Dampfkraft gezogen worden. Und sie fuhren immer noch durch Nacht und Tag, sie reisten immer noch durch dieses Land, das ihnen kein Ende zu haben schien, und sie bewegten sich in jedem Augenblick immer weiter von dem Lande fort, das sie geboren hatte. Ihr Heimatort war jetzt so weit in der Ferne verschwunden, daß sie kaum in Gedanken die Entfernung durchmessen konnten, die sie von der Stelle auf der Erde trennte, wo sie die Reise begonnen hatten. Sie scheuten zurück und schauderten, wenn sie sich den ganzen Weg über Land und Wasser, den sie zurückgelegt hatten, ins Gedächtnis zurückzurufen versuchten. Wenn sie sich zurückversetzen wollten, war es, als kämen sie nicht hin – nicht einmal in der Vorstellung hatten sie die Kraft, eine Rückfahrt zu unternehmen. Die Länge des Weges war für sie zu mächtig: Die Erde, die Gott geschaffen hatte, war für ihre Einbildungskraft zu groß und weit. Und eine Gewißheit, gegen die sie sich lange gewehrt hatten, setzte sich bei ihnen nachhaltig in Herz und Seele fest: Diesen Weg konnten sie nicht mehr fahren, ihn niemals zurückreisen. Zu ihrem Heimatland konnten sie niemals zurückkehren.

Vater blutet

I

Die Decksglocke des Flußschiffes läutete, das Steuerrad drehte sich, und der Bug drehte sich dem Lande zu. Das Schiff legte an einem unbewohnten Ufer mitten im wilden Walde an, wo keine Anzeichen von Siedlungen oder der Anwesenheit von Menschen festzustellen waren. Der Laufsteg wurde ausgelegt, und zwei der Matrosen gingen an Land, wobei sie eine längliche Last zwischen sich trugen. Hinter ihnen kamen zwei Mann der Deckmannschaft über den Laufgang gestiefelt, von denen jeder eine Schaufel in der Hand hatte. Alle vier verschwanden hinter der dichten Mauer von Bäumen und Sträuchern, die bis zum Rande des Wassers hinunterwuchsen.
Nach einer kleinen Weile kamen die Männer an Bord zurück. Doch als sie wiederkehrten, hatten sie nichts anderes zu tragen als die Schaufeln, die sie noch in der Hand hielten. Wieder läutete die Glocke, der Laufgang wurde eingezogen, und das Schiff fuhr nach dem kurzen Aufenthalt am Anlegeplatz rückwärts in die Fahrrinne hinaus.
Diese Besuche an wilden und einsamen Ufern erfolgten jeden Tag, an manchen Tagen mehrmals. Sie gingen ruhig und still vonstatten, ohne ein anderes Geräusch als das Läuten der Schiffsglocke, und so schnell, daß die Passagiere zunächst kaum etwas davon gewahr wurden. Sie hätten sich sonst fragen können, weswegen der Flußdampfer das Ufer anlief: Kein Passagier wurde ausgeschifft, keine Fracht ausgeladen, kein Brennholz und kein anderes Holz an Bord genommen. An der Anlegestelle war nicht die kleinste Bretterbude, waren keine Brennholzstöße und keine Bretterstapel zu sehen: An den Stellen, an denen das Schiff anlegte, breitete sich die unberührte Wildmark aus. Warum vertat man Zeit mit dem Anlegen?

Die Flußreisenden, die aufmerksam hinsahen, konnten feststellen, daß etwas an Land gebracht wurde. Sie bemerkten besonders die Schaufeln, die die Männer von der Deckbesatzung mitnahmen. Und hätten sie genauer nachgesehen, dann hätten sie wahrgenommen, daß sich an den Schaufeln der Männer Erdkrumen befanden, wenn sie an Bord zurückkamen. Sie hätten vielleicht auch merken können, daß die Männer ungefähr so lange an Land blieben, wie sie brauchten, um eine flache Grube auszuheben.
Und es dauerte nicht lange, und alle hatten das Rätsel des wiederholten Anlegens in der Wildmark erraten, wenn es auch noch so schnell, ruhig und still geschah: Was an Land getragen wurde, war eine Last, die in ein Stück grauen Stoffes gehüllt war. Einer der Passagiere des Schiffes wurde an Land gesetzt, doch kein lebender, sondern ein toter. Eine Leiche wurde vom Schiff heruntergebracht, in der kurzen Zeit, in der das Schiff am Flußufer stillag, fand eine Beerdigung statt.
Von den Passagieren starb jeden Tag einer, an manchen Tagen waren es mehrere. Sie konnten es alle verfolgen und nachzählen, wie oft es vorkam: Wenn sie hörten, wann die Schiffsglocke läutete, wenn sie sahen, wann die Männer mit den Schaufeln an Land gingen.
An Bord war niemand gewaltsam oder durch einen Unfall zu Tode gekommen. Niemand brauchte zu verhungern, denn die Beköstigung war ausreichend, und in der Sommerwärme konnte niemand erfrieren. Was den Menschen den Garaus machte, war eine Krankheit, die in ein paar kurzen Tagen und Nächten den Gesündesten in eine Leiche verwandelte. Und die Krankheit, die sich an Bord des Flußdampfers gedrängt hatte, war so gefürchtet, daß sie nicht beim Namen genannt wurde; sie war *die Krankheit* und nichts weiter. Sie beim Namen zu nennen hätte bedeutet, die Gefürchtete herauszufordern und herbeizurufen. Es gab Menschen, die vor Furcht, an dieser mordenden Krankheit zu erkranken, krank wurden. Die Furcht erzählte von ihr: Wenn die Flüssigkeiten des Körpers austrocknen, wenn die Haut blaurot und trocken wird,

wenn die Nase spitz wird, wenn der Durst die Häute der Zunge und der Kehle verbrennt, wenn der Körper jede Stunde sich von Flüssigem und Festem entleert, wenn die Glieder erkalten und sich im Krampf winden, wenn die Augen in den Kopf einsinken, wenn Schleim und Speichel nicht mehr da sind und alle Tränen aufhören – dann ist sie in deinen Körper gekommen! Und wenn kein Wunder geschieht und, ehe zwei Stunden um sind, am ganzen Körper der Schweiß ausbricht, hat der Tod seine Arbeit in dir in vierundzwanzig Stunden geschafft!

Es war die Krankheit der Qualen; der Anblick der Kranken in ihrer Qual war es, der die große Furcht erweckte. Und doch konnte man sie barmherzig nennen, weil sie ihre Opfer ziemlich schnell ums Leben brachte: In einem Tage oder zwei Tagen verdrängte sie aus einem Menschen das warme Leben und ließ die Kälte des Todes zurück. Die Kräftigsten und Gesündesten litten die größten Schmerzen, denn je kräftiger und widerspenstiger das Leben war, um so qualvoller war der Todeskampf.

Die verheerende Krankheit war *The Asiatic epidemic*, die Cholera.

Die Pest des Ostens fegte seit zwei Jahren über Nordamerika dahin. Die Alte Welt hatte der Neuen Welt ihre tödlichste Seuche geschenkt. Sie kam aus Bengalen, sie war ein Geschenk des heiligen Ganges, des Flusses mit dem tödlichen Sumpfland und dem giftigen Wasser. Die aus Europa Zugewanderten nahmen die Krankheit mit, und *The Asiatic epidemic* wurde von ihnen auf der Reise in das neue Land hineingetragen, verbreitete sich von Ort zu Ort, von Schiff zu Schiff, von Fluß zu Fluß: Die Pest des Ostens war nach dem Westen gekommen.

Niemand hatte den Passagieren bekanntgegeben, daß die Seuche mit an Bord des Schiffes gekommen war; sie war nicht in der Passagierliste verzeichnet, sie stand nicht in der Aufstellung der Fracht. Und man versuchte, still und leise und unbemerkt die Körper sicherzustellen und fortzubringen, aus denen sie heftig zupackend das Leben verdrängt hatte. Die

Angelegenheit eilte: In dieser Wärme durfte etwas, was zum Verwesen verurteilt war, nicht an Bord behalten werden.
An Deck läutete eine Glocke, das Schiff drehte zum Ufer und legte an, ein paar Männer mit Schaufeln gingen an Land und hoben eilig eine Grube aus. Diese Mühe hatte keine große Verspätung zur Folge.
Doch als die seltsamen Besuche am Ufer ein paar Tage weitergegangen waren, fingen die Passagiere an, sich untereinander den schrecklichen Namen der Krankheit zuzuflüstern. Und damit hatte sich nicht nur die schonungslose Krankheit selbst an Bord gedrängt, sondern auch die große Furcht vor ihr:
Das neue Schiff der Einwanderer war von der Cholera verseucht.

2

In einer Nacht auf dem Fluß waren sie durch einen gefährlichen Brand erschreckt worden, den sie in der Ferne gesehen hatten, aber sie hatten nichts von einer anderen Gefahr gewußt, einer Gefahr, die sie nicht sahen und die ihnen näher war, ganz dicht bei ihnen, in dem Raum hier unten unter Deck, wo sie untergebracht waren. Hier mitten unter ihnen hatte sie sich eingeschlichen, hier war sie überall unsichtbar vorhanden – hier war ihnen der Tod nahe.
Und Karl Oskar dachte an das Plakat, das er gesehen hatte und das ihm erklärt worden war und das vor den Stellen warnte, wo man vorsichtig sein mußte, Stellen, deren Betreten gefährlich war: DANGER. WATCH YOUR STEP. Er pflegte die Augen offen zu haben, wo er ging und stand, und er hielt immer nach diesen englischen Worten Ausschau, weil er wußte, daß sie eine Warnung darstellten. Das Plakat war aber nicht an all den Stellen in Amerika angeschlagen, wo es am Platze gewesen wäre. Auf diesem Schiff war es nicht gewesen: Sie waren ganz gutgläubig an Bord gegangen – sie hatten den Flußdampfer bestiegen, ohne zu ahnen, daß er verseucht war.
Von der Cholera hatten sie zu Hause als einer Geißel der

Menschheit gehört, doch die Krankheit konnte in Schweden keinen so großen Umfang annehmen, weil das Land zu kalt war. Karl Oskar leuchtete aber ein, daß sie in der unerträglichen Wärme, die hier im Sommer herrschte, sich ungehemmt entwickeln und sich stark verbreiten konnte. Hier drinnen im Flachland glühte die Luft von einer Hitze, die schlimmer war als irgendeine, die er seit der Landung erlebt hatte. Er wußte nicht, was er gegen die Qual der Wärme tun sollte. Gegen Kälte wußte er Abhilfe, aber nicht gegen Wärme. Gegen strenge Kälte konnte man sich helfen, indem man dicke Kleidung anzog. Bei Wärme mußte man seine Sachen ausziehen, und er ging so entkleidet einher, wie es der Anstand mitten unter anderen Menschen zuließ. Das half jedoch nichts. Niemand konnte sich mehr als nackend ausziehen, und nackend wäre man auch von der Wärme gepeinigt worden. Es half nichts, wenn man sich auch noch die Haut abzog. Gegen Kälte konnte man Feuer anmachen, der Frierende konnte bis in die Feuerstätte kriechen, wenn er nicht eher zufrieden war. Doch wohin sollte man fliehen, um der Wärme zu entgehen? Nirgends konnte man hineinkriechen, nirgends sich verstekken.

Und die Nahrung, mit der sie an Bord des Flußschiffes beköstigt wurden, wurde in der Wärme, die alles zergehen ließ, ungesund und gefährlich. Manchmal rochen die Gerichte schlecht: Die Nase erfüllte ihre Aufgabe und warnte den Mund, etwas davon anzunehmen. Keine frischen Lebensmittel hielten sich. Überall surrten die Schmeißfliegen umher und legten ihre Eier, aus denen sofort Maden ausschlüpften. Wenn das Fleisch auch frischgeschlachtet war, so gingen doch die Maden hinein. Und bald wagte er auch nicht mehr, das gebratene fette Schweinefleisch anzurühren, das in seinem dikken Fett schwamm und das er bisher gierig verzehrt hatte.

Die Cholera mußte etwas Lebendiges sein, das mit dem Essen oder Trinken in den menschlichen Körper kam, ein Würmchen oder ein noch kleineres Lebewesen. Es genügte schon ein Ringelwurm, der im Trinkwasser schwamm, ein Wurm, der so klein war, daß er für das Auge nicht sichtbar war. Die Cholera konnte sich in jedem Happen Essen befinden, den sie hinunterschluckten, und in jedem Wassertropfen, den sie tranken. Die verheerende Krankheit konnte ihnen im Eßgefäß und im Trinkbecher auflauern – und wie sollte man sich vor ihr in acht nehmen, wenn sie nicht zu sehen war?

Karl Oskar hatte noch nie zuvor den Tod so in seiner unmittelbaren Nähe gefühlt. Er war hier, allen unsichtbar, um sie herum. Und wie sollten sie etwas entfliehen, was sie nicht sahen?

Nicht alle Passagiere aßen die Schiffskost. Wer Geld genug hatte, besorgte sich eigenes Essen außerhalb des Schiffes. Karl Oskar betrachtete die, die auf dem Oberdeck reisten: Wenn das Schiff an bewohnten Stellen anlegte, gingen die Passagiere der ersten Klasse an Land und versahen sich mit frischen Nahrungsmitteln. Sie kamen zurück mit großen Mengen neuer frischer Lebensmittel: Weißbrot, Butter, Milch, Eiern, Eierkuchen, ganzen Haufen von Hühnern und Hühnchen, die die Negerköche für sie zubereiteten.

Die Passagiere dort oben konnten ihre besondere, gesunde Kost essen. Und Karl Oskar stellte fest, daß vom Oberdeck noch keine Leiche herabgeholt und an Land gebracht worden war. Doch in *steerage*, hier auf dem Unterdeck, war für die Passagiere ein besonderer Raum abgeschlagen worden, wo auf dem ganzen Fußboden Krankenlager zurechtgemacht wurden.

Und als das Schiff dreimal an einem Tage das Ufer anlief und sein eiliges Geschäft ausführte, sagte Karl Oskar zu Kristina: »Die nicht von der Schiffskost essen, bleiben gesund. Wir wollen fasten.«

Kristina war damit einverstanden, und sie rührten zunächst einen Tag lang keine Mahlzeit an. Ein Mensch konnte viele Tage lang fasten, ohne sein Leben zu gefährden. In der starken Hitze war der Appetit stark herabgesetzt, und in einigen Tagen würden sie übrigens das verseuchte Schiff verlassen und ein neues besteigen. Der Durst setzte ihnen jedoch so hef-

tig zu, daß sie unbedingt das Trinkwasser an Bord benutzen mußten. Dem Wasser setzten sie etwas Essig zu, der es auffrischte: Der Essig sollte alles Giftige töten, nach dem, was Berta in Idemo ihnen zu Hause gesagt hatte.
Das Mittel, das am besten gegen Cholera half, sollte grobes Salz sein, von dem man mehrmals täglich ein Häufchen nahm, worauf man Branntwein trank. Karl Oskars Wermutbranntwein, der bis jetzt auf der ganzen Reise seinen Körper in Ordnung gehalten hatte, war nun bis auf den letzten Tropfen ausgetrunken. Sie hatten aber noch etwas Kampferbranntwein da, den sie einnahmen, und Kristina gab allen Kindern Tropfen, und zwar sowohl Prinzentropfen als auch von den Viererlei Arten. Frische Milch sollte auch gegen die Krankheit gut sein, aber es gab auf dem Schiff keine Milch, weder süße noch saure: *All is gone* – diese Worte hörten sie oft, wenn das Essen verteilt wurde, und Robert erklärte, daß das ›ausgetrunken‹ bedeutete.
Jonas Petter ließ sich von Karl Oskar den Schröpfschnäpper geben und schröpfte sich mehrmals – sein schlechtes Blut sollte sicherheitshalber aus dem Körper entfernt werden. Er benutzte auch den Schnäpper bei Fina-Kajsa, nachdem sie lange darum gebeten hatte. Sie als Älteste hatte vor der Krankheit mehr Angst als jeder andere, und sie war eben noch so nahe daran gewesen, an einer anderen Krankheit zu sterben, daß sie fand, daß es ungerecht wäre, wenn sie wieder aufs Sterbebett müßte. Und nachdem sie sich auch noch einen ihrer alten wollenen Strümpfe um den Hals gebunden hatte, fühlte sie sich recht sicher. Arvid aß fleißig von den Pillen, dem Schmerztöter, die ihr Dolmetscher verkauft hatte, und die auch gegen die Cholera helfen sollten, und er gab Robert davon ab, bis die Dose leergegessen war. Und Ulrika in Västergöhl machte ein Pflaster aus Senfteig zurecht und legte es sich auf den Leib; dieser Teig sollte das Krankheitsgift aus den Gedärmen ziehen, wo es seinen Sitz hatte.
Der einzige in der Gesellschaft, der kein Mittel gegen die Cholera gebrauchte, war Danjel Andreasson: Er fürchtete die

Seuche nicht. Er glaubte nicht, daß die Krankheit von dem einen zum anderen ansteckte. Wer hatte den ersten Menschen angestreckt, der an der Cholera gestorben war? Konnte es jemand sagen? Für Danjel gab es keine Ansteckung durch die Krankheit; die Cholera war den Menschen vom Herrgott ohne Zwischenträger gegeben. Nun suchte Gott seine Menschen, und er hatte bereits bestimmt, wer auf dem Schiff hier sterben mußte. Wie konnte jemand glauben, daß man das ändern könnte? Danjel sah, wie seine Mitrcisenden von zu Hause Medikamente gebrauchten und, jeder auf seine Weise, an sich herumdokterten, und er fragte: Warum überließen sie das Heilmittel nicht ihrem Schöpfer? Waren sie so schwach im Glauben, daß sie an Gottes Allmacht zweifelten? Und er fragte seine Verwandten Kristina und Karl Oskar: Glaubten sie, daß sie davonkommen könnten, wenn Gott sie beide oder einen von ihnen dazu ausersehen hätte, des Todes zu sterben? Glaubten sie, daß sie sich vor dem Angesicht des Allmächtigen verbergen könnten?

Kristina erwiderte: Ein Mensch dürfe nicht untätig dasitzen und alles auf den Herrn wälzen. Und sie glaube, daß Gott sich lieber ihrer annähme, wenn sie versuchte, sich selbst etwas zu helfen.

Am betrübtesten war Danjel jedoch, als er erfuhr, daß Ulrika, die ihm als gehorsame Jüngerin folgte, versuchte, sich mit einem Senfteig auf ihrem Körper gegen die Krankheit zu schützen. Er machte ihr deswegen Vorhaltungen und sagte, daß sie die schwere Sünde des Zweifels begehe, wenn sie sich auf ein selbstgemachtes Pflaster mehr verlasse als auf ihren Gott. Glaube sie, sie vermöge, wenn sie mit ihren sündigen Händen dieses Pflaster zurechtmache, mehr als der Allmächtige? Sie erzürne den Herrn mit dem Senfteig auf ihrem Leib, und er riet ihr eindringlich, ihn fortzunehmen.

Nach dem Tode Inga-Lenas hatte Danjel Ulrika gegenüber zugegeben, daß er selbst sich in seinem Glauben geirrt habe, daß, wer aufs neue geboren sei, für immer der Sünde ledig sei: Kein Mensch könne von der Sünde freiwerden, solange er in diesem Körper des Todes bleibe, nicht er selbst und auch kein anderer. Alle seien elende Sünder, die den Körper des gefallenen Menschen trügen, bis die Seele sich von ihm trenne. Sie hätten auf nichts anderes zu hoffen als auf Gottes Gnade und Barmherzigkeit.

Doch als Ulrika das hörte, war sie empört und ratlos: Wie könne Danjel sie so enttäuschen? Seien ihre Sünden nicht ein für allemal abgewaschen? Wohne Jesus nicht mehr in ihrem Körper? Sie habe ja geglaubt, was Danjel ihr gesagt habe, und nun sage er, daß er irregegangen sei und nehme alles zurück. Sie wolle aber ihren sündigen Körper nicht zurückhaben, sie wolle unter gar keinen Umständen ihren alten Menschen wiederhaben. Und sie habe mit keinem Mann gesündigt, seit sie in Danjels Haus gekommen sei und sein Brot gegessen habe. Sie sei einmal gereinigt – warum wolle Jesus dann nicht bei ihr wohnen bleiben? Ulrika fühlte sich betrogen und beleidigt: Sie habe sich ganz fest auf Danjels Worte verlassen, und sie fordere, daß er als ein starker Prophet des Herrn bei seinen Worten bleibe. Sie habe ihm lange gehorcht und sei ihm in allem untertänig gewesen, doch nun begönnen sich Zweifel bei ihr einzuschleichen: Sie hätten auch keine Zunge des Geistes bekommen, so daß sie die Sprache hätten sprechen könnnen, als sie hierher gekommen seien, wie er es versprochen habe. Vielleicht sei Danjel für einen Abgesandten des Herrn ein zu schwacher Mann, wie sehr er auch einem Propheten des Herrn mit seinem langen, ausgewachsenen Bart ähnele?

Nun wolle er ihr wegen des Cholerapflasters, das sie sich angefertigt habe, Furcht vor Gottes Zorn einflößen. Sie sei unschlüssig und frage sich, was sie tun solle. Sie bekomme es aber nicht fertig zu glauben, daß Gott ihr wegen einer solchen kleinen Lappalie zürne.

Ulrika ließ den Senfteig da liegen, wo er lag.

3

Der Unglückliche, den sich die Cholera aussuchte, erkrankte so heftig, daß er fast zu Boden stürzte; auf dem Krankenlager wurde er gleich so schwach, daß er außerstande war, den Kopf zu heben. Er schüttelte sich in Krämpfen und stöhnte andauernd. Einige lagen da und brüllten, bevor sie in die barmherzige Tiefe der Bewußtlosigkeit versanken und still und ruhig wurden; darauf konnte ein ganzer Tag oder eine ganze Nacht vergehen, bevor sie mit dem Tuch bedeckt wurden.

Kristina hatte noch niemals mit angesehen, wenn ein Mensch gestorben war; bei den Todesfällen auf der ›*Charlotta*‹ um sie herum hatte sie selbst zu Bett gelegen, und sie hatte sie nicht zu sehen bekommen. Doch jetzt stieg in ihr eine Erinnerung an die Nacht auf, als sie beinahe verblutet wäre: Ein paarmal hatte sie eine wimmernde Frauenstimme gehört: ›Die armen kleinen Dinger ... Ich will nicht sterben! Ich will nicht sterben!‹ Es war ein schwacher, banger Schrei gewesen, und sie hatte sich gefragt, woher er gekommen war. Es war in derselben Nacht gewesen, als Inga-Lena gestorben war, und hinterher war Kristina klargeworden, wer geschrien hatte.

Und nun saß sie hier mit ihren Kindern um sich herum und dachte: Ich will ihnen nicht wegsterben!

Sie hatte jedoch andere Lebewesen sterben sehen: die Tiere auf der Schlachtbank. Und sie war immer von einem solchen Mitleid mit Tieren, die getötet werden sollten, ergriffen worden, daß sie beim Schlachten nicht hatte dabeisein wollen. Sie war jedoch gezwungen gewesen, dabeizusein, wenn sie keinen anderen gehabt hatten, der das Blut auffangen konnte. Sie sah die Qualen der gestochenen Tiere, sie hörte ihre Schreie und ihr Gebrüll, wie sie geschnürt und festgebunden dalagen, und sah ihr hilfloses Stoßen, solange sie die Kraft hatten, sich zu bewegen. Und sie weinte über die menschliche Grausamkeit gegen die unvernünftigen Tiere, die ihnen nichts Böses getan hatten, und über ihre eigene schwere

Schuld, denn sie fühlte sich mitschuldig, wenn sie an der Schlachtbank stand und das Blut des zerfleischten Tieres in ihrem Kessel auffing.
Und wenn sie hier hörte, wie die Opfer der mörderischen Krankheit stöhnten, dann erinnerte sie sich der Male, wo sie am Schlachten teilgenommen hatte. Nun waren es Menschen, die die Qual erduldeten, und wenn sie zu Ende war, wurden sie eilig in ungeweihte Erde gelegt, als wenn man die Körper eingegangener Tiere in den Weidewäldern vergrübe.
Gott mußte ihr aber helfen. Er war der einzige, an den sie sich wenden konnte. Sie selbst wollte alles tun, was in ihrer Kraft stand, dann würde Gott ihr helfen.
Die Allerjüngste in der Gesellschaft, Danjels Tochter Eva, die noch nicht laufen gelernt hatte, erkrankte eines Morgens schwer.
Das Gesicht des Kindes wurde blau, die kleinen Glieder krampften sich heftig zusammen, und der Körper zog sich zu einem runden Bündel zusammen. Die Arme und Beine der Kleinen fühlten sich an, als hätten sich die Gelenke voneinander gelöst. Sie schrie gellend, und wenn sie nicht laut stöhnte, lag sie da und wimmerte ganz leise. Das Kind konnte seinen Plagen nicht anders Ausdruck geben, aber es genügte denen, die zuhörten. Berührte man den Körper des Mädchens, dann wimmerte sie lauter. Ulrika gab ihr alle Pillen und Tropfen ein, die zur Hand waren, doch sie konnte nichts aufnehmen, weder Flüssigkeiten noch anderes. Der Körper der Kleinen war völlig verkrampft, und niemand konnte sie von diesem Krampf befreien.
Nach einigen Stunden begann das Jammern des Mädchens zu verstummen; sie lag meist da, als wäre sie tief eingeschlummert. Noch waren die Atemzüge zu hören, noch schlug das Herz da drinnen in dem kleinen Korb der Rippen, doch die Brust hob und senkte sich so schnell, daß das Auge kaum folgen konnte. Die letzten Laute der Kranken hörten sich an wie das Piepen eines Vögleins aus dem Strauch.
Gegen Nachmittag verstummte sie.

Eva Maria Emilia, noch nicht einjährig, starb auf Ulrikas Schoß. Und sie wollte die Kleine nicht von sich lassen, als sie aufgehört hatte zu atmen. Ulrika blieb mit dem toten Kind auf dem Schoß sitzen und weinte so, daß ihr Körper sich schüttelte.

Danjel saß daneben, unbeweglich, mit gefalteten Händen. Er weinte nicht, er betete. Gott hatte ihn wiederum heimgesucht, und er sagte hierfür seinen Dank: Er hatte zu sehr an diesem seinem zartesten Kind gehangen, und deswegen hatte Gott es ihm genommen. Und solange er hier auf Erden an einem Wesen in Liebe festhielt, gehörte er dem Herrn nicht ganz und gar. Er hatte die kleine Eva vergöttert, nun war der Götze weg, und er dankte seinem Gott dafür, daß er sie weggenommen hatte.

Danjel war für menschlichen Trost unzugänglich, und er suchte keinen menschlichen Trost. Die in diesem Augenblick die Worte des Trostes brauchte, war Ulrika in Västergöhl, die der zarten Tochter Danjels, die diese Erde verlassen mußte, ehe sie noch gelernt hatte, auf ihr zu laufen, eine gute Pflegemutter gewesen war. Und sie saß mit dem toten Kind auf dem Schoß, bis ein Mann der Deckmannschaft kam und es ihr wegnahm und den Körper in das graue Tuch einhüllte.

Bei Sonnenuntergang läutete die Glocke vom Deck, der Bug wurde dem Ufer zugewendet, und das Schiff legte an einer Landzunge mit einem steilen Felsen an, der in den Fluß hinausragte.

Zwei Männer, jeder mit einer Schaufel in der Hand, stiegen an Land, und der eine von ihnen trug ein kleines Bündel. Aus einem Rohrdickicht am Ufer wurde ein Schwarm junger Enten aufgescheucht, die in der Luft einen Bogen beschrieben und schreiend um die Landzunge kreisten; es waren Brautenten mit einem prächtigen Federkleid in bunten Farben. Und während sich die Dämmerung herabsenkte, gruben die Männer hinter dem Felsen ein Loch. Sie kehrten gleich mit ihren Schaufeln an Bord zurück: Diesmal hatten sie nur eine kleine Grube auszuheben brauchen.

Die Beerdigung der kleinen Eva war überstanden. Und während das Schiff wieder ablegte und die Dämmerung Wasser und Land schnell einhüllte, flog der Schwarm der jungen Enten noch aufgescheucht und schreiend über dem Felsen mit dem frischgegrabenen Kindergrab.

4

Die Gesellschaft war um einen kleiner geworden. Wenn sie von jetzt an miteinander von der mörderischen Krankheit sprachen, wurde ihr Gespräch durch eine Frage gedämpft, die nie ausgesprochen wurde: Wer wird der nächste sein?

Ulrika, die bisher um alle Beschwerden herumgekommen war, begann, über Beinschmerzen und Durchfall zu klagen; sie hoffte, daß es der gewöhnliche Durchfall der Einwanderer sei, der ihr zusetzte. Karl Oskar fragte, ob sie nicht auch den Schröpfschnäpper benutzten und sich etwas Blut abnehmen wolle. Nach dem Blutverlust, den Kristina auf dem Schiff erlitten hatte, brauchte er sie nicht zur Ader zu lassen, und sie fand auch nicht, daß sie die Kinder schröpfen sollten: Die Kleinen seien so blaß, daß sie wohl nicht mehr Blut im Körper hätten, als sie brauchten.

Kristina deutete alles Unwohlsein bei sich selbst und den Kindern als ein Krankheitszeichen. Alle außer Danjel enthielten sich jetzt der ungesunden Schiffskost und fasteten. Und erwachsene Menschen konnten sich der Speise enthalten und schweigen, doch die Kinder schrien nach Essen: Die Kleinen konnten nicht Tag für Tag fasten. Doch vertrugen sie das Essen auch nicht. Kristina sagte: Sie seien gezwungen, für die Kinder frische Nahrung zu beschaffen, wenigstens Milch. Noch hätten sie ja Mittel, um sich dafür etwas zu kaufen.

Das Silber in Karl Oskars Ledergürtel war auf der Reise landeinwärts zusammengeschmolzen, und er hatte nicht ganz hundert Dollar übrig. Die Fahrt von Chikago nach Minnesota kostete mehr als berechnet, und sie hatten für mehr Geld

Essen gekauft, als sie gedacht hatten. Wieviel würden sie noch übrig haben, wenn sie ankamen?
In einer Nacht wurde der kleine Johan von schwerem Erbrechen befallen. Es hörte nicht eher auf, bis ihm die grüne Galle hochkam. Abgesehen von den Leibschmerzen tat ihm nirgends etwas weh, aber Kristina wartete angsterfüllt auf einen Anblick: wie sich seine zarten Glieder in Krämpfen wanden.
Am Morgen legte das Flußschiff an einem besiedelten Platz an, wo Holz für die Feuerung der Dampfmaschine an Bord genommen werden sollte. Der Fluß strömte nun durch waldige Gegenden, und auf beiden Seiten wuchsen dichte Bestände von Nadel- und Laubbäumen. Am Anlegesteg wartete ein Haufen bärtiger und langhaariger Kerle auf das Schiff: Es waren Holzhauer, die das Einladen besorgen sollten. Die Waldarbeiter trugen Revolver und Messer an Gürteln um den Leib und sahen nicht gerade harmlos aus.
Ein Landstreifen längs des Flußufers war völlig gerodet und kahlgeschlagen, und hinter den Reihen hoher Brennholzstöße und gestapelter Stämme erhoben sich Wohnhäuser: Hier wohnten Menschen, hier gab es wohl Essen zu kaufen.
Und Kristina bat Karl Oskar: »Geh an Land! Erkundige dich nach etwas Milch für die Kinder!«
Karl Oskar nahm ihre große Blechkanne und ging an Land. Robert, der sich eine Karte des Landes besorgt hatte, hatte gesagt, daß der Ort eine kleine Stadt sei, aber er sah so aus wie ein einsam gelegenes Bauerndorf. Es waren nicht viele Gebäude da: Auf dem gerodeten Boden dicht am Ufer standen einige Häuser, die vor kurzem aus frischem Holz gebaut worden waren und Dächer aus glänzenden Blechplatten hatten, und weiter weg, nach dem stehengebliebenen Wald zu, sah er einfache Bretterschuppen oder Hütten, nicht größer als Holzbuden – vermutlich wohnten die Holzhauer darin. Alles sah so aus, als ob es eilig zusammengezimmert sei. Eine Straße durch das Dorf war abgesteckt und begonnen, sah jedoch am ehesten wie ein Holzweg aus. Sie war voller Löcher und Haufen aufgeworfener Erde und schlängelte sich zwischen

Stammstapeln und stehengebliebenen Baumstümpfen, die mehr als kniehoch waren, dahin. Karl Oskar hatte diese hohen Stümpfe an vielen Stellen in seinem neuen Land beobachtet: Nach dem, was er sehen konnte, machten die Holzfäller in Amerika nicht den Rücken krumm, sondern fällten ihre Bäume aufrecht stehend. Sie ließen häßliche Stümpfe stehen und aasten mit dem Holz.
Er schaute sich unter den Häusern um und suchte nach einem Kaufmannsladen oder einem Lebensmittelstand. Er hatte sich vorgenommen, nicht mit der leeren Milchkanne zu seinen Kindern zurückzukehren.
Am größten Haus des Ortes war an der Wand, die auf den Fluß zuging, in ellenhohen Buchstaben ein Wort angemalt: *Bank.* Karl Oskar las das Wort sicherheitshalber zweimal: *Bank* – ein Wort aus seiner Muttersprache stand an einem Haus mitten in der amerikanischen Wildmark angemalt! Wie konnte das kommen? Wollte man damit zugewanderten Schweden helfen, die kein Englisch verstanden? Oder war der Besitzer der Bank Schwede? Da konnte er vielleicht zu dem Bankbesitzer hineingehen und erfahren, wo man Milch und Weißbrot kaufen konnte.
Doch die Tür in der Wand mit dem Wort *Bank* war verschlossen. Karl Oskar klopfte an, doch es kam niemand und machte auf. Es war kein Mensch zu sehen, weder im Innern des Hauses noch in der Nähe. Er ging um das Haus herum, und durch ein Fenster auf der anderen Seite erblickte er einige Männer, die an einem Ladentisch aus zusammengezimmerten Holzkisten standen.
Hinter dem Ladentisch waren Regale zu sehen: Dort drinnen sah es aus wie in einem Kaufmannsladen.
Er ging hinein, stellte aber gleich fest, daß er an die verkehrte Stelle gekommen war: Auf dem Ladentisch stand ein großes hölzernes Faß mit Hähnen, aus denen ein junger Mann mit einer großen weißen Schürze um den Leib einen dunkelbraunen Trank einschenkte: Er erkannte den amerikanischen Branntwein. Die Männer an der Theke waren beim Trinken, und die

Regale waren voller Flaschen. Feste Nahrung irgendeiner Art war nicht zu sehen. Er war in eine Schenke gekommen.
Er wollte aber nicht Branntwein kaufen, sondern Milch. Karl Oskar ging wieder hinaus, und in der Tür murmelte er etwas davon, daß er an eine verkehrte Stelle gekommen sei. Er grämte sich darüber, daß er nicht einmal fragen konnte, wo er für seine Kinder frisches Essen und Trinken erstehen könne: Es war zu erbärmlich: Hier bewegte er sich selbst wie ein kleines Kind, das noch nicht richtig sprechen gelernt hatte, das nicht nach Nahrung fragen konnte, das nicht sagen konnte, wenn es Hunger oder Durst hatte.
Die wenigen Worte, die Karl Oskar in seiner Muttersprache murmelte, als er hinausging, hatten jedoch eine unerwartete Wirkung.
Einer der Männer, die am Schanktisch gestanden hatten, kam hinter ihm aus der Tür. Er war noch nicht weit gekommen, als er schon durch einen Ruf angehalten wurde: »Hallo! Bist du Schwede?«
Karl Oskar drehte sich schnell um. Zuerst war er so verdutzt, daß er den anderen nur anstarrte. Die schwedischen Worte überrumpelten ihn.
Es waren ja viele Schweden vor ihm hier hergegangen. Doch zum erstenmal in Nordamerika war er von einem Fremden in seiner Muttersprache angeredet worden.
»Du bist ein schwedischer Mann, I guess . . .«
Der Mann, der ihm nachgegangen war und den er drinnen in der Schenke gesehen hatte, war in seinem eigenen Alter und ebenso groß wie er, hager, hatte große Hände und lange Füße und hatte ein rotgestreiftes wollenes Hemd und ein Paar stark abgenutzte Lederhosen an, die durch einen breiten, schön verzierten Lederriemen gehalten wurden. Ein breitkrempiger Strohhut saß ihm weit im Genick. Seine Wangen standen heraus, als wären sie durch Zahnschmerzen oder Ziegenpeter geschwollen, aber die Lippen und das Kinn, die beide von fließendem Tabakssaft braungefleckt waren, ließen erkennen, daß sie durch Tabakprieme gedehnt waren, die im Munde ver-

wahrt wurden. Karl Oskar hatte viele Amerikaner in ähnlichem Aufzug gesehen, hager und groß und mit aufgedunsenen Wangen. Der Fremde sah nicht aus wie einer von zu Hause, sondern glich mehr einem Amerikaner.

Doch der Mann fuhr fort: »Ich bin dein countryman, you see!«

»Seid Ihr von zu Hause gekommen?«

Karl Oskar zweifelte noch.

»Yes. I guess so! Hörst du nicht, daß ich die schwedische Sprache sprechen kann?«

Der Fremde gebrauchte nicht ganz dieselbe Sprache wie er selbst, aber er hatte wohl einiges von der Sprache vergessen. Und Karl Oskars Gesicht erhellte sich vor Freude: Er hatte das Glück gehabt, einen Menschen zu treffen, mit dem er sprechen konnte.

Er zeigte auf das Schild an der Hauswand: »Sei Ihr der Schwede, dem die Bank gehört?«

Der andere lachte: »No, I'm sorry. Die Bank hat Mister Stone. Ich heiße Larsson. Ich bin fünf Jahre ago aus Schweden gekommen.«

Karl Oskar hörte sich die Sprache des Mannes genauer an: Er mußte Schwede sein.

Der Fremde blinzelte ihn mit kleinen, freundlichen braunen Augen an, die tief unter der Stirn lagen. Er lächelte und zeigte zwei Reihen gelbgrauer Zähne, die lang und spitz waren und Lücken aufwiesen: »Was kann ich für dich tun, Landsmann? Du bist mit dem Steamboot gekommen?«

Karl Oskar erzählte von der schwedischen Gesellschaft auf dem Flußschiff. Vorsichtigerweise erwähnte er nichts von der Cholera an Bord, sondern gab nur an, warum er an Land gekommen sei: »Ich will für unsere Kinder etwas zu essen kaufen. Sie vertragen die Kost auf dem Schiff nicht.«

»I see. Ich kann dir eine Stelle zeigen.«

»Einen Kaufmannsladen?«

»Ganz richtig, ein store.«

»Gibt es dort Milch und Brot?«

»So viel, wie deine Kinder essen können. Komm mit, ich will dir zeigen! Wenn du kein Geld hast, bekommst du das Essen umsonst!«

»Ich kann für mich bezahlen.«

Karl Oskar lag daran, den andern wissen zu lassen, daß er nichts annehmen wollte, ohne zu bezahlen. Er war kein Bettler: Zu Hause war er Bauer gewesen, sein ganzes Leben lang war er seinen Verpflichtungen nachgekommen, und das gedachte er in Amerika auch zu tun.

»Hier ist es aber schwer für einen Neusettler«, sagte der Schwede mit dem freundlichen Blick, der sich Larsson genannt hatte. »Wir, die wir aus Schweden emigrated sind, müssen zusammenhalten und einander helfen.«

Gerade jetzt brauchte Karl Oskar einen Menschen, der ihm helfen konnte. Und endlich einmal hatte er Glück.

»Komm mit! Ich habe hier nebenan einen Wagen.«

Sie gingen zusammen auf die Rückseite des Hauses mit der Bank und der Schenke, und dort stand ein Pferd, das vor einen kleinen zweirädrigen Karren gespannt war. Der leichte Wagen hatte einen Sitz für zwei Fahrgäste und den Kutschbock hinter dem Sitz; er sah so aus wie die Fuhrwerke, die sie daheim in Småland Kaffeebrenner nannten. Der Schwede Larsson band das angebundene Pferd los und lud Karl Oskar ein, sich vorn hinzusetzen, während er selbst auf dem Kutschbock Platz nahm.

»Ist es weit?«

»No. Fünf Minuten.«

»Ich darf nicht zu spät zum Schiff kommen.«

»Das Steamboot nimmt mehrere Stunden lang Ladung ein«, erklärte der Fremde. »Du hast plenty of Zeit, bevor du abfährst.«

Der neue Bekannte duzte Karl Oskar immer weiter, dem es selbst schwerfiel, zu einem Mann, den er gerade getroffen hatte, du zu sagen.

Das Fuhrwerk fuhr auf den löcherigen Weg hinaus. Das Zugtier war ein kräftiges schwarzes Jungpferd, ungestriegelt und zottig, mit angetrocknetem Mist an den Flanken und Keulen und einem langen, wehenden Schweif. Karl Oskar wollte wissen, ob es ein junges Tier sei, und der Befragte bestätigte es: »Das horse ist vor kurzem gezähmt worden. Es muß mit fester Hand gelenkt werden.«

Der leichte Wagen sprang und rüttelte auf dem elenden Weg, obwohl der Kutscher Schritt fuhr. Sie ließen die Häuser am Flußufer zurück, der Weg bog landeinwärts ab, und sie fuhren an den kleinen einfachen Holzhütten vorbei, die äußerlich wie Brennholzschuppen aussahen. Auf beiden Seiten lagen Stapel von Stämmen, die Löcher auf dem Weg wurden immer tiefer und die Baumstümpfe an den Seiten immer höher. Und als das Fuhrwerk an dem letzten Schuppen vorbeigefahren war, lag der Kiefernwald einige hundert Schritt entfernt vor ihnen.

»Liegt der Laden im Wald?« fragte Karl Oskar zweifelnd.

»Gerade am Rande«, erwiderte sein Landsmann. »Nur drei Minuten weit.« Doch als Karl Oskar sah, wo das Fuhrwerk hinfuhr, begann sein Mißtrauen zu erwachen: Sollte ein Kaufmannsladen in dem unberührten Wald liegen und nicht unter den anderen Häusern vorn am Flußufer?

Was wußte er von dem fremden Kerl, der ihn zum Mitfahren eingeladen hatte? Landberg, ihr ehrlicher Dolmetscher, hatte sie besonders vor ihren eigenen Landsleuten gewarnt, die den Einfältigen am leichtesten reinlegten, weil die dieselbe Sprache sprachen: Vertraue dich nicht dem ersten Fremden an, der deine Sprache spricht! Er hatte sich aber gleich einem Mann anvertraut, den er eben zum erstenmal getroffen hatte, und sich mit auf sein Fuhrwerk gesetzt. Und er hatte in der Eile gesagt, daß er Geld bei sich trage: In dem Schafledergürtel, den er unmittelbar auf dem Leib trug, bewahrte er alles auf, was sie noch an Barmitteln besaßen.

Ein Räuber beging sein Verbrechen nicht in der Nähe von Häusern. Doch bald würden sie im Walde sein, außer Sichtweite anderer Menschen. Da drinnen im Wald würde Karl Oskar mit dem Fremden allein sein.

Er schielte auf den Unbekannten da schräg hinter sich auf dem Kutschbock: Er trug keine Waffen offen. Hier in Amerika trugen viele Männer Büchsen, Pistolen, Revolver und Messer, und Karl Oskar hätte sich sicherer gefühlt, wenn der andere offen eine Waffe gezeigt hätte: Nun konnte niemand wissen, was er im Verborgenen bereithielt. Er selbst hatte nur ein rostiges Scheidenmesser am Hosenboden.
Karl Oskar rutschte auf dem Sitz hin und her und warf spähende Blicke um sich: Es wäre vielleicht am klügsten, von dem Wagen abzuspringen, während er sich noch in Sichtweite der Häuser am Fluß befand.
Die Räder des Karrens rollten, der Fuhrmann zog die Leine an und spritzte ganz ruhig Tabakssaft aus dem Mund in die Radspuren: »Wo willst du dich niederlassen, Landsmann?«
»In Minnesota, hatte ich gedacht.«
»Kenne das Land nicht. Aber wenn du hierbleibst, kannst du zwei Dollar täglich mit Holzfällen verdienen.«
Der Schwede Larsson fuhr fort und schaute ebenso freundlich wie bisher drein: Er habe vielen Landsleuten zu Arbeit verholfen. Doch sei nicht allen Schweden zu trauen. Er sei von schwedischen Gaunern betrogen und geplündert worden, als er gerade ins Land gekommen sei. Und er wolle Karl Oskar als guter Freund sagen: Hier solle er nicht gutgläubig sein. Hier solle er sich in acht nehmen.
Karl Oskar fühlte sich ertappt: Es war, als hätte sein neuer Bekannter seine Gedanken erraten.
Larsson machte dasselbe gutmütige Gesicht und lächelte und plauderte die ganze Zeit über ebenso wohlwollend. Nach dem, was man sehen und hören konnte, war er ein harmloser Kerl. Und weshalb sollte man vermuten, daß er ein Bandit sei? Nichts deutete darauf hin, daß er gegen ihn Böses im Schilde führte. Und er konnte doch nichts Schlechtes von einem Fremden halten, bloß, weil dieser ihm helfen wollte? Er begann, sich wegen seines Argwohns zu schämen. Er war doch um seiner Kinder willen unterwegs, um ihnen Essen zu beschaffen, das ihnen zum Leben helfen konnte. Und dann

schreckte er zurück und wurde ängstlich, sobald er einen hilfsbereiten Mann aus der Heimat traf. So kleinmütig pflegte er nicht zu sein. Wie hatte doch sein Vater immer gesagt? Wenn du dich selbst nicht fürchtest, gibt es nichts Gefährliches in der ganzen Welt. Er wagte es doch, mit einem anderen Mann allein ein kleines Stück in einen Wald hineinzufahren. Karl Oskar saß weiter auf dem Wagen.

Sie waren an einen schäumenden Bach gekommen und wollten über eine neugelegte Bretterbrücke fahren, als der Fuhrmann das Pferd zum Stehen brachte: An der Brücke stand ein Mann, der die eine Hand hochhob und etwas rief. Karl Oskars Landsmann begrüßte ihn mit einem breiten Lächeln und einer Flut von englischen Worten: Der Mann durfte mitfahren, und er setzte sich auf den Sitz neben Karl Oskar.

»Max ist ein amerikanischer Freund von meinen! Er kommt gerade, um mich zu visiten!« sagte Larsson und zeigte seine vereinzelten, spitzen Zähne.

Der Karren fuhr weiter über den Bach mit drei Mann darin, zwei auf dem Vordersitz und einem auf dem Kutschbock.

Der Neuhinzugekommene war ein untersetzter Mann mit einem rundlichen Gesicht und schwarzem gekraustem Haar. Er sprach immerfort englisch, und er lächelte seinen unbekannten Nachbarn auf dem Sitz über das ganze Gesicht an, als hätte er in Karl Oskar nach langer Trennung einen lieben Angehörigen getroffen. Und Karl Oskar erkannte auch den Mann wieder, der aufgestiegen war und sich neben ihn gesetzt hatte. Er hatte ihn eben noch in der Schenke gesehen – zusammen mit dem schwedischen Fuhrmann!

Der Amerikaner auf dem Vordersitz und der Schwede auf dem Kutschbock knufften sich aber in den Rücken und benahmen sich zueinander wie zwei gute Freunde, die sich nach langer Trennung durch einen glücklichen Zufall getroffen haben: Man brauchte kein Englisch zu können, um zu verstehen, wie sie sich darüber freuten, einander zu sehen. Und doch hatten sie vor zehn Minuten Seite an Seite an der Theke der Schenke gestanden!

Sie hielten jedoch Karl Oskar für dümmer, als er war. Nun wußte er es also ganz sicher: Er fuhr hier auf dem Wagen mit zwei Räubern.

Sein Landsmann war hinausgegangen, um ihn mit auf den Wagen zu bekommen, und der andere war vorausgegangen und hatte an der Brücke gewartet. Es waren jetzt zwei Männer um ihn, da saß ein Mann an seiner Seite und ein anderer hinter ihm. Und der Wagen rollte mit ihnen dahin, und bis zum Waldrand, wo der Weg zwischen hohen, dichtstehenden Bäumen hineinführte, war es nur noch ein paar Steinwürfe weit. In zwei bis drei Minuten würde der Wagen in den Wald gekommen sein, wo er mit zwei Gewalttätern allein sein würde.

Unmittelbar auf dem Leib trug er Tag und Nacht, im Schlafen und im Wachen, den Gürtel. Ohne ihn waren er und seine Familie hier im Lande mittellos. Er ließ ihn sich von niemand rauben, solange in seinem Körper noch Leben war. Er war in eine schlaue Falle geraten. Er hatte sich vorgaukeln lassen, daß im Innern des wilden Waldes eine Stelle liege, wo er Brot und Milch kaufen könnte. Er war mitgefahren wie ein frommes Schlachttier. Nun wollte er sich keinen unnötigen Pferdeschritt mehr mitnehmen lassen.

Sie hatten die Häuser hinter sich gelassen, und keine Menschen waren zu sehen: Er war gezwungen, eine List zu gebrauchen. Er wollte wegen eines dringenden Geschäftes absteigen, er wollte den Polizeikommissar fahren, wie die Bauern zu Hause, die die Landpolizei haßten, sagten, wenn sie hinter einen Busch gehen und die Hosen herunterlassen wollten.

Es wäre jedoch nicht klug gewesen, jetzt das Wort Polizeikommissar zu nennen. Er wollte sich ruhig benehmen.

Karl Oskar wandte sich gemächlich zu dem Landsmann auf dem Kutschbock um: »Wollt Ihr einen Augenblick anhalten, Larsson? Ich muß mal absteigen und mich erleichtern.«

Und er fügte erklärend hinzu: Er habe sein Bedürfnis nicht da drüben in der Nähe der Häuser verrichten wollen. Aber hier vor ihnen liege ja nun eine kleine Anhöhe, hinter die er kriechen könne.

»All right! Brrr! Brrr!«
Der Schwede, der sich Larsson genannt hatte, spuckte einmal und hielt sein Pferd an. Der Wagen stand still. Rechts von ihm lag die kleine Anhöhe und auf der linken Seite ein großer Stapel Stämme. Karl Oskar saß links und sprang von seiner Seite hinab.
Der Fuhrmann glaubte, daß Karl Oskar es nötig habe, die Hosen herunterzulassen, und ließ ihn vom Wagen absteigen. Er blieb jedoch nur einige Augenblicke lang in seiner Arglosigkeit. Beim Absteigen verließ Karl Oskar die Ruhe; er hatte es zu eilig, als er auf die Erde hinabsprang. Er sah, wie die beiden Männer auf dem Wagen einen Blick tauschten, der nicht verkehrt gedeutet werden konnte: Seine List war durchschaut.
Sein Landsmann erhob sich auf dem Kutschbock und sah sich schnell um. Die Anhöhe verdeckte die Aussicht von den Häusern her. Und das gutmütige Aussehen des hilfsbereiten Schweden verschwand. Er bleckte seine gelbgrauen spitzen Zähne in einem spöttischen und höhnischen Grinsen Karl Oskar entgegen: »Mir scheint, du machst dir beinahe schon in die Hosen. Es ist am besten, ich helfe dir beim Aufknöpfen.«
Karl Oskar stand einige Augenblicke lang noch unschlüssig am Wegrand mit seiner Milchkanne in der Hand. Wo nun sein Vorwand durchschaut war, konnte er sich nicht hinter die Anhöhe verziehen und fortschleichen, wie er es beabsichtigt hatte. Jetzt würden sie ihn nicht fortlassen; kein Mensch war in Sichtweite, niemand sah, was hier hinter der Anhöhe geschah.
Der Stammstapel nebenan war aus dickem Rundholz von Kiefern angelegt. Der Stamm, der dem Wagen zunächst lag, ragte mit seinem dicken Ende ein paar Fuß aus den übrigen Stämmen des Stapels heraus, ganz nahe am Hinterteil des Pferdes. Und sobald Karl Oskar ihn sah, bekam er eine Eingebung: Das Pferd und der Stamm sollten ihn retten. Das Pferd war ein gerade gezähmtes, feuriges Jungtier; wenn er nicht von den beiden Räubern fortkommen konnte, dann sollte statt dessen das Pferd mit ihnen fortrennen.

Der Fuhrmann sagte seinem Kameraden etwas auf englisch und gab ihm die Zügel, und er hatte immer noch sein spöttisches Grinsen im Gesicht, als er sich Karl Oskar zudrehte: »Du kannst da stehenbleiben und in die Kanne machen, die du hast! Steh still, countryman! Ich komme herunter und helfe dir!«
Doch in dem Augenblick, bevor er vom Wagen herabspringen wollte, kam ihm Karl Oskar zuvor: Er machte einen Sprung gegen den Stammstapel und gab dem dicken Ende des herausragenden Stammes einen Fußtritt – mit dem schweren, eisenbeschlagenen Absatz seines Stiefels trat er so kräftig zu, wie er es mit seinem ganzen Körpergewicht nur konnte.
Der Stapel begann einzustürzen. Das dünne Ende des Stammes schlug nach oben und traf das junge Pferd am Maul. Die Augen des schwarzen Pferdes fingen an zu blitzen; es stieß einen lauten Schrei aus, machte ein paar hohe Sprünge mit allen vieren und ging durch. Im Handumdrehen riß das Tier den kleinen Karren mit sich, von den herunterprasselnden Stämmen fort.
Der Wagen war fort, und Karl Oskar stand noch auf dem Weg und sah, wie es mit ihm in rasendem Galopp auf den Wald zuging: Zwei Männer lagen auf dem Bauch über dem Vordersitz und versuchten, sich anzuklammern, und solange er sie sah, gelang es ihnen, sich bei den wilden Bewegungen festzuhalten. Der Fußtritt war stark genug gewesen: An den Stiefeln von zu Hause saßen gute eiserne Nägel.
Doch in seiner Spannung vergaß er den Stammstapel, den er mit seinem Absatz in Bewegung gesetzt hatte. Er stürzte hinter seinem Rücken weiter zusammen, und ein herunterrollender Stamm schlug so heftig gegen seinen Unterschenkel, daß er der Länge nach vornüber auf die Erde fiel.
Er stürzte über einen Baumstumpf am Rande des Weges. Im Fallen hatte er ein Gefühl, als hätte man ihm die Klinge eines Messers in den Brustkorb gestoßen. Und er hörte sich selbst einen Schrei ausstoßen: Es tat höllisch weh, und vor seinen Augen sprühte ein dichter Kranz von heißen Funken auf.

Er erhob sich nach einer kurzen Weile wieder, biß die Zähne zusammen und verbiß sich den Schmerz. Er sah jetzt, daß er vornüber über einen mit der Axt gehauenen Baumstumpf gefallen war, auf dem noch Kanten abgebrochenen scharfen Holzes saßen, die wie die Schneide eines Messers hindurchgingen. Er zog einen Splitter heraus, der durch sein Hemd und die Haut in die Brust gedrungen war, und es sickerte Blut hinterher. Und sein linker Unterschenkel tat weh und fühlte sich steif und empfindungslos an. Ein schrecklicher Verdacht stieg in ihm hoch: Ob der Stamm ihm das Bein gebrochen hatte?

Er konnte jedoch darauf gehen, wenn auch hinkend. Er hatte sich wohl eine Sehne gezerrt.

Er bewegte das Bein langsam und versuchte zu laufen. Ein Stück von ihm entfernt lag die Milchkanne, die er verloren hatte, als er über den Baumstumpf fiel. Er nahm die Kanne auf und begann den löcherigen Holzweg zurückzugehen. Er konnte den Fuß benutzten, doch es tat bei jedem Schritt weh.

Er schaute nicht mehr zum Waldrand nach dem durchgehenden Wagen und den beiden unbekannten Männern; er kümmerte sich nicht mehr um den Landsmann, der ihm hatte zeigen wollen, wo er so viel Milch und Brot bekommen könnte, wie seine Kinder verzehren konnten. Er hatte es eilig, zurückzukommen, zurück zu den Häusern und dem Schiff und den Seinen auf dem Schiff. Er humpelte den Weg auf seinem schmerzenden Bein zurück; es ging langsam, gemächlich und geduldig. Der Rückweg nahm lange Zeit in Anspruch. Noch brannten ihm nach dem Fall kleine Funken vor den Augen, doch sein Kopf war klar, und sein Bein war so gut, daß es helfen konnte, ihn zurückzutragen.

Das Schiff lag noch da und nahm an der Anlegestelle Brennholz ein. Ein Passagier, der an Land gewesen war, um Milch und Brot zu kaufen, kehrte, auf dem linken Bein hinkend, zurück.

5

Karl Oskar war auf dem Wege zum Unterdeck; er ging langsam, um nicht zu zeigen, daß er hinkte. Klein-Märta kam ihm entgegengerannt und rief erfreut: »Jetzt kommt Vater mit Milch!«

Er trug die Milchkanne bei der Rückkehr genau so in der Hand wie beim Fortgehen. Kristina und Johan kamen, gleichfalls sehr erwartungsvoll, eilends herbei.

»Vater hat Milch für uns! Seht mal!«

Karl Oskar stand stumm und verlegen mit der leeren Kanne da.

»Du hast sehr lange gemacht«, sagte Kristina.

Er ließ die Hand mit der Milchkanne sinken: Jetzt konnten sie selbst sehen, er brauchte nichts zu sagen.

»Wir haben auf dich gewartet . . .«

Kristina hielt inne und schaute in die Kanne.

»Du hast ja nichts . . .?«

»Nicht einen einzigen Tropfen.«

»Nicht einen Tropfen?«

»Nein. Auch kein Brot.«

Kristinas Unterlippe sank, zitternd vor Enttäuschung, herab.

»Du hast kein Glück gehabt!«

»Nein. Dieses Mal hatte ich – kein Glück . . .«

Johan war dicht an den Vater herangerannt. Der Junge zeigte auf seine Brust und rief: »Vater blutet!«

»Was sagst du da, Junge?« entfuhr es Kristina.

»Sieh doch! Vater blutet!«

Karl Oskars Hemd war aus rotgestreiftem Stoff, auf dem man Blut beim ersten Blick kaum sah. Doch Kristina fuhr mit der Hand über seine Brust und bekam klebrige Finger: »Gott im Himmel! Es blutet! Hast du dir was getan?«

»Ich bin über einen Baumstumpf gefallen.«

»Hast du dich verletzt . . .?«

»Mir ist bloß ein Splitter reingegangen. Es ist nichts Gefährliches.«

»Da siehst du, Mutter!« sagte Johan wie jemand, der sich eines Sieges freut, den er errungen hat. »Vater blutet!«
»Es blutet nur etwas!« beschwichtigte Karl Oskar. »Die Wunde kommt von einem kleinen Splitter.«
»Ich werde sie verbinden!« Kristina hatte es plötzlich eilig. »Leg dich hin!«
Karl Oskar setzte sich auf ihr gemeinsames Lager und machte den Oberkörper frei.
Klein-Märta lief hinter ihm her: »Ich will die Milch haben, die Mutter versprochen hat.«
»Gedulde dich!« verwies sie die Mutter. »Ich will Vater verbinden.«
»Du hast uns doch aber Milch versprochen, Mutter . . .?« beharrte das Kind.
»Vater ist hingefallen. Macht, daß ihr fortkommt, Kinder!«
»Hat Vater die Milch vergossen, als er hinfiel?« fragte Johan.
»Hat Vater alles vergossen?« wollte das Mädchen wissen.
Kristina nahm die beiden Kinder und ging mit ihnen zu der Koje Roberts: Er mußte sie warten, während sie die Verletzung Karl Oskars versorgte. Johan hatte sich im Laufe des Tages wieder erholt; glücklicherweise machte es den Eindruck, als habe er das Krankheitsgift ausgebrochen. Doch als der Sohn genas, verletzte sich der Vater statt dessen.
Dicht unter Karl Oskars rechter Brustwarze blutete es wie aus einer Stichwunde. Das Blut fing schon an zu gerinnen. Die ganze linke Brustseite tat weh, und es schmerzte, wenn er Atem holte. Vielleicht war eine Rippe gebrochen.
»Wie ist denn das gekommen?« Kristina wollte es wissen.
»Da habe ich einen Holzsplitter hineinbekommen, als ich auf den Stumpf fiel. Wenn es das Unglück will, dann . . .«
Karl Oskar hatte nicht gelogen: Er hatte sich die Verletzung bei dem Fall auf den Baumstumpf zugezogen. Er wußte aber noch nicht, wieviel mehr er ihr von der Wahrheit sagen sollte.
Kristina war, nachdem sie ihre Krankheit überstanden hatte, wieder zu Kräften gekommen; sie fühlte sich aber matt und schlaff, als sie die Blutgerinnsel sah, die sich wie festgebissene

Blutegel auf der Brust des Mannes ringelten. Doch als sie als Mädchen bei Berta in Idemo wegen ihres schlimmen Knies gepflegt wurde, hatte sie selbst lernen müssen, Wunden zu behandeln. Und nun machte sie einen Leinenlappen mit Kampferbranntwein naß und wusch die Wunde sauber. Darauf legte sie ein heilendes Pflaster darauf, mit dem Jonas Petter ankam. Dann riß sie eine ihrer alten entzweigegangenen Leinenjacken in Streifen und machte aus ihnen einen Verband, den sie Karl Oskar um die Brust band. Sie zog ihn so fest an, wie sie konnte: Berta in Idemo hatte gesagt, daß Binden um blutende Wunden ebenso fest gebunden werden müßten, als wären sie von zwei Pferden angezogen: Auf diese Weise werde das Blut gestillt. Sie hatte aber wohl nicht die Kraft eines halben Pferdes.

»Ich wechsele die Lappen, wenn es durchblutet«, sagte Kristina.

Karl Oskar lag ausgestreckt auf dem Lager mit zwei Verbänden um seinen Körper, einem aus Leder und einem aus Leinen, mit dem Gürtel um den Leib und der Leinenbinde um die Brust. Er hatte den zweiten bekommen, weil er den ersten behalten wollte: Was er und seine Lieben hatten, um in der Welt davon zu leben, war noch unangetastet um seinen Leib. Doch wie nahe daran war es gewesen – er war mit einem fremden Mann auf einem Wagen mitgefahren, und das hatte genügt, um das Wohlergehen der Seinen und sein eigenes Leben aufs Spiel zu setzen. Wer hätte sich jedoch geweigert mitzukommen, wo der Fremde sich erboten hatte, so viel frisches Essen und Trinken zu besorgen, wie seine Kinder verzehren könnten?

Kristina saß da und sann nach: »Sag mal, Karl Oskar, wie konntest du denn so unglücklich hinfallen? Du stehst doch immer fest auf den Beinen?«

»Wenn es das Unglück will, kann man auf dem ebenen Fußboden hinfallen.«

»Man muß sich vorsehen, wo man hier in Amerika hintritt. An gefährlichen Stellen sind ja Inschriften angebracht.«

»An dieser Stelle gab es kein Plakat«, sagte Karl Oskar.
Er erkannte jetzt durchaus die vier Worte, die er auf der Reise an mehreren Stellen gesehen hatte: *Danger. Watch your step.* Und er dachte: Diese Worte sollten nicht nur an Pfählen und Stangen hier unten auf der Erde angemalt sein. Sie müßten in großen feurigen Buchstaben quer über den ganzen Himmel in Nordamerika geschrieben werden und aus der Höhe über das ganze Land leuchten zur Warnung für Einwanderer.
»Du hast kein Glück mehr«, meinte Kristina. »Du hast kein Glück mit deiner großen Nase so wie zu Hause.«
Vater lag da und blutete, und die Kinder bekamen keine Milch und auch kein anderes frisches Essen. Und sie sollten noch einmal vierundzwanzig Stunden auf diesem verseuchten Schiff mit der ungesunden Kost fahren. Doch blutige Wunden und gebrochene Knochen gehören nicht zu den großen Unglücksfällen, bei denen nicht zu helfen ist – durch sie wird nicht eine ganze Familie unwiderruflich ins Verderben gestürzt.
Vater war hingefallen und hatte sich eine Sehne gezerrt und hatte einen Splitter in die Brust bekommen. Doch später, wenn sie alle Gefahren der Reise überstanden hatten, wollte Karl Oskar Kristina die ganze Wahrheit offenbaren. Er wollte ihr erzählen, wie nahe daran es einmal gewesen war, daß sie die Fahrt allein hätte fortsetzen und sich das neue Heim als mittellose und schutzlose Witwe mit drei vaterlosen Kindern hätte suchen müssen.
Es dauerte nicht lange, und die Leinenstreifen um die Brust des Verletzten fingen an, sich rot zu färben.
»Du wirst doch hoffentlich nicht verbluten, Karl Oskar?« Kristinas Stimme zitterte.
»Ach wo!« Er lächelte ermunternd. »Es tropft ja nur ein bißchen.«
»Der Verband ist ja ganz durchgeweicht.«
»Es läuft mir etwas aus der Warze – wie die Milch bei einer Frau. Das hört aber bestimmt auf.«
Ihm lag daran, Kristina zu beruhigen: Diese kleine unbedeu-

tende Wunde werde bald heilen; bei ihm sei bisher alles schnell verheilt. Und er sei gesund und könne es sich durchaus leisten, einen halben Liter Blut zu verlieren: Das wirke nur gut gegen die Cholera – er habe sich ja ohnehin etwas mit dem Schröpfschnäpper abzapfen wollen. Es sei also nur gut, daß die Blutung gekommen sei – nun brauche er sich nicht selbst zu stechen! Etwas anderes sei es mit einer Frau namens Kristina eines Nachts draußen auf dem Meere gewesen, als das Blut ihr aus beiden Nasenlöchern geströmt sei. Damals seien ihr wohl ein paar Liter abgezapft worden. Da sei es ums Leben gegangen und nichts anderes als das Leben. Das sei die schrecklichste Nacht gewesen, die er hier auf Erden erlebt habe.

Kristinas Blick wurde warm: »Du bist damals gut zu mir gewesen, Karl Oskar! Wenn du nicht den Kapitän geholt hättest, wäre ich heute nicht mehr am Leben.«

Damals hatte er sie betreut, heute verband und betreute sie ihn. Damals versuchte er, ihre Blutung zum Stehen zu bringen, jetzt versuchte sie, ihm das Blut zu stillen. Das Blut war das eigentliche Leben des Menschen, mit dem Blut rann das Leben aus ihm fort, und Karl Oskar und Kristina waren jeder um das Leben des anderen besorgt. Zwischen ihnen war es so, wie es wohl zwischen Eheleuten sein sollte: Sie waren vereint, um die Mühsal des Lebens einander zu erleichtern und gegenseitig die Wunden und Verletzungen zu heilen; sie waren ein Paar Menschen, das vor Gott das Gelübde abgelegt hatte, daß sie in allen Lebenslagen, solange dieses Leben währte, einander liebhaben wollten.

Das letzte Schiff

The boatman is a lucky man.
No one can do as the boatman can.
The boatmen dance and the boatmen sing.
The boatman is up to everything.
(Alter Decksgesang vom Mississippi)

Das Schiff:
Die ›*Red Wing*‹ aus St. Louis, Kapitän Berger, Clerk Green, war ein fast neuer Raddampfer, der seine Fahrten auf dem Mississippi vor zwei Jahren begonnen hatte. Das Dampfschiff hatte doppelte Treibräder und Dampfmaschinen, eine Länge von hundertsiebenundvierzig Fuß, eine Breite von vierundzwanzig Fuß, und seine Ladefähigkeit war hundertneunzig Tonnen. Am Bug erhoben sich zwei hohe, schlanke Schornsteine dicht nebeneinander wie zwei stolze Zwillingssäulen. Die ›*Red Wing*‹ lag auf dem Wasser wie ein schwimmendes Haus, länglich und gefällig, neugebaut und frisch in Weiß angestrichen. Auf jeder Seite des Bugs war ein gewaltiger Flügel angemalt, der sich mit seinen blutroten Federn ausbreitete: Das Schiff trug den Namen eines weitberühmten Indianerhäuptlings, und der Pflug der Treibräder schnitt durch Wasser, wo Krieger seines Stammes noch ihre einfachen Fahrzeuge vorwärtspaddelten.
Neue Dampfschiffe kamen mit neuen Lauten. Auf dem Deck der ›*Red Wing*‹ läutete keine Glocke – statt dessen ertönte das Heulen einer Dampfpfeife durch das Flußtal, das die Tanz- und Kriegsschreie der Indianer übertönte. Die Dampfpfeife kam als Fremdling und Einwanderer in diese Gegenden, wo die Laute der Elemente und der Lebewesen bisher allein über Land und Wasser geherrscht hatten.
Die Ströme waren die Wege der Einwanderer landeinwärts, und dieses war die größte und breiteste Wasserstraße. Die

Rinne des Mississippi pflügten die Räder von achthundert Dampfschiffen. Eine Flotte von achthundert Fahrzeugen, die mit Dampfkraft getrieben waren, brachten die Scharen der Einwanderer nach Norden zu neuem und unberührtem Land. Und eines der Schiffe dieser Flotte auf dem Flußwasser war die ›*Red Wing*‹ aus St. Louis, die vollbesetzt mit Passagieren und mit den roten Adlerfedern ihres Namensgebers, des Indianerhäuptlings, am Bug den Mississippi hinauffuhr.

Der Strom:
Breit und mächtig streckte sich der Vater der Wasser auf seinem weichen Bett aus und bahnte sich mit den starken Muskeln seiner Strömungen ungezügelt den Weg. Der Ursprung aller Wasser war wie ein beweglicher, dahinfließender See mit Ufern nur auf zwei Seiten, ein See, der dauernd abläuft und abgezapft und gesenkt wird und steigt, der jedoch nie und nimmer geleert wird. Von den Moränen Minnesotas im Norden bis zu den Deichen Louisianas im Süden netzte der Strom seine Ufer bei Hochwasser und ließ sie bei Niedrigwasser wieder trocken werden; es waren meist niedrige, flache Ufer, aber auch hohe und felsige, es waren kahle Ufer und grasbewachsene, es waren Sandsteinhügel und Sandsteinbänke, es waren Ufer mit Schlingpflanzen und Baumwollsträuchern und Ufer mit Riesenbäumen, die mit den Löwenmähnen ihrer dichtbelaubten Kronen das Wasser beschatteten. Groß und abwechslungsreich bot sich das Reich des Stromes dar: Einmal lag das Land in Wellen da wie ein Meer, das in Stürmen erstarrt war, als die Wogen hoch gegangen waren, einmal war es von einem zusammenhängenden und verfilzten Geranke von Sträuchern und Buschwald überzogen, einem einzigen gewaltigen Geschling von Dornsträuchern, Weiden, Salweiden, Silberweiden, Brombeersträuchern, stachligen Pflanzen, Weinstöcken und Zedern, einmal leuchteten die Blumen hoch wie Altarkerzen auf den sumpfigen Uferwiesen, wo die Schwärme der Watvögel nisteten, und ein andermal stiegen auf beiden Seiten Berge und Felsen auf und errichteten dem Strom hohe,

dunkle Ehrenpforten, durch die er wie ein stolzer Herrscher brausend einzog. Und Bäume und Sträucher wuchsen nicht nur auf dem Lande, sondern auch unten in der Tiefe. Der Strom ruhte auf einem Uferbett voller Wurzelgestrüpp. Wenn die Bäume umgeworfen wurden, fielen sie ins Wasser, und sie lagen da mit entrindeten nackten Ästen, die wie Finger über dem Strom auseinanderragten, wie Ertrinkende, die ihre Hände haltsuchend in die Höhe streckten. Die Wellen von der Flotte der Dampfschiffe überspülten die Baumskelette an den Ufern und beschleunigten ihr Verfaulen. Und Bäume, die am Lande entwurzelt waren, schwammen in die Strömung hinaus, die sie mit auf die Reise nahm: In Wirbeln und Krümmungen sich drehend und wälzend trieben die Stämme umher, verhakten sich ineinander und verflochten ihre Äste, als suchten sie auf ihrer ungewissen Tausendmeilenfahrt Unterstützung beieinander. Inseln von Baumstämmen, Wurzelgestrüpp, Zweigen, Reisig, Nadeln und Laub schwammen auf der Oberfläche des Wassers umher. Und unten in seiner Tiefe hatte der Strom das Grab der toten Wälder.
Der Vater der Wasser schloß andere Flüsse, Bäche, Fließe und Ströme in seine Arme und ging ans Land und ergriff Gewächse und Kräuter und riß Bäume aus der Erde und machte daraus seine eigenen Inseln und raffte alles in seinem Lauf an sich, was nicht gewachsenes Gestein war: der Mississippi – das am mächtigsten dahinströmende Wasser der Erde – von Anbeginn bis in alle Ewigkeit unterwegs zum Meer.

Der Kapitän des Schiffes:
Die Einwanderer aus Ljuder hatten auf ihrem Wege von ihrem Abfahrtsort in Schweden viele Schiffe gesehen, aber die ›*Red Wing*‹ aus St. Louis war das schönste.
Als sie in der Stadt St. Louis das Schiff bestiegen und ihre Fahrscheine zeigen wollten, trat der Kapitän zu ihnen heran; er hatte sie untereinander sprechen hören: »Schweden! Willkommen an Bord meines Dampfschiffes! Ich bin Norweger. Wir haben denselben König.«

Kapitän Berger auf der ›*Red Wing*‹ war ein älterer, ergrauter Flußschiffer mit einem Bart, der, abgesehen von der roten Nasenspitze und ein paar kleinen Flecken unter den Augen, das ganze Gesicht dicht bedeckte. Sie hatten zu Hause und auf der Reise schon viele bärtige Männer gesehen, doch er war der bärtigste, und er war der erste Norweger, den sie in ihrem Leben getroffen hatten.
»Wir Norweger sind euch hier zuvorgekommen«, fuhr der Kapitän fort. »Wir haben auf euch gewartet.«
Sie verstanden nicht alles, was er in seinen Bart sprach, doch der Kapitän und die Passagiere konnten ihre Sprache einigermaßen enträtseln. Nun hatte die Gesellschaft zum Schluß auf ihrer Reise Glück gehabt: Von einem mit Cholera verseuchten Schiff waren sie auf die ›*Red Wing*‹ gekommen, wo die Krankheit keinen Zutritt gefunden hatte, und wo der Kapitän sie begrüßte, als hätte er sie bereits gekannt. Das Schiff des Norwegers war ihr sechstes Schiff, und sie fühlten sich darauf geborgener als auf einem der fünf anderen. Berger sagte aber: Der Strom sei so voller Krümmungen, daß der Kapitän eines Dampfschiffes sich in den Biegungen oft selbst begegnete.

Die Menschen an Bord:
Die Einwanderer hatten die letzte Strecke ihres Reiseweges erreicht, der Mississippi war ihr letzter Strom, die ›*Red Wing*‹ ihr letztes Schiff. Der Vater der Wasser wanderte zum Meer aus, die Zwischendeckpassagiere auf dem Raddampfer wanderten in entgegengesetzter Richtung ein – zu dem Land oben im Nordwesten. Sie hatten alle dasselbe Ziel: einen neuen Wohnsitz ausfindig zu machen. Kapitän Berger sagte, daß hier auf seinem Schiff alle Arten von Menschen gemischt seien: Siedler, Händler, Pelzjäger, faule Reiche und rastlose Farmer, hohe Beamte im Dienst der Regierung, gefährliche Falschspieler, ehrliche arbeitende Menschen und leichtsinnige Abenteurer. Doch die große Masse der Menschen an Bord bestand aus solchen, die gerade ins Land eingewandert waren und die hier auf der ›*Red Wing*‹ den Schluß ihrer langen Reise erwarteten.

Es waren deutsche Bauern, die kaum den Mund aufmachen konnten, ohne das Wort ›Bayern‹ zu erwähnen; es waren blonde Männer mit blauen Leinenhemden, die sie über der Kleidung trugen, und mit großen Taschen, die außen an den Hemden hingen. Von ihren Frauen hatten nicht alle dicke Beine – es gab diese und jene mit schlanken –, aber alle hatten sie himmelblaue Wollstrümpfe an den Beinen. Und Männer und Frauen hatten drollige runde Kappen, die sich eng an den Kopf schmiegten. Die Deutschen waren die einzigen Einwanderer, die noch Essensvorräte von zu Hause hatten; in irgendeinem Bündel war immer noch eine Wurst, und immer saß noch jemand da und aß von dieser Wurst.
Die sich da immer laut etwas zuschrien und untereinander sprachen, als ob sie sich dauernd zankten, waren die Iren. Fast die Hälfte von ihnen war schwarzhaarig und etwas über die Hälfte rothaarig. Sie tranken Whisky aus großen hölzernen Krügen, so wie Kälber süße Milch in sich hineinschlürfen. Ein Ire wolle nicht arbeiten, wenn nicht einer mit einer Keule über seinem Kopf dastehe, sagte der norwegische Kapitän, der keine irischen Deckmannschaften mehr haben wollte, sondern Neger vorzog. Einem Deutschen müsse man jedoch damit drohen, ihn mit der Keule totzuschlagen, damit er einmal aufhöre zu arbeiten. Sie waren auch in anderer Beziehung zwei verschiedene Menschenschläge: Ein Ire konnte nie genug zu trinken bekommen, und ein Deutscher wurde beim Essen niemals satt.
Und dann war da die große jüdische Familie, die der alte bärtige Norweger den Schweden zeigte: Ein Vater, der zehn Söhne, vier Töchter, fünf Schwiegertöchter, vier Schwiegersöhne, zweiundzwanzig Enkelkinder und drei Urenkel oder insgesamt achtundvierzig Personen mithatte. Das Oberhaupt der Familie war ein kleiner Mann mit schwarzem Bart, länglichem Gesicht und langer, nach unten gebogener Nase; er sah nicht viel älter aus als fünfzig oder fünfundfünfzig Jahre. Auf dem Kopf trug er immer eine runde schwarze Mütze ohne Schirm, und er selbst saß als das neunundvierzigste Mitglied

fast immer mitten im Kreise seiner Familie. Der kleine Altvater rauchte mitten unter seinen vielen Nachkommen still, ruhig und zufrieden seine lange Pfeife. Kapitän Berger vermutete, daß die Familie dieses Juden die größte sei, die je in einer Gesellschaft nach Nordamerika – das für die Kinder Israels das neue Kanaan sei – eingewandert sei: Jakob und alle seine Söhne seien hier wieder auferstanden. Jakob habe aber seine Kinder mit vier Frauen gezeugt, während das Männlein hier alle seine Nachkommen mit einer einzigen Frau bekommen habe.

Und nachdem er gesehen hatte, wie dieser kleine Jude mit einer Familie, die achtmal so groß war wie seine eigene, angezogen kam, fragte sich Karl Oskar Nilsson, wie er sich selbst um seine kleine Familie von sechs Personen hatte Sorgen machen können.

Zu den Menschen an Bord gehörte auch die Mannschaft auf der ›*Red Wing*‹, Männer mit schwarzen Gesichtern und mit weißen, und Männer mit gelbbraunen Gesichtern, die von weißen Vätern mit schwarzen Müttern gezeugt worden waren. Alle waren sie aber schmutzig, als hätten sie sich im Morast gewälzt, und alle gingen sie halbnackend umher. Tief unten im Schiff steckten sie Brennholz in die glutroten Mäuler der Kessel. Des Abends kamen sie oft auf ihrem abgesonderten Deck zusammen, wo sie in Gruppen beisammen saßen und ihre Lieder sangen – oder ihr Lied, denn es war meist dasselbe, eines, das man sie immer wieder wiederholen und singen hörte. Wenn sich das Dunkel zur Abendzeit dicht über den Strom breitete, klang das Lied der Deckmannschaften über das schwarze, dahinziehende Wasser des Mississippi:

We will be free, we will be free,
As the wind of the earth or the waves of the sea.

I

Die Einwanderer aus Ljuder saßen zusammen auf einem kleinen Deck am Bug, zu dem die Passagiere von *steerage* Zutritt hatten. Das Deck war überdeckt, aber an den Seiten offen, und sie gingen hier hinauf, wenn sie in der glühenden Wärme nach Abkühlung verlangten. Die Menschen vom Zwischendeck legten sich nachts hier oben schlafen.

Am Morgen war ein heftiges Gewitter über das Tal des Stromes hingegangen, und die Feuerspeere der Blitze hatten sich über den blauen Hügeln gekreuzt, doch die Entspannung in der Luft war nur von kurzer Dauer: Man merkte beim Atmen, daß das Gewitter in der Nähe blieb. Die Reisenden aus kühleren Gegenden saßen in der bedrückenden Schwüle teilnahmslos und faul da und betrachteten gleichgültig das grüne Land mit seiner überwältigenden Üppigkeit und der Vielfalt der Pflanzen und Kräuter, das sich beiderseits des Stromes hinzog. Sie machten sich gegenseitig auf diesen oder jenen Baum mit eigentümlichem Wuchs, einen Strauch oder eine Schlingpflanze mit seltsamen Blättern aufmerksam oder verfolgten mit ihren Blicken einen unbekannten Vogel im Fluge und fragten nach seinem Namen.

Sie hatten sich so lange auf Schiffen aufgehalten, daß sie sich jetzt auf einem Deck wie zu Hause fühlten, und sie waren so lange mit Dampfschiffen gefahren, daß sie begonnen hatten, die fremden Namen für verschiedene Arten von Schiffen, die mit Dampf angetrieben wurden, zu benutzen, *side-wheelers,* die auf jeder Seite ein Rad hatten, und *stern-wheelers*, die ihr Rad am Heck hatten. Dieses letzte Schiff war ein *side-wheeler.*

Der große Strom verschmälerte und verbreiterte sich abwechselnd, und wenn er sich ganz weit ausdehnte, sah man ihn eine schwedische Viertelmeile breit dahinfließen. Die starke Strömung behinderte das Schiff jedoch in seinem Vorwärtskommen. Die ›*Red Wing*‹ steuerte in die Fahrrinne hinaus und teilte den Strom, so daß das Wasser hoch zum Vorderdeck hin-

aufspritzte. Der Rauch aus den Schornsteinen blieb hinter dem Raddampfer in der Luft hängen und zog sich in die Länge wie die langen flatternden Haarsträhnen eines Läufers.
Für die Einwanderer war es hohe Zeit. Auf dem Meere hatte der Wind ihr Vorwärtskommen verzögert, und auf dem Fluß hemmte sie die Strömung. Schon war die letzte Juliwoche angebrochen.
»Ach Gott! Wir kommen nie ans Ziel! Ach du lieber Gott!«
Fina-Kajsa lag auf der verschmutzten und zerschlissenen Bettdecke, die sie mit ihrem Mann geteilt hatte, bevor er in die Tiefe der Nordsee gesenkt worden war, der Länge lang ausgestreckt an Deck. Die Alte mit ihrem Mund wie die Tülle eines Sahnekännchens hatte immer zwei Fragen auf Lager, die sie seufzend herausbrachte: »Ist mein Kessel noch da? Kommen wir nie ans Ziel?«
Seitdem sie an Land gegangen waren, war sie nach und nach wieder auf die Beine gekommen und war nun ebenso gesund wie jeder andere in der Gesellschaft. Die Wärme tat ihr gut; die alten Rückenschmerzen, die sie in dem Nebel und dem naßkalten Wetter auf dem heimatlichen Öland immerzu geplagt hatten, waren verschwunden. Und Jonas Petter hatte gesagt: Wenn Fina-Kajsa sich kurze Zeit in einem Ofen aufhalten könnte, der zum Brotbacken ordentlich angeheizt worden sei, würde sie wie neugeboren wieder herauskommen und wie ein junges Mädchen auf der Erde herumtanzen.
»Ach du lieber Gott! Wir kommen niemals ans Ziel! Niemals in diesem Leben!«
Doch wenn sie es einmal täten, würden sie zu Anders kommen, ihrem einzigen Sohn, der vor fünf Jahren hier herübergezogen war. Und wo die Gesellschaft sich nun dem Bestimmungsort näherte, fing man an, Fina-Kajsa nach dem Sohn zu fragen. Solange er im Elternhause war, sei er ein ungehorsamer und ungezogener Lümmel gewesen, erklärte sie. Zu Hause habe er mehr Schläge bekommen als der ungebärdigste Jungochse je bezogen habe. Denn er sei faul und unbändig gewesen, habe getrunken und an Schlägereien teilgenommen

und sich mit leichtfertigen Frauenzimmern abgegeben, und er habe weder seinem Vater noch seiner Mutter gehorcht. Bereits im Alter von zehn Jahren habe er seinen ersten großen Streich vollführt: Er habe nicht mit seinen Eltern zu einem Weihnachtsschmaus mitkommen dürfen, sondern sie hätten ihn in eine Kammer eingeschlossen. Bei ihrer Heimkehr sei der Junge ausgebrochen gewesen und habe in seiner Wut die ganzen Einrichtungsgegenstände des Hauses umgestürzt und durcheinandergeworfen, angefangen beim großen Schreibsekretär bis zum Nachttopf, und habe soviel zertreten, wie er gekonnt habe. Er habe es aber bald bereut, als er in die Welt hinausgekommen sei. Vor mehreren Jahren habe er aus Amerika nach Hause geschrieben und habe Vater und Mutter wegen seines Ungehorsams und seines Übermuts um Verzeihung gebeten. Hier draußen sei er ein anderer Mensch geworden, hier arbeite er und sei fleißig und brav. Und er habe von einer großen Hufe und ausgedehntem Ackerboden geschrieben, über die er in Minnesota verfüge. Jetzt werde sie es bei ihrem Sohn Anders auf seinem großen und prächtigen Hof gut haben und geborgen sein, wenn sie schließlich hinkomme. Und er werde sicher und gewiß ihnen allen in der Gesellschaft helfen und ihnen zur Hand gehen. Denn was man von dem Jungen auch sage, er habe aber immer gewußt, was er wolle. Nach dem, was er geschrieben habe, gebe es in seiner Gegend für alle Platz. Wenn sie nur erst bei Anders wären, würden alle Sorgen überstanden sein.

»Amerika nimmt aber kein Ende! Wir schaffen es nicht! Ach du lieber Gott!«

Karl Oskar hatte den Zettel mit der Anschrift Anders Månssons sorgfältig weggesteckt.

»Geduldet euch noch ein wenig, Mutter Fina-Kajsa! Wir kommen hin!« tröstete er die Alte mit ihrem ewigen Seufzen über die Länge des Weges.

Robert und Arvid schauten aufs Wasser hinunter und versuchten auszurechnen, wie schnell sie führen. Vom Mississippi hatte Robert in dem Beschreibungsbuch gelesen, daß er größere Landgebiete bewässere als irgendein anderer Fluß der Welt, und daß er mit einer Geschwindigkeit von vier englischen Meilen in der Stunde dahinfließe. Und der bärtige norwegische Kapitän hatte gesagt, daß dieses Schiff zwei Meilen in der Stunde fahren könne. Das konnte jedoch nicht stimmen: Wenn der Fluß schneller strömte als das Dampfschiff vorwärtsfuhr, dann rührte es sich nicht von der Stelle. Dann mußte es statt dessen rückwärtsfahren.

Robert zog die Geschwindigkeit des Schiffes von der des Stromes – zwei von vier – ab, und dann sagte er: »Wir fahren in der Stunde zwei Meilen rückwärts, habe ich ausgerechnet. Wir kommen allmählich auf den Atlantik zurück!«

»Da behüte mich Gott vor!« entfuhr es Arvid erschrocken. »Nicht wieder auf den Ozean hinaus! Wo wir endlich trockenen Fußes auf dem Lande sind!«

Die Rechnung stimmte aber nicht mit den tatsächlichen Verhältnissen überein. An den Ufern konnten sie selbst sehen, daß sie sich vorwärts bewegten und gegen die Strömung vorankamen. Glücklicherweise stimmte die Berechnung nicht.

Robert fragte seinen Bruder, wie ihr Schiff sich schneller bewegen könne als der Strom, obwohl der Strom schneller sei als das Schiff? Karl Oskar sagte, daß Kapitän Berger vielleicht norwegische Meilen gemeint habe.

Er wollte aber keinen Streit mehr über die Berechnung von verschiedenen Wegemaßen haben; der Unterschied zwischen den schwedischen und den amerikanischen Meilen hatte ihm genug Ungelegenheiten bereitet.

Seit sie den Hafen von Detroit verlassen hatten und Ulrika Klein-Märta gerettet hatte, war das Einvernehmen zwischen ihnen wiedergekehrt. Niemand sprach mehr davon, daß sich jemand von der Gesellschaft trennen sollte. Karl Oskar hatte zu Kristina gesagt: In ihrer Lage hätten sie bestimmt alle voneinander Nutzen! Und seit sie in fremde Gegenden gekommen seien, wo sie durch die Sprache von anderen Menschen getrennt seien, seien sie eine noch mehr geschlossene Schar geworden als vorher. Sie hätten eines gemeinsam: ihre Sprache. Nachdem der Dolmetscher umgekehrt sei, seien sie ganz und gar auf sich selbst angewiesen und müßten alle Hilfe beieinander suchen. So seien sie in größerer Vertraulichkeit zusammengefügt worden. Und Kristina hatte Karl Oskar erwidert: Sie könnten sich schon miteinander vertragen und zusammenhalten: Das, worauf es dabei ankomme, sei nur, daß keiner überheblich sein dürfe! Niemand dürfe sich mehr dünken als ein anderer! Sie dürften sich nicht so benehmen, wie sie es zu Hause in Schweden getan hätten.

Und sie waren sich alle stillschweigend darüber einig, daß nichts aus dem früheren Vaterland ausgegraben werden sollte, sondern alles Alte sollte für alle Zeiten tot und begraben sein. Ulrika war Dorfhure gewesen, und sie hatte im Gefängnis gesessen, Danjel war wegen Vergehens gegen die Religion mehrmals mit hohen Geldstrafen belegt worden und von der Königlichen Provinzialregierung mit Ausweisung bedroht worden, und beide waren von der Kirche in Schweden aus ihrer Gemeinschaft ausgeschlossen worden – doch wer kümmerte sich hier draußen darum? Was sie zu Hause getan hatten, war hier kein Verbrechen. Und hier fragte kein Mensch danach, was sie daheim gemacht hatten, und da wollten sie es doch nicht untereinander wieder hervorholen. Sie begannen jedoch immer mehr zu begreifen, daß Schweden ein altes und rückständiges Land war, mit ungerechten Gesetzen, die von den Herren für das einfache Volk geschrieben worden waren. Hier in Amerika brauchten sie sich den Teufel um den Bischof und die Provinzialregierung in Växjö zu scheren, und Bischof und Pfarrer und Kirchenälteste und Polizeikommissar konnten ihnen am . . ., wie Karl Oskar sagte. Und Ulrika stimmte ihm rückhaltlos und laut zu und fügte hinzu: Wer leicht mit der Ungerechtigkeit aneinandergerate, solle nicht in Schweden bleiben.

Auch die Gesundheit kehrte in der Einwanderergesellschaft allmählich zurück. Nach dem Tod der kleinen Eva auf dem vorhergehenden Schiff hatten fast alle unter körperlichen Beschwerden zu leiden gehabt, waren aber nicht mit Cholera an-

gesteckt worden. Ulrika war gesund geworden, sobald sie an Bord der ›*Red Wing*‹ gekommen war. Erst hatte sie sich geweigert, das neue Schiff zu besteigen: An dem einen Radkasten auf der Seite des Schiffes war mit großen schwarzen Buchstaben angemalt: *Packet.* Wenn das die freche Inschrift über dem Raum sei, wo sie untergebracht werden sollten, dann wolle sie nicht an Bord gehen. Denn hier in Amerika würden alle Menschen als gleichgestellt und gleichwertig betrachtet, und niemand dürfe Pack genannt werden. Doch als der norwegische Kapitän erklärt hatte, daß *Packet* nur bedeute, daß sein Schiff auch Postdampfer sei, war das Freudenweib zufrieden. Die ledige Ulrika war auch stolz, als der Kapitän sie ›meine Dame‹ nannte. Und nun war sie wieder gesund und munter. Sie glaubte, daß der Senfteig, den sie sich gegen die Cholera auf den Leib gelegt hatte, ihr das Leben gerettet habe.
Trotz der ernstlichen Warnung Danjels hatte sie das Pflaster liegen lassen, und eine Weile war sie besorgt, Gott werde diese Widersetzlichkeit gegen seinen Apostel bestrafen: Es war das erstemal, daß sie Danjel gegenüber ungehorsam gewesen war. Doch der Herrgott hatte sich wegen dieses Unterfangens nicht an ihr gerächt. Und sie begann sich zu fragen, wieweit sie die Ratschläge und Warnungen Danjels beachten sollte. Er war in seiner Rede auch nicht mehr so streng wie früher, und es hörte sich so an, als glaubte er selbst nicht mehr daran, daß er zum Seelsorger ausersehen sei.
Die Wunde Karl Oskars wurde von Kristina gut gepflegt und versorgt und war im Abheilen, obwohl seine ganze Brust eine schmerzende blaue Stelle war und es noch wehtat, wenn er Atem holte. Im linken Bein, das den Schlag des Baumstammes erhalten hatte, war noch eine Steifheit zurückgeblieben, und er hinkte noch etwas.
Sein altes Glück habe ihn in Amerika verlassen, sagte Kristina. Karl Oskar hatte, als sie nun noch einen Monat unterwegs gewesen waren, an einen neuen Brief nach Schweden gedacht, aber beschlossen, mit dem Schreiben zu warten, bis sie an ih-

ren Wohnort kämen. Er konnte den Eltern auch nichts Neues mitteilen; seit dem letzten Mal hatten sie nichts erlebt, was des Schreibens wert gewesen wäre.

Wenn sie hier auf dem Deck zusammensaßen, begannen sie zum erstenmal seit langem über die Heimat zu sprechen, und es zeigte sich, daß bisher kein anderer als Karl Oskar einen Brief nach Schweden geschickt hatte: Danjel Andreasson hatte zu Hause niemand, an den er hätte schreiben können; seit die Kirche ihn in Bann getan hatte, wollte von seinen Verwandten ihn niemand mehr kennen, und niemand erwartete Post von einem Ausgewiesenen oder machte sich etwas daraus, wie es ihm nach seiner Auswanderung erging. Arvid, sein Knecht, konnte nicht schreiben und brachte keinen Buchstaben fertig. Jonas Petter konnte zwar schreiben, und er hätte an seine Frau Brita-Stafva schreiben können, aber nachdem die Frau und er in einem zwanzigjährigen Zusammenleben sich täglich gestritten hatten, war es ihnen schließlich gelungen, eine völlige Uneinigkeit zu erreichen, worauf er ausgewandert war. Er hatte keine Eile, an die zu schreiben, die der Anlaß zu seiner Auswanderung war. Er hatte seiner Frau nichts anderes zu schreiben, als daß er darüber froh war, sie losgeworden zu sein, und das wußte sie bereits.

Und wenn von Briefen nach der Heimat gesprochen wurde, riß Ulrika in Västergöhl erstaunt die Augen auf.

»Nach Schweden schreiben! Dieses Land gibt es ja gar nicht mehr! Dieses Teufelsnest ist vom Erdboden vertilgt!«

Jonas Petter fragte, wie sie das meine, und Ulrika fuhr fort: Als sie aus Karlshamn abgesegelt seien, habe Danjel gesagt, daß ihr altes Heimatland gleich untergehen werde: Die Rache des Herrn werde das Volk ereilen, das seine Getreuen bei Wasser und Brot ins Gefängnis geworfen habe. Der Herrgott habe lange die Absicht gehabt, Schweden zu vernichten, doch habe er damit warten müssen, bis Danjel und seine Schar ausgewandert gewesen seien.

Doch nun seien fast vier Monate vergangen, seit ihr Schiff abgegangen sei, jetzt sei das Strafgericht sicherlich gekommen:

Der Allmächtige habe Schweden verdorben und das Land von der Erde vertilgt. Wer also einen Brief nach Hause schicken wolle, müsse ihn wohl an die Anschrift Hölle in der Unterwelt richten. Wenn überhaupt eine Postverbindung nach dort bestehe, schloß Ulrika befriedigt.
Danjel gab leise zu, daß er bei der Abreise eine Prophezeiung vom baldigen Untergang der Heimat gemacht habe. Er wisse jedoch nicht, ob der Herr sie sich schon habe vollziehen lassen. Wahrscheinlich lasse der Herr seine rächende Hand geduldig ruhen.
Kristina schaute ihren Onkel kopfschüttelnd an: Das Jüngste Gericht könne doch wohl nicht über Schweden hereingebrochen sein, seit sie fortgezogen seien, wenn sie hier in Amerika noch nichts davon gehört hätten?
Danjel sah seine Nichte mit seinem milden Blick an: Er wolle nie mehr etwas über das Jüngste Gericht voraussagen. Denn jetzt wisse er, daß dieses Gericht sich nicht nur ein einziges Mal ereigne. Es komme jeden Tag zu jedem Menschen, zu alt und jung. Denn das Jüngste Gericht sei das Urteil des Gewissens im Menschen, und das werde in jedem christlichen und gottesfürchtigen Menschen jedesmal, wenn er eine Sünde begehe, innerlich gefällt.
Robert unterbrach hier: Soviel müßten sie doch alle begreifen: Wenn die Erde einmal vernichtet werden sollte, dann vergehe der ganze Erdball auf einmal. Das kleine Stückchen der Erdrinde, das Schweden darstelle, könne sich nicht allein lösen und herausfallen.
»Ich schicke aber jedenfalls keinen Brief nach diesem Teufelsnest!« beharrte Ulrika. »Ob es nun in der Unterwelt liegt oder nicht!«
Sie sprach verbittert weiter, während die Erinnerungen in ihr aufstiegen: An wen sollte sie schreiben? Vielleicht an den Propst in Ljuder, der sie vom Altar der Kirche verwiesen und ihr das Abendmahl verboten habe? An den Propst, der sie mehrmals ein Kind des Teufels genannt habe? Jedesmal habe sie ihm geantwortet: Ja, lieber Vater! Du rufst mich, höre ich!

Oder solle sie an den Polizeikommissar schreiben und ihm danken, der sie verhaftet habe, oder dem Richter beim Gericht, der sie zu Wasser und Brot verurteilt habe? Oder vielleicht sollte sie ein Schreiben an den Gefängniswärter schikken, der ihr in der Haft die reichliche Kost gegeben habe – der mit dem Wasser und dem Brot zu ihr gekommen sei, meist verschmutztem Wasser und schimmligem Brot? Er verdiene gerade eine Liebesepistel! Und all die Menschen zu Hause, die sie bespuckt und in den Schmutz gezogen hätten – solle sie denen vielleicht Briefe zukommen lassen? Oder an wen solle sie schreiben, könne ihr das jemand sagen? Sei ein einziger von diesen verdammten Menschen, die in jedem Augenblick getreulich dem Teufel dienten, eines Briefes wert?

An einen einzigen würde sie, Ulrika, einen Brief schreiben wollen, und das sei der König selbst. Sie würde Seiner Majestät für die Verpflegung im Königlichen Gefängnis danken, und sie würde ihm erzählen, daß sie täglich ihrem Schöpfer dafür danke, daß er sie befreit habe, so daß sie nicht mehr Untertan Seiner Majestät zu sein brauche. Und sie würde den König auf dem hohen Thron fragen, wie er es mit seinem Gewissen vereinbaren könne, über ein Reich zu regieren, wo Kinder in zartem Alter an den Geringstbietenden versteigert würden, um ihre ganze Kindheit hindurch von geizigen und grausamen Bauern gequält und schlecht behandelt zu werden. Sie würde dem König erzählen, wie glücklich und zufrieden sie sei, wo sie jetzt aus seinem Reich herausgekommen und zu einer Stelle auf der Erde gelangt sei, wo weder er noch die Herrschaften zu Hause Macht hätten – an eine Stelle, wo auch sie für ein Gottesgeschöpf gehalten und als ein solches betrachtet werde. Ja, wenn sie nächstens Schreibpapier und Feder in die Hand bekomme, solle der König von Schweden einen Abschiedsbrief von seiner früheren Untertanin erhalten. Und bevor sie den Brief an den König von Gottes Gnaden im Stockholmer Schloß in den Umschlag stecke, wolle sie sich ordentlich den Hintern damit wischen.

Die andern lachten über den Brief des Freudenweibes an den

König. Sie wußten ja alle, daß Ulrika nicht schreiben konnte. Karl Oskar sagte: »Vergiß all das Alte! Es ist ja auf jeden Fall vorbei!«

Was nütze es, alten Groll und Haß gegen Schweden mit sich herumzutragen? meinte er. Wo sie jetzt in die neue, jugendfrische Welt gekommen seien, sei es für sie am besten, alles Derartige abzulegen, wie man alte zerschlissene und verbrauchte Lumpen ablege. Und im übrigen wollten sie nicht soviel an ihren Heimatort denken, daß es ihr Gemüt bedrücke und daran nage, denn das würde ihrem Fortkommen hierzulande nur hinderlich sein. Dem konnte Ulrika zustimmen, und auch Danjel und Jonas Petter waren mit Karl Oskar einer Auffassung. Kristina aber blieb die ganze Zeit über still und ließ niemand wissen, was sie von der Gefahr hielt, zuviel an die Heimat zu denken.

2

Wie sie so gerade auf dem Deck der ›*Red Wing*‹ saßen und in der Schwüle nach Luft rangen, kam das Gewitter wieder. Ohne Vorwarnung brach ein so starkes Getöse los, als wäre das ganze Himmelsrund über dem Strom explodiert und in Stücke gesprengt worden. Mit einem Schlage wurde es so dunkel wie in der Nacht, während die Blitze kreuz und quer zuckten und am Himmel leuchteten; es flammte von Horizont zu Horizont. Der Raum über ihnen machte den Eindruck einer einzigen gewaltigen Kanonenmündung, eines himmlischen Rachens, Tausende von Meilen weit, aus dem es donnerte und krachte und Feuer sprühte und flammte. Die Blitze blendeten die Augen, und die Donnerschläge waren ohrenbetäubend. Blitz und Donner waren eins und teilten den Augenblick. Und der Regen peitschte den Strom so heftig auf, daß das Wasser in dicken Strahlen hochspritzte wie sich ringelnde Schlangen, die sich aus der Tiefe erhoben und mit zischenden und schäumenden Mäulern die Seiten des Schiffes leckten.

Die Einwanderer aus Ljuder hatten noch nie ein solches mächtiges Gewitter erlebt, und sie saßen schweigend und ängstlich da. Auch der Gewitterregen war anders als daheim. Der Regen fiel nicht in Tropfen wie in Schweden. Es kam vom Himmel herab, wie wenn man ein Gefäß ausgießt. Die schwarze Himmelskuppel war eine Schöpfkelle, die von Wasser überfloß und sich über die Erde entleerte. Der Strom brodelte auf und trat über seine Ufer, und das Regenwasser schäumte über das Deck des Dampfers, es schwappte umher und floß, schwemmte und strömte, und es mischte sich in einer heftigen Umarmung mit dem Wasser des Stromes und wühlte beim Donner des himmlischen Kanonenrachens und beim Schein der Blitze die Tiefen auf.

Aber in einer ganz kurzen Zeit hatten die himmlischen Gefäße ihre Flüssigkeiten entleert. Das Gewitter ging schnell vorüber, die Sonne glänzte wieder hervor und trocknete die nassen Sachen der Passagiere. Die Spannungen der Luft hatten sich entladen, der laue Gewitterregen hatte die Schöpfung überspült, und die Schwüle ließ nach.

Als das schreckliche Unwetter vorübergezogen war, wurden den Reisenden auf dem Strom, die nichts zu tun hatten, die Stunden wieder lang.

»Wollen wir Rätsel raten?« schlug Jonas Petter vor.

»Sag mal eins!« forderte ihn Ulrika auf.

»Hier ist ein altes:

Steif steht es,
schlaff hängt es
zwischen zwei haarigen Bäuchen.«

»Ratet mal!« Jonas Petter klopfte an der Reling die Asche aus seiner Pfeife. Die Männer schielten einander an. Ulrika sah aus, als sei ihr im Augenblick die Sprache weggeblieben, und man konnte nicht sehen, ob Kristina zugehört hatte.

»Dieses Rätsel verlangt Kopfzerbrechen«, sagte Arvid und legte seine Stirn in tiefe Falten.

»Sollen wir es in Gegenwart der Frauen raten?« wollte Karl Oskar wissen. »Es ist ja unverschämt.«
»Was meinst du damit, daß es unverschämt ist?« erkundigte sich der, der es aufgegeben hatte, unschuldig.
»Dieses Rätsel ist leicht zu raten«, sagte Robert überlegen. »Es ist die Stange am Pflug gemeint, die zwischen einem Paar Zugochsen steht oder hängt.«
»Richtig, mein Junge!« sagte Jonas Petter. »Du hast es natürlich schon gehört?«
»Jaa. Es ist ja alt.«
»Die Pflugstange . . .?« sagte Ulrika gedehnt, gleichsam enttäuscht. »Ist es so gemeint?«
»Ja, natürlich.« Und Jonas Petter zwinkerte ganz unschuldig mit den Augenlidern, als er hinzufügte: »Was dachtest du denn, was die Lösung ist? Du dachtest natürlich an etwas anderes!«
Sie schaute verwirrt fort und wußte nicht, was sie erwidern sollte.
Es war das erstemal, daß Ulrika in Västergöhl in dieser Gesellschaft um eine Antwort verlegen war.
»Ich mache mir einen Dreck aus deinen Rätseln, Jonas Petter!« zischte sie schließlich los.
»Erzähl dafür mal eine wahre Geschichte, Onkel!« bat Robert.
Fredrik Mattsson aus Blekinge, den man auf dem Schiff den Amerikaner genannt hatte, war nach der Landung in New York verschwunden. Er hatte immer etwas zu erzählen gehabt, und deswegen vermißte Robert ihn sehr. Doch Jonas Petter hatte auf dem Meer von einem ungewöhnlichen Ereignis aus dem Kirchspiel Ljuder erzählt, von einem Pfarrer, dem nach dem Tode ein solches Hindernis zugestoßen war, daß er nicht beigesetzt werden konnte, bevor nicht seine alte Magd ihm seine alte Sünde gegen sie vergeben und für seine Seele gebetet hatte. Dieses Gleichnis von der wahren christlichen Liebe, die den Teufel selbst überwindet, hatte alle Zuhörer tief gerührt und ergriffen. Besonders die Frommen und Gottesfürchtigen hatten Gefallen daran gefunden, und sie hatten

den Erzähler inständig gebeten, ihnen noch mehr derartige erbauliche Ereignisse zu erzählen.
Jonas Petter sagte: Weil sie gerade ein tobendes Gewitter erlebt hätten, wolle er von etwas erzählen, was ihm einmal passiert sei, während es gewittert habe. Was er vorbringen wolle, sei nichts besonders Frommes, nichts, von dem man lernen könne – er wolle bloß berichten, was bei einem Gewitterregen in einem Sommer in seiner Jugendzeit bei der Mäharbeit geschehen sei, um die Zeit zu verkürzen und die Gemüter zu zerstreuen.

Was bei einem Gewitter geschah

Jonas Petter war ein Jüngling und gerade mündig geworden, als er an einem schwülen Julitag einem Nachbarn beim Mähen half. Die Mäher waren zwei, der Bauer selbst und er. Dann hatte der Bauer zwei erwachsene, heiratsfähige Töchter, achtzehn und zwanzig Jahre alt, die mit auf der Wiese waren und hinter den Männern herharkten.
Am Nachmittag brach ein Gewitter mit strömendem Regen los, und Schnitter und Schnitterinnen waren gezwungen, sich in einer Heuscheuer einen Unterschlupf zu suchen. Es war bereits so viel Heu eingebracht worden, daß sie weich und bequem darin liegen konnten, und für vier, zwei Männer und zwei Frauen, war reichlich Platz: Sie brauchten nicht dicht nebeneinander zu liegen.
Als das Gewitter aufgehört hatte, prasselte der Regen weiter und noch stärker als vorher auf das Schindeldach der Scheune, und es machte den Eindruck, als werde der Regen noch lange anhalten.
Sie fanden aber alle, daß es schön sei, sich eine Weile im Heu ausstrecken und ruhen zu können.
Und nach einer Weile schlief der Bauer ein. Die jungen Menschen lagen jedoch wach, und Jonas Petter und die beiden Schnitterinnen, die jungen Töchter des Bauern, plauderten und schäkerten miteinander. Sie sprachen leise und lachten verhalten, um nicht den Schlafenden zu wecken: Der Vater

fange an, alt zu werden und brauche zur Zeit der Heumahd ein Nickerchen, sagten die Töchter.

Die beiden Schnitterinnen waren gutgewachsene Frauen, rank wie junge Stuten, mit weichen Gliedern und am Körper gerade so, wie man sie sich wünschte. Und es waren wache und aufgeweckte Mädel. Sie waren noch nie bei einer Leichtfertigkeit ertappt worden, sondern hatten ihre Jungfräulichkeit bewahrt. Bisher war ihnen noch kein Mann zu nahe gekommen oder hatte sie auch nur mit dem kleinen Finger berührt, soviel war sicher und gewiß.

Gleich nachdem der Vater eingeschlafen war, bemerkte Jonas Petter, daß das ältere Mädel, die Zwanzigjährige, sich auf dem Heulager etwas näher an ihn herangeschoben hatte. Als gesitteter Jüngling, der wußte, was sich schickte, tat er seinerseits das gleiche: Er rutschte näher an sie heran. Darauf rückte sie noch etwas mehr, und dann er ein bißchen mehr, vielleicht ein wenig mehr als sie. So machten sie fort, und da sie von vornherein nicht Meilen voneinander entfernt gewesen waren, sondern nur etwa einen Meter weit, kamen sie auf diese Weise ganz dicht aneinander. Der Schnitter und die Schnitterin lagen zum Schluß so nahe beieinander, wie sie in Kleidern kommen konnten.

Der Vater der Schnitterin schlief eine Armlänge von ihnen entfernt, und nun geschah es, daß auch ihre Schwester einschlief und ein sanftes Mädchenschnarchen hören ließ.

Da begann Jonas Petter bei dem Mädchen, das wach lag, etwas vorzufühlen, um sich selbst und sie zu zerstreuen, und sie legte ihm in keiner Weise Hindernisse in den Weg, sondern er konnte machen, was ihm einfiel. Er tastete sich immer weiter vor, und sie hinderte ihn nicht. Und als er hörte und sah, daß die Schwester schlief, zögerte er nicht unnötig, denn er pflegte eilige Dinge nie auf den folgenden Tag zu verschieben. Und das Mädchen war derselben Meinung wie er und wünschte auch nicht, daß sie mit Dingen, die sie schon am selben Tage erledigen könnten, bis zum nächsten warteten.

Nach einer Weile war die eine der beiden jungen Schnitterinnen ihrer Mutter insofern gleich geworden, als sie etwas verloren hatte, was sie in ihrem Leben nie mehr zurückbekommen konnte.

Nachdem das geschehen war, schlief auch Jonas Petter ein. Denn es prasselte immer noch kräftig und ruhig und gleichmäßig aufs Dach, und Regen nach einem Gewitter beim Mähen ist einschläfernd, insbesondere, wenn man bequem in einer Heuscheuer liegt; alle, die eine Mahd mitgemacht haben, wissen, daß man bei einem solchen Wetter gut und fest schläft.

Als er aufwachte, war es auf dem Scheunendach still geworden, der Regen hatte aufgehört, und die Wolken hatten begonnen, sich zu zerteilen. Der Bauer schlief immer noch; was seine Töchter gesagt hatten, stimmte: Er war von der anstrengenden Mäharbeit etwas müde geworden.

Im Heu neben Jonas Petter lag ein Mädchen, und ihm fiel ein, was sich zwischen ihm und der Schnitterin abgespielt hatte, bevor er eingeschlafen war. Doch als er seine Hand ausstreckte, um sie zu tätscheln, entdeckte er, daß sie eine andere Gestalt angenommen hatte: Es war nicht die zwanzigjährige Tochter des Hofes, sondern die Achtzehnjährige, die jüngere, die jetzt da dicht neben ihm lag.

Er fragte verdutzt nach der Schwester. Die Achtzehnjährige gab ihm zu verstehen, daß ihre Schwester, als der Regen aufgehört hatte, hinausgegangen sei und wieder angefangen habe, zu harken: Sie sei mit ihren Schwaden in Rückstand gekommen und wolle ihren Mäher gern zum Abend einholen. Und wenn der Vater aufwachte, dann würde er es nicht gern sehen, daß sie hier drinnen liege und sich ausfaulenze, nachdem der Gewitterregen vorbei sei.

Jonas Petter hätte ja fragen können, warum der Vater sich nichts daraus mache, daß die Jüngere noch in der Scheune liege und sich ausfaulenze, doch statt dessen stellte er die Frage, ob sie ihn nicht jetzt, wo es draußen trocken werde und sie wieder mähen könnten, wecken wollten. Das Mädchen meinte jedoch, daß der Vater allmählich alt und verbraucht werde und den Schlaf nötig habe. Und außerdem werde er im-

mer so ungehalten und mürrisch, wenn man ihn plötzlich wecke. Und er würde besonders entrüstet sein, wenn er erführe, daß einer seiner Töchter etwas geraubt worden sei, während er geschlafen habe, sagte das Mädel noch listig zwinkernd und in etwas drohendem Tonfall.
Das durchtriebene Ding hatte bloß so getan, als ob sie schliefe und schnarchte; sie hatte dagelegen und sie heimlich beobachtet. Sie wußte, was mit der älteren Schwester vorgefallen war, und nun drohte sie versteckt mit dem Vater, während sie sich gleichzeitig verletzt und entrüstet gab, als wäre ihr selbst ein Unrecht geschehen. Ihm kam das alles sehr überraschend, und er war sich gleich darüber klar, daß er dieses Unrecht nur auf eine Weise beseitigen und den Vater vor den erschütternden Gemütsbewegungen des Zornes bewahren könne, die ihm in seinen Jahren schädlich sein konnten, wie die fürsorgliche Tochter erwähnt hatte.
Und während der Bauer immer noch schlief, verlor seine jüngere Tochter dasselbe, was ihre Schwester vor einer Weile eingebüßt hatte.
Darauf begab auch sie sich auf die Wiese hinaus, um ihrer Schwester beim Harken zu helfen, damit sie die Männer einholten; es waren beide gehorsame und flinke Mädel, die in der Zucht und Vermahnung zum Herrn erzogen waren.
Jetzt brauchte Jonas Petter nicht mehr den Zorn des Vaters zu fürchten, und er gedachte, ihn zu wecken.
Doch im gleichen Augenblick kam die Frau des Bauern mit einem Korb mit der Vespermahlzeit für die Schnitter und Schnitterinnen. Sie stellte den Korb in der Scheune auf die Erde und wollte gerade anfangen, das Essen herauszunehmen, als sie sah, daß ihr Mann fest eingeschlafen im Heu lag.
Jonas Petter wollte eben den Schlafenden am Arm packen und ihn etwas schütteln. Da sagte die Frau: Ihr Mann werden allmählich alt, und er brauche ein kleines Nachmittagsnickerchen so sehr. Und es sei ja ein so gutes Wetter zum Schlafen: Man schlafe niemals so tief wie bei einem Gewitter während der Mahd. Mit der Vespermahlzeit könnten sie noch ein Weil-

chen warten, denn sie habe die warme Brühe in ein wollenes Kopftuch gehüllt, so daß sie nicht kalt würde.
Die Frau war viele Jahre jünger als ihr Mann, noch nicht vierzig, etwas zu üppig, aber noch frisch und zart in der Haut und im Fleisch. Und als sie sprach, schaute sie Jonas Petter mit den Augen einer Frau an und sah dabei nachdenklich und gedankenschwer aus. Sie fügte hinzu: Wir Frauensleute werden bei Gewitter nicht so schläfrig wie die Männer.
Während der Bauer im Heu weiterschlief, erlitt seine Frau keinen Verlust, denn sie konnte nicht dasselbe verlieren wie ihre Töchter. Statt dessen erhielt der Mann etwas: Ihm wurden ein Paar Hörner aufgesetzt. Die Frau behauptete, daß es das erstemal sei, daß sie ihren Mann zierten, doch Jonas Petter glaubte ihr nicht, als sie das sagte, denn sie war genau so eifrig und beteuernd, wie ein ehrlicher Mensch sein muß, wenn er eine Lüge ausspricht.
Es war aber richtig, daß der Bauer alt und müde war und schlafen mußte. Nun wurde er von seiner Frau geweckt, als alles überstanden war und es Zeit war, die Vespermahlzeit einzunehmen. Und er rieb sich die Augen und gähnte und sagte: So tief und so schön wie an diesem Nachmittag habe er noch nie geschlafen, solange er sich zurückerinnern könne. Und jeder weiß ja, daß Gewitter und Gewitterregen einschläfend wirken.
Dann mähten sie auf der Wiese weiter, bis die Sonne unterging. Als sie schließlich zum Abend ihre Grütze gegessen hatten, dankte der Bauer seinem jungen Schnitter für seine gute Arbeitshilfe, und die Frau und die Töchter gaben ihm die Hand und stimmten in diesen Dank ein.
Solche guten Tagewerke kann ein Schnitter jedoch nur in seiner Jugend vollbringen, schloß Jonas Petter, der diese Geschehnisse während eines Gewitters erzählt hatte, um die Zeit zu verkürzen und seine Zuhörer zu zerstreuen.

3

Robert las fleißig in seiner *Anweisung zum Sprechen der englischen Sprache* und übte die neuen Lagen und Stellungen, die für Zunge und Lippen angegeben waren. Die für Einwanderer nützlichsten Sätze lernte er auswendig: Fragen nach dem Weg zu Wirtshäusern und Unterkünften, Speiselokalen und Kaufmannsläden, Fragen nach dem Preis für Kost und Schlafgelegenheiten und nach Dienst und Arbeit und vor allem nach dem Lohn, der für Dienst und Arbeit geboten wurde: *How much wages do you pay?* Man mußte richtig fragen, wenn man sich nach Essen, Unterkunft und Arbeitslohn durchfragte. Er lernte auch die Zahlwörter im Englischen, und zwar die Grundzahlen und die Ordnungszahlen, denn das waren die wichtigsten Wörter für jemand, der beim Wechseln oder beim Empfang des Arbeitslohnes nicht übers Ohr gehauen werden wollte.

Es kam jedoch nicht nur darauf an zu fragen, sondern auch darauf, richtig zu antworten, wenn die Amerikaner fragten. So hieß es unter *Auf Stellungssuche:* Was kannst du? Bisher war er nur Bauernknecht gewesen. Die englische Bezeichnung für Bauernknecht war *farmhand*. Ich bin Farmhand gewesen, nein, das konnte er nicht antworten. Das hörte sich zu unbedeutend und zu einfach an. Er würde nur die eine Hand eines Bauern sein, ein Stückchen des Körpers seines Dienstherrn, gewissermaßen ein Werkzeug, das andere benutzen. Das hörte sich zu herabsetzend an. In Schweden war er sich als ein Werkzeug seiner Dienstherren vorgekommen, ein kleines jämmerliches und hilfloses Werkzeug, das sie gebrauchen konnten, wie sie wollten. Doch hier war der Knecht ebensogut wie der Dienstherr, und er war nach hier gezogen, weil er nicht etwas sein wollte, was die Bauern nur gebrauchten, weil er keine Dienstherren haben wollte, weil er frei sein wollte.

Er wollte dafür erwidern, daß er pflügen und Vieh versorgen könne: *I can plough and tend cattle.* Das hörte sich mehr nach einem Mann und verläßlicher an als Farmhand, erwachsener

und selbständiger, als wenn er mit seinen eigenen Händen arbeitete und nicht mit denen des Bauern.
Die Amerikaner waren gesittet und wußten, was sich gehörte, und fragten einen Fremden immer, wie es ihm gehe. Robert wollte wiederum höflich sein und bereitete sich darauf vor, mit den Worten der Anweisung zu antworten: *Thank you, I am feeling excellent.* Er war nicht ganz gesund – er hatte immer noch sein Ohrenleiden –, aber selbst wenn es ihm schlechter gegangen wäre, als es der Fall war, hätte er erwidert, daß es ihm gut gehe. Denn er wollte die freundlichen und liebenswürdigen Amerikaner in keiner Weise betrüben: Sie sollten wegen seiner Gesundheit keine Befürchtungen hegen und sich darum Sorgen machen. Sie hatten soviel anderes zu erledigen und im Kopf.
Und wenn ihm einmal etwas angeboten wurde, was scheußlich war oder schlecht schmeckte – denn so etwas gab es hier auch –, dann wollte er ganz gesittet sagen, daß er gerade jetzt keine Zeit zum Essen oder Trinken habe, denn er müsse etwas Eiliges besorgen – *a few things to attend to.* Da konnten sich die Amerikaner, die selber arbeitsam und rührig waren, kaum gekränkt fühlen.
In der Anweisung war vorgeschrieben, wie man mit Menschen verschiedener Berufe und Stände sprach. Da gab es ein *Gespräch mit einem Gastwirt, Gespräch mit einem Schuhmacher, Gespräch mit einem Uhrmacher, Gespräch mit einem Hutmacher, Gespräch mit einer Wäscherin, Gespräch beim Kauf eines Landhäuschens* und *Gespräch beim Aufführen eines Blockhauses.* Jedes Gespräch umfaßte ein Dutzend Fragen mit Antworten, und wenn man erfahren hatte, mit was für einer Person man sprechen würde, brauchte man nur in das Buch zu schauen und anzufangen. Unter verschiedenen Überschriften gab es auch englische Übersetzungen der gebräuchlichsten Wörter: *Die Zeit, Die Natur und die Welt, Die Seelenkräfte, Die Körperkräfte, Pflanzen und Blumen, Metalle und Steine, Tiere, wilde und zahme.* Wenn er bei der Polizei anzeigen wollte, daß er einen Menschen tot auf der Straße gefunden habe, sah er zuerst

unter *Der Mensch* nach. Und wollte er jemand sagen, daß dieser einen guten Verstand habe, dann sah er unter *Die Seelenkräfte* nach, und wollte er einem Mädchen sagen, daß sie schön sei, dann suchte er unter *Die Körperkräfte*, bis er das Richtige fand. Und wenn er eines Tages Reichtum angehäuft hatte und sich als Reitpferd einen schönen Vollbluthengst besorgen wollte, brauchte er nur unter *Tiere, wilde und zahme*, zu wählen, und mußte er sich dann eine goldene Uhr kaufen, oder auch zwei, dann suchte er unter *Metalle und Steine*.

Robert hatte sich die amerikanischen Bezeichnungen aller Essensgerichte aufgeschrieben, die er gern mochte – wie Kalbfleisch, Hammelbraten, Fleischwurst, Reisbrei, Eierkuchen. Er stellte die Namen von dreiundvierzig verschiedenen Gerichten und vierundzwanzig verschiedenen Arten von Getränken zusammen: Er wollte alles rechtzeitig bereit haben, so daß er eines Tages, wenn er zu Reichtum gelangt war, sich alles, was er sich wünschte, auftischen lassen konnte: *Put all the dishes on the table!*

Karl Oskar, der das Geld verwaltete und die Einkäufe für die Familie besorgte, wollte wissen, was ›Der Preis ist zu hoch‹ auf englisch heiße, und Robert hatte es seinem Bruder beigebracht: *This price is too high.* Doch als Karl Oskar einmal ein Stück Speck kaufen wollte, hörte Robert, wie er versuchte, diese Worte zu sagen, bevor der Verkäufer noch dazu gekommen war anzugeben, was der Speck kostete.

Man erzählte sich von Einwanderern, die hier in kurzer Zeit einen unermeßlichen Reichtum erworben hatten, die aber mit ihrem Eigentum nicht umgehen konnten: Die Habgier verzehre sie oder lasse sie eintrocknen, oder sie bekämen vor Wohlleben aufgedunsene Bäuche oder verkämen in schauerlichen Lastern. Das Geld werde ihr Verderben. Robert wollte sich das zur Warnung dienen lassen. Von dem Augenblick an, als er in New York das Tor zur Neuen Welt durchschritten hatte, hatte er sich genau durch den Kopf gehen lassen, was er hier wollte und wie er es am besten anfinge. Er wollte sich weder im Erfolg angeberischem Übermut hingeben noch bei

Mißerfolgen einer schwächlichen Verzagtheit. Und er wollte nicht alles, was seine Augen entdecken konnten, beanspruchen: Er wollte sich mit einer gemessenen Zahl von Besitztümern begnügen, einem Vermögen, mit dem sich leicht schalten ließ, einem mäßigen Reichtum, der keinem Menschen gefährlich war, der ihn nicht in Versuchung führte, sich ins Verderben zu stürzen.
Doch alle Menschen, die hier unter Deck wohnten, waren, welche Sprache sie auch sprachen, ebenso arm wie er, und alle wollten sie reich werden.
Was Robert in Amerika wollte, ging am besten aus einem Lied hervor, das er an mehreren Abenden hintereinander die Deckmannschaft hatte singen hören. Die Stimmen der Deckmatrosen waren oben vom Deck, wo sie um das Gangspill versammelt saßen, zu hören; sie saßen dicht zusammengehockt, so daß er im Dunkeln kaum ihre halbnackten, zusammengekauerten Gestalten erkennen und auseinanderhalten konnte. Zunächst hatte er in dem Lied, das sie sangen, nur ein einziges Wort verstanden: *free.* Doch als er es mehrmals gehört hatte, lernte er den Sinn verstehen:

We will be free, we will be free,
As the wind of the earth or the waves of the sea.

Das war am Abend das Lied der Deckmannschaft am Gangspill, das war das Lied der dahinziehenden Strömung des Flusses, das war das Lied von seinem eigenen Ziel.
Und es wurde in Roberts krankem Ohr zu einem Rauschen, das blieb.

4

Vom Deck der ›*Red Wing*‹ aus war dauernd etwas anderes zu sehen, und Arvid und Robert verbrachten den Tag damit, daß sie dasaßen und über den Strom schauten – auf alle entgegenkommenden Schiffe mit eigenartigen Namen, auf alle Dinge, die mit der Strömung auf sie zugetrieben kamen: Baumstämme, Holzscheite, Sträucher, Grasinseln, Kisten, Fässer, tote Vögel.

Einmal hatten sie gesehen, wie die Leiche eines Menschen vorbeitrieb. Nur der Kopf ragte aus dem Wasser: Ein grauweißes Gesicht mitten in einer Einfassung, die aus schwarzem Haar und grünem Seegras zusammengesetzt war. Sie glaubten, daß es die Leiche einer Frau sei, die mit diesem schönen Brautkranz um den Kopf herumschwamm.

Und sie gaben auf unbekannte Bäume und Pflanzen an den Flußufern acht. Arvid wollte die Bäume in Amerika sehen, auf denen Hosen und Hemden wachsen sollten, und Robert hatte ihm an verschiedenen Stellen einen Strauch gezeigt, einen großen Strauch mit schmächtigen Zweigen, gelappten Blättern und großen weißen, vereinzelt sitzenden Blüten: den Baumwollstrauch.

Einmal hatte Arvid gesehen, wie sich ein großes Ungetüm, das er für ein Schwein gehalten hatte, im Strom wälzte. Das Wassertier hatte einen grünen Rücken und einen gelben Bauch und war dick und rund wie ein fettes Schwein, und es hatte den Kopf, die Schnauze und die Hauer eines Schweines, allerdings breitere Kiefer. Doch dann hatte er auch einen scheußlichen und schuppigen Schwanz entdeckt, der mehrere Ellen lang war und sich im Wasser ringelte. Ein Schwein hatte keinen so langen Schwanz. Nach dem Schwanz zu urteilen mußten die Schweine, die im Strom umherschwammen, von anderer Art sein als die, die am Lande herumwühlten.

Der Kapitän hatte gesagt, daß es in dem Strom reichlich Krokodile gebe. In der Paarungszeit hielten sie ihn nachts mit ihrem Gebrüll wach. Wegen der Bestien würden Leichen von

den Flußschiffen nicht ins Wasser gesenkt, sondern an den Ufern begraben.
In einer der letzten Nächte war ein Einwanderer, ein Schotte, der zum Schlafen an Deck gegangen war, in den Strom gefallen, ohne daß jemand an Bord es gemerkt hatte. Am Morgen vermißte man ihn: Er hatte Frau und sechs minderjährige Kinder auf dem Schiff hinterlassen. Die Mitreisenden sammelten für die bedauernswerte hinterbliebene Familie Geld ein, und jeder gab eine Kleinigkeit, so daß die Leidtragenden über dreißig Dollar als Trost und Hilfe erhielten. Die Witwe und die sechs Kinder weinten jedoch weiter. Und Arvid dachte an das schweineschnäuzige Tier, das er im Strom gesehen hatte und konnte sich kein schauerlicheres Schicksal vorstellen als das des Umgekommenen: Nicht genug, daß er das Leben einbüßte – nach dem Tode wurde er noch von ungeheuerlichen Scheusalen mit Schweineschnauzen und Schweinehauern aufgefressen. Wie sollte er am Jüngsten Tage auferweckt werden und aus dem Bauche eines Flußschweines auferstehen können?
Er hielt nun ständig Ausschau nach Bestien im Wasser und hatte Robert versprochen, ihm Bescheid zu sagen, wenn er eines der mißgestalten Tiere erblickte.
Und eines Morgens rief er eifrig nach seinem Kameraden: »Sieh mal hier! Mach schnell! Sieh hier!«
Robert rannte hinzu und schaute nach dem Untier mit der Schweineschnauze ins Wasser hinab. Doch Arvid zeigte auf das westliche Stromufer: »Sieh mal da drüben! Da haben sich Wilde hingestellt!«
Auf einem hohen Felsen am Ufer sah man einige seltsame unbewegliche Gestalten, die ihre Gesichter dem Flußdampfer zugewandt hatten, während er ein paar Steinwürfe weit entfernt an dem Felsen vorbeifuhr. Die abstehenden Federn, die sie wie einen Kranz um den Kopf hatten, zeigten, daß es Indianer waren. Ein paar von ihnen hatten Bogen in den Händen. Alle betrachteten sie unausgesetzt das Dampfschiff, das aus den Schornsteinen rauchend und mit den Flossen der

Schaufelräder im Wasser plätschernd dahinrauschte. Die Indianer standen still wie Bäume, die auf dem Felsen gewachsen waren, sie waren von dem Anblick, der sich ihnen draußen auf dem Strom bot, wie erstarrt.
Robert sagte: Die da drüben stünden, seien sicher wilde Indianer.
Auf der Fahrt hatten sie mehrmals Indianer gesehen, aber sie waren zahm gewesen. Hier zeigten sich ihnen zum erstenmal die wilden, die, die noch auf ihrem Grund und Boden wohnten. Und er begriff, daß sie sich jetzt der großen, unbekannten, gefährlichen Wildmark näherten, einer größeren und gefährlicheren Wildmark, als sie sie bisher durchfahren hatten.
Über den wilden Menschen am Ufer vergaß Robert alle Untiere unten im Strom. Er fragte sich, warum die Indianer Rothäute genannt wurden, wenn ihre Haut nicht rot, sondern braun war. Sie malten sich nur im Gesicht an, so daß es rot gloste. Die Entfernung bis zu dem Felsen war so groß, daß er nicht sehen konnte, ob die wilden Indianer dort drüben sich rot gefärbt hatten, und auch nicht, ob die Streifen auf den Wangen quer oder der Länge nach aufgemalt waren. Man sagte, daß Indianer mit quergestreiften Gesichtern am wildesten und gefährlichsten seien.
Die unbeweglichen Gestalten am Ufer hoben sich drohend dunkel von dem klaren Himmel ab.
»Wenn sie mit Pfeilen nach uns schießen!« entfuhr es Arvid, und er hockte sich hinter die Reling.
Die Indianer blieben jedoch in derselben Stellung, aufgerichtet und schweigend. Sie standen nur da und schauten auf das dahineilende schnaubende Schiff draußen auf dem Strom. Der Kranz von Federn um ihre Stirnen glich der Dornenkrone auf dem Scheitel Christi, die auf vielen Bildern zu sehen war. Da ertönte plötzlich die Dampfpfeife der *›Red Wing‹*. Ein schriller und scharf durchdringender Laut schwebte über das Wasser hin und brach sich an den Felsen am Ufer des Stromes. Der Laut der Dampfpfeife schnitt Robert wie die Spitze eines Speeres in sein krankes Ohr und tat weh.

Von dem hohen Felsen am Westufer wurde das Geheul der Dampfpfeife mit einem lauten Schreckensgeheul beantwortet. Ehe sie noch recht gesehen hatten, wie es geschah, waren die Indianer von der Aussichtsstelle, an der sie gestanden hatten, verschwunden – sie waren auf einmal wie weggeweht. Mit unfaßlicher Geschwindigkeit waren sie in ein dichtes Gesträuch hinter dem Felsen gerannt, und wiegende Zweige bezeichneten ihren Weg.
Die Jünglinge hatten noch nie menschliche Wesen gesehen, die so schnellfüßig waren. Von einigen Passagieren auf dem Oberdeck hörte man ein lautes Lachen der Befriedigung.
Arvid war sehr erstaunt: Die wilden Indianer in Nordamerika sollten ebenso grausam und schrecklich sein wie reißende Wölfe. Wenn ihr Schiff sie aber nur mit seiner Dampfpfeife zu verscheuchen vermochte, konnten sie wohl nicht so gefährlich sein? Nun wußte er, wie er es zu machen hatte, wenn er im Walde Indianern begegnete: Er würde anfangen zu pfeifen – da flohen sie vor ihm wie Hühner vor dem Habicht.
Doch Robert vermutete, daß diese Indianer noch niemals ein Dampfschiff gesehen hätten. Zu Hause hätten die Menschen ja geglaubt, daß die Dampfschiffe mit ihren feurigen Rachen und Rauchlöchern nichts anderes seien als der Satan in eigener Person, der begonnen habe, auf dem Wasser umherzufahren, und die Heiden hier draußen könnten nicht klüger sein als getaufte Menschen in Schweden. Sie glaubten vielleicht, daß auf dem Strom ein neues Untier entstanden sei. Sie seien an Krokodile und Seeschlangen und Wassertiere mit Schweineschnauzen gewöhnt, aber sie hätten noch nie zuvor ein Ungetüm gesehen, das Rauch und Feuer und Funken speie, ein Flußtier, das mit großem Getöse auf Radfüßen herangekrochen komme und das ein fürchterliches Geschrei von sich gebe wie tausend Schweine, die auf einmal abgestochen würden. Ihm würden selbst die Ohren von der Dampfpfeife gequält, und Arvid habe selbst gesagt, daß ihm das Herz in der Brust aufgehört habe zu schlagen und eine ganze Weile stillgestanden habe, als er sie das erstemal gehört habe. Und ein

solcher Laut sei sicher noch niemals auf dieser Erde gehört worden.
Ob es nun der Kapitän oder der Steuermann gewesen sei, der die Dampfpfeife in Betrieb gesetzt habe, so sei es aus Bosheit geschehen, um die Wilden zu erschrecken und die Passagiere zu zerstreuen. Die Indianer seien Heiden und ungetauft, aber man brauche sie wohl nicht bloß deswegen zu quälen, wenn man nicht geradezu gezwungen sei.
Robert wußte, daß die Indianer selbst mit Giftpfeilen auf Menschen schossen und mit stumpfen Holzspeeren stachen und Menschen die Kopfhaut mit stumpfen Messern abzogen. Und bei diesem Gedanken hatte er in den Haarwurzeln ein Gefühl des Schauderns und der Eiseskälte. So machten es unchristliche Geschöpfe, die weder getauft noch eingesegnet waren. Weil sie Heiden waren, verstanden sie es nicht besser: Sie benutzten barbarische Speere und Feuersteinmesser mit stumpfen Schneiden. Sie besserten sich aber, wenn sie zahm wurden und getauft wurden. Sobald Missionare zu den Indianern gekommen waren und sie die Taufe und das Abendmahl empfangen hatten, fingen sie an, ihre Feinde mit Hinterladern totzuschießen, und schnitten ihnen die Kopfhaut mit scharfgeschliffenen Bowiemessern ab.
»Die Indianer sind das übelste Volk, das ich je gesehen habe«, sagte der norwegische Kapitän auf der ›*Red Wing*‹.
Und auch wenn Robert nicht genau wußte, was er mit übel meinte, war ihm klar, daß der Norweger vor den Wilden warnen wollte: Sie waren gefährlich. Sie konnten sogar die Gefangenen, die sie gemacht hatten, an Pfähle binden und rund um sie herum Feuer anmachen und sie durchbraten, wie getaufte Menschen Schweinefleisch braten.
Und nun hatte Robert etwas von den Eingeborenen in der unbekannten Wildmark gesehen, wo er und die Menschen aus seinem Kirchspiel ein neues Heim suchten. Bald würden sie da sein, und eine neue, seltsame Zeit sollte anfangen. Und das Leben, das ihn jetzt erwartete, nahm in seiner Einbildung Gestalt an.

Tagsüber kundschafteten seine Blicke das Land, die Einwohner, Pflanzen und Tiere und die Beschaffenheit des Bodens aus. Er wollte einmal, wenn er Zeit und genügend Schreibzeug hatte, eine Beschreibung des Landes nach seiner eigenen Anschauung an Ort und Stelle anfertigen. In einem kleinen Schreibheft, das noch von dem Schullehrer Rinaldo stammte, hatte er bereits Aufzeichnungen über das Bemerkenswerteste gemacht, was er bisher gesehen hatte.

Wenn der Abend kam, verschwanden Strom und Ufer und lösten sich in dem undurchdringlichen Dunkel Nordamerikas auf, das das dichteste und schwärzeste Dunkel war, das Gott geschaffen hatte. Da konnte er weder Land noch Wasser auskundschaften. Doch manchmal des Abends und in der Nacht bemerkte man vom Deck einen Feuerschein von den unsichtbaren Ufern des Mississippi. Er sah aus wie bewegliche Fakkeln und rotsprühende Flammen: Es waren die Feuer der Indianer, die irgendwo drüben am Lande glommen und glühten. Die Indianer waren da drüben: Man sah sie nicht – sie lauerten irgendwo in den Wäldern in dem bodenlosen Dunkel. Dort wohnte das übelste Volk, das ein alter Dampfschiffkapitän und Stromfahrer auf dem Mississippi in seinem Leben gesehen hatte.

Und Robert betrachtete immer voller Ernst diesen Feuerschein, der die Anwesenheit der gefürchteten, grausamen Wilden verriet: Er hatte sie hier in den Gebieten rund um sich, er hatte sie nahe. Diese Gebiete sollten nun sein Wohnort werden, mitten unter Heiden sollte er sich aufhalten, mitten unter Wilden sollte sein Leben von jetzt an verlaufen.

Und Robert spürte eine große Furcht und eine vielleicht noch größere Erwartung.

5

Am letzten Tage des Monats Juli 1850 stiegen die Einwanderer aus Ljuder in der Stadt Stillwater am Ufer des St.-Croix-Flusses, eines Nebenflusses des Mississippi in Washington County, Minnesota Territory, an Land.
Sie waren mehr als einen Monat verspätet, und sie kamen in einer für Bauern ungeeigneten Jahreszeit an ihren Wohnplatz: Der Sommer war jetzt so weit vorgeschritten, daß sie in diesem Jahr nichts säen oder setzen konnten. Damit waren sie Bauern geworden, die die Ernte eines Jahres verlieren würden, und sie wußten wohl, was das für sie bedeutete.

Die Niederlassung

Will no one help me?

I

An dem Ort roch es nach Wald und Holzabfällen, frischem, gerade gesägtem Kiefernholz, Harz, Sägespänen und trocknendem Holz. Am Flußufer entlang lief eine ziemlich breite Straße, die mit Nadeln, Rinde, Sägespänen und Sand bedeckt war – die Straße einer Holzstadt. Das Ufer war auf weiten Strecken mit Bretterstapeln und Stapeln von Baumstämmen belegt, und auf dem Wasser des Flusses breitete sich Flößholz wie ein unebener Fußboden aus. Erde und Wasser rochen nach Harz und frischem Kiefernholz.

Sie brauchten sich nicht lange umzuschauen, um festzustellen, daß sie in ein Waldland gekommen waren.

Karl Oskar und Robert gingen die Straße am Ufer entlang, wo die neuerbauten Häuser dicht beieinander standen, und sie gingen langsam und schauten sich die Schilder und Anschläge an: *Oxen for sale cheap for cash – William Simpson Druggist Shoemaker and Watch Repairing – The house that Jack built.* Sie gingen an mehreren Kaufmannsläden vorbei, wo Gerätschaften und Werkzeuge vieler Sorten in den Fenstern aufgehängt waren. Der größte Anschlag von allen nahm eine ganze Hauswand ein: *Stillwater Lumbering Company.* Denselben Anschlag hatten sie schon drüben am Anlegesteg gesehen, wo er auf den Fluß hinauszeigte.

Als sie von der ›*Red Wing*‹ an Land gekommen waren, war es allmählich auf den Abend zugegangen, und in etwa einer Stunde würde es dunkel sein, und sie waren gezwungen, sich eine Unterkunft für die Nacht zu suchen. Und Robert hatte in erster Linie diesen Satz aus der Anweisung geübt: *Please show me to some lodging-house.* Er hatte sich schon seit ein paar Wochen mit ihm vertraut gemacht, obwohl er ihn noch nicht gebraucht hatte. Es erhoben sich jedoch für sie zwei andere

dringende und beunruhigende Fragen: Was sollten sie mit ihrem ganzen Umzugsgut machen, und wie sollten sie den Weg zu ihrem Bestimmungsort finden?
Bereits vor einigen Tagen hatten sie von Kapitän Berger den Bescheid erhalten, daß die ›*Red Wing*‹ sie nicht bis nach Taylor Falls bringen könne: Die Raddampfer, die vom Mississippi heraufkamen, machten in Stillwater kehrt, der St.-Croix-Fluß war weiter nördlich für größere Schiffe wegen der Stromschnellen und der starken Strömung nicht mehr befahrbar. Er mußte sie also eine gute Strecke Weges vor ihrem Bestimmungsort an Land setzen. Und Kapitän Berger hatte sie gleichzeitig davor gewarnt, in dieser Gegend zu bleiben und sich dort niederzulassen, wo die Cholera stark wütete: Er hatte ihnen viele Stellen längs des Flusses gezeigt, wo Häuser und Hütten leerstanden: Einwanderer aus seinem Heimatland, die sie bewohnt hätten, seien bereits gezwungen gewesen, aus ihnen auszuziehen – nicht aus der Gegend, aber sechs Fuß unter die Erde, wo sie jetzt gerade verwesten. Und die Überlebenden in diesen norwegischen Ansiedlungen seien verarmt und ausgehungert und führten ein elendes Leben. Niemand könne sagen, welchen Einwanderern in dieses Land das glücklichste Los zuteil geworden sei: denen, die noch auf der Erde wandelten, oder denjenigen, die unter ihr lägen, denen, die eingewandert seien, um zu leben, oder denjenigen, die eingewandert seien, um zu sterben.
Die Nachrichten waren für Menschen, die gerade angekommen waren, nicht ermutigend, und sie waren in gedrückter Stimmung, als sie das Dampfschiff verließen. Kapitän Berger hatte versprochen, jemand zu besorgen, der ihnen am Lande behilflich sein könnte, doch er war am Morgen krank geworden und lag mit Fieber in seiner Kajüte; sie bekamen ihn nicht mehr zu Gesicht. Und als die ›*Red Wing*‹ abgelegt hatte, waren sie allein auf der Anlegebrücke, an diesem unbekannten Ort völlig sich selbst überlassen. Da saßen sie mit ihren Truhen, Säcken, Kästen und Körben an der Landungsstelle, ohne zu wissen, in welche Richtung sie sich zu begeben hätten oder

wie sie ihre mitgeführten Habseligkeiten fortschaffen könnten.
Während die übrige Gesellschaft auf der Anlegebrücke geblieben war und das Umzugsgut beaufsichtigte, hatten sich Karl Oskar und Robert aufgemacht, um sich durchzufragen. Robert hatte es übernommen, zu fragen. Außer der Frage nach der Unterkunft für die Nacht hatte er der Anweisung zwei Sätze aus dem Kapitel ›*Auf Reisen*‹ entnommen: *Respected Sir – how can we reach Taylor Falls? Who will take care of our baggage?* Den Namen ihres Bestimmungsortes hatte er ja selbst eingesetzt, aber er wußte nicht, wie Taylor Falls ausgesprochen wurde, sondern hier war er auf Vermutungen angewiesen. Er wollte seine Fragen an Menschen richten, die ihnen begegneten und die freundlich und gutmütig aussahen und die viel Zeit zu haben schienen, und er hielt insbesondere nach älteren Menschen Ausschau.
In dieser neuerbauten Holzstadt begegneten sie jedoch jungen Menschen, meist Männern in ihren besten Jahren. Und alle hatten es eilig und liefen schnell an ihnen vorbei. Er wollte jemand ansprechen, der langsamen Schrittes ging. Alten Männern oder Frauen, die dahinhumpelten, begegneten sie nicht. Auf der Straße waren wenig Frauen zu sehen. Robert sprach nacheinander drei ältere Männer an; sie blieben stehen und schüttelten, nachdem er sie gefragt hatte, den Kopf und gaben ihm dann unverständliche Antworten. Als er es mit ein paar Frauen in den mittleren Jahren versuchte, die vor einem Haus auf der Treppe saßen, erhielt er keine bessere Auskunft.
Karl Oskar begann ungeduldig zu werden: »Es sieht nicht so aus, als ob jemand versteht, was du sagst.«
Sein Bruder hatte versichert, seine englische Sprache sei jetzt so gut, daß er für sie alle sprechen könne. Doch auf das, was er sagte, konnte man sich oft nicht verlassen.
Robert hatte die Aufforderung an Einwanderer in der Anweisung befolgt: Du mußt die Sprache fleißig einüben und dich mittels Sprechübungen mit oft vorkommenden Wörtern und Ausdrücken vertraut machen! Und er erwiderte seinem Bru-

der: Die Amerikaner verstünden wohl das meiste von dem, was er selbst sagte. Sie seien in ihrer eigenen Rede jedoch so merkwürdig schnell, daß er nicht verstehe, was sie ihm antworteten.

Er versuchte seine Fragen bei noch einigen Personen, ohne verständliche Auskünfte zu erhalten. Darauf sagte Karl Oskar, daß es am besten sei, wenn sie umkehrten und zur Landungsstelle zurückgingen.

Die Gesellschaft saß noch auf der Brücke zwischen dem Umzugsgut, und nun waren sie alle wieder versammelt und hatten keine Hilfe bekommen, und niemand wußte, was sie tun sollten, um weiterzukommen.

Jonas Petter sagte: Es mache den Eindruck, als hätten die Leute hier am Ort vor ihnen Angst. Hier lasse man sie so allein auf der Brücke, die Menschen glaubten sicherlich, daß es eine Schar von Räubern sei, die mit dem Dampfschiff hier angekommen seien.

Fina-Kajsa saß mit hochgeklappten Röcken da, hatte ihren Kessel mit dem beschädigten Fuß auf dem Schoß und seufzte: »Wir kommen niemals hin! Nein, du lieber Gott! Du lieber Gott!«

Sie waren alle hungrig, und man sprach davon, daß man von den Essensvorräten etwas zu sich nehmen wollte. Karl Oskar sagte jedoch: Es sei gleich Abend, und sie müßten sich ein Dach über dem Kopf verschaffen, bevor sie etwas anderes täten, sie könnten nicht hier auf der Brücke übernachten.

»Du solltes uns ja Unterkunft beschaffen!« sagte Ulrika. »Du kommst aber zurück und hast nichts besorgt!«

»Geh doch selbst und versuche es!« erwiderte Karl Oskar gereizt.

Er war niedergeschlagen, und das teilte sich den anderen mit. Selbst das Freudenweib, das alle Schwierigkeiten und Mißerfolge geduldig hinzunehmen pflegte, wurde mürrisch und abweisend, und als es jetzt plötzlich anfing zu regnen, erging sie sich in heftigen Verwünschungen über dieses neue Mißgeschick, das ihnen widerfuhr.

Es war ein Wolkenbruch, der sich entlud. Alle Regenfälle hier in Amerika waren Wolkenbrüche. Es plätscherte und toste im Wasser des Flusses, und die spitzen Tropfen stachen wie Messerspitzen durch alle Kleidungsstücke und fühlten sich an, als wären sie bis ins Rückenmark gedrungen. Nach einigen Minuten waren sie alle von dem Regen so durchweicht, als wären sie in den Fluß getaucht worden. Und die Kinder fingen an zu schreien und wollten sich nicht trösten lassen.

»Wohnen wir nicht bald in einem Haus, Mutter?« fragte Johan, wie er jeden Tag fragte.

Alle in der Gesellschaft waren hungrig, müde und durch und durch naß, es fing an zu dämmern, die Nacht stand bevor, und sie wußten nicht, wo sie einen Unterschlupf bekommen sollten. Einer nach dem andern ließ in dieser Lage den Mut sinken. So ratlos, verwirrt und verlassen waren sich die Einwanderer aus Ljuder auf ihrer langen Reise noch nicht vorgekommen.

Und Robert stand da und grübelte über seine ersten ernstlichen Versuche, mit der fremden Sprache durchzukommen – Versuche, die schmählich fehlgeschlagen waren. Es war leicht, die eingelernten Sätze für sich selbst zu wiederholen und sie auswendig zu lernen. Doch wenn er sie zu fremden Menschen sagen sollte, wurde er ängstlich und verwirrt, dann begann er plötzlich zu stottern, da stand er unbeholfen da, da stand er stammelnd und stotternd da. Es war ihm unbegreiflich. Keiner der drei eingeübten Sätze hatte ihnen heute geholfen. Und er begann einen vierten zu üben, er murmelte noch einen hin, mit dem er es allein versuchen wollte, und den er wiederholen wollte, bis er damit Erfolg hatte:

Will no one help me?

2

Der Pastor der neugegründeten Baptistengemeinde von Stillwater, Henry O. Jackson, sägte vor der Giebelwand des von ihm bewohnten Häuschens am Flußufer gerade Holz. Vom Sägebock bis hinunter zum Wasser waren es nur ein paar Schritt, und er stand auf dem abschüssigen Boden unbequem. Pastor Jackson war ein untersetzter dicker Mann in den Vierzigern und hatte stark abgenutzte Hosen aus braunem Baumwollgarn und ein weißes Flanellhemd mit Schmutzflecken an. Er arbeitete ohne Kopfbedeckung, und seine dünnen, zerzausten Haarsträhnen flogen in demselben Rhythmus, mit dem er das Sägeblatt durch den Kiefernstamm führte, der auf dem Sägebock lag. Der Bügel seiner Säge, ein natürlichgewachsener höckeriger Baumzweig, tat nach einer Weile in den Händen weh, der Kiefernstamm war trocken und hart, und die Zähne der Säge, die lange Zeit von keiner Feile geschärft worden waren, raspelten sich langsam durch das Holz hinunter. Die Arbeit war anstrengend, und bei jedem Holzklotz, den der Pastor absägte, verschnaufte er einen Augenblick und trocknete sich mit einem großen leinenen Taschentuch, das an einer Sprosse am Sägebock hing und wie eine Fahne in den Windstößen flatterte, den Schweiß von der Stirn.

Der St.-Croix-Fluß, der den neuen Staat Wisconsin vom Minnesota Territory trennte, floß in einem Bogen an Stillwater vorbei. Gerade hier mitten gegenüber der Stadt wurde der Fluß in seinem Lauf langsamer und gleichmäßiger und erweiterte sich zu einem kleinen See; in dem ruhigeren Wasser der Flußbiegung wurde das ganze Holz gesammelt, das von Norden geflößt wurde, und es wurde hier am westlichen Flußufer gesägt. Etwas weiter westlich erhob sich der Boden zu hohen Hügeln, und zwischen dem Fluß und den Hügeln war Stillwater angelegt worden. Die Stadt hatte eine günstige Lage, im Windschutz waldiger Höhen und großenteils von Wasser umflossen. Sie hatte in kurzer Zeit fünfhundert Einwohner bekommen und war jetzt nächst St. Paul der menschenreichste

Ort des Territoriums. Stillwater war seit dem vergangenen Jahr Sitz der Verwaltung von Washington County.
Am Ostufer des St.-Croix-Flusses, gerade gegenüber dem Häuschen des Pastors Jackson, erhoben sich steile rotbraune Wälle aus Sandstein, die die Aussicht über das Land nach dieser Seite versperrten: Dort hinten lag Wisconsin, das vor zwei Jahren als Staat in die Union aufgenommen worden war.
Henry O. Jackson war von dem Augenblick an, wo der Herr seine Gemeinde in der Stadt errichtet hatte, Pastor in Stillwater gewesen. Er hatte bisher in einem kleinen Blockhaus logiert, das einem Pelzjäger gehörte, der die meiste Zeit in den Wäldern im Westen war, doch ein größeres Wohnhaus, das die Gemeinde ihm nahe der Kirche baute, sollte im Herbst fertig sein. Die allermeisten, die sich hatten umtaufen lassen und Mitglieder seiner Gemeinde geworden waren, waren freigebige, hilfsbereite Menschen. Die Leute lebten hier meist vom Holzfällen. Unter den Holzfällern in den Waldlagern und den Arbeitern bei den Sägewerken in Stillwater gab es eine Anzahl fleischlich gesinnter Personen, doch die Farmer, die begonnen hatten, das Gebiet zu besiedeln, waren fast alle gute Christen. In den letzten Jahren waren etwa fünfzig Landwirte nach Washington County zugezogen, und diese Siedler hatten oft in Stillwater zu tun: Sonntags kamen sie, um Pastor Jacksons Predigt zu hören, an den Wochentagen, um ihr Getreide, ihre Kartoffeln, ihr Schweinefleisch und ihr Hammelfleisch zu verkaufen.
Ein paar hundert Schritt von der Wohnung des Pastors lag die Anlegebrücke, wo die ›*Red Wing*‹ aus St. Louis – ein in Stillwater wohlbekanntes Schiff – heute ihre Ladung von Fleisch-, Speck- und Mehlfässern gelöscht hatte. Der Ton der Dampfpfeife hatte das Kreischen vom Sägen des Holzes übertönt und angezeigt, daß der Raddampfer zum Mississippi umgekehrt war. Doch bevor Pastor Jackson dazu gekommen war, einen neuen Stamm auf den Sägebock zu legen, war auf der Wisconsin-Seite schnell eine Wolkenwand aufgestiegen. Während des strömenden Regenschauers suchte er in seinem

Häuschen Schutz. Die Straße draußen wurde schnell verlassen und menschenleer, alle beeilten sich, unter ein Dach zu kommen.
Doch durch sein Fenster erblickte er nun drüben auf der Dampferanlegebrücke eine kleine Schar von Menschen, die vor dem heftigen Unwetter keine Zuflucht gesucht hatten. Es mußten Fremde sein – Passagiere der ›*Red Wing*‹. Der Pastor vermutete, daß es eine neue Gruppe von Einwanderern sei, die angekommen war. Und niemand hatte ihnen zurechtgeholfen – aus Angst vor der Cholera, die die Ankömmlinge mitbringen könnten.
Im verflossenen Frühjahr waren deutsche Einwanderer mit der Cholera nach Minnesota gekommen, und den ganzen Sommer über hatte die Krankheit in den nach Süden zu gelegenen Siedlungsgebieten gehaust. Am St.-Croix-Fluß entlang hatte man gewaltige, tiefe Gräber ausgehoben, die man mit den Körpern toter Einwanderer gefüllt hatte. In Stillwater waren etwa zwanzig Todesfälle vorgekommen, und die Einwohner waren von Furcht vor dieser Pest ergriffen. Neueintreffende Einwanderer wurden streng beaufsichtigt, und die Stadtverwaltung hatte mehrere Trupps von ihnen zu einer großen Insel in einem Waldsee zehn Meilen weiter westlich gebracht, wo sie von anderen Menschen getrennt leben mußten, bis sie für frei von Ansteckung erklärt werden konnten.
Pastor Jackson ging jedoch Fremden niemals aus dem Wege, er verspürte keine Furcht vor der ansteckenden Krankheit: Wohin auf dieser Erde sollte wohl ein Mensch fliehen, wo der Tod ihn nicht einholte?
Sobald er die Ankömmlinge bemerkt hatte, ging er zu ihnen hinüber. Der heftige Regenschauer hörte gerade auf, als er auf der Brücke anlangte. Um den Stapel von Umzugsgut saßen Erwachsene und Kinder hingekauert herum. Den Kindern hatte man Schals und Mäntel als Schutz gegen den Regen umgetan; die Allerkleinsten weinten bei den Frauen auf dem Schoß.
Er kam zu Menschen, die ihn brauchten, und das genügte

ihm. Er erkannte gleich, daß sie von weit hergekommen waren und aus Europa eingewandert waren; die Männer und Frauen waren blond, groß und kräftig, und daher vermutete er, daß sie, wie so viele andere Einwanderer in letzter Zeit, aus Deutschland kämen. Pastor Jackson sprach notdürftig Deutsch und redete die Fremden versuchsweise in dieser Sprache an: Er sei der Pastor der Baptistenkirche in der Stadt. Wollten sie mit ihm mitkommen und seine Gäste sein?
Er wiederholte die Frage, erhielt jedoch keine Antwort: Sie machten alle den Eindruck, als verständen sie ihn nicht. Deutsch war nicht ihre Muttersprache.
Und als Pastor Jackson die Menschen auf der Brücke näher anschaute, stellte er fest, daß sie fast alle mager und blaß und abgezehrt im Gesicht waren. Eingewanderte Deutsche, sowohl die Männer als auch die Frauen, waren meist wohlgenährt und hatten eine frische Gesichtsfarbe. Er vermutete, daß diese Einwanderer Iren seien.
Ein großer schmächtiger Jüngling mit einem Anflug von einem blondem Bartflaum auf der Oberlippe sprach zu ihm ein paar Sätze in einer Sprache, die ihm bekannt war: Es war das Englisch des gerade angekommenen Einwanderers. Pastor Jackson kannte die ersten Versuche von Ankömmlingen, die Sprache des Landes zu sprechen, sehr gut, und er lächelte dem Sprechenden ermunternd zu, hörte aufmerksam zu und unterbrach ihn nicht. Und schließlich verstand er: Der Jüngling wollte sagen, daß er in Amerika fremd sei und gern gewußt hätte, ob es hier niemand gebe, der ihm helfen wolle.
Der Amerikaner fragte nach dem Heimatland der Einwanderer, und aus der Antwort, die er auf englisch erhielt, konnte er deutlich den Namen des Landes, Schweden, heraushören.
Pastor Jackson hatte sich alle erreichbaren Kenntnisse über die verschiedenen Heimatländer der Einwanderer verschafft, und er wußte, daß Schweden ein Bezirk in Norwegen war. Zu seiner Gemeinde gehörte eine Siedlerfamilie drüben in Marine, die auch aus Norwegen hierhergekommen war. Die Ankömmlinge hier auf der Brücke waren also Landsleute der

Norweger in Marine, und das waren gute, fromme Menschen. Hier in Stillwater wohnte auch ein Mann aus Norwegen, Mister Thomassen, ein Schuhmacher, der ihm ein paarmal seine Stiefel besohlt hatte und sehr gut gearbeitet hatte. Thomassen wohnte ein Stückchen jenseits der Kirche. Er wollte dem Norweger bestellen lassen, daß er eine ganze Gruppe gerade angekommener Landsleute treffen könne.
Und der Pastor wandte sich jetzt in englischer Sprache an den Jüngling und wollte durch ihn zu ihnen allen sprechen; er sprach so langsam und deutlich, wie er konnte: Die Menschen hier im Ort seien nicht ungastlich, sondern nur etwas scheu vor Fremden, die von der Cholera angesteckt seien. Doch nun könnten sie ganz unbesorgt sein, er sei Pastor in der Stadt, und sie sollten alle mit ihm zu seinem Wohnhaus mitkommen, und er wolle auch zusehen, daß ihre Habseligkeiten von der Brücke herunterkämen und über Nacht unter Dach gebracht würden.
Der blasse hagere Jüngling versuchte nicht den anderen zu erklären, was Jackson gesagt hatte, aber er holte ein Büchlein aus der Tasche und begann eifrig darin zu blättern, als ob er nach etwas suchte. Der Pastor wandte sich einer jungen Frau zu, die auf jedem Knie ein weinendes Kind hatte, und nahm ihr das kleinste Kind ab. Es war ein Junge, und er nahm ihn in seine Arme und hielt ihn vorsichtig und ordentlich, als wollte er dem Kleinen die Taufe geben. Das Kind war in einen durchnäßten Schal gehüllt, und das Regenwasser lief in großen Tropfen aus dem Schal herab und machte dem Pastor die Hosen ganz naß.
Nun ging der Pastor Henry O. Jackson mit dem Kind auf dem Arm fort, und die ganze Gesellschaft kam hinterdrein. Als letzter ging der Jüngling, mit dem er gesprochen hatte. Er blätterte und suchte immer noch in seinem Buch, er suchte auf dem ganzen Weg bis zu dem Häuschen am Flußufer, aber er fand nicht, wonach er in dem Buch suchte: *Gespräch mit einem Pfarrer.*

3

Bevor Karl Oskar die Schwelle zu Pastor Jacksons Haus überschritt, wandte er sich an Jonas Petter, um mit ihm zu beratschlagen: Sollten sie diesem sonderbaren barhäuptigen Mann Glauben schenken? Es konnte ja niemand von ihnen wissen, was er mit ihnen vorhatte: Vielleicht lockte er sie an eine Stelle, wo Diebe und Räuber hausten? Wer wußte, was dieses Haus hier für eine Spelunke war?
»Er sieht aber freundlich und hilfsbereit aus!« sagte Jonas Petter.
»Gerade deshalb«, meinte Karl Oskar. Denn er wußte ja: Je freundlicher und hilfsbereiter ein Fremder sich in Amerika zeigte, desto gefährlicher war es, mit ihm mitzukommen. Er hatte sichtbare und fühlbare Andenken daran: Eine große Narbe auf der Brust und ein linkes Bein, das manchmal noch wehtat. Und er schenkte keinem fremden Menschen in Nordamerika mehr Glauben.
»Wir brauchen nicht besorgt zu sein. Er ist der Pfarrer der Stadt«, sagte Robert achtungsvoll.
»Pfarrer? Der? Nein! Er lügt!«
Karl Oskars Mißtrauen gegen ihren Helfer verstärkte sich: Dieser Mann, der im Freien ohne Kopfbedeckung umherging und so einfach angezogen war, dieser Mann in einem verschmutzten Hemd und in stark abgenutzten Hosen – der sollte Pfarrer sein? Wenn dieser Kerl Pfarrer sei, dann könne er selbst ebensogut auf einer Kanzel stehen.
Robert beteuerte, daß der Amerikaner gesagt habe, daß er *minister* sei, und das bedeutete Pfarrer – sie könnten selbst hier im Buch nachschauen! Karl Oskar glaubte, daß Robert sich verhört habe; er traute den Kenntnissen seines Bruders in der englischen Sprache nicht.
Anfänglich hatte er den Verdacht gehabt, daß der Fremde sie von der Anlegebrücke fortlocken wollte, um auf diese Weise ihr Umzugsgut beiseitebringen und stehlen zu können. Doch als er nun sah, daß der barhäuptige Mann sie nicht weiter fort-

führte, als daß sie ihre Habseligkeiten überwachen konnten, wurden seine Befürchtungen zerstreut, und er ging mit ins Haus. Er flüsterte jedoch Kristina zu: Sie wollten nur nicht vergessen, daß der hilfsbereiteste Mensch der treuloseste sein könne.

Pastor Henry O. Jackson beeilte sich, ein großes Feuer anzumachen, so daß seine Gäste ihre Sachen um den Herd trocknen konnten. Die Frauen zogen sich die Oberröcke aus und hängten sie vors Feuer und zogen den Kindern für das durchnäßte Zeug andere Sachen an. Den Männern machte die Nässe nicht soviel aus, wenn die Luft warm war; sie drängelten sich aber je nach der Stärke ihrer Ellbogen vor dem Herd. Und Männer wie Frauen brauchten sich jetzt nur der Fürsorge ihres Wirtes zu überlassen: Er nahm sie auf, als wären sie seine liebsten und nächsten Angehörigen, die auf Besuch gekommen waren: Sie durften mit keiner Arbeit belästigt werden, durften kein Wasser holen, kein Holz holen; er bediente sie, als wäre er ihr Dienstmädchen.

Er stellte einen großen Topf aufs Feuer und legte ein großes Stück Hirschfleisch hinein, das eines der Gemeindemitglieder am gleichen Tage seinem Pastor als Geschenk übergeben hatte. Er spaltete sein frischgesägtes Holz und trug trockene Kiefernscheite herein und legte sie auf den Herd, so daß es ein helles Feuer gab, auf dem sich gut kochen ließ. Er band sich eine große weiße Schürze um und deckte auf einem großen Tisch zum Abendessen, er stellte Brot, Milch, Butter, Wurst und Käse hin, er ging mit Tellern, Messern, Gabeln und Löffeln so geschickt um, als wäre er eine Frau. Er pusselte mit den Kindern, machte ihnen Milch warm und zeigte ihnen Dinge, mit denen sie spielen konnten. Und die ganze Zeit über machten seine Gäste große Augen und schauten ihn an und waren angesichts all der Mühe, die sich ein völlig unbekannter Mensch an einem unbekannten Ort um ihretwillen machte, angesichts all dessen, was er ihnen anbieten wollte, sprachlos: Er machte sein Haus zu ihrer Wohnung.

Und als sie sich zu Tisch setzen konnten, zeigte es sich, daß er das Essen zubereitete wie eine herrschaftliche Köchin. Das Hirschfleisch, das er für sie gekocht hatte, war so weich und saftig, daß es ihnen wie Butter im Munde zerging. Etwas so Gutes hatte keiner von ihnen gegessen, solange er zurückdenken konnte. Sogar Fina-Kajsa, die nur noch einen einzigen Zahn im Munde hatte, konnte dieses Fleisch kauen. Und das Fleischstück reichte, und es blieb noch etwas davon übrig. Sie aßen von dem ganzen Essen, das ihnen hier vorgesetzt worden war, so viel sie konnten. Sie waren bald satt und zufrieden, und sie hatten ihre Lage vor ein paar Stunden ganz vergessen.

Die Frauen saßen noch in den Unterröcken da, nach dem Essen nahm Ulrika ihren Überrock herunter, der jetzt am Feuer getrocknet war, und sagte: »Wenn der Mensch einen nassen Hintern kriegt, ist es aus mit seiner guten Laune!«

Und als sie das sagte, spendete sie dem Pastor Jackson ein großes, ehrliches Lächeln der Dankbarkeit, das dieser mit einem Lächeln voller Verständnis nicht ihrer Worte, sondern ihres natürlichen Bedürfnisses nach trockener Kleidung erwiderte. Und er benahm sich ihr und ihnen allen gegenüber, als fürchtete er nur eines: daß ihnen an Essen oder Bequemlichkeit etwas fehlen könnte.

Doch jetzt hätten sie ja alle wieder einen trockenen Hintern und besäßen also, was sie brauchten, sagte Ulrika. Und sie seien alle befriedigt: Seit sie in Amerika an Land gestiegen seien, hätten sie sich nicht so satt und voll gegessen wie an diesem Abend, obwohl alles ein Geschenk für sie sei.

Nun kannten sie den barhäuptigen Mann, der auf der Anlegebrücke zu ihnen gekommen war, nun wußten sie alle, wer er war. Sie verstanden nicht, was er sagte, aber sie verstanden, was er tat, und das genügte ihnen. Robert hatte gefragt, ob ihnen hier niemand helfen wolle, und er stellte die Antwort dar: Er war die Hilfe für sie alle.

Und nachdem die Einwanderer gegessen hatten, durften sie auch die Ruhe genießen, Pastor Jackson machte für seine weither gekommenen Gäste, für alle fünfzehn, große und

kleine, Nachtlager zurecht. Er breitete große Matratzensäcke aus, die mit trockenem Heu gestopft waren, und Tierfelle als Decken, er belegte damit den ganzen Fußboden seines Häuschens. Er machte das Lager so ausgiebig für sie, daß er selbst keinen Platz mehr in seinem Hause hatte: Er sagte den bei ihm Aufgenommenen gute Nacht und ging fort, um sich bei einem Nachbarn schlafen zu legen.
Und kaum waren sie am nächsten Morgen aufgestanden, da war er auch schon zurück und stand da und war am Herd tätig und machte ihnen das Frühstück zurecht: Er kochte einen großen Topf Kartoffeln und Bohnen und wärmte das Hirschfleisch auf, das vom Vortage übriggeblieben war.
Der Wohltäter der Einwanderer hatte Robert gesagt, daß er nach einem Landsmann von ihnen geschickt habe, der Dolmetscher sein könne, und daß dieser jetzt am Morgen hierherkommen werde. Während sie noch bei ihrer Morgenmahlzeit saßen, kam ein kleiner flachshaariger, breitnasiger Mann ins Haus. Er trug eine Schusterschürze aus schwarzem Leder und roch nach Leder und Pech. Er begrüßte die Gesellschaft, als hätte er sie alle bereits früher getroffen: »Ich bin Sigurd Thomassen. Ich bin Norweger.«
Der Ankömmling sprach zu den Schweden, als hätten sie schon im voraus seinen Namen gekannt und gewußt, wer er war: Er sei Schuhmacher in Stillwater und der einzige Norweger in der Stadt.
Der da kam, war kein Landsmann, diesmal hatte Robert sich also verhört. Die schwedische Gesellschaft verstand aber seine Sprache genau so, wie sie die des norwegischen Dampferkapitäns verstanden hatte, und von ihm erfuhren sie nun, daß Robert sich nicht geirrt hatte, als ihr Wirt in dem Häuschen gesagt hatte, wer er sei: Henry O. Jackson sei seit mehreren Jahren der gute und beliebte Pastor in der eigenen Gemeinde des Herrn in Stillwater.
Und Karl Oskar saß betreten da und schämte sich seines Verdachtes gegen ihn am Vortage, und alle waren über den Mann verwundert, dessen Gäste sie waren, den edelmütigen Ameri-

kaner, als sie ihn hier in seinem Hause sahen. Hier war ein Pfarrer und erledigte Frauenarbeiten für sie, ein Mann des geistlichen Standes, der zum heiligen Predigtamt berufen und geweiht war, machte ihnen hier eine Lagerstatt zurecht und besorgte den Abwasch und scheuerte und wusch und wischte für sie wie das einfachste Dienstmädchen! Das war ihnen unfaßlich. Sie konnten sich den Mann in der großen Haushaltsschürze nicht in Talar und Beffchen auf der Kanzel ausmalen, sie konnten sich nicht vorstellen, daß jemand, der hier Koch geschirr scheuerte, auch des Sonntags vor dem Altar stand und das Abendmahl austeilte: Warum sollte sich jemand, der Pfarrer war und predigten konnte, dazu herablassen, Kochtöpfe sauberzumachen?

»So einen geschickten Mann habe ich noch nicht in einem Haushalt gesehen!« sagte Kristina zu Ulrika.

»Er ist der freundlichste und herzensbeste Mann, dem ich begegnet bin«, erwiderte das Freudenweib. »Wer hätte sich denken können, daß er Pfarrer ist?«

Kristina fragte den Norweger, ob Pastor Jackson verheiratet sei.

»Aber nein. Er ist ein *bachelor*.«

»Ich meine: Hat er keine Frau?«

»Nein, nein. Er lebt single.«

Sie konnte von dem Schuhmacher Thomassen keinen klareren Bescheid erhalten, aber sie vermutete, daß der Pastor in Stillwater Junggeselle sei.

Der kleine Norweger erzählte, daß es im Territorium sehr wenig Frauen gebe. Hier in der Stadt gebe es noch nicht eine Frau auf zehn Männer, und draußen in der wilden country kaum eine auf zwanzig. Die Männer seien also ganz geil und wüßten sich nicht zu lassen, wie Adam im Lustgarten, bevor Gott die Eva für ihn gemacht habe.

»Ihr seid willkommen! Die Settler haben auf euch gewartet!« Und er sah die drei schwedischen Frauen an, von einer zur anderen. Kristina fand seine Augen nicht nett, sie waren lüstern: Als er sie ansah, fühlte sie es irgendwie, als hätte er versucht,

an ihr Geschlecht zu rühren. Eines war sicher: Sie brauchte nicht zu fragen, ob der Schuhmacher Thomassen selbst Junggeselle sei.
Karl Oskar erkundigte sich nach dem Weg nach Taylors Falls, und er zeigte dem Norweger den Zettel mit der Anschrift des Sohnes von Fina-Kajsa, den er sorgfältig aufbewahrt hatte:

Mister Anders Månsson
Taylors Falls Påst Offis,
Minnesota Teritory, North-America.

Von Thomassen erfuhren sie jetzt, daß Taylors Falls ein kleines Siedlerdorf sei, das in nördlicher Richtung in der Wildmark liege. Die Menschen an diesem Platz seien so gering an Zahl, daß es ihnen leichtfallen werde, Mister Månsson zu finden, meinte der Norweger. Taylors Falls liege auch am St.-Croix-Fluß, es gebe aber keine Schiffe, die Passagiere weiter flußaufwärts beförderten, und die Holzkompanie in Stillwater habe nur auf einem kurzen Stück der Strecke einen Fahrweg für ihre Ochsenwagen ausgehauen. Sie müßten wohl also den Weg zu Lande zu Fuß zurücklegen. Die Holzkompanie könne aber ihr Umzugsgut auf ihren Frachtschiffen flußaufwärts mitnehmen. Von hier seien es fast dreißig Meilen nach Taylors Falls; wenn sie gut zu Fuß seien, könnten sie in zwei Tagen hingelangen, doch die Steige seien nicht leicht begehbar, und da sie kleine Kinder bei sich hätten, würden sie für die Wanderung bestimmt drei Tage brauchen. Es sei aber leicht, den Weg zu finden, sie könnten sich nicht verirren: Wenn sie den Fluß verfolgten, müßten sie unbedingt an die richtige Stelle kommen, da Taylors Falls unmittelbar am Flußufer liege.
Da das Wetter kühl und geeignet erschien und sie bereits so verspätet waren, beschloß man, daß sie unverzüglich weiterziehen wollten. Dreißig Meilen hörte sich nach viel an, da sie sie zu Fuß zurücklegen mußten, doch es waren ja nur fünf von den Meilen zu Hause; sie pflegten sonntags zu Fuß zur Kirche

in Ljuder und zurück zu laufen, und das waren zwei Meilen. Und nun müßten sie nach allem Stillsitzen und Transport auf Schiffen ausgeruht sein.
Sie fragten den Norweger, ob sie auf der Wanderung wilden Indianern in die Hände fallen könnten, doch glaubte er nicht, daß die Rothäute, die sie auf dem Weg nach Taylors Falls treffen könnten, gefährlich seien, wenn man ihnen nichts zuleide tue. Es scien meist Indianer aus dem Stamm der Chippewa, die sich in den nördlich gelegenen Gegenden aufhielten, und das sei ein sanfter und friedlicher Stamm. Die Sioux, die ihre Jagdgründe im Süden hätten und die jetzt zum Herbst hin in großen Scharen in den Wäldern umherstreiften, seien grausamer und kriegerischer, und vor ihnen hätten die Siedler Angst. Sie würden aber in den Gegenden, die sie durchwandern wollten, sicher keinen Indianer dieses Stammes treffen.
»Ihr trefft vielleicht die Chippewa, die zu den Settlern freundlich sind.«
Die Einwanderer fragten sich, ob der Schuhmacher Thomassen die Gefahren auf ihrer Wanderung verkleinerte, um sie nicht mit den Wilden zu beunruhigen.
Nun waren es die Jüngsten und die Älteste, die kleinen Kinder und Fina-Kajsa, die auf einer Fußwanderung Umstände und Ungelegenheiten verursachen konnten. Karl Oskar fragte Fina-Kajsa, ob sie mitzukommen in der Lage sei: Wenn sie den noch vor ihnen liegenden Weg nicht laufen könne, dürfe sie sicher hier so lange bei dem gastfreundlichen Pfarrer bleiben.
Die Alte fuhr auf und wurde wütend: »Wer hat gesagt, daß ich nicht kann? Und wer soll meinen Anders erkennen, wenn ich nicht selbst komme?«
Und sie wolle schwören und beteuern und sagen: Sie würden sich nie zurechtfinden, wenn sie auf dieser Wanderung nicht mitginge und ihren Sohn ausfindig machte. Sie würden sich verirren und in der Wildmark umkommen, und niemand würde sich ihrer annehmen. Sie würden niemals hinkommen, wenn sie nicht dabeiwäre.

So machten sie sich zum Weiterziehen fertig. Sie nahmen so viel Lebensmittel mit, wie sie voraussichtlich verzehren würden, und die Kleidungsstücke, die für eine Übernachtung unter freiem Himmel erforderlich waren, sie nahmen ihre Reisetaschen und Bündel, so große Lasten, wie sie tragen konnten. Ihres schweren Umzugsgutes hatte sich Pastor Jackson angenommen; er wollte es mit den Frachtkähnen der Holzkompanie flußaufwärts zu Mister Anders Månsson in Taylors Falls schicken.

Und als die Einwanderer von dem gutmütigen Manne schieden, der eine ganze Nacht lang sein Haus zu ihrer Wohnung gemacht hatte, waren sie alle darüber traurig, daß sie ihn mit keinem einzigen Dankeswort in ihrer Muttersprache erreichen konnten. Nicht eine einzige von all ihren ehrlichen Dankesbezeigungen drang zu ihm. Alle gaben sie ihm jedoch so die Hand, daß sie glaubten, daß er sie verstehen würde. Und Robert versuchte auch, auf englisch zu sagen, wie großen Dank sie ihm schuldeten: Pastor Jackson könne sich darauf verlassen, daß sie ihm dafür, sobald sie könnten, einen Dienst erweisen würden. Hier sprach er ohne die Anweisung, und er war nicht sicher, ob der Angesprochene ihn verstand. Im übrigen fühlte sich Robert besonders zu Dank verpflichtet: Der Pfarrer in Stillwater war der erste Amerikaner, mit dem er hatte englisch sprechen können. Pastor Jackson hatte von seinen Sätzen aus der Anweisung mehr verstanden als sonst jemand bisher, und von den englischen Worten, die der Pastor gesagt hatte, waren ihm mehr verständlich gewesen als aus dem Munde irgendeines anderen Amerikaners. Nachdem Robert einen Satz benutzt hatte, an dem er lange geübt hatte: *Please, speak a little bit more slowly, Sir!*, hatte Jackson noch langsamer und deutlicher gesprochen. Und er fand danach, daß ihre Unterhaltung fast zu seiner vollen Zufriedenheit verlief, obwohl er in der Anweisung kein *Gespräch mit einem Pfarrer* hatte entdecken können. Dieser Amerikaner hatte ihn von Anfang an richtig verstanden, von dem Augenblick an, als er fragte: *Will no one help me?*

Und es waren also alle fünfzehn beisammen, und keiner fehlte, als sie sich im Laufe des Morgens von der Holzstadt Stillwater aus, wo *Stillwater Lumbering Company* mit ihren dort angebrachten großen Anschlägen herrschte, nach Norden auf den Weg machten. Thomassen, der kleine Norweger, der gern mit den Frauen plaudern wollte, kam ein Stück mit ihnen mit und zeigte ihnen den Weg: Wenn sie sich nur an den Fluß dort rechts hielten, könnten sie an Taylors Falls nicht vorbeigehen, wie sehr sie es auch versuchten, sie müßten hinkommen.

»Ihr könnt es nicht verfehlen!«

Auf der langen Reise während ihrer Auswanderung waren die Menschen aus Ljuder auf Fuhrwerken und auf Schiffskielen gereist, waren auf Pferdewagen und Dampfwagen gefahren, mit Segelschiffen und Dampfschiffen, mit Flußschiffen und Kanalschiffen. Sie fanden, daß sie alle Mittel und Fahrzeuge benutzt hätten, die der Mensch zu seiner Fortbewegung hier auf der Welt erfunden hatte. Doch auf dem letzten Stück ihres langen Weges mußten sie sich auf ihren eigenen Beinen vorwärtsbewegen, auf dem letzten Teil des Weges ihrer Auswanderung mußten sie Schusters Rappen benutzen – die allerletzte Strecke des Tausendmeilenweges würden sie zu Fuß wandern müssen.

Heim zu einem fremden Wald

I

In der Zeit ihres Aufenthalts in Amerika hatte sich das neue Land bereits in seiner ganzen Weite vor den Einwanderern ausgebreitet und war für sie unfaßbar groß geworden. Auf der Reise durch dieses gewaltige Land hatten sie selbst jedoch keinen Raum und keine Bewegungsmöglichkeiten gehabt. Sie hatten sich in engen Wagen und Schiffsräumen aufgehalten und waren sich wie in Käfige eingepfercht und wie in Koben eingeschlossen vorgekommen. Das Land war groß, doch der Raum, den es ihnen bisher gewährt hatte, war klein. Endlich waren sie aus der Gefangenschaft der Fahrzeuge entlassen: Nun hatten sie weite Gebiete um sich und nichts anderes als Gottes hohen Himmel über sich.

In den Städten, durch die sie gefahren waren, hatten sie sich verirrt und ungeschickt und unbeholfen und verwirrt gefühlt. Mitten in großen Ansammlungen fremder Menschen, die sie mit keinem einzigen gesprochenen Wort erreichen konnten, waren sie sich ängstlich und verlassen und irregeleitet vorgekommen. Doch nun waren sie endlich zu den Bäumen, Sträuchern und Gräsern der Erde gelangt. Die Einwanderer kamen in einen ausgedehnten und fremden Wald hinein, in unbebaute und wilde Gegenden. Und hier geschah etwas Seltsames mit ihnen: Zum erstenmal in Nordamerika hatten sie das Gefühl, daß sie die Gegend kannten.

Sie waren unterwegs durch die Wildmark, und hier hatten sie Ellbogenfreiheit und Bewegungsraum. Der Pfad, den sie beschritten, sah so aus wie die Viehpfade bei ihnen zu Hause, aber er war nicht von zahmen Tieren getreten, sondern von wilden Menschen und wilden Tieren. Sie gingen auf den Pfaden der Indianer und Hirsche, auf den Wegen der Jäger und des Wildes. Sie folgten den Spuren der Jagd, die hier in tausend und abertausend Jahren dahingegangen war. Sie waren Wanderer ohne Waffen und liefen nicht nach den Spuren des Wildbrets: Sie hielten nicht nach den Abdrücken von Klauen Ausschau, sondern nach dem Weg, der sie zu neuen Wohnstätten führen konnte.

Das Land um sie herum bildete nun ein tiefes Tal; links breiteten sich Wälder, und rechts floß der Fluß dahin. Der Steig folgte einem gewundenen Sandsteinrücken, und der Rücken folgte dem fließenden Wasser, das ihnen den Weg weisen sollte.

Zu Beginn ihres Weges war der Wald unmittelbar am Fluß auf weiten Strecken kahlgeschlagen. Diese Gebiete lagen da wie Kirchhöfe der Landschaft, wo die hohen, nachlässig gehauenen Stümpfe als Grabsteine stehengeblieben waren. Doch nachdem sie ein paar Stunden durch Hochwald mit Kiefern und Fichten gewandert waren, kamen sie in Föhrenheiden mit hohen, geraden, astlosen Bäumen, die dunkelgrüne dichte Kronen trugen. Hier war jeder Baum ein Mastbaum, der die Segel über die großen Ozeane tragen konnte. Auf den Abhängen des Sandsteinrückens wuchsen Laubgehölze wie helle Einschläge in dem dunklen Gewebe des Nadelwaldes. Hier sahen sie all die Bäume, die sich in Schweden im Frühjahr mit Laub schmückten: Hier stand die Eiche neben der Birke, hier raschelte die Espe, hier wuchsen die Äste der Esche und Ulme mit denen der Linde und des Ahorns zusammen, und hier breitete sich in den tiefsten Senken der Haselstrauch aus. Und bei den kleinen Bäumen, die sich unter den großen kuschelten, konnten sie Weidenbäume herausfinden, die sich über die Laubsträucher erhoben. Da wuchsen Hagebutten, Schlehen, Brombeeren, Steinbeeren und Rotwurz. Hier lag fruchtbarer Boden, wo eine Menge Unterholz gedieh, das durch Ranken und Schlingpflanzen zu einem einzigen dichten undurchdringlichen Gewirr, zu einem einzigen zusammenhängenden dichtbegrünten Riesenstrauch verwachsen war.

In diesem großen Geschling und Gestrüpp wuchsen viele üppige stachlige Sträucher, die sie nicht kannten. Bisweilen blie-

ben sie stehen und schauten sich einen Baum oder einen Strauch, der ihnen neu war, näher an. Sie untersuchten die Rinde oder brachen einen Zweig ab oder zupften eine Handvoll Blätter ab und versuchten, die Art und Gattung nach der Ähnlichkeit mit anderen Bäumen und Sträuchern zu erraten. Soweit sie sehen konnten, wuchsen hier alle Bäume in der göttlichen Schöpfung, wuchs Wald für jeden Bedarf: zu Balken für die Hauswand, zu Brettern in Fußboden und Decke, zu Bänken und Tischen, für Gerätschaften aller Art, zum Laubsammeln und als Brennholz. Alle umgewehten Bäume lagen noch da und verfaulten, wo sie gefallen waren. Niemals war ein Stubben beseitigt, nie ein vertrockneter Baum abgehauen. Alle trockenen toten Bäume standen noch da und verunzierten den gesunden, lebenden Wald mit ihren kahlen Ästen und ihren abgeschelferten Stämmen ohne Rinde. Hier standen noch trockene Kiefern in so großer Zahl, daß ihr Holz gereicht hätte, um tausend Feuerstätten tausend lange Winter hindurch zu heizen. Sie sahen einen ungepflegten und verwahrlosten Wald, doch hatte er sich, solange er die Erde hier bedeckt hatte, selbst gehegt und gepflegt, und er war dahingestorben und hatte weitergelebt: Der Wald wuchs seine Zeit zu Ende, unberührt und unbezeichnet von Schneidewerkzeugen und Äxten, und fiel dann mit sich lösenden Wurzeln zu Boden und vermoderte und verschwand zwischen Gras und Moos – wieder in die Erde zurücksinkend, aus der er sich einmal erhoben hatte.
Je weiter sie in die Gegend kamen, um so dichter wuchs die Eiche. An einem Tage sahen sie mehr Eichen stehen, als sie in ihrem ganzen Leben gesehen hatten. Zu Hause war die Eiche der Königsbaum, der König und die Krone hatten von alters her das erste Recht auf ihn gehabt, während der Bauer sich mit den einfacheren Bäumen begnügen mußte. Zu Hause war man um den edlen Baum so besorgt wie um sein Auge. Hier wanderten sie durch einen Eichwald, der sich Stunde um Stunde erstreckte. Und als der Sandsteinrücken sich zu einem Hügel erhob und sie über das Land nach Westen zu schauten,

über das tiefe Tal, das sich dort unten auftat, sahen sie ein ganzes Meer von großen Eichenkronen, die wie zu einem einzigen meilenweiten Wipfel hellen Grüns ineinandergeflochten waren. Hier zeigte sich ihnen eine Gegend, so ausgedehnt wie zu Hause ein Kreis, die mit Königsbäumen bewachsen war. Unten in diesem fruchtbaren Tal hatten die Eichen die Jahrtausende hindurch stolz und aufrecht während ihrer Mannesjahre dagestanden und waren in ihren alten Jahren langsam und still vermodert. Hier hatten keine Bezirksvögte mit ihren Markieräxten gewütet, hier hatte kein Alleinherrscher von König Bauholz für seine Festungen und Kriegsschiffe entnommen. In diesem Lande der heidnischen Völker war der Königsbaum stehengeblieben, geschützt und bewahrt, hier reckte er die Mähne seiner dichten Krone als Löwe des wilden Waldes in die Höhe.
Die Landschaft wechselte, der Höhenrücken wurde höher und niedriger, an den Seiten neigte sich der Boden und bildete Senken. Sie kamen zu einem offenen Waldland mit noch ergiebigerer Erde, wo Kräuter und Gras das Übergewicht über größere Bäume und Sträucher bekamen. Hier sahen sie wilde Apfel- und Pflaumenbäume, deren Äste sich unter ihren Früchten bogen. Zwischen dem Gestrüpp von Beerensträuchern war der Boden mit wilden Rosen und einer Unzahl von Blumen überstreut. Hier zeigte sich ihnen ein üppiger Unterwuchs aus fruchttragenden Gewächsen, süßen Farnen, Honigkraut, Blaubeeren, Himbeeren, Holunderbeeren, schwarzen und roten Johannisbeeren. Und das Beerenkraut kroch nicht wie in den heimatlichen Wäldern unterwürfig in mageren, bindfadenschmalen Ritzen am Boden dahin, sondern erhob sich dicht und großblättrig und üppig, als hätte man es auf einem gutgedüngten Kohlbeet gezogen. Das Blaubeerkraut wuchs in großen, dichten Büschen, an denen die Beeren so groß wie Daumenspitzen saßen und sich pflücken ließen, als wären es Stachelbeeren.
Wo sich im Walde eine Lichtung auftat, war sie mit üppigem Gras bewachsen, das dem Wanderer bis zum Oberschenkel

reichte. Der Boden lag eben und glatt da wie der Fußboden in den Sälen eines Königsschlosses. Kein einziger Stein war zu entdecken. Hier hatte noch niemand eine Sense geschwungen: Seit der Zeit der Schöpfung wartete dieses Gras auf die Schnitter.

Sie kletterten über Bäche und Fließe, bei denen ihnen umgewehte Bäume als Steg dienten. Sie sahen einen kleinen Tümpel, aus dem nackte Äste und schwarzes Reisig umgefallener Bäume – ein Bild des Todes und der Verlassenheit – überall in allen Richtungen über die Wasseroberfläche hinausragten. Sie gingen an kleinen, von Gras umkränzten Seen vorbei, wo der Wasserspiegel von hin und her gehenden Fischflossen brodelte und wallte. Sie blieben stehen und schauten nach den Fischen, die sich da so heftig bewegten. Das Wasser war so klar und durchsichtig, daß ihre Augen es bis in die Tiefe hinunter druchdringen konnten: Sie sahen den Sand des Grundes glitzern wie Goldkörner im Sonnenschein. Und sie verwunderten sich über dieses leuchtend klare und blaue Seewasser, das seine Farbe gewissermaßen von oben, vom Himmel selbst, genommen hatte.

Auf einer Lichtung scheuchten sie ein Rudel äsender Hirsche auf. Die schlanken, mit einem Geweih geschmückten Tiere hatten ein hellrot leuchtendes Fell und kurze weiße Wedel. Die Hirsche flohen in weichem Galopp und mit wippenden Wedeln auf ihren spindeldürren Läufen davon. Die Einwanderer hatten bereits das Fleisch ihrer Art gekostet und wußten, wie lecker und wohlschmeckend es war. Immer wieder huschte ein langohriger schneller Hase im Gras unmittelbar vor den Füßen der Gehenden fort, gerade noch im rechten Augenblick, um nicht getreten zu werden. Bekannte und unbekannte Waldvögel flogen an ihrem Wege hoch, auf den Seen schwammen Entenschwärme, ohne aufzufliegen, als sie vorbeikamen, und ein paarmal hörte man in der Luft das stark pfeifende Geräusch vieler schlagender Vogelflügel: Es waren große Schwärme blauschimmernder Tauben, die über ihren Köpfen dahinflogen.

In der Gegend, die sie durchwanderten, gab es reichlich Wild, Haarwild und Federwild, Fleisch- und Fischnahrung. Essen, das für viele Mahlzeiten reichte, lief auf der Erde an ihnen vorbei, plätscherte im Wasser oder flog in der Luft vorüber.
Die Einwanderer waren in ein schattiges und grünes Land gekommen, zu einer guten und reichen Erde, in ein Land, das sich gut für die Niederlassung eignete. Hier konnten sich Menschen ernähren, wenn sie es irgendwo auf der Erde konnten. Doch nirgends gewahrten sie ein bebautes Stück Erde, nirgends sahen sie eine umgedrehte Scholle, nirgends erblickten sie einen Platz, der für ein Wohnhaus gerodet war. Sie konnten nicht einmal mehr die Spuren von Äxten an den Bäumen entdecken.
Dieses war ein Land für Menschen, darin zu wohnen, doch bisher war kein Siedler gekommen.
Die Einwanderer gingen auf einem unbekannten Pfad durch unbekannte Gegenden, und sie hatten keinen anderen Wegweiser als den Fluß, doch fühlten sie sich weniger ängstlich und setzten ihre Füße sicherer, als sie es irgendwo in dem neuen Lande getan hatten. Sie näherten sich hier dem Gewohnten und von Hause her Bekannten: Sie liefen im Walde, sie traten auf Baumwurzeln und Moos und Grasboden, sie bewegten sich zwischen duftenden Nadeln und weichem Blattwerk, sie befanden sich unter den Kräutern der Erde und ihrem laufenden und fliegenden Getier, und sie begannen sich zurechtzufinden. Wieviel von dem, was sie zu Gesicht bekamen, für ihre Augen auch noch fremd war – sie wußten: Mit dem Land, das sie hier umgab, würden sie bald vertraut werden.
Die Einwanderer aus Ljuder waren zu einem fremden Wald gekommen, und sie waren heimgekommen: Sie waren nicht mehr die in der Welt Verirrten.

2

In den ersten Stunden bewegten sich die Fußgänger schnell und leicht auf dem Pfad entlang dem Rücken, doch in dem Maße, in dem der Tag hinging und die Lasten schwerer erschienen, bewegten sie sich gemächlicher und langsamer vorwärts. Keiner der Erwachsenen ging, ohne etwas zu tragen, alle hatten ihre Lasten. Sie hatten sie so gerecht wie möglich zwischen den Männern und Frauen verteilt. Von den Kindern konnten nur Danjels beide Jungen die ganze Zeit über auf ihren eigenen Füßen gehen; seine vierjährige Tochter Fina mußte der Vater tragen. Karl Oskar hatte Klein-Märta auf dem einen Arm, während er mit der freien Hand die Reisetasche trug und ein Kleiderbündel auf dem Rücken hatte. Kristina hatte Harald auf dem Arm, und diese Last reichte ihr, denn außerdem trug sie ihr ungeborenes Kind. Ihren Lebensmittelvorrat hatten sie Robert aufgepackt. Johan ging kürzere Strecken allein, aber seine Beinchen ermüdeten schnell, und auch er wollte getragen werden: Der Junge hängte sich seinem Vater auf den Rücken und klammerte sich mit den Armen an dessen Hals fest. Auf den Wegstücken, auf denen Karl Oskar mit zwei Kindern und einer Reisetasche und einem Bündel beladen war, konnte er nicht so schnell zu Fuß sein.

Jonas Petter ging ein Stückchen vor den andern her und machte den Pfad ausfindig, der manchmal in den dichten Gebüschen, wo sich große Mückenschwärme aufhielten, zu verschwinden schien, und paßte auf, daß sie den Fluß immer rechts hatten. Immer öfter kamen sie in Gestrüpp mit stacheligen stechenden Sträuchern, wo sie langsam und vorsichtig weitergehen mußten und wo die Wanderer mit den schwersten Lasten Atem holen konnten.

Man hatte befürchtet, daß Fina-Kajsa die Wanderung verzögern würde, doch die Alte mit dem mageren Körper einer Greisin war bemerkenswert zähe und blieb nicht hinter den Jüngeren zurück. Sie trottete mit und trug ihren eisernen Kessel, den sie aus Furcht, er möchte so wie der Schleifstein gestohlen werden, nicht bei dem Pfarrer in Stillwater zu lassen gewagt hatte. Sie sei in ihrem Leben schon so weit gelaufen: Zu Hause auf Öland den Weg zur und von der Kirche, zweieinhalb schwedische Meilen an jedem Sonntag, fünfzig Jahre lang. Das seien so viele Meilen, daß die Strecke mehrmals von hier nach Schweden reichte. Und da schaffe sie es ohne weiteres, das Stückchen Weges zurückzulegen, das sie noch bis zum Hause ihres Sohnes zu gehen hätten. Wenn es nur stimme, daß sie sich so nahe an seiner Wohnstätte befänden. Und sie sprach wieder von dem Hof, den er hier draußen in der Wildmark errichtet habe, und von dem er den Eltern in mehreren Briefen geschrieben habe: Auf Öland gebe es kein Anwesen, das man mit seiner Hufe und seinen großen Äckern und Besitzungen vergleichen könne. Anders habe seinen prächtigen Hof nicht näher beschrieben, sondern die Eltern gebeten, sie sollten selbst kommen und sich ihn anschauen: Sie würden wahrhaftig mit ihrem Sohn zufrieden sein. Und sie, Fina-Kajsa, habe gesehen, daß Anders hier in Amerika ein fleißiger und tüchtiger Mann geworden sei, da er sich eine solche Hufe habe zulegen können. Es sei für ihn nützlich gewesen, in ein fremdes Land zu kommen.

Die Luft war warm, aber es wehte ein Westwind, der schweißbedeckte Schläfen kühlend umstrich, und die Luft erschien nicht mehr so schwül.

Die Fußgänger machten ihre Mittagspause im Schatten einer großen Eiche mitten auf einer üppig bewachsenen und schönen Lichtung und aßen von ihren gemeinsamen Vorräten. In den letzten Wochen waren sie auf ihrer Fahrt zu einem einzigen Haushalt geworden. Warum sollten sich zwei Familien und ein alleinstehender Mann auf drei Verpflegungsgruppen verteilen, wenn sie sich das Essen zusammen halten und sich zu einer vereinigen konnten? Was dem einen fehlte, konnte der andere beisteuern, und dann konnten sie tauschen: Wenn der eine Brot hatte, aber keine Zukost, hatte der andere vielleicht Zukost, aber kein Brot.

Nach dem Mittagessen streckten sich die Einwanderer auf der

Erde unter der Rieseneiche aus. Es war so warm, daß sie im Schatten liegen konnnten, und sie ruhten sich aus und ließen es sich wohlsein. Die Kinder tummelten sich im Gras; sie hatten sich an wilden Beeren, Himbeeren, Balubeeren, Johannisbeeren und wilden Pflaumen so sattgegessen, daß sie Bauchschmerzen bekommen hatten. Hier wuchsen auch Sträucher mit unbekannten Beeren, die die Kleinen nicht pflücken und kosten durften; sie konnten giftig sein. An kleinen Bäumen oder hohen Sträuchern wuchsen eine Art schöner blauschwarzer Beeren, von denen Robert behauptete, es seien wilde Trauben: Aus ihnen werde der Wein gepreßt, das Getränk, das die vornehmen Leute tränken und von dem die einfachen Menschen einmal im Monat beim Abendmahl einen Schluck erhielten. Sie kosteten vorsichtig von den Trauben, die süß und gut schmeckten, aber sie wagten nicht, mehr als eine Handvoll zu essen, denn sie könnten von solchen süßen Beeren trunken werden: Es stehe in der Bibel, daß Menschen von süßem Wein trunken werden könnten.

Sie konnten von den Früchten an den Sträuchern nicht mehr mitnehmen; es fehlten ihnen Gefäße. Elin hatte jedoch ihr Körbchen voll großer schwarzroter Himbeeren gepflückt, die von Saft troffen; das Mädchen hatte von der Flüssigkeit, die den vollreifen Beeren entfloß, blutrote Finger.

»In Amerika kriegen wir noch schöne Gesichter«, sagte Ulrika. »Hier können wir uns mit Himbeersaft waschen!«

Kristina ließ ihre Kinder nicht aus den Augen, damit sie sich nicht zu weit entfernten. Niemand wußte, ob in dem hohen wilden Gras, das ein gutes Versteck für gefährliche Kriechtiere war, nicht Schlangen lauerten. Jonas Petter hatte heute schon zwei schwarz- und grüngestreifte Schlangen totgeschlagen; sie waren jedoch nicht größer als die Schlangen zu Hause.

Die Gefahr war für Kristina bereits ein so treuer Begleiter geworden, daß sie ihr überall zugegen schien, sie war ihnen immer nahe; sie konnte ihre Gestalt wechseln, sie war aber in irgendeiner Gestalt in der Nähe. Sie hatte sich jedoch nun ein

für allemal mit der Gefahr abgefunden – und damit begegnete sie ihr weniger furchtsam als früher.
Gerade in diesem Augenblick ärgerten sie nur die aufdringlichen Mücken in diesem Walde – die Mücken, die ihnen allen zusetzten; wenn sie sich ruhig verhielten, kamen sie in großen sausenden und pfeifenden Schwärmen an und bissen und stachen an jeder unbedeckten Stelle der Haut. Am schlimmsten war es für die empfindliche Haut der Kinder; im Gesicht bekamen sie von den Mückenstichen schon kleine Schwellungen. So scheußliches Viehzeug hatte sie noch nicht zu spüren bekommen. In Amerika war alles anders, Tag und Nacht, Wetter und Tiere: Die Wärme war wärmer, das Dunkel war dunkler, der Regen war nässer als zu Hause – und die Mücken waren tausendmal bösartiger als in Schweden.
Als Kristina dalag und die ruhenden Männer um sie herum auf dem Erdboden anschaute, brach sie plötzlich in ein schallendes Gelächter aus: »Ulrika! Sieh dir mal die langhaarigen und langbärtigen Kerle an! Die sehen so aus wie Vogelscheuchen!«
Die ledige Ulrika in Västergöhl lachte auch. Da keiner von den Männern eine Schere am Kopf gehabt hatte, seit sie die Heimat verlassen hatten, wuchs ihnen das Haar weit auf den Jackenkragen hinunter. Danjel hatte schon von Hause aus einen Bart, doch auch Karl Oskar und Jonas Petter, die zu Hause glattrasiert gewesen waren, ließen ihren Bart wachsen, als es zu schwierig wurde, die Rasiermesser zu benutzten. Arvid hatte einen sehr schwachen Bartwuchs und brauchte sich nur selten zu rasieren, und Robert hatte es noch nie getan. Doch jetzt, wie sie da zusammen waren, sahen sie alle auf dem Schädel, an Kinn und Wangen gleich zottelig und behaart aus. Solange sie sich unter anderen Menschen aufgehalten hatten, war es Kristina nicht aufgefallen, doch als sie so allein im Walde waren, überrumpelte sie der komische Anblick, den die Männer mit ihrem ungepflegten Haar und den ungepflegten Bärten boten: Sie sahen aus wie die grimmigsten und wildesten Räuber. Und sie sagte: Wenn sie Karl Oskar niemals vor-

her gesehen hätte, sondern ihm zum erstenmal hier im Walde begegnet wäre, hätte sie vor diesem Kerl einen Todesschreck bekommen und wäre so schnell davongelaufen, wie sie die Beine getragen hätten.

»Am schlimmsten ist, daß der Bart so juckt, als nisteten lauter Läuse darin!« sagte Jonas Petter.

»Die Männer sind auch so blaß und mager«, erklärte Ulrika. »Deshalb sehen sie so scheußlich aus.«

Jonas Petter glaubte, daß er durch Hitze und Durchfall mindestens vierzig Pfund abgenommen habe; die Hosen hingen ihm locker wie an einer Stange um den Bauch. Es sollte wohl aber so sein, daß sie allmählich so aussähen wie die Amerikaner: Ihre Körper beständen meistens nur aus Knochen, die von einer in der Sonne getrockneten und gebräunten Haut überzogen seien.

Ulrika gab zu, daß die Männer in Amerika mager seien. Sie wollte aber bestimmt behaupten, daß sie gegen Frauen anständig und gesittet und hochherzig seien. Sie habe doch noch nie etwas Derartiges erlebt wie den Pfarrer, bei dem sie heute nacht logiert hätten – er habe ihr den Eimer fortgenommen, als sie nach Wasser habe gehen wollen, und sei selbst danach gegangen! Ein Pfarrer in Amerika, der für sie, die ledige Ulrika in Västergöhl, Wasser holen gehe – was würden sie dazu sagen, wenn sie es zu Hause im Kirchspiel Ljuder wüßten?

Zwischendurch schaute das Freudenweib nach seiner Tochter Elin, die in das Sträucherdickicht gegangen war, um Blumen zu pflücken, als sie kein leeres Gefäß mehr hatte, um Beeren hineinzupflücken.

Das Mädchen rief Robert zu sich heran: »Sieh mal hier! Hier wachsen Schlüsselblumen!«

Robert lief schnell zu ihr hinüber; er schaute sich auf dem Boden zwischen den dichten Laubsträuchern um, konnte aber weder Schlüsselblumen noch andere Blumen entdecken: »Wo sind sie denn?«

»Sie sind hochgeflogen!« entfuhr es verblüfft dem Mädchen. »Ja, da oben fliegen sie! Guck mal! Siehst du?«

Elin starrte mit aufgerissenen Augen nach einem großen Schwarm schöner gelber Schmetterlinge, die sie in der Luft umschwebten.

»Ich glaubte erst, es seien Blumen. Sie sind aber fortgeflogen.«

Elin hatte einen Schwarm von gelben Schmetterlingen, der sich im Grase niedergelassen hatte, für Schlüsselblumen gehalten. Nach all den merkwürdigen Tieren und Pflanzen, die sie gesehen hatten, wäre er nicht erstaunt gewesen, wenn sie auch fliegende Blumen gefunden hätten. Heute hatte er unterwegs übrigens ein Eichhörnchen gesehen, das flog – wie ein Vogel zwischen zwei Bäumen flog und seinen langen Schweif gleichsam als Steuer benutzte. Und wenn die Eichhörnchen in Nordamerika fliegen konnten, warum sollten die Schlüsselblumen es nicht auch können?

»Da kann man sich auf nichts verlassen, was an der Erde sitzt«, sagte Elin. »Alles kann hochfliegen!«

Der Jüngling und das Mädchen setzten sich an einen großen Himbeerstrauch und aßen von den dunklen, von Saft triefenden Beeren.

Robert und Elin hatten sich wieder vertragen, sie hatten sich eben darüber geeinigt, daß sie sich über nichts zu entzweien brauchten. Sie hätte nicht so geschwätzig sein dürfen, als sie nach New York gekommen seien, sie hätte das, was er ihr über den Sklavenhandel des Kapitäns anvertraut habe, für sich behalten müssen. Sie habe ihn wegen ihrer Falschheit nicht um Verzeihung gebeten, doch verzeihe er ihr in seinem Herzen trotzdem. Sie habe nun jedenfalls zugegeben, daß er ihr, bevor sie das Schiff bestiegen, die Wahrheit gesagt habe: Auch die Åkianer könnten nicht die englische Sprache sprechen, wenn sie an Land kämen, obwohl sie glaubten, die Zungen der Apostel erhalten zu haben. Die englischen Wörter, die Elin selbst könne, habe Robert ihr beigebracht und nicht der Heilige Geist.

Und nachdem sie versprochen hatte, keiner lebenden Seele zu verraten, was sie erfuhr, erzählte er ihr, wie sich das, was Arvid und er auf der Straße Broadway in New York erlebt hätten, in Wirklichkeit zugetragen habe. Niemand außer ihnen selbst wisse es: Er habe Arvid das Leben gerettet. Ein großer und ungeschlachter Kerl sei auf der Straße mit einem langen Messer in der Hand auf sie zugestürzt und habe es in Arvid hineinstechen und seine neue Nickeluhr stehlen wollen. Es sei einer der fünfzigtausend Mörder gewesen, die es in New York gebe und die jeden Tag, außer sonntags, je einen Mord verübten. Der Mörder habe bereits mit einer Hand Arvid die Uhr von der Weste gerissen und mit der anderen das Messer auf sein Herz gerichtet und den Stoff durchstochen, als er, Robert, hinzugeeilt sei: Er habe dem Mann einen so starken Faustschlag auf die Schläfe, die empfindlichste Stelle des Kopfes, versetzt, daß er der Länge lang umgefallen und bewußtlos liegengeblieben sei. Dann habe er dem Mörder schnell das Messer aus der Hand gewunden und Arvids Uhr wiedergenommen. Es seien Polizisten herbeigekommen und hätten den hingefallenen Banditen festgenommen, und soviel habe er, Robert, aus ihrem Englisch entnommen, daß sie ihn sehr lobten: Dank seiner Schnelligkeit und Geistesgegenwart sei an diesem Tage in der Stadt ein Mord weniger als üblich verübt worden. Wenn er gewollt hätte, wäre es ihm ein leichtes gewesen, in New York zu bleiben und sich als Polizist anwerben zu lassen.

Sie müsse ihm aber hoch und heilig versprechen, niemand weiterzuerzählen, daß er Arvid das Leben gerettet habe. Denn er sei nicht so, daß er mit etwas, was er getan habe, vor allen Leuten großtun und prahlen wolle: Wenn man einem Kameraden einmal einen kleinen Dienst erweise, müsse man das für sich behalten. Und er wolle auch nicht, daß sie von dem Geschehnis mit Arvid spreche, da würde er nur verlegen werden.

Elin lauschte Robert voll Bewunderung und gab ihm das Versprechen. Und dafür wolle sie ihm etwas anvertrauen: Jetzt, wo sie ans Ziel kämen, gedenke sie nicht bei Onkel Danjel zu bleiben, sondern sie beabsichtige, sich bei einer amerikanischen Herrschaft eine Stellung zu suchen. Er wolle ihr dabei gern behilflich sein, sagte er, wo er jetzt mit Pfarrern und anderen gelehrten Amerikanern englisch sprechen könne. Übrigens wolle er selbst nicht auf die Dauer bei Karl Oskar bleiben und für ihn arbeiten: Er habe die Absicht, auf andere Weise reich zu werden.

»Was hast du denn vor?« fragte das Mädchen.

»Nun, ich will nicht Knecht werden. Ich denke aber an den Namen ›*Angelica*‹.«

»Was ist denn das?« fragte sie erstaunt.

»Das ist ein Frauenname. Da steckt aber noch viel mehr hinter.«

Und er wollte anfangen, ihr von dem Goldgräberschiff mit dem roten Wimpel darauf zu erzählen, das er in New York gesehen hatte, als er plötzlich die Stimme senkte und verstummte: Es kam jemand hinter dem Himbeerstrauch entlang, an dem sie hockten. Es war Arvid, der auch umherging und Beeren aß, Sie saßen still, sie sahen ihn, aber er sah sie nicht. Und Elin flüsterte: Arvid habe ja ein Loch in der Weste, ein Loch im Stoff, das gerade vor dem Herzen geritzt sei. Das habe er von dem Messer eines Mörders auf der schönsten Straße der Welt in New York bekommen, sagte Robert: Da könne sie sehen, daß er die Wahrheit spreche.

Die Mittagsrast war gleich zu Ende, der Jüngling und das Mädchen hatten sich an Waldhimbeeren sattgegessen und gingen zu den anderen zurück. Arvid kam gleich hinterher und beklagte sich bei Robert darüber, daß er sich an einem stacheligen Strauch ein großes Loch in seine Weste gerissen habe, gerade gegenüber dem Knopfloch, das die Uhr halte. Er müsse zusehen, daß das Loch in Ordnung gebracht werde, denn sonst könne er seine Nickeluhr verlieren.

Die Einwanderer hatten sich nach dem Mittagessen ausgeruht und fühlten sich recht zufrieden. Die Tage zeigten ihnen ein wechselndes Gesicht: Gestern waren sie verlassen, hungrig und durchnäßt gewesen und hatten nicht gewußt, was sie tun sollten, wie sie an einem fremden Landungsplatz an Land gesetzt dasaßen, und heute lagen sie bei schönem Sommerwetter in dem frischen wilden Gras und genossen ihr Wohlbefinden. Und sie hatten das Land gesehen, wo sie sich niederlassen wollten, und waren von dem Anblick der Gegend um sie herum, die so vielversprechend aussah, befriedigt: Sie hatten sich den richtigen Wohnort ausgesucht. Jetzt bereute es keiner, daß er mit Karl Oskar mitgekommen war. Sie hatten das Gefühl, sie wären bereits für die Mühsale und Beschwernisse der langen Reise entschädigt.

»Anmutige Lande liegen hier um uns herum!« sagte Danjel Andreasson. »Der Herr hat uns zu einem gesegneten Lande gewiesen!«

In diese Worte wollten sie alle einstimmen. Danjel hatte gerade sein Tischgebet gesprochen, und nun nahm er seine Bibel hervor: Bevor er sich von seiner ersten Mittagsrast auf dem Boden des neuen Landes erhob, wollte er die Knie beugen und dem Herrgott danken, der sie bisher geleitet und der ihnen bis hierhin geholfen hatte.

Er kniete an der Wurzel der großen Eiche nieder und las aus der Bibel die Worte des Herrn zu seinem Diener Josua, als dieser mit den Stämmen Israels über den Fluß Jordan ziehen und nach den vielen Jahren der Wanderung durch die Wüste das gelobte Land erkunden und einnehmen sollte: »Sei getrost und unverzagt; denn du sollst diesem Volk das Land austeilen, das ich ihren Vätern geschworen habe, daß ich's ihnen geben wollte.«

Den lärmenden Kindern gebot man Schweigen, und alle Erwachsenen stellten sich um Danjel Andreasson herum; die Männer nahmen ihre Kopfbedeckungen ab, und Männer und Frauen beugten die Köpfe und falteten die Hände. Die kleine Gruppe Menschen stand mit einemmal stumm und unbeweglich unter dem großen Baum. Danjel Andreasson lehnte seinen Kopf an den dicken Stamm der Eiche wie an einen Altar, faltete die Hände über der Brust und sprach seine Dankesworte: »Ein fremdes Land hat uns großmütig seine Pforten aufgetan, und wir sind hierhergekommen, um hier friedlich zu wohnen und unserem Erwerb nachzugehen. Wir wären aber dazu bestimmt, wie neugeborene Lämmer unter den Heiden in diesen unübersichtlichen Landen zu vergehen, wenn nicht Du, o Herr, uns geholfen hättest. Wir würden verhungern und von Pestkrankheiten und wilden Tieren verzehrt werden, wenn Du nicht Deine barmherzigen Hände über uns hieltest. Wir sind tausend Meilen über Wasser und Land gefahren, und Du hast uns am Leben und bei Gesundheit erhalten. Seid getrost und unverzagt! sagtest Du zu Deinem treuen Diener und seinem Volk. Du hast gelobt, dieses Land an uns auszuteilen, und wir wollen auch Deine treuen Diener sein, so wie Josua und die zwölf Stämme Israels. Hilf uns in diesem fremden und wilden Land, wie Du uns bisher geholfen hast! Wir haben hier draußen unsere einfache Speise gegessen, und hier rufen wir Dich von der Erde an, der Du sie am ersten Tage schufest. Wir sind in dieser Kirche versammelt, die Du selbst erbaut hast und deren Dach sich höher erhebt als das irgendeiner anderen Kirche, denn das Dach ist Dein Himmel, o Herr. Hier in Deiner Schöpfung, in Deinem großen Tempel, wollen wir Dich loben und preisen, so gut wir es mit unseren singenden Zungen vermögen! Willst Du Dein Ohr uns zuwenden und hören, o Herr . . .?«

Und langsam und zaghaft stimmte Danjel Andreasson einen Choral an, während er unter der Eiche kniete, er begann mit schwacher und zitternder Stimme zu singen. Die Umstehenden stimmten einer nach dem anderen ein, als sie den Choral erkannten:

»Unendlicher, der seine Hand
Von Glied zu Glied, von Land zu Land
Ob dieser Welt gehalten!
Du warst, bevor die Erde stand,
Der Mensch die ersten Garben band,
Und ewig wirst Du walten . . .«

Der Wind hatte nachgelassen, und die Stimmen schwebten ungehindert über den Wald – schwache Stimmen und kräftige, rauhe Stimmen und weiche, zitternde und feste, Männer- und Frauenstimmen. Und der Choral stieg Vers auf Vers zu dem weiten und dichten Gewölbe des großen Baumes aus Blättern und Ästen auf. Hier war ein Gesang zu hören, in einer Sprache gesungen, die im Lande neu war. Die singenden Stimmen der kleinen Schar, die von so weit hergekommen war, bildeten einen neuen Laut, den man noch nie zuvor in dieser Wildmark gehört hatte:

»Die Blume, morgens frisch erblüht,
Welkt hin, eh' noch der Tag verglüht.
Und so wie sie mußt' werden
Der Mensch auf dieser Erden . . .«

Als das Loblied auf den Schöpfer verklungen war, nahmen die Einwanderer wieder ihre Lasten auf den Rücken und machten sich mit vermehrter Zuversicht wieder auf den Weg. Und an ihrem Rastplatz, der an dem niedergetretenen Gras kenntlich war, trat wieder Ruhe und Stille ein, die nur von einem Rauschen gestört wurde, das im schweren Blätterwerk der Eiche nachzitterte.

3

Sie wußten, wie schnell sich die Dämmerung im Lande ausbreitete, und eine gute Weile, bevor das Dunkel sich zu senken begonnen hatte, sahen sie sich nach einem Lagerplatz für die Nacht um. Sie wählten ein Kiefernwäldchen, wo der Boden mit dickem Moos bedeckt war. Von einer umgefallenen vertrockneten Kiefer brachen sie Äste ab, die sie zu einem großen Haufen schichteten, und mit dem ersten Streichholz ließ sich das prächtige Brennholz anstecken. Karl Oskar, Danjel und Jonas Petter hatten jeder eine Büchse mit Zündhölzern von zu Hause mit. Sie nahmen sie sehr in acht, und die drei Büchsen wurden gerecht nacheinander benutzt. In dem Kessel Fina-Kajsas, dem ein Bein fehlte, kochten die Frauen das Abendessen, Wasser wurde aus einem Bächlein hineingegossen, und in das Wasser legten sie alle Lebensmittel für eine Suppe: Kristina tat ein Stück Speck, ein paar Handvoll alte Brotrinden und etwas Salz in den Topf, Ulrika kratzte auf dem Boden von Danjels Lebensmittelbehälter ein paar kleine Kellen Mehl zusammen, und Jonas Petter gab ein Dutzend großer Kartoffeln hin, die ihm einer der Köche auf der ›*Red Wing*‹ gegen Kautabak geschenkt hatte.

Die Gesellschaft aß dann die fertige Suppe so schnell und so heißhungrig, daß keiner richtig merkte, wie sie schmeckte. Dann lud Kristina sie alle zum Allerletzten ein, das sie noch in dem Lebensmittelvorrat von zu Hause hatte: zu einem Drittelliter Honig, den sie aufs Brot strichen. Jeder Erwachsene erhielt eine kleine Honigschnitte und jedes Kind eine große.

Nach der Abendmahlzeit packte man neue Bündel von trokkenen Ästen auf das Feuer. Man unterhielt es nicht, weil man Wärme brauchte, sondern wegen der Mücken. Nur brennendes Feuer verjagte die Mückenschwärme. Jonas Petter glaubte, daß die Mücken in Amerika gefährlicher seien als die wilden Indianer, die sie noch nicht zu Gesicht bekommen hatten; keine Heiden oder Menschenfresser der Welt könnten mehr nach dem Blut christlicher Menschen dürsten als diese geflügelten Sauger, die wie mit langen Speeren stachen. Alle klagten über diese neue Plage, und Fina-Kajsa am allermeisten: Sie hatte den Skorbut und die Stürme auf dem Meer, das Feuer auf dem Dampfwagen und die Cholerapest auf dem Dampfschiff überstanden – sollte sie nun von solchem kleinen jämmerlichen Viehzeug totgestochen und aufgegessen werden, bevor sie zu ihrem Sohn kam und seinen Hof zu sehen bekam? Nein, das würde wohl Gott nicht zugeben: Er müßte ihr zugute halten, daß sie in ihrem Leben sonntags mehrere tausend Meilen gelaufen war, um Sein Wort zu hören. Wenn Gott gerecht war, stand ihr langer Kirchweg in Seinem Buch verzeichnet.

Sie trugen Moos für ihre Nachtlager zusammen, und sie hatten mitgenommene warme Kleidungsstücke und Decken, mit denen sie sich zudecken konnten. Die Kinder schliefen, kaum daß sie sich hingelegt hatten, ein, nachdem Johan gefragt hatte, ob sie nicht in Amerika bald in einem Haus wohnen würden. Und alle waren nach der Wanderung den Tag über mit ihren Lasten ermüdet: Auf diesem Lagerplatz würde man in dieser Nacht fest schlafen. Sie durften jedoch nicht vergessen, daß es in ihrer Nähe übelgesinnte Menschen und gefährliche Tiere geben konnte: Die vier erwachsenen Männer wollten jeder nacheinander zwei Stunden wachbleiben, sie wollten das Feuer unterhalten und das Leben der Schlafenden bewachen und melden, wenn in der Nacht etwas Verdächtiges zu hören war.
Robert war noch nicht alt genug; er brauchte nicht zu wachen. Er konnte aber an diesem Abend nicht einschlafen, als er sich im Walde hingelegt hatte. Er lag unter einer Kiefer, hatte den Kopf gegen den Stamm gelehnt und hatte sich so viel Moos hingebreitet, daß er darauf weich lag. Sein Körper fühlte sich nach der Anstrengung des Tages wie zerschlagen an, die Beine waren ihm steif und starr. Im Walde waren aber so viele Geräusche zu hören, die ihn wachhielten. Es rauschte im Laub, es prasselte und raschelte in Sträuchern und im Gras, und er fragte sich, was für kriechendes und schleichendes Getier sich in dem Dickicht um ihn herum verberge. Schwirrende Insekten erfüllten die Luft, und die Mücken krochen ihm auf den Leib und sangen ihm mit ihrem ewigen Jammerlaut die Ohren voll. Durch die Nacht hörte man Zischen und Fauchen, dumpfes Gebrüll und schrilles Pfeifen. Der hartnäckigste Laut kam jedoch von einem Tier im Gras, das quietschte und ächzte wie ein ungeschmiertes Wagenrad. Es hörte sich so an wie der Laut einer Grille, klang aber lauter und schriller und setzte den Ohren viel stärker zu. Er suchte nach dem Tier, fand es aber nicht: Wie konnte ein so kleines unsichtbares lautes Tier beschaffen sein?
Robert erinnerte sich aus dem Beschreibungsbuch der wilden

Tiere der amerikanischen Wälder. Sie konnten jetzt alle hier im Dunkeln in der Nähe liegen und lauern: der Bär und der Wolf, ihm den Hals durchzubeißen, die Klapperschlange, heranzukriechen und ihn zu umschlingen, das Krokodil, ihn in sein Gebiß zu nehmen. Wenigstens die Krokodile mußten jedoch weit fort von ihm sein, sie lebten nicht in den nördlichen Staaten. Doch die Indianer gab es hier in den Wäldern, obwohl sie ihnen noch nicht begegnet waren, und sie bewegten sich so schnell, daß man keinen Laut vernahm: Ehe er im mindesten gewarnt war, bevor er überhaupt etwas wußte, konnte er zerfleischt und blutend und mit abgeschnittener Kopfhaut hierliegen. Eine Kopfhaut abzuziehen war für einen Indianer so, als wenn ein weißer und christlicher Mensch sich eine Scheibe Brot vom Laib abschnitt.

Als Hütejunge in den heimatlichen Wäldern war Robert nie ängstlich gewesen, aber hier lag er nun auf seinem Mooslager und versetzte sich in Schrecken, bis sich sein Körper von Schweiß klebrig und kalt anfühlte. Nur ein paar Schritt von ihm entfernt lag Arvid; er schlief fest und schnarchte laut, er hörte keine Geräusche, nicht einmal die, die er selbst von sich gab. Und Robert konnte Karl Oskar sehen, der die erste Wache übernommen hatte – er bewegte sich wie ein großer schwarzer Schatten drüben am Lagerfeuer, wo er ab und zu mit einem Ast in dem Feuer herumstocherte, so daß die Funken in großen Schwärmen in die Luft flogen und umherwirbelten, bis sie in dem Dunkel bei den Baumkronen erloschen. Sein Bruder hatte keine Angst, er und die andern waren nicht klug genug, auf ihrem Nachtlager furchtsam zu sein, sie wußten nicht, wie gefährlich es war, hier dazuliegen und zu schlafen. Doch wenn sie gewußt hätten, was Robert von all den lauernden Gefahren mitten in einem wilden Walde im Minnesota Territory zur Nachtzeit wußte, wenn sie nur gewußt hätten, was er von den scharfen Messern und den lautlos schleichenden Füßen der Indianer wußte – niemand von ihnen hätte ein Auge zugetan.

Sobald er am Einschlummern war, weckte ihn das Tier mit

dem ewigen schrillen Geräusch wie ein ungeschmiertes Wagenrad. Und sein krankes Ohr begann zu rauschen und zu dröhnen, wie oft, wenn er stillag. Was war das für ein Geräusch da drinnen, das nie aufhörte? Manchmal fragte er sich, ob ein surrendes Tier hineingekrochen sei. Und in dem Maße, wie das Brausen und Wehen da drinnen anhielt, wurde er auf dem linken Ohr immer schwerhöriger. Zwei Jahre lang hatte dieses Geräusch ihn verfolgt, es war von der Alten Welt zur Neuen mitgekommen, es schien so, als sollte er es nie mehr loswerden. Vielleicht mußte er es sein ganzes Leben lang hören und davon gequält werden, vielleicht wurde er seiner erst ledig, wenn er einmal starb, und da hatte er nicht viel davon, es loszuwerden. Und alles wegen der großen Ohrfeige, die er von seinem Dienstherrn erhalten hatte, als er Knecht bei Aron auf Nybacken gewesen war, das alles mußte der Knecht unverschuldet für die Züchtigung durch den Dienstherrn leiden. Er hatte insgeheim bei diesem Gedanken viele Tränen vergossen: Wie hatte Gott es zulassen können, daß dieses Unrecht an ihm geschah?

Jetzt lag er da und lauschte seinem Ohr, bis das Rauschen sich wie eine Warnung anhörte: Schlaf heute nacht nicht ein! Vielleicht erwachst du nie wieder! Oder du erwachst, wenn das Indianermesser dir in den Kopf schneidet – du schreist und faßt dir über den Kopf und hast die Hand voll warmen, klebrigen Blutes . . . Du kannst es nicht wagen einzuschlafen . . .! Höre, was dein eigenes Ohr sagt . . .!

Doch Robert schlief zuletzt ein und schlief tief und erwachte erst, als Karl Oskar ihn an der Schulter rüttelte: Es war helllichter Tag, sie wollten weitertrotten, während die Luft noch kühl war – sie konnten sich dafür ausruhen, wenn die Sonne höherstieg.

Der Kessel stand wieder über dem Feuer, und die Lebensmittelbehälter waren geöffnet. Die Einwanderer saßen mit noch halb verschlafenen Augen bei der frühen Morgenmahlzeit und kratzten sich die Mückenstiche von der Nacht. Die Männer, die Wache gehalten hatten, hatten die Schlafenden kein

einziges Mal zu warnen brauchen. Ein paarmal in der Nacht hatte Karl Oskar in der Ferne Geheul gehört, das vielleicht von Wölfen hergerührt hatte, aber auch aus menschlichen Kehlen gekommen sein konnte, denn es hatte sich fast singend angehört, und Wölfe konnten doch nicht singen. Als Jonas Petter Wache hatte, war ein zottiges und tückisches Tier bis an den Ranzen mit seinen Lebensmitteln geschlichen, hatte daran gekratzt und versucht, ihn zu öffnen. Es sei ungefähr so groß wie ein Fuchs gewesen und habe eine Schnauze gehabt, die so ausgesehen habe wie die eines Fuchses, habe eine gelblichgraue Farbe gehabt und einen langen, buschigen Schwanz. Er habe das Tier mit einer Stange verscheucht und den Ranzen sicherheitshalber an einen Baum gehängt. Doch habe man schon so etwas erlebt – nach einer Weile sei das Biest zurückgekommen, und nun habe es sich darangemacht, nach dem Ranzen auf den Baum zu klettern! Dieser Dieb habe auf jeden Fall an seinen Essensvorrat herangewollt! Er habe mit einem brennenden Stück Holz nach dem Tier geworfen, und da sei es von allein fortgelaufen. Diesem Biest habe er schön eingeheizt, der Schwanz habe bestimmt angefangen zu brennen, denn es habe einen Augenblick gezischt und lange hinterher noch nach verbranntem Haar gerochen.
Es könne kein Wolf oder Fuchs gewesen sein, denn die kletterten nicht auf hohe Bäume. Jonas Petter warf die Frage auf, ob der nächtliche Besucher nicht ein Affe oder eine Wildkatze gewesen sei: Das Tier sei lang gewesen und habe sich schnell und gewandt wie ein Affe bewegt.
«Es war zottig, sagst du? Da kann es niemand anders gewesen sein als der leibhaftige Satan, der heute nacht gekommen ist, um dich zu holen!« entschied Fina-Kajsa.
Sie wisse ja, daß der Satan immer vor etwas Brennendem, was man nach ihm werfe, fliehe, und wenn nicht das brennende Stück Holz nach ihm geschleudert worden wäre, hätten sie sicherlich Jonas Petter in ihrer Gesellschaft vermißt, wenn sie am Morgen aufgewacht seien.
»Habt ihr heute nacht den Schreihüpfer gehört?« fragte Ulri-

ka. »Ich glaubte schon an einen Geist oder ein Gespenst, denn ich konnte ihn nicht entdecken.«

Alle hatten das Tier gehört, das ununterbrochen das laute Kreischen hervorgebracht hatte, doch keiner hatte es gesehen. Und Kristina sagte: Die Grillen und Heuschrecken seien natürlich in Nordamerika auch anders – hier seien sie unsichtbar. Man setzte die Wanderung fort, aber die Fußgänger liefen auf schlafferen Beinen als am vorhergehenden Tage, und ihr Trott wurde immer gemächlicher. Karl Oskar bekam in seinen schweren Stiefeln Fußschmerzen, und zeitweise tat ihm das linke Bein weh; er hatte sich dort wohl eine Sehne gezerrt. Es wurde ihm auf die Dauer zu schwer, seinen ältesten Sohn zu tragen, und er versuchte, den Jungen dazu zu bewegen, daß er auf seinen eigenen Füßen mitliefe. Doch sobald Johan ein Stückchen getrottet war, wollte er wieder von seinem Vater huckepack getragen werden: »Vater hat mich doch bis jetzt getragen . . .!«

»Du mußt doch aber verstehen, mein Kind, daß Vater nicht mehr kann«, sagte Kristina.

»Er hat bis jetzt gekonnt . . .«

Arvid, der einen kräftigen Rücken hatte und mehr tragen konnte, als auf ihn entfallen war, entlastete Karl Oskar und trug zwischendurch den Jungen. Karl Oskar hatte aber trotzdem am meisten zu tragen. Kristina dauerte er, sie wußte, daß sein verletztes Bein noch wehtat. Sie hörte, wie er keuchte und tief Atem holte, wenn der Pfad nach oben führte. Er klagte nicht, ließ in dieser Beziehung nichts über seine Lippen kommen, aber sie fragte sich, was er wohl dächte: Waren nicht die Mühen und Ungelegenheiten der Auswanderung größer, als er gedacht hatte, als er sich zu ihr entschloß? Hier schleppte er und mühte sich vorwärts wie ein Lasttier – hatte er sich jemals vorgestellt, daß er seine Kinder meilenweit durchs amerikanische Land tragen müßte? Das hatte er bestimmt nicht gedacht. Doch das würde er nicht zugeben – er gehörte nicht zu denen, die eingestanden, daß etwas schlimmer war, als sie es sich vorgestellt hatten.

»Mit den beiden Kindern wird es dir zu schwer«, sagte sie.
»Du trägst ja aber auch zwei Kinder«, erwiderte er.
Sie wanderten in den Morgenstunden, wenn das Wetter am kühlsten war, ruhten sich in der heißesten Zeit mitten am Tage aus und liefen am Nachmittag, wenn die Sonne tiefer stand, weiter. Auch am zweiten Tage sahen sie keine Menschen; sie trafen weder Weiß- noch Rothäute. Sie waren darüber nicht erstaunt: Die Gegend war weitläufig und die Bevölkerung gering an Zahl und verstreut. Und wo sie sich vorläufig noch selbst durchschlugen und nicht wußten, was Fremde, denen sie begegneten, im Schilde führten, sahen sie es ebenso gern, daß der Wald menschenleer war.
Der Sandsteinrücken, von dem sie sich die ganze Zeit über leiten ließen, verlief in Biegungen und führte sie manchmal in Hohlkehlen und tiefe Schluchten. Das Land wurde uneben und war voller Vertiefungen, und der Boden war magerer. Auf weite Strecken war kein Pfad zu sehen, und sie verloren viel Zeit. Sie liefen da, wo sie am leichtesten vorwärtskamen und hielten sich dicht am Fluß, der ihnen den Weg nach Taylors Falls zeigen sollte.
Am zweiten Abend bereiteten sie sich ihr Nachtlager in einer Felskehle. In dieser Nacht streiften keine zottigen Tiere umher und schnüffelten nach ihren Essensvorräten, und auf ihrem Lager wurden sie von keinen anderen Lebewesen belästigt als den Mücken.
Vor dem Abend des dritten Tages sollten sie da sein. Und als es am dritten Tage ihrer Wanderung auf den Nachmittag zuging, begannen sie, sich im Walde nach dem Dorf umzuschauen, wo Anders Månsson, Fina-Kajsas Sohn, wohnte. Doch noch gewahrten sie keine Anzeichen einer Ansiedlung.
Nach dem, was ihr Sohn nach Hause geschrieben habe, sagte Fina-Kajsa, solle sein Hof in der Nähe eines Flusses mit Felshöhlen am Ufer und mit großen Stromschnellen und Wasserfällen liegen. Die tiefste Felsenhöhle heiße Teufelskessel, weil sie einer der Eingänge zur Hölle hinab sei. Und sie konnten nun sehen, daß die Ufer des St.-Croix-Flusses dort rechts von

ihnen felsig und steil zu werden begannen. Sie blieben stehen und betrachteten wilde Stromschnellen, wo das Wasser über steile Absätze herunterkam und sich mit großem und ohrenbetäubendem Getöse in die Tiefe stürzte. Hier konnte die Gegend liegen, von der Anders Månsson geschrieben hatte. Doch keine Merkmale oder Spuren deuteten darauf hin, daß in der Umgebung Menschen wohnten.

Und als sie ein Stück weitergegangen waren, war Fina-Kajsa davon überzeugt, daß sie verkehrt gelaufen waren. Sie glaubte nicht mehr, daß der Hof ihres Sohnes in dieser Richtung liege. Ein Hof wie der seinige könne nicht hier in der Nähe liegen. Und sie habe den Eindruck gehabt, daß dieser kleine Norweger, der sie nach hier gewiesen habe, falsch und unzuverlässig ausgesehen habe: Sie würden sehen, daß er sie dazu verleitet habe, verkehrt zu gehen.

Und nun hatte die Alte alle ihre Kräfte verbraucht, nun war sie erschöpft, nun schleppte sie sich vorwärts. Ein paarmal fiel sie in den Bodenvertiefungen um, und man mußte ihr wieder auf die Beine helfen: »Ach nein! Ich komme nicht hin! Ach du lieber Gott! Ach du lieber Gott!«

Bis zum Einbruch der Dunkelheit waren es nur noch ein paar Stunden, und bald würde der dritte Tag zu Ende sein. Sie waren wohl zu langsam getrottet, oder vielleicht war auch der Weg länger, als man ihnen gesagt hatte. Sie mußten darauf gefaßt sein, noch eine Nacht unter freiem Himmel zu verbringen. Doch ihre Essensvorräte begannen zu Ende zu gehen, sie hatten kaum soviel davon übrig, daß es zum Abendbrot reichte. Wildwachsende Beeren hatten sie massenhaft gegessen, doch sie machten auf die Dauer nicht satt.

Die Männer berieten, während die Sonne sich neigte, und alle gingen in immer langsamerem und müderem Trott: Sollten sie sich ein Nachtlager suchen oder weiterlaufen?

Da lichtete sich plötzlich der Kiefernwald vor ihnen, und sie kamen auf einen ausgedehnten Kahlschlag. Sie blieben überrascht stehen.

»Hier ist vor kurzem geschlagen worden!« sagte Karl Oskar.

Die Kiefernstümpfe waren frisch, und es lagen noch entästete und abgesägte Stämme da. Die Stümpfe waren drei Fuß hoch: die faulen Fäller hatten völlig aufrecht gestanden, als sie fällten.

»Da drüben steckt eine Axt!« sagte Arvid.

In einem hohen Stumpf steckte eine große Axt mit breitem Blatt. Karl Oskar ging hin und zog sie heraus – nicht nur, weil er sehen wollte, wie ein amerikanisches Hiebwerkzeug aussah, er hoffte, daß Kristina die Axt nicht gesehen hatte, während sie noch steckte: Wenn eine schwangere Frau eine Axt erblickte, die in einem Hauklotz oder einem Baumstumpf saß, gebar sie ein Kind mit einer Hasenscharte, und eine Hasenscharte war ein unheilbares Gebrechen.

Jonas Petter, der vorausgelaufen war und Ausschau gehalten hatte, stieß jetzt einen fröhlich schallenden Ruf aus: »Hier drüben wohnen Leute!«

Einige Steinwürfe vor ihnen ging der Kahlschlag im Walde in eine üppig grünende Wiese über, und dort erhob sich vor einer Gruppe hoher Laubbäume ein Haus.

In ein paar Minuten war die ganze Schar müder Fußgänger bei dem Haus angelangt, das aus grob behauenen Stämmen neu errichtet war und ein Schindeldach hatte. Etwas weiter war ein kleiner Acker umgebrochen; sie sahen wachsendes Getreide. Auf der ebenen Wiese weideten zwei Kühe, prächtige und glatte fette Kühe mit großen, schwellenden Eutern, die zwischen den gespreizten Hinterbeinen der Tiere kaum Platz hatten.

Hier lag ein bäuerliches Anwesen, eine Siedlung, hier konnten sie Milch kaufen; Kühe mit so prächtigen Eutern mußten beim Melken jedesmal mehrere Kannen Milch geben. Die Gesellschaft hielt an und setzte sich in das Gras vor dem Hause. Karl Oskar nahm die Kanne aus der Reisetasche und klopfte an die Tür.

Eine magere Frau in den mittleren Jahren mit großen Stiefeln wie ein Mann an den Füßen machte auf. Sie sah die Fremden draußen erstaunt und Karl Oskar eigentlich erschrocken an.

Dem fiel angesichts ihres erschreckten Blickes ein, was Kristina von seinem langen ungepflegten Haar und Bart gesagt hatte: Er sah aus wie ein Räuber. Er versuchte, sich so ungefährlich und harmlos zu zeigen, wie er konnte, und grüßte jovial auf schwedisch. Die englischen Worte, die er bis jetzt aufgeschnappt und gelernt hatte, stellten sich im rechten Augenblick selten ein, und nun versuchte er statt dessen, sein Anliegen mit Bewegungen vorzubringen: Er hielt der Frau die Kanne hin und setzte sie darauf an den Mund und machte ihn auf und bewegte die Lippen, als hätte er etwas aus dem leeren Gefäß getrunken.

Statt mit Worten versuchte er durch Bewegungen des Mundes der Frau an der Tür klarzumachen, daß er Milch von ihr kaufen wollte.

Sie äußerte zuerst einige unverständliche Worte und starrte und glotzte ihn danach nur an. Er öffnete den Mund noch breiter und tat so, als hätte er seine Kanne in großen Schlukken ausgetrunken, und gleichzeitig zeigte er auf die beiden fetten Kühe mit ihren großen Eutern, die da drüben im Grase weideten – konnte die Frau nicht gescheit genug sein, zu begreifen, daß er Milch kaufen wollte?

Die Frau in den großen Männerstiefeln riß aber verschüchtert die Augen auf und starrte, als hätte sie einen Wahnsinnigen vor sich. Oder vielleicht glaubte sie, daß Karl Oskar nur Kunststücke vorführte und sie zum besten hielte? Sie wollte die Tür wieder zumachen. Hier konnte er nichts ausrichten, und es würde auch nichts nützen, wenn er Robert um Hilfe bat: Er hatte so einen Mißerfolg gehabt, als er sich auf der Straße in Stillwater durchfragen wollte.

Doch gerade als Karl Oskar zurückgehen wollte, trat Robert hinzu, und bevor die Frau dazu gekommen war, die Tür zuzumachen, sagte er laut und deutlich: »*We want to buy milk!*«

Sie schaute auf den auftauchenden englisch sprechenden Jüngling, der langes Haar hatte, aber bartlos war, und nun sah man an ihrem veränderten Gesichtsausdruck, daß sie verstand. Sicherheitshalber wiederholte er sein Begehren, Milch zu kaufen, ein zweites und ein drittes Mal, und sie nickte jedesmal, als begriffe sie, was er gesagt hatte. Dann ging sie ins Haus hinein, und es waren nur einige Minuten verstrichen, als sie wieder zurückkam, wobei sie einen großen Holzkübel trug, der bis zum Rande mit Milch gefüllt war.

»Schönen Dank, Ihr Liebe, Gute . . .!«

»Danke schön, liebe gute Frau . . .!«

Kristina und Ulrika sprachen zu der Frau schwedisch, während dic Einwanderergesellschaft ihre Becher hervorholte und sich um den Milchkübel scharte.

»Diese Milch haben wir dir auch zu verdanken!« sagte Kristina zu ihrem Schwager. So hatte Robert nun schließlich gezeigt, daß er für sie alle in der fremden Sprache sprechen konnte und ihnen besorgen konnte, was sie wünschten. Diesmal hatte er sich gut vorbereitet; bevor er die fünf Worte laut aussprach, hatte er sie mehrmals still für sich wiederholt: *We want to buy milk.* Und so mußte man es machen, wenn man englisch sprach: Genau üben und jedes Wort oftmals im Munde wälzen, wie man einen Bissen wälzte.

Robert wurde durch den Erfolg unbefangener, und als die hilfsbereite Frau ins Haus zurückging, lief er hinterher und fragte sie: *»Respected Sir – how can we reach Taylors Falls?«*

Und er rief Karl Oskar zu, er möge herkommen und ihr das Stück Papier mit der Anschrift des Anders Månsson zeigen. Doch jetzt antwortete sie nicht, sie rannte schnell wieder hinein und machte die Tür hinter sich zu. Als Robert an die Klinke faßte, war sie verschlossen. Sie hatte ihnen mehrere Kannen Milch gegeben, und dann schloß sie sich ein, ohne auf Bezahlung zu warten – sie benahm sich eigenartig!

Sie teilten den Inhalt des Milchkübels begehrlich untereinander. Die Kinder erhielten zuerst so viel, wie sie trinken konnten, und dann blieb für jeden Erwachsenen ein guter Viertelliter übrig. Es war eine gute und sahnige Milch, die zeigte, daß die Kühe in dieser Gegend gutes und fettes Futter hatten, und sie fühlten sich alle durch die unerwartete Zwischenmahlzeit erquickt.

Und sie hatten der amerikanischen Frau nichts für das Getränk bezahlen können, sie hatte sich ins Haus eingeschlossen! Sie wollte sie nicht in ihre Wohnung hineinlassen – soviel war ihnen klar. Sie stellten den leeren Kübel zurück an die Tür und warteten darauf, daß sie wieder herauskäme. Robert sollte ihr den Zettel mit der Anschrift zeigen und nach der Stelle fragen, wo Anders Månsson wohnte. Es war ihnen gesagt worden, daß sie eine bestimmte Person in Taylors Falls leicht finden könnten.
Und Robert saß da und übte sein Gespräch mit der Frau, das er allein ohne Anleitung zusammensetzen mußte – *I want to show you dieses piece of papier mit an address* –, als sie lautes Hundegebell hörten: Zwei Männer mit Büchsen in der Hand kamen über den Kahlschlag, und sie waren von ein paar großen graugefärbten Hunden begleitet.
Sie brauchten die Männer nicht erst anzurufen, denn diese hatten die kleine Menchenschar vor dem Haus bereits erblickt und gingen geradenwegs auf sie zu. Die Männer waren offenbar auf der Jagd. Sie trugen breitkrempige Hüte und braune, blanke Lederkleidung, bei der in den Säumen an den Hosenbeinen und Jackenärmeln langes Haar saß. Die auf sie zukamen, waren zottige und bärtige Gestalten, und bei ihren struppigen und mageren Hunden sträubte sich wütend das Rückenhaar. Und als die Fremden an die schwedische Gesellschaft herankamen, hielten sie die Büchsen vor sich und machten Bewegungen, als hätten sie sie bedroht. Die Hunde bellten laut und jagten den Kindern einen Schreck ein, und diese fingen ganz laut an zu schreien.
Als die Fremden sich so unvermutet benahmen, bemächtigte sich der Einwanderer ein großer Schrecken. Die Frauen zogen ihre Kinder an sich und rückten selbst zusammen, die Männer sahen sich unschlüssig und überrumpelt nach Hiebwaffen um: Hier mußte man sich vielleicht zur Wehr setzen . . .? Die Männer in den Ledersachen führten eine barsche Sprache, und was sie sagten, konnte niemand verstehen, doch allen war klar, was sie mit ihren Büchsen taten: Sie benahmen

sich, als wollten sie sie daran hindern, sich von der Stelle zu rühren. Und Karl Oskar und Jonas Petter griffen verstohlen nach ihren Scheidenmessern – die Büchsen lagen noch in den Kisten, die Messer waren ihre einzigen Verteidigungswaffen – und fragten sich: Was waren das für unfreundliche Leute, die sie derart beunruhigten? Was wollten sie? Wenn sie auf der Jagd waren, dann sollten sie auf das Wild schießen und Menschen, die sie nicht angesprochen hatten, in Ruhe lassen. Und das sagten sie den Männern laut in ihrer Muttersprache, denn etwas mußten sie angesichts ihrer Drohung sagen.
Da erblickten sie einen dritten Mann, der von der anderen Seite über den Kahlschlag kam. Die beiden anderen riefen ihm etwas zu, und er änderte gleich die Richtung und lief auf sie zu. Er war kleiner im Wuchs als seine Gefährten, aber er trug auch eine Büchse und hatte ebensolche Sachen an: Seine Lederhosen hatten an den Knien große Flicken. In der einen Hand trug er zwei große Hasen an den Hinterläufen; bei den Hasenkörpern waren die Köpfe abgeschnitten, und als er ging, tropfte Blut auf die Erde.
Die unbewaffnete Gesellschaft aus Männern, Frauen und Kindern war von drei Männern mit drei Gewehren eingekreist, von Männern, die im Walde offenbar auf friedliche Wanderer Jagd machten. Nun waren sie übel daran. Sie schlossen sich zu einem Kreis zusammen wie Wild, das von Jägern und Hunden aufgespürt und eingeholt war. Was sollten sie nun tun?
Die Hunde liefen auf den zuletzt angekommenen Jäger zu und schleckten nach dem Blut, das von den Hasenkörpern tropfte. Doch hinter den Hunden her ging eine der Frauen aus der umringten Schar auf ihn zu und schrie in loderndem Zorn: »Was fällt euch ein, ihr Kerle? Schämt ihr euch gar nicht?«
Es war Fina-Kajsa, die älteste der Frauen und die gebrechlichste der Gesellschaft, die dem Ankömmling entgegenhumpelte. Sie schrie ihn ganz außer sich an, als ob sie ihn warnen wollte, näherzukommen.
Dann stand sie still und sah bloß den Mann mit den erlegten

Hasen an, und er schob seinen großen Hut in den Nacken, er blieb auch plötzlich stehen und starrte sie nur an, während sein Mund sich langsam öffnete.

»Schießt auf eure Hasen, aber belästigt nicht Menschen, die des Weges kommen!«

Fina-Kajsa humpelte noch ein paar Schritt vor: »Schämst du dich gar nicht, Junge? Empfängst du deine Mutter mit der Büchse?«

Der Mund in dem roten Gesicht des Jägers ging immer weiter auf, und er ließ seine Hasen fallen.

»Wirf auch das Schießeisen fort!«

»Mother . . .!«

»Ich dachte, du würdest uns wie ein gesitteter und manierlicher Mensch begrüßen. Aber hier kommst du und kommen die andern mit den Büchsen . . . drei Männer . . .!«

»My mother . . .! Du kommst unerwartet . . .«

»Ich dachte nicht, daß ich es schaffen würde . . . Aber hier siehst du mich, Anders . . .«

»Hier bist du, meine Mutter . . .!«

»Ich habe nicht gedacht, daß Amerika mal ein Ende hätte . . .«

»Wo ist Vater . . .?«

»Er liegt auf dem Meeresgrund.«

»Ist Vater tot?«

»Ebenso tot wie alle andern, die auf dem Meeresgrund liegen. Den Schleifstein, den er mitgenommen hatte, haben die Amerikaner gestohlen.«

»Hatte Vater einen Schleifstein mit, Mutter?«

»Die Steine sind ja bei uns auf Öland so billig. Hier hast du aber unsern alten eisernen Kessel, hier in meiner Hand . . . Der eine Fuß ist abgeschlagen. Anders – kennst du schon deine Mutter nicht, dann kennst du doch unsern alten Kessel?«

»Oh yes . . . Du hast unsern alten Kessel . . . Oh yes . . . Oh mother . . . Welcome, mother . . .!«

Es waren Mutter und Sohn, die sich wiedersahen, und die Menschen um sie herum hörten schweigend den Worten des Wiedersehens zu.

4

Sie waren in Taylors Falls, es war nur noch ein ganz kurzes Stück Weges bis zu Anders Månssons Wohnung.

Er war gerade unterwegs gewesen, um sich zum Abendessen Kaninchen zu schießen, ebenso wie die beiden Nachbarn, die seine Landsleute zuerst entdeckt hatten. Und jetzt erhielten sie die Erklärung für das Benehmen der Siedlerfrau und der Jäger ihnen gegenüber: Die Menschen hier hätten Angst vor der Ansteckung durch Cholera, und alle Fremden, die kämen, würden angehalten und geprüft, bevor man sie ins Dorf lasse. Wenn welche aus verseuchten Orten kämen, bringe man sie in einen Schuppen drüben am Flußufer an den großen Fällen, wo sie ein paar Tage lang mit Schwefel und Teer geräuchert würden, bevor man sie wieder herauslasse. Für schwächliche Menschen sei es nicht gut, so geräuchert zu werden, wie man Speck räucherte; einige hielten es nicht länger als vierundzwanzig Stunden in dem Schuppen aus und würden dann ohnmächtig. Doch auf diese Weise hätten sie sich hier in Taylors Falls bisher gegen die Krankheit geschützt, und kein einziger sei an der Cholera gestorben.

Und Fina-Kajsa sagte: Hier sähen sie es – wie wäre es ihnen ergangen, wenn sie nicht dabeigewesen wäre und ihren Sohn wiedererkannt hätte?

»Was hast du aber selbst für eine Krankheit gehabt?« fragte sie. »Dein Gesicht glüht ja so rot wie eine Rose!«

»Das kommt von der Wärme, Mutter.«

Anders Månsson ähnelte in der Gestalt sehr seinem Vater, an den sie sich vom Beginn der Reise her gut erinnerten und an dessen Beisetzung auf der Nordsee sie teilgenommen hatten. Er war untersetzt, mit breiten, gekrümmten Schultern, und er ging ziemlich stark vornübergebeugt. Unter dem Hut war er fast glatzköpfig, sein Gesicht war rot, seine kleinen nußbraunen Augen schweiften umher und schauten selten andern ins Gesicht. Auf den ersten Blick machte der Sohn Fina-Kajsas einen scheuen und schüchternen Eindruck, obwohl er wie die beiden anderen Jäger in der zottigen und von struppigem Haar bedeckten Kleidung wild und gefahrdrohend ausgesehen hatte; was sie erschreckt hatte, war hauptsächlich das Aussehen der Jäger gewesen.

Es hatte zu dunkeln begonnen, und sie waren gerade im richtigen Augenblick angekommen. Nachdem sie einen Hügel hinabgegangen waren, der mit Laubwald bestanden war, kamen sie zu einem tief liegenden flachen Gelände, wo ein kleines Gewässer, ein kleiner See oder Tümpel mit hohen Grasufern, blinkte. In der Nähe des Wassers lagen Stücke bebauten Bodens; sie sahen einen Stoppelacker, auf dem noch Roggenhocken standen. Dort lagen die Äcker von Anders Månsson, das Land, das er umgebrochen hatte. Es war bereits so dämmerig, daß sie nicht sehen konnten, wie weit sich die Äcker erstreckten. Sein Wohnhaus lag auf ebenem Wiesenland, wo noch einige Linden und Ulmen standen. An dem Roggenakker erhoben sich ein paar Häuser und ein Schuppen.

Doch der den Ankömmlingen den Weg wies, ging einen Höhenrücken hinauf, wo sich ein kleines Gebäude aus runden, unbehauenen Stämmen erhob. Es lag wie eine Heuscheuer so mitten im Wiesenland.

»Hier steht deine Heuscheune, sehe ich«, sagte Fina-Kajsa.

»Heuscheune . . .? Ich remembre nicht . . .« Der Sohn wiederholte das Wort, als könnte er sich nicht erinnern, was es bedeutete.

Fina-Kajsa blieb stehen, um in das Häuschen hineinzuschauen, und Anders Månsson machte ihr die Tür auf.

»Hast du in diesem Jahr viel Heu geerntet, Anders?«

Die Alte steckte den Kopf hinein, um die Ernte zu sehen, die ihr Sohn in diesem Sommer in die Scheune gebracht hatte. Doch sie schaute ihren Sohn gleich verdutzt an: Sie hatte nicht sehen können, daß ein einziger Grashalm darin lag. Dagegen hatte sie im Dunkeln Haushaltsgegenstände und Kleidung und Gerätschaften unterscheiden können, die an Pflöcken an den Wänden entlang hingen: »Ist deine Heuscheune leer?«

»No . . . Aber ich habe no hay im Haus, siehst du, Mutter.«

»Wohnen hier Leute in der Scheune?«
»Ich wohne dort mich selbst.«
»Ist das nicht deine Heuscheune?«
»No, no, Mutter. Das ist mein Haus.«
»Warum wohnst du denn aber draußen in deiner Scheune? Warum wohnst du nicht im Hofgebäude?«
»Ich habe die Wohnung für mich selbst gebaut. Hier wir sind! Welcome in meinem Haus, Mutter! Wir wollen die Kaninchen zum supper kochen!«
Anders Månsson nahm ein langes Jagdmesser hervor, mit dem er seine Beute enthäuten und ihr die Eingeweide herausnehmen wollte, den beiden großen Hasen, die er Kaninchen nannte.
Nun wandte sich Fina-Kajsa an ihre Reisegenossen aus Schweden, und sie begann wieder aufgebracht zu werden: »Das sieht meinem Jungen ähnlich: Er stellt sich hin und lügt seiner Mutter ins Gesicht! Er will uns zu Narren halten! Er zeigt uns sein Hofgebäude nicht! Er macht uns bloß etwas vor! Wir sehen doch alle, daß das hier eine alte Wiesenscheune ist! Das seht ihr doch alle? Alle, die nicht blind sind!«
Die Angesprochenen hatten wie die Alte den kleinen Bau zuerst für eine Heuscheune gehalten, weil er mitten auf der Wiese errichtet war. Er hatte ein niedriges Dach und maß nur acht oder neun Ellen im Geviert, und die Tür, die aus den Stämmen auf der Vorderseite ausgehauen war, war auch so niedrig wie eine Scheunentür.
Kristina hatte Karl Oskar gerade zugeflüstert, dieses Haus gleiche haargenau ihrer Wiesenscheune zu Hause, in der in einer Sommernacht der Blitz gezündet habe, so daß sie abgebrannt sei.
Sie erkannten aber schließlich alle, wie es sich verhielt: Anders Månsson hatte ihnen den Weg zu seinem Wohnhaus gezeigt; dieser kleine Bau war sein Heim.
Sie sahen es alle und sagten nichts dazu – alle außer seiner Mutter: »Anders! Halte deine alte Mutter nun nicht weiter zum besten! Zeige mir deinen Hof!«

»Du bist in meinem Hof, Mutter! Kommt in mein Haus, ihr alle aus Schweden! Ich will euch heute abend ein gutes supper kochen!«
Und die Einwanderer gehorchten ihm und traten in seine kleine einfache Wohnung ein; sie waren hundemüde und erschöpft bis auf die Knochen, und glücklich stiegen sie über den hohen, groben Stamm, der die Schwelle des Hauses war – glücklich und zufrieden darüber, daß sie in vier Wände, unter ein Dach kommen konnten, daß sie ein Obdach erhielten und sich ausruhen durften.
Die alte Fina-Kajsa setzte sich aber auf ihren eisernen Kessel vors Haus und blieb dort draußen und redete weiter, und sie ermahnte ihren Sohn immer strenger und barscher: »Zeige mir deinen Hof!«
Alle andern waren in die Hütte hineingegangen, doch sie blieb draußen, während sich die Dunkelheit herabsenkte. Anders Månsson mußte sie holen, und halb trug und halb schleppte er seine Mutter über die Schwelle seines Hauses.
Für die Menschen aus Ljuder war nun die Reise der Auswanderung zu Ende. Doch die Witwe Fina-Kajsa Andersdotter war noch nicht angekommen: Sie sah nicht den Hof, von dem ihr Sohn nach Hause geschrieben hatte.
Es war ihr so gegangen, wie sie auf dieser Reise so viele Male prophezeit und gesagt hatte: Sie werde niemals ankommen.

Am hellsten leuchtet das fernste Wiesengrün

1

In Taylors Falls, wo im eigentlichen Dorf nur etwa dreißig Personen wohnten, war die Ankunft der schwedischen Gesellschaft ein bemerkenswertes Ereignis: mit den fünfzehn Ankömmlingen nahm die Bevölkerung des Ortes auf einmal um die Hälfte zu. In dem Siedlerdorf hatte es bisher nur vier erwachsene Frauen gegeben; mit Fina-Kajsa, Kristina, Ulrika und Elin verdoppelte sich jetzt die Anzahl der Menschen weiblichen Geschlechts. Nur drei Familien waren im Dorf ansässig, die übrigen Einwohner waren alleinstehende Männer.

Taylors Falls hatte seinen Namen nach einem Amerikaner, Jesse Taylor, erhalten, der vor zwölf Jahren als erster hier hergekommen war und an den Fällen eine Sägemühle gebaut hatte. Er war jetzt tot, und die Säge wurde von einem alten Iren, Stephan Bolles, betrieben, der auch eine kleine Getreidemühle angelegt hatte. Ein Logierhaus, das aus zwei kleineren Häusern mit einem gedeckten Gang dazwischen bestand, war kürzlich von einem deutschen Ehepaar, Mister und Missis Fischer, eröffnet worden, das auch allerlei andere Geschäfte betrieb; unter anderem hielten die Deutschen einen Bullen für die Kühe der Siedler. Ein Kaufmannsladen war im Besitz eines Schotten, des Mister Abbot, und im Laden Abbots befand sich auch das Postamt des Ortes. In dem größten Haus hatte die Holzkompanie von Stillwater ihr Büro eingerichtet.

Außer dem Sohn der Fina-Kajsa wohnten zwei Schweden in Taylors Falls, ein Mann und eine Frau, Samuel Nöjd und Anna Johansdotter, die Schweden-Anna genannt. Samuel Nöjd war Pelztierjäger, und die Schweden-Anna kochte das Essen für die Holzfäller in einem Waldlager nördlich des Dorfes.

Mit fünfzehn Zugezogenen aus einer einzigen Gesellschaft

hatte sich nun die Zahl der schwedischen Einwanderer im St. Croix River Valley versechsfacht.
Anders Månsson bot seinen obdachlosen Landsleuten an, in seinem Haus zu bleiben, bis sie eigene Wohnstätten errichtet hatten oder so lange, wie sie es selbst wünschten. Und er erwies ihnen damit nur einen Gegendienst: »Ihr habt gut care of meiner Mutter genommen!«
Er wollte aber sagen: Wenn sie es bei ihm zu eng und unbequem fänden, könnten sie in dem Logierhaus des Deutschen Fischer Unterkunft finden; dort kostete das Logis nur zehn Cents in der Nacht für jede Person. Dann werde das Lager unter mehreren Nachtgästen geteilt, doch lägen niemals mehr als vier Personen auf demselben Lager, und es werde einem mitgeteilt und darauf geachtet, daß niemand nachts Stiefel oder Schuhe an den Füßen behielte. Die Fischers seien peinlich saubere Menschen, die in dem Wirtshaus in Taylors Falls gute Ordnung hielten.
In Anders Månssons Häuschen wohnten nun sechzehn Menschen; die Gäste hatten nicht viel Bewegungsraum zwischen den Wänden, aber seit der Fahrt auf den Schiffen, wo sie noch weniger Platz gehabt hatten, waren sie durchaus daran gewöhnt, zusammenzurücken. Und nun konnten sie die Kinder tagsüber vors Haus lassen und sich selbst im Freien aufhalten, wenn sie wollten; sie brauchten sich nicht ununterbrochen im Hause zusammenzudrängen. Und wo der Besitzer ihnen gern seine Wohnung zur Verfügung stellte, wenn sie bleiben wollten, nahmen sie das Anerbieten dankbar an. Sie sparten die Kosten für die Unterkunft im Logierhaus, an anderthalb Dollar täglich für sie alle, wenn es zehn Cents je Person kostete. Und der Sohn Fina-Kajsas war stolz darüber, daß sie mit seinem Haus vorliebnahmen, mit dem er selbst zufrieden war. In seinem ersten Winter in Taylors Falls habe er mit dreizehn anderen Personen in einem kleinen Haus zusammengewohnt, das nur halb so groß gewesen sei wie dieses, sagte er: Neun Fuß im Geviert und sechs Fuß vom Erdboden bis zum Dachfirst, denn die Wohnung habe keinen Fußboden gehabt.

Die Ankömmlinge konnten sich jetzt ungestört einige Tage ausruhen, während sie auf ihr Umzugsgut warteten. Die Männer halfen Anders Månsson mit dem Einbringen seiner Ernte. Seine Äcker erwiesen sich als kleiner, als sie es sich vorgestellt hatten; er hatte noch nicht viel mehr als sechzehn Morgen umgebrochen. Als Zugtiere benutzte er ein Paar Ochsen, und daneben hielt er zwei Kühe. Die älteste Kuh wollte er zum Herbst schlachten, weil sie durch den Bullen bei dem Deutschen Fischer nicht mehr trächtig wurde, und nur eine über den Winter behalten. Jedesmal, wenn er seine Kühe melken wollte, kamen alle vier Frauen hinterdrein, um zuzuschauen: Sie hatten noch nie einen Mann auf dem Melkschemel sitzen sehen.
Sobald sich die Nachricht von den Gästen im Hause von Anders Månsson verbreitet hatte, kamen die beiden anderen Schweden der Gegend, um die Ankömmlinge aus der Heimat zu begrüßen. Samuel Nöjd, der Pelztierjäger, war ein heiterer und gesprächiger Fünfziger, aber er brachte in das, was er sagte, soviel Englisch hinein, daß sie kaum die Hälfte davon verstanden. Er war über zehn Jahre lang in Nordamerika gewesen und von einer Gegend in die andere gezogen, und er wollte bald aus diesem Flußtal fortziehen: Die Jagd auf Tiere mit begehrten Fellen verschlechterte sich hier. Er riet seinen Landsleuten, doch lieber Land in der Prärie zu nehmen. Die Schweden-Anna war eine Frau in den Vierzigern, wohlbeleibt, mit dicken Armen und Beinen und einem üppigen Busen. Sie sah gesund aus und machte einen resoluten und unerschrockenen Eindruck, wie man es bei einer Frau, die den Männern in einem Waldlager das Essen machte, hatte vermuten können. Sie zeigte sich jedoch auch als mütterlich, bemitleidete die kleinen schwedischen Kinder und war darüber erstaunt, daß die Kleinsten die lange Reise lebendig und gesund überstanden hatten. Die Schweden-Anna war Witwe und war allein aus Östergötland ausgewandert, während Samuel Nöjd in Dalarna zu Hause war.
Mit den Einwanderern aus Småland waren nun Menschen aus

vier schwedischen Landschaften ins St.-Croix-Tal gekommen, und die Småländer waren am zahlreichsten.
Die Ankömmlinge erkundigten sich bei jeder Gelegenheit bei den Landsleuten, die vor ihnen hier hergekommen waren: Wie war das Leben der Ansiedler hier in der Gegend, und wie mußten sie selbst bei ihrer Niederlassung vorgehen? Anders Månsson, der sich selbst Land genommen hatte, konnte ihnen am besten raten; er war ein Mann, der nicht gern sprach, wenn er nicht angesprochen wurde, und was sie von ihm erfuhren, kam meistens durch Fragen heraus.
Soviel wußten sie bald: Das Territorium war beinahe ebenso groß wie ganz Schweden, doch im ganzen Lande gab es noch kaum mehr als hundert Siedler, die Boden genommen und Äkker bebaut hatten. Die meisten von ihnen wohnten nach Süden zu in Washington County. Das Territorium war bisher nur hier im Südosten längs der Flüsse vermessen und vergeben. Im Westen und Südwesten war das Land noch so gut wie ganz unaufgeteilt und unvergeben – es lag frei und offen für den, der zuerst kam und es nahm.
Hier gab es Platz für sie, es gab genug Boden. Doch fast alle, die hier ins Flußtal einwanderten, nähmen das Land um des Waldes willen, sagte Anders Månsson: Sie machten keinen Acker urbar, sondern schlügen das Holz und verkauften es für viel Geld. Sie ließen den Boden unberührt liegen und würden durch den Wald reich. Alle, die hier herkämen, hätten das gleiche Ziel: Sie wollten im Handumdrehen reich werden.
Die Bauern aus Ljuder wollten sagen, daß sie nicht mit diesem Ziel hergekommen seien. Sie suchten hier das, was zum Leben erforderlich sei, sie wollten Äcker urbar machen und sich Haus und Hof bauen: Sie seien gekommen, um auf ihrem Grund und Boden zu bleiben und in dem Land für immer seßhaft zu werden, wo sie es allmählich zu etwas zu bringen hofften.
Sie mußten aber von vorn anfangen und sich wieder alles zulegen, was ein Ackerbauer an beweglichem und festem, totem und lebendem Inventar braucht. Und sie waren schon beküm-

mert, als sie hörten, was die Haustiere kosteten: Eine Kuh dreißig Dollar, ein Paar gute Ochsen hundert Dollar! Für Schweine, Schafe und Federvieh wurden auch unglaublich hohe Preise bezahlt: Anders Månsson hatte in St. Paul eine Legehenne für fünf Dollar gekauft. Das Tier starb nach einiger Zeit in der Einsamkeit, und er konnte daher keine Eier vorsetzen. Die übertrieben hohen Preise wurden damit erklärt, daß auch alle Haustiere ins Territorium eingewandert und ebenso selten seien wie andere Einwanderer.

Eines Abends, als sie bei Anders Månsson in seiner Hütte beisammensaßen, fragte Karl Oskar ihn um Rat: Wie sollte ein Siedler in seiner Lage handeln? Er habe zu Hause seinen Hof verkauft, und die Reise nach hier mit seiner Familie habe ihn fast die ganze Summe gekostet, die er erhalten habe, so daß er als armer Kerl angekommen sei. Er habe an Bargeld nur neunzig Dollar übrig. Ein Bauer brauche vor allem ein Paar Zugtiere, und nun habe er gehört, daß sein Geld nicht einmal zu einem Paar Ochsen reichte. Und wie solle er mit seinen geringen Barmitteln zu Grund und Boden kommen?

»Für das Land brauchst du erst etwas zu bezahlen, wenn es auf market kommt«, erklärte Anders Månsson. »In der ersten Zeit kannst du dich auf dem Land als *squatter* niederlassen.«

Und er erklärte das letzte Wort: Ein *squatter* sei ein neuer Settler, der sein Heim auf einem Landstück errichte, das noch nicht vermessen oder verkauft sei. Deshalb brauche er zunächst für den Boden nichts zu bezahlen. Und wenn das Land vermessen sei und die Regierung es versteigern wolle, habe er vor allen andern das Kaufrecht, da er als erster dort hingekommen sei. Wer einen *claim* als *squatter* nehmen wolle, brauche das Stück Land, das er haben wolle, nur auszusuchen und zu kennzeichnen und es auf dem Grundstücksamt in Stillwater anzumelden. Dann könne er ruhig darauf wohnen, bis es zum Verkauf angeboten werde, wenn er es als ständigen Wohnsitz habe. Es könnten mehrere Jahre vergehen, ehe er für den Boden einen Cent zu zahlen brauche.

Das Anerbieten hörte sich für die schwedischen Bauern groß-

zügig an – eigentlich konnte keiner bessere Bedingungen verlangen.
»Ich bin mich selbst als ein *squatter* hier hergekommen«, sagte der Sohn der Fina-Kajsa. »Das heißt als einer, der sich hinsetzt und sich dicht an die Erde hockt.«
»Skwoter . . . Skwotter . . .!«
Karl Oskar versuchte, das Wort auszusprechen, das in seinen Ohren schon dem Klange nach etwas Ärmliches und Geringschätziges an sich hatte.
»Ich muß auch so einer werden! Hier in Amerika muß man sich hinhocken, wenn man als mittelloser Bauer herkommt.«
Die beiden anderen Bauern befanden sich in einer besseren Lage als er: Von der Kaufsumme für seine große Hufe in Kärragärde hatte Danjel noch vierhundert Dollar übrig, und von dem, was Jonas Petter auf die Reise mitgenommen hatte, waren noch ungefähr zweihundertfünfzig Dollar da. Karl Oskar war am schlechtesten daran, er hatte für den Anfang am wenigsten. Doch Anders Månsson riet ihnen allen, *squatters* zu werden und unvermessenes Land zu nehmen, so daß sie ihre Barmittel für Zugtiere, Haustiere und Geräte verwenden könnten. Jeder neue Settler dürfe für sich hundertsechzig Acres in Anspruch nehmen, und ein Acre sei ungefähr so groß wie ein und zwei drittel Morgen.
Karl Oskar rechnete im Kopf aus, daß hundertsechzig Acres zweihundertsechzig Morgen entsprachen. Das Rittergut Kråkesjö zu Hause hatte nicht mehr als hundertfünfzig Morgen offenen Boden. Wenn alles Land, das er sich hier nehmen konnte, bebaut werden könnte, würde es als Ackerland für zwei Rittergüter reichen!
Und ihr Landsmann sagte ihnen über den Preis Bescheid: Ein Dollar und fünfundzwanzig Cents für einen Acre. Für den fetten und fruchtbaren Boden, den sie auf dem Herweg in dem offenen Waldland gesehen hatten, schien das ein sehr guter Preis zu sein. Hier mußte ein Bauer sein Auskommen haben, wenn er sich erst einmal eingearbeitet hatte.
Anders Månsson fuhr fort: Alles, was vom Acker komme,

Brot, Butter, Speck, Milch, Eier, Käse und anderes, werde hoch bezahlt, und bebauter Boden habe daher einen hohen Wert. Wer Land urbar machen und es halten könne, habe bald sein Auskommen. Er selbst habe jedoch in den vier Jahren, in denen er hier ansässig sei, fast die ganze Zeit über Pech gehabt. Im ersten Jahr sei seine Ernte durch die Trockenheit zugrunde gegangen, im zweiten Jahre sei ein Waldbrand ausgebrochen und habe einen großen Teil des Roggens, als er in Hocken auf dem Acker gestanden habe, verbrannt, und im vergangenen Jahr hätten die Heuschrecken das Getreide vernichtet: Sie seien in solchen Schwärmen angeflogen gekommen, daß sie die Sonne verdunkelt hätten, und sie hätten da, wo sie gehaust hätten, nur das schwarze Erdreich übriggelassen. Die Biester hätten jeden einzelnen grünen Halm aufgefressen, sie hätten seine Sense und seine Arbeitsjacke aufgefressen, die auf dem Acker geblieben seien. Er habe froh sein müssen, daß er nicht selbst aufgefressen worden sei. Jedes fünfte Jahr sei im Territorium ein Heuschreckenjahr.

Nachdem sich Karl Oskar die Äcker von Anders Månsson näher angeschaut hatte, glaubte er nicht, daß dieser ein rühriger Ackerbauer war. Er hatte Mißerfolge gehabt – doch woher kam es, daß er in den ganzen vier Jahren nicht dazu gekommen war, eine größere Ackerfläche urbar zu machen? Er brauchte ja diese steinfreie Erde nur mit einer Pflugschar umzudrehen. Er hatte sich auch noch keine Tenne gebaut, obwohl das Bauholz rundherum im Überfluß wuchs, sondern er drosch seine eingebrachte Ernte auf dem Eise des kleinen Tümpels, wenn das Wasser im Herbst zugefroren war. Das Getreide wurde auf diese Weise jedoch schlecht ausgenutzt. Karl Oskar sagte sich, daß bei dem Sohn der Fina-Kajsa, der so wenig unternehmend und wagemutig war, irgend etwas nicht stimmen müsse.

Er selbst hatte erklärt, daß seine Mutter die Briefe, die er nach Hause geschrieben habe, falsch verstanden haben müsse: Er habe von keinem großen Gebäude geschrieben, nur von seinem ausgedehnten Grund und Boden.

»Für Neusettler ist es in den ersten Jahren, bevor man einige Morgen Land urbar gemacht hat, schwierig«, stellte Anders Månsson fest, während seine Augen an den Wänden der Hütte entlangirrten.
Fast überall hier in der Gegend fehlten Fahrwege, und erst im vergangenen Jahre habe er sich in St. Paul Ochsen kaufen können. Es habe viel Trobbel und Mühen gegeben, ehe er Zugtiere bekommen habe. Er habe alles, was transportiert werden mußte, tragen und schleppen müssen. Ein Siedler, der kein Zugtier habe, müsse statt dessen seinen Rücken zu Hilfe nehmen, er müsse sein eigenes Lasttier sein. Fina-Kajsa musterte ihren Sohn: »Du hast hier in Amerika einen krummen Rücken bekommen, Anders! Hast du schwer getragen?«
»Oh no . . . mother . . .! Ich trage jetzt nichts more . . .«
Er machte eine Bewegung mit seinen gebeugten Schultern, als wollte er sie aufrichten und sich richtig gerade hinsetzen. Danach saß er da und machte nicht den Mund auf oder antwortete den andern nur einsilbig, wenn sie über sein Leben in den vier Jahren als Siedler mehr von ihm erfahren wollten. Er wich aus und sagte schließlich, als wollte er ihnen ein für allemal einen Bescheid geben: Es sei ihm manchmal schlecht gegangen, aber er sei durchgekommen – irgendwie habe er es geschafft.
»Bereust du, daß du ausgewandert bist?« fragte Jonas Petter geradezu.
»Oh . . . no . . . never . . . nicht . . . Ich habe es nicht so gemeint!« versicherte er eifrig. »Gedanken in dieser Richtung habe ich jetzt nicht mehr.«
»Ich möchte wissen, ob du hier nicht krank gewesen bist«, sagte Fina-Kajsa. »Du siehst so alt aus.«
»Hier setzt die Witterung einer guten Gesundheit zu«, erwiderte der Sohn, als sei ihm daran gelegen, sein verändertes Aussehen zu erklären. »Wer exspektet, in Minnesota Territory long zu leben, muß gut kär von sich in de Beginning nehmen. Ich ging verschiedene Zeiten krank in den beiden ersten Summers, bekos weil ich nicht nahm kär von mir in de Beginning.«

Im ersten Jahr sei er hier draußen wohl manchmal etwas trübsinnig gewesen, und seine Gedanken seien zuweilen nach Schweden geschweift. Im zweiten Jahr habe er begonnen, sich mit dem Lande abzufinden, im dritten Jahr habe er angefangen, sich wohl zu fühlen, und im vierten habe er so weitergemacht und sich hier draußen immer mehr eingelebt. Denn, im ganzen besehen, wenn man alles in Betracht ziehe, sei das neue Land viel besser als das alte, auch wenn das Wetter der Gesundheit zusetze.

Und nun werde er, Anders Månsson, bald seine amerikanischen Siedlerpapiere von der Regierung erhalten und Mitsitzer in Amerika werden: »Ich habe schon mein erstes Bürgerpapier bekommen!«

Aus seiner blauangestrichenen schwedischen Truhe, einer Kleidertruhe aus Öland, holte er ein großes Papier hervor, das er seinen Landsleuten zeigte.

Da aber nur Englisch darauf gedruckt stand, wollte es außer Robert keiner näher anschauen, wo sie nichts davon verstanden. Und sie würden wohl eines Tages selbst solche Papiere bekommen, da sie auch hierbleiben und Mitsitzer in Nordamerika werden wollten.

Sie stellten sich jetzt das neue Land wie einen großen Tisch vor, wo sie eingeladen werden würden, gleichberechtigt neben allen anderen Platz zu nehmen.

Die Gäste in Anders Månssons Haus vermuteten, daß er ihnen nicht alles erzählen wollte, was er hier draußen durchgemacht hatte. Er war ein verschwiegener Mann, in seinem Benehmen war etwas Scheues, als hätte er ein Geheimnis, als ob ihn etwas bedrückte und bedrängte.

So versuchten die neu Eingewanderten, sich das Wissen zunutze zu machen, das sie von denen erhalten hatten, die vor ihnen hier hergekommen waren. Sie wußten ja bereits, daß ihre Schwierigkeiten größer werden würden, weil sie gegen Ende des Sommers, zu einer ungeeigneten Jahreszeit, gekommen waren: Es würde ein Jahr dauern, bevor sie etwas vom Boden ernten könnten.

Und nun sollten sie während dieses langen Wartejahres ihr Leben fristen – vor allem kam es für sie darauf an, das Leben über den Winter zu retten.

2

Das Umzugsgut der Einwanderer kam, mit dem Schleppkahn der Holzkompanie flußaufwärts transportiert, in Taylors Falls an, aber sie waren über die hohen Frachtkosten erschrocken: dreißig Dollar, von denen Karl Oskar, Danjel und Jonas Petter je zehn Dollar zu bezahlen hatten.
»Habgierige Hunde!« sagte Karl Oskar, aber, von diesem Ausspruch abgesehen, konnte er nichts gegen den Preis unternehmen.
Anders Månsson sagte auch, daß die Holzkompanie in Stillwater sich so oft wie möglich auf Kosten der Siedler bereichere. Ein Faß Mehl koste in Stillwater zehn Dollar, aber in Taylors Falls fünfzehn, weil die Kompanie für die Fracht fünf Dollar nehme.
Die Ankömmlinge hatten jedoch ungeduldig auf das Umzugsgut gewartet; jetzt verfügten sie über ihre eigenen Werkzeuge und wollten keinen Tag säumen, sich Land auszusuchen – jetzt wollten sie unverzüglich ihre Wohnplätze auswählen.
Die Kleidertruhen von zu Hause wurden aufgemacht; Karl Oskar suchte zuerst seine Äxte aus der Tiefe der Truhe hervor.
»Du hast zwei Äxte?« rief Anders Månsson erstaunt aus. »Da bist du nicht bettelarm!«
Karl Oskar hatte nur eine Behauaxt und eine Handaxt mitgenommen, und es fehlte ihm immerhin noch eine Fällaxt.
»Wer aber allein über eine Axt verfügt, gilt für mehr als andere. Und wer zwei Äxte hat, ist ein reicher Mann.«
Hier benutzen die Ansiedler oft zusammen eine Axt, mit der sie abwechselnd arbeiten, jeden zweiten Tag oder jede zweite

Woche, je nach Vereinbarung. Es komme vor, daß drei sich in dieselbe Axt teilten. Er, Månsson, kenne einen Settler, der bei seiner Ankunft keine anderen Werkzeuge gehabt habe als ein Messer und das Anrecht an einer halben Axt. Und er betrachtete respektvoll all die guten Werkzeuge, die Karl Oskar aus Schweden mitgebracht hatte.

Fina-Kajsas Sohn wollte mit hinausgehen und ihnen die Stellen zeigen, die sich als Wohnplätze eigneten. Sie müßten ein Stück von Taylors Falls fortgehen, um offenes, leicht zu bebauendes Land zu finden.

Arvid und Robert sollten inzwischen in der Hütte bei den Frauen und Kindern bleiben.

Karl Oskar, Danjel und Jonas Petter rüsteten sich nach den Ratschlägen ihres Führers für einen Streifzug von einigen Tagen durch die Wildmark: Sie versahen sich mit einem reichlichen Lebensmittelvorrat und mit je einem Krug frischen Wassers. Man konnte sich von dem ungesunden Wasser in der Gegend Schüttelfrost und Fieber antrinken. Sie nahmen ihre Büchsen mit; hier ging selten jemand ein größeres Stück Weges von seiner Wohnung, ohne bewaffnet zu sein. Ein Ansiedler war es ebenso gewohnt, seine geladene Büchse bei sich zu haben, wie ein Lahmer seinen Krückstock.

Sie wollten durch Landgebiete gehen, die die Indianer als Jagdgründe benutzten. Diese hatten aber ihre Herbstjagd noch nicht begonnen; sie verlegten dauernd ihre Zelte und hatten keinen ständigen Aufenthaltsort. Anders Månsson hatte noch nie unter den Chippewa, dem Stamm, der sich um Taylors Falls herum aufhielt, zu leiden gehabt: Im Winter kämen die Indianer oft in seine Hütte, um sich zu wärmen, und sie könnten Stunde auf Stunde am Herd sitzen, ohne ein einziges Wort zu sprechen. Manchmal hätten sie ihm Hirschfleisch geschenkt. Doch könne man sich nie ganz auf die Wilden verlassen, und niemand wisse, was sie unternehmen könnten. Die Festung Fort Snelling unten bei St. Paul solle die Ansiedler, falls erforderlich, schützen. Die Indianer könnten auf Mord aus sein. Ein Pelzhändler, James Godfrey, der allein in einer Hütte einige Meilen von Taylors Falls gewohnt habe, sei im vergangenen Winter von Indianern, wie er im Bett lag, totgestochen worden. Der Trader habe Felle von ihnen gekauft, und man vermutete, daß er sie bei dem Handel irgendwie übers Ohr gehauen habe, so daß sie ihn aus Rache ermordet hätten. Die Chippewa pflegten niemand zu nahe zu treten, wenn sie nicht selbst belästigt würden oder ihnen Unrecht getan werde.

Und eines Morgens in der Dämmerung machten sich die schwedischen Bauern auf den Weg, um ihre Wohnstätten in dem neuen Lande auszusuchen – drei Småländer mit einem Öländer, der ihnen den Weg zeigen sollte. Sie gingen nach Südwesten das tiefe Tal hinab, in der Richtung, in der die fruchtbarste Erde des Flußtals liegen sollte. Das Territorium hatte hier begonnen, einen Weg zu bahnen, und sie benutzten das freigelegte Stück, so weit es reichte, worauf sie sich mit ihren Äxten selbst durch die am stärksten verwachsenen Stellen den Weg hieben. Je weiter sie sich vom Fluß entfernten, um so mehr wurde der Nadelwald durch Laubwald verdrängt. Die Tanne verschwand, und die Birke wurde selten; die Flußbirke, die hier wuchs, hielt sich am liebsten ans Wasser.

Die neu Eingewanderten aus dem schwedischen Wald fragten ihren Begleiter nach Bäumen, die ihnen unbekannt waren. Er zeigte ihnen Zedern und Walnußbäume, und sie prägten sich die Farbe ihrer Rinde und das Aussehen des Stammes und der Blätter ein. Und in einem Moor wuchsen Lärchen, die sie zuerst für eine Art Tanne hielten. Die Nadeln waren jedoch weicher, und sie erfuhren, daß der Baum im Winter seine Nadeln abwerfe und daß das Holz des Stammes sehr gut zum Häuserbau geeignet sei. Und je weiter sie in das üppig bewachsene Tal kamen, desto dichter und höher wuchs der Zukkerahorn mit seinen vielzackigen Blättern. Aus diesem Baum wurde im Frühling der Saft gezapft, und aus dem süßen, guten Ahornsaft wurde Zucker und Sirup gekocht.

Der einzige Laubbaum, den die drei Bauern aus Småland hier in dem fremden Wald vermißten, war die Erle, aus der sie zu

Hause ihre Holzschuhe gemacht hatten. Und als sie erfuhren, daß in dieser Gegend keine Erlen wüchsen, fragten sie sich, welcher Baum sich hier am besten für Holzschuhe eignete. Ihre Lederschuhe würden bald verbraucht sein, und sie waren genötigt, so wie zu Hause alltags Holz als Fußbekleidung zu verwenden.
Die Landsucher gingen langsam die fruchtbare Talmulde hinab. Sie gingen um kleine Seen herum und über Bäche hinweg, machten große Bogen und Umwege, sie sahen sich mit scharfen Augen um und untersuchten das Land und schätzten es ab.
Sie gingen so wie ihre Vorväter einmal vor Jahrtausenden über den Boden ihres Heimatlandes gegangen waren – sie suchten dasselbe, was ihre Vorväter gesucht hatten, bevor an den Stellen, wo späte Geschlechter jetzt ihre Hufen bebauten, noch eine Scholle gewendet worden war. Und sie verglichen den Wald mit dem schwedischen und fühlten etwas von Stolz, wenn hier in all dem reichen Pflanzenwuchs ein Baum fehlte, der in dem Lande wuchs, das sie verlassen hatten.
Die Tiere des Waldes bewegten sich um sie. Die Ohren der Kaninchen schauten aus dem Gras wie braune, behaarte Stengel, große, dicke Eichhörnchen liefen schwatzend wie Elstern auf den Bäumen umher, und an größeren Gewässern sahen sie Scharen von Wildgänsen. Und abgeweidete Blätter an jungen Bäumen zeigten, daß hier der Elch vorbeigekommen war. In einem Pelztier, das auf eine Lärche hinaufschlüpfte, erkannte Jonas Petter den zottigen Dieb wieder, der ihn am Nachtlager im Walde belästigt und versucht hatte, seine Lebensmittel aufzufressen. Er wußte jetzt, daß es ein Waschbär war – das Tier wurde auch *coon* genannt –, ein für Menschen ungefährlicher kleiner Bär, der in großer Zahl in den Wäldern vorkam.
Und das Grün leuchtete satt, und das Gras stand üppig, und jetzt, im Reifemonat August, beugten sich die wilden Bäume unter dem Reichtum ihrer Früchte.
»Die Sonne unseres Herrgotts hat noch nie schönere Lande beschienen!« sagte Danjel Andreasson.

Und wo die Landsucher dahinschritten, brauchten sie sich nur auszusuchen: Überall konnten sie bleiben und zweihundertsechzig Morgen des Bodens für sich in Anspruch nehmen.
Karl Oskar untersuchte die Bodenbeschaffenheit. Er hatte einen langen Kiefernast zugespitzt, und an offenen Stellen stach er den Ast in die Erde und maß die Tiefe der Ackerkrume. Die Schwarzerde lag auf Lehmgrund, und zwar rotem Lehm auf festem Boden und blauem Lehm auf bruchigem Boden. An ganz vereinzelten Stellen war der Lehmgrund mit Sand gemischt. Doch überall, wo er maß, ging die Ackerkrume bis zu einer Tiefe von zwei Fuß und manchmal fast drei Fuß.
»Besser geeignetes Ackerland finden wir in der ganzen Schöpfung nicht!« sagte Jonas Petter.
Sie suchten auch nach gesundem und brauchbarem Trinkwasser. Man hatte sie vor den Bächen und Flüssen hier gewarnt, die von Kriechtieren und Kleintieren verunreinigt waren und gefährliche Krankheiten verursachen konnten. Wenn es in der Nähe des Wohnplatzes keine Quellader oder fließendes Süßwasser gab, mußten sie sich einen Brunnen graben, um trinkbares Wasser zu erhalten, und Anders Månsson bezeugte, daß das eine zeitraubende Arbeit war: Er sei gezwungen gewesen, seinen Brunnen fünfundzwanzig Fuß tief zu graben.
Er wolle ihnen alle Seen zeigen, die er kenne, denn sie müßten sich ihre Wohnplätze an einem Gewässer aussuchen. Der größte See hier oben im Flußtal liege genau südwestlich und werde Ki-Chi-Saga genannt. Dieses sei ein indianischer Name, der ja gerade großer und schöner See bedeuten solle. Er, Anders Månsson, sei selbst noch nicht so weit durch die wilden, unvermessenen Gebiete bis zum Ki-Chi-Saga gestreift. Doch ein anderer Schwede, Johannes Nordberg, sei im Herbst vergangenen Jahres an dem großen Gewässer gewesen. Nordberg sei ein Bauer aus Hälsingland, der mit Erik Janson nach Illinois gekommen sei, aber dann von seiner religiösen Lehre abgefallen und aus der Siedlung der Sekte in

dem Präriestaat geflohen sei. Nun suche er sich statt dessen hier in den nördlichen Wäldern eine Wohnung. Nordberg behaupte, daß er der erste Weiße sei, der den See Ki-Chi-Saga gesehen habe, und er habe gesagt, daß der fruchtbarste Boden des ganzen Tales an diesem Gewässer liege. Er sei nach Illinois zurückgefahren, wolle aber zum Frühjahr mit mehreren, die von Erik Janson abgefallen seien, zurückkommen und sich an dem See mit dem indianischen Namen niederlassen. Bis jetzt habe man jedoch noch nichts von ihm gehört; vielleicht habe er sich die Sache anders überlegt.

Es gebe aber guten Boden, der näher liege.

Die Landsucher ließen sich viel Zeit. Die Hitze, die sich im Laufe des Tages bemerkbar machte, zwang sie zu gemächlicherem Wandern; sie atmeten in der schwülen Luft schwer. Als sie sich an ihrem Trinkwasser erfrischen wollten, war es in den kupfernen Gefäßen lauwarm geworden und löschte kaum den Durst.

Mitten im dichtesten Walde kamen sie zu einer großen Bodenerhebung. Der Führer sagte: Hier liege ein altes Indianergrab. Sie blieben stehen und betrachteten die Stelle: Hier war ein großer Erdhügel aufgeworfen, der mit Gras überwachsen war. Der Erdhügel war an den Seiten gerundet und wurde nach oben schmaler und glich einem riesigen Waldtier, einem ungeheuren wilden Tier, das mit den Beinen im Boden versunken war, so daß nur der Körper daraus hervorsah – einem Tier, das in der Erde steckengeblieben war und noch unbeweglich dastand und das nun so lange hier gestanden hatte, daß das Gras auf seinem Rücken grünte. Im Innern dieses großen Erdhaufens ruhten die toten Wilden in dem Wald, in dem sie ihre Jagdgründe gehabt hatten. Sie hatten Christus und das Evangelium nicht gekannt, sie waren zu ihren Lebzeiten Heiden gewesen und waren nach dem Tode verdammt worden. Ihr Lager schien jedoch friedlich hier im dichtesten wilden Walde zu liegen, grün und üppig leuchtete das Gras, das ihren Grabhügel einhüllte.

Die Landsucher blieben verwundert vor diesem Erdrücken

stehen, der sich wie ein grün-zottiger Tierkörper erhob, der aber von Menschenhänden aufgeschüttet war. In dem Hügel verwesten die wilden Jäger. Sie hatten das Gefühl, vor etwas Uraltem zu stehen, das mit Zauberei und seltsamen Märchen zusammenhing – vor etwas aus den Märchen, die in ihrer Kindheit an langen Winterabenden am Herd erzählt worden waren und bei denen ihnen im Dunkeln Schauer über den Rücken gelaufen waren.
Bevor sie noch die eigenen Menschen des Landes getroffen und kennengelernt hatten, trafen sie ihre Gräber. Sie begegneten den Toten vor den Lebenden.
Die von weither gekommenen Fremden hatten nichts von der Antwort gehört, die der Häuptling der Chippewa den Weißen gab, als er zum erstenmal nach dem Preis für die Jagdgründe des Stammes gefragt wurde, die sie durchwanderten: Füllt dieses Tal mit Gold, daß es ebenso hoch liegt wie die Höhen, und wir nehmen euer Gold für die Gräber unserer Väter nicht an! Wartet noch eine Zeit, bis mein ganzes Volk tot ist! Nehmt dann unser Tal und unsere Gräber und behaltet euer Gold!
Die schwedischen Bauern, die tausend Meilen weit gereist waren, um sich in den Jagdgründen der Chippewa niederzulassen, und die nun hier die Tiefe der Ackerkrume maßen, wußten nichts von dem Volk, dessen Land sie übernehmen wollten. Sie standen verwundert und mißtrauisch dreinschauend vor dem Indianergrab im Walde, als hätte ihnen der grünende Erdhügel das unergründlichste und unglaublichste Märchen der Welt erzählt.

3

Die Landsucher rasteten im Schatten einer Ahorngruppe und aßen von ihrem Mitgenommenen, Brot und gekochtem Kaninchenfleisch. Sie zogen sich die Hemden aus, die von der Nässe des Schweißes schwer waren, und hängten sie zum Trocknen auf die Sträucher. Doch als sie mit nacktem Oberkörper dasaßen, kamen die Mücken in großen Schwärmen an und bissen sich an jedem Stückchen Haut fest. Sie machten Feuer an und stellten ein Gefäß mit Wasser übers Feuer, um die Plagegeister mit dem Wrasen des kochenden Wasser zu verjagen. Anders Månsson sagte: Man schütze sich gegen die Moskitos am besten, wenn man sich den Körper mit Schlamm bestreiche; wenn man im Walde übernachte, solle man sich in eine Schlammdecke hüllen, bevor man sich schlafen lege, dann sei man geschützt.

Jonas Petter hatte wieder einmal an etwas gedacht, was ihm in der letzten Zeit des öfteren durch den Kopf gegangen war: Was machten die Männer, die in diesen frauenleeren Gegenden vergeblich nach den Freuden des Bettes seufzen mußten? Er dachte an den kleinen Schumacher in Stillwater, der die Frauen so begehrlich angeglotzt hatte, als hätte er sie mit den Augen vergewaltigt: Wie lange hatte dieser Mann wohl zu keiner Frau gekonnt und gejammert? Es gebe eine Frau auf zwanzig Männer, hatte er gesagt. Wo gingen nun die Männer in der amerikanischen Wildnis hin? Jonas Petter fragte den Sohn der Fina-Kajsa, doch dieser sah fort und antwortete nur mit einem verlegenen Grinsen. Sie vermuteten, daß er andern Menschen und besonders Frauen gegenüber schüchtern sei und ein weibliches Wesen wohl noch nie berührt habe. Fina-Kajsa hatte selbst einmal in Gegenwart ihres Sohnes die Frage aufgeworfen, ob er nicht heiraten wolle, und er hatte nur geschwiegen und war nur im Gesicht noch röter geworden als gewöhnlich.

Jonas Petter fuhr fort: Er wünschte fast, daß er bei seiner Ankunft in Amerika in eine Frau verwandelt worden wäre, denn gehöre man zu diesem Geschlecht, brauche man ja nachts nicht allein zu liegen, wenn man es nicht selbst wolle. Sogar Ulrika glaube bestimmt, daß sie, nach dem, was sie gesagt habe, hier draußen Ehefrau werden würde: Sie brauchte nur unter Männern zu wählen, die heiratslustig seien.

»Ja, warum sollte sich ein Mann nicht mit Ulrika verheiraten?« meinte Anders Månsson. »Sie ist schön und gut gebaut. Wie long ist es, seit ihr letzter Mann fortpassierte?«

»Das heißt: seit er starb?« fügte er hinzu.

Jonas Petter und Karl Oskar wechselten einen schnellen Blick: Die ledige Ulrika in Västergöhl galt hier als Witwe, da sie ohne Mann hergekommen war, aber eine Tochter hatte. Und die Leute hier konnten glauben, was sie wollten, sie konnten glauben, daß ihr Mann für sie gestorben war – sie hatte selbst erwidert, als sie von der Schweden-Anna gefragt worden war, ob ihr Mann tot sei: Gewiß sei der Mann für sie gestorben, alle ihre Männer seien für immer von ihr fortgegangen, sie seien niemals zurückgekehrt, sie habe keinen einzigen mehr. Und die Schweden, die vor ihnen hiergewesen waren, glaubten jetzt, daß Ulrika verheiratet gewesen und mehrmals Witwe geworden sei, und niemand in der Gesellschaft wollte ja über ihren Lebenswandel im heimatlichen Kirchspiel die Wahrheit mitteilen: Sie waren ein für allemal übereingekommen, daß alles, was in Schweden geschehen war, wen von ihnen es auch betreffen mochte, hier in dem neuen Lande vergessen und begraben sein sollte. Doch Jonas Petter hätte sich beinahe versprochen.

Der Blick Karl Oskars erinnerte ihn jetzt daran, und er beeilte sich zu berichtigen: Von Ulrikas Witwenschaft wüßten sie nur, was sie selbst gesagt habe. Und wie lange es her sei, daß der letzte sie verlassen habe, könnte er nicht sagen. Doch so viel sei gewiß und sicher: Ulrika sei frei für die Ehe.

Er hatte die Wahrheit verborgen, ohne zur Lüge zu greifen.

Der Sohn Fina-Kajsas nickte und war mit der Auskunft zufrieden.

Anders Månsson sagte: Eine so feine und handsome Frau wie Ulrika werde hier in Minnesota Territory ein Mann bald heiraten.

4

Gegen den Nachmittag kamen die vier Schweden an einen kleineren, länglichen See mit niedrigen Ufern, die reich mit Schilf und Gras bewachsen waren. Hier stand schütterer Laubwald mit Eichen, Ahorn, Linden und Eschen, und der

Boden in unmittelbarer Nähe des Sees war schwach geneigt, lag aber eben und gleichmäßig da.
»Hier läßt sich das Land leicht urbar machen!« sagte ihr Führer. »Das ist ein guter Platz für eine Wohnstätte!«
Die Landsucher gingen um den See herum, der nur eine Meile Umfang hatte, und untersuchten den Boden. Das Erdreich ließ sich leicht bearbeiten, man brauchte nur die Pflugschar anzusetzen und es aufzupflügen. Die Ackerkrume ging an einigen Stellen bis zu zweieinhalb Fuß Tiefe hinunter. Holz für den Hausbau wuchs genügend um den See herum.
Danjel und Jonas Petter waren gleich von der Stelle eingenommen und geneigt, ihre Grundstücke hier auszuwählen. Karl Oskar gab zu, daß sie gutes und brauchbares Ackerland gefunden hätten, aber der Boden dicht am See sei tiefgelegen und sumpfig mit Schwingrasen und modrigen Stellen.
»Das ist ein Mückennest!«
Jonas Petter erwiderte, daß die Mücken überall schwärmten, und daß sie sie nicht darüber bestimmen lassen könnten, wo sie sich niederlassen sollten. Und als sie unter Windbruch in der Nähe eine fließende Quelle mit reinem und durchsichtig klarem Wasser fanden, waren sich Danjel und er einig: An diesem kleinen See hatten sie alles, was sie suchten, hier wollten sie bleiben!
Anders Månsson riet ihnen weder zu noch ab. Dieses Gewässer hier sei aber in der Luftlinie sechs oder sieben Meilen von Taylors Falls entfernt, und sie wollten doch wohl nicht noch weiter von anderen Menschen niedersettlen?
»Wir sind weit genug entfernt!« sagte Danjel Andreasson. »Wir wollen alle drei hierbleiben! Hier ist reichlich Platz für uns!«
Sie legten ihre Traglasten unter einigen Laubbäumen nieder, ruhten im Schatten aus und beratschlagten.
Danjel fuhr fort: Da sie aus demselben Heimatort ausgewandert seien, sollten sie sich nicht absondern, sondern auf ihren neuen Wohnplätzen zusammenhalten. Wenn sie sich dicht benachbart niederließen, hätten sie voneinander Nut-

zen und Hilfe und Gesellschaft. Zunächst könnten sie Gerätschaften und Zugtiere gemeinsam benutzen.
Auch Jonas Petter meinte, daß sie ihre Häuser wie in einem heimatlichen Bauerndorf nahe beieinander bauen und wie in einer Dorfgemeinschaft leben sollten. Das werde ihnen in der Abgeschiedenheit Zerstreuung bieten.
Nun war es an Karl Oskar, seine Meinung darzutun: Gerade weil es in dieser Landschaft so reichlich Platz für sie gebe, sollten sie nicht zusammenziehen und sich drängen und ihre Häuser Wand an Wand bauen, wie es die Bauern in Schweden täten. Hier könnten sie nicht in einer Dorfgemeinschaft wohnen, auf dem Lande in Amerika müßten sie so handeln, wie es für sie am passendsten sei. Seine Meinung sei, daß sie sich trennen sollten. Die andern machten es ja so, wie sie meinten, er aber gedenke sich an einer abgesonderten Stelle niederzulassen. Zwischen ihnen brauche keine größere Entfernung zu sein, als daß sie sich erreichen und Tagewerke austauschen und einander Handreichungen und Hilfe leisten könnten.
Danjel hätte es am liebsten gesehen, wenn sie ein einziger Haushalt blieben, wie sie es jetzt waren; die Christen der ersten Gemeinde, die er nachzuahmen suchte, besaßen alles gemeinsam.
Doch Karl Oskar wollte über das Seinige allein verfügen, er richtete sich nach keinem anderen Kopf als seinem eigenen. Obwohl Danjel wohl wußte, daß der Mann seiner Nichte sich niemals der Meinung eines andern fügte, suchte er ihm jetzt ernstlich zu raten: »Geh nicht weiter fort! Begnüge dich mit diesem schönen Ackerland!«
»Vielleicht finde ich weiter fort noch passenderes.«
»Wir können aber zufrieden sein, wo der Herr uns hierhergeführt hat!«
»Wenn du mit dieser Stelle nicht zufrieden bist, bist du kiesätig, Karl Oskar!« fand Jonas Petter.
Karl Oskar fragte aber Anders Månsson nach dem großen See mit dem indianischen Namen, von dem er erzählt hatte: Der Bauer aus Hälsingland, der hier in der Gegend gewesen sei,

habe ja gesagt, daß der fruchtbarste und am besten tragende Boden des ganzen Tales an den Ufern dieses Sees liege. Er wolle sehen, ob es stimme, bevor er seinen Bodenanteil aussuche. Wie weit von hier liege das große Gewässer?
Der Öländer glaubte nicht, daß es bis zu dem See Ki-Chi-Saga mehr als einige Meilen seien, wagte aber nichts Bestimmtes zu sagen. Das Land weiter westlich und südwestlich sei nicht erforscht, hier bewege sich niemand anders als die Indianer und dieser oder jener Pelztierjäger und Pelzhändler. Doch wenn sie in derselben Richtung wie vorher weiterliefen, müßten sie an den See kommen, und die Bäche, die hier entlangflössen, mündeten alle in das große Gewässer, so daß, wer den Ki-Chi-Saga aufsuchen wolle, nicht fehlgehen könne, wenn er sich an einen Bach halte.
Karl Oskar schaute über das Land, das vor ihnen lag, und sagte: Er sei nicht unzufrieden, aber er habe sich nun einmal vorgenommen, daß er hier in Nordamerika den besten Ackerboden haben wolle, den er finden könne, wo er auch liege. Und bei dem anderen Gewässer solle er noch besser sein als hier. Warum solle er sich mit dem Zweitbesten begnügen, wenn das Allerbeste dicht in Reichweite liege? Er könne hier Boden nehmen – und dann vielleicht sein ganzes Leben lang bereuen, daß er sein Land nicht weiter entfernt genommen habe: Er könnte es ja nicht wissen, bevor er nicht die andere Stelle gesehen habe. Wenn er sich hier fürs ganze Leben niederlassen solle, dann wolle er einen Platz aussuchen, von dem er niemals fortziehen wolle, wo er für immer wohnen wolle. Und wenn er aus Schweden schon tausend Meilen gefahren und gezogen sei, schaffe er es noch ein kleines Stück weiter, so viel Kraft habe er noch, daß er imstande sei, noch einige Meilen zu laufen.
Der Bauer aus Korpamoen war so veranlagt, daß er sich nie von einem Vorsatz abbringen ließ, und Danjel und Jonas Petter konnten ihm nur viel Glück wünschen, wenn er allein weiter durchs Land ziehen wolle. Sie selbst blieben hier und ließen sich als *squatters* nieder.

»Haut Kennzeichen in die Bäume!« sagte Anders Månsson. »Das zeigt, daß der Claim genommen ist!«
Danjel und Jonas Petter kennzeichneten je einen Ahornbaum mit ihren Äxten, und in die rindenfreien Stellen schnitt Anders Månsson mit seinem Messer einen zehn Zoll hohen Buchstaben: C. Daran könne man erkennen, daß der Grund und Boden hier am See *claimed* sei: Jeder, der nach ihnen käme, sehe nun, daß das Land in Anspruch genommen sei.
Doch Karl Oskar nahm sein Gepäck wieder auf: Noch seien es einige Stunden bis zum Sonnenuntergang, und wenn bis zu dem See mit dem indianischen Namen nur noch einige Meilen zu laufen seien, werde er es bequem bis dort schaffen, bevor es dunkel werde. Er werde am nächsten Vormittag zurück sein, wenn sie ihn hier erwarten wollten. Wenn er jedoch später käme, sollten sie ohne ihn nach Taylors Falls zurückkehren – er fände den Rückweg bestimmt allein.
Und zwischen den dicken Bäumen entschwand er den anderen aus dem Gesicht. Jonas Petter schaute ihm nach und sagte: Ihm falle gerade ein altes wahres Sprichwort ein: Am hellsten leuchtet das fernste Wiesengrün.

5

Karl Oskar Nilsson ging allein durch den wilden Wald. Er lief genau in südwestlicher Richtung weiter, und wenn er keinen Schatten von den Bäumen hatte, brannte ihm die Sonne heiß wie eine Feuerflamme ins Gesicht. Das Vorwärtskommen wurde jetzt schwierig, und er mußte oft die Axt zu Hilfe nehmen und sich einen Weg schlagen. Er kam zu einem Sumpfgebiet, wo er bis an den Rand seiner Stiefelschäfte einsank, er ging um Riesenbäume herum, die einen Umfang von mehreren Klaftern hatten, er stieg über haushohes Wurzelgewirr, er ging um tiefe schwarze Wasserlöcher herum, die sich wie Brunnen in der Erde auftaten, er zwängte sich durch Farngestrüpp und das Dickicht von Laubsträuchern, er kämpfte mit

Reisig und Dornen und riß sich im Gesicht und an den Händen an stachligen Büschen. Zuweilen wanderte er am Grunde einer Waldestiefe, wo er kaum den Himmel darüber erkennen konnte. Wenn er den Nacken nach hinten beugte und zu den Kronen der hohen Bäume aufschaute, kam er sich vor, als stünde er vor der heimatlichen Kirche und sähe zu der himmelhohen Turmspitze auf.

Er fragte sich, ob hier ein Mensch vor ihm gegangen war.

Der Boden war von Jägern und Wild betreten worden, von weichen Lederschuhen und leichten Hufen, von Verfolgern und Fliehenden. Doch hier kam ein Mann schweren Schrittes mit seinen großen Stiefeln, und er war weder Indianer noch Hirsch, weder Jäger noch Wild, weder verfolgte er noch entfloh er. Vorsichtig tat er einen Schritt nach dem andern, setzte seinen Fuß fest auf die fremde Erde. Er betrat dieses Gebiet mit einem neuen Ziel, das keiner vor ihm gehabt hatte: Karl Oskar Nilsson aus Korpamoen war der erste, der hier als Bauer dahinschritt.

Und mochten ihm noch so viele Hindernisse begegnen, die ihn aufhielten und Zeitverlust brachten – ihm war wohl zumute. Auf der ganzen Überfahrt hatte er mit anderen Menschen zusammengedrängt gelebt, er hatte einer Schar angehört, der er hatte folgen müssen. Jetzt hatte er nach allen Seiten meilenweit Platz um sich herum: Hier stieß er nicht mit dem Kopf an die Decke, hier rannte er nicht mit dem Ellbogen an die Wand, hier schubberte er sich nicht an einem andern, sobald er sich mal im geringsten bewegte, hier konnte er dahingehen, ohne daß er sich in acht zu nehmen und Angst zu haben brauchte, anderen ins Gehege zu kommen. Hier ging er dahin, als wäre das ganze große wilde Land um ihn herum sein eigenes und als könnte er damit umgehen, wie er wollte. Und es war ihm angeboten worden: Wo er wollte, konnte er sich ein Stück aussuchen und seine Axt in einen Baumstamm schlagen: Dieser Grund und Boden ist mein!

Daß er hier der erste war, der sich Boden aussuchte, machte ihn so froh.

Er hatte eine Freiheit, die keiner von denen, die hinterher kommen würden, erhielt. Er ging durch die Weiten des Landes, als hätte er alles in Besitz genommen, als sollte er die Herrschaft über ein ganzes Reich antreten.
Und er spürte auch, daß er hier bald heimisch sein und sich zu Hause fühlen würde.
Nun suchte er nach dem Ki-Chi-Saga, der ein großer, schöner See sein sollte. Der Name hörte sich an wie eine Zauberformel, wie ein Wort aus einem Märchen von uralten, bemoosten Waldtrollen. Er buchstabierte es und versuchte, die drei harten Silben so auszusprechen, wie er sie gehört hatte; der fremde Name barg eine eigentümliche Verlockung. Er wollte nicht umkehren, bevor er dieses Gewässer gesehen und seine Ufer untersucht hatte.
Er kam an einen reißenden Bach, an dem er weiterging; mit all seinen Biegungen nach rechts und links hatte der Bach die Richtung, in der er gehen sollte. Er achtete aber darauf, daß er sich nicht verlief: Die ganze Zeit über zeichnete er mit der Axt in Abständen von einem Steinwurf die Bäume, an denen er vorbeikam, so daß er leicht denselben Weg zurückfinden könnte.
Karl Oskar folgte dem Bach, bis sich die ersten schwachen Spuren der Dämmerung in der Luft zeigten. Er kam jedoch an keinen See, weder einen großen noch einen kleinen. Die Müdigkeit von der Wanderung und der verzehrenden Hitze des Tages wurde langsam in seinem Körper spürbar, und er fragte sich, ob er sich ein Nachtlager zurechtmachen und den Anbruch des nächsten Tages abwarten sollte, ehe er die Suche nach dem Ki-Chi-Saga fortsetzte. Vielleicht war die Entfernung zu dem See größer, als man ihm gesagt hatte, vielleicht führte ihn der Bach in die Irre – wer wußte, ob er in den See mündete? Er war aber noch nicht weit gekommen, seit er sich von seiner Gesellschaft getrennt hatte, er hatte sich langsam vorwärtsbewegt, da er sich oft seinen Weg hatte bahnen müssen.
Er setzte sich zum Rasten auf einen umgefallenen Baum-

stamm, aß ein Stück Brot und eine Scheibe Fleisch dazu und trank aus seinem Krug frisches Wasser von der Quelle, die sie unter dem Windbruch entdeckt hatten. Die Landschaft hatte sich im letzten Abschnitt geändert und war bucklig und offener geworden. Sollte er sich hier unter dem Stamm schlafen legen oder sich noch ein Stück anstrengen? Die Füße fühlten sich in den Stiefeln abgestorben an, und das Bein mit der Sehnenzerrung tat weh. Morgen war auch noch ein Tag – und das Land lief ihm nicht fort. Ob er hier hineinkroch und sich zur Ruhe legte?

Große, ihm unbekannte Vögel kamen in einem großen Schwarm angeflogen, so daß von flatternden Schwingen ein Pfeifen durch die Luft ging. Er sah sie dicht über den Baumwipfeln – sie machten die Flügel hohl und begannen sich herabzulassen und verschwanden in dem Wald vor ihm. Er vermutete, daß es Wasservögel waren – wenn der Schwarm heruntergegangen war, dann hatte er sich dort vorn auf einem Gewässer niedergelassen.

Das Benehmen der Vögel bestimmte ihn dazu, weiterzulaufen. Nach einigen Hundert Schritten kam er an einen Hügel mit großen Laubbäumen und dichtem Grün, und der Wald vor ihm wurde immer lichter. Er beschleunigte seine Schritte, und sehr bald ging es über ein Wiesengelände mit hohem, üppigem Gras bergab: Das Land tat sich auf, wobei es sich langsam senkte, und der Abhang breitete sich weit und eben aus. Und nun konnte er es sehen: Das Wiesengelände senkte sich zu einem hellglitzernden Gewässer hinab: Da lag vor ihm ein See.

Zuerst war er enttäuscht: Dieses war nur ein kleines Gewässer, er war nicht an der richtigen Stelle. Doch als er näher kam, stellte er fest, daß er an die Bucht eines Sees gekommen war. Die Bucht war durch schmale Wasserarme mit anderen Buchten verbunden, und weiter draußen erweiterte sich die Wasserfläche, und er sah Inseln und Landengen und Landzungen und Buchten und Wasserarme, so weit seine Blicke reichten. Das war ein großer See: Er war am Ziel.

Alles, was er sah, stimmte mit dem, was er gehört hatte, überein: Dieses Gewässer mußte der Ki-Chi-Saga sein.
Und er ging umher und untersuchte das Gebiet – er wankte vor Müdigkeit, zwang sich aber dazu, sich vorwärtszubewegen: Er wollte das erledigen, was er hier vorhatte, während er noch sehen konnte.
Die Ufer des Sees bestanden aus festem, schlammfreiem Boden, wo der Sand zutage trat; an manchen Stellen war die Erde mit Lehm gemischt. Der Bach, der ihn hier hergeführt hatte, mündete am Westende der Bucht, und dort lag ein Kiefernwäldchen mit langen schlanken Föhren mit Stämmen, die bis zu den Wipfeln astlos waren. Am anderen Ende der Bucht, wo die grünen Wasserarme anfingen, ragte eine große Landzunge hinaus, die mit dickstämmigem Eichenwald bewachsen war, und zwischen dem Wasser und dem Saum des Laubwaldes im Norden lag die Abdachung mit der großen Grasebene, das offene fruchtbare Land. Der Laubwald dahinter zeigte bekannte Baumarten: Eiche, Zuckerahorn, Linde, Ulme, Esche, Espe, Walnuß und Hasel und viele unbekannte Sträucher und Bäume. Die Seeufer waren eben und leicht zugänglich. Draußen in der Bucht war ein Geplätscher von Vögeln, die in langen Reihen umherschwammen, die sich ringelten und wanden wie gewaltige gefiederte Wasserschlangen, und im Wasser gab es große Wirbel und Kreise, die von den Flossen der Fische aufgerührt waren.
Nach Augenmaß schätze Karl Oskar die Fläche des Graslandes auf mindestens hundert Morgen. Er vermutete, daß das Wasser einmal höher gestanden hatte, so daß dieses Land alter Seegrund sein mußte, und das war der fetteste Humus und das beste Ackerland, die es gab. Er stach mit einem Stock in die Erde und untersuchte die Bodenbeschaffenheit: Überall ging die Ackerkrume gegen drei Fuß tief auf einen Grund von rotem Lehm hinab.
Er hatte vorher das Zweitbeste besehen, und dann war er noch ein Stück weitergegangen: Nun war er am Ziel.
Und es war ihm, als hätte diese Erde hier dagelegen und auf

ihn gewartet. Während er in einem anderen Lande Steine und wieder Steine brach und in Haufen und Mauern stapelte, und während er seine Geräte an dem steinigen Grund verdarb, hatte diese Erde dagelegen und gewartet. Sie hatte gewartet, während er seine Kräfte an einer anderen Stelle des Erdballs unter Steinen vertan hatte, während sein Vater und er sich damit geplackt hatten, die Steine in immer größeren Haufen, in immer längeren Mauern zu schichten. Während sich sein Vater beim Steinbrechen zuschanden machte, so daß er sich für den Rest seines Lebens um eines Steines willen verkrüppelt auf zwei Krücken dahinschleppen mußte, hatte diese Erde hier dagelegen und gewartet. Während sein Vater seine gesunden und brauchbaren Knochen für die mageren und spärlichen Getreidehalme opferte, die zu Hause zwischen den Steinen sprossen, hatte diese fette, tiefe Ackerkrume nur wildes Gras getragen, das niemand geerntet hatte. Sie hatte hiergelegen und gewartet, niemand zum Nutzen und niemand zum Leben. Diese fruchtbare Erde ohne einen Stein in der Tiefe hatte hier seit dem Tage der Schöpfung unberührt gelegen und auf den gewartet, der sie bebaute.

Nun war er gekommen.

Während die Dämmerung sich auszubreiten begann, überschaute Karl Oskar die Lage des Gebiets: Im Norden stand hoch der Urwald, der vor den kältesten Winden schützte, im Süden lag das große Gewässer, im Westen der schöne Kiefernwald, im Osten die Landzunge mit den großen Eichbäumen. Und er selbst stand hier draußen auf dem offenen, ebenen Boden, wo das Gras ihm über die Knie reichte, wo um ihn herum Hunderte von Heufuhren wuchsen, wo unter ihm die Ackerkrume ganz tief reichte, und er schaute über das üppigste und grünste und schönste und reichste Stück Erde hin, das er in Nordamerika gesehen hatte.

Jetzt brauchte er keinen Schritt weiterzugehen. Hier lag das Ackerland, drüben an der Mündung des Baches wuchs das Holz für den Neubau, da vorn lag das Wasser mit Fischen und Geflügel. Hier hatte er die Erde, den Wald und den See vereint an einer Stelle, und alles war gut zu erreichen. Und hier wuchs und grünte es und lebte und bewegte sich, wohin er sah, auf der Erde und auf dem Zweig auf Baum und Strauch, auf dem Lande und auf dem Wasser.

Er hatte endlich das Richtige gefunden: Das war die Stelle für die Wohnung eines Ackerbauern. Hier wollte er wohnen, hier würde seine neue Wohnstätte sein. Und er würde der erste sein, der sein Haus am Ki-Chi-Saga-See errichtete.

Er ging zu der Landzunge hinüber und suchte sich die größte Eiche aus, die er finden konnte, und hieb in die Rinde des Baumes ein großes Zeichen. Dann holte er seinen Rotstift heraus, den Zimmermannsstift von zu Hause, und schrieb auf den Baum: *K. O. Nilsson, Schwede.*

Das mußte solange genügen, und wenn es nicht genügte, mußte er es wohl einmal wiederholen. Die roten Buchstaben auf der weißen ausgehauenen Fläche an der Eiche fielen einem jedenfalls schon von weitem in die Augen, und wenn hier jemand vorbeikäme, würde er erkennen, daß die Stelle in Anspruch genommen war. Und im übrigen war er zu mehr als einigen letzten Axthieben in die Eiche dort nicht mehr fähig – heute schaffte er nicht mehr –, er war müder, als er sich jemals in seinem ganzen Leben gefühlt hatte: Er setzte sich schwer unter dem Baum hin und legte sein Gepäck, die Büchse, die Axt, den Krug und die Lebensmittel und alles ab – er hatte sich zuletzt dazu gezwungen, zu gehen und sich zu bewegen, und nun konnte er nicht mehr, er fiel unter dem Baum, auf den er eben noch seinen Namen geschrieben hatte, um.

Er vermochte sich nicht mehr zu rühren, heute abend nichts mehr zu unternehmen, kein Feuer anzumachen, kein Moos für ein Lager auszureißen, sich nicht die Stiefel auszuziehen, nicht seinen Ranzen aufzumachen und zu essen, nichts mehr, nicht einmal die Mücken zu vertreiben – er fühlte nicht mehr, wie die Mückenstiche brannten. Es mußte nun alles bleiben, jetzt galt nur, was der Körper forderte, sein Verlangen nach Ruhe: Dicht an der Wurzel der großen Eiche streckte er sich der Länge lang mit dem Rücken auf der Erde aus, wobei er seine zusammengelegte Jacke als Kopfkissen benutzte. Er war mit diesem Tage ganz zufrieden, er war gewandert und war am Ende des Tages ans Ziel gelangt.

Er hatte das erreicht, wonach er so lange und so beharrlich gestrebt hatte. Nun lag er geborgen da, wo er sich an diesem Abend hingelegt hatte, ohne an all die Gefahren zu denken, die ihn in der tiefen Wildmark bedrohen konnten – er ruhte in der Geborgenheit, die er fühlte, weil er zu sich selbst heimgekommen war, weil er, gleichsam von seinem eigenen Baum bedeckt, auf seinem eigenen Grund und Boden lag: Der ausgewanderte Bauer aus dem Steinreich Korpamoen war jetzt im Reich der Ackerkrume angelangt, um es in Besitz zu nehmen. Und er schlief da, wo er sich hingelegt hatte, gleich ein, er sank mit seinem erschöpften Körper geradewegs in den tiefsten Brunnen des Schlafes, aus dem dieser Vergessenheit und Frieden und Wiederherstellung spendete. Karl Oskar Nilsson schlief tief und gut in seiner ersten Nacht am Ufer des Sees Ki-Chi-Saga, wo er das Leben des Bauern noch einmal von vorn beginnen wollte.

Ein småländischer Squatter läßt sich nieder

I

Am nächsten Morgen ging Karl Oskar den Weg vom Vortage zurück zu dem kleinen länglichen See, wo die drei anderen Siedler ihn erwarteten, und vor Abend waren sie alle vier wieder in dem Blockhaus von Anders Månsson in Taylors Falls.
Und am Tage darauf begannen die Männer, einen Weg zu den ausgesuchten Wohnplätzen abzustecken und auszuhauen, so daß sie ihr Umzugsgut und was sie für ihre Bauten benötigten, dort hinbefördern konnten. Sie fingen mit dem Roden dort an, wo der Weg des Territoriums aufhörte, und sie arbeiteten weiter an dem See vorbei, wo Danjel und Jonas Petter ihre Grundstücke genommen hatten, bis zum Ki-Chi-Saga. Sie waren fünf Männer – fünf Äxte hieben die ganzen Tage über, hieben sich durch Gestrüpp und Dickicht voran, fällten und entästeten und säuberten. Sie bahnten sich den Weg und ebneten und räumten so weit, daß Wagenräder über den Boden hinrollen konnten. Die Entfernung von Taylors Falls nach dem Ki-Chi-Saga maß ungefähr zehn Meilen, und die fünf Männer brauchten zehn Tage, um auf diesem Stück einen einfachen Weg auszuhauen.
Darauf hielt es sie drei Tage auf, Bretter, die in der Sägemühle von Taylors Falls gesägt worden waren, zu ihren Wohnplätzen hinauszubefördern. Aus den Brettern sollten Hütten errichtet werden, wo sie wohnen konnten, während sie sich richtige Holzhäuser bauten. Für die Fuhren liehen sie die Ochsen des Anders Månsson, die sich auf dem neu ausgehauenen Weg so langsam vorwärtsbewegten, daß sie für eine Ladung einen ganzen Tag brauchten.
Der Kalender, den die Ankömmlinge aus Schweden mithatten, zeigte ihnen, daß das Jahr bis zur letzten Augustwoche vorgeschritten war. Bis zum Eintritt des Winters im St.-

Croix-Tal waren es nur noch zwei Herbstmonate; man sagte ihnen, daß Kälte und Schnee Anfang November einzusetzen pflegten. Der Herbst war im Flußtal jedoch mild: Im ganzen September und weit in den Oktober hinein herrschte meist eine angenehme Wärme. Noch zwei Monate lang konnten die Menschen in einfachen Hütten wohnen, ohne frieren oder leiden zu müssen. Und in dieser Zeit wollten sie sich dauerhafte Wohnungen bauen, die jedem Wetter trotzten: Sie hatten den September und den Oktober zur Verfügung, um ihre Holzhäuser zu errichten.

Es war kein Tag zu verlieren, wenn sie eine geschützte Wohnstätte haben wollten, bevor im Territorium der Winter mit strenger Kälte und schweren Schneestürmen einzog.

Sie wollten nun zuerst jeder sein *shanty* bauen, wie Anders Månsson eine Bretterhütte nannte. Jonas Petter war gelernter Tischler und Zimmermann, und an dem kleinen See baute er in drei Tagen eine kleine Hütte für sich selbst, und danach half er Danjel und Arvid, für Danjel und seine Hausgenossen eine größere zu bauen, worauf sie einziehen konnten. Darauf begannen sie gleich, Bäume für den Häuserbau zu fällen. Ulrika führte nun Danjel und Jonas Petter den Haushalt.

Karl Oskar suchte sich den Platz für seine Hütte in dem Eichenwald auf der Landzunge aus, wo er in seiner ersten Nacht am Ki-Chi-Saga geschlafen hatte. Mit Robert als Handlanger errichtete er hier eine Hütte aus ungehobelten Brettern, zehn Fuß im Geviert und mit einem Dach aus zurechtgehauenem Stangenholz von jungen Linden, das er mit Torf und Baumrinde deckte. Dafür brauchte er vier Tage, obwohl er seinen Bruder zur Hilfe hatte. Die Bretterladung reichte nicht für einen Fußboden; der Erdboden wurde festgestampft, und Heu, das er gemäht und getrocknet hatte, wurde im Innern der Hütte dick auf dem Boden ausgebreitet. In eine Öffnung auf der Vorderseite setzte er eine kleine Brettertür ein, die er zusammengenagelt hatte, und hängte sie an Angeln aus Weidenruten auf. Dann sägte er in der Wand ein paar Öffnungen aus, die das Tageslicht hereinlassen sollten. Er nahm sich nicht die

Zeit, in der kleinen Hütte einen Herd zu setzen; es wäre schwierig gewesen, den Rauch hinauszulassen. Aus Lehm, Sand und Steinen mauerte er gleich vor der Tür eine kleine Feuerstelle zusammen, die sie bei der Zubereitung des Essens benutzen konnten; solange die milde Jahreszeit anhielt, konnten sie im Freien kochen. Er mußte aber an den Seeufern lange suchen, bevor er genügend Steine für den Herd fand: Für den Bauern aus Korpamoen war es eine neue und ungewohnte Beschäftigung, nach Steinen zu suchen.
Die erste Wohnung der Familie in Nordamerika war fertig, und sie konnten unter ihr eigenes Dach ziehen. Kristina, die bisher mit den Kindern noch bei Anders Månsson gewohnt hatte, hatte das neue Heim noch nicht gesehen, und Karl Oskar bereitete sie vorsichtigerweise vor: »Wir wohnen zunächst in einer kleinen einfachen Bude. Aber nächstes Mal baue ich ein ordentliches Haus.«
Sie freute sich darüber, daß sie in eine eigene Wohnung ziehen konnte, wo sie ihr eigener Herr war; danach hatte sie sich ja lange gesehnt. Karl Oskar wollte sie alle mit Anders Månssons Ochsen und Wagen fahren, und es wurde eine große Ziehfuhre: Außer ihrem Umzugsgut wollten sie einen Vorrat unentbehrlicher Waren mitnehmen, die Karl Oskar in dem Laden des Schotten in Taylors Falls gekauft hatte: ein Faß Roggenmehl für Brot, einen Sack Salz, Zucker und anderes, was sie zur Ernährung brauchten, und Hilfsmittel für den neuen Bau. Er hatte tief in den Beutel gegriffen und für fast fünfundzwanzig Dollar eingekauft. Das Faß Mehl sollte eine ganze Zeit zum Brotbacken reichen, aber er hatte keine Zukost gekauft, denn er rechnete damit, daß sie Fleisch durch Wild und Fische aus dem See erhielten.
Und eines schönen Morgens im frühen Herbst zog die Familie aus Korpamoen nach dem Ki-Chi-Saga. Die Luft war jetzt frischer und kühler geworden, und eine mild wärmende Sonne leuchtete über den wilden Wald mit seinem dichten Grün. Es war das geeignete Wetter für einen Umzug. Kristina und die Kinder saßen auf dem Wagen, Karl Oskar und Robert

gingen je auf einer Seite des Wagens nebenher und hielten die hohe Ladung fest, damit sie nicht umkippte. Karl Oskar führte die Tiere; er hielt die Ochsenleinen in der einen Hand und stützte die Fuhre mit der anderen. Sie fuhren auf einem holperigen und löcherigen und schwierigen Weg, und der Wagen war kein gefedertes Gefährt, das leicht dahinrollte: Er war ganz und gar aus Holz gefertigt.

Die Räder des Ochsenwagens von Anders Månsson bestanden aus vier Scheiben, die von einem runden, dicken Eichenstamm abgesägt waren. Die Radachsen waren in Löcher eingelassen, die mitten in die plumpen Klötze gebohrt waren, und sie waren außen an ihnen mit Holzpflöcken befestigt wie Deichselbolzen an der Deichsel. Die Vorderräder waren etwas kleiner als die Hinterräder. Der Langbaum, der die Radpaare zusammenhielt, war verschiebbar, so daß der Abstand zwischen ihnen geändert und der Wagen verlängert und verkürzt werden konnte. Die trockenen hölzernen Achsen kreischten, wenn sich die Scheiben drehten, sie ächzten laut, wenn sich Holz an Holz rieb. Und die schweren Räder rollten ungefügig und stießen gegen die Löcher und Vertiefungen des Bodens. Der Wagen zeigte, daß es hier ebenso reichlich Holz wie spärlich Eisen gab.

Die Kinder kreischten vor Freude, daß sie fahren durften. Sie waren, seit sie von dem Pferdefuhrwerk in Karlshamn abgestiegen waren, nicht mehr auf einem Wagen mit einem lebendigen Zugtier davor gefahren. Kristina machte es jedoch nicht solchen Spaß, auf diesem stuckernden und schaukelnden hölzernen Gefährt zu sitzen. Und das nannte sich ein Fahrweg? Hier konnten ja kaum Fußgänger zwischen den Baumstümpfen und dem Reisig vorwärtskommen: Sie staunte darüber, daß die Räder sich drehen konnten. Sie konnte es verstehen, daß der Wagen wimmerte und knarrte und ächzte, als er über dieses Karrenfeld von Wald hinrollen sollte. Sie hätte auch gejammert, wenn sie ein Wagen gewesen wäre.

Karl Oskar sagte, er habe kein Fett, tierischen Talg oder etwas anderes, auftreiben können, um die Achsen des Wagens damit zu schmieren, und Anders Månsson selbst halte seine Gerätschaften nicht in Ordnung.

Kristina nannte das Fahrzeug den Ächzwagen. Als sie die Bretter für die Hütte hinausgefahren hatten, war er von Robert schon auf Kreischkarren getauft worden.

Kristina saß auf der Umzugsfuhre auf einem Heusack. Die Fuhre wackelte und holperte und bewegte sich zuweilen wie ein Schiff auf einem stürmischen Meer: Hier schaukelte es schlimmer als auf der ›*Charlotta*‹. Sie wurde völlig durchgerüttelt, und nach ein paar Meilen begann ihr schlecht zu werden: »Nein! Ich will nicht mehr schaukeln! Weder auf dem Wasser noch auf dem Lande!«

Dieser Weg war kein Weg. Sie stieg von der Fuhre herab und lief; sie bekam Angst, daß sie das Fahren nicht vertrüge und sie im Körper so geschüttelt und gerüttelt wurde, daß das Kind, das sie trug, Schaden nähme. Bis zu ihrer Niederkunft seien es nur noch zehn oder elf Wochen, und wenn sie sich nicht vorsehe, könne es zu einer Fehlgeburt kommen. Sie gehe lieber zu Fuß, statt auf der Fuhre wie in einer Wiege zu sitzen.

Der Ochsenwagen fuhr durch das freigelegte Stück des Waldes. Die Ochsen waren träge und schoben sich so langsam, Fuß um Fuß, vorwärts. Mehrmals war die Ladung nahe am Umkippen, obwohl die beiden Brüder sie von beiden Seiten stützten. Kristina lief nebenher und paßte auf, daß die Kinder nicht vom Wagen fielen.

An einem kleinen Hügel in einem dichten Eichenwald fuhren sie an einem hohen Holzpfahl vorbei, den die Indianer aufgestellt hatten, und Karl Oskar hielt den Wagen an und ließ die Ochsen sich ausruhen. Die Männer hatten den indianischen Pfahl bereits gesehen, und nun wollten sie ihn Kristina zeigen. Der Pfahl war aus Zedernholz angefertigt und mindestens fünfundzwanzig Fuß, fast fünffache Mannsgröße, hoch. Er glich jedoch nicht einem Menschen – er bestand aus fünf geschnitzten großen Holzköpfen, jeder so hoch wie ein Mann, und es waren alles Tierköpfe: Sie saßen einer auf dem anderen

und blickten sie an. Es waren von unten nach oben: ein Wolfskopf, ein Katzenkopf, ein Fischkopf, der Kopf einer Eule und der einer Schlange. Der Schlangenkopf saß zu alleroberst, an der Spitze des Pfahles, sperrte den Rachen auf und zeigte eine Zunge, die so lang und so spitz war wie ein Speer, der im Maule saß, und glotzte mit funkelnden grünen Augen auf sie herab.
Das seltsame hölzerne Gebilde hier mitten im Walde machte auf Kristina einen gespenstischen Eindruck, und sie wagte es kaum, heranzutreten. Robert vermutete, daß es eine Art Gott sei, den die Indianer anbeteten, wenn sie sich hier versammelten; in der Nähe waren Spuren ihrer Hütten zu sehen. Kristina leuchtete ja ein, daß die Heidenmenschen nicht einmal das erste der göttlichen Zehn Gebote kannten, sondern Abgöttern dienten, aber sie verstand nicht, daß sie ein so scheußliches Gebilde verehren konnten: so viele ekelhafte Köpfe, ein Wolf, der seinen gierigen Rachen zeigte, eine Kreuzotter, die züngelte . . .!
Robert meinte, es könne nichts schaden, wenn ein Gott viele Köpfe habe, so daß er mit vielen Gehirnen auf einmal denken könne, wenn er für die Menschen schalten und walten solle.
Er wollte zeigen, daß er keine Angst hatte, und steckte dem Wolf die Finger in den Schlund, aber Kristina wollte, daß sie weiterführen: Die Wilden seien bestimmt um ihr Bildwerk besorgt, und wenn sie gerade herkämen, während er hier an dem Pfahl stehe, würden sie ihnen vielleicht etwas antun. Und wo sie nun gesehen habe, was für schauerliche Götzenbilder sich die Heiden anfertigten, wolle sie ihrem Schöpfer innig und von Herzen danken, der sie in einem christlichen Lande hatte zur Welt kommen lassen.
Das saumselige Ochsenpaar schob sich weiter und stampfte schwerfällig mit seinen schweren Hufen, die Holzräder drehten sich langsam und knarrten und kreischten die ganze Zeit ohne Unterlaß. Vier trockene Radachsen trugen zusammen den Wagen, vier trockene Radachsen vereinigten sich im Geächze und jammerten und wimmerten zusammen. Der Lärm

des ungeschmierten Ochsenkarrens quälte die Ohren, als er Stunde um Stunde anhielt. Es war, als verlängerte der langgezogene und einförmige Laut ihren Weg.
Kristina lauschte den hölzernen Rädern des Wagens, bis ihr Gewimmer für sie zu einem Lied von ihnen selbst wurde, einem Lied, das die trockenen Achsen von ihnen sangen, einem Klagelied von ihren eigenen Beschwernissen und ihrer eigenen Mühsal, vom ewigen Streben des Siedlers, von der Einsamkeit in der Wildmark. Ihre Reise war lang gewesen, sie war langsam gegangen, und langsam drehten sich die Räder auf dem letzten Stück, bevor sie den Platz erreichten, wo sie wohnen sollten. Die Wagenräder drehten sich um ihre Achsen und jammerten und stießen ihren Klagelaut aus: Weiter fort ... weiter fort ... noch weiter fort ... Waren sie nicht bald am Ziel? Doch Karl Oskar, der den Wagen fuhr, sagte mehrmals: »Wenn das meine Zugtiere und mein Wagen wären!«
Er war durch das Ächzen der ungeschmierten Wagenräder nicht bedrückt; es ermunterte ihn, als er wieder ein Gefährt fahren konnte. Er fuhr aber mit den Tieren eines anderen, den Wagen eines anderen. Wenn es seine eigenen Ochsen, sein eigener Wagen gewesen wären, hätte sich das Kreischen der Räder für ihn wie ein erquickender Laut angehört, dann wäre er hier neben der Fuhre hergegangen und hätte einer anderen Weise gelauscht: dem ermunternden Lied der vier Räder, dem Gesang eines Ochsenkarrens von Zähigkeit, Hartnäckigkeit und Ausdauer – einem Gesang der Zuversicht in den Ohren eines Siedlers.

2

Der ausgehauene Streifen ging in einem Bogen an der Siedlung Danjels und Jonas Petters vorbei und machte den Weg zum Ki-Chi-Saga länger. Karl Oskar hatte sich daher einen Richtweg gehauen, den er jetzt fuhr. Der gesamte Weg wurde dadurch um eine Meile kürzer – so waren es nur neun Meilen von Taylors Falls bis zu ihrem neuen Wohnplatz.

Kristina wußte ja, daß Karl Oskar seinen Grund und Boden am weitesten fort genommen hatte, aber das hatte sie lange gewußt, lange bevor er es getan hatte. Das hatte sie bereits gewußt, bevor sie die Heimat verließen: Sie war sicher, daß er sich zu einer Wohnstelle so weit hinein aufmachen würde, wie das Land in Nordamerika reichte.

Wie weit entfernt von anderen Menschen würden sie wohnen? Karl Oskar sagte, sie seien noch gar nicht so weit gefahren, aber der Weg nehme so viel Zeit in Anspruch; die Ochsen seien so träge und faul, daß die Schnecken an ihnen vorbeirennten, die Zugtiere kämen mit der Fuhre nicht voran, das sei das ganze. Sie hätten den Weg zu Fuß schneller zurückgelegt. Und die Räder drehten sich und ächzten und jammerten: Sollen wir weiter fort . . .? Weiter fort . . .? Noch weiter . . .?

Ein Weg, den man mit einem Ächzwagen fahren mußte, war weit.

Kristina fragte: Seien sie nicht bald da? Karl Oskar erwiderte: Es sei nur noch ein kleines Stück.

Es verging eine Weile, und sie fragte wieder: Wie weit sei es noch? . . . Ach, es sei nicht weit. Sie würden gleich zu Hause sein.

Zu Hause – das hörte sich so seltsam an, daß Kristina die Augen aufriß: Waren sie wieder auf dem Heimweg? Ach ja, sie fuhren zu ihrem Heim . . . Woran dachte sie?

Doch nach einem weiteren Stück Weges wurde ihre Geduld auf die Probe gestellt: Jetzt verlangte sie, daß er ihr sagte, wieviel sie noch zu fahren hätten! Er könne es nicht so genau sagen, erwiderte er, er habe den Weg nicht in Ellen, Fuß und Zoll gemessen. Und im übrigen hätten sie jetzt angefangen, nach amerikanischen Längenmaßen zu rechnen.

»Willst du mich zum Narren halten?« Kristina wurde wütend.

»Kannst du mir nicht verraten, wie weit wir es noch haben?«

»Du Liebe, Gute! Habe ich dich verletzt? Ich habe es nicht so gemeint.«

Sie habe so viele Male gefragt, ob sie nicht bald da seien, daß er zum Schluß seinen Spaß mit ihr habe treiben wollen.

»Du hast mich nicht gefragt, ehe du dir den Grund so weit entfernt genommen hast!«
»Du konntest nicht mitkommen und das Gelände untersuchen. Ich mußte mich allein entscheiden. Und ich habe das Beste ausgesucht, was es hier irgendwo gibt.«
»Ja, es ist aber nur ein ewig langer Weg bis dorthin.«
»Mit faulen Ochsen und einem Wagen, der nicht geschmiert ist . . .«
Doch Karl Oskar tröstete sie, sie würde schon sehen, wenn sie hinkomme: Zu einem solchen Besitztum könne kein Weg auf der Welt zu weit sein.
Und sie müsse sich auf ihn verlassen, wenn er die Stelle für ihr Heim aussuchte. Sie müsse sich hier in Amerika auf ihn verlassen, wie sie es in Schweden getan habe.
Sie fuhr jedoch verdrießlich fort, er solle nicht denken, daß sie sich immer mit dem abfinden wolle, was er tue. Er frage niemals jemand um Rat, er glaube, daß das, was er mache, immer das Klügste sei. Es sei an der Zeit, zu lernen, daß er nicht mehr sei als ein armer schwacher Mensch, daß er auch etwas tun könne, was falsch und verkehrt sei, daß auch er sich hier auf Erden irren könne.
»Aber ich frage dich doch schon immer um Rat, Kristina . . .«
»Manchmal vielleicht. Du handelst aber immer, wie du es selbst willst!«
Seine Frau war jetzt während der weit vorgeschrittenen Schwangerschaft empfindlich; sie regte sich leicht auf, aber er wollte sich nicht auch in Erregung bringen lassen, sondern vorsichtig mit ihr umgehen. Sie wurde zuweilen aufbrausend und ereiferte sich, doch wenn er selbst nicht hitzköpfig wurde und ihr gegenüber ebenso auftrat, beruhigte sie sich bald.
Bevor Karl Oskar den Gedanken zu Ende gedacht hatte, stieß Kristina einen Schrei aus. Er brachte die Zugtiere mit aller Kraft zum Stehen: Der kleine Harald war vom Wagen gefallen.
Robert nahm den Jungen auf den Arm, bevor die Mutter heran war. Glücklicherweise war der Kleine in ein Farnge-

strüpp gefallen, wo es so weich war, daß er sich nichts getan hatte. Das Kind weinte nur kurze Zeit, und es kam mit dem Schrecken davon. Kristina setzte sich jetzt aber wieder auf den Wagen, um für den Rest des Weges Harald festzuhalten. Und sie bereute gleich, daß sie eben so aufgebraust war: Es war, als hätte Gott sie mahnen wollen, als ihr Kind vom Wagen fiel.
Sie fuhren jetzt über gleichmäßigeren Boden, Kristina brauchte nicht zu schaukeln. Sie betrachtete das Land um sich herum und fand, daß es blütenreich und hell sei und von einem leuchtenden Grün. Überrascht stellte sie fest, daß sie an die schönsten Flecke in ihrem Heimatdorf Duvemåla im Kirchspiel Algutsboda dachte. Vielleicht waren sie doch auf dem Heimweg . . .?
Und plötzlich rollte der Wagen ganz leicht einen ausgedehnten Grashang zu einem Gewässer hinunter. Der Boden neigte sich gerade richtig abwärts, der Wagen fuhr schnell an das Ufer des Sees und hielt draußen auf einer Landzunge.
Karl Oskar warf die Zügel dem Handochsen über den Rükken: Nun waren sie da. Es war jetzt gegen Mittag. Nach seiner Uhr hatten sie für ihren Umzug von Taylors Falls, für neun kurze amerikanische Meilen, über fünf Stunden gebraucht. Das lag aber an den Zugtieren, Ochsen waren so langsam beim Ziehen. Ein Fußgänger legte den Weg in drei Stunden zurück.
Kristina stieg vom Wagen und schaute sich nach allen Seiten um: Sie stand also an dem See mit dem eigenartigen Namen Ki-Chi-Saga. Das himmelblaue Wasser mit dem goldenen Gefunkel des Sonnenlichts über den Wellen, die überquellende Fülle des Grüns um die Ufer herum, alle Blumen und Gräser des Wiesenlandes, all die dichten Laubbäume, die Eichen und Zuckerahorne, die Vogelscharen, die in der Luft flogen und auf dem See schwammen – das war ein Anblick, der das Herz froh stimmte. Dieses war ein gutes Land.
»Hier läßt sich der Boden leicht bearbeiten«, sagte Karl Oskar. »Etwas Besseres können wir nicht finden.«

Er glaubte, daß sie milder gestimmt sein und den mühsamen Herweg vergessen werde, wenn sie jetzt die Stelle sah, wo sie ihr neues Heim einrichten wollten.

»Eine wunderschöne Stelle hast du gefunden, Karl Oskar. Hier ist es an dem See beinahe ebenso herrlich wie zu Hause in Duvemåla.«

Kristina verglich die Ufer des Ki-Chi-Saga mit dem Dorf, in dem sie geboren war, das war das schönste Lob, das sie zu vergeben hatte. Sie sah es Karl Oskar an, daß er mehr erwartet hatte – er hatte vielleicht erwartet, daß sie beim Anblick des Landes so befriedigt wäre, so überaus befriedigt, daß sie zu preisen und zu loben und zu danken und sich zu freuen begänne, als wäre sie in den Garten Eden gekommen, wohin kein Weg zu weit sein konnte. Sie hielt sich jedoch die ganze Zeit über vor Augen, daß sie hier wie Klausner unter Wilden und wilden Tieren wohnen würden.

Karl Oskar bohrte den langen Stock der Ochsenpeitsche in die Erde und zeigte ihr: So tief gehe die Ackerkrume hinunter – überall sei sie ebenso tief.

»Was da auf dem Wiesenland für schöne Blumen wachsen«, sagte Kristina.

Sie achtete auf das, was sie über der Erde sah. Doch Karl Oskar lag daran, ihr zu zeigen, was es unter der Oberfläche gab, denn das, was das Auge nicht erblickte, war für sie am wichtigsten: Von unten kam das Wachstum, unten in der unsichtbaren Schwarzerde keimte das Brot.

»Hier wuchern nur Blumen und Wildgras. Hier soll aber später Brot wachsen! Verlaß dich darauf, Kristina!«

Und diese Worte waren für Karl Oskar wie ein Versprechen für die Zukunft, ein ernstes und verpflichtendes Versprechen an seine Frau und seine Kinder: Hier sollte die Erde ihnen allen den Lebensunterhalt geben, und er übernahm es, den Acker zu brechen, wo er wachsen sollte.

Der Ochsenwagen mit dem Umzugsgut stand vor der neuerbauten Bretterhütte. Karl Oskar und Robert luden die schwere Kleidertruhe ab. Kristina blieb, mit den Kindern um

sich, vor der Hüttentür, die da an ihren Angeln aus Weidenruten hing, stehen.
Sie wußte nun, wie die Menschen wohnten, die hier draußen von vorn anfingen. So wie die alte Mutter des Anders Månsson hatte sie dessen Haus auf den ersten Blick für eine Wiesenscheune gehalten: Es war den Häuschen, die zu Hause auf Wiesen und Koppeln standen und in denen sie im Sommer das Heu unterbrachten, täuschend ähnlich. Und sie hatte sich nur schwer vorstellen können, daß dies das Haus eines Bauern, die Wohnung und das Heim eines Bauern sein könnte. Immerhin war es ein gezimmertes Haus, es war aus Ganzhölzern gebaut. Doch hier stand sie nun vor einem Bau, der noch kleiner war, vor einer Hütte, die aus groben ungehobelten Brettern zusammengenagelt war. Die konnte man nicht einmal als Scheune bezeichnen, sie glich einem Geräteschuppen oder einem Holzstall.
Was hatte sie denn erwartet? Kristina schaute die Hütte an, die ihr Mann für sie errichtet hatte. Sie sah ein, daß Karl Oskar alles gemacht hatte, was er gekonnt hatte, und so gut, wie er es gekonnt hatte, als er diesen Schuppen hier zusammennagelte; sie konnte nicht mehr erwarten. Nachdem sie gesehen hatte, wie die Menschen hier wohnten, wäre es vermessen von ihr gewesen, mehr zu verlangen, eine bessere Wohnung von ihm zu verlangen. Niemand konnte in einigen Tagen ein richtiges Wohnhaus hervorzaubern; es wurde nur eine Hütte wie diese, ein Schuppen.
Karl Oskar sah seine Frau verstohlen an und fragte sich unruhig, was sie zu der Hütte sagen würde. Im Innersten schämte er sich etwas darüber, daß er ihr für den Anfang kein besseres Heim in ihrem neuen Land bieten konnte. Sie hatten ja bis hier einen so langen Weg zurückgelegt – nach einer Tausend-Meilen-Reise standen sie nun hier vor dieser kleinen Bretterhütte, die er in einigen Tagen zusammengehämmert hatte. Sie fand sicher, daß an ihrem Heim nicht viel dran sei, und obwohl er sie im voraus vorbereitet hatte, fürchtete er, daß sie sich enttäuscht äußern würde.

»Es ist nur ein *shanty,* wie sie es nennen!« sagte er.
In Karl Oskars Ohren hob das englische Wort besser als ein schwedisches hervor, daß es sich um einen Unterschlupf handelte, der klein und eilig aufgebaut war, eine ärmliche Hütte, ein einfacher Bau, in dem man vorübergehend, aus Not, wohnte: »Das *shanty* soll uns bloß eine Unterkunft gewähren, bis wir das Haus fertigbekommen.«
»Die Hütte erfüllt wohl ihren Zweck, solange es noch nicht Winter ist!« sagte Kristina und befühlte die Wände. »Du hast sie aber schnell zusammengezimmert!«
Karl Oskar hatte als Junge zusammen mit seinem Vater gezimmert, aber er war kein gelernter Zimmermann, er betrachtete sich nur als Geselle. Er hätte auch nur eine Reisighütte errichten und die Kosten für die Bretter sparen können, doch das wäre zu primitiv gewesen, hatte er gefunden. Und er hatte befürchtet, daß die Mücken durch das Reisig hindurchkommen könnten. Durch zollstarke Bretter konnten sie sich wohl nicht hindurchbeißen: Bretter waren in jeder Weise bestimmt ein besserer Schutz.
Nun war er froh, daß Kristina nichts an seiner Hütte auszusetzen zu haben schien, dem ersten Bau, den er allein gemeistert hatte, dem ersten Haus, das das Werk seiner Hände war. Er wußte schon selbst, wie wenig es wert war. Sie sagte aber nicht ein herabsetzendes Wort über den kleinen armseligen Bretterschuppen, wie plump und verzogen und schief er auch dastand. Sie hatte ihn nur gelobt, weil er flott arbeitete und ihm alles gut von der Hand ging.
Er sagte, sie müßten zu allererst wie Häusler wohnen, daran sei nichts zu ändern. Doch hätten sie ja den ganzen Boden hier herum, den sie als ihr Eigentum betrachten könnten – sie wohnten wie Häusler, hätten aber mehr und besseren Boden als irgendein Großbauer zu Hause in Ljuder.
»Nächstes Mal, Kristina! Nächstes Mal will ich ein Haus zimmern! Das soll anders werden! Ja – du sollst es sehen: unser nächstes Heim!«
Und er wies stolz auf den Kiefernwald, wo sein Bauholz

stand: Könne sie das Föhrengehölz dort sehen? Da drüben wachse das Holz für die Wände des Hauses, dort stehe bereits ihre nächste Wohnung! Sie stehe dort auf dem Stamm, sie laufe ihnen nicht fort, sie stehe fest und sicher, niemand könne sie ihnen wegnehmen!

So zog Karl Oskar hier nun als ein *squatter* ein, ein Mann, der sich auf dem Grund und Boden niederließ, ohne daß er schon etwas dafür zu bezahlen brauchte. Er war ein Mann, der sich hockte, und er war auch gezwungen, sich zunächst zu hokken. Er wollte es aber nicht so lange tun, daß ihm der Rücken davon krumm wurde. Er fragte sich, ob Fina-Kajsas Sohn nicht zu lange auf seinem Land gehockt habe, und ob er deshalb einen krummen Rücken bekommen habe. Nein, Karl Oskar wollte sich vorsehen und sich gerade halten. Wenn ihm eine gute Gesundheit vergönnt war, würde er sich nach nicht langer Zeit wieder aufrichten. Auf diesem Boden würde er sich zu voller Mannesgröße aufrichten, in der ganzen Größe eines freien Ackerbauern.

Doch vorläufig befand er sich noch am allerersten Anfang. Bisher war er noch ein *squatter*, der in einer elenden Bretterhütte hauste, ohne Fenster, ohne Herd, ohne Fußboden, mit der schwarzen Erde als Fußboden.

Kristina sollte in ihre neue Wohnung eintreten. Sie war erfreut, als sie den Wohnplatz sah, aber beklommenen Herzens, als sie die Hütte erblickte. Sie mußte sich ducken, um durch die niedrige und enge Türöffnung zu kommen – sie kroch beinahe durch die Tür in die Wohnung hinein, in die sie mit allen ihren Habseligkeiten einziehen wollten.

Da drinnen wälzten sich schon ihre Kinder in dem ausgebreiteten Heu, mit dem für sie alle Matratzen gestopft werden sollten. Die Kinder spielten und tobten und machten sich in dem Heu Ballen und Höhlen, und es war schön, daß sie schon eingezogen waren – die Kinder benahmen sich wahrhaftig, als hätten sie seit jeher hier drinnen in dem Bretterschuppen gewohnt.

Johan rief freudig seiner Mutter zu: »Wir wohnen in einem

Haus in Amerika! Jetzt wohnen wir in unserem Haus, Mutter!«
Die Mutter erwiderte dem Jungen: Ja, nun wohnen sie endlich in ihrem eigenen Haus. Jetzt brauchten sie sich nicht mehr mit anderen zu drängen, jetzt waren sie hier drinnen ihr eigener Herr; sie könnten also gern toben und spielen, hier könnten sie sich benehmen, wie sie wollten – von heute an könnten sie sich in ihrer eigenen Wohnung aufhalten. Und dafür wollten sie Gott danken.
Doch in ihrem Innersten fühlte sich Kristina auch für etwas anderes dankbar: Niemand zu Hause, weder ihre Eltern noch ihre Geschwister noch irgendein anderer Mensch, würde jemals ihr erstes Heim in Nordamerika zu sehen bekommen.

Nur deiner Hände Arbeit hilft dir weiter

I

In dem wilden Lande am See Ki-Chi-Saga in Minnesota Territory mußten Karl Oskar und Kristina als Bebauer des Bodens wieder von vorn beginnen. Mit allem mußten sie von vorn anfangen.

Auf der Reise hatten ihre Hände geruht, und sie hatten viele Male gewünscht, daß sie etwas hätten verrichten können. Nun kamen mit einemmal alle Arbeiten des Bauern, der von vorn anfängt, über sie hereingestürzt. Alle waren dringend, doch nicht gleich dringend, man konnte nicht alle auf einmal schaffen, einige mußten aufgeschoben werden.

Das Dringlichste war, eine Unterkunft, Wärme und Nahrung zu beschaffen, so daß sie über den bevorstehenden Winter kamen.

Sie hausten jetzt in einer Hütte, die ebensoviel Fuß im Geviert maß wie ihre letzte Wohnung Ellen, aber sie waren nur sechs Personen statt sechzehn, und die Hütte gehörte ihnen selbst. Mitten darin auf dem Fußboden aus Erde thronte die große Kleidertruhe, so lang wie eine halbe Hüttenwand, und nahm viel von dem Platz in Anspruch. Zu Hause hatten sie sie die Amerika-Truhe genannt, hier wurde sie als die Schweden-Truhe bezeichnet. Es war das einzige Möbel in ihrer neuen Wohnung.

Der Truhe war anzusehen, daß sie an den Abenteuern der Auswanderung teilgenommen hatte: Sie war auf der Reise schlecht behandelt worden, in New York war eine Ecke abgeschabt und beschädigt worden, und jetzt war sie an allen Ekken und Enden beschabt und zerkratzt. Doch innerhalb ihrer Wände aus eichenen Brettern hatte sie das unentbehrliche Eigentum ihrer Besitzer geschützt; sie war mit dicken Eisenbändern verstärkt, und sie hatte zusammengehalten. Viele Männer hatten die Truhe an den plumpen eisernen Handgriffen angehoben und waren über ihre Schwere erstaunt gewesen und hatten geflucht und sich gefragt: Was zum Teufel ist bloß in diesem großen hölzernen Ungetüm?

Die Kleidertruhe enthielt gerade die Dinge, ohne die ihre Besitzer nicht sein konnten, wenn sie in der Wildmark am Leben bleiben wollten – so dachte Kristina, als sie sie jetzt alle auspackte. Wie hätten sie sich ohne diese wollenen Kleidungsstücke, die sie jetzt aus ihrem Aufbewahrungsraum herausnahm, gegen die Winterkälte schützen sollen? Kampfer und Lavendel hatten sie vor Stockflecken und Motten bewahrt. Sie stellte mit Befriedigung fest, daß die Kleidungsstücke, nachdem sie die lange Zeit vom Frühling bis zum Herbst eingepackt gelegen hatten, unbeschädigt dalagen. Vorsichtig griffen die Hände Kristinas nach Wolle, Loden und Leinen. Sie hätte die vertrauten Stücke von zu Hause streicheln mögen – aus Dankbarkeit darüber, daß sie sie hierher begleitet hatten und noch vorhanden waren und jetzt für sie bereitlagen, wo sie sie brauchen würde. Und sie verwunderte sich darüber, daß sie hier bei ihr sein konnten, in dieser fremden Umgebung, so weit von der Heimat: Sie gehörten ja nicht hierzu, sie gehörten mit einem anderen Heim, einem anderen Land zusammen.

Sie wußte nicht mehr, was sie alles in die Truhe gepackt hatte, es war so lange her, und nun fand sie Dinge, die sie dort zu finden nicht erwartet hatte. Sie machte Entdeckungen, und mehrmals war sie freudig überrascht: Das hatte sie eingepackt? Das hatte sie auch mitgenommen? So ein Glück!

Sie fand ihre Wollkämme, ihre Wollschere, ihren Nähkasten mit Nadeln und Garnknäuel, ihre Stricknadeln, das Bündel Talglichte, die sie zum vorigen Weihnachtsfest gegossen hatte, das Tuch aus Volldrell, das sie für ihre Mitgift gewebt hatte, die Flasche mit den herzstärkenden Hoffmannstropfen, die Kiste mit dem Spielzeug der Kinder. All das kam jetzt wie unerwartete Geschenke, die ihr gerade geschenkt wurden, als sie ihrer bedurfte. Am meisten freute sie sich, als sie

die Flachsschwinge auspackte, die Karl Oskar mit roten Tulpen bemalt hatte – sein Verlobungsgeschenk an sie: Hier fand sie auch ihre Jugendzeit zu Hause, eine Zeit, die so weit zurücklag, die Zeit, als sie Braut gewesen war.
Und in der Schweden-Truhe lagen alle unentbehrlichen Tischlerwerkzeuge Karl Oskars. Ohne sie konnte er kein Haus für seine Familie bauen! Wenn er gewußt hätte, wie teuer die Werkzeuge hier draußen waren, hätte er noch mehr Haueisen, Stemmeisen, Hobel und große Bohrer mitgenommen. Er bereute auch, daß er kein größeres Pulverhorn eingepackt und noch mehr Lederbeutel mit Kugeln und Schrot gefüllt hatte, denn Ladungen für die Büchse kosteten auch viel Geld. Robert hatte sich wenigstens in diesem Falle als vorausschauend erwiesen, als er Angelhaken, Ringe aus Stahldraht und Angelschnur in die Truhe gelegt hatte, denn alle Fischereigeräte kamen jetzt gut zupasse, wo sie an einem See wohnten.
Kampfer und Lavendel hatten die eingepackten Kleidungsstücke vor schlechtem Geruch bewahrt, und als der Deckel aufgemacht wurde, stieg der Duft von Kampfer und Lavendel aus der Truhe und verbreitete sich in der kleinen Hütte. Es war ein sonderbarer Duft, den Kristina in der Nase verspürte, es roch nach *zu Hause.*
Ende März hatte sie die Amerika-Truhe gepackt, Anfang September packte sie die Schweden-Truhe aus. In der ganzen Zwischenzeit war sie im Umzug gewesen; vom Frühjahr bis zum Herbst war sie gereist, und sie hatte in dieser Zeit so viel durchgemacht, daß es so schien, als wären, seit sie ihren Heimatort verlassen hatte, mehrere Jahre vergangen. War es erst im vergangenen Frühjahr gewesen, daß sie diese Habseligkeiten eingepackt hatte? Ihr kam es so vor, als wäre es in einem anderen Leben, in einer anderen Welt, geschehen.
Und das stimmte, es verhielt sich so. Sie lebten jetzt ein neues Leben in einer neuen Welt.
Und mit den Dingen, die sie aus der Kleidertruhe nahm, kamen Kristina viele Erinnerungen. Jeder Gegenstand gehörte

mit etwas zusammen, was sie zu Hause erlebt hatte, mit Menschen, die ihr nahegestanden hatten, mit Angehörigen und Freunden: die Wollkämme, die sie von ihrer Mutter erhalten hatte, als sie in ein eigenes Heim ziehen sollte, der Nähkasten, den sie im ersten Jahr ihrer Ehe auf dem Markt gekauft hatte, die Stricknadeln, die sie an den Winterabenden in der Hand gehabt hatte, wenn sie mit Freunden am Herdfeuer gesessen und geplaudert hatte. Es kam hier plötzlich so viel Vertrautes zum Vorschein, es gab so viel an diesem Aufbewahrungsort – aus der alten Kleidertruhe packte sie Schweden aus.
Und dabei kamen ihr viele Gedanken, die zu nichts nütze waren, die nur unnötiges Kopfzerbrechen verursachten. Sie wußte es ja so gut: Nichts war nutzloser und vergeblicher, als über das zu grübeln, was einmal gewesen war und nicht geändert werden konnte. Sie wollten von vorn anfangen und durften sich nicht mit ihren Gedanken im Alten vergraben. Sie empfand es wie eine Warnung, als Karl Oskar sagte: Wenn sie zu viel an den Heimatort dächten, den sie ein für allemal verlassen hätten, sei es für ihr Fortkommen in dem neuen Lande hinderlich.
Und so gesehen, war es jetzt nicht für sie nützlich gewesen, den Deckel der Amerika-Truhe, die sich hier in die Schweden-Truhe verwandelt hatte, zu öffnen: Das frühere Heim und das Leben, das sie dort gelebt hatte, hatten sich ihr aufgedrängt – und waren doch ebenso weit fort.
Die Truhe war aber ihr einziges Möbelstück in der Hütte, und sie benutzten sie jetzt als Eßtisch: Sie deckte auf dem Deckel, und die Familie versammelte sich jedesmal, wenn sie essen wollten, um sie. Und der Duft, den sie von zu Hause mitgenommen hatte, blieb. Die Truhe thronte mitten in der Hütte und roch nach Kampfer und Lavendel: Es war der Duft aus Schweden, der sich hielt.

2

Karl Oskar richtete seine Arbeit nach dem Lauf der Sonne, er begann sie früh am Morgen, bevor die Sonne angefangen hatte zu wärmen, ruhte während der heißen Tagesstunden, arbeitete am Nachmittag weiter und arbeitete so lange, wie er in der Abendkühle noch Tageslicht hatte. In dem Wäldchen am Bach fällte er Bäume für den Hausbau, hieb geeignete Kiefern um und entästete und entrindete die Stämme, damit sie schon trocknen konnten, während die Wärme noch anhielt. Aus jungen Linden hieb er Rundholz, aus dem er Bretter für Dach und Fußboden zurechtschlug. Er grub Torf für das Dach, er schälte Rinde und trocknete sie, er streifte Lindenbast für Seile ab, er verbrannte Reisig und bahnte Wege, er mauerte an dem Herd vor der Hütte einen einfachen Backofen, er hob vor der Hütte eine Grube aus, wo sie bei der Hitze ihre Nahrungsmittel aufbewahren und sie gegen Nagetiere und kleines Getier schützen konnten, und er verrichtete täglich alle möglichen kleinen Arbeiten. Doch obwohl er des Abends den letzten Strahl des Tageslichts ausnutzte, reichte ihm der Tag nicht: Er wollte noch mehr leisten. Und er beklagte sich, daß er nur zwei Hände hatte.

»Freue dich, daß du zwei Hände hast!« sagte Kristina. »Du hättest einhändig sein können.«

Es gab so viel Neues, was er versuchen mußte. Er ging hier dauernd in die Lehre, er brauchte mehr handwerkliches Können. Alles, was zu Hause Handwerker für ihn gemacht hatten, mußte er hier selbst tun, so gut er es verstand. Zwang ist der beste Lehrmeister, hatte sein Vater gesagt, und wer sich hier in der Wildmark ansiedelte, war gezwungen, sich in allen Handwerkszweigen zu versuchen.

Karl Oskar war immer gelehrig gewesen, und das Nachahmen war ihm leichtgefallen. Und nun kam es auf das Können seiner Hände an – wer sich nicht durch seine Hände weiterhelfen konnte, würde in dem unbewohnten Lande elend umkommen.

Auch Kristina mußte etwas Neues lernen: wie sie Lager ohne Bettstellen zurechtmachte, wie sie ohne Seife wusch, wie sie Eßwaren ohne Keller aufhob. Und es machte ihr große Sorge, als sie ihre Kleidung in Ordnung bringen wollte, die auf der Reise schlecht behandelt worden war. Einige Kleidungsstücke waren verdorben, andere hatten Löcher bekommen oder waren zerrissen, und alle waren verschmutzt: Es mußte geflickt und gestopft, zusammengenäht und gewaschen werden. Am meisten grämte sie sich über ihre Brautdecke, die in dem Schiffsraum der ›*Charlotta*‹ so viel Flecke abbekommen hatte, daß sie sie nie mehr richtig sauber bekommen würde. Und die Kleidungsstücke aller Familienmitglieder mußten gepflegt werden, damit sie auf lange Zeit hinaus heil blieben und gebraucht werden konnten. Sie waren gezwungen, jedes Kleidungsstück ganz sorgfältig zu behandeln, denn es würde lange dauern, bevor jemand von ihnen etwas Neues anprobieren könnte.

Die Seifendose von zu Hause war leer, und Kristina bekam kein Wäschestück ohne Seifenlauge sauber. Karl Oskar versuchte, ihr zu helfen: Er machte ein Gemisch aus Kaninchenfett und Asche und kochte beides zusammen; er glaubte, es werde nach dem Kochen so scharf sein, daß man es statt Seife benutzen könnte. Es zeigte sich auch, daß der allermeiste Schmutz in der Lauge, die er erfunden hatte, verschwand.

Schmutz und Ungeziefer fernzuhalten, die Großen und die Kleinen sauberzuhalten, das lag Kristina am Herzen. Auf der Reise war die Reinlichkeit vernachlässigt worden, und sie hatte darunter gelitten. Jetzt saß sie eines Abends vor der Hütte und sah sich Karl Oskar und Robert an, als sie trockenes Kiefernholz hackten und in Stößen aufschichteten, und es fiel ihr ein: Sie wollte den zottigen Männern das Haar schneiden, damit sie nicht wie Verbrecher aussähen und Schweden Unehre machten. Sie holte ihre Schere: »Hier ist die Wollschere! Jetzt werde ich mir mal eure Köpfe vornehmen!«

»Kannst du Männern das Haar schneiden?« fragte Robert mißtrauisch.

»Ja. Ich schere doch zu Hause immer die Schafe.«
»Dann kannst du mit dem Widder anfangen!« sagte Karl Oskar, indem er die Mütze abnahm und sich auf dem Hauklotz zurechtsetzte.
»Soll ich dir nicht zuerst die Beine zusammenbinden?« wollte sie wissen. »So macht man es doch, wenn man widerspenstige Widder scheren will.«
Kristinas Wollschere hauste umbarmherzig in Karl Oskars langem Haar, das vom Kopf auf die Erde befördert wurde, wo es in kleinen Haufen liegen blieb. Er gebe ein ganzes Pfund Wolle, vermutete sie.
Als Karl Oskar sich anschließend in seinem kleinen Taschenspiegel sah, erkannte er seinen Schädel kaum wieder. Zwar waren Treppen hineingeschnitten, und jeder Scherenschnitt war deutlich zu erkennen, wie es bei den Körpern der Schafe nach dem Scheren zu sein pflegte. Es war aber schön, die dikken Zotteln loszuwerden, die ihm in der Hitze nur lästig geworden waren.
Robert kam es etwas erniedrigend vor, von einer Frau geschoren zu werden, als wäre er ein Tier. Nun wollte er, daß Kristina ihm das Haar so dicht an der Kopfhaut abschnitte, wie sie könnte, und zwar deshalb, weil er seinen Kopf gegen die Messer der Indianer schützen wollte: Samuel Nöjd, der Pelzjäger, hatte ihm von einigen Kameraden erzählt, die vor ein paar Jahren von den Wilden erstochen und skalpiert worden seien. Einer der Jäger sei davongekommen und habe sich gerettet, weil er glatzköpfig gewesen sei. Da auf seiner Kopfhaut nicht ein einziges Haar zu sehen gewesen sei, hätten die Indianer ihn nicht angerührt. Sie hätten geglaubt, daß er bereits skalpiert sei.
Und Robert wurde nach Wunsch so dicht an der Haut geschoren, daß er am Kopf aussah wie ein abgebrühtes und abgekratztes Schwein, und nun wollte er die Indianer glauben machen, daß sein Skalp bereits abgezogen sei. Er konnte aber nicht lange sicher sein, sein Haar würde bald wieder wachsen.
Kristina schnitt auch Johan und Harald das Haar dicht an der

Kopfhaut ab, doch tat sie das nicht wegen der Indianer, sondern weil es gegen Kopfläuse angebracht war, die auf diese Weise nicht im Haar der kleinen Jungen nisten konnten.
Sie war sehr froh darüber, daß die Kinder im letzten Monat, nach Beendigung der Reise, sich wieder erholt hatten; sie hatten seit ihrer Ankunft hier bereits festeres Fleisch und rundlichere Gliedmaßen bekommen, die Augen waren heller, und die bleichen Wangen hatten eine andere Farbe angenommen. Sie konnten sich im Freien bewegen, und sie erhielten frische Nahrung; sie brauchten sich nicht weit von der Hütte entfernen, um sich an wilden Früchten und Beeren bis zum Platzen sattzuessen. In letzter Zeit war in der Ernährung der Familie eine große Veränderung eingetreten: Sie hatten zu jeder Mahlzeit frische Zukost, Wildfleisch oder Fisch, und das hatten sie in Schweden, außer in den Weihnachtsfeiertagen, nie gehabt. Die Kaninchen, die massenhaft draußen im Grasland lebten, lieferten ihnen das meiste Fleisch. Sie waren ebenso groß wie zu Hause die Hasen und dick und fett, und ihr Fett ließ sich auf vielerlei Weise verwenden. Robert lernte, die Kaninchen mit den Händen zu greifen: Er rannte so lange hinter den Tieren her, bis sie ermüdeten, und fing sie, wenn sie nicht mehr entfliehen konnten. Dadurch brauchten sie kein Pulver und Schrot für sie aufzuwenden, und die kostbaren Schüsse konnten für größere Tiere vorbehalten bleiben.
An Enten und Wildgänse, die sich draußen auf dem See hielten, mußten sie Schüsse wenden; die Vögel konnte Robert nicht durch Rennen müde machen. Es war jedoch ein Kinderspiel, im Ki-Chi-Saga, wo es vor Leben unter der Wasseroberfläche brodelte, Fische zu fangen. Sie konnten den Topf mit dem Wasser aufs Feuer setzen und zum See hinuntergehen und mit den Fischen zurücksein, ehe das Wasser zum Kochen gekommen war. Hier gab es Hechte und Barsche, aber das waren auch die einzigen Fische, die sie von den kleinen heimatlichen Gewässern kannten. Einige Hechte waren auf dem Rücken schwarz und an den Seiten gelb gewürfelt und schlanker als die Hechte zu Hause. Die Barsche hatten ein größeres

Maul und schmeckten nicht so gut wie in Schweden. Von den unbekannten Fischen war der, der Weißfisch genannt wurde, ein brauchbarer Speisefisch, der sowohl gebraten als auch gekocht schmackhaft war. Der Weißfisch war so gefärbt wie eine Plötze, war aber in der Körperform langgestreckt wie der Hecht. Der Katzenfisch war häßlich anzuschauen und hatte in den Mundwinkeln lange Schnurrhaare und gab einen schnurrenden Laut von sich wie eine Katze, wenn er aufs Trockene kam. Ein fast runder Fisch, der wie ein Barsch gefärbt war und rote Augen hatte, wurde *bass* genannt und trat in großen Schwärmen auf.

Eines Morgens beim Hellwerden, als Karl Oskar aus der Hütte trat, erblickte er einen großen Hirsch mit gewaltigem Geweih, der fünfzig Schritt von ihm am Ufer stand und trank. Er hatte immer seine Büchse, mit einer Kugel geladen, zur Hand. Er holte sie und schoß. Das Tier fiel, wo es stand, in die Brust getroffen. Kristina war durch den Schuß nicht erwacht. Jetzt wollte er sie überraschen. Der gefallene Hirsch mit der großen Geweihkrone war schwer, er wog so viel, daß er gerade noch allein mit ihm fertigwerden konnte. Mit großer Mühe hängte er seine Beute an den zusammengebundenen Hinterläufen an einer Stange zwischen zwei Bäumen auf, enthäutete sie und nahm die Eingeweide heraus. Als Kristina aufstand, hatte er das Tier ausgeweidet und war fertig, und bereits zum Morgenmahl stellte sie das Bratblech mit Hirschfleisch aufs Feuer.

Frisches Fleisch hielt sich bei der warmen Witterung, die noch herrschte, nicht lange, und es fehlten ihnen Gefäße, in denen sie es hätten salzen und aufbewahren können. Sonst hätten sie mehr Wildfleisch für den Winterbedarf erhalten.

Solange die Herbstzeit währte, brauchte sich die Familie am Ki-Chi-Saga um die Zukost keine Sorgen zu machen. Etwas anderes war es mit dem Brot, an dem sie sparen mußten. Das Brotmehl hatten sie in Taylors Falls teuer gekauft, und es mußte lange für sie reichen; Brot durften sie nicht so viel essen, wie sie wollten. Kristina schnitt vom Laib ab und teilte zu jeder Mahlzeit die Schnitten zu: Jeder der beiden Männer, die die schwerste Arbeit verrichteten, erhielt zwei Scheiben, sie selbst und die Kinder je eine Scheibe. Das waren bei einer Mahlzeit acht Scheiben, und sie machten ein großes Stück des Laibes aus.

Das Brotmehl in der Tonne wurde beunruhigend schnell weniger. Hier war es viel leichter, Zukost zum Brot zu beschaffen als Brot zur Zukost. Und Kristina, die das Brot schnitt, war dafür verantwortlich, daß es reichte.

Anders Månsson hatte ihnen einen Scheffel Kartoffeln geschenkt, und sie hatten für den Bedarf im Winter eine Tonne von ihm bestellt. Butter, Käse und Eier waren Nahrungsmittel, auf die sie verzichten mußten, da sie so etwas noch nicht selbst zubereiten konnten. Aber sie hatten auch keine Milch. Immer war es die Milch, die fehlte! Die Kinder fragten oft nach Milch, sie bettelten und baten ihre Mutter um süße Milch, wie sie es auf der Reise getan hatten.

Kristina schaute auf den ausgedehnten grasbewachsenen Hang hinaus: Dort wuchs Futter für vielleicht dreißig Kühe. Sie hatten aber überhaupt keine! Wenn sie bloß eine einzige gehabt hätten – eine Kuh, die sie am Morgen und Abend hätten melken können! In Schweden hatten sie Kühe gehabt, aber zuweilen kein Futter für sie; hier hatten sie Futter, aber keine Kühe. Was sollte man dazu sagen? Wie sollten die Kinder den Winter ohne Milch gesund überstehen?

Wie kam es, daß Karl Oskar nicht daran gedacht hatte? Er war es ja, der für sie alle anordnete und bestimmte. Sie war gezwungen, ihn zu erinnern und zu drängen: »Du mußt eine Kuh kaufen, die uns in diesem Winter Milch gibt!«

Zu ihrem Erstaunen antwortete er nicht gleich. Er drehte den Kopf weg, er sah verlegen aus, als wäre er bei etwas Unerlaubtem ertappt worden.

»Warum hast du nicht schon eine Kuh gekauft, Karl Oskar?«

»Kristina . . . Ich hätte es dir schon früher sagen müssen . . . Es ist aber nicht schön . . .« Er machte einen gequälten Eindruck, als wäre er dazu gepreßt worden, etwas Schändliches

zuzugeben. Er sah fort und sprach wie in Selbstüberwindung: »Wir haben nichts zum Kaufen.«
Jetzt war es heraus, es war nicht leicht, es zu sagen, aber er hätte es ja schon früher sagen können, sie mußte ja wissen, warum sie keine Kuh kaufen konnten.
Kristina fragte bestürzt: »Reicht es nicht? Sind wir so übel dran?«
»Das meiste von dem, was wir hatten, ist bereits draufgegangen . . .«
Er wolle es ihr jetzt darlegen: Neunzig Silberdollar habe er ja noch in seinem Ledergürtel gehabt, als sie hierher gekommen seien. Zehn Dollar habe er den gierigen Bestien in den Rachen werfen müssen, die das Umzugsgut den Fluß hinaufbefördert hätten, und außer der Tonne Mehl und anderem, was sie für die Ernährung brauchten, habe er eine Ladung Bretter, ein paar Pfund Nägel, eine Fällaxt und eine Reihe von Hilfsmitteln für den Hausbau gekauft. Alles zusammen habe über fünfzig Dollar gekostet. Achtunddreißig Dollar und einige Cent seien nun alles, was sie an Barmitteln noch besäßen. Ja, er habe große Ausgaben gehabt. Alles, was sie kaufen wollten, sei unchristlich teuer, und dabei habe Anders Månsson sich von ihnen nichts bezahlen lassen, weder die Ochsenfuhren noch die Unterkunft. Er müsse ihn nach und nach mit Gegendiensten bezahlen.
So schnell sei das Geld draufgegangen; alles, was er gekauft habe, brauchten sie gleich dringend, und nichts hätten sie entbehren können. Anfänglich habe er, sobald er hierhergekommen sei, Ochsen und Kühe beschaffen wollen, aber er habe nicht gewußt, was die Tiere kosteten.
Eine gute Kuh kostete dreißig Dollar oder fast die ganze Summe, die sie noch hätten. Es gebe aber noch eine Reihe von Dingen, die er unbedingt zum Bauen brauche und die er kaufen müsse, wenn sie einen Wohnsitz bekommen wollten, der sie in dem bevorstehenden Winter schützen könne. Und zum Frühjahr wollten sie Saatgut kaufen. Er müsse Geld für das Saatgut beiseite legen: Was nützte all ihr Streben, wenn sie

fürs Frühjahr nichts zu säen und in die Erde zu setzen hätten? So sehe es aus. Sie seien schon so weit gekommen, daß sie keine Kuh kaufen könnten. Und dabei sei er mit den Ausgaben so vorsichtig gewesen . . .

»Oder habe ich etwas Überflüssiges gekauft, Kristina?«

»Nein. Das kann ich nicht sagen. Aber eine Kuh, die Milch gibt, ist ebenso notwendig wie etwas anderes.«

»Nicht ebenso notwendig wie das Haus.«

»Aber der ganze lange Winter ohne Milch, Karl Oskar! Glaubst du, daß die Kinder ohne einen Tropfen süße Milch bis zum Frühjahr durchkommen?«

Und sie fügte hinzu: Die Kinder hätten angefangen, wieder festes Fleisch auf den Körper zu bekommen, aber wenn sie nun den ganzen Winter ohne Milch durchmachen müßten, würde von den kleinen Würmern im Frühjahr wohl nichts mehr übrig sein. Er sage immer, es komme in erster Linie darauf an, daß sie alle lebend über den Winter kämen. Und da könnten sie eine Kuh nicht entbehren. Zu Hause hätten sie zwar in ärmlichen Verhältnissen gelebt, aber einen Tropfen Milch für die Kinder hätten sie das ganze Jahr über gehabt.

Karl Oskar entgegnete: Zu allererst müßten sie sich ein Haus bauen. Sie könnten ohne Kuh sein, doch könnten sie nicht das Haus entbehren. Wenn die Kinder andere Nahrung erhielten, würden sie durchkommen und den Winter ohne Milch überstehen, aber wenn sie gezwungen wären, hier in der Hütte zu bleiben, würden sie erfrieren. Und sie dürfe nicht vergessen, daß sie noch ein empfindliches kleines Wesen erwarteten, das eine warme Unterkunft brauche. Dieses kleine Wesen müsse auch über den Winter gebracht werden. Sie könnten nicht im Winter mit einem neugeborenen Kind in einem Bretterschuppen wohnen, wo das Tageslicht durch die Wandritzen scheine und wo es ebenso kalt sei wie davor im Freien.

Er hatte mit dem, was er sagte, recht, aber sie hielt daran fest, daß auch sie recht habe. Sie wollten ihr Leben erhalten, und es handele sich darum, wie sie dabei verfahren sollten. Gezimmerte Wände schützten und hälfen gegen Kälte, aber Milch

gegen Hunger und Krankheiten. Sie brauchten das Haus und die Kuh ebenso sehr, und sie lasse nicht locker, sie wolle nicht ohne die unentbehrliche Kuh sein: Könnten sie nicht doch versuchen, eine ausfindig zu machen? Und hätten sie nicht solchen Kredit, daß sie einen Zahlungsaufschub erhalten könnten, wo sie jetzt Grund und Boden hätten?
Sie hätten noch keine Papiere für den Boden, erwiderte er, und ein mittelloser *squatter* erhalte hier für nichts Kredit. In dem Laden des Schotten in Taylors Falls könnc cr nicht für einen Cent borgen. Er könne auch nicht verlangen, Kredit zu bekommen, wenn er als Fremder komme, keiner könne wissen, was er für einer sei. Hier in Amerika müsse ein neu Hinzugezogener zeigen, daß er sich zuerst selber helfen könne, bevor er von einem anderen Hilfe erhalte.
Das höre sich unbarmherzig an, fand Kristina: Wer selbst nicht weiterkomme, brauche doch wohl die Hilfe am meisten.
»Was meinst du, gibt es mit der Kuh keine Möglichkeit?«
»Nein. Es ist schlimm . . . Wie soll man ohne Geld kaufen?«
Sie hatte sich aber vorgenommen, diesmal ihren Willen durchzusetzen, und er sah es. Sie fand, daß er immer allein verfüge und bestimme, und einmal wollte sie auch ein Wort mitreden, sie wollte nicht jedesmal überredet werden. Er hatte sie zur Auswanderung überredet; sie erinnerte ihn nie daran, aber er erinnerte sich oft selbst und fühlte die Verantwortung für das, was er getan hatte. Wenn sie gewollt hätte, hätte sie sagen können: Du hast nie erwähnt, daß wir ohne Milch dastehen würden, wenn wir hierherkämen! Du hast nicht im voraus erzählt, daß wir ohne Kuh sein würden . . . Hättest du das damals gesagt, hätte ich mich vielleicht nicht gefügt . . .
Und er dachte lange an die Worte, die sie über die Kinder und den Winter ohne Milch gesagt hatte. Es konnte auf Tod und Leben gehen. Er sollte ihre Mittel verwenden und wählen – und es war die Wahl zwischen unentbehrlichen Dingen. Wie sollte er es machen? Wo jetzt vielleicht Leben und Tod davon abhingen, was er tat?

3

Robert packte nicht so zu, und die Arbeit ging ihm nicht so von der Hand, er hatte nicht gelernt, etwas zu tischlern, er wußte nicht mit Holz umzugehen. Karl Oskar konnte seinen Bruder nur für einfachere Arbeiten in Anspruch nehmen. Nachdem sie das Bauholz zusammen gefällt und fertiggemacht hatten, ließ er seinen Bruder auf dem Wiesenland Neuland aufhacken.

Karl Oskar meinte, daß sie als Brüder zusammenhalten müßten, und er wollte, daß Robert bei ihm bliebe und ihm hälfe, bis er so alt würde, daß er sich selbst Land nehmen könnte. Er brauchte nicht für Essen und Unterkunft zu arbeiten. Karl Oskar wollte seinem Bruder Lohn in Geld zahlen, sobald er dazu in der Lage war. Robert war jetzt achtzehn Jahre alt geworden, und in zwei, drei Jahren war er mündig und konnte sich unter den vielen Tausend Morgen fruchtbaren Bodens, die hier an den Ufern um den See Ki-Chi-Saga warteten, seine eigene Landwirtschaft aussuchen.

»Nein«, sagte Robert bestimmt, »Land nehme ich wohl nie.«

»Was erzählst du da? Willst du nicht einmal dein eigener Herr sein?«

»Ja, das will ich ja gerade! Hier in Amerika ist jeder Mensch sein eigener Herr. Deswegen wollte ich hierher.«

Doch der ältere Bruder starrte den jüngeren an: Wolle Robert nicht Besitzer von zweihundertsechzig Morgen dieses guten Bodens hier werden? Wolle er so wenig an seine Zukunft denken, daß er ein solches Stück Land nicht annehme, wenn er es so günstig, zu so vernünftigen Bedingungen bekommen könne?

»Wenn du kein Land nimmst, solange es noch zu haben ist, wirst du es noch bereuen«, sagte Oskar.

»Das kann sein. Ich glaube es aber nicht.«

Und Robert dachte: Karl Oskar war nicht sein Vormund, und er hatte ihm nicht versprochen, bei ihm in Amerika als Knecht zu gehen. Seine Reise war mit seinem Erbanteil bezahlt; er war seinem Bruder nichts schuldig, er war nicht an ihn gebunden. Doch jetzt drückte ihm sein Bruder eine Hacke in die Hand, er sollte auf dem Neuland mit der Schälhacke arbeiten. Und er kam sich vor, als wäre er wieder daheim in seinem Knechtsdienst. Zu Hause in Schweden hatte er viele lange Tage mit der Schälhacke gearbeitet, und nun war es wieder dasselbe. Das Werkzeug, das er in Schweden fortgeworfen hatte, erwartete ihn hier, sobald er angekommen war. Und die amerikanische Hacke, die Karl Oskar gekauft hatte, ließ sich noch schwerer anheben als die, die er zu Hause benutzt hatte. Wozu war er ausgewandert, wenn alles für ihn dasselbe sein sollte, was es vorher gewesen war? Den ganzen Tag über gebeugt gehen, so daß abends der Rücken wehtat, das hatte er in Schweden genug gemacht. Er war nicht nach Amerika ausgewandert, um mit der Schälhacke zu arbeiten.

Robert verstand seinen Bruder nicht, der sich so darüber freute, ein Stück Erde zu bekommen, das nur Arbeit verlangte, das er immer wieder pflügen, besäen und abernten mußte, Jahr für Jahr, solange er die Kraft dazu hatte, solange er lebte. Ein Stück Erde, das er nie loswurde. Robert wollte nur die Arbeit verrichten, die ihn von der Arbeit frei machen konnte. Nur der Reiche, der keine Dienstherren hatte, der tat, was er wollte, nur der Reiche war frei, und keiner wurde davon reich, daß er mit der Schälhacke arbeitete, und wenn er bis in alle Ewigkeit hackte.

Nie wollte Robert ein *squatter* werden. Und während er hackte, lauschte er seinem kranken Ohr: Durch dieses Ohr hatte ihn das Rauschen des Atlantischen Ozeans gerufen, und er hatte ihm gehorcht und war übers Meer gekommen. Von den Schimpfworten und Schlägen der Dienstherren, von der Gesindeordnung und von dem Züchtigungsrecht, von der Plackerei mit Hacke und Spaten war er hierhergekommen. Und hier wendete er Grasschollen und lebte dasselbe Leben, vor dem er geflohen war.

Doch drinnen in seinem rauschenden und klingenden Ohr hörte er jetzt wieder die Mahnung: *Komm! Bleib nicht hier!*

Er hatte ein Schiff mit einem roten Wimpel und einem milde klingenden Frauennamen gesehen: *Angelica.* Und mitten im Rauschen des Ohres hörte er nun immer wieder diesen Namen, den Namen eines schnellsegelnden und kupferbeschlagenen Schiffes, wo man an Bord tanzte und sang. Warum war er nicht auch an Bord gegangen? Warum war er mit der ›*Angelica*‹ nicht mitgefahren?
Es gab in Nordamerika andere Felder als Ackerfelder.
Robert lauschte so gespannt auf sein eigenes Ohr, daß er nicht hörte, als Karl Oskar ihn ansprach, sondern dieser mußte seine Worte wiederholen: »Bist du schwerhörig?«
»Nein. Aber ich höre nur noch aufs Englische.«
Robert wollte nicht zugeben, daß er auf dem linken Ohr schlecht hörte. Er erklärte Karl Oskar, daß er versuche, seine Ohren der schwedischen Sprache zu entwöhnen und daher nur auf englisch Gesprochenes höre. Auf diese Weise lerne er die Sprache schneller.
Er beabsichtigte, wegen seiner Schwerhörigkeit einen Doktor aufzusuchen, aber er war gezwungen zu warten, bis er fließend Englisch sprach, so daß er sagen konnte, wie es sich mit seiner Ohrenerkrankung verhielt. Unter *Gespräch mit einem Arzt* in der Anleitung für Einwanderer stand kein einziges Wort, das jemand, der schlecht hörte, nützen konnte. Dort gab es sprachliche Unterstützung für jemand, der den Arzt wegen Schüttelfrostes aufsuchte: Ich friere und habe Kopfschmerzen. Ich habe mich die ganze Nacht übergeben. Und des weiteren war ein Satz für Einwanderer übersetzt, die sich den Fuß verstaucht hatten, ein Satz für diejenigen, die keinen ordentlichen Stuhlgang hatten und schließlich einer für die, die nicht wußten, was ihnen fehlte, sondern denen es nur in jeder Weise schlecht ging. Für Einwanderer mit anderen Krankheiten leistete das Buch keinen Beistand. Wer sagen wollte: Ich habe angefangen, auf dem linken Ohr schlecht zu hören! hatte von der Anleitung keinen Nutzen.
Für ihn, einen Jüngling, der gerade achtzehn Jahre alt geworden war, war es beschämend, zu einem Doktor zu gehen und

zu sagen: Mein Gehör beginnt schlecht zu werden. In der Kraft seiner Jugendjahre anzukommen und zu bekennen, daß er schwerhörig war, als ob er ein achtzigjähriger Greis wäre, mit der Klage eines Alten anzukommen . . .
Er glaubte jedoch noch, daß die Witterung in Nordamerika sein krankes Ohr wieder gesund machen werde. Er wußte aber bereits, daß das Wetter in Minnesota Territory nichts helfen werde. Das Ohr sagte es ihm selbst: Er solle nicht hierbleiben! Er solle weiter fortziehen, weiter landeinwärts!
Und es gab andere Felder als dieses Neuland, wo er jetzt mit der Schälhacke arbeitete: Es gab Goldfelder in der Neuen Welt.
Warum sollte er hier Grassoden aufhacken, wenn es ein Land gab, wo man Gold aufhacken konnte? Warum war er nicht geradewegs zu diesem Land gefahren? Was lag ihm an der Saat, die hier wachsen konnte? Warum hatte er sich nicht statt dessen zu den Ackerfeldern begeben, wo die Ernte des Goldes abgeerntet wurde? Wer Gold erntete, brauchte nicht das ganze Leben hindurch jahraus, jahrein in der Erde zu arbeiten, er wurde nach einer einzigen Ernte reich – er wurde frei.
Und immer wieder ertönte in Roberts Ohr der Sang, der da drinnen geblieben war, ein Sang, den er in der fremden Sprache von Decksleuten am Gangspill hatte singen hören, während sich die Dunkelheit auf einen breiten Strom herniedersenkte – ein Sang vom Wind der Erde und den Wogen des Wassers. Es war der Sang von der Freiheit, die dem Jüngling damals, als das Rauschen des Ozeans ihn übers Meer gerufen hatte: *Komm!*, versprochen und vorgespiegelt worden war.
Er wollte der Mahnung auch diesmal gehorchen.

4

Im September wurde das Wetter kühler und frischer. Die Luft war nicht mehr so schwül, man konnte leichter atmen, und es war ein besseres Arbeitswetter. Doch die Umschläge waren heftig und erfolgten plötzlich. Jedes Wetter kam, ohne sich anzukündigen: Bevor man sich's versehen hatte, zog das Gewitter herauf und donnerte und erschütterte die Erde. Die Blitze brannten in den Augen, und der Regen schlug einem wie Peitschenschnüre ins Gesicht oder goß vom Himmel wie aus Fässern herab – in ganz kurzer Zeit waren alle Löcher und Vertiefungen des Bodens mit Wasser gefüllt, während der Bach über seine Ufer trat und der See die Ufer hinanstieg. Und wenn es windig war, ging der Wind wie ein schonungsloser Besen über den Boden hin, ein Besen, der, mit seinem Stiel im Himmel, die Erde reinfegte. Kein Wetter in Amerika war so, wie es sein sollte. Alle waren sie maßlos . . .

Der Herbst schritt vor, und das Laub der Bäume wechselte seine Farbe, und im Walde wurde es immer prächtiger. Dort standen die roten Ahorne zwischen den braunen Walnußbäumen, die grünen Espen unter den goldgelben Linden. Die Eiche, der Herrenbaum des Waldes, erhielt nebst der Espe und der Pappel ihr Laub noch grün. Hier gab es aber Weißeichen, Schwarzeichen und Roteichen, und sie kannten allmählich die Unterschiede der verschiedenen Sorten. Bei der Weißeiche, die auch zu Hause in Schweden wuchs, färbte sich das Laub im Herbst braun, während das Laub der anderen Eichen dunkelrot wurde und wie Blütenblätter von den Bäumen leuchtete: Man konnte glauben, daß die Eichen hier draußen zur Herbstzeit in Blüte standen.

Das Gras des flachen Landes grünte noch unverändert saftig und üppig. Karl Oskar litt darunter, daß er es mit ansehen mußte, wie dieses ganze Futter dastand und verwelkte und nutzlos zugrunde ging. Und er sagte zu Kristina: »Wenn man doch einige Ladungen Heu nach Hause an die Kuh von Vater und Mutter, das arme Tier, schicken könnte!«

Ihm war seit seiner Kindheit eingeprägt worden, daß alles, was auf der Erde wuchs, wert gehalten und sorgfältig ausgenutzt werden mußte. Als er als kleiner Junge einmal auf die Ähren einer Roggengarbe trat, zog ihm der Vater die Hosen herunter, und er mußte das Birkenreisig schmecken: Er sollte lernen, die Ernte der Erde in Ehren zu halten.
Nun befestigte er an dem Sensenblatt, das er mitgenommen hatte, einen Stiel und mähte das Gras an der Stelle, wo sie Akkerland aufhacken wollten. Hier konnte er die Mähfurche so breit machen wie seine Arme reichten, hier brauchte er die Halme nicht, wie zu Hause, zu Schwaden zusammenharken. Das Heu lag hinter ihm in einem einzigen großen Schwaden da. Mit drei, vier Sensenschnitten bekam er das Tagesfutter für ein ausgewachsenes Stück Rindvieh zusammen. Hier konnte er in ein paar Tagen Winterfutter für eine Kuh mähen. In Korpamoen hatte er sich mit der Heumahd einen ganzen Monat abgequält, hatte nach den kleinen, kurzen, mageren Halmen gestochert, sie mit der Sensenblattspitze zwischen den Steinen hervorgeholt, von Sonnenaufgang bis Sonnenuntergang gemäht und geschliffen und auf Stein geschlagen – und doch so wenig Heu geerntet, daß er genötigt gewesen war, sein Vieh ungenügend zu ernähren.
Hier hatte er noch kein Vieh zu ernähren, aber er konnte es nicht unterlassen, dieses gute Futter einzubringen. Es konnte immer zu etwas nütze sein. Und er errichtete am Seeufer eine Reihe von Heudiemen. Das Wetter war gut zum Trocknen geeignet, und das Heu, das er an einem Tage mähte, wendete er am zweiten und stapelte es am dritten auf. In Diemen gestapeltes Heu wurde schlechter als in Scheunen untergebrachtes, aber er wollte es abdecken, wenn er später im Herbst Zeit hatte.
Karl Oskar machte es Freude, Heu auf diesem reichen Wiesenland zu mähen, er genoß es, die Sense über diesem ebenen Boden zu schwingen. Und mit jedem Tage grämte er sich immer mehr über die sechs Jahre, die er in der Steinwüste zu Hause in Korpamoen vertan hatte. Er war ärmer vom Hof

hinuntergegangen, als er gekommen war. Für ihn war es statt vorwärts rückwärts gegangen. Er hatte auf dem elterlichen Hof Tausende von vergeblichen Tagewerken geleistet: Das war seine vergeudete Jugend. Er hatte seine beste Jugendkraft in dem Lande, in dem er geboren war, verschwendet, und er sah es ja jetzt: Wenn er statt dessen die Tagewerke der sechs Jahre an dieses Land gewendet hätte, wäre er jetzt hier ein wohlhabender Mann gewesen.

Doch mit seinen siebenundzwanzig Jahren hatte er sein Mannesalter noch vor sich, und die Kräfte seines Mannesalters wollte er dem neuen Lande schenken. Hier würde er etwas wiederbekommen. Hier arbeitete er mit einer anderen Lust als zu Hause, weil der Lohn ein anderer sein würde. Und es war ihm, als hätten seine Fähigkeiten zugenommen, seit er hierhergekommen war, als wären sogar seine Körperkräfte gewachsen. Allein der Anblick des fruchtbaren Landes stachelte ihn an und trieb zur Arbeit. Und dann war es dieses Gefühl der Freiheit, das seine Kräfte steigerte, so daß er selbst staunte, wenn er am Abend alles sah, was er seit dem Morgen, an einem einzigen Tag, geschafft hatte: Solche Tagewerke hatte er in Schweden nie vollbracht!

Mochte er hier draußen auch noch so großen Unbequemlichkeiten ausgesetzt sein, so fühlte er sich doch viel freier als in dem Heimatort, den er verlassen hatte. Hier wollte niemand über ihn bestimmen, keine Herren verlangten, daß er sich vor ihnen verneigte, niemand forderte, daß er demütig und gehorsam seinen Weg gehe, niemand mischte sich in seine Angelegenheiten, niemand riet ihm, niemand beklagte sich über ihn, wenn er nicht folgte. Er sah keine Obrigkeit, niemand befahl ihm, niemand wies ihn zurecht. Hier bekam er keinen einzigen Menschen zu Gesicht, vor dem er zu kriechen brauchte. Er konnte, wann es ihm einfiel, sein eigener Pfarrer und sein eigener Polizeikommissar sein.

Daheim in Schweden rieben sich die Menschen und nutzten sich aneinander ab, bis sie schlimme Scheuerwunden bekamen, die niemals heilten. Sie wurden muffig in ihrem Wesen und trugen ätzende Geschwüre in der Seele davon; so goren sie vor Sauertöpfigkeit und Neid, und die meisten waren ängstlich und feige und dienerten furchtsam vor den großen Herren, die ganz oben saßen und für sie schalteten und walteten, wie es ihnen gefiel. Sie wagten es nicht, ihr eigener Herr zu sein, sie bekamen es nicht fertig, aufrecht zu gehen. Das war zu anstrengend, und sie hatten einen zu schwachen Rükken. Sie wagten es nicht, frei zu sein, und sie brachten auch nicht die Kraft dazu auf. Da wurde verlangt, daß sie unerschrocken sein sollten, und die Freiheit verlangte Mühe und Besonnenheit. Wer versuchte, sein eigener Herr zu sein, wurde kenntlich gemacht und verleumdet und hinausgedrängt. Denn die Menschen in Schweden duldeten keinen, der das tat, was sie selbst nicht wagten oder konnten.

Hier kümmerte sich niemand darum, was er tat, und er brauchte sich um keinen zu kümmern. Freier als er es hier hatte, konnte er es nirgends bekommen. Hier war ein Ackerbauer sein eigener Herr. Dafür wurde auch etwas von ihm verlangt, was vielleicht manchen abschrecken konnte: daß er selber fertig wurde – daß er mit seiner Hände Arbeit allein vorwärtskam. Doch der Mann, der es hier zu nichts bringen konnte, in dieser großzügigen Freiheit, in diesem fruchtbaren Land, er taugte zu nichts in dieser Welt.

Daheim am Ki-Chi-Saga

I

Und die Axt des Ansiedlers hieb, in Baumwurzeln und Äste, in Kantholz und Bretter, in Knaggen und Zweige, in Stämme und Sparren, in Fußhölzer und Balken, in Stangenholz und Zaunpfähle. Sie hieb zurecht, rodete und spaltete. Es war die Fällaxt mit dem langen Holm und dem dünnen Blatt, die tief in den Baumstamm ging und den Stubben oben glatthieb. Es war die Behauaxt mit dem kurzen Holm und dem breiten Blatt, unter der die Späne von Stamm und Stangenholz abflogen, und es war die Bundaxt mit dem schweren Nacken und dem dicken Blatt, sie sich mit ihrer stumpfen Nase in das Holz hineinzwängte und Klötze und Latten spaltete. Und es war die leichte, kurzholmige Handaxt, die mit einer Hand geschwungen wurde und durch Büsche und Reisig und Gestrüpp den Weg bahnte. Es waren breite Haueisen und schmale, dünne und dicke, leichte und schwere. Und das Echo der Axtschläge, die vom Ufer des Sees Ki-Chi-Saga vom frühen Morgen bis zum späten Abend zu hören waren, war der neue friedliche Laut, der in das wilde Land eingedrungen war. Mit der Axt als wichtigstem Werkzeug, vor allen Dingen mit der Axt, wurde das neue Heim errichtet.

Karl Oskar und Kristina hatten die Stelle für das Blockhaus zwischen einigen großen Zuckerahornen am Abhang am Rande des Laubwaldes ausgesucht, einen weiten Steinwurf vom Seeufer entfernt. Hier würde ihre Wohnung auf drei Seiten vom Walde Schutz erhalten, während die vierte zum Wasser der Bucht ging. Und sie wollten das Haus zwanzig Fuß lang und zwölf Fuß breit bauen und es in derselben Lage errichten wie die Häuser der Bauern daheim in Schweden standen – mit den Giebeln nach Osten und Westen und den Längswänden nach Norden und Süden. Auf diese Weise war die

Rückseite dem Walde und der kalten Himmelsrichtung des Nordwindes und die Vorderseite dem See und der warmen Himmelsrichtung der Sonne zugewandt.
Karl Oskar wollte die Tagewerke mit Danjel und Jonas Petter austauschen, und sie wollten ihm helfen, das Blockhaus in der zweiten Oktoberwoche aufzubauen. Die eben gefällten rundgehauenen Stämme waren für zwei Männer zu schwer zu handhaben; dazu waren drei und vier erforderlich. Doch Karl Oskar machte alles Bauholz fertig und legte selbst den Grund des Hauses. Dazu hatte er die dicksten Kiefern ausgesucht, die er finden konnte, und mit den Ochsen des Anders Månsson schleppte er die schweren Schwellen zum Bauplatz hin. Als Fußbodenholz spaltete er junge Linden mitten durch, so daß er von jedem Baum zwei Halbstämme erhielt, die mit der flachen Seite nach oben ausgelegt werden konnten. Er hieb die Dielen an den Rändern zu und glättete sie, so daß sie einigermaßen aneinanderpaßten; er wollte keine zu großen Spalten im Fußboden sehen. Von den Ulmen fällte er gleichmäßig dünne Stämme, die er zu Latten zurechthieb und an Stelle von Brettern als Dachverschalung benutzte. Im Walde gab es genug Holzarten, zwischen denen man wählen konnte, und er suchte sich das aus, was für dieses und jenes am geeignetsten war. Eiche wäre als Baustoff für das Haus dauerhafter gewesen, aber wegen seiner Härte ließ es sich schwerer bearbeiten, und das Kiefernholz hielt so lange, wie es erforderlich war, denn in einem Haus aus unbehauenen Stämmen wollte er nicht ewig wohnen. Er stach Torf fürs Dach. Daheim legte man Torf auf die Häuser, und das Decken des Daches mit Torf ging schneller, als wenn er Schindeln gehauen hätte. Kristina glaubte nicht, daß der Torf den heftigen Regenfällen standhielte, und sie hatte Angst, daß er, wo der Wind hier so stark war, nicht auf dem Dach liegenbleiben würde. Karl Oskar erwiderte: Wenn dieses Dach nicht halte, dann werde er es im nächsten Herbst noch einmal mit Schindeln decken; sie solle sich nicht ängstigen, er werde schon zusehen, daß bei ihnen das Wasser nicht durch die Decke komme.

Die Hilfsmittel zum Bau, die er kaufen mußte, waren nicht so schwer, als daß er sie von Taylors Falls nicht auf dem Rücken hätte tragen können. In dem Laden des Mister Abbot konnte er alles bekommen außer Rahmen und Glasscheiben für Fenster, die aus Stillwater besorgt wurden. Alles, was aus Eisen bestand, war übertrieben teuer: Für ein Paar schwere Angeln für die Haustür mußte er einen ganzen Dollar bezahlen. Und der Preis für Nägel war entsprechend. Doch hier konnte Holz beinahe dieselben Dienste leisten wie Eisen. Karl Oskar hieb Zinken aus Eschenholz zu, aus dem sie zu Hause Rechenzinken und Holmkeile machten, und benutzte sie an Stelle von eisernen Nägeln. Hier war man gezwungen, erfinderisch zu sein. Jedesmal, wenn Karl Oskar etwas kaufen wollte, prüfte er sich selbst: Kann ich das nicht mit eigener Hand anfertigen?

Oktober, der Schlachtmonat kam, und am Ki-Chi-Saga war fast jeder Tag ein Schlachttag, wenn auch mit wilden Tieren. Die Tage im Kalender enteilten, und die Wochen flogen dahin. Von der Gnadenzeit des milden Herbstes, wo sie in einer Bretterhütte wohnen konnten, war nur noch ein Monat übrig. Der Winter war nahe. Und Karl Oskar hatte seiner Frau versprochen, daß das Blockhaus rechtzeitig vor der Niederkunft bezugsfertig sein sollte.

In der dritten Novemberwoche würden die vierzig Wochen bei Kristina um sein, wenn sie richtig gerechnet hatte. Es war, als dauerte ihre Schwangerschaft diesmal länger als eines der vorhergehenden Male: Sie hatte in diesem reichlich langen Jahr, ihrem fünfundzwanzigsten Lebensjahr, so viel durchgemacht, sie hatte während einer langen Reise die Wartezeit des Weibes erlebt und ihr Kind von Schweden mit sich getragen – daher fand sie, daß sie es länger getragen hätte als eines der anderen. Und nun war sie ebenso dick geworden wie damals, als sie die Zwillinge bekommen hatte, so daß sie sich allmählich fragte, ob sie wieder Zwillinge zur Welt bringen würde. In ihrer jetzigen Lage waren ihnen zwei kleine Kinder nicht willkommen. Und sie hatte noch keine Säuglingswäsche zurechtmachen können.

Ihre Bewegungen wurden unbeholfener, und das Gehen fiel ihr immer schwerer, und sie legte jetzt keine weiten Wege zurück; in der Hütte und in ihrer Nähe verrichtete sie alles, was sie zu tun hatte. Sie durfte aber niemals die Kinder aus den Augen lassen. Daheim hatte sie sie vors Haus gelassen, ohne besorgt zu sein, daß ihnen etwas geschehen könnte, aber hier wußte niemand, was für Kriechtiere in dem langen, dichten Gras lauerten, oder was für beißende und stechende geflügelte Insekten in der Luft herumschwirrten. Um die ganze Hütte herum kroch und krabbelte so viel Kleingetier, das sie zu Hause nicht hatten, und sie konnte die gefährlichen nicht von den ungefährlichen Tieren unterscheiden. Auf dem Wiesenland hatten die Männer Schlangen mit gelben Streifen auf dem Rücken und silbergrauen an den Seiten totgeschlagen; die Reptilien hoben ihre eirunden Köpfe hoch und züngelten mit blutroten Zungen und benahmen sich wie daheim die giftigen Kreuzottern. Sie versuchten, daß die Kleinen an solchen Stellen blieben, wo das Gras abgemäht war, so daß sie sich vorsehen konnten. Ein paarmal hatte ein graugefärbtes Pelztier die Kinder erschreckt. Es war so groß wie ein Hund, hatte dicke Beine und einen gestutzten Schwanz, und sie hielten es für einen Luchs oder einen kleinen Wolf. Bei der Hütte hielten sich massenhaft große, graubraune, dicke Eichhörnchen auf, die *gophers* hießen. Sie rannten auf der Erde umher, schauten aus dem Gras hervor, rannten zwischen die Beine und jagten einem einen Schreck ein; sie waren überall und sahen aus, als wollten sie beißen, doch waren sie für die Kinder nicht gefährlich. Eine andere Art von Eichhörnchen hatte gleichsam eine zwischen den Beinen ausgespannte Haut und flog mit einem langen, wedelnden Schwanz als Steuer von Baum zu Baum. Sie fraßen aus der Hand und waren fast wie Haustiere, und die Kinder freuten sich über sie.

Das kleine Biest mit dem ewigen, kreischenden Laut hatten sie jetzt entdecken können, und sie kannten auch seinen Namen: *cricket*. Es war graubraun und kleiner als eine Heuschrecke und auf der Erde schwer zu sehen. Es hatte auf dem Rücken kleine dünne Flügel, konnte aber nicht fliegen, sondern bewegte sich wie die Heuschrecke mit langen Sprüngen. Dieses geflügelte Insekt kreischte laut die ganze Nacht hindurch, und wegen des Lärms, den es machte, nannten sie es Kreischhüpfer. Wenn ein *cricket* des Abends in die Hütte gehüpft war, mußte Kristina es suchen und totmachen, ehe sie sich hinlegte, wenn sie Schlaf finden wollte.

Hier in Amerika mochte ein Tier noch so klein sein – es machte viel Verdruß. Doch die Nager, die ihr die Lebensmittel auffraßen, machten ihr am meisten Kummer. Es wimmelte von Ratten und rattenähnlichen Tieren, die sich in ihren Löchern und Gängen unter der Erde verbargen. Es half nichts, wenn sie das Essen eingruben, sie fand trotzdem Rattenschmutz daran, und wehen Herzens warf sie von den Ratten angeknabberte Nahrungsmittel fort. Wenn sie nur eine Katze hätte auftreiben können, die hinter den Ratten her war! Karl Oskar wußte nicht, wo sie eine ausfindig machen könnten. Bei den Leuten in Taylors Falls hatte er eine einzige Hauskatze gesehen. Und eine Katze stand hier wohl ebenso hoch im Preise wie andere Haustiere; sie kostete vielleicht fünf Dollar, wie ein Huhn. Es würde lange dauern, bevor sie alle Haustiere bekamen, die sie brauchten.

Eines Tages kam Johan in die Hütte gestürzt und trug ein kleines schwarzes zottiges Tier im Arm: »Sieh mal, Mutter! Hier habe ich eine Katze gefangen!«

Der Junge hielt der Mutter das Tier hin. Das dichte, langhaarige Fell des Tieres, das so groß war wie eine gewöhnliche Katze, hatte den Rücken entlang einen weißen Streifen.

»Ist es eine Wildkatze?« fragte Kristina.

Das kleine zottige Biest fauchte und schnaubte, und Johan hatte alle Mühe, es festzuhalten. Er hatte das Tier in einem Loch unter der Hüttenwand gefangen.

»Du willst doch eine Katze haben, Mutter. Wir haben aber keine Milch für sie.« Seine Beute guckte sie aus kleinen, bösen, funkelnden Augen an.

»Sieh dich vor! Sie kann dich kratzen!«

Kristina zog plötzlich die Luft ein: Ihr schlug ein ekelhafter scharfer Geruch wie von Aas und Kot entgegen.
»Sag mal, Junge, hast du dich vollgemacht?«
»Neiein . . .«
»Dann bist du in etwas getreten?«
Sie schaute sich die Kleidung und die Schuhe des Jungen an, fand aber nichts, was den Geruch erklärte.
»Stinkt die Katze so?«
»Neiein. Sie hat auch keinen Schmutz an sich.«
Und das Fell des Tieres war sauber und ohne Flecken. Johan sah an den Pfoten nach, und die waren auch sauber: »Nein. Sie hat auch nichts an den Pfoten.«
Kristina hielt ihre Nase an das kleine Tier. Es strömte einen so widerlichen Gestank aus, daß ihr die Luft wegblieb und sie ein paar Schritt zurücktreten mußte. Die Katze lebte, roch aber, als wäre sie schon längere Zeit tot gewesen, wie Aas. Sie hielt sich mit Daumen und Zeigefinger die Nase ganz fest zu und rief: »Schaff das Tier hinaus, Junge!«
»Ich habe doch aber eine Katze für dich gefangen, Mutter . . .«
»Wirf es sofort hinaus!«
»Sie soll doch die Mäuse auffressen . . .«
Sie faßte den Jungen an und schob ihn und seinen Fang zur Tür hinaus. Er hielt das Tier nicht mehr richtig fest, es sprang auf die Erde und war auf einmal hinter der Hütte verschwunden. Johan stand draußen mit leeren Händen da und fing an zu weinen: Die schöne Katze mit dem weißen Streifen auf Rücken und Schwanz, die er für seine Mutter gefangen hatte, war ihm fortgelaufen, und er konnte sie nicht wiederbekommen . . .
Kristina war das Stinktier los, doch der ekelhafte Gestank hielt sich noch in der Hütte. Und als Johan wieder hereinkam, roch er ebenso scheußlich wie die Katze; sie schickte ihn zum zweitenmal vor die Tür.
Karl Oskar kam herein, blieb in der Tür stehen und schnupperte: »Was stinkt denn hier so?«

»Der dumme Bengel hat ein verfaultes Tier hier hereingebracht.«
Sie beschrieb das Tier und sprach die Vermutung aus, daß es eine Wildkatze gewesen sei: »Entsetzlich, wie schlecht die Katzen in Amerika riechen! Die kann man nicht in den Häusern haben.«
»Das war wohl ein Skunktier, ein Junges«, sagte Karl Oskar. »Ihre Pisse stinkt so scheußlich. Das Tier hat ihn natürlich angepißt.«
Er kniff dem unternehmungslustigen Jungen ins Ohr: Es sei ihm doch ganz ausdrücklich befohlen und gesagt worden, daß er draußen keine Tiere, weder große noch kleine, fangen oder anrühren solle. Wenn sie auch friedfertig aussähen, solle er die Hände davon lassen.
»Wie werden wir nun nur den Geruch von dem Skunk los?« fragte Karl Oskar. »Du mußt die Sachen des Jungen waschen.«
Kristina zog dem Jungen jedes einzelne Stück aus und zog ihm eine Jacke des Vaters an; der Kleine lief wie in einem langen Mantel umher, der ihm bis auf die Füße reichte. Seine Sachen wurden in starker Aschenlauge gekocht, und sie mußten lange kochen, bis der Geruch des Stinktiers herausging. Doch in der Hütte hielt er sich: Der kleine Skunk hatte einen so starken und scheußlichen Geruch hinterlassen, daß er sich wochenlang durch Lüften nicht gänzlich beseitigen ließ; er trieb die Bewohner ins Freie, und mehrere Tage lang nahmen sie alle ihre Mahlzeiten an der Feuerstelle ein, auf der das Essen zubereitet wurde.
So viel Ärger hatten sie durch eine kleine Katze, die keine Katze war. Kristina sagte: Wenn die Tiere hier in der Gegend keine Schädlinge seien, die mit ihren Zähnen bissen oder mit ihren Klauen kratzten, röchen sie so schlecht, daß sie die Menschen aus ihren Wohnungen verjagen könnten. Sowohl Erwachsene als auch Kinder müßten sich mit ihnen vorsehen.
Sie müßten übrigens vor fast allem in Nordamerika auf der Hut sein.

2

Auf dem Wege, der durch den Wald gehauen war, brauchte man zu der Siedlung Danjels und Jonas Petters etwa eine Stunde. Danjel Andreasson hatte, als er sich niederließ, gesagt: Er wolle nicht an einem namenlosen Ort und auch nicht an einem Ort mit einem heidnischen Namen wohnen. Deswegen hatte er seinen Wohnsitz nach dem alten Familienhof in Schweden, der nach seiner Meinung durch diese Taufe in einem neuen Erdteil zu neuem Leben erstehen würde, auf Neu-Kärragärde getauft. Und dem kleinen See bei seinem neuen Heim hatte er den Namen Genezareth gegeben, und dieser Name sollte an geheiligtes Land erinnern: An den Ufern des Sees Genezareth hatte die Erde einmal Jesu Fußtapfen getragen, dort war der Herr gewandert und hatte das Evangelium ausgelegt, und dort hatten seine Jünger gute Fischzüge getan. Und der See bei der Siedlung Danjels ähnelte dem See Genezareth insofern, als er ein gesegnetes und fischreiches Gewässer war.

Einem Bach, der in den See mündete, gab er den Namen Kidron, und die Talsenke, in der er dahinfloß, taufte er Kidrontal.

Die Männer hatten viel beieinander zu tun und legten den Weg zwischen den Siedlungen oft zurück, doch die Frauen trafen sich selten, seit sie an verschiedene Stellen gezogen waren. Von einem Haus zu einem anderen allein durch die Gegend zu gehen, war für eine Frau hier ein gewagtes Unternehmen; außerdem fiel es Kristina schwer, ein größeres Stück zurückzulegen. Es verfloß eine Woche nach der anderen, und niemand kam, kein Besucher ließ sich in der Hütte am Ki-Chi-Saga sehen. In der Einsamkeit sehnte sich die junge Frau nach Menschen, und sie hielt nach Menschen Ausschau und wartete auf Besuch, ohne daß sie richtig wußte, nach wem sie Ausschau hielt oder auf wen sie wartete.

Eines Tages kam die Schweden-Anna auf Besuch. Sie war mit Karl Oskar mitgekommen, als er von Besorgungen aus Taylors Falls zurückkehrte, und sie blieb über Nacht. Kristina hatte sie ein einziges Mal getroffen; die Frau aus Östergötland war ihr so gut wie unbekannt, und trotzdem war es so, als hätte sie sie schon viele Jahre gekannt: Es kam jemand, mit dem sie sprechen konnte.

Die Schweden-Anna hatte ein Kleid mit, das sie für den kleinen Harald genäht hatte; sie habe für Kinder so viel übrig, denn sie habe selbst in Schweden zwei Kinder gehabt, und die seien beide tot, sagte sie. Kristina war von diesem Geschenk ganz gerührt und wünschte, daß ihr Gast mehrere Tage geblieben wäre, obwohl sie nur ein elendes Lager in einer Bretterhütte anbieten konnte.

Und als sie gegangen war, fragte sich Kristina: War Gott nicht gut, der einige Menschen so geschaffen hatte, daß sie dieselbe Sprache sprechen konnten?

Sie vermißte die Menschen aus ihrem Kirchspiel, von denen sie jetzt getrennt lebte, und wer ihr am meisten fehlte, war Ulrika. Sie sehnte sich nach dem Freudenweib! Wie sollte sie sich das erklären? Sie bemerkte jetzt, daß sie sich in der Gesellschaft Ulrikas wohl gefühlt hatte.

Die ledige Ulrika in Västergöhl war anregend, sie ließ nie den Mut sinken, sie gehörte nicht zu denen, die gleich heulten, und oftmals war es ihr, Kristina, eine Hilfe gewesen, sie in der Nähe zu wissen.

In den letzten Wochen der Reise waren sie immer vertrauter miteinander geworden: Ulrika hatte ihr anvertraut, was sie im Leben hatte durchmachen müssen, von dem Tage an, als sie als vierjähriges elternloses Armenkind an den Geringstbietenden, den steinreichen Großbauern im Dorfe Ålarum, der der König von Ålarum genannt wurde, versteigert wurde. Er galt im Ort als ihr guter und liebevoller Pflegevater. Als sie vierzehn Jahre alt war, nahm er sie sich mit Gewalt und schüchterte sie ein, daß sie darüber schwieg. Von da an benutzte er sie für seine Lust, sooft sie ihn ankam. Für jedes Mal erhielt sie von dem ›König‹ zwei Stüber, doch als sie die Stüber für ein Zwölfschillingstück beisammen hatte, nahm ihr die Pflegemutter das Geld fort und behauptete, sie sei unrechtmäßig dazu gelangt und sei eine Diebin, die ins Gefängnis müßte. Und ins Gefängnis kam Ulrika schließlich. Der geachtete und mächtige Großbauer hatte sie ins Verderben geführt und ihr beigebracht, wie man mit seinem Körper gegen Bezahlung Unzucht trieb: Sie wurde die Dorfhure in Ljuder, von der Kirche und dem Abendmahl ausgestoßen und zuletzt wegen unerlaubten Genusses des Abendmahls verklagt und gefangengesetzt.

Doch der ›König‹ in Ålarum, der sich an einem Kind vergangen und es für die Lust seines alternden Körpers gebraucht hatte – als er starb, wurde ihm das stattlichste und größte Begräbnis zuteil, das einem sterblichen Wesen im Kirchspiel Ljuder jemals beschert gewesen war. Als kleines Mädchen war Kristina in der Kirche dabeigewesen, und sie konnte sich sehr gut an die Beerdigung des ›Königs‹ erinnern. Die Kirche war so voller Menschen, daß sie sich auf dem Gang drängten, die Orgel spielte lange und schön, der Sarg war mit den prächtigsten Kränzen geschmückt, und der Propst selbst stand vor dem Altar und rühmte und lobte und pries den Toten im Sarge und alle seine Werke zu seinen Lebzeiten. Und die Erinnerung an den ›König‹ war, von den Menschen daheim geachtet und hochgehalten, noch lebendig, und sein Grabmal war das höchste auf dem Kirchhof.

Nun wurde Kristina die scheußliche Wahrheit über ihn offenbart. Und Ulrika hatte gesagt: Sie sei nur eines all seiner Opfer gewesen, er habe mehrere Mädchen verführt und verdorben, bevor sie eingesegnet gewesen seien. Ein paar seien in andere Gegenden geschickt worden. Die Mächtigen könnten ja in dem verfluchten Nest Schweden tun, was sie wollten. Wenn alle vor dem Gesetz gleich gewesen wären, hätten zwei der Beisitzer, die sie auf dem Gericht verurteilt hätten, selbst ins Gefängnis gehört, weil sie von Witwen und elternlosen Kindern Mündelgelder gestohlen hätten. Und ein Beisitzer schuldete ihr vier Reichstaler, weil er mit ihr das habe machen können, was man Hurerei nennte, und das nicht bestraft werde, wenn es von Männern begangen werde. Sie habe das dem Richter gesagt, sie habe die lautere Wahrheit gesagt, und deswegen habe ihr der Richter noch zusätzlich vierzehn Tage Gefängnis bei Wasser und Brot zuerkannt, weil sie das Kreisgericht verunglimpft habe. Ihre vier Reichstaler habe sie aber nicht bekommen . . .

Ulrika hatte einen geraden Sinn und sagte offen heraus, was ihr in den Mund kam, vor wem es auch sein mochte, auch vor hohen Herren. Sie konnte nichts dafür: So war sie, doch so ein Mensch machte sich zu Hause nur unglücklich.

Es stand Gefängnis darauf, in Schweden die Wahrheit zu sagen.

Kristina, die bisher geglaubt hatte, daß in ihrem Heimatland Gerechtigkeit herrsche, war durch das, was Ulrika ihr anvertraute, im Innersten erschüttert: Wie übereilt und ungerecht hatte sie sie doch verurteilt! Sie hatte sich nur nach dem gerichtet, was andere Frauen über das Freudenweib gesagt hatten. Doch nur eine Frau, die selbst mit vier Jahren versteigert und mit vierzehn vergewaltigt worden war, hatte das Recht, sie zu verachten und von sich zu stoßen. Kristina brachte es nicht mehr fertig, Ulrika die Unzucht vorzuwerfen, die sie getrieben hatte, bevor sie in Danjels Haus kam. Hochmut und Selbstgerechtigkeit waren ebenso schwere Sünden wie Hurerei, und sie und viele andere hatten sie dem Freudenweib gegenüber begangen. Doch dann kam der Tag auf dem Dampfwagen, an dem sie ihr Essen mit der früheren Dorfhure und ihrer Tochter geteilt hatte: Da war es geschehen. Als sie sich Ulrika näherte, begann Ulrika sich ihr zu nähern. Als sie schließlich das Freudenweib als ihre Nächste anerkannte, was sie von Anfang an hätte tun sollen, entdeckte sie auch, daß dieses schlechte Frauenzimmer ein anständiger und grundehrlicher Mensch war.

Und das Freudenweib hatte sich selbst verändert, seit die Menschen ihr Benehmen ihr gegenüber geändert hatten: Hier war sie nicht mehr die Dorfhure, hier war sie geachtet und wurde wie andere Frauen behandelt. Kristina war lange durch

die häßlichen und unanständigen Worte abgestoßen worden, die Ulrika im Munde führte, doch nun wußte sie, daß sie nur zu ihrer alten Ausdrucksweise gehörten. Die derbsten Bezeichnungen, die die Leute für den Beischlaf und die Geschlechtsteile des Mannes und der Frau hatten, gehörten zu dem Leben, das sie gelebt hatte. Der König in Ålarum hatte sie ihr von Anfang an beigebracht. Und Kristina hatte jetzt von Ulrika lernen können, daß die Redeweise eines Menschen nichts über sein Wesen aussagte.
Sie ertappte sich dabei, wie sie wünschte, daß das Freudenweib zu ihr käme und sie in ihrer Abgeschiedenheit besuchte.
Nach Norden zu wohnten die Menschen, die ihre Sprache sprachen, doch in den anderen Himmelsrichtungen kannte sie keine Nachbarn, keine Menschen mit ihrer eigenen Hautfarbe. Die hier am Ki-Chi-Saga in der Nähe wohnten, hatten kupferfarbene Haut. Die Indianer hatten vor kurzem auf einer Insel im See ein großes Lager aufgeschlagen, und wenn es abends dunkel wurde, sahen sie den Schein brennender Feuer: Dort drüben wohnten ihre nächsten Nachbarn.
Von den Indianern sagte man, daß sie nachgiebig und gutmütig seien und daß sie niemals gewalttätig würden oder einem weißen Menschen etwas zuleide täten. Es wurde von ihnen auch gesagt, daß sie heimtückisch und verschlagen seien und daß sie immerfort auf die Gelegenheit lauerten, einem Weißen die Kopfhaut herunterzureißen und ihn ums Leben zu bringen. Man sagte von ihnen, daß sie friedlich und freundlich seien und daß sie den Ansiedlern Nahrungsmittel schenkten und ihnen in der Not hälfen. Es wurde aber von den Indianern auch gesagt, daß sie so blutdürstig und grausam seien, daß sie ihren Gefangenen die Augen mit Speerspitzen ausstächen, bevor sie sie an ihren Feuern brieten. Man sagte von ihnen einerseits, daß sie ohne Falsch und unschuldig seien wie Kinder, und andererseits, daß sie die Frauen und Kinder der Ansiedler ermordeten und in Stücke schnitten. Wie sollten neu ins Land Gekommene nun wissen, was wahr war?
Von dem Indianerlager draußen auf der Insel ertönten zeit-

weise schrille, langgezogene Schreie, die das Geschrei der Wasservögel auf dem See übertönten. Nur wilde Tiere oder wahnsinnige Menschen konnten derart schreien. Es waren aber keine Wölfe, die heulten, es waren wilde Menschen, und als menschliche Laute hörten sich die Schreie entsetzlich an. Wenn die Schreie durch die Nacht gellten, konnten sie dem Mutigsten Furcht einjagen; wenn sie dalagen und ihnen im Dunkeln in der Hütte lauschten, wollten sie all das Grausame glauben, das von den Kupferhäutigen erzählt wurde.

Die Einwanderer am Ki-Chi-Saga waren auf ihrer Reise so vielen Gefahren begegnet und entkommen, daß sie sich kaum vorstellten, daß sie noch weitere durchmachen müßten. Ihre Niederlassung hier war jedoch vielleicht ebenso gefährlich wie die Reise hierher. Die wilden ungetauften Menschen in der Nachbarschaft lösten bei ihnen Beunruhigung und ein Gefühl der Unsicherheit aus.

Karl Oskar traf fast täglich Indianer im Walde, aber sie hatten ihn noch nicht angesprochen oder irgendwie belästigt; sie benahmen sich nur neugierig und blieben stehen und starrten ihn an. Es machte den Eindruck, als seien die Indianer sehr vorwitzig. Eines Tages kamen einige Indianerfrauen heran und schauten sich ihre Hütte an. Ein paar von ihnen trugen kleine Kinder in einer Art von Lederbeuteln auf dem Rücken. Eine ältere Frau sah rein abschreckend aus, mit einem Gesicht, das so aussah wie ein Stück graubraunen, aufgesprungenen Lehms, in dessen Ritzen in langen Reihen Mücken saßen, die sich festgebissen hatten. Die Frauen waren alle abgemagert und sahen elend und bedrückt aus. Kristina bemitleidete sie und fragte sich, ob die Männer bei den Indianern ihre Frauen quälten. Als sie ihr Los mit dem ihrigen verglich, kam sie sich in all ihrer Armut glücklich vor: Diese armen Wesen ihres eigenen Geschlechts lebten in den jämmerlichsten Unterkünften. Sie wohnten unter einigen hochgestellten Stangen, die mit einem Stück Zeug überdeckt waren, und neben diesen erbärmlichen Wohnungen erschien ihr die eigene Hütte fast wie ein Schloß. In ihnen wohnte groß und klein,

und niemand konnte es fassen, wie sie in ihren Unterkünften die Winterkälte überleben konnten.
Karl Oskar brauchte sich in dem ausgedehnten Gebiet nicht mit den Indianern zu drängen, und er gedachte nicht, ihnen zu nahe zu kommen. Er vermutete, daß sie ihn als Eindringling betrachteten. Er war aber nicht als Räuber hergekommen, sondern wollte seinen Boden ehrlich von der Regierung des Landes erwerben, die ihn ihrerseits von den Kupferfarbenen gekauft hatte. Die Indianer selbst waren zu faul, die Erde zu bebauen. Die Weißen nannten den Indianer Faulmann. Und wenn er nicht selbst den Acker urbar machen wollte, konnte er nichts sagen, wenn andere herkamen und es an seiner Stelle taten. Die den Boden urbar machten, sollten vor einem anderen ein Anrecht auf ihn haben: Es wäre verkehrt und grausam unrecht gegen alle hungrigen Menschen, wenn dieses gute Ackerland, das so viele hungrige Wesen ernähren konnte, hier weiterhin unberührt daliegen und nur sein Wildgras tragen sollte.
Sie wagten nicht sich auf die heidnischen Menschen zu verlassen, die ihre Nachbarn waren. Wer selbst keinem zu nahe trat, konnte deswegen noch nicht sicher sein und glauben, daß er in Frieden gelassen werden würde. Karl Oskar trug immer seine Büchse auf dem Rücken, wenn er das Land durchstreifte, und hatte sie dauernd bei der Hand, wenn er ein Stück von der Hütte entfernt arbeitete.
Sie hatten begonnen, an Danjel Andreassons Haus zu zimmern, und Karl Oskar verrichtete bei ihm Tagewerke im Austausch. Eines Tages, als er bei Danjel auf dem Bau war und Kristina allein in der Hütte war, blieb sie wie erstarrt stehen: In der Wandöffnung an der Rückseite tauchte ein Gesicht auf. Sie wurde es nicht gleich gewahr, daß es ein menschliches Gesicht war: Was sie unvermutet erblickte, war wie ein Stück blutigen und zottigen Tierfells. Sie sah ein dickes, schwarzes, strähniges Haarbüschel, Haut, die wie von Fett glänzte, und einige schmale rote Streifen, die wie eingeschnittene Rillen in der Haut verliefen. Doch als sie unter dem Haarbüschel etwas

entdeckte, das sich bewegte – ein Paar kohlschwarzer Augen, die sie betrachteten –, erfaßte sie es: Es war das Gesicht eines Menschen, das zu der Öffnung hereinschaute, es waren die Augen eines Menschen, die sie ansahen.
Und sie stürzte mit einem so lauten Schrei aus der Hütte, daß sie selbst einen Schreck davon bekam.
Robert hörte sie, obwohl er schwerhörig war, und kam vom Neuland her angerannt und wollte wissen, was los sei. Als sie wieder zur Hüttentür hineinschauten, war das Gesicht, das sie in der Öffnung gesehen hatte, verschwunden. Sie sahen, wie ein Indianer am Seeufer entlangging und im Walde verschwand.
Als Kristina am Abend Karl Oskar von dem Indianer erzählte, der in ihre Hütte hineingeschaut hatte, sagte er: Morgen wolle er Robert statt seiner zum Tagewerk auf Danjels Bau schikken. Wo er nun wisse, daß die Wilden vor ihrer Wohnung herumschlichen, bleibe er zu Hause. Er wage nicht, seine Angehörigen hier den ganzen Tag allein zu lassen, nachdem die Indianer so dicht bei ihnen ihr Lager aufgeschlagen hätten. Man könne sich vorstellen, daß die Kupferfarbigen ihnen gegenüber nichts Böses im Schilde führten, sondern nur auf die Fremden, die in ihr Land eingewandert seien, neugierig seien. Man könne jedoch nicht genau wissen, was sie vorhätten.
Und wenn Kristina den seltsamen Lauten von dem Indianerlager da draußen auf der Insel lauschte, spürte sie inniges Mitleid mit den heidnischen Menschen. Die Braunhäutigen hatten ihr Furcht eingejagt, aber sie waren ja ungetauft, sie kannten nicht ihren Schöpfer, sie konnten nicht zwischen Gut und Böse unterscheiden, sie lebten im Dunkel. Sie lebten nach ihrer Art und ihrem beschränkten Verstand – wer konnte den armen Menschen etwas vorwerfen? Sie konnte sie nicht verurteilen. Sie konnte nur dankbar dafür sein, daß sie nicht selbst unter ihnen geboren war.
Und so mußte sie sich hier in der Nachbarschaft der Wilden auf Gottes Schutz und Schirm verlassen.

3

Plötzlich trat ein Wetterumschlag ein. Die Ansiedler erwachten eines Morgens vor Kälte zitternd, frierend und vom Winde durchkühlt in der Bretterhütte. Ein eiskalter Nordwestwind fegte in die Hütte, es war, als wären die Wände in der Nacht umgefallen, es fühlte sich an, als lägen sie draußen unter freiem Himmel. Der unbarmherzige Wind zog sie da drinnen gleichsam nackend aus, drang durch ihre dicke Wollkleidung und zerrte ihnen am bloßen Körper, durchstach die Haut, daß es brannte, kratzte mit scharfen Klauen und ging gleich in die Eingeweide.
Und als sie sich durch die Tür das Wetter unter dem Himmel ansahen, erschien es, als wollte sogar die Erdkruste davonfliegen. Das Gras war auf den Boden heruntergedrückt wie glattgekämmtes Haar auf einer Kopfhaut, am Waldrand waren große Bäume mit den Wurzeln herausgerissen, und ihr Wurzelgeflecht ragte mit hochgereckten Armen in die Luft. Und alle Heudiemen auf dem Wiesenland waren umgeweht worden. Sie waren erstaunt, daß ihre kleine Bretterhütte noch dastand.

Sie konnten die Feuerstelle, die mitten in der Windrichtung lag, nicht benutzen, sondern sie machten im Windschatten eines dicken Eichenstammes Feuer. Und wenn sie gegen den Wind liefen, mußten sie sich ducken, um vorwärts zu kommen; dieser schonungslose Nordwest nahm alles mit, was nicht niet- und nagelfest war.
Kristina sagte: Niemand von ihnen habe wohl gewußt, was Sturm heiße, bevor sie hier nach Nordamerika gekommen seien.
Die Kinder waren von der Kälte blaurot im Gesicht. Klein-Märta und Harald husteten stark, und allen dreien lief es gehörig aus der Nase. Kristina zog ihnen zwei Paar Wollstrümpfe an und mummelte sie in wollene Kleidungsstücke ein und zog sich selbst alles über, was sie hatte, so daß sie sich

vorkam wie eine Tonne – sie befand sich ja auch im letzten Monat. Mit Kleidung war aber gegen diesen grausamen Sturm nichts auszurichten, groß und klein zitterte und fror, und nichts gewährte Schutz. Tagsüber spendete ihnen das Feuer Wärme, aber wie sollten sie sich nachts in der Hütte warmhalten, wenn der Wetterumschlag anhielt?
»Ist es der Winter, der so früh beginnt?« fragte Kristina.
»So plötzlich tritt er wohl nicht ein«, meinte Karl Oskar beruhigend. »Das wäre zu schlimm für uns. Da bekommen wir das Haus nicht rechtzeitig fertig.«
Von den schnellen Witterungsumschlägen hier hatten sie gehört, daß das Thermometer in einer einzigen Minute um vierzig Grad fallen könnte, aber die amerikanischen Grade waren kürzer als die schwedischen. Jetzt hatten die unvermutete Kälte und der Sturm sie überrumpelt, ehe sie hinter den Wänden des Blockhauses Schutz gefunden hatten. Das Bauholz für das Haus wartete auf die Zimmerleute, die kommen wollten, wenn sie auf Danjels Haus, das in etwa einer Woche fertig sein sollte, das Dach fertiggestellt hatten. Nun dichtete Karl Oskar ihre Hütte so gut er konnte, nagelte auf der Windseite neue Bretterstücke auf und verstopfte Ritzen und Löcher in den Wänden mit Moos und hineingeschmiertem Mörtel. Und drinnen errichtete er einen Ring von Steinen als Feuerstätte und hieb ein Loch ins Dach – jetzt konnten sie in ihrer Bretterbude feuern. Sie unterhielten das Feuer in der ganzen folgenden Nacht und deckten sich mit allem zu, was sie hatten, aber die Kälte drang doch zu ihnen auf ihrem Lager durch und in ihren Körper hinein – sie konnten einen Bettgenossen, der hineingeweht kam, nicht abhalten. Sie froren jämmerlich. Die Kinder wimmerten im Schlaf und winselten wie Katzen. Mehrmals im Laufe der Nacht stand Kristina auf und stellte den Topf aufs Feuer und kochte Fleischbrühe auf, die sie zu sich nahmen und die sie innerlich erwärmte, wenn außen nichts mehr half.
Am nächsten Morgen hatte der orkanartige Wind etwas nachgelassen. Karl Oskar richtete die Heudiemen wieder auf und

stützte sie mit dicken Stangen ab. In der Nacht wurde das Unwetter wieder heftiger, und es kam zu starken Hagelschauern: Es fielen große, daumenlange Hagelstücke, sie sich so hart wie Kiesel anfühlten und in Wehen auf der Erde liegenblieben.

Am dritten Tage begann der Sturm endgültig abzuflauen, und gegen Abend war er vorbei.

Nach dem scheußlichen Wetter dieser drei Tage wärmte die Sonne wieder. Die Hagelwehen schmolzen weg, und es war so ruhig in der Luft, daß sich nicht das kleinste Blättchen bewegte, und das Gras richtete sich, nachdem es zu Boden gekämmt worden war, wieder auf. Der milde Spätherbst kehrte zurück.

Doch die kürzlich Eingewanderten in der Bretterhütte am Ki-Chi-Saga hatten in ihren Gliedern etwas wie einen kalten Hauch des Erfrierungstodes gespürt und kamen sich vor, als wäre ihnen das Leben gerettet. Der Winter hatte einen Schreckschuß auf sie abgegeben und ihnen gezeigt, was für einen erbärmlichen Schutz gegen Kälte und Nordwind sie hatten und daß sie bald eine dichtere und festere Wohnung brauchten.

Und in der Frühe eines Montagmorgens kamen die Bauhelfer und begannen, das Blockhaus zu errichten. Sie waren drei Zimmerleute, Karl Oskar, Danjel und Jonas Petter, und sie hatten zwei Handlanger, Robert und Arvid.

Kristina, die das Essen für sie alle auf einer Feuerstelle zubereiten und gleichzeitig die Kinder beaufsichtigen mußte, hatte in diesen Tagen alle Hände voll zu tun. Doch die Unterbrechung der Einsamkeit war willkommen, an ihrer Wohnstelle war Leben, wenn die Bauleute kamen, und sie bekam gleichsam neue Kräfte, als sie sah, wie ihr neues Heim aus den Grundschwellen in die Höhe wuchs: Da drüben unter den großen Zuckerahornen erhoben sich die Wände des Hauses, und sie wurden mit jeder Mahlzeit, die sie für die Zimmerleute kochte, höher. Sie ging oft hinüber und schaute zu und hatte das Gefühl, als machte sie selbst beim Bauen mit.

Das Haus wurde bis zum Dachfirst acht Fuß hoch gezimmert. Das Bauholz war nicht behauen, aber die runden Stämme wurden an der Ober- und Unterseite gleichmäßig zugehauen, damit sie dicht aufeinanderlägen. In die Ritzen stopfte man Moos, das dick mit Mörtel überschmiert wurde, der aus Lehm und Sand zusammengerührt war. Dann mußten die Wände in dem Maße gedichtet werden, wie das frische Bauholz trocken wurde. Das Schwierigste bei der Arbeit des Zimmermanns war, die Stämme an den Enden so zusammenzufügen, daß sie ineinanderpaßten und das Haus so gleichmäßige Ecken bekam. Fügst du die Ecken gut am Haus, ist deine Zimmer-Lehrzeit aus! hieß es vom Zimmergesellen. Karl Oskar hatte unter der Aufsicht seines Vaters gebaut, aber er hatte, was das Zusammenfügen der Ecken anbetraf, noch lange nicht ausgelernt, und als er sich jetzt als Zimmermann betätigte, war er auch froh, daß für ein Haus nicht mehr als vier Ecken erforderlich waren. Die langen, schweren Stämme wurden mit den vereinten Kräften von fünf Männern zu Wänden gelegt und mit kurzen Holzpflöcken verbunden, die in Bohrlöcher geschlagen wurden, die der große Bohrer gehöhlt hatte. Den ganzen Tag über dröhnte es auf dem Bauplatz von drei Äxten, drei Äxte waren in Tätigkeit, drei Zimmerleute zimmerten. Der Schlag der Axtblätter auf das Holz gab keinen schlaffen und bedrückenden Laut, sondern einen derben und frischen und ermunternden – er war wie eine anspornende Botschaft über die Gegend hin zu hören, eine Botschaft der Geborgenheit und der Zuversicht. Hier wurde etwas geschaffen, was länger vorhalten sollte als nur für den Tag und das Jahr, etwas für die Zeit, die kam, hier wurde das Werk des Zimmermannes verrichtet, hier wurde eine neue menschliche Wohnstätte errichtet. Und der Schlag der Zimmermannsäxte hallte in den klaren, milden Herbsttagen durch den Wald und wurde zwischen den Baumstämmen zurückgeworfen. Die Äxte dröhnten, und das Echo kam vom jenseitigen Seeufer zurück und erzählte: Hier wird ein Haus gebaut! Hier beginnt das Leben am Ufer des Ki-Chi-Saga von vorn!

Jonas Petter war der Meister der drei Zimmerleute, seine Axt verrichtete die Feinarbeit und vollendete, wo die Äxte der anderen nicht ausreichten. Und in demselben Takt, wie seine Axt gegen das Holz hämmerte, sang er das *Zimmermannslied*, das sein Vater und sein Großvater beim Häuserbau daheim vor ihm gesungen hatten, ein Lied, das jahrhundertelang erklungen war, wenn die Wände der Häuser schwedischer Bauern errichtet wurden, ein Lied, das man zur Musik der Axthiebe und Axtschläge gesungen hatte – ein Lied, das den Zimmermann belebte und das zur Arbeit des Zimmermanns paßte und nun zum erstenmal in Minnesota Territory erklang:

Was macht deine Tochter zur Nacht?
Was macht deine Tochter zur Nacht?
Was macht deine Zimmermannstochter zur Nacht?
Zimmerim, zimmeram und Zimmermadam –
Was macht deine Tochter zur Nacht?

Deine Tochter bereitet ein Bett.
Deine Tochter bereitet ein Bett.
Deine Tochter bereitet ein Zimmermannsbett –
Zimmerim, zimmeram und Zimmermadam –
Deine Tochter bereitet ein Bett.

Wer soll liegen in diesem Bett?
Wer soll liegen in diesem Bett?
Wer soll liegen in diesem Zimmermannsbett –
Zimmerim, zimmeram und Zimmermadam –
Wer soll liegen in diesem Bett?

Das soll'n deine Tochter und ich.
Das soll'n deine Tochter und ich.
Das soll'n deine Zimmermannstochter und ich – – –

Das Zimmermannslied hatte volle zehn Verse; Jonas Petter konnte nur drei Verse und ein Stück des vierten. Sein Vater hatte ihm das Lied vorgesungen, wenn sie Zimmermannstagewerke zusammen verrichteten, und er pflegte ein ganzes Kantholz in die Wand einzufügen, während er es von Anfang bis zu Ende sang. Die Verse, die Jonas Petter vergessen hatte, beschrieben eine Handlung im Zimmermannsbett, das die Zimmermannstochter dem Zimmermann bereitet hatte; er konnte sich, so sehr er sich auch anstrengte, nicht erinnern, wie sie geschah, außer, daß in dem Zimmermannsbett ein Zimmermannsjunge gemacht wurde, der Zimmermann Knut hieß. Gab es aber etwas Leichteres, als einen Jungen zu machen, wenn man Frau und Bett hatte? Unmöglich, es nicht zu tun.

Die drei Männer zimmerten die Hauswände in fünf Tagen in die Höhe, und am sechsten Tage bauten sie den Dachstuhl und deckten das Dach. An der Spitze einer langen Stange wanden Robert und Arvid den Torf für das Dach hoch, den die älteren Männer ausbreiteten und auf eine Unterlage aus Birkenrinde und anderer Rinde legten. Und nun stand der Bau mit seinem Dach und seinen vier Wänden da.

Die Arbeit des Zimmermanns war getan, ein Haus war in derselben Zeit gebaut, die Gott im Anfang für die Schöpfung gebraucht hatte. Und der siebente Tag brach an, und der Kalender zeigte, daß es ein Sonntag war. Und die Zimmerleute heiligten den Sabbat und ruhten am siebenten Tage aus, während sie ansahen, was ihre Hände gezimmert hatten, und fanden, daß es gut sei und für eine menschliche Wohnung tauge und geeignet sei. Sie hatten ein Heim gebaut, ein ordentliches und festes Blockhaus, das auf festen Füßen stand und das nicht umfiel, wenn der Sturm es packte. Es war errichtet, um zu stehen – von Männern, die Häuser für Bauern in Schweden gebaut hatten und die zimmerten, wie ihre Väter jahrhundertelang gezimmert hatten. Ein in seiner Bauweise altes Haus stand in einem neuen Land unter Dach.

Die Bauhelfer hatten das ihre getan, aber Karl Oskar hatte

noch reichlich zu tun, bevor sie einziehen konnten. Er legte den Fußboden: Er breitete die gespaltenen jungen Lindenstämme mit der flachen Seite nach oben aus und befestigte sie an den Enden mit Holzpflöcken. Die Oberseiten der Dielen waren sorgfältig zugehauen, und der Fußboden des Hauses wurde so glatt, wie er mit ungesägten und ungehobelten Dielen überhaupt werden konnte. In die Wand aus Stämmen an der Vorderseite hieb er eine Öffnung für die Tür. Die Türöffnung machte er vier Fuß breit und sechseinhalb Fuß hoch, so daß er über die Schwelle seines neuen Hauses in Amerika gehen konnte, ohne sich bücken zu müssen. Die Tür machte er aus Eichenholz; sie wurde plump und schwer wie eine Kirchentür, und sie würde für die Kinder schwer aufzumachen gehen. Er hängte sie an den teuren Angeln auf, die ihn einen ganzen Dollar gekostet hatten, brachte außen eine einfache Holzklinke an und an der Innenseite der Tür kräftige Riegel zum Vorschieben, so daß sie sich in dem Blockhaus einschließen konnten, wenn es gegen ihre braunen Nachbarn erforderlich sein sollte. In die Wände hieb er drei Öffnungen für Fenster, eine größere Öffnung rechts von der Tür an der Vorderseite und zwei kleinere an den Giebelseiten, und setzte Rahmen und Scheiben ein. Er hätte gern noch mehr von Gottes hellem Tageslicht ins Haus gelassen, doch konnte er sich von dem teuren Fensterglas nicht mehr leisten.

Dann kam der Herd an die Reihe, auf dem das Essen zubereitet werden sollte, der Herd, der ihnen Wärme und Licht spenden sollte. Karl Oskar war Tischler, Zimmermann und Dachdecker gewesen, nun sollte er auch Maurer werden, doch hier wollte er nicht recht heran. Er bat den vielseitigen Jonas Petter um Hilfe; mit dem Nachbarn als Meister und ihm als Gesellen entstanden Feuerstätte und Rauchabzug im Hause aus Stein und Sand und Mauerlehm. Später, wenn nicht mehr solche Eile war, wollte er selbst in die Herdmauer einen Backofen einbauen.

Nun stand der Herd in einer Ecke des Wohnhauses, und es waren noch drei Ecken übrig, und in allen dreien stellte Karl

Oskar Betten auf: Ein Bett für Kristina und sich selbst, eines für die Kinder und eines für Robert. Sechs Fuß von der Giebelwand und fünf Fuß von der Längswand entfernt befestigte er auf dem Fußboden einen Pfahl, und dann nagelte er zwei gespaltete Stangen auf den Pfahl und befestigte sie mit dem anderen Ende an der Wand. Quer darüber legte er schmale Latten, die er zurechtgehauen hatte – das eine Ende der Latten wurde zwischen den Stämmen in der Wand eingekeilt, und das andere wurde an den Stangen befestigt. Auf diese Weise standen in den vier Ecken des Hauses drei Betten und ein Herd. Er hatte die Liegestätten so gebaut, wie er sie bei einem amerikanischen Ansiedler in Taylors Falls gesehen hatte. Sie waren einfach, aber sinnreich gemacht und gut brauchbar. Andere Einrichtungsgegenstände wollte er im Winter anfertigen, wenn er am Herd sitzen und tischlern konnte.

Nun zeigte Karl Oskar Kristina alles, was er gemacht hatte, sie besichtigten zusammen ihr neues Heim. Er sagte: Hier sei alles, Dach, Wände, Fußboden, Fenster und Türen, grob zugehauen. Es sei keine Kunsttischlerarbeit, er habe es nur so gemacht, wie er es selbst gelernt habe. Und nichts sei bloß zum Anschauen gemacht, sondern um Kälte und Wind und Feuchtigkeit abzuhalten. Und dann müsse man es hinnehmen, wenn die Wände uneben seien, wenn der Fußboden nicht so eben und glatt sei, wenn die Tür nicht so gerade hänge. Ja, die Eingangstür sei schon etwas schief aufgehängt, aber es heiße ja: Sehr schief ist häßlich, aber etwas schief ist fein. Und hier gebe es bestimmt noch mehr, das schlecht zusammengefügt und zusammengenagelt sei, doch er habe ja beim Bauen auch hauptsächlich Holzpflöcke als Nägel benutzt. Er habe für das ganze Haus nicht einmal hundert eiserne Nägel aufgewendet, er habe es sich jedesmal genau vorher überlegt, wenn er einen der teuren gekauften Nägel eingeschlagen habe.

Ihre neue Wohnung sei grob zugehauen, aber sie werde ein wohlgeschützter Aufenthalt sein.

Hier würden sie, im Vergleich zu der wackligen Bretterbude,

wie in einem Schloß wohnen, fand Kristina, die mit allem, was sie sah, wohl zufrieden war.
Am meisten freute sie sich über ihre neuen Betten: Es seien die bequemsten Lagerstätten, die sie gehabt hätten, seit sie ihren Heimatort verlassen hätten.
Sie solle es aber noch viel bequemer bekommen, sagte Karl Oskar: An der hinteren Längswand wolle er einen dicken Eichenstamm einbauen, der eine prächtige Bank abgeben würde, er wolle neben dem Herd für sie Wandbretter annageln, er wolle Holzpflöcke in die Wand schlagen, wo sie Kleidungsstücke und anderes aufhängen könnten. Und sobald er dazu komme, wolle er einen Tisch anfertigen; bis zu Weihnachten würde er wohl Zeit finden, bis Weihnachten würde er den Tisch sicher fertig haben. Im Laufe der Zeit würden sie hier in dem Haus sehr bequem wohnen.
Kristina sah durchaus das grobe und unebene Holz des Hauses, die unbehauenen Stämme auf der Innenseite der Wände, sie sah besser als ihr Mann alles, was schief und krumm war. Sie hatte aber die ganze Zeit über große Angst gehabt, daß das Haus nicht fertig werden würde, bevor der Winter kam, und wie froh war sie jetzt, da sie in dieses Heim einziehen konnte! Sie waren so lange umhergezogen und hatten Unterkunft und Bettplätze gewechselt – wie schön würde es sein, auf die Dauer unter Dach zu kommen, in vier Wänden ruhig sein zu können, in eine Wohnung zu ziehen, wo sie bleiben konnten! Das Blockhaus würde in den nächsten Jahren ihr Heim in Amerika werden.
Kristina war mit ihrer Wohnung aus unbehauenen Stämmen zufrieden, doch nicht so Karl Oskar: »Aber nächstes Mal! Wenn ich das nächste Mal baue . . .!«
Er war schnell bei der Hand: Bevor sie in das neue Heim eingezogen waren, hatte er in Gedanken bereits begonnen, das nächste Heim für sie zu bauen: Hier gebe es im Walde genug Bauholz für richtige Schlösser, und wenn er es erst einmal zu etwas gebracht habe, werde er ein Haus errichten, das größer und prächtiger sei als der Hof irgendeines Bauern daheim in

Ljuder! Es solle mindestens zwei Stockwerke haben und aus dem feinsten Holz, aus dem besten behauenen Bauholz sein. Denn das wolle er seiner Frau versichern: Darauf könne sie sich verlassen: Ihr nächstes Heim wolle er aus Holz bauen, das auf beiden Seiten behauen sei!

4

Beim 28. Oktober machte Karl Oskar Nilsson ein Kreuz in den Kalender – das war der Tag, an dem sie in das Blockhaus zogen.

Sie luden ihre Landsleute vom andern Neubau und Anders Månsson und seine alte Mutter zu einer kleinen Umzugsfeier ein. Die Gäste, große und kleine, kamen auf Anders Månssons Ochsenwagen mit den ungeschmierten Holzrädern angefahren, die weiter laut kreischten und ächzten; dieser Wagen war im Walde eine halbe Stunde zu hören, bevor er zu sehen war. In dem neuen Hause wurde es voll, und der Hausvater hatte große Mühe mit den Sitzplätzen: Er hatte von einem Eichenstamm runde Klötze abgesägt und darin Vertiefungen ausgehauen, die für einen erwachsenen Menschen gerade paßten. Es waren gute und feste Sitzgelegenheiten, doch reichten sie nicht aus, sondern er mußte noch seine beiden Hauklötze ins Haus stellen, bevor er alle Gäste bitten konnte, Platz zu nehmen.

Nun waren sie wieder versammelt, es saßen wieder sechzehn zusammen, die im gleichen Lande geboren waren und dieselbe Sprache sprachen. Sie waren jetzt auf verschiedene Haushalte verteilt, und sie hatten kein Eigentum gemeinsam, aber sie hatten noch eine gemeinsame Sprache, und das verband und vereinte sie in dem fremden Lande, so daß sie sich vorkamen, als wären sie nahe Anverwandte geworden. Wie gutmütig und nett ein Mensch auch war: wenn sie ihn mit ihren Worten nicht erreichen konnten, blieb er ein Fremdling. Karl Oskar und Kristina fühlten sich nicht, als ob sie Gäste be-

kommen hätten, sondern als wären die Gäste ihre leiblichen Verwandten.
Kristina hatte Hirschbraten zurechtgemacht, und sie hatte die Kartoffeln ohne Schale gekocht, wie sie es daheim bei Festmahlzeiten machten. Dann hatte sie einen ganzen Kessel voll Moosbeeren geschmort; die Moosbeeren mit ihrem frischen und säuerlichen Geschmack reiften im Spätherbst massenhaft in den umliegenden Mooren. Die Gäste wollten etwas zu einem Umzugsfest mitbringen, und Ulrika in Västergöhl spendierte den Umzugsbrei – sie kam mit einer großen Steingutschüssel mit Brei, der aus Reis gekocht war. Und Jonas Petter hatte als Mitbringsel ein Fäßchen des amerikanischen Branntweins gekauft. Die Bewirtung war nicht so vielseitig wie bei Umzugsfeiern in der Heimat, doch daran gemessen, wie es ihnen jetzt hier draußen ging, war zu einem großen Schmaus gedeckt.
Karl Oskar und Kristina hatten Gäste eingeladen, ehe sie noch einen Eßtisch hatten. Das Essen wurde auf der Schweden-Truhe aufgetischt, und sie saßen um diese herum: Die Gäste aßen auch immer noch auf ihren Truhendeckeln, wenn sie bei sich zu Hause waren.
Ulrika hatte, als sie den Umzugsbrei kochte, nicht geknausert. Er war süß und gezuckert und gut und wurde von allen gelobt. Ehe man sich's versah, war der Boden der Steingutschüssel zu sehen. Als Ulrika als Mädchen bei der herrschaftlichen Köchin auf Kråkesjö Küchendienst verrichtete, hatte sie kochen gelernt. Sie war an Herd und Ofen geschickt und flink, wenn sie bloß etwas zum Kochen und Backen bekam. Und heute gönnten es sich die Ansiedler, wenigstens einmal mehrere Gerichte hintereinander zu essen, und sie nahmen sich von dem Essen auf dem Truhendeckel beinahe mit Ehrfurcht und Andacht. Zuletzt wurde der Kaffeekessel von dem eisernen Haken herabgenommen, der über dem Herd aufgehängt war, und es kam ein guter duftender Kaffee auf den Tisch. Robert zeigte die neue Kaffeemühle, die er für Kristina gemacht hatte: Er hatte einen Stein zu einem Mörser ausge-

höhlt, in dem die Bohnen mit einem anderen Stein zerstoßen wurden. Er hatte es den Indianern nachgemacht – sie mahlten jetzt ihren Kaffee in einer Indianermühle.
Alle aßen sich richtig satt. Als Ulrika sich erheben wollte, nahm sie den Stuhl mit. Sie hatte sich auf dem Stuhl, auf dem sie saß, festgesessen, doch sie gab dafür Karl Oskar die Schuld, der einen Sitz ausgehauen hatte, der für eine erwachsene Frau zu eng war. Er sei jetzt so alt, daß er gelernt haben müßte, daß Frauen um die Hüften und hintenherum breiter seien. Gott habe sie so geschaffen, damit sie fest und gut auf dem Rücken lägen, während sie sein Gebot befolgten und sich gebrauchen ließen, um sich zu vermehren und die Erde zu erfüllen.
Jonas Petter goß den amerikanischen Branntwein ein; alle tranken, aber die Kinder bekamen jedes nur einige Tropfen. Der Whisky sei stärker als der Branntwein, den sie daheim herstellten, sagte Anders Månsson. Das Getränk brenne zunächst auf der Zunge, tue aber dann dem Magen gut. Manchen falle es schwer, sich an den Geschmack des Whiskys zu gewöhnen, man müsse sich beharrlich abhärten, das könne bei Anfängern jahrelang dauern, doch er selbst habe sich schon gewöhnt. Der hiesige Branntwein werde aus dem amerikanischen Korn, dem Faulenzergetreide, wie es genannt werde, gebrannt. Er habe dieses Korn in diesem Jahr zum erstenmal angebaut.
»Zu Hause ist der Branntwein aber weiß«, sagte Kristina. »Warum ist er hier bräunlich?«
»Sie haben ihn aus der Blase nicht ordentlich durchgeseiht«, vermutete Ulrika. »Es ist Maische darin.«
»Er hat eine Farbe wie Kuhpisse, schmeckt aber großartig«, sagte Jonas Petter.
Daheim hatte der Branntwein einen süßlichen Geschmack und war milder als dieser, der bitter über die Zunge lief und im Hals brannte; das fanden sowohl Kristina als auch Ulrika. Doch die alte Fina-Kajsa schätzte den Geschmack des starken amerikanischen Branntweins höher: »Man muß merken, daß

man Branntwein im Munde hat! Er darf nicht durch den Hals laufen wie Abendmahlswein!«

Anders Månssons Mutter hatte sich seit ihrer Ankunft bei ihrem Sohn verändert. Sie war so ruhig und schweigsam, sie konnte lange, ohne ein Wort zu sagen, für sich dasitzen und nur vor sich hinstarren, und dann hörte sie kaum, wenn jemand sie ansprach. Und manchmal war es, als hätte sie vergessen, wo sie war, und glaubte, daß sie sich immer noch auf der Reise befinde. Sie saß da und murmelte verlassen und verzagt: »Nein! Wir kommen nicht hin. Ach du lieber Gott! Ach du lieber Gott!« Sie konnte alles um sich herum so vergessen, daß sie sich nicht mehr erinnerte, daß sie bereits im Heim ihres Sohnes angekommen war. Es schien, als hätte die lange Reise ihren Kopf zu stark beansprucht. Doch dazwischen raffte sie sich auf und arbeitete den ganzen Tag über wie eine junge Frau, war im Hause für ihren Sohn tätig und kochte ihm die guten öländischen Kartoffelklöße, die er so lange hatte entbehren müssen.

Und Anders Månsson sagte: Nachdem er nun Kartoffelklöße bekommen habe, gebe es für ihn in Schweden nichts mehr, wonach er sich hätte sehnen können.

Nach ihrem Festessen setzten sich die Ansiedler bei der behaglichen Wärme um den frischgemauerten Herd, auf dem ein großes Feuer aus trockenem Kiefernholz loderte. Und wie sie dort saßen und das Essen im Magen zergehen ließen, fingen sie an, von Schweden und den Menschen im Heimatort zu sprechen: Zu Hause waren sie jetzt mitten in der Freiwoche des Gesindes, die Ernte war unter Dach und Fach, die Kartoffeln waren gehackt, die Äcker waren für den Herbst gepflügt. Im Getreidekasten lag das Brot für den Winter, im Kuhstall stand das Rindvieh. Die Menschen daheim wohnten in einem alten und bebauten Land, sie hatten den Winter hindurch ihr Auskommen, wenn keine Mißernte eingetreten war. Und sie konnten es nicht unterlassen, einen Vergleich zu ihrer Lage anzustellen: Sie waren Bauern ohne Jahresernte, ohne Getreidekästen und Specktienen, ohne Haustiere. Und nun kam die

Jahreszeit, in der die Erde lange ruht und der Boden nichts schenkte.
Das Jahr war nur vom Frühling zum Herbst fortgeschritten, seit sie ihrem Heimatort Lebewohl gesagt hatten. Doch diese Zeit erschien ihnen ebenso lang wie mehrere volle Jahre. Und Schweden entschwand ihnen allmählich in einer dunklen Ferne, weil der Weg, der zwischen dem Heimatland und ihnen lag, in ihrer Vorstellung so abschreckend weit erschien. Die Größe der Erde war für sie wie ein Wunder. Es war für sie näher bis an den Himmel als nach Schweden. Wie hatte ihr Heimatland so weit entschwinden können? Dadurch, daß ihr Heimatort so weit entfernt war, hatte sich etwas Unwirkliches über ihn gesenkt, wie über alle Dinge, die man in großer Entfernung sieht. Sie hatten angefangen, von der Einsamkeit in der verlassenen Gegend zu reden. Da sagte Jonas Petter: »Ist einer unter uns, der seine Auswanderung bereut?«
Die Frage kam so überrumpelnd, daß es zunächst unter den Versammelten still wurde. Es war, als sei plötzlich ein schwieriges Problem aufgetaucht, eine Frage, über die man sich den Kopf zerbrechen mußte, bevor man antworten konnte, als wäre ein schweres Rätsel ausgesprochen worden, das geraten werden sollte: Bereue ich meine Auswanderung? Sie klang beinahe wie eine unerlaubte Frage, sie drängte sich auf und klopfte an verschlossene Türen: Nun sollte jeder einzelne aufmachen und zeigen, was sich drinnen verbarg, ob sie etwas versteckten oder zurückdrängten.
Ulrika antwortete als erste. Sie guckte Jonas Petter beinahe erzürnt an: »Es bereuen? Willst du mich zum besten haben? Ich soll es bereuen, in ein Land gezogen zu sein, wo man als Mensch gilt? Eher lasse ich mich in Stücke hauen!«
»Es war so bestimmt, daß wir hier herziehen sollten«, sagte Danjel Andreasson. »Wir wollen weder Reue noch Furcht hegen.«
»Ich bereue es aber!« sagte Karl Oskar. »Ich bereue, daß ich nicht vor sechs Jahren hier hergezogen bin. Gleich als ich mündig wurde.«

»Du hast immer noch einen Vormund im Himmel«, erwiderte Danjel. »Es ist nach seinem Ratschluß geschehen.«
»Aber der Diener des Herrn, der Propst, riet mir davon ab, auszuwandern.«
»Da sprach ein Irrgeist aus ihm«, sagte Danjel Andreasson ruhig.
»Ich bin trotzdem hier, und hier soll mich niemand von der Stelle bringen! Nein ... So wahr ich auf diesem Hauklotz sitze!« sagte Karl Oskar nachdrücklich.
Jetzt hatte er sich niedergelassen, er war in sein Haus eingezogen und hatte sich feste Betten und Sitzgelegenheiten angefertigt. Von diesem Tage an kam er sich in Nordamerika seßhaft vor.
Jonas Petter sagte: Das Leben in einer ungewohnten Gegend habe seine Unbequemlichkeiten, doch zu Anfang sei es am schlimmsten, und sie würden bald das Schwierigste hinter sich haben. Und es sei nützlich für sie, umherzufahren und zu sehen, wie groß sie seien, die Länder und Meere der Erde. Daheim glaubten sie, daß Schweden die ganze Welt sei, und daher würden die Menschen im Lande so mit sich selbst zufrieden.
»Sie sollten Geographiebücher lesen!« fiel Robert ein.
Das sollten sie tun, statt sich mit dem zu beschäftigen, was ihr Nächster tue, was sie nichts angehe, meinte Jonas Petter: Wenn man daheim morgens vor seinem Haus zufällig einen fahren lasse, sei er gleich bei allen Leuten herum, bis er im ganzen Kreis widerhalle.
Doch sein Vater benutze einen alten guten Morgenchoral:

Geh deinen Weg, so wie dich Gott geheißen!
Mach deine Sach' und tu auf andre scheißen!

Diesen Choral singe er jeden Morgen, bevor er seinen Tag beginne, und wenn der Mensch danach lebe, werde er zeit seines Lebens glücklich bleiben und schließlich völlig zufrieden von hinnen scheiden.

Soweit auf Jonas Petters Frage Antworten zu hören waren, wollte niemand seine Auswanderung rückgängig machen. Darauf fingen die Ansiedler an, über die Arbeiten zu sprechen, die vor Winteranbruch noch ausgeführt werden konnten. Karl Oskar beabsichtigte, einen Brunnen zu graben, bevor der Frost in die Erde gegangen war. Er hatte in der Nähe keine Quellader finden können, sondern sie benutzten das Wasser des Baches, und es hatte ihnen nichts geschadet: Es war fließend und rein, obwohl es nicht die klare Wasserfarbe hatte und auch nicht geschmacklos war.

Während sie noch so dasaßen, wurde das Gespräch plötzlich dadurch unterbrochen, daß Kristina heftig zu weinen anfing. Es geschah völlig unvorbereitet und unerwartet. Niemand hatte etwas gesagt, was sie hätte verletzen oder beleidigen können. Sie selbst hatte eine ganze Weile schweigend dagesessen, sie hatte nicht eine Silbe geäußert, während sie vom Heimatort sprachen, doch hatte sie genau zugehört. Karl Oskar fragte sie bestürzt, ob ihr irgendwo etwas weh tue. Sie schüttelte aber nur den Kopf: Er solle sie nicht beachten. Und sie weinte und schluchzte weiter, sie hielt beide Hände vors Gesicht und weinte, ohne zu sagen, weswegen sie weinte. Und niemand hatte ihr etwas zum Troste zu sagen, weil niemand wußte, was ihr fehlte. Sie fragten, ob sie krank geworden sei. Nein, sie sei nicht krank . . .

Karl Oskar wurde verlegen und wußte nicht, was er zu den andern sagen sollte; sie verständen aber wohl, daß sie jetzt leicht reizbar sei: »Du bist natürlich erschöpft . . .«

Danjel strich seiner Nichte voller Mitgefühl über die Schulter: »Du hast dich zu sehr angestrengt, Kristina! Du brauchst jetzt Ruhe! Wir andern wollen uns nach Hause begeben!«

»Wie ich mich benehme . . . Verzeiht mir . . .! Verzeiht mir alle, seid so gut!«

Kristina hatte jetzt Angst, daß sie ihre Gäste verjagte, und sie bat sie, zu bleiben. Sie versuchte, gegen die Tränen anzukämpfen: »Fange da an zu weinen! Verstehe es nicht! Das gibt sich aber! Macht euch nichts draus!«

Die Gäste mußten sich aber auf den Rückweg begeben, wenn sie ihre Wohnungen erreichen wollten, bevor die Dämmerung kam; Anders Månsson wollte nicht auf dem ausgehauenen Wege durch den Wald fahren, wenn es dunkel war. Er ging hinaus und spannte seine Ochsen vor den hölzernen Wagen, Ulrika wusch ab und nahm ihre leergegessene Breischüssel mit, aber Jonas Petter ließ sein Fäßchen da, worin noch ein guter halber Liter Branntwein gluckerte.

Karl Oskar begleitete seine Gäste noch ein Stück Weges den Hang hinauf. Das Umzugsfest hatte auf etwas unerwartete Weise geendet. Der Schluß war so überstürzt gekommen. Und er war über Kristinas Benehmen besorgt geworden: Wenn sie nicht krank war, weinte sie aus einem anderen Grunde, und dann verheimlichte sie ihn ihm. Was fehlte ihr? Er wollte es wissen, sie mußte es ihm erzählen.

Als er wieder ins Haus zurückkam, hatte Kristina ihre Tränen getrocknet, und nun fing sie von allein an: »Ich konnte nicht dafür, Karl Oskar . . .«

»Nein! Das verstehe ich.«

»Ich konnte nichts dagegen tun!«

»Es kann doch schon vorkommen, daß man traurig wird und weint. Warum bist du denn aber gerade am heutigen Tage so traurig gewesen?«

»Das tut mir ja so leid, wo wir Besuch hatten.«

Karl Oskar legte sich doch die Frage vor, ob sie nicht mit dem Blockhaus unzufrieden sei. Vielleicht hatte sie sich ihr neues Heim anders, besser und bequemer vorgestellt? Und er wollte sie nun trösten: »Du sollst es sehen, Kristina: Unser nächster Bau! Wenn wir das nächste Mal zum Umzugsfest einladen, wirst du nicht weinen!«

»Lieber, guter Karl Oskar – ich habe nicht deswegen geweint, weil . . .!«

Nein, das solle er nicht glauben, und das wolle sie ihm sagen: Sie habe nicht geweint, weil ihr Haus nicht fein genug sei! Er solle nicht glauben, daß sie so unzufrieden sei. Das wäre geradezu sündhaft von ihr gewesen. Das Haus sei gut genug für sie, sie habe ihm ja gesagt, daß sie mit ihrem Heim zufrieden sei. Und sie habe ja vorher nicht geklagt, wenn sie vielleicht Grund dazu gehabt hätte – sie habe nicht geklagt, als sie nachts da draußen in der Bretterbude gefroren hätten. Warum solle sie dann jetzt unzufrieden sein und weinen, wo sie in ein warmes Holzhaus gezogen seien? Nein, hier habe sie alles, was sie brauche, und sie habe entbehren gelernt, bevor sie es so weit gebracht hätten und unter dieses Dach gekommen seien: Sie habe es im letzten Jahr gelernt, ein Heim richtig einzuschätzen. Und das könne für einen Menschen nützlich sein. Sie habe heute Gott dafür gedankt, daß sie nach den Gefahren, die sie durchgemacht hätten, hier alle gesund und munter und lebendig hätten einziehen können.

Sie habe aber nichts dagegen tun können – heute habe sie etwas überkommen, so daß sie angefangen hätte zu weinen, bevor sie sich dessen bewußt geworden sei, etwas habe ihr die Tränen aus den Augen gepreßt. Sie wisse nicht, was es gewesen sei – nur, daß sie etwas überwältigt habe. Und es tue ihr ja so leid, daß es ihr gerade heute habe passieren müssen, gerade an dem frohen Umzugstag, nach dem sie sich so gesehnt habe . . .!

Karl Oskar gab sich zufrieden: Es wundere sich wohl niemand darüber, daß sie in ihrem jetzigen Zustand empfindlich sei und ihr leicht die Tränen kämen. Sie müsse etwas hören, was sie tröste; und so sprach er weiter von dem Tag, an dem sie ihr nächstes Umzugsfest veranstalten wollten: »Du wirst es sehen: Unser nächster Bau! Unser nächstes Haus hier zu Hause am Ki-Chi-Saga . . .!«

5

Kristina hatte sich den ersten Abend im Blockhaus hingelegt, zum erstenmal in dem neuen schönen Bett, wo ihr Mann neben ihr lag. Sie lag aber lange wach: Hatte sie ihm heute die Wahrheit gesagt? Wußte sie nicht, was sie da überkommen hatte, so daß sie in Tränen ausbrach? Es hatte sie ja schon viele

Male überkommen, wenn auch noch nie so stark wie heute. Es pflegte zu kommen, wenn sie nichts zu tun hatte, was sie ablenkte, wenn nichts anderes sie in Anspruch nahm. Es ging vorüber, aber es kehrte wieder, es kehrte immer wieder. Und es mußte heute unbedingt kommen, als die andern davon sprachen, sie zwangen es aus ihr hervor. Sie erzählten so lange von ihrem alten Heimatort und den Menschen dort, daß alles so heftig und ungestüm in ihr aufstand, all das, was sie mit widerstrebendem Herzen verlassen hatte, um mit ihrem Mann mitzugehen.

Und nun waren sie endgültig ansässig, jetzt würden sie für immer hier bleiben, *hier zu Hause* am Ki-Chi-Saga, sagte Karl Oskar. Wie fremd es sich anhörte, ihr Heim in Verbindung mit diesem Namen! Sie sollte sich für den Rest ihres Lebens *daheim* befinden – doch sie war ja *in der Fremde*. In diesem Hause hatte sie ihr Heim, aber es lag ja in der Fremde . . .

Hier war für Kristina *die Fremde* – Schweden war *daheim*. Es hätte umgekehrt sein müssen: Die Orte hätten ihren Platz wechseln müssen. Sie war fortgezogen, aber sie konnte es nicht erreichen, daß die beiden Länder ihre Plätze verließen. Die Länder lagen weiterhin da, wo sie schon vorher gelegen hatten – das eine war ihr immer *die Fremde* gewesen, das andere blieb ihr *Daheim*.

Und es war ihr jetzt offenbart worden, sie mußte es vor sich selbst zugeben und eingestehen: Im Innersten war es ihr, als ob sie sich immer noch auf ihrer Reise befände – als ob sie nur weggefahren wäre und einmal zurückkehren würde.

Zu Hause – das war für Kristina all das, was sie niemals mehr wiedersehen würde.

Besuch im Blockhaus

I

Die Ansiedler am See Genezareth waren ein paar Wochen vor ihren Landsleuten am Ki-Chi-Saga in ihr Blockhaus eingezogen. Jonas Petter wollte erst im nächsten Sommer ein eigenes Haus bauen und logierte sich für den Winter bei Danjel ein. Er hatte angefangen, Holz für seinen Bau zu fällen, damit es noch trocknen könnte, und als Hilfskraft beim Schlagen des Holzes hatte er Robert, der für seinen Bruder bei ihm Tagewerke im Austausch verrichtete. Um den stundenlangen Weg vom Ki-Chi-Saga und zurück zu sparen, blieb er während der Woche nachtsüber in Danjels Haus und ging nur an den Sonnabendabenden nach Hause.

An einem Sonnabendnachmittag kam Robert zum Siedlungsland seines Bruders und zog an einem Bastseil eine Kuh hinter sich her. Er band die Kuh an den Zuckerahorn neben der Haustür und rief Kristina.

Sie kam heraus, guckte und strich sich über die Augen: »Was ist das für ein Vieh? Hast du eine Kuh gefunden, die sich im Walde verlaufen hat?«

»Nein! Ich habe sie aus Taylors Falls bis hierher gebracht.«

Kristina schaute sich das Tier genauer an: Es war die eine von den Kühen des Anders Månsson, die nicht mehr trächtig wurde und die er daher schlachten wollte.

Karl Oskar kam heraus und stellte sich lächelnd neben seine Frau: Jetzt habe er sie wohl überrascht? Sie könne sich aber bei der alten Fina-Kajsa bedanken: Es sei ihr Einfall gewesen, daß sie die eine Kuh ihres Sohnes den Winter über leihen könnten. Es habe sich gezeigt, daß die Kuh das letzte Mal trächtig geworden sei, als sie den Bullen beim Deutschen Fischer angenommen habe, und da wäre es doch sehr schade, das Tier zu schlachten. Anders Månsson und seine alte Mutter hätten selbst genügend Milch von der anderen Kuh, dagegen nicht so viel Futter, und da er, Karl Oskar, Heu in Diemen aufgestapelt habe, könne er die Kuh den Winter über für die Milch füttern. Im Frühjahr, wenn sie kalben sollte, müsse er sie ihrem Eigentümer zurückgeben. Die Kuh gebe immer noch täglich ein paar Liter Milch und würde zwei bis drei Monate lang noch nicht gelt werden.

»Es ist natürlich ein altes Tier!« fügte er hinzu.

Die Kuh hatte einen dicken Bauch und einen Senkrücken und hatte gut und gerne fünfzehnmal gekalbt. Doch Kristina fiel dem Tier um den Hals: Sie hatte eine Kuh zum Melken, obwohl sie nur für eine Zeit geliehen war. Sie würden in diesem Winter für die Kinder einen Schluck Milch bekommen, auch wenn es wenig war. Und sie tastete am Euter hinauf nach den Milchadern bei der alten Kuh und fühlte, daß sie gut waren: Sie würde vielleicht bis zu gut drei Liter täglich Milch geben, wenn sie gut gefüttert und gepflegt wurde.

Karl Oskar freute sich genauso über die Kuh wie Kristina, doch sie hatte das Gefühl, daß sie diesmal ihm gegenüber ihren Willen durchgesetzt hatte.

Hier in Minnesota hatten die Menschen so jämmerliche Unterkünfte für ihr Vieh, daß die neu Eingewanderten erstaunt waren, daß die Haustiere nicht im Winter erfroren. Karl Oskar stellte die ihm anvertraute Kuh in die ausgeräumte Bretterbude. Das Tier konnte in die Wohnung ziehen, in der sie selbst eben noch gewohnt hatten: Die menschliche Wohnung wurde zum Viehstall. Die Kuh konnte tagsüber im Freien bleiben und weiden, solange der Boden schneefrei war, wurde aber nachtsüber in der Hütte untergestellt.

Anders Månsson hatte eine junge und eine alte Kuh; die junge hieß Girl, und diese alte hatte den Namen Lady, was ja das amerikanische ›Frau‹ war. Die dickbäuchige Lady war eine ruhige und gemächliche und langsame Kuh, die ruhig und genügsam weidete und die nie in den Wald zu laufen suchte. Sie wurde Kristina und den Kindern in der Abgeschiedenheit eine Gesellschafterin: Es war, als hätten sie in ihrem Haushalt ei-

nen Menschen hinzubekommen, und die Kuh war ein nährendes Mitglied. Und Lady wurde ja bei Namen genannt, als wäre sie ein Mensch und dazu ein vornehmer Mensch, eine Frau, eine herrschaftliche Frau.
Robert sagte: Die weiblichen Wesen seien ja hier draußen selten. Daß eine Kuh einen solchen Namen bekommen könne, zeige, wie hoch die Männer in Nordamerika die Frauen schätzten.

2

In den Nächten gab es Frost, das Gras glänzte morgens silbrig. Der Winter lag auf der Lauer.
Eines Nachmittags, als es angefangen hatte zu dämmern, war Kristina mit Klein-Märta und Harald allein im neuen Blockhaus. Karl Oskar war zum See hinuntergegangen, um ein paar Reusen zu leeren, die er aus Weidenzweigen geflochten und in dem Ufergras an der Landzunge ausgelegt hatte, wo die Hechte zu stehen pflegten, und Johan war hinter ihm hergelaufen. Der Junge folgte seinem Vater gern auf Schritt und Tritt. Kristina hatte bereits Wasser in den Topf gegossen und ihn übers Feuer gehängt, denn Karl Oskar würde gleich mit den Fischen zurück sein, die sie zum Abendessen kochen wollte. Sie hoffte, daß ihm Hechte in die Reusen gegangen waren, denn Hecht schmeckte von allen Fischen im See am besten: Der Weißfisch und der Barsch mit seinem großen Maul gingen auch an, aber der Katzenfisch mit seinem runden Kopf und seinen langen Barthaaren ums Maul war so häßlich, daß sein Anblick für die Eßlust nicht förderlich war.
Klein-Märta war mit ihrem Spielzeug am Fußboden beschäftigt, und Harald hielt im Bett der Kinder seinen Nachmittagsschlaf. Kristina hatte am Herd zu tun und stand mit dem Rükken zur Tür, als das Mädchen plötzlich einen Schrei ausstieß.
»Was hast du denn, Mädel?«
Klein-Märta antwortete der Mutter mit einem neuen, noch lauteren Geschrei.

»Hast du dich geschlagen, meine Kleine?«
Das Kind auf dem Fußboden schaute mit weit offenen Augen auf die Tür: Es sah etwas.
»Hast du vor etwas Angst bekommen?«
Kristina drehte sich schnell um: Die Tür war geöffnet, und an der Schwelle standen zwei Gestalten. Sie konnte sie im Halbdämmer nur undeutlich erkennen; zuerst sah sie nicht, was für Wesen es waren, ob Menschen oder Tiere, Männer oder Frauen. Sie gewahrte nur ein Paar zottige, haarige Körper, und sie vermutete, daß es Tiere wären, die zu ihr ins Haus eingedrungen waren. Wie hatten sie aber die Tür aufgemacht? Sie hatte nicht gehört, daß sie geöffnet wurde, und sie hatte auch kein Geräusch, keine Schritte gehört.
Bei dem überraschenden Anblick an der Tür taumelte sie ein paar Schritte zurück, so daß sie in das brennende Holz auf dem Herd trat. Dann riß sie das Kind auf dem Fußboden schnell an sich – das Herz klopfte ihr zum Zerspringen, und der Schreck überflutete ihren bebenden Körper wie eiskaltes Wasser.
An der Tür standen zwei Gestalten und starrten sie aus kleinen, schlehbeerschwarzen Augen an, die tief unter niedrigen, braunhäutigen Stirnen eingebettet waren. Sie gingen aufrecht auf zwei Beinen, sie hatten Menschengesichter und Menschenkörper. Und nun erkannte sie ihre Art und ihr Geschlecht, sie hatte dieses Volk schon gesehen. Sie wußte, was für Gäste ins Haus gekommen waren:
Es waren ihre nächsten Nachbarn, die auf Besuch kamen.
Was wollten sie aber hier drinnen? Was wollten sie von ihr?
Und sie rief ihnen zu: »Geht!! Geht hinaus . . .!«
Die beiden Indianer waren diesseits der Schwelle unbeweglich stehengeblieben. Sie hatte ihnen unüberlegt zugerufen; in ihrem Schreck über ihr Aussehen hatte sie vergessen, daß sie von ihren Worten nichts verstanden.
Bei ihrem Ruf war Harald erwacht, und er richtete sich im Bett auf und rieb sich den Schlaf aus den Augen. Mit dem Mädchen auf dem Arm rückte Kristina langsam zu dem Bett

der Kinder in der Ecke, sie ging rückwärts, sie wagte nicht, der Tür und den Indianern den Rücken zuzukehren. Mit dem einen Kind im Arm stellte sie sich schützend vor das andere: »Was wollt ihr . . .? Geht hinaus . . .!«
Die Indianer standen weiter unberührt da, und nun fiel ihr ein, daß sie zu tauben Ohren rief: Was half es, zu Wilden zu sprechen, die sie nicht verstanden?
»Karl Oskar . . .! Komm . . .! Karl Oskar . . .!«
Sie rief weiter, schrie, so laut sie konnte, sie mußte so laut schreien, daß sie bis hinunter zum See zu hören war, so laut, daß Karl Oskar sie hörte. Er war nicht weit weg, nicht weit von hier, vielleicht war er auf dem Rückweg zum Hause, vielleicht war er so nahe, daß er ihre Schreie bereits gehört hatte.
Doch dann verstummte sie: Vielleicht war es dumm von ihr zu schreien, vielleicht brachte sie sie nur gegen sich auf, vielleicht wäre es besser zu schweigen und so zu tun, als hätte sie vor den Eindringlingen keine Angst? Wenn sie nur gewußt hätte, was sie im Hause wollten – wenn sie gewußt hätte, was sie von ihr wollten!
Die ungebetenen Gäste gingen nicht hinaus, sie gingen von der Tür auf den Herd zu, sie kamen in den Feuerschein hinein, so daß Kristina sie deutlicher erkennen konnte.
Die Indianer waren in braunrotes, weiches, haariges Tierfell gekleidet, und an den Füßen trugen sie Schuhe aus demselben Fell. Ihre Gesichter waren zum Verwechseln ähnlich, aber der eine unterschied sich dadurch von dem andern, daß seine Nase platt war. Die Wangen waren bartlos, doch vom Kinn hingen ihnen vereinzelte schwarze Haare herab. Auf ihren hervorstehenden Backenknochen leuchteten rote Streifen wie von Blut, pechschwarzes Haar ringelte sich in Windungen über die Scheitel und glänzte, wie mit Fett eingerieben. Beide Indianer trugen lange, rote Tierschwänze im Nacken, die ihnen den Rücken hinunterhingen wie das Haar eines Ziegenbocks; es erschien ihr, als säßen ihnen lebende Eichhörnchen zusammengekauert hinter den Ohren. Von den Tierschwänzen im Nacken bis hinab zu den Fellhosen an den Beinen wa-

ren sie zottig und borstig und behaart und glichen nicht Menschen, wie sie sich zeigten. Und sie hatten sich auf zottigen Tatzen wie wilde Tiere ins Haus geschlichen; Kristina war es klar, warum sie sie nicht hatte kommen hören.
Die Indianer schauten sich da drinnen um, sahen sich den Topf über dem Herd an, die Kleidertruhe, die Kleidungsstücke, die an den Wänden hingen. Währenddessen sprachen sie leise untereinander; ihre Worte klangen ihr wie Näselei, wie kurze Grunzer.
Sie starrte unablässig auf die rotgestreiften Gesichter. Die Augen der Wilden lagen wie schwarzgewordene Feuerkohlen unter ihren Stirnen, und ihr Aussehen war heimtückisch und grausam – was führten sie im Schilde? An den Hüften hingen bei ihnen lange Messer. Sie konnten, wenn sie wollten, die Messer in sie und in die Kinder stechen. Der Indianer mit der platten, eingedrückten Nase erschien ihr am gefährlichsten.
Kristina war jetzt aber still, sie schrie nicht mehr um Hilfe, sie ängstigte ihre Kinder nur noch mehr, wenn sie rief. Sie stand in der Bettecke, so weit von den Eindringlingen wie sie konnte, und hatte die beiden Kleinen dicht an sich gedrückt. Die Kinder verhielten sich auch still, sie sahen mit runden Augen auf die fremden zottigen Gestalten.
Die Tür stand offen. Ob sie Klein-Märta und Harald nehmen und aus dem Hause fliehen konnte? Wagte sie es – brachte sie es fertig, an den beiden Wilden vorbeizulaufen?
Der Indianer mit der platten Nase zeigte auf Karl Oskars Büchse, die an der Giebelwand über der Kleidertruhe hing, und beide guckten auf die Büchse, wobei sie Kristina den Rükken zudrehten. Und sie entschloß sich – sie wollte an ihnen vorbei zur Tür hinausrennen. Sie sammelte ihre Kräfte, faßte die Kinder fester, maß die Entfernung mit den Augen. Es waren nicht viele Schritt . . .
Da drehten sich die Indianer wieder zu ihr um. Sie hatten Karl Oskars Vorderlader von der Wand herabgenommen, sie hielten beide die Büchse fest, der eine am Kolbenhals und der andere am Lauf.

Was wollten sie mit der Büchse? Sie war geladen, es saß eine Kugel im Lauf; Karl Oskar hatte sie immer geladen hängen. Was hatten die Indianer vor, als sie so mit der Waffe umgingen? Wollten sie die Büchse stehlen? Kam Karl Oskar nicht bald herein . . .? Was machte er so lange . . .?

Der Indianer mit der plattgedrückten Nase hatte den Vorderlader jetzt allein in der Hand. Er hob die Waffe in Schußlage, in Schulterhöhe, er stand mit dem Rücken zu dem Giebel hin, wo sie gehangen hatte, und richtete den Büchsenlauf auf den anderen Giebel – auf Kristina.

Er wollte abdrücken – er wollte sie und die Kinder erschießen . . . Die Büchse war gegen sie erhoben, sie sah in die Öffnung der Mündung hinein, und sie konnte von da, wo sie stand, nicht fliehen. Sie stand gegen die Wand gedrückt, sie konnte nicht durch die Stämme hinauskriechen, nicht weiter kommen als zur Wand. Sie stand als Zielscheibe da.

»Nein . . .! Nein . . .!«

Sie wollte ihnen weiter zurufen: Sie könnten die Büchse nehmen, wenn sie bloß nicht schössen, wenn sie ein Nachsehen haben wollten, wenn sie sie schonen wollten – und die Kinder . . . Die Kinder – sie zog sie hinter sich, hinter ihren Rükken, so daß sie sie mit ihrem Körper schützte. Nun würde die Kugel zuerst durch sie hindurchgehen . . . Wenn sie rufen könnte: Schießt nicht! Laßt uns leben! Laßt uns nicht hier in diesem Augenblick sterben . . .!

Sie würden sie aber nicht erhören und sie nicht verstehen.

Der Indianer mit der eingedrückten Nase faßte den Kolben der Büchse und legte an, der andere nahm den Lauf, als wollte er helfen, die schwere Waffe hochzuhalten. Sie benahmen sich, als wollten sie die fremde Büchse ausprobieren, indem sie einen Schuß abgaben: Der Plattnasige begann, am Hahn zu fingern.

Kristina duckte sich zusammen, machte sich so klein wie sie konnte. Und die Kinder waren hinter ihr versteckt . . . Sie bewegte sich nicht mehr von der Stelle, sie war nur ein bebender Körper, der sich an die Wand verkrochen hatte. Die armen

Kinder . . . Sie konnte die Wilden mit der Büchse nicht um Schonung bitten, sie verstanden sie nicht. Es gab aber einen anderen, der sie verstand und sie erhörte, und sie mußte statt dessen zu ihm rufen. Sie stammelte ein leises Gebet: »Mein lieber Gott! Wenn ich in diesem Augenblick sterbe, was soll dann aus meinen Kindern werden? Mein lieber Gott, hilf mir!«
Klein-Märta und Harald waren zwischen dem Körper der Mutter und der Wand eingeklemmt, sie wollten freikommen und begannen zu quarren. Doch die Fremden schienen sich nicht um irgendwelche Laute der Hausbewohner zu kümmern, sie beschäftigten sich nur mit der Büchse. Jetzt fingerten sie beide am Hahn, der sich sehr schwer spannen ließ. Kristina verfolgte ihre Bewegungen mit aufgerissenen starren Augen.
Und sie sah, wie es ihnen gelang, die Büchse zu spannen. Dann sah sie nichts mehr.
Vor ihren Augen waren schwarze und rote Schleier. Sie schloß die Augen, erstarrte in ihrer Hilflosigkeit, rührte sich nicht mehr, sah nichts mehr . . . Aber Karl Oskar! Was machst du da draußen . . .? Warum kommst du nicht . . .?
Und ihr kam ein Gedanke: Wenn er da draußen den Indianern begegnet war? Wenn sie ihm etwas angetan hatten . . .? Wenn er deswegen nicht kam . . .? Wenn Karl Oskar da draußen lag . . .?
»Lieber guter Gott, hilf ihm! Hilf uns . . .!«
Kristina schloß die Augen und wartete, sie wartete auf den Schuß, auf die Bleikugel aus der Büchse. Das würde ihr Tod sein. Hier war das Ende für sie auf Erden. Und sie betete stammelnd und leise zu ihrem barmherzigen Gott, daß er sie armen sündigen Menschen aufnehmen möge, ihre Kinder aber unverletzt auf der Welt leben lassen möge: Die armen Kinder . . . Lieber Gott, laß sie leben! Erhalte meine armen Kinder . . .!
Sie betete mit bebendem Mund, aber sie öffnete nicht die Augen. Sie hielt sie geschlossen und wartete, wartete die ganze Ewigkeit. Sie war in der Ewigkeit . . . Es war ruhig im Hause. Der Schuß war nicht zu hören.

Es kam noch kein Schuß aus der Büchse. Es blieb still.
Kristina stand mit geschlossenen Augen da und wartete, wartete die ganze Ewigkeit hindurch. Doch nichts war zu hören, nichts.
Bis eine Kinderstimme an ihr Ohr drang: »Mach die Augen auf, Mutter . . .! Warum machst du die Augen zu? Mach die Augen auf!«
Sie schlug ihre Augen auf und sah umher, als wäre sie aus einem langen Schlaf erwacht. Klein-Märta saß wie zuvor mit ihrem Spielzeug auf dem Fußboden, und an der offenen Tür stand Harald und schaute hinaus. Weiter war aber sonst niemand zu sehen. Sie war wieder mit ihren Kindern allein im Haus. Die Gäste waren fort: Die beiden Indianer waren mit der Büchse davongegangen. Sie waren lautlos ins Haus gekommen und waren wieder ebenso lautlos verschwunden – hatten sich auf behaarten weichen Fellschuhen davongeschlichen, wie Tiere sich auf ihren Tatzen draußen heranschleichen. Sie hatten den Schuß nicht abgegeben; statt dessen hatten sie die Büchse gestohlen.
Doch als sie sich nun wieder bewegen wollte, begann der Fußboden des Hauses unter ihr zu schwanken. Die Dielen versanken urplötzlich unter ihren Füßen, sie trat in eine Tiefe hinab – sie fiel der Länge nach auf den Rücken, und die Welt um sie herum verschwand.

3

Karl Oskar kam mit Johan dicht hinter sich herein. Er hatte einige Hechte mit, die, an den Kiemen aufgezogen, an einem Zweig hingen. Er warf die Fische vor dem Herd auf den Fußboden. Im Blockhaus war es kalt, und er war darüber erstaunt, daß die Tür offenstand. Da erblickte er Kristina, die an der Giebelwand ausgestreckt auf der Erde lag.
Er machte im Wassereimer schnell ein Handtuch naß und hielt es seiner Frau an die Stirn. Nach ein paar Minuten machte sie die Augen auf und setzte sich verwirrt und erstaunt

hoch: Was war geschehen? Warum lag sie hier auf dem Fußboden?
Eigentlich hätte Karl Oskar fragen sollen.
»Du bist ohnmächtig geworden?«
Sie war umgefallen, sie fühlte sich noch schwindlig, sie fuhr sich über die Stirn, während ihr langsam einfiel: Karl Oskar war zurückgekommen – endlich . . .!
»Was hast du denn so lange gemacht?«
»Lange? Ich war nicht lange fort.«
Er schaute auf seine Uhr: Er hatte die Reusen geleert und verlegt, aber war noch nicht einmal eine halbe Stunde lang am See gewesen.
Keine halbe Stunde? Kristina war erstaunt: Inzwischen hatte sie den Tod durchgemacht und sich in der Ewigkeit befunden.
»Ich habe nach dir gerufen . . .«
In ihrem umschleierten Kopf wurde es klarer: »Die Indianer sind eben hier drinnen gewesen. Zwei grausame Kerle. Sie haben deine Büchse genommen.«
»Was? Die machen mich unglücklich?«
Karl Oskar sah nach der Wand: Die Büchse hing noch so da, wie er sie selbst hingehängt hatte. Und als Kristina das gesehen hatte, sagte sie: »Ich war eben so benommen. Mir war so, als hätten sie die Büchse gestohlen. Sie haben aber den Hahn gespannt.«
Die Indianer hatten die Waffe wieder aufgehängt. Karl Oskar nahm seinen Vorderlader herunter und untersuchte ihn. Der Hahn war entspannt, und es sah nicht aus, als ob ihn jemand berührt hätte.
»Haben sie die Büchse angefaßt?«
»Sie haben dagestanden und angelegt.«
»Auf dich . . .? O Gott . . .!«
»Ich glaubte, sie wollten mich und die Kinder totschießen.«
»Sie haben dir Angst eingejagt? Und da bist du ohnmächtig geworden . . .?«
Sie erzählte, was in der kurzen Zeit, während er draußen war, im Hause vorgefallen war. Und während Karl Oskar zuhörte,

trat ihm der kalte Schweiß auf die Stirn: So nahe war das größte Unglück, das er sich vorstellen konnte, heute seinem Hause gewesen, während er eine knappe halbe Stunde lang zum See hinuntergegangen war: Er hätte zurückkommen und Frau und Kinder tot auf dem Fußboden finden können.
»O Gott! Das hätte etwas Entsetzliches geben können!«
Kristina sagte: Sie habe zunächst nach ihm gerufen. Dann habe sie zu Gott gebetet, daß er ihr helfen möge, und er habe ihr Gebet erhört und die beiden Wilden aus dem Hause geschickt, ohne daß sie ihr und den Kindern ein Leid getan hätten. Noch nie in ihrem Leben habe sie so wie heute sehen können, daß sie alle unter dem Schirm ihres Schöpfers stünden.
»Sie haben die Büchse dagelassen! Ich verstehe es nicht: Was wollten sie denn hier drinnen?«
Die Indianer seien neugierig, glaubte Karl Oskar: Sie kämen nicht, um jemand zu ermorden, sondern um zu sehen, wie die neuen Menschen wohnten. Aber mit seiner Büchse seien sie natürlich wie Kinder umgegangen, die alles in die Hand nehmen müßten. Wenn sie den Hahn gespannt hätten – wie leicht hätte der Schuß unversehens losgehen und sie töten können . . .!
»Das darf nie mehr vorkommen!«
Sie hätten heute eine ernste Warnung erhalten. Sie müsse die Tür von innen verschließen und die Riegel ordentlich vorlegen, wenn er unterwegs sei, und sei es auch nur auf kurze Zeit. Und er werde eine Art lauter Glocke anschaffen, damit sie ihn herbeirufen könne, wenn Gefahr im Verzuge sei. Jetzt habe er ihre Rufe nicht gehört, weil zum See hinunter Gegenwind herrsche.
»Du hast doch hoffentlich keinen Schaden genommen?«
»Nein. Ich bin wieder gesund und munter.«
Sie hatte mit so blassem Gesicht auf dem Fußboden gelegen, als er hereinkam, hatte aber ihre Farbe wiederbekommen. Und nun wollte sie weiterarbeiten, damit sie endlich Abendessen bekämen.
Das Feuer unter dem Fischtopf war ausgegangen, und Karl

Oskar holte mehr Brennholz herein. Kristina setzte sich an den Herd, um die Fische auszunehmen. Als sie dem ersten Hecht das Messer in den Bauch stach, ging ein Zucken durch ihren Körper: Im Kreuz begann ein heftig stechender Schmerz und zog sich rund um ihren Leib herum. Es fühlte sich an, als ob sie das Messer statt in den Bauch des Fisches in ihren eigenen Bauch gestoßen hätte.
Als Karl Oskar mit dem Holz hereinkam, bemerkte er, daß sie wieder weiß im Gesicht war, weiß bis in die Lippen. Und ihre Hand mit dem Fischmesser fing an zu zittern, als sie dem Hecht die Eingeweide herausschnitt.
»Ist es etwas Schlimmes . . .?«
»Nichts Besonderes. Es geht sicher vorüber.«
»Du hast aber Schmerzen?«
»Es geht gleich vorbei . . .«
Sie nahm weiter die Fische aus, sie nahm alle Hechte aus, und der Schmerz verschwand. Was sie zu Karl Oskar gesagt hatte, stimmte: Es würde vorübergehen.
Was sie aber nicht sagte, war, daß es sicherlich wiederkommen würde. Denn das hatte sie gedacht: Kenne ich das nicht schon?
Und es kehrte zurück – eine Stunde später, als sie um den Truhendeckel herum saßen und ihr Abendessen zu sich nahmen. Es kehrte derselbe Schmerz wieder, strahlte vom Kreuz aus und stach und schnitt durch den Unterleib. Und nun hielt er länger an als voriges Mal. Ihr war die Eßlust vergangen, sie zwang sich, ein paar Bissen des gekochten Fisches hinunterzuschlucken.
Karl Oskar sah seine Frau ängstlich an: »Was ist denn mit dir, Kristina?«
»Mir geht es nach der Ohnmacht nicht gut.«
»Iß nur! Dann kommst du wieder zu Kräften!«
Sie versuchte sich eine Weile selbst einzureden, daß das, was sie spürte, nur Nachwirkungen der Ohnmacht seien. Und der Schmerz ging vorüber, doch er kehrte nach einer Weile zum drittenmal wieder, und nun überfiel er sie so heftig, daß sie

sich nicht halten konnte, sondern sich ein leichtes Stöhnen entschlüpfen ließ. Sie saß da und keuchte und rang nach Luft.
»Nimm ein paar Tropfen!« sagte Karl Oskar.
Er holte die Flasche mit den herzstärkenden Hoffmannstropfen hervor, die Kristina ängstlich behütete; er goß einen ganzen Eßlöffel voll und gab ihn ihr. Sie schluckte die Tropfen hinunter, ohne etwas zu sagen. Sie wußte aber: Es halfen keine Tropfen, das ging nicht vorüber, es würde noch viele Male wiederkehren und mit jedem Mal, da es sie überfiel, schlimmer – bis es überstanden war. Sie kannte es ja schon so gut, sie hatte es schon viermal mitgemacht, sie wußte Bescheid. Und sie bereute es gleich, daß sie die herzstärkenden Tropfen eingenommen hatte, die ihr in keiner Weise helfen konnten. Die Tropfen, die bei ihr vertan waren, konnten die Kinder doch besser gebrauchen, wenn sie kränkelten. Wie dumm sie war . . .! Warum suchte sie Karl Oskar und sich selbst vorzugaukeln, daß etwas dagegen half . . .? Das erste Mal hatte ein Schreckschuß sein können, aber nun . . . Warum sagte sie nicht, wie es sich verhielt?
»Bei mir ist es soweit, Karl Oskar.«
»Glaubst du . . .?«
»Ja. Es kann nichts anderes sein.«
Er schaute sie völlig überrascht an.
»Ist es denn nicht zu früh?«
»Vierzehn Tage zu früh.«
»Ja, ich konnte es mir schon denken . . .«
»Ich habe doch darüber nicht zu bestimmen . . .«
»Nein . . . du Liebe, Gute . . .! Da müssen wir gleich Hilfe herbekommen . . .«
Karl Oskar hatte sich gerade die Stiefel ausgezogen, nun zog er sie sich schnell wieder an: Welche Frau sollte er zur Hilfe bekommen? Wer konnte sie hier entbinden? Zu Hause hatte sie an ihren Kindbetten ihre Mutter und ihre Schwiegermutter gehabt. Aber hier – eine verheiratete Frau, eine Siedlerfrau, die ihre Sprache sprach – es gab kaum eine. Eine unverheiratete Frau, die selbst keine Kinder bekommen hatte, war wohl

zu nichts nütze. Er hatte es gerade dieser Tage Kristina sagen wollen, wo sie selbst nichts sagte: Sie müßten schon vorher eine weibliche Hilfe für ihr Kindbett besorgen. Fina-Kajsa war zu alt, sie war zitterig, und ihr Kopf machte nicht mehr mit. Er hatte an die Schweden-Anna gedacht, die Witwe war und sich in reifen Jahren befand – sie konnte wohl einem Menschen auf die Welt helfen.

Es war aber nicht das nächste Ende, sie aus Taylors Falls zu holen, es war ein Weg von drei Stunden. Und konnte er sie veranlassen, diesen Weg mit ihm heute nacht durch die Gegend zurückzulegen? Das hier kam so plötzlich, die Nacht stand bevor: Das kam auch noch hinzu.

»Ich hole die Schweden-Anna. Es dauert aber einige Stunden.«

»Du brauchst nicht so weit zu laufen«, sagte Kristina. »Hole Ulrika!«

»Was? Ulrika in Västergöhl . . .?«

»Ja. Ich habe es bei der Umzugsfeier mit ihr verabredet.«

»Willst du, daß das Freudenweib hier herkommt . . .?«

»Sie hat es mir versprochen.«

Karl Oskar hielt verwirrt inne, als er den rechten Fuß in den Stiefel hinuntertrat: Hier galt das Freudenweib genauso viel wie jeder andere, keiner sprach mehr von ihren Taten in Schweden. Er selbst und Kristina hatten sich mit ihr ausgesöhnt und hatten sie in ihren Kreis aufgenommen. Er hatte sich aber nicht vorgestellt, daß seine Frau Ulrika zu ihrem Kindbett rufen lassen würde – daß sie sie so nahe an sich heranlassen wollte. Sie hatte sie aber schon bestellt, die Frau, die sie auf der Reise aus ihrer Gesellschaft hatte ausstoßen wollen! Das hätte sie daheim niemals getan – dort würde sich eine ehrbare Ehefrau bei ihrer Niederkunft nie von der Großhure bedienen lassen.

Kristina erhob sich und fing an, das Bett in Ordnung zu bringen: »Glaubst du nicht, daß Ulrika es schafft?«

»Doch . . . Ja, natürlich . . . Ich dachte nur . . .«

»Was denn?«

Er sprach aber nicht aus, was er dachte, nämlich: Er selbst ertrug Ulrika, doch kaum mehr. Er konnte nicht vergessen, daß sie doch die Dorfhure in Ljuder gewesen war, er staunte darüber, daß Kristina es so schnell getan hatte. Aber vielleicht war es gut so – vielleicht war es nur ein Glück, daß sie jetzt zur Hand war, wo sie als Hilfe gebraucht wurde. Und sie müßte ihr Geschäft verstehen: Sie hatte selbst vier Kinder geboren, sie müßte wissen, wie es an einem Kindbett zuging. Das Freudenweib war frisch und gesund, sie war von Natur sauber und weder mit Krätze noch mit Grind behaftet. Warum sollte sie nicht zur Hebamme taugen? Sie konnte wohl einer Frau im Ehebett helfen, obwohl alle ihre eigenen Kinder in unehelichem Bett geboren waren. Und was zu Hause nicht ging, das ging hier gut; hier kam alles darauf an, was einer taugte und wie einer fertig wurde, und sie mußten sich an den wenden, der helfen konnte, ohne danach zu fragen, wer es war.
Und bald war er darüber erstaunt, daß er nicht selbst an Ulrika in Västergöhl gedacht hatte.
»Ich werde sie holen, so schnell ich rennen kann.«
»Es ist bereits schummerig. Das wird schwierig sein.«
Er kenne jetzt schon den Weg zu der Siedlung der Nachbarn, nach all den Malen, die er ihn zurückgelegt habe. Es sei aber auch Pech, daß Robert in dieser Nacht bei Danjel schlafe, so daß er niemand habe, den er statt seiner schicken könne: Er müsse Kristina und die Kinder allein lassen – gerade jetzt, wo sie eben durch die Indianer geängstigt worden seien . . . Sie müsse sich sicherheitshalber einschließen: Habe sie genug Kraft, hinter ihm den Riegel vor die Tür zu schieben? Es dauere bestimmt zwei Stunden, bevor er zurück sei.
»Glaubst du, daß du es aushältst, bis ich zurück bin?«
»Ich halte es schon aus. Die Hauptsache ist, daß du Ulrika mitbringst, wenn du kommst!«
Karl Oskar schnitt für jedes Kind eine große Scheibe Brot ab, so daß sie etwas hatten, woran sie knabbern und womit sie sich beschäftigen konnten, während er fort war. Dann machte er sich auf den Weg: Er blieb vor der Tür stehen, während

seine Frau den Riegel vorschob, und dann nahm er die Beine in die Hand.
Draußen war der Abend so dunkel, wie er es nur sein konnte. Karl Oskar hatte sich aus übriggebliebenen Glasstückchen von dem Fensterglas, die er in vier Holzstückchen eingesetzt hatte, eine kleine Weglaterne angefertigt. Doch das kleine Talglicht darin leuchtete mit so schwacher Flamme, daß die Laterne ihm nicht viel half. Es war Vollmond, aber ein schwarzer, wolkenverhüllter Himmel ließ keinen Schein hindurch, und er nahm sich nicht die Zeit, auf alle Hindernisse zu achten, es kam darauf an, keine Zeit zu verlieren: Er rannte, er machte lange Schritte, stolperte über Baumwurzeln und trat in Löcher, Dornen von Sträuchern stachen ihn, und Zweige schlugen ihm ins Gesicht. Er fühlte sich durchgeschwitzt, lange bevor er am Ziel war. Er mußte ein paarmal stehenbleiben und Luft holen. In seinen hohen Stiefeln lief es sich auch schlecht.
Karl Oskar schnaufte und keuchte wie ein Jagdhund im Hochsommer, als er den Lichtschein von Danjels Blockhaus sah: Noch nie hatte er den Weg zwischen den Siedlungen in so kurzer Zeit zurückgelegt wie heute abend.
Er kam gerade an, als die Menschen in dem Haus am See Genezareth zu Bett gehen wollten. Danjel machte ihm auf; er stand, nur mit dem Hemd bekleidet, da. Als er Karl Oskar ins Gesicht gesehen hatte, erriet er, weswegen er gekommen war.
»Handelt es sich um Kristina? Ist es bei ihr soweit?«
»Ja . . . Es ist soweit.«
Die ledige Ulrika in Västergöhl saß am Herd und besserte beim Schein des Feuers Strümpfe aus. Sie stand auf: »Ist es schon soweit?«
»Ich verstehe nichts davon. Sie hat gleich nach Dunkelwerden Schmerzen bekommen.«
»Ist das Fruchtwasser schon gekommen?«
»Ich weiß nicht . . .«
»Soweit ist es wohl noch nicht.«
»Es ist so schnell gekommen. Es sind zwei Indianer dagewe-

sen und haben ihr einen Schreck eingejagt. Ob das etwas ausgemacht hat?«

»Das kommt immer schnell«, entschied Ulrika.

Sie warf die löcherigen Strümpfe beiseite, nahm sich ihr wollenes Tuch um und war auf der Stelle bereit, mitzukommen. Danjel schickte eine Flasche Kampfertropfen und ein Leinenhandtuch mit.

Robert wollte wissen, ob er auch mit nach Hause kommen sollte, aber Ulrika sagte: »Es nützt nichts, noch mehr Männer dabeizuhaben.«

Sie sah Karl Oskar an, der unruhig dastand und von einem Fuß auf den anderen trat: »Du siehst blaß und verängstigt aus! Nein – hier können wir nicht mehr weichliche Männer gebrauchen.«

Und Karl Oskar war auf dem Rückweg im Dunkel durch den Wald zusammen mit Ulrika in Västergöhl. Er ging vor und versuchte, ihr mit seiner Laterne zu leuchten. Er mußte jetzt langsamer gehen, denn einerseits hatte er sich müde gelaufen, und andererseits mußte er zusehen, daß Ulrika mitkam.

Nach einer Weile kam der Mond zwischen den Wolken hervor, und das Mondlicht half ihnen mehr als die Weglaterne.

Ulrika sprach fast die ganze Zeit über: Ja, die Männer erwiesen sich am Kindbett einer Frau als Waschlappen. Sie pflegten sich damit zu entschuldigen, daß sie es nicht vertrügen, zuzusehen, wenn eine arme Frau gequält würde, man stelle sich vor! In Wirklichkeit sei es wohl so, daß sie selbst von ihrem Gewissen gequält würden, das heiße, die Männer, die mit einem solchen auf die Welt gekommen seien: Sie hätten ja selbst dazu beigetragen, die Frau der Qual der Geburt auszusetzen.

Karl Oskar gab ihr einsilbige Antworten, er hörte meistens zu: Man konnte über Ulrika in Västergöhl sagen, was man wollte, aber ein unerschrockenes und unverzagtes Weib war sie. Bisher hatte noch keiner diese Frau weinen sehen oder jammern hören. Und das war ja jetzt gut – sie paßte an ein Kindbett.

Ulrika fuhr fort: Sie sei selbst viermal entbunden worden, doch an keinem ihrer Kindbetten habe ein Mann zu sehen brauchen, wie sie sich gequält habe. Am wenigsten die Väter der Kinder, denn die hätten sich ganz ferngehalten. Sie hielten sich beim Kindbett und hinterher fern, sie ließen nie mehr von sich hören. Und das sei natürlich für sie am vorteilhaftesten. Sie seien klug, diese Männer. Sie wollten an der süßen Lust teilhaben, aber nicht an der sauren Mühe. Sie hätten es so eilig, sich davonzumachen. Sie halte sich für zu stolz, um nach ihnen Nachforschungen anzustellen. Niemand könne sie beschuldigen, hinter Männern hergelaufen zu sein. Es seien die Männer gewesen, die sie niemals hätten zufriedenlassen wollen und die sie auf alle Weise verleitet und verlockt und verführt hätten. Und ein so jämmerlicher Kerl, der nicht gutwillig seinen Verpflichtungen nachkomme, sei es nicht wert, daß man sich nach ihm umschaue.

Ja, sie, Ulrika, kenne die Männer, und der einzige, der sie besser kenne als sie, das sei Gottvater selbst, der sie gemacht habe. Sie sei natürlich mit zu vielen zusammengewesen. Aber daher wisse sie auch, was für Feiglinge sie Frauen gegenüber seien, wie sie sich vor der Verantwortung für das, was sie getan hätten, drückten, wie sie lögen und andern die Schuld zuschöben, wie sie – jedenfalls die meisten dieser Gattung – drehten und deutelten. Sie wisse, wie sie heuchelten und sich gebärdeten und wunderschöne Worte fänden, bevor sie eine Frau dazu brächten, ihnen zu Willen zu sein, und wie sie dann, wenn sie ihr Vergnügen gehabt hätten, erbärmlich und geizig und unfreundlich würden und sie mit einer Kleinigkeit abspeisen wollten, feige Waschlappen, die sie im Grunde seien.

Es gebe aber einige andere Männer. Und das Glücklichste, was einer Frau in der Welt geschehen könne, sei, sich mit einem anständigen Kerl zu verheiraten, zu dem sie jedesmal, wenn sie ihn brauche, ihre Zuflucht nehmen und auf den sie sich verlassen könne.

»Du bist ein eigensinniger Kerl«, sagte Ulrika. »Du nimmst dich aber der Kinder an, die du einer Frau machst!«

Der Mann, dem das Lob zuteil wurde, war darüber nur verlegen.

Das Freudenweib fuhr aber fort: Kristina sei eine so gute und anständige Frau, daß sie ihr einen guten Mann gönne. Sie habe vielen verheirateten Männern den Gefallen getan, wenn sie zu ihr gekommen seien, doch sie könne es niemals mit Kristinas Mann tun, und wenn er ihr eine Tonne Goldes dafür böte.
Jetzt wurde Karl Oskar ärgerlich und fuhr sie an: »Habe ich dich jemals aufgefordert?«
»Na, auf dem Schiff bist du manchmal hinter mir her gewesen. Das kannst du nicht abstreiten. In solchen Dingen macht mir keiner etwas vor.«
Karl Oskar stieg es so heiß ins Gesicht, daß es bis in die Ohrläppchen brannte: Einmal auf dem Schiff hatte er ja Ulrika im Traum gebraucht. Doch kein Mensch konnte für das, was er träumte. Und wenn er sich auch manchmal durch den schönen Körper des Freudenweibes versucht gefühlt hatte, hätte er sich nie mit ihr ins Bett legen und allen anderen Männern, die sie vor ihm gehabt hatte, den Rauchfang kehren können. Es war am besten, sich um das, was sie sagte, nicht zu kümmern, darauf konnte man nichts geben. Es sah dem Freudenweib ähnlich, von diesen Dingen zu sprechen, wo sie zu einer Frau im Kindbett – noch dazu seiner eigenen Frau – unterwegs waren. Doch er wollte mit der Frau, die er zu Hilfe geholt hatte, nicht aneinandergeraten . . .
Ulrika ließ sich nicht stören; sie knuffte Karl Oskar in die Seite: Er brauche sich doch nicht zu schämen, daß er auf Frauen geil sei, wo er so lange habe entbehren müssen. Seine Frau sei krank und schwanger gewesen, es hätten anhaltende Hindernisse vorgelegen, und er habe entbehren und sich gedulden müssen. Einem, der mit einer Frau wie Kristina verheiratet sei, könne sie niemals helfen, wie dringend der Mann es auch nötig hätte.
Es lag etwas Wahres in dem, was sie sagte, und sie traf ihn und quälte ihn. Er antwortete ihr jedoch nicht. Er war erleichtert, als das Wasser des Ki-Chi-Saga im Mondlicht vor ihnen blitzte.

Einen Steinwurf vor dem Blockhaus hielten sie bei einem Schrei plötzlich inne. Sie lauschten: Er kam nicht von einem Vogel auf dem See, es war ein Mensch, der schrie. Karl Oskar erkannte die Stimme: »Das ist sie . . . Kristina . . .!«

Er rannte so ungestüm auf das Haus zu, daß Ulrika weit zurückblieb. Er klopfte an die Tür, die von innen verschlossen war; er hörte, wie seine Frau da drinnen stöhnte: Sie lag in ihrem Bett und konnte ihm nicht aufmachen. Wie sollten sie hineinkommen?

»Ich bin es, Kristina . . .!«

Ulrika war inzwischen herangekommen, sie keuchte: »Ist sie eingeschlossen?«

»Ja . . . Was wollen wir machen?«

»Schlag ein Fenster ein!«

Karl Oskar nahm ein Stück Holz und wollte das Fenster an der Tür einschlagen, als er drinnen Johan hörte: Der Junge versuchte, den schweren Riegel zurückzuziehen. Der Vater rief ihm durch die Tür zu, wie er es anstellen solle, während er selbst versuchte, die Tür mit seinem Körpergewicht nach außen zu ziehen, damit der Riegel leichter glitte. Ulrika half auch mit und hängte sich an.

Nach ein paar Minuten, die wie eine Ewigkeit erschienen, drehte sich die Tür in ihren Angeln nach innen.

Kristina lag auf dem Rücken im Bett, sie wand sich langsam und stöhnte.

»Du Liebe, Gute . . . Wie geht es dir?«

»Es ist schlimm . . . Wo ist Ulrika . . .? Ich habe schon so gewartet . . .«

»Ich habe mich beeilt . . .«

Karl Oskar faßte nach der Hand seiner Frau; sie war naß von kaltem Schweiß. Ihre Augen ließen das Weiße sehen, und die Augäpfel wandten sich langsam dem Mann zu: »Ist Ulrika nicht mit dir mitgekommen . . .?«

»Sie ist da.«

»Gott sei Dank . . .!« Ulrika hatte ihr Tuch abgeworfen, sie trat an die Frau im Bett heran und schob den Mann beiseite.

»Hier bin ich! Guten Abend! Nun wollen wir uns mal heranmachen!«
»Ulrika! Gott segne dich, daß du gekommen bist . . .!«
»Wie weit ist es denn? Du hast doch noch keine Preßwehen?«
»Es sind wohl nur die Vorwehen . . . Ich glaube aber, daß . . . Ach, liebe, gute Ulrika . . .! Ihr seid ja so lange geblieben!«
Das Feuer auf dem Herd war allmählich erloschen, und Klein-Märta und Harald waren angezogen in dem Bett in ihrer Ecke eingeschlafen. Johan hatte aber nicht geschlafen, er hatte die Augen auf, und es waren zwei große, erschrockene Augen. Der Junge faßte seinen Vater am Jackenärmel: »Warum weint Mutter denn so?«
»Sie hat Schmerzen.«
»Blutet sie denn wieder?«
»Das siehst du doch: Sie blutet nicht.«
Eine Nacht auf der ›*Charlotta*‹ konnte Johan nicht vergessen.
»Mutter muß doch nicht sterben?«
»Nein . . . Nun leg dich aber hin!«
»Vater, stirbt Mutter heute nacht wirklich nicht?«
»Nein, sie ist nur krank. Aber morgen früh, wenn du aufwachst, ist sie wieder gesund.«
Ulrika schlug die Decke zurück und tastete Kristina mit den Händen ab, faßte ein paarmal an ihren Unterleib und fragte, ob das Fruchtwasser gekommen sei und wieviel Zeit zwischen den letzten Wehen verflossen sei. Während Karl Oskar Johan auszog und auf dem Herd Feuer anmachte, sprachen die beiden Frauen zusammen: Sie verstanden einander mit einigen kurzen Worten, sie hatten ebenso viele Kindbetten, vier an der Zahl, durchgemacht, und die gemeinsame Erfahrung vereinte sie und brachte sie einander näher.
»Es fühlt sich groß an!« sagte das Freudenweib, als ihre Hände untersucht hatten.
»Ich habe schon daran gedacht: Es können Zwillinge sein.«
»Du hast doch schon einmal Zwillinge zur Welt gebracht?«
»Der Zwillingsbruder von Klein-Märta mußte heimgehen, als er vierzehn Tage alt war.«

»Du hast die Veranlagung dazu. Karl Oskar! Schaff uns Licht! Stell Wasser auf! Mach dich nützlich!«
Ulrika übernahm das Kommando im Hause, und Karl Oskar tat eilig alles, was ihm aufgetragen wurde. Er war es nicht gewohnt, einem Menschen zu gehorchen, aber am Kindbett seiner Frau hier in dieser Nacht empfand er es wie eine Hilfe, daß ihm jemand befahl.
Mit trockenen Kiefernscheiten erhielt er ein so gutes Feuer und eine so helle Flamme auf dem Herd, daß der Feuerschein das Bett erhellte, in dem Kristina lag und zwischen den Wehen zu ihrer Helferin sprach: Sie habe es nicht geschafft, Kleidungsstücke für das Kind zu nähen, nicht das geringste zum Anziehen – wenn nun zwei Kinder ankämen . . .! Sie habe in diesem Herbst so viel anderes zu besorgen gehabt. Und sie habe sich darauf verlassen, daß es bei ihr noch ein paar Wochen dauern würde; nach ihrer Berechnung komme es zu früh.
»So etwas kann keiner berechnen!« sagte Ulrika. »Ein Kind kommt zur Welt, wann Gott will!«
Und Kristina hätte gewünscht, daß es Sommer und Tageslicht gewesen wäre, so daß sie die Kinder hätte vors Haus schicken können. Nun mußten sie die ganze Zeit über drinnen bleiben und zuhören, wenn sie schreien mußte. Es kam die nächste Wehe, und sie schrie wild und durchdringend; das kleine Haus war von dem Laut erfüllt. Johan begann zu weinen, er war um seine Mutter besorgt. Der Vater nahm ihn auf den Schoß und versuchte, ihn zu trösten. Karl Oskar hatte bisher noch kein Kindbett miterlebt und mitangehört; daheim hatten seine Mutter und seine Schwiegermutter alles besorgt, und sie hatten ihn nicht hereingelassen, ehe nicht alles überstanden war. Er war ja nicht empfindlich, und er schämte sich darüber, doch die Jammerschreie seiner Frau schnitten ihm ins Herz und nahmen ihn mit.
»Du siehst aus wie Braunbier und Spucke, Karl Oskar!« sagte Ulrika. »Geh eine Weile hinaus! Hier brauchen wir dich nicht mehr. Ich bringe den Jungen zu Bett!«

Er gehorchte ihr und ging hinaus. Es war jetzt gegen Mitternacht. Er ging zu der Bretterbude auf der Landzunge hinunter und gab der Kuh Lady Futter zur Nacht. Dann blieb er drinnen bei Lady, die ruhig und dick dastand und ihre eigene sichere Kuhwärme genoß. Die Nähe des Tieres machte irgendwie ruhig. Und hier drinnen brauchte er nicht zu frieren. Lady wärmte ihn auch. Die Kuh kaute friedlich und gleichmäßig an ihrem guten Heu, und er kraulte sie zwischen den Hörnern und sprach zu seinem Haustier wie zu einem Menschen. Er vertraute Lady seine Gedanken an; es erleichterte irgendwie, zu sprechen: »Ja, meine kleine Kuh ... Es ist sonderbar: Das Freudenweib ist drinnen und hilft Kristina ... Und hier stehe ich – ich kann ihr nicht helfen: Wie oft habe ich gewünscht, daß wir dieses Frauenzimmer loswürden ... Und Kristina glaubte selbst, daß sie uns nur zum Unglück gereichen würde ... Und dann war es unser großes Glück, daß sie zur Hand war. Ja, meine kleine Kuh – wir wissen nicht, was zu unserem eigenen Besten ist! Es geschieht einmal so, und es geschieht einmal so ... Hier geschieht so viel Seltsames, was man sich nicht hat vorstellen können – was man sich daheim nie hat denken können ... Niemand versteht es – es ist aber geschehen ...«
Karl Oskar stand geschlagen und verwirrt in seinem Ställchen und sprach zu seiner geliehenen Kuh; er kam sich vor wie in die Ecke gestellt und wußte nicht, was er anfangen sollte. Man hatte ihm befohlen, hinauszugehen – er war aus Haus und Heim gewiesen: Die Gemeindehure von Ljuder war heute nacht Herrin und Herrscherin in seinem Haus.

4

Nach ein paar Stunden ging er wieder hinein, um sich nach dem Verlauf der Geburt zu erkundigen. Kristina lag ruhig mit geschlossenen Augen. Ulrika saß an ihrem Bett, und sie flüsterte: Er solle leise sein, sie habe eben eine schwere stechende

Wehe gehabt. Es gehe aber langsam, das Kind wolle nicht kommen, wie es scheine. Das Fruchtwasser lasse immer noch auf sich warten, und die Preßwehen seien noch nicht gekommen. Diese Geburt verlaufe nicht ordnungsgemäß, nicht, wie es zu gehen pflege, es stimme etwas nicht. Vielleicht komme es gerade daher, daß sie heute hier drinnen von den Indianern erschreckt worden sei– vielleicht habe sie einen so starken Schreck bekommen, daß in ihrem Körper von Anfang an etwas in Unordnung geraten sei. Sie glaube, daß das Kind sich zu schnell eingestellt habe – der Körper sei nicht für die Entbindung bereit, er helfe nicht selbst mit, wie er es zu tun pflege, wenn alles so gehe, wie es solle. Es mache den Eindruck, als ob hier das vorliege, was man eine Schreckgeburt nenne, und da könne es lange dauern.
Es komme aber nichts dabei heraus, daß sie versuche, ihm etwas zu erklären, denn er würde ohnehin nichts verstehen.
»Wie lange . . .? Ich hätte es gern gewußt . . .?«
Niemand könne sagen, wieviel Zeit es in Anspruch nehme, es könne noch lange dauern, vielleicht werde sie heute nacht nicht entbunden werden. Und Ulrika sagte ihm, daß er sich hinlegen könne; er stifte keinen Nutzen, indem er hier nächtlicherweile wie ein Gespenst hinaus- und hineinlaufe.
Johan war schließlich eingeschlafen. Und Karl Oskar streckte sich auf dem freien Bett Roberts aus. Er legte sich nicht hin, um zu schlafen, sondern nur weil er heute nacht irgend etwas tun mußte. An den unmittelbar vorausgegangenen Abenden hatte er aufgesessen und an dem Brief nach Schweden geschrieben, der schon lange hätte fertig sein sollen, und nun mußte er es um einige Abende verschieben.
Kristina lag zwischen den Wehen in einem leichten Halbschlaf, und bisweilen wimmerte sie.
»Ulrika . . . Bist du hier . . .?«
»Ja. Willst du etwas zu trinken haben?« Ulrika gab ihr einen Becher mit warmer Milch, in der sie Zucker zerlassen hatte.
Kristina dämmerte wieder hinüber, glücklich, wenn der Schmerz nachließ. Sie hatte immer leichte Geburten gehabt –

was sie heute nacht durchmachen mußte, überstieg alles, was sie in ihrem jungen Leben bisher gefühlt hatte. Doch nun hatte sie Trost und Labung in ihrer Nähe. Vorhin noch hatte sie hier im Dunkel allein gelegen, wie allein auf der ganzen Erde, allein mit ihrer Qual, niemand hatte ihr geantwortet – niemand anderes als ihre weinenden Kinder. Nun hatte sie Ulrika, eine Frau, die mit ihr fühlte, eine Schwester in der Welt, eine gesegnete Helferin.

Und es gab so viel, was sie Ulrika sagen wollte, doch war sie jetzt dazu nicht in der Lage, nicht hier in dieser Nacht. Mit ihr hatte sie in bitterer Feindschaft gelebt – sie erinnerte sich, wie Ulrika sie ein überhebliches Frauenzimmer genannt hatte. Ulrika hatte recht, sie hatte recht, sie so zu bezeichnen. Sie war überheblich gewesen, und jetzt war sie zurechtgewiesen! Wievielmal war sie auf den Wegen daheim an der ledigen Ulrika in Västergöhl vorbeigegangen, ohne sie zu grüßen! Sie war die Jüngere, sie hätte zuerst grüßen müssen. Doch sie hatte nur geradeausgestarrt und so getan, als ob sie sie nicht gesehen hätte, als ob sie überhaupt keinen Menschen auf dem Wege getroffen hätte. Sie hatte es so gemacht wie alle anderen Frauen, sie hatte von ihnen gelernt, das Freudenweib zu meiden und zu verachten. Sie mußte sich ihr gegenüber benehmen wie eine ehrbare Frau, so wie sich alle anderen ehrbaren Frauen benahmen. Doch wenn sie dem Großbauern in Ålarum begegnete, dann grüßte sie ihn und machte einen tiefen Knicks, denn das taten alle ehrbaren Frauen: Man mußte zwischen guten und schlechten Menschen einen Unterschied machen.

Ja, das alles wollte sie Ulrika erzählen – ein andermal, wenn sie die Kraft dazu aufbrachte, wenn diese Geburtsschmerzen vorüber waren, wenn das hier zu Ende war. Oh, ging es nicht bald vorüber, durfte sie es nicht bald überstehen, wollte ihr Gott nicht gönnen, freizukommen? Es dauerte so lange, so lange . . .!

»Oooh! Oh, hilf mir . . .! Ulrika!«

Die Wehen setzten ihr zu, ihr war, als würde sie auseinander-

gerissen, als würde sie aufgerissen, als ob ein Raubtier seine scharfen Klauen in sie schlüge, ihre Eingeweide zerrisse, in ihr wühlte, wühlte und aufbräche.
Ulrika war umsichtig zur Stelle und beugte sich über sie.
Die junge Frau warf sich im Bett hin und her. Plötzlich tasteten ihre Arme nach einem Halt: »Oooh . . .! Mein Gott! Mein Gott . . .!«
»Die Austreibung beginnt!« sagte Ulrika ermunternd. »Dann ist es bald überstanden . . .«
»Du Liebe, Gute! Halt mich fest – kann ich mich an etwas festhalten?«
Kristina stieß laute Schreie aus, ohne zu wissen, daß sie schrie. Die Welle des Schmerzes in ihr stieg aufwärts – und sie würde noch weiter steigen, ehe sie anfing zu fallen. Sie krümmte sich und tastete im Übermaß der Qual nach einem Halt an der älteren Frau: Sie griff ihr mit beiden Armen um den Leib und drückte ihren Kopf an ihre üppigen Brüste. Und sanfte und behutsame Arme nahmen sie auf; sie verlangte wie das Kind nach seiner schützenden Mutter, die sie mit offenen Armen aufnahm.
Kristina und Ulrika umarmten einander wie zwei liebevolle Schwestern. Sie waren wieder am Anbeginn der Menschheit – hier am nächtlichen Kindbett im nordamerikanischen Wald waren sie nur zwei Frauen, eine, die gebären sollte, und eine, die Hilfe leistete, eine, die gequält wurde, und eine, die tröstete, eine, die in ihrem Schmerz einen Halt suchte, und eine, die in Mitleiden den Schmerz teilte, der seit je das Los der Frau gewesen ist.

5

»Sie hat es gleich geschafft! Komm her und halt sie fest!«
Ulrika rührte Karl Oskar an der Schulter: Er hatte eine Weile im Halbschlummer gelegen. Die Nacht war vorgeschritten, es war beinahe heller Tag, sie sahen nun das Licht durch die Fenster.

Die Geburtshelferin rief nach dem Vater. Was konnten seine Hände hier ausrichten . . .?
Kristina helfe jetzt selbst mit, sagte Ulrika, die Austreibung sei jetzt in Gang gekommen, und sie werde gleich entbunden sein. Doch dieses Letzte sei jetzt keine Spielerei für sie, das Schwerste stehe noch bevor: Man spüre es, müsse er wissen, wenn das Kind sich aus ihr herausarbeite, wenn ihr Fleisch zerrissen werde, wenn sie auseinanderbreche. Da sei es für sie eine Erleichterung, wenn sie jemand habe, an dem sie sich festhalten könne; sie selbst wolle das Kind ergreifen, und sie könne mit ihren Händen nicht an zwei Stellen zugleich sein.
Er stellte sich an das Kopfende des Bettes unf faßte seine Frau an den Schultern.
»Karl Oskar . . .!«
Kristinas Mund stand weit offen, das Weiße ihrer Augen leuchtete, sie warf den Kopf auf dem Kissen hin und her. Sie streckte die Arme nach ihrem Mann aus und hielt sich an seinem Körper fest, drückte sich fest an ihn, suchte nach einem festen Halt.
»Halt mich fest . . .!«
Die Worte zerbrachen in ihrem Mund und erstarben in einem langgezogenen wimmernden Seufzer.
»Jetzt ist der Kopf zu sehen! Halt sie fest! Ich nehme das Kind!«
Ulrikas Hände waren im Schoß der Gebärerin beschäftigt.
»Ein großer Kerl ist das! Wenn es nicht zwei sind!«
In der Pforte zwischen den gespreizten Oberschenkeln erblickte Karl Oskar undeutlich etwas Bewegliches und Behaartes, etwas mit schwärzlichem durchnäßtem Haar. Und er sah einen dunkelroten Schimmer von Blut.
Die Frau, die gebar, drückte sich krampfhaft an ihren Mann heran, suchte in ihrem höchsten Schmerz seine Arme. Es gingen tiefe langsame Beben durch ihren Körper, wie in den Augenblicken, als sie ihren Körper mit dem seinigen in der höchsten Lust vereinigt hatte. Und aus dem Augenblick der Lust war der des Schmerzes entstanden.

Und in dieser Umarmung der Gatten kam ihr Kind zur Welt. Es zeigte sich ein haarbedeckter Scheitel, eine Stirn, eine Nase, ein Kinn – das Gesicht eines Menschen: Ulrika hielt ein lebendiges und zappelndes und rothäutiges kleines Wesen in den Händen.

Aber das Neuangekommene war noch an seinen Unterkunftsraum im Mutterleib gebunden.

»Die Nabelschnur ...!« rief Ulrika. »Wo habe ich die Wollschere gelassen?«

Sie hatte im voraus Kristinas Wollschere in warmem Wasser abgespült, sicherheitshalber, denn sie war bestimmt ein bißchen schmutzig und rostig, und man mußte alles abwaschen, was bei einem Kindbett mit dem Leib der Mutter in Berührung kommen sollte. Richtig – sie hatte das Werkzeug zum Trocknen ans Feuer gelegt.

»Auf der Herdplatte ...! Gib mir die Wollschere herüber, Karl Oskar!«

Und mit der alten rostigen Wollschere schnitt sie den blutroten Strang durch, der noch Mutter und Kind vereinigte.

Darauf erledigte sie die wichtigste Untersuchung des Neugeborenen: »Es sieht zwischen den Beinen so aus wie sein Vater. Es ist ein männliches Wesen, soweit ich im Schritt erkennen kann.«

Kristina hatte einem Sohn, einem kräftigen Jungen, das Leben geschenkt. Er hatte eine blau- und rotgeflammte Haut, er fuchtelte mit Armen und Beinen und gab die ersten Laute der Unzufriedenheit von sich: Aus dem warmen Mutterschoß war das Kind kopfüber in eine kalte, fremde Welt hineingekommen. Die Schreie der Mutter waren verstummt, die des Kindes fingen an. Ulrika wickelte das Neugeborene in das Handtuch, das Danjel mitgeschickt hatte: »Ein mordsschwerer Kerl! Heb mal an, Karl Oskar!«

Sie reichte das Kind dem Vater hin: Sie hatten ja keine Waage da, aber sie schätzte, daß er mindestens gut zehn Pfund wiege. Ulrika hatte selbst einen Jungen geboren, der über elf Pfund gewogen hatte, so daß sie wußte: Es war nicht schön für so

eine bedauernswerte Frau, einen solchen Klumpen aus sich herauszupressen. Sie habe zu Gott gebetet, daß sie, die nur ein alleinstehendes und unverheiratetes Frauenzimmer sei, nicht so große und schwere Kinder auszutragen und zu gebären brauche, das könne unser Herrgott verheirateten Frauen überlassen: Es sei für sie leichter, das Menschengeschlecht mit kräftigen Pflanzen zu vermehren. Und dieses Gebet habe der Herr gnädig aufgenommen, denn er habe den Jungen zu sich heimgenommen, als er drei Monate alt gewesen sei.
So hatte Karl Oskar Nilsson zum ersten Male, bei der Geburt seines dritten Sohnes, einem Kindbett beigewohnt. Er hob seinen Sohn an und stellte fest, daß ihm an Gewicht nichts fehlte. Es fehlte ihm aber alles andere hier auf der Welt: Sie hatten kein Stück Zeug in Ordnung, in das sie den Kleinen hätten kleiden können. Sein Sohn wurde, als er geboren wurde, in fremdes Leinen gehüllt.
Die ledige Ulrika in Västergöhl machte für den Neugeborenen Waschwasser lauwarm, hielt ihn in den Kessel und planschte Wasser an seinen Körper, bis er schrie, als ob er am Spieße stäke. Und sie schaute das Kind in der ganzen Zeit, als sie mit ihm zu tun hatte, befriedigt und zufrieden an, ganz, als ob der Kleine ihr eigenes Werk gewesen wäre.
Sie sagte vergnügt: »Der Junge ist daheim in Schweden gemacht, aber wir wollen den Herrgott bitten, ihn zu bewahren, damit er keinen zukünftigen Schaden davon hat! Er soll ein richtiger Amerikaner werden!«
Kristina hatte schweigend dagelegen, seit sie entbunden war. Nun wies sie Karl Oskar an, den Kaffeekessel aufzusetzen.
Sie hatte ein paar Handvoll Kaffeebohnen für ihr Kindbett aufgehoben. Und Ulrika hatte, seit sie am vorhergehenden Abend gekommen war, weder zu essen noch zu trinken bekommen, ihr mußte jetzt etwas vorgesetzt werden.
»Hast du etwas Starkes zu trinken, Karl Oskar?« erkundigte sich das Freudenweib. »Kristina soll ihren Kindbetttrunk bekommen! Den hat sie sich in dieser schlimmen Nacht verdient!«

Der Kindbetttrunk gehört dazu, Karl Oskar hatte ihn nicht vergessen, er hatte ihn Kristina schon früher gegeben. Und diesmal verdiente sie und brauchte sie ihn mehr denn je. Es waren noch ein paar Glas in dem Fäßchen mit dem amerikanischen Branntwein, den Jonas Petter beim Umzugsfest spendiert und dann dagelassen hatte.

»Du hast bestimmt selbst einen Schluck Branntwein nötig«, meinte Ulrika.

Sie versorgte den Neugeborenen und gab ihn der Mutter, die ungeduldig wartend dalag; inzwischen kochte Karl Oskar den Kaffee und setzte ihn auf den Eichklotzstuhl an Kristinas Bett hin. Er forderte Ulrika auf, sich dazuzusetzen, und sie tranken den Kaffee zusammen am Bett. Und der Branntwein wurde auf drei verteilt – der Trank, der noch in dem Whiskyfäßchen war, wurde zwischen der Frau im Kindbett, der Hebamme und dem Kindesvater geteilt. Doch der Kindesvater trank ebensoviel wie die beiden Frauen zusammen, und solange er zurückdenken konnte, hatte der Branntwein ihm nicht so gut geschmeckt und war ihm nicht so gut bekommen.

Während die Entbindung vor sich ging und in dem Blockhaus ein Bewohner hinzukam, hatte draußen ein neuer Tag gegraut. Und es war ein frostkalter Novembermorgen mit einer klaren und reinen Sonne, die über das weiße, silbrig gepuderte Gras auf dem Erdboden schien, als die eingewanderten Schweden im St.-Croix-Tal sich um noch einen vermehrten – den ersten Mitbürger in ihrem neuen Vaterland.

Mutter und Kind

So war das Kind wieder der Mutter gegeben, es hatte sie verlassen, und es war zurückgekehrt. Alles ist vorüber, alles ist still, alles ist wohl. Kristina liegt mit dem neugeborenen Sohn an ihrer Brust. Sie liegt schweigend und stumm, sie ist befreit, sie ist in eine andere Welt gekommen, sie befindet sich in der seligen Welt der eben entbundenen Frau. Die sie entbunden hat, ist das Freudenweib, daheim die Großhure im Kirchspiel, ihre Vertraute und Freundin. Das Kind jedoch war es, das sie von den Schmerzen befreite und erlöste, als es ihren Schoß verließ – das Kind ist die Freude, und nun ist ihre Freude wieder zu ihr zurückgekehrt, hier an ihre Brust.

Die Mutter und das Kind sind beieinander.

Die Mutter fühlt nach dem suchenden Mund des Kindes, um ihre Brust zurechtzulegen. Das Kind tastet ziellos mit seinem Mund, reibt wie eine junge Katze seine Schnute, seine so weiche Schnute, an der mütterlichen Haut; es sucht noch blind. Doch als die Brustwarze zwischen die Lippen dringt, beginnt es mit schwachen saugenden Bewegungen, zieht seinen Mund zusammen, saugt unbeholfen und langsam. Die Bewegungen der kleinen Lippen werden allmählich stärker – es antwortet ihr mit ihnen: Es beantwortet die Zärtlichkeit seiner Mutter und befriedigt damit ihr Verlangen.

Die Mutter liegt glücklich und zufrieden da. Der Neugeborene hat alle ihre alten Sorgen von ihr fortgenommen, wo er jetzt selbst Gegenstand all ihrer neuen Sorgen wird. Nun ist er es, der ihr alles Kopfzerbrechen macht: Sie hat nicht ein einziges Stück bereit, das seinen nackten Körper bedecken könnte, nicht das kleinste Stückchen Zeug, nicht den elendesten und erbärmlichsten Fetzen. Wo soll sie etwas herbekommen, um etwas daraus zu nähen?

Ein Kind kann zu keinem ärmeren Heim kommen als diesem, wo nichts bereit ist, es kann zu keiner ärmeren Mutter kommen, als sie es ist. So ein armes Wesen – ganz nackend zu so armen Eltern zu kommen, hier in dem Häuschen in einer Wildmark in einem fremden Land . . . Armes kleines Ding . . .
Ein Kind kann aber zu keiner glücklicheren Mutter kommen als zu Kristina, und deshalb ist seine Geborgenheit so groß wie keine andere in der Welt.
An ihrer Brust liegt eine kleine Menschenpflanze, die ihr hilflos und wehrlos übergeben ist. Von ihr hängt es ab, ob sie aufwachsen oder hinwelken, ob sie leben oder sterben wird. Und bei diesem Gedanken steigt in ihrer Brust eine Zärtlichkeit auf, die so stark ist, daß sie ihr die Tränen in die Augen treibt. Es sind aber nicht Tränen der Trauer, sie sind das Zeugnis des Gefühls einer starken und getrosten Mutter beim Anblick ihres neugeborenen Kindes.
Wenn Gott ihr dieses Kind in ihrer Armut anvertraut hatte, zeigte er damit, daß er sich auf sie verließ. Und wenn der Schöpfer ihr vertraute, konnte sie sicher und gewiß wiederum auf ihn vertrauen. Aus dieser Gewißheit entstehen die Geborgenheit und die Zuversicht, die das Kind der Mutter schenkt.
Du bedauernswertes Kleines – du glückliches Kindlein: Warum ängstigt sie sich? Worum macht sie sich Sorgen? Sie hat ihm das Beste zu geben, was es bekommen kann, um es damit einzuhüllen. Warum hat sie nicht schon daran gedacht? Warum war sie nicht gleich darauf gekommen: den weißen Unterrock, den sie nie benutzte, der bloß daliegen und nicht angerührt werden sollte. Den Unterrock aus starkem und feinem Leinen, das sie selbst gewebt hatte, ihren Brautunterrock. Bis jetzt hat sie diesen Rock nur einmal getragen – bei ihrer Hochzeit. Und wozu braucht sie ihn hier draußen in dem wilden Wald? Hier geht sie nie auf eine Hochzeit, hier braucht sie nicht so fein zu sein, daß sie sich so einen Unterrock anzöge.
Sie will ihn auftrennen und aus ihm Säuglingswäsche nähen. Er ist groß und weit, er hilft ihr schon ein ganzes Stück weiter.

Sie ist ja dazu gezwungen, denn sie hat nichts anderes. Er ist aber auch das Beste, was sie dem Kind als Hülle um den kleinen empfindlichen Körper, als Schutz für die weiche, gute, zarte Haut, geben kann: der Brautunterrock der Mutter.
Und sie ist so glücklich, wie es nur die Frau ist, die ihren besten Unterrock für ihr Kind auftrennen kann.
Das ist die Kleidung. Nahrung für das Kind hat die Mutter selbst.
Die Nahrung der Mutter für das Kind floß noch sacht und sikkerte langsam in ihren weißen Tröpfchen hervor. Und sie legte den blind suchenden Mund des Neugeborenen zurecht und suchte die weiche Warze der Brust zwischen die blind suchenden Lippen zu drücken, die noch nicht gelernt hatten, sich zu schließen und ihr mit ihren Bewegungen zu antworten und die erste Gabe der Mutter entgegenzunehmen.
Alles ist vorüber, alles ist wohl, alles ist still.
Nun ruhte die Mutter in der Geborgenheit des Kindes.

Der Brief nach Schweden

North Amerika, beim Påstamt
von Taylors Falls in Minnesota
Teretåry

den 15. November Anno 1850

Zärtlich geliebte Eltern!

Möge es Euch immer wohlergehen, das ist mein täglicher Wunsch.

Ich will nun wieder von uns hören lassen und Euch wissen lassen, wie unsere Reise weiterging. Wir wurden mit dem Dampfwagen nach Boffalo befördert und fuhren weiter mit dem Dampfschiff über große Seen und Flüsse. Wir hatten einen aufrichtigen Dolmetscher, aber auf dem Kanalschiff verlor Danjel Andreasson seine jüngste Tochter an der gräßlichen Pestkrankheit Cholera, das Mädchen kam nicht durch, sonst leben wir alle und sind gesund und wohlgenährt. Auf der Reise stieß uns nichts zu, sondern im August waren wir glücklich an unserem Niederlassungsort angekommen.

Wir wohnen hier in einem großen und breiten und tiefen Tal, ich habe 160 amerikanische Äker, das sind umgerechnet 260 Morgen, genommen und eingefriedigt, und ich bekomme Aufschub mit der Bezahlung, bis der Boden auf dem Markt ausgeboten wird; der Boden ist fruchtbarster Ackerboden. Im Frühjahr will ich die Erde aufpflügen, und wir können alles Gras mähen, was wir wollen. Wir wohnen an einem fischreichen und schönen See, und mein ganzes Land ist mit Wald von Eichen und Kiefern und Zuckerahorn und Linden, Walnußbäumen und Ulmen und Arten bewachsen, deren Namen ich nicht kenne.

Ich habe eine schöne Wohnung für uns gezimmert, ich bin noch nicht dazu gekommen, vor dem Winter größere Häuser zu bauen. Danjel und seine Hausgenossen und Jonas Petter

haben sich bei uns in der Nähe im Tal niedergelassen, Danjel nennt das Anwesen Neu-Kärragärde, er predigt nicht mehr die Lehre Åke Svenssons, er macht kein Aufhebens mit seiner Religion. Er verhält sich auf eine ruhige Weise gottesfürchtig, und er wird hier nicht von den Pfarrern und der Landpolizei behelligt.
Unsere geliebten Kinder sind gesund und kräftig, ich kann Euch auch mitteilen, daß wir einen kleinen Sohn haben, der am siebenten November gleich beim Hellwerden am Morgen das Licht der Welt erblickte. Er wächst und gedeiht, er ist bereits Eingesessener in North Amerika, das sind alle, die hier geboren werden. Zu gegebener Zeit werden wir ihn zur Taufe tragen, aber hier sind Pfarrer vieler Religionen. Wir getrauen uns nicht, das Abendmahl zu nehmen, wenn es angeboten wird. Hier gilt kein Religionsgesetz, sondern jeder hat seinen freien Willen.
Im Tal gibt es nur spärlich Menschen, und mehrere Meilen fruchtbaren Landes nach allen Seiten von uns liegen unbeansprucht da, so daß es eine Sünde und eine Schande ist. Wir haben unter den Indianern hier herum nicht zu leiden, die Wilden sind bei neuen Leuten neugierig, schaden aber keinem Menschen. Sie sind auf der Haut braun und leben wie das Vieh ohne Haus oder dergleichen. Sie essen Schlangen und Heuschrecken und alles mögliche.
Aber die weißen Menschen vertreiben die Indianer so schnell, wie sie können.
Was das Essen und die Kleidung anbetrifft, besteht zu Schweden ein großer Unterschied. Die Amerikaner essen eine kräftige Kost und verwenden zu jeder Mahlzeit Weißbrot.
Fremde bekommen von ihrer Nahrung einen trägen Stuhl. Aber die Amerikaner sind geradsinnig und gutmütig im Umgang und behandeln niemand unfreundlich, wenn er auch arm ist. Holzschuhe benutzt man hier nicht, das ist zu einfach. Sie ehren hier alle Arbeit, die Männer melken Kühe und wischen den Fußboden auf, und Bauern und Pfarrer verrichten solche Frauenarbeit ohne alle Scham. In einer Stadt Stel-

water erhielten wir Unterkunft bei einem Pfarrer, der seinen Haushalt selbst besorgte.
Ich habe nichts Ausführliches zu schreiben, es ist bei uns seit meinem letzten Brief nichts Bemerkenswertes vorgekommen. Wir sind schon recht gut gestellt, und wenn wir gesund bleiben dürfen und uns anstrengen, werden wir sicherlich vorwärtskommen, obwohl es ein unbekanntes Land ist. Ich murre über nichts, Kristina fühlte sich anfänglich nicht ganz wohl, aber jetzt hat sie es vergessen.
Wir erwarten, bald von Euch zu hören, aber die Briefe verspäten sich unterwegs stark, der Winter hat hier nun im Tal begonnen, und im Winter kann die Post nicht ankommen, denn das Eis liegt auf dem Fluß. Ich grüße Euch herzlich, meine teuren und guten Eltern, auch von Frau und Kindern. Auch Schwester Lydia ist herzlich von ihrem Bruder gegrüßt, mein Bruder Robert schreibt selbst an Euch. Ihm fällt das Schreiben leichter als mir. Und Kristina schickt liebe Grußworte an ihre guten Eltern in Dufwemåla und läßt bestellen, daß ihr an unserem neuen Wohnort nichts fehlt oder mangelt.
Das Jahr ist bald zu Ende, und wir sind der Ewigkeit um ein Jahr nähergekommen, ich wünsche, daß diese Zeilen Euch bei guter Gesundheit erreichen.

Eilig niedergeschrieben von
Eurem Euch liebenden Sohn
Karl Oskar Nilsson.

Wie über den Winter kommen?

Der Indianer im Baumwipfel

I

Westlich des Baches, der in den Ki-Chi-Saga mündete, ein Stück von der schwedischen Siedlung entfernt, lag ein Sandsteinfelsen, der seinen Scheitel über die Baumkronen erhob. Der Felsen hatte die kupferbraune Farbe der Indianer und war wie der Kopf eines Indianers geformt. Dem Wanderer, der unten vorbeiging, wandte er eine breite, glatte steinerne Stirn ohne alle Runzeln und Risse zu. Unter der Stirn öffneten sich die beiden schwarzen Höhlen der Augen, die wohlgeschützt unter den wuchtigen Steinblöcken des Stirnbeins lagen. Genau zwischen ihnen war die herausragende Felsenspitze der Nase gelegen, einer geraden und schönen Indianernase. Tiefe Höhlungen im Sandstein bildeten ein Paar großer Nasenlöcher, und die Nasenspitze streckte sich wie ein dreikantiges Dach über den Mund vor. Die Oberlippe war ein grünender Felsabsatz, der mit langem, dünnem Gras bewachsen war, und darunter öffnete sich die breite und tiefe Aushöhlung, die den Mund darstellte, ein dunkler Rachen, der immer gleich weit offen stand. Scharfe, unebene Kanten im Sandstein bildeten die Zähne des Rachens, die langen scharfen Eckzähne eines Raubtiers. Unter dem Mund schob sich der ebene, glatte Absatz des Kinns vor, und weiter oben beiderseits der Wangen saßen die dünnen Blöcke, die die Ohren des Indianers bildeten. Unterhalb des Kinns verschmälerte sich der Felsen langsam zu einem schlanken, geschmeidigen Hals, und der Scheitel da oben war mit dichten Ahorn- und Holundersträuchern bewachsen, die der Indianer im Sommer wie eine grünende Krone auf dem Kopf trug.

Der Sandsteinfelsen drinnen im Walde war weit zu sehen und ließ sich gut als Wegzeichen benutzen. Die schwedischen Siedler am Ki-Chi-Saga nannten die Stelle den Indianerkopf.

Die Löcher und Höhlungen des Felsens dienten Tieren als Versteck und Unterschlupf, und die Lebewesen des Waldes, die vor heftigen Regenfällen und Stürmen im Munde des Indianers ihre Zuflucht suchten, befanden sich, wenn sie hinter seine Zähne gekrochen waren, in Sicherheit. Doch auf dem Hirschwechsel, der vorbeiführte, hatten sich große Steinblöcke angesammelt, die sich von ihrer Unterlage gelöst hatten und heruntergefallen waren. Unter den Blöcken lagen weiße, zerfallende Knochen, Schädel und Brustkörbe, Teile von tierischen Gerippen: Wenn dort unten ein Tier vorbeirannte, hatte der Indianer einen Stein aus seinem Mund ausgespuckt und es zerschmettert.
Der Indianer war aus Stein und ebenso tot wie ein Stein, aber die weißen Knochen zeigten, daß man sich auf ihn ebensowenig verlassen konnte wie auf einen lebenden Indianer.
Wenn Robert an dem Indianerkopf vorbeiging, trat er leicht auf und schlich leise vorwärts: Er hatte Angst, so stark auf die Erde aufzutreten, daß ein Felsblock sich löste und auf ihn herunterfiel. Niemand wußte, wann der Indianer bereit war, einen Stein auf einen Vorübergehenden zu schleudern, ob es nun ein Mensch oder ein Tier war.
Robert hatte von Anfang an ebensoviel Angst vor den Indianern wie er neugierig auf sie war. Im Laufe der Zeit wurde seine Neugierde größer und seine Angst geringer: Die Indianer waren so gesellig, daß sie aufdringlich wurden, und sie konnten die Menschen durch ihr grauliches Aussehen erschrecken, wenn sie sich mit Dingen von Tieren putzten und schmückten, doch bisher hatten sie den neu angekommenen Schweden noch nichts zuleide getan.
Karl Oskar verachtete die Indianer wegen ihres Müßigganges und nannte sie untaugliche Wesen. Kristina taten sie leid, weil sie so mager waren und in ihren elenden Hütten so viel aushalten mußten, und beide waren sie froh, daß sie nicht als Indianer auf die Welt gekommen waren. Was die Kupferfarbigen von ihren weißhäutigen Nachbarn hielten, wußte niemand, denn niemand verstand etwas von ihrer grunzenden Sprache,

doch Robert vermutete, daß sie ihre bleichgesichtigen Brüder als Dummköpfe betrachteten, weil sie ihre Zeit zum Arbeiten verwendeten. Und er hatte selbst begonnen zu überlegen, welche Völkerrasse am klügsten war, die weiße oder die braune, die Christen oder die Heiden. Die Indianer waren faul, sie bebauten nicht die Erde, und sie erledigten alles Notwendige, ohne sich anzustrengen. Er hatte gesehen, wie sie einen Baum fällten: Sie hieben den Baum nicht mit einer Axt um, sondern steckten rundherum Feuer an und brannten ihn an der Wurzel ab. Der Christ hieb und strengte sich an und schwitzte, ehe er den Baum umlegte. Doch der Heide saß nur da und wartete, ruhte sich aus und rauchte seine Pfeife, bis das Feuer zu Ende gebrannt hatte und der Baum von allein umkrachte; er tat nicht einen einzigen Hieb. Die Indianer vergeudeten ihre Kräfte nicht mit Arbeit. Sie schonten ihren Körper, bis sie ihn besser brauchten. Sie schonten ihre Kräfte, so daß sie sie noch hatten, wenn sie ihren Vergnügungen nachgingen. Wenn sie ihre Feste feierten, tanzten sie Tänze, die drei Wochen dauerten. Dann nützte es ihnen, daß sie ausgeruht waren. Karl Oskar und die anderen Bauern hatten sich jedoch daheim in Småland daran gewöhnt, an jedem Wochentag von morgens bis abends zu arbeiten und sich müde zu schuften; sie wären nicht in der Lage gewesen, auch nur eine Woche hintereinander zu tanzen, so erschöpft waren sie. Die Heiden hielten mit ihren Körperkräften klüger haus als die Christen.

Die Indianer waren aber überheblich und schmückten sich mit Büffelhörnern an der Stirn, sie schmierten sich Bärenfett ins Haar und rieben sich Roterde ins Gesicht. Sie bemalten sich manchmal am Körper so mit roter Farbe, daß sie aussahen wie blutbesudelte Schlächter. Insofern waren sie kindisch. Doch in anderer Beziehung waren sie so geschickt, daß man glauben konnte, sie wären Zauberer. Ihr Bogen sah einfach und untauglich aus; er bestand nur aus einem Lederriemen, der zwischen den Enden eines Astes ausgespannt war, aber von den Pfeilen fiel das Wild auf der Stelle tot um. Robert hatte einmal gesehen, wie ein Indianer mit seinem Bogen einen großen Hirsch schoß. Die Feuersteinpfeile der Braunen waren kurz, doch wenn sie sie an einem eigentümlichen Stein, Indianerstein genannt, geschärft hatten, waren die Spitzen so scharf, daß sie geradewegs durch Fleisch und Knochen gingen.

Die Indianer waren auch in der Beziehung kindisch, daß sie glaubten, die Toten könnten essen und trinken: Sie stellten ihren Verwandten Essen und Trinken auf die Gräber.

Sie waren aber um so vieles klüger als die Weißhäutigen, daß sie nicht den Boden mit der Schälhacke bearbeiteten.

In einem Buch hatte Robert ein Indianermädchen abgemalt gesehen, das so schön war, daß er es hätte zu seiner Frau machen mögen, wenn er es getroffen hätte. Doch die jungen Mädchen, die er hier bei dem Chippewastamm gesehen hatte, waren fast alle häßlich: Sie waren kurzbeinig und schlecht gewachsen und hatten breite, viereckige Gesichter und dicke Nasen. Und die älteren Frauen hatte eine so rauhe und faltige Gesichtshaut, daß sie abschreckend aussahen. Trotzdem gab es weiße Männer, die hinter den Frauen der Indianer her waren. Samuel Nöjd hatte davon erzählt: Französische Pelztierjäger brennten so vor Begierde, daß sie keiner Frau im Walde begegnen könnten, ohne sie umzulegen und sie ihrem Drang dienstbar zu machen. Sie hätten dabei nicht mehr Bedenken, als schössen sie ein Tier: Sie vergewaltigten jedes Indianerweib, das sie träfen, wie häßlich und alt sie auch sei. Bei den alten Frauen richteten sie keinen nicht wiedergutzumachenden Schaden an, doch die jungen Mädchen würden innerhalb des Stammes nicht verheiratet, wenn weiße Männer sie bereits ihrer Jungfernschaft beraubt hätten.

Die Pelztierjäger seien jedoch weniger auf die Indianerfrauen aus, seit Siouxindianer an einem von ihnen furchtbare Rache genommen hätten: Sie hätten den Mann an einen Pfahl gebunden, und eine ganze Nacht hindurch hätten sie unter seinen Augen ihre Messer geschärft, wobei sie gerufen hätten: Du kannst leben, bis unsere Messer scharf sind! Von Zeit zu Zeit hätten sie die Messer probiert, indem sie ihm ein Stückchen Haut abgezogen und abgeschnitten hätten. Bei Tagesanbruch seien die Messer scharf gewesen – und der Pelztierjäger wahnsinnig. Die Indianer aber hätten ihre gutgeschärften Messer in ihn gestochen und hätten ihm das Herz herausgeschnitten, es so langsam herausgerissen, wie sie gekonnt hätten; er habe noch eine ganze Weile gelebt, während ihm das Herz wie eine große, rote Blume aus der Brust herausgehangen habe. Das habe sich in der Nähe des Indianerkopfes ereignet, und der Pelztierjäger sei im Munde des Indianers be graben. Man höre jedoch noch, wie er jeden Morgen beim Dämmern in der Felsenhöhle eine Weile stöhne, sagte Samuel Nöjd.

Die Sioux, die manchmal diese Gegenden bevölkerten, seien viel grausamer als die Chippewa, und die beiden Stämme lägen zuweilen miteinander im Kriege.

Robert scheute die Indianer nicht, weil sie grausam und heidnisch waren, er bewunderte sie vielmehr, weil sie so faul und verständig waren: Wenn er statt seiner weißen Haut braune auf dem Körper gehabt hätte, wäre er nicht gezwungen gewesen, hier den Boden mit der Schälhacke zu bearbeiten.

2

Nachts wurde der Frost strenger, und das Grasland lag morgens wie ein großes Blumenfeld mit strahlend weißen Lilien da. Ein heftiges Sturmwetter hatte an einem Tag und in einer Nacht das Laub von den Bäumen geschüttelt, so daß es wie Schauer von stiebendem Schnee in der Luft herumflog: Das Wasser des Ki-Chi-Saga leuchtete goldgelb von all dem herumschwimmenden Laub aus den entblätterten Wäldern an seinen Ufern. Nach dem Sturm trat die Kälte ein, und auf dem Wasser und auf dem Lande fror es. Auf dem See wurde die glasklare Decke des Eises mit jeder Nacht dicker, und unten im Boden ging die steinharte Geschwulst des Frostes, die nicht vor dem Frühling aufspringen würde, immer tiefer.

Niemand konnte in gefrorenem Erdreich mit der Schälhacke arbeiten, und Robert konnte seine Hacke über den Winter wegstellen.
Karl Oskar, der im Walde Einfriedigungsholz schlug, ließ sich bei dieser Arbeit von seinem Bruder helfen: Für die Einfriedigung um das Stück Boden, das er zum Acker bestimmt hatte, brauchte man Tausende von Stangen.
Jeden Sonntag trafen sich Robert und Arvid. Die beiden Kameraden aus Schweden gingen abwechselnd zueinander und unterhielten sich vertraulich miteinander. Wenn Arvid zum Ki-Chi-Saga kam, gingen sie zum Seeufer hinunter und machten ein Feuer, und sie saßen den ganzen Tag über am Feuer zusammen.
Robert hatte sich Arvid damals anvertraut, als er aus dem Dienst fortlaufen und nach Nordamerika fahren wollte. Jetzt hatte er wieder ein Geheimnis derselben Art, und der einzige, dem er es offenbaren wollte, war Arvid.
An einem frostigen Sonntag, als sie ihr wärmendes Feuer unten an der Seebucht am Ki-Chi-Saga speisten, sagte er: »Kannst du den Mund halten, Arvid?«
»Ich schweige immer. Da kannst du dich drauf verlassen.«
»Ich habe ein Geheimnis. Keiner weiß es: Ich sehe zu, daß ich von hier fortkomme, sobald es mir möglich ist.«
Arvids Verblüffung war groß: »Wirklich? Du willst von deinem Bruder fort?«
»Karl Oskar hat nicht über mich zu bestimmen.«
»Ich habe geglaubt, ihr Brüder würdet zusammenhalten.«
»Nein. Ich will Gold graben.«
»Gold . . .! Und davon hast du nichts gesagt . . .?«
»So etwas muß man geheimhalten!«
Robert fuhr fort: Sein Bruder sei ja kein strenger Dienstherr, und er gebe ihm weder Fußtritte noch ohrfeige er ihn, doch die Arbeit sei dieselbe, wie er sie daheim als Knecht habe leisten müssen, ebenso langweilig und schwer, und die Tage verflössen hier ebenso langsam und einförmig. Er halte das nicht aus, er wolle nicht mehr Tagelöhner sein, er wolle einen kür-

zeren Weg zum Reichtum gehen, und hier in Amerika könne ihn niemand daran hindern, da hinzufahren, wo er wolle.
»Weißt du, wo es das Gold gibt?« wollte Arvid wissen.
»Ja. In Kalifornien. Ganz weit westlich.«
»Ist Kalifornien ein großes Land?«
»Größer als Minnesota.«
»Weißt du die Stelle genau? Wo das Gold liegt, meine ich?«
»Natürlich muß ich zuerst suchen und mich zurechtfragen.«
»Liegt das Gold verstreut? Oder bloß an einer Stelle?«
»Es liegt verstreut.«
Arvid dachte eine kleine Weile angestrengt nach, bevor er wieder anfing: Gold glänze so, daß es leicht zu erblicken sei, insbesondere, wenn man danach suche. Doch wenn Kalifornien größer sei als Minnesota, und wenn das Gold über das ganze Land verstreut sei, wäre es ja anstrengend und mühselig, es zu finden. Denn dann müsse man überall herumsuchen.
Arvid wußte aber nichts vom Lande des Goldes, er hatte nur einmal seinen Namen nennen hören. Robert mußte nun seinem Kameraden viel erklären, als er ihm seine Zukunftspläne anvertrauen wollte.
Er gab Arvid eine leichtfaßliche Erklärung von Kalifornien – er kramte alles hervor, was er gelesen hatte und hatte erzählen hören, und darüber hinaus alles, was er weder gelesen hatte noch hatte erzählen hören, was er jedoch trotzdem genau wußte, ohne daß er wußte, wie er es erfahren hatte. Und dieses, was er von selbst wußte, war vielleicht das Wichtigste:
In Kalifornien sei das edle Metall Gold beinahe ebenso gemein wie hier in Minnesota Holz. Dort nehme man Gold zu allen möglichen Geräten und Werkzeugen und Hausrat, denn es sei billiger als Eisen und Holz. Die reichen Menschen hätten Nachttöpfe aus Gold. Und das Gold im Lande wachse auf Äckern, die man Goldfelder nenne. Es liege ganz an der Oberfläche. Man brauche nur eine kleine leichte Hacke, um es auszugraben, nicht eine so schwere Hacke im Gewicht von zehn Pfund, wie er sie hier auf dem Neuland habe anheben müssen. Und an manchen Stellen brauche man überhaupt keine

Hacke: Es gebe Menschen, die Gold für fünfzigtausend Dollar nur mit einem Eßlöffel ausgegraben hätten. Übrigens benötige man keine anderen Werkzeuge als eine Holzschale, in der man das Gold durch Waschen vom Schmutz befreie. Wer nicht das Geld habe, sich eine Schale zu halten, könne das Gold in seinem Hut sammeln und waschen. Es reiche schon ein alter, schlechter Hut, um darin Reichtum zu sammeln. Und wenn das Gold von Erde und Schmutz saubergewaschen sei und funkele und glänze, wie es sich gehöre, sammele man es in Lederbeuteln und gehe zur Bank und zahle es ein und hebe jeden Monat darauf Zinsen ab. So machten es alle Goldgräber, die mit gutem Verstand ausgerüstet seien; die anderen verspielten ihr Gold in Spielhöllen oder richteten sich mit abgefeimten Huren zugrunde.
Man brauche nicht viel Gold zu graben, um reich zu werden. Hundert Pfund reichten, so viel, wie man leicht in einem Sack auf dem Rücken tragen könne: ungefähr so schwer wie eine halbe Tonne Roggen.
»Wie groß sind die Goldklumpen?« erkundigte sich Arvid.
»Sie sind im Gewicht verschieden.«
Das Gold wachse in Stücken aller Größen, im Gewicht von einem halben bis zu fünfundzwanzig Pfund, erzählte Robert. Es gebe Klumpen, die so groß seien wie Menschenköpfe oder so klein wie Hühnereier und Taubeneier. Die allerkleinsten Goldstücke seien wie Haselnüsse, und die seien am leichtesten einzusammeln und zu handhaben. Man habe aber so viel Mühe mit ihnen und müsse sich so oft nach ihnen bücken; er seinerseits würde wohl die kleinen Stücke beiseite tun. Er würde sich die größten Goldklumpen aussuchen; mit ihnen habe man die wenigste Arbeit, er brauche nicht so viele aufzusammeln, er brauche nicht unnötig den Rücken krummzumachen. Wenn er sich an Stücke von fünfundzwanzig Pfund halte, würde er seine Kräfte auf den Goldfeldern schonen.
Und er wolle sich keinen so großen Reichtum sammeln, daß er ihm lästig falle. Er wolle ein gerade richtig großes und leicht zu verwaltendes Vermögen haben, das ihm nicht zum

Fluch werde. Er beabsichtige nicht, sich ein Schloß zu bauen oder sich teure Reitpferde zu kaufen oder sich mit einer kostspieligen Frau zu verheiraten, die nur in Diamanten und Perlen gekleidet einhergehen würde. Sein Wunsch sei nur, sich so viel Besitz zu sammeln, daß er dann sein ganzes Leben lang leben könne, ohne zu arbeiten und zu schuften, ohne einen Dienstherrn über sich haben zu müssen.

Robert wollte nur hundert Pfund des kalifornischen Goldes sammeln, und darauf wollte er ganz zufrieden sein und zurückfahren. Dann kehre er vielleicht nach Schweden heim und kaufe sich ein Rittergut. Zwei Bauernknechte aus Småland hätten vor ihm in Kalifornien nach Gold gegraben und seien nach Hause gekommen und hätten sich Rittergüter gekauft. Jeder von ihnen habe einen Sack mitgebracht, der voll Gold gestopft gewesen sei, das sie in Bankoreichstaler gewechselt hätten. Er wolle sich aber mit einem kleineren Rittergut begnügen, das ungefähr ein paar hundert Morgen Acker habe. Große Güter seien schwer zu bewirtschaften, und sie könnten dem Besitzer leicht zum Fluch gereichen. Er wolle sich aber einen tüchtigen Verwalter besorgen. Und dann wolle er seinen Knechten einen Jahreslohn von tausend Reichstalern geben, und sie sollten abends um sechs Uhr und an Sonnabenden um fünf Uhr frei haben.

»Das ist aber nett von dir!« sagte Arvid.

»Wer selber Knecht gewesen ist, macht es so!« erwiderte Robert bescheiden.

»Willst du allein nach Kalifornien fahren?«

»Nein! Das wollte ich ja gerade sagen: Ich dachte, daß wir beiden zusammen fahren sollten!«

Sie müßten am besten zusammen fahren, denn es sei ein weiter Weg zurückzulegen. Und das Gold lasse sich schneller finden, wenn sie zu zweit seien. Es sei zwar leicht zu entdecken, weil es glitzere und glänze, aber vier Augen sähen doppelt soviel wie zwei, wenn man umhergehe und suche. Und dann seien sie, wenn sie zu zweit seien, vor Mördern und Dieben sicherer.

»Kommst du mit, Arvid?«

Es war dieselbe Frage, die Robert schon einmal, in einer Nacht in einer Knechtestube in der Heimat, an seinen Kameraden gerichtet hatte. Da hatte es sich um Nordamerika gehandelt, und Arvid war vor der Verwegenheit und der Unternehmungslust des jüngeren Kameraden verstummt. Jetzt ging es um die Reise zum Land des Goldes in Nordamerika, und dieses Land lag so weit entfernt, daß die Sonne mehrere Stunden länger brauchte, um am Morgen darüber aufgehen und am Abend darüber untergehen zu können. Und wieder fragte Robert: Kommst du mit, Arvid?

»Ich möchte schon, wie du dir vorstellen kannst! Ich bin ja aber bei Danjel im Dienst.«

»Er kann dich nicht mit Gewalt festhalten! Nicht hier in Amerika.«

»Ich stehe bei meinem Dienstherrn aber für die Reise in Schuld.«

Danjel Andreasson hatte die Überfahrt für seinen Knecht bezahlt, und Arvid meinte, daß er sich unehrlich gegen ihn benähme, wenn er nicht so lange im Dienst bleibe, daß der Dienstherr dafür entschädigt würde. Sonst wisse er, daß ihn hier kein Dienstherr länger halten könne, als er selbst bleiben wolle, denn hier gelte keine Gesindeordnung, und es gebe keinen Polizeikommissar, der entlaufene Knechte wieder in den Dienst zurückhole.

»Du kannst Danjel die Schuld bezahlen, wenn du aus Kalifornien zurückkommst!« sagte Robert. »Dann kannst du ihm ein Stück Gold geben!«

Wenn Arvid von den Goldfeldern zurückkäme, würde er ja so wohlhabend sein, daß er keinen Handgriff mehr zu tun brauchte, weder mit der Axt noch mit der Hacke oder einem anderen Werkzeug. Er würde nur sein Gold bei der Bank einzahlen und einmal im Monat so viel Zinsen abholen, wie er für seine Auslagen brauchte. Das Geld würde reichen, um Danjel Andreasson zu entschädigen, es würde reichen, und es würde etwas übrigbleiben.

Außerdem hätten sie sich ein für allemal versprochen, in Amerika immer zusammenzuhalten: Was ihnen auch geschähe, so wollten beide zusammenhalten.

»Dieses Versprechen habe ich nicht vergessen!« sagte Arvid mit tiefem Ernst in der Stimme. »Ich will gern mitkommen, das kannst du dir doch denken! Ich will aber mit Danjel sprechen, ehe ich dir die Hand darauf gebe!«

Robert war aber von Anfang an sicher, daß er seinen Kameraden überreden könnte: Sie würden zusammen nach Kalifornien gehen.

»Sprich aber noch zu keinem ein Wort darüber! Karl Oskar darf nichts erfahren, ehe der Tag meiner Abfahrt heran ist!«

Er hatte sich bereits den Weg zurechtgelegt, den sie reisen wollten: Sie wollten, wenn *the packet* nächstes Mal nach Stillwater komme, die ›*Red Wing*‹ besteigen und mit dem Schiff den Mississippi abwärts fahren und dieselbe Strecke zurückreisen, die sie im vergangenen Sommer auf dem Fluß gefahren seien, von Stillwater hinunter nach St. Louis. Wenn sie Brennholz auf das Schiff trügen und den Köchen beim Essenkochen hülfen, brauchten sie keinen einzigen Cent für die Beförderung auf der ›*Red Wing*‹ zu bezahlen. Und von St. Louis aus könnten sie Schusters Rappen benutzen und zu Lande nach Westen bis nach Kalifornien laufen.

»Liegt kein Ozean dazwischen?« fragte Arvid etwas ängstlich. Nein, versicherte Robert: Es sei den ganzen Weg festes Land, meist große und ausgedehnte und trockene Sandwüsten; sie könnten trockenen Fußes zur Heimat des Goldes in der Neuen Welt gelangen.

Lange hatte Robert seinem linken Ohr gelauscht, das ihn mit seinem unaufhörlichen Rauschen und Klingen zum Aufbruch mahnte: Komm! Komm! Ein neues Land in weiter Ferne rief ihn, und wenn er einen Weggenossen gefunden hatte, würde es nicht lange dauern, bis er dem Rufe folgte.

Doch der Winter im Territorium kam ihm zuvor: Die Kälte nahm zu und schlug auch den St.-Croix-Fluß in Eis. Kein Schiff kam mehr an, die Glocke auf dem *packet* hatte in diesem Jahre in Stillwater zum letzten Male geläutet. Es würden keine Fahrzeuge flußaufwärts kommen, ehe nicht das Eis zum Frühjahr aufging. Die Menschen im St.-Croix-Tal waren von der Welt draußen durch zugefrorenes Wasser getrennt. Robert war den Winter über in Minnesota Territory eingesperrt.

3

In der Dämmerung eines Sonntagmorgens nahm Robert die Büchse seines Bruders und ging in den Wald hinaus. Auf dem Boden lag frischgefallener Schnee, drei, vier Zoll hoch. Für die Jagd war das Wetter gut: Er fand gleich die Spuren von Elchklauen im Schnee, und der Jagdeifer nahm ihn gefangen: Der Elch konnte nicht weit fort sein. Karl Oskar selbst war es noch nicht gelungen, einen Elch zu schießen – wenn er dieses große Tier mit seinem vielen Fleisch vor dem Bruder erlegen könnte ...

Die Elchfährte führte an dem Indianerkopf vorbei; er blieb stehen und schaute an dem Sandsteinfelsen hinauf. Der Indianer blickte ihn seinerseits mit seinen unveränderlichen schwarzen Augenhöhlen an. Solange der Felsen bestanden hatte, viele Tausend Jahre lang, hatte er mit tiefen unergründlichen Augen dort oben über die Baumwipfel hinweggeblickt, wie ein ewiger Späher des braunen Jägervolkes, ein Späher, der die Jagdgründe in dieser Gegend bewachte. Die grünende Krone des Indianers war aber verwelkt, die Sträucher auf seinem Scheitel waren jetzt entlaubt und nackt und raschelten mit ihren trockenen Zweigen im Winde. Nur an dem einen Ohr waren noch einige belaubte Zweige, die wie schmükkende Adlerfedern hinter der Schläfe des Indianers hineingesteckt waren. Es durchlief Robert ein seltsamer Schauer, als er das gewaltige, in seiner ewigen Unbeweglichkeit drohende Indianergesicht des Sandsteinfelsens betrachtete. Und er kam sich wie ein dahinschleichender Eindringling in die tausendjährigen Jagdgründe der Indianer vor.

Auf einmal kauerte er sich zusammen und hielt schnell den Atem an: Er hatte in der Nähe einen lebenden Indianer entdeckt.

Unterhalb des Felsens, einen knappen Steinwurf von ihm entfernt, saß im Wipfel einer jungen Birke eine zusammengekauerte Gestalt. Das Gesicht war dem Boden zugekehrt, ein Paar dünner, magerer Beine in Hosen mit lockeren Fellfetzen hingen zwischen den Zweigen herunter und flatterten im Wind. Doch der Körper blieb ruhig und unbeweglich, als wäre er am Wipfel festgewachsen. Und genau vor den Händen sah Robert einen gebogenen Zweig herausragen – war es der Zweig, aus dem der Bogen gemacht war . . .?

Ihm wurde abwechselnd heiß und kalt: Dort oben auf dem Baum lag ein Indianer im Hinterhalt. Er hatte sicherlich seinen Bogen gespannt und seine Pfeile geschärft. Wem lauerte der heimtückische braune Körper auf? Weißen Eindringlingen, die hier auf die Jagd gingen? Ihm . . .? Warum war er auf die Birke geklettert? Die Wilden pflegten sich auf Bäumen zu verstecken, wenn sie jemand unerwartet überfallen wollten . . .

Er umklammerte mit den Händen den Kolbenhals der Büchse, seine Hände bebten: Vielleicht hatte er den Indianer auf dem Baumwipfel entdeckt, bevor dieser ihn entdeckt hatte? Er konnte zuerst auf ihn schießen . . . Wenn er nicht traf . . .? Ein Indianer konnte mit seinem Bogen zwanzig Pfeile in der Minute verschießen. Es stach ihm schon in der Brust – nach einer einzigen Minute zwanzig Pfeile im Körper . . . Und ein einziger Indianerpfeil genügte für einen großen Hirsch . . . Wenn er nicht traf, war er erledigt . . .

Doch vielleicht war der Indianer auch hinter dem Elch her, der in dem frischgefallenen Schnee seine tiefen Klauenspuren hinterlassen hatte? Vielleicht saß er dort oben und lauerte Tieren auf? Und es sah so aus, als ob er den Eindringling in den Jagdgrund noch nicht gesehen hätte. Robert konnte sich wohl von hier fortschleichen, ehe er von dem Indianer im Baumwipfel entdeckt wurde.

Er warf sich der Länge nach vornüber in den Schnee und robbte auf den Ellenbogen vorwärts, während er die Büchse mit beiden Händen vor den Kopf hielt. So bewegte er sich etwa zwei Dutzend Schritt weit bis zu einem großen Ahornstrauch. Hinter dem Strauch blieb er ruhig liegen: So lag er vor den Augen auf der Birke verborgen. Er wußte nicht, ob ein Indianerpfeil hinter ihm hergesaust kam, während er vorwärtsrobbte – Pfeilschüsse knallten nicht wie Schüsse aus einer Büchse, und er war auf dem linken Ohr schwerhörig.
Es verging eine kleine Weile, und nichts geschah. Behutsam bog Robert einige Zweige beiseite, vorsichtig schaute er hinter dem Strauch hervor, auf den Sandsteinfelsen zu: Der Indianer saß oben im Birkenwipfel in derselben Stellung wie zuvor. Die Fransen an seinen Hosenbeinen flatterten in den Windstößen hin und her, doch machte es nicht den Eindruck, als ob er sich bewegt hätte, und der gebogene Zweig ragte wie vorher heraus. Die Indianer konnten stundenlang ebenso unbeweglich dasitzen, wie ein Baum auf seiner Wurzel stand, wie ein Stein in der Erde lag: Dort oben lag er in seinem Hinterhalt und bewachte den Pfad unterhalb des Felsens.
Die Augen dort oben im Wipfel hatten Robert noch nicht gesehen. Wenn er noch ein Stück weiterkröche, würde er sich außer Schußweite des Bogens des Indianers befinden . . .
Er wollte gerade wieder anfangen, vorwärtszurobben, als es plötzlich in dem Ahornstrauch raschelte. War es der Wind? Oder ein Tier, das in dem Strauch versteckt lag . . .? Oder war es – ein Pfeil . . .? Es raschelte wieder, und ein paar Zweige bewegten sich ganz dicht neben ihm. Es mußte ein Pfeil sein, der ins Gezweig gesaust war: Als er hinter dem Strauch hervorschaute, hatte der Indianer ihn entdeckt.
Es raschelte zum dritten Male, die Zweige bewegten sich. Hörte er jetzt nicht das Sausen des Pfeils, wie er angeflogen kam?
Robert überkam Todesangst. Die Herzschläge dröhnten in seinen Ohren, er bekam keine Luft mehr. Er nahm die Büchse, zielte auf den Indianerkopf und schoß. Der Schuß hallte laut

von dem Felsen wider – es war ein dröhnender Knall, der mehrere Meilen weit zu hören sein mußte. Er war ohrenbetäubend, aber der Knall der Büchse hallte ihm weiter in den Ohren, und Entsetzen ergriff ihn: Was hatte er getan? Er hatte den Schuß abgegeben, ohne sich dessen bewußt zu sein, er hatte voller Furcht geschossen, ohne einen Augenblick zu überlegen. Er hatte sich verraten. Jetzt waren alle Indianer in der Nähe unterrichtet – sie würden ihm nachsetzen . . .!

In kopflosem Schreck stürmte er davon. Er rannte so, wie noch nie in seinem Leben – zum erstenmal im Leben rannte er, um es zu retten. Er rannte geduckt, bis er in dichten Wald kam. Er rannte nach Hause zu, stürzte geradeaus, auf dem kürzesten Wege. Seine Füße hinterließen Spuren im Schnee und zeigten deutlich seinen Weg, doch er schaute sich nicht nach Verfolgern um. Ein Indianer rannte doppelt so schnell wie ein Weißer durch die Gegend, und hier konnte er frische Fußspuren verfolgen. Robert sah sich jedoch nicht ein einziges Mal um, während er rannte, um sein Leben zu retten: Er wußte nicht, ob jemand hinter ihm herkam. Doch wenn ihn der Indianer verfolgt hätte, wäre er bald eingeholt worden.

Er lief auch nicht langsamer, als er die Bucht des Sees erreichte und das Blockhaus seines Bruders erblickte. Er stürzte ins Haus hinein und sank mit lautem Keuchen auf dem nächsten Stuhl hinter der Tür nieder.

Es dauerte einige Zeit, bis Karl Oskar und Kristina erfuhren, was geschehen war: Er bekam nicht genug Luft, so daß er nicht sprechen konnte. Robert hatte keine Jagdbeute mit. Er schoß jedoch oft daneben und schluderte mit den Schüssen. Karl Oskar sah sich die Büchse an und stellte fest, daß der Lauf leer war.

»Was hast du geschossen?«

»Einen . . . einen Indianer . . .«

»Du lügst!«

»Nein . . . Aber er . . . er hat zuerst auf mich geschossen . . .«

Robert atmete allmählich langsamer und konnte hervorstottern: Heute sei er am Indianerkopf beinahe totgeschossen worden. Im Wipfel einer Birke habe ein Indianer gesessen und ihm aufgelauert. Er habe hinter einem großen Strauch Dekkung gesucht, aber der Indianer habe mit mehreren Pfeilen nach ihm in dem Strauch geschossen. Er habe sich zur Wehr gesetzt und den Schuß aus der Büchse abgegeben. Dann sei er, so schnell ihn seine Beine getragen hätten, fort und hier nach Haus gerannt.

»Ist keiner hinter dir hergekommen?«

»Nein! Nicht daß ich gesehen hätte. Deswegen glaube ich, daß er heruntergefallen ist . . .«

Karl Oskar machte ein ernstes Gesicht. Er sagte aber nichts, weil er Kristina nicht ängstigen wollte. Er ging mit seinem Bruder vors Haus und verhörte ihn genauer über all das, was sich am Indianerkopf ereignet hatte.

Da der Indianer im Baumwipfel ihn nicht verfolgt hatte, glaubte Robert, daß der Schuß getroffen habe – der Indianer habe die Kugel in den Leib bekommen und sei von der Birke heruntergefallen, wie ein Auerhahn herunterkomme, der bei der Balz geschossen sei.

»Hast du gesehen, daß er herunterfiel?« fragte Karl Oskar.

»Nein . . . Ich bin nur weggerannt.«

»Du weißt nicht, ob du ihn getroffen hast? Gebe Gott, daß du danebengeschossen hast!«

Und Karl Oskar sagte seinem Bruder besorgt, was er ihm im Hause nicht hatte sagen wollen: »Hast du einen Indianer erschossen, dann hast du uns alle unglücklich gemacht!«

Er hatte oft genug Robert ermahnt, den Indianern, soviel er könne, aus dem Wege zu gehen und sie in keiner Weise zu kränken. Bisher war alles gutgegangen, und sie hatten hier in der nahen Nachbarschaft des Chippewavolkes sicher gelebt. Wenn Robert heute beim Indianerkopf mit Pfeilschüssen überfallen worden war und zurückgeschossen hatte, um sich zu verteidigen, konnte ihn niemand tadeln. Doch wenn er dabei einen der Kupferhäutigen verletzt oder getötet hatte, würden die Verwandten des Indianers aus dem Stamm gleich Rache nehmen und es sie entgelten lassen, was Robert getan hatte – da würden sie bald von ihren nächsten Nachbarn hören.

»Es kann uns schlecht ergehen! Wir müssen jetzt vorsichtig sein!«

Karl Oskar durchlebte die nächsten Tage und Nächte in Furcht: Wann würden die Indianer zu seinem Blockhaus kommen, um Rache zu nehmen? Und wie könnte er rechtzeitig Hilfe herbeirufen, wenn sie kämen?

Unten bei St. Paul lag die Festung, Fort Snelling, die die Amerikaner gegen die Indianer gebaut hatten, und darin sollte es etwa hundert Soldaten geben, die die weißen Ansiedler schützen sollten. Von hier waren es aber dreißig Meilen bis zur Festung, und lange bevor die Bitte um Hilfe hinkam, konnten die Indianer ihnen alles erdenkliche Böse antun – sie ermorden und ihr Haus niederbrennen. Sie konnten die Menschen in der anderen Siedlung benachrichtigen – aber was wollten jetzt, selbst wenn sie zusammen waren, vier, fünf Männer gegen den ganzen Indianerschwarm draußen auf der Insel ausrichten?

Karl Oskar entfernte sich in den nächsten Tagen nicht von seiner Wohnung und war gegen alles Verdächtige in der Nähe auf der Hut. Und er konnte seine Besorgnis wegen der Wilden nie beschwichtigen, er wagte nicht, ihnen zu trauen. Sie hatten sie hier zu dicht auf dem Pelz.

Nach einigen Tagen geschah jedoch etwas, was ihm Erleichterung brachte und ihn beruhigte: Die Indianer brachen ihre Zelte draußen auf der Insel im Ki-Chi-Saga ab, sie räumten ihr Lager und zogen nach Süden. Sie hatten dort auf der Insel ihr Herbstlager gehabt, und jetzt bei Anbruch des Winters begaben sie sich in andere Gegenden.

Die schwedische Familie im Blockhaus hatte die Kupferhäutigen nicht mehr in ihrer nächsten Nachbarschaft.

4

Die Wochen vergingen, und Karl Oskar begann, das Abenteuer seines Bruders mit dem Indianer im Baumwipfel zu vergessen.

Eines Tages war er mit der Büchse unterwegs und beschlich Waldvögel und kam am Indianerkopf vorbei. Er schaute zu dem Sandsteinfelsen hinauf: Schneewehen hatten sich auf die Stirn des Indianers gelegt und bildeten weiche, dichte Augenbrauen, und auf dem Scheitel trug er eine glitzernde Krone aus Schnee. Die Sommerkrone des Indianers war grün, seine Winterkrone war weiß.

Doch die Augen Karl Oskars bekamen gleich etwas anderes ins Blickfeld: eine junge Birke, die dicht unterhalb des Felsens wuchs. Er sah etwas im Wipfel der Birke.

Er ging näher näher heran, um besser zu sehen: Dort hing eine Gestalt im Baumwipfel, dort hing ein Mensch, ein Indianer. Es war ein unbeweglicher und erstarrter Indianer, ein steifgefrorener und steifgewordener menschlicher Körper. Der Wind hatte den Schnee vom Körper weggefegt, in der Luft war kein Leichengeruch zu spüren, die Kälte hatte die Leiche gegen die Verwesung in Schutz genommen.

Roberts Indianer hing noch da. Er hatte schon mehrere Wochen lang hier auf dem Baum gehangen. Er war so tot, wie ein Wesen nur sein konnte. Der Schuß hatte also getroffen: Das Unglück, das Karl Oskar befürchtet hatte, war eingetroffen. Doch die Stammesbrüder des Indianers wußten wohl nicht, was ihm widerfahren war: Sie hatten den Toten nicht entdeckt. Oder warum waren sie nicht gekommen, um sich an ihnen zu rächen?

Dann erblickte er in dem Birkenwipfel etwas, was nicht stimmte. Er ging noch näher heran, bis an den Baum, und schaute nach oben.

Nun wurde auf einmal das ganze Ereignis klar, nun wußte er, warum sie von dem Besuch rachedurstiger Wilder verschont geblieben waren:

Der Indianer war da oben auf dem Baum aufgespießt: Der Hals des Toten war von der Spitze der Birke durchstochen. Diese war abgehauen und zugespitzt und ragte im Nacken heraus. Die weiche Spitze des jungen Baumes war wie ein Bogen gebogen. Der Indianer hing dort, durch den Hals aufgespießt wie ein toter Fisch, dem man mit einem Gabelzweig die Kiemen durchstochen hat. Karl Oskar fiel ein, was er von der Art der Indianer gehört hatte, ihre Toten im Winter aufzubewahren, wenn der Boden gefroren war und das faule Volk sich nicht die Mühe machen wollte, Gräber auszuheben: Sie hängten ihre Toten in die Bäume, so hoch, daß die wilden Tiere nicht an die Leichen herankommen konnten. Der Tote war von seinen eigenen Stammesbrüdern für den Winter auf der Birke angebracht worden.
Karl Oskar verließ den Indianerkopf; von ihm aus sollte die Leiche unbehelligt hängenbleiben, er mischte sich nicht in die Angelegenheiten der Indianer. Doch nun kannte er die Wahrheit über das Abenteuer seines jüngeren Bruders: Robert war mit Pfeilen eines Indianers beschossen worden, der aufgespießt und tot in einem Baumwipfel hing, er war, durch einen toten Indianer eingeschüchtert, atemlos nach Haus gerannt.
Und nun fiel Karl Oskar die Geschichte seines Bruders auf der ›*Charlotta*‹ vom Sklavenhandel des Kapitäns ein. Damals hatte er seinen Verdacht gehabt, doch nichts Sicheres gewußt. Diesmal hatte er die Beweise: Robert log und erfand, er war jemand, der etwas erdichtete, ein verderbter Lügner.
Als er nach der Jagd wieder nach Hause gekommen war, nahm er sich ihn vor: »Du hast doch gesagt, daß der Indianer auf dem Baum mit Pfeilen nach dir geschossen hat?«
»Ja. Er schoß mehrere Pfeile in den Strauch«, erwiderte Robert ganz bestimmt.
»Aber keiner hat dich getroffen?«
»Nein. Sie gingen in den Strauch.«
»Der Indianer hat schlecht gezielt. Und das ist nicht erstaunlich. Denn er war tot. Er hängt noch tot oben an der Birke. Die Spitze ist ihm in den Hals gestochen!«

Karl Oskar nahm seinen Bruder zum Indianerkopf mit und zeigte ihm die Leiche des Indianers in der Jungbirke. Er hatte die Beweise vorgelegt, und dann wurde er streng und ernst: »Du hast wieder gelogen! Er hat keinen einzigen Pfeil auf dich abgeschossen!«
»Ich habe doch aber gehört, wie sie im Strauch raschelten.«
»Das war sicher der Wind, der raschelte.«
»Es waren Pfeile. Ich habe es bestimmt gehört.«
»Du hörst auf dem einen Ohr schlecht. Du erfindest Lügen. Du erfindest alles mögliche. Aber jetzt mußt du zurücknehmen!«
»Es stimmt doch alles! Ich schwöre es dir, Karl Oskar . . .!«
Für Robert war die Wahrheit über den Indianer im Baumwipfel unveränderlich: Er habe drei Pfeile auf ihn geschossen, sein Ohr habe sie in die Zweige des Ahornstrauches sausen hören. Vielleicht sei er, als er geschossen habe, noch nicht tot gewesen. Er habe aber nicht gesagt, daß der Pfeilschütze gerade auf dieser Birke hier gesessen habe: Es könne ein anderer Indianer gewesen sein, der auf einem anderen Baum gesessen habe. Und das sei ein lebender Indianer mit einem Bogen in seinen Händen gewesen. Er ändere nicht ein Wort, das er gesagt und geäußert habe, er nehme nichts zurück. Sein älterer Bruder wurde dadurch ärgerlich und tief bekümmert: Nicht genug damit, daß Robert log, er war so hartgesotten, daß er bei seinen Lügen verharrte. Es sah geradezu so aus, als hätte er selbst an den Überfall beim Indianerkopf geglaubt, da er von Schreck gepackt so atemlos auf dem kürzesten Wege nach Hause gerannt war.
Karl Oskar wies jetzt seinen Bruder streng zurecht und ermahnte ihn: Sei er so verderbt, daß er Wahrheit und Lüge nicht unterscheiden könne, so gänzlich verderbt, daß er selbst an seine Lügen glaube? Wenn er so weitermache, lüge und erfinde und zusammendichte, würde schließlich niemand mehr ein einziges Wort glauben, das er sage, es würde ihm kein einziger Mensch glauben. Und wenn keiner ihm trauen könne, würde er von allen schlecht gelitten sein, und es würde ihm

hier in Amerika schlechtgehen. Er müsse das jetzt selbst begreifen und es sich gesagt sein lassen: Er müsse sich ändern und bei der Wahrheit bleiben, bevor er sich selbst in ein nicht wiedergutzumachendes Unglück stürze.

»Du bist nicht mein Vormund!« sagte Robert.

»Wenn du aber hier keinen andern hast. Ich bin ja dein älterer Bruder.«

»Du sollst dich nicht um mich kümmern, nur ...«

Robert wollte nicht begreifen, daß Karl Oskar sich für seinen Bruder verantwortlich fühlte, wo sie sich in einem fremden Land befanden, wo er keine Eltern hatte, die über ihn wachten. Doch könne er sich hoffentlich nichts anderes vorstellen, als daß sein eigener Bruder ihm wohlwolle? Warum könne er nicht zugeben, daß er gelogen habe, und versprechen, daß er es nie wieder tun wolle? Es sei ja nur um seiner selbst willen, daß er es tun müßte, nicht um eines anderen willen, nur zu seinem eigenen Besten ...

Robert verharrte jedoch bei dem, was er gesagt hatte: Sein Ohr habe gehört, wie die Pfeile des Indianers hinter ihm her in den Ahornstrauch am Indianerkopf geflogen seien, mindestens dreimal habe er ihr Sausen gehört, und was sein Ohr gehört habe, sei und bleibe Wahrheit für ihn.

Ein Indianer war zwischen die Brüder getreten. Karl Oskar hatte mit eigenen Augen gesehen, daß er tot war; für Robert blieb er lebendig. Sie hörten auf, von ihm zu sprechen, erwähnten ihn danach nicht mehr, aber er stand weiter zwischen ihnen.

Robert war seit seinen Kinderjahren von weicher Natur gewesen; Karl Oskar wußte, daß er nicht die rechte Ausdauer bei der Arbeit besaß: Er machte, was man ihm sagte, aber ohne Lust und Freude. Er hatte keine Veranlagung für die Landwirtschaft. Bei seinen Verrichtungen benahm er sich zuweilen, als ob er weder sähe noch hörte, als ob er mitten am helllichten Tage im Schlaf umherirrte. Karl Oskar hatte schon lange diese Fehler bei seinem Bruder festgestellt, aber geglaubt, sie würden verschwinden, wenn er heranwüchse und verständiger würde. Nun wurden sie nach der Auswanderung immer gefährlicher für ihn; wer in diesem Einwandererland weiterkommen wollte, durfte nicht weichlich sein, er durfte sich nicht wie ein Schlafwandler bewegen, er mußte ausdauernd in seinen Anstrengungen sein, und er brauchte einen klaren und wachen Kopf.

Nun kam obendrein diese verstockte Verlogenheit, die für Robert gefährlicher war als irgend etwas anderes – sie konnte ihn geradewegs und ohne, daß ihm zu helfen war, ins Verderben führen.

Seit dem Ereignis mit dem Indianer im Baumwipfel fing Karl Oskar an, wegen seines jüngeren Bruders ernstlich besorgt zu sein: Vielleicht wäre es für das zukünftige Leben Roberts besser gewesen, wenn er zu Hause geblieben wäre.

Der Kalender der Einwanderer

1

Der November brachte unbeständiges Wetter, und kalte Tage wechselten mit milden ab. Es gab nur kleinere Schneefälle. Doch Anfang Dezember brach der erste Schneesturm herein, der vier Tage und vier Nächte lang um das Blockhaus tobte. Vor dem ungestüm dahinjagenden nördlichen Wind suchte alles Lebende seine Verstecke und Unterschlüpfe. Der Schnee fiel nicht, er kam in riesigen Mengen herunter und kehrte fort und brach um, wurde von der mächtigen Schleuder des Windes geschleudert, die über die Erde dahinbrauste. Das lebende Wesen, das sich gegen diese Schleuder bewegen wollte, war gezwungen, sich zu ducken und sich am ehesten kriechend fortzubewegen. Und der Nordsturm brachte eine Kälte mit, die durch Mark und Bein ging und das Blut in den Adern langsamer werden und erstarren ließ.

Bei diesem Unwetter ging niemand aus dem Hause, der nicht unbedingt mußte. Es war ein Unternehmen, die Türe zu öffnen. Karl Oskar mußte morgens, mittags und abends zu der Bretterhütte gehen, um der Kuh Lady Wasser und Futter zu geben. Es waren kaum mehr als hundert Schritt vom Wohnhaus zu dem kleinen Viehstall, doch bereits am ersten Tage des Schneesturmes war er nahe daran, sich unterwegs zu verirren. Der Schnee peitschte die Lider, daß er die Augen schließen mußte, alles um ihn herum war Schnee, stiebender Schnee, er bewegte sich in einer dichten, fliegenden Schneewolke, in der er wie ein Blinder umhertastete. Er sah keinen Schritt weit vor sich, und er wurde, was die Richtung betraf, unsicher und irrte eine ganze Weile umher, ehe er die Hütte fand.

In den erbarmungslosen Schneestürmen, die hier tobten, konnte er vor seiner eigenen Haustür in die Irre gehen. Und

wenn er zwischen dem Wohnhaus und dem Viehstall weder vorwärts noch zurück fand, entstand die Gefahr, daß er im Schnee liegenblieb und erfror.
Karl Oskar brachte zwischen seinen Häusern ein Leitseil an. Aus Lindenbast drehte er ein starkes Seil, das er mit dem einen Ende an der Tür des Blockhauses und mit dem anderen an der der Bretterhütte befestigte. So leitete ihn das Seil das kurze Stück Weges hin und zurück; er hielt sich mit beiden Händen daran fest, nun konnte er sich nicht verirren. Jedesmal, wenn er während des Schneesturmes zur Tür hinaustrat, kam er sich wie ein Taucher vor, der mit einem Seil in den Händen sich auf den Meeresgrund hinabläßt – ohne sein Seil wäre er verloren gewesen.
Während des tobenden Unwetters molk er auch für Kristina die Kuh. Lady gab immer noch jedesmal fast anderthalb Liter Milch, so daß jedes Kind täglich einen guten halben Liter Milch bekam. Es reichte nicht so weit, daß die Erwachsenen Milch zu trinken bekamen. Karl Oskar hatte noch nie auf dem Melkschemel gesessen; er mußte eine Tätigkeit lernen, die hier von den Männern verrichtet wurde. Um bei schwer zu melkenden Kühen die Milch aus den Zitzen zu drücken – dazu waren kräftige Hände erforderlich, und er fragte sich, warum dies seit alters den Frauen zugefallen war.
Ulrika war einige Tage im Haus geblieben und hatte in der Zeit, als Kristina nach dem Kindbett noch schwach war, die Kuh gemolken und den Haushalt besorgt. Die junge Frau kam jedoch bald wieder zu Kräften, so daß sie ihre Arbeit wieder aufnehmen konnte. Der gefürchtete Winter war gekommen, und sie mußte die meiste Zeit über im Hause bleiben; hier konnten bei den schwersten Unwettern kaum die Männer hinausgehen. Und für Kristina war auch der Schnee anders als in Schweden: Daheim waren die Flocken weich und sanft und legten sich wie Wattebäusche aufs Gesicht; hier waren sie hart und scharf und stachen wie Nadelspitzen in die Wangenhaut.
Karl Oskar hatte sich vorgenommen, daß sie in diesem Winter im Blockhaus nicht frieren sollten. Vor der Tür hatte er

Brennholz in hohen Stapeln aufgeschichtet, zerhauene Kiefern, die abgestorben gewesen waren – ein guter und wärmender Brennstoff. Solange sie das Feuer auf dem Herd unterhielten, war es im Hause warm. Aus dem trockenen Holz spaltete er auch große Bündel von Leuchthölzern, die an den Wänden angebracht und angezündet und als Lichte benutzt wurden, mit denen man wegen der Feuersgefahr jedoch vorsichtig umgehen mußte.
Im Innern des Hauses sah es langsam aus wie in einer Tischlerwerkstatt. Karl Oskar saß drinnen und tischlerte und schnitzte Hausrat und Gerätschaften, Stühle, Eßgefäße, Schneeschippen, Heugabeln, Mistforken und Schaufeln. Er war des Abends noch lange auf, nachdem die anderen sich schlafen gelegt hatten. Und alles machte er aus Holz, es eignete sich für das meiste, wenn man damit umzugehen verstand, und wer von vorn anfing, mußte für die allermeisten Dinge Holz benutzen.
Er war bereits Tischler, Zimmermann, Maurer, Dachdecker, Seiler und Stellmacher gewesen, nun versuchte er sich in einem neuen Handwerk: Er wurde Holzschuhmacher. Ihre Lederschuhe fingen an, entzweizugehen, und sie konnten keine andere neue Fußbekleidung bekommen als Holzschuhe. Da es hier im Walde keine Erlen gab, fertigte er sie aus Ulmenholz; die amerikanische Ulme war weicher als die schwedische und ließ sich leicht verarbeiten. Doch niemand konnte ohne eine mehrjährige Lehrzeit leichte und bequeme Holzschuhe anfertigen. Karl Oskar hatte keine Lehrzeit und auch nicht die erforderlichen Werkzeuge. Die Schuhe, die unter seinen Händen entstanden, waren plump und den Füßen schlecht angepaßt, aber sie waren zu gebrauchen. Er machte für jeden in seinem Haushalt ein Paar Holzschuhe, für drei Große und drei Kleine. Das vierte und kleinste Kind mußte mit seinen Schuhen warten, bis es gehen konnte: Für seinen neugeborenen Sohn fertigte Karl Oskar statt dessen eine Wiege an, einen runden, ausgehöhlten Holzklotz, den er auf Kufen setzte.

Dann begann er, den Tisch anzufertigen. Er hatte sich vorgenommen, einen prächtigen Eßtisch zu tischlern, der hübsch und solide, gut gearbeitet und dauerhaft zugleich war, einen Tisch, an den er Gäste bitten konnte, ohne daß er sich zu schämen brauchte. Deswegen arbeitete er an diesem neuen Möbelstück lange und sorgfältig. Er hieb den breitesten Eichstamm zu, den er auftreiben konnte; der wurde zur Tischplatte; darauf setzte er ihn mit einem anderen, kleineren Eichenstammstück zusammen, das der Fuß des Tisches wurde. Die Platte hobelte er eben und glatt, damit sie keine Splitter in die Finger bekämen, wenn sie daran äßen. Es machte ihm auch viel Mühe, den Fuß zurechtzuschneiden, der so gleichmäßig und gut auf dem Fußboden stehen sollte, daß der Tisch sich nach keiner Seite neigte.

Und er nahm sich reichlich Zeit für den Tisch, weil er an den Wintertagen genügend Muße hatte.

Wenn Karl Oskar seine Hände ruhen ließ, nahm er sich auch Zeit, in den drei Büchern zu blättern und zu lesen, die sie aus Schweden mitgenommen hatten: der Bibel, dem Gesangbuch und dem Kalender. Es waren zwei große dicke Bücher und ein kleines dünnes Buch. Die beiden großen Bücher enthielten geistliche Speisen und waren die Wegweiser der Seele für die Ewigkeit, und das kleine Buch diente als ihr Wegweiser in der vergänglichen Zeit. Karl Oskar hatte meist das kleine dünne Buch, den Kalender, benutzt, und nun, wo man beim letzten Monat des Jahres angelangt war, war es sehr mitgenommen und abgegriffen. Jeden Sonntag lasen Kristina oder er selbst den Evangelientext des Tages aus dem Gesangbuch, aber jeden Sonntag schaute er auch eine Weile in den Kalender, so daß er den Lauf der Zeit verfolgen und sich im Kalenderjahr zurechtfinden konnte. Und in dem Kalender hatte Karl Oskar ein Zeichen bei allen Tagen gemacht, an die sie sich aus dem bald verflossenen Jahr erinnern wollten: beim 6. April, als sie ihre alten Wohnungen verließen, beim 14. April, als sie in Karlshamn ihr Vaterland verließen, beim 23. Juni, als sie in Nordamerika ankamen, und beim 31. Juli, als sie nach Minne-

sota Territory kamen. Seit sie hier hergekommen waren, waren Kreuze gemacht beim Tage des Einzugs in das Haus, bei der Geburt des dritten Sohnes und bei dem Tag, als die geliehene Kuh Lady zum letztenmal den Bullen des Deutschen Fischer angenommen hatte.
Doch das Jahr 1850 ging seinem Ende zu, und wenn das alte Jahr sich neigte, würde auch ihr Kalender zur Neige gehen. Einen neuen schwedischen Kalender konnten sie nicht auftreiben, und einen amerikanischen konnten sie nicht lesen und entziffern. Karl Oskar legte sich die Frage vor: Wie sollten sie es anstellen, den Lauf der Zeit zu verfolgen, die Tage, Wochen und Monate im nächsten Jahr? Er mußte ein Hilfsmittel ersinnen. Einen Kalender für ein Jahr anzufertigen war schwerer, als einen Eßtisch herzustellen, der ein ganzes Menschenalter überdauerte. Doch ohne den Kalender würde er sich in der Zeit ganz verloren vorkommen.

2

Und Weihnachten stand vor der Tür – für Kristina ein seltsames Weihnachtsfest, ein Weihnachtsfest in einer anderen Welt, ein Weihnachtsfest fast ohne Weihnachtsvorbereitungen. Kein Schwein war zu schlachten, kein Bier zu brauen, keine große Backerei zu erledigen. Sie wollten aber das Fest begehen und als getaufte Menschen die Geburt des Erlösers feiern, so gut sie es jetzt konnten. Sie sagte zu ihrem Mann: Sie dürften sich in diesem Jahr nicht daran kehren, was äußerlich sei, an Essen und Trinken und das Leibliche, sie wollten das Fest innerlich feiern, in ihrem Innern wollten sie in diesem Jahr das Fest begehen.
Sie scheuerte den Fußboden des Hauses, so daß er blendend weiß war, sie kochte ihre Unterkleidung in Aschenlauge, so daß sie alle zum Fest reine Sachen anziehen konnten, sie brachte an den Wänden frisches grünes Kiefernreisig an und schmückte alles im Innern des Hauses, so gut sie konnte. Aus

einem jungen Baumstamm, an dem noch rundherum die Zweige saßen, fertige Karl Oskar einen Leuchter mit fünf Armen, ein Einfall, für den ihn seine Frau sehr lobte.

Er hatte versprochen, daß sie ihr Weihnachtsfest um einen Tisch feiern würden, und er hielt sein Versprechen: Noch am Morgen des Heiligen Abends nahm er mit dem Hobel die letzten Feinarbeiten an dem Eßtisch vor. Er war etwas stolz auf sein Werk, denn es war das erste ordentliche Möbel, das er mit seinen Händen gemacht hatte, und als es schließlich von Kristina geprüft wurde, sagte sie: Dieser solide Eßtisch aus Eichenholz würde sicher so lange halten, daß nicht nur sie selbst, sondern auch ihre Kinder und Kindeskinder ihr ganzes Leben hindurch alle ihre Mahlzeiten an ihm einnehmen könnten.

Während Karl Oskar am Truhendeckel gegessen hatte, war er sich vorgekommen wie ein Altenteiler oder ein Untermieter bei anderen Menschen. Die Füße unter einem eigenen Tisch ausstrecken zu können, erhöhte das Selbstvertrauen: Jetzt hatte er richtig einen Hausstand gegründet, jetzt war er in dem neuen Lande sein eigener Herr geworden.

Der neue Eßtisch wurde von der Siedlerfamilie mit dem Abendessen am Heiligen Abend eingeweiht. Und Kristina fand es auch: Sich zu einer Mahlzeit um eine alte Truhe zu versammeln, sei bei weitem nicht dasselbe wie sich an einen Tisch zu setzen. Der fünfarmige Leuchter wurde hingestellt; sie hatten nur für drei Arme Talglichte aufgehoben, doch die drei angezündeten Kerzen leuchteten ihnen weihnachtlich genug. Sie hatten für den Weihnachtsbrei, den sie in süße Milch tunkten, ein Pfund Reis gekauft. Das war ihr einziges Weihnachtsgericht, doch sie aßen ihren Reisbrei mit einem innigen Festgefühl: Mit seinem Duft und Geschmack rief er die Erinnerungen an die Feier des Heiligen Abends in der Heimat hervor.

Sie saßen schweigend und still da. Weihnachtsfeste in vergangenen Jahren traten über die Schwelle, festliche Abende, an denen die ganze Familie zusammengekommen war, und mit der Erinnerung kamen all die, die an diesen Abenden mit am Tisch gesessen hatten. Die Angehörigen zu Hause standen ihnen heute abend lebendiger vor Augen denn je. Und sie sprachen von dem Brief aus Schweden, auf den sie warteten. Wie lange würde es noch dauern, bis sie etwas von ihren Eltern und Geschwistern erführen? Der Brief aus Schweden war nicht mehr angekommen, ehe der Fluß sich mit Eis bedeckte und die Postbeförderung mit dem *packet* für den Winter aufhörte. Nun konnte er erst im Frühjahr kommen, und das war eine lange Wartezeit für sie, bevor sie etwas von ihren nächsten Angehörigen in der Heimat erfuhren.

Heute abend sah Karl Oskar in der Erinnerung seine Eltern, wie er sie gesehen hatte, als er sich an dem Morgen, da sie ihr Haus verließen, auf dem Pferdefuhrwerk umdrehte: Vater und Mutter standen nebeneinander auf der Vortreppe und schauten den Fahrenden nach, sie standen ganz unbeweglich, wie zwei Standbilder. In dieser Stellung würden sie für ihn verbleiben; sie konnten sich nicht mehr rühren, sich nicht mehr von der Stelle bewegen, sie standen da und sahen ihren fortfahrenden Söhnen nach, wie zwei tote Gegenstände, wie in Stein gehauen. Es war, als könnten die Eltern in seiner Vorstellung kein Leben mehr erhalten.

Das kam vielleicht daher, daß er in seinem Innersten wußte, er würde ihnen hier auf Erden nie mehr begegnen.

Es kam ihm ein Gedanke, der ein Gedanke blieb, den er nicht aussprach: Vater und Mutter können vor langem schon beide tot und begraben sein, ohne daß wir etwas davon erfahren haben . . .

Nach dem Essen holte Kristina die Bibel, um das zweite Kapitel des Lukasevangeliums zu lesen, den Absatz, der in ihrem Elternhause immer am Weihnachtsabend von ihrem Vater zur Erinnerung an die Geburt des Erlösers gelesen wurde: »Und als sie daselbst waren, kam die Zeit, daß sie gebären sollte.

Und sie gebar ihren ersten Sohn und wickelte ihn in Windeln und legte ihn in eine Krippe; denn sie hatten sonst keinen Raum in der Herberge . . .«

Kristina begann, das Evangelium des Weihnachtsabends Karl Oskar und Robert vorzulesen, doch nach einigen Sätzen war es ihr, als hätte sie nur für sich selbst gelesen: Es ging zu allererst sie selbst an, es ging sie viel mehr an als die, die zuhörten. Es war die Niederkunft der Jungfrau Maria in dem Stall in Bethlehem, die sie so überwältigend an das Kindbett erinnerte, das sie selbst vor kurzem durchgemacht hatte. Es sah so aus, als sei auch für Maria die Stunde ganz überraschend und ohne sich anzukündigen gekommen, obwohl die Zeit heran war. Sie befand sich auf der Reise, und da konnte sie wohl nicht ihr Kindbett erwartet haben. Doch Maria hatte sich in noch ärmlicheren und elenderen Verhältnissen befunden als sie selbst. Sie hatte doch ihr Kind in einem Bett in einem Wohnhaus gebären dürfen, Maria hatte auf Heu und Stroh in einem Stall bei den Tieren in einem Verschlag gelegen. Und sie selbst hatte eine gute und liebevolle Hebamme gehabt, aber die Bibel erwähnte nicht, daß Maria eine Geburtshelferin bei sich im Stall gehabt hatte. Und sie fragte sich, woher die Mutter des Erlösers die Windel bekommen hatte, in die sie ihr Kind wickelte, bevor sie es in die Krippe legte. Hatte sie sie im voraus zurechtgemacht und auf die Reise nach Bethlehem mitgenommen? In der Bibel wurde von allem in so kurzer Form erzählt, sie machte sich oft Gedanken über das, was sie las, und legte sich Fragen vor. Sie vermutete, daß die Jungfrau Maria um die Kleider für ihren Erstgeborenen ebenso große Sorgen gehabt hatte wie sie selbst bei ihrem neugeborenen Kind. Vielleicht hatte auch sie ihren Unterrock auftrennen müssen, als sie die Windel für Jesus zurechtmachte?
Zum erstenmal seit zwanzig Jahren schlief Kristina am Morgen des ersten Feiertages; seit ihrer frühesten Kindheit war sie zu jedem Weihnachtsfest an diesem Morgen ganz früh in der Kirche gewesen. Sie heiligten aber die beiden Weihnachtsfeiertage und ruhten von aller Arbeit im Hause aus. Brennholz war vor den Feiertagen hereingeholt worden; sie brauchten nur die Scheite auf den Herd zu legen und das Feuer zum Kochen zu unterhalten und ihr Essen zuzubereiten.

Am dritten Weihnachtsfeiertag erhielten sie unerwarteten Besuch. Die Schweden-Anna und Samuel Nöjd kamen auf einer Schleife hinter den Ochsen der Holzkompanie angefahren. Sie hatten das Fuhrwerk zusammen gemietet; die Weihnachtstage paßten für Besuche der Landsleute untereinander, und die Gäste wollten das erste Kind sehen, das unter den zugewanderten Schweden hier im St.-Croix-Tal geboren worden war. Der Junge war jetzt sieben Wochen alt, er war gesund und munter, er trank so viel wie er bekommen konnte, und wollte immer noch mehr haben. Die Mutter hatte genug Nahrung für ihn, und er nahm sie zu sich, und beides tat ihr wohl: Was konnte sie mehr verlangen? Sie hätte ohne Milch sein und das Kind hätte keinen Appetit haben können.

Die Schweden-Anna betrachtete das zarte Kind, als hätte sie ein Gotteswunder gesehen, und wollte es die ganze Zeit in ihren Armen halten. Und die Gäste schenkten jeder dem Jungen eine Glücksmünze, jeder einen Silberdollar.

Die Eltern waren aber in Verlegenheit: Wie sollten sie es anstellen, daß ihr Letztgeborener getauft wurde? Soweit sie wußten, gab es im ganzen Territorium keinen schwedischen Pfarrer. Karl Oskar fand, daß Danjel Andreasson ihrem Sohn die Taufe geben könnte: Er sei in der Religion ebenso erfahren und in seinem Lebenswandel ebenso fromm wie ein Pfarrer. Der Propst Brusander daheim habe ihnen verboten, Danjel als Paten für Harald zu nehmen, da er aus der Kirchengemeinde ausgeschlossen sei, doch jetzt, wo der Propst keine Macht mehr über sie habe, müßten sie den Ausgestoßenen für den Schimpf entschädigen und ihn ihrem letztgeborenen Sohn die heilige Taufe geben lassen. Kristina war ihrem Onkel sehr zugetan und schätzte ihn ebenso hoch wie Karl Oskar, aber sie war ängstlich wegen seiner früheren Irrtümer in der Religion und erhob die Frage, ob er schon die rechte Einstellung habe. Und dann habe sie sich immer vorgestellt, daß die heilige Taufe durch einen für das Predigtamt geweihten Pfarrer, der mit Talar und Beffchen angetan sei, vollzogen werden müsse. Karl Oskar erwiderte jedoch: Wenn Danjel die

Taufe so vollziehe, wie es in ihrem eigenen schwedischen Gesangbuch stehe, völlig nach den Worten im Buche, müsse sie Gültigkeit besitzen; sie seien ja selbst nach der Vorschrift im Gesangbuch getauft.
Kristina hatte sich ein paarmal gefragt, ob nicht eine Taufe durch einen amerikanischen Pfarrer, wenn er die rechte Lehre besäße, dieselbe Wirkung habe wie die durch einen schwedischen. Sie hatte an den Pastor Jackson in Stillwater gedacht, der im vergangenen Sommer, als sie vom Dampfschiff an Land kamen, so gut zu ihnen gewesen war.
Jetzt teilte sie ihren Gedanken der Schweden-Anna mit und wollte sie um Rat fragen: Könne es etwas ausmachen, wenn ein Kind in englischer Sprache getauft werde? Sei da ein Unterschied? Jesus nehme es wohl ebenso gern an? Vor dem Herrn seien wohl alle Sprachen gleich?
Die Schweden-Anna schaute sie bestürzt an: »Du weißt wohl nicht, was du sagst? Willst du dein Kind zum Baptisten werden lassen?«
»Baptisten . . .?«
»Weißt du nicht, daß der Pastor Jackson Baptist ist?«
»Nein. Das hat mir keiner gesagt . . . Liebe, gute Anna – kann das stimmen?«
»Da kannst du fragen, wen du willst!«
Ja, das sei die lautere Wahrheit, erklärte die Schweden-Anna: Jackson sei Pastor der Baptistengemeinde in Stillwater. Er sei also ein Sektierer, ein Wiedertäufer, ein Irrlehrer, der den Antichrist verkünde. Von allen Sektierern seien die Baptisten die gefährlichsten, denn sie tauften die erwachsenen Menschen noch einmal und raubten ihnen die Kraft der Taufe, so daß sie auf ewig verloren seien.
Und die Schweden-Anna wurde vor Angst blaß; sie stellte sich vor die Wiege des Ungetauften, als wollte sie ihn gegen Gewalttäter schützen: »Wenn du den Pastor Jackson das Kind taufen läßt, gibst du es statt Jesus dem Teufel!«
Kristina war ebenso bestürzt wie ihr Gast. Sie war aber auch äußerst verwirrt: Wie könne dieser Pfarrer in Stillwater ein

falscher Lehrer sein, der Menschen zu ewiger Verdammnis, zum ewigen Feuer, taufte? Von allen Amerikanern, die ihr begegnet seien, sei er der gütigste und hilfsbereiteste, er habe ihnen damals im Sommer so viel Gutes getan. Und sie erzählte jetzt davon, wie gut er zu ihr und den Kindern und ihnen allen gewesen sei, wie er mit ihren Kindern gespielt und ihr geholfen habe, ihnen die nassen Sachen auszuziehen. Er könne doch kein schlechter Mensch, ein Wiedertäufer sein, der kleine Kinder dem Erzfeind überliefere?

»Doch, das ist er ja gerade!« versicherte die Schweden-Anna überzeugt. »Alle Baptisten sind Werkzeuge des Erzfeindes!« Und das müßte Kristina doch begreifen: Er habe sie damals im Sommer nur umgarnen wollen, er wolle alle Ankömmlinge in seine falsche Religion hineinlocken, sie noch einmal taufen, sie dem Herrn Jesus abspenstig machen. Deswegen habe er ihnen Essen, Wohnung und Nachtquartier gegeben, deswegen spiegele er alle Güte vor, die er vorspiegeln könne, deswegen sei er so nett zu den Kindern, während in Wirklichkeit der Teufel in seinem Herzen sitze und vergnügt über die leicht zu übertölpelnden Tröpfe lache. So gehe es zu: Durch Falschheit und Täuschung bekomme die Lehre der Baptisten ihre Bekenner. Und sie müsse ein für allemal wissen, daß die reißenden Wölfe des Geistes ihr gräßliches Fell mit einem Schafpelz bedeckten, wenn sie auf Seelenfang ausgingen! Wenn sie genauer hinschaute, würde sie sehen, wie das Teufelsfell hinten im Genick des Pastors Jackson in Stillwater herausgucke.

Und die Schweden-Anna nahm noch einmal den kleinen Ungetauften aus der Wiege und hielt ihn fest und unerschütterlich in ihren Armen: Ehe dieses Kind den Wiedertäufern überantwortet würde, wollte sie es selbst den Eltern rauben!

Übrigens tauften die Baptisten wohl keinen Menschen, bevor er erwachsen sei.

Doch Kristina konnte nichts begreifen, sie wurde nur immer verwirrter. Sie fühlte im Innern, daß es nicht die ganze Wahrheit war, die sie über den Pfarrer in Stillwater gehört hatte, auch wenn es stimmte, daß er eine falsche Religion lehrte: Er

konnte selbst irregeleitet sein und in seiner ehrlichen Einfalt an seine Lehre glauben.
Nun konnte es nicht in Frage kommen, daß Karl Oskar und Kristina mit ihrem letztgeborenen Sohn nach Stillwater fuhren. Doch nicht nur um des ungetauften Kindes willen war es für sie an der Zeit, einen Pfarrer ausfindig zu machen. Für ihr Seelenleben brauchten sie eine Predigt, und Kristina mußte nach ihrem Kindbett eingesegnet werden, so daß sie in einer Kirche Gott für die Güte danken konnte, die Er ihr mit dem Kind erzeigt hatte. Sie brauchte den Segen des Herrn, so daß sie sich Ihm im Heiligtum wieder vertrauensvoll nahen konnte. Wenn eine Wöchnerin einem Pfarrer nur die Hand geben könnte, würde sie dadurch nach ihrer Niederkunft gereinigt und geheiligt sein. Dann hatten es alle Erwachsenen nötig, nach der langen Zeit, die vergangen war, seit sie ihren Heimatort verlassen hatten, die Gnadenmittel zu genießen. Sie suchte sich aber damit zu trösten, daß der Herr ihnen ihre lange Säumnis nicht als grobe Verstocktheit in Sünden anrechnen könnte, wo sie in einer Wildmark ansässig waren und nicht zu Seinem Tisch gelangen konnten. Sie selbst beunruhigte es sehr, daß sie keine Vergebung für ihre Sünden durch das Abendmahl erhielt. Sie wollte jedoch annehmen, daß Gott sie milde ansehe, weil er gewagt hatte, ein neues Menschenleben ihrer Pflege anzuvertrauen.
Der Junge war jetzt aber so alt, daß die Eltern es nicht mehr verantworten konnten, ihn ungetauft zu lassen: Sie waren auf jeden Fall verpflichtet, ihr Kind bald dem Herrn und Erlöser zu übergeben.
Und so kamen sie schließlich überein, Danjel Andreasson zu bitten, am Silvestertage bei ihnen zu Hause die Taufe vorzunehmen. Kristina wollte Ulrika in Västergöhl bitten, die Patenschaft zu übernehmen und das Kind über die Taufe zu halten, und nach kurzem Zögern stimmte Karl Oskar zu.
Der Vater machte aus Eschenholz für seinen Sohn eine kleine hübsche Taufschale. Sie konnten sie später als Speiseschüssel benutzen. Die Mutter nähte für den Kleinen aus einigen Stük-

ken, die von dem aufgetrennten Brautunterrock noch übriggeblieben waren, ein Taufkleid, und sie wusch das Kleid und stärkte es mit Talg und Kartoffelstärke so gut sie konnte, so daß es ordentlich sauber und weiß wurde. Schneeweiß sollte das Gewand eines Kindes sein, wenn der Erlöser es bei der Taufe aufnahm.

Sie hatten noch nie eine Taufe in ihrem Heim gehabt, und nun kamen sie sich vor, als sollten sie in ihrem eigenen Haus zur Kirche gehen. Sie zogen ihre besten Sachen an und machten sich sorgfältig zurecht, und im Hause wurde gekehrt und gescheuert und aufgeräumt. Sie konnten diesmal keinen Schmaus veranstalten, denn sie konnten sich kein Festessen leisten; sie luden keine anderen Gäste ein als den Taufenden und die Patin. Jetzt mitten im Winter war es auch umständlich, sich von einem Haus zum anderen zu begeben. Sie wollten nur ein einfaches Taufessen veranstalten. Das einzig Notwendige und Wichtige war, daß das Kindlein seine Taufe nach dem reinen lutherischen Bekenntnis erhielt.

Und am Nachmittag des Silvestertages ging die Kindtaufe im Blockhaus vor sich. Eltern, Täufer und Patin standen zusammen um den Eßtisch herum, wo das einzige Leinentuch des Hauses von daheim, frischgewaschen und frischgeplättet, aufgedeckt war. Vor der heiligen Handlung hatte Kristina dem Jungen die Brust gegeben; sie hatte eine ganze Weile mit ihm dagesessen und hatte ihn jeden Tropfen Milch, den sie besaß, aussaugen lassen, so daß er ruhig bliebe, während er das Sakrament der Taufe empfing. Sie gab danach das Kind der Patin. Der Junge war jetzt satt und zufrieden, und er blieb still und befriedigt brabbelnd an Ulrikas breiter Brust liegen.

Ulrika hatte die Bedeutung der Aufgabe erfaßt, mit der man sie heute betraut hatte, und sich sorgfältig auf sie vorbereitet. Sie stand ernst und schweigsam da und ließ Danjel Andreasson allein sprechen.

Kristina hatte ihren Onkel gebeten, die Taufe wortgetreu nach dem Gesangbuch vorzunehmen, genauso, wie es in dem Absatz ›*Von der Taufe*‹ stehe. Und Danjel tat, wie man ihn ersucht hatte: Er benutzte nur die gedruckten Worte des Buches, nicht ein einziges, das er selbst hinzugefügt hätte. Er sprach das Vaterunser und bekannte den christlichen Glauben, auf den das Kind getauft werden sollte, er las die drei Artikel des Glaubensbekenntnisses von Anfang bis zu Ende vor. Darauf legte er vorsichtig seine Hand auf den Letztgeborenen Karl Oskars und Kristinas, auf den Kopf des Kleinen, und redete ihn an und fragte ihn mit den Worten des Gesangbuches: »Kind! Willst du auf diesen Glauben getauft sein?«

Der Junge brabbelte zufrieden, wie er in den Armen Ulrikas lag; er war nach der letzten großen Mahlzeit mit Muttermilch so voll, daß ihm die Nahrung in kleinen weißen Rinnsalen am Kinn entlang wieder aus dem Munde zu fließen begann. Er pruschte sie seiner Patin an der Brust auf die Jacke. Und auf die Frage des Taufenden antwortet das Kind nur mit einem lauten Rülpsen.

Doch Ulrika antwortete statt seiner mit den Worten des Buches, die sie als Vorbereitung auf die Taufe gelernt hatte: Ja, er wolle auf diesen Glauben getauft werden. Nun nahm Danjel den Jungen aus den Händen der Patin; dreimal füllte er seine Hand mit Wasser aus der Holzschale auf dem Tisch und begoß damit seinen mit feinem Flaum bedeckten Scheitel. Er taufte einen Menschen im Namen des dreieinigen Gottes – nicht nur mit Wasser, sondern mit dem Wort, das mit und bei dem Wasser war, als eine wirksame göttliche Kraft.

Der Junge begann heftig zu schreien, da er mit dem Begießen unzufrieden war. Kristina hatte genau darauf geachtet, daß das Wasser gerade richtig lauwarm war, weder zu warm noch zu kalt für die empfindliche Haut auf dem Scheitel des Kindes. Doch die Einwände des Kleinen gegen das Wasser waren laut und mitten in der Handlung störend. Da kam Ulrika darauf, ihm ihren Daumen in den Mund zu stecken. Er fing an, daran zu saugen wie an einer großen mütterlichen Brustwarze; er wurde gleich ruhig.

Schließlich wandte sich Danjel an Ulrika: Wenn die Eltern nicht dazu in der Lage seien, sei es Sache der Patin, das neuge-

taufte Kind zu beaufsichtigen und darauf zu achten, daß es getreulich die Taufgelöbnisse halte, die es heute abgelegt habe. Und sie sprach ihr ›Ja‹ mit lauter Stimme, sie versprach, allem nachzukommen, was Gott hier von ihr verlange.
Die Eltern des Kindes standen daneben und verfolgten alles und konnten darauf achten, daß alles nach den gedruckten Worten und Vorschriften des Gesangbuchs vor sich ging: Diese Taufe erfolgte völlig ordnungsgemäß und richtig.
Nun war die Taufe vollzogen: Die reine lutherische Lehre hatte im St.-Croix-Tal einen neuen Bekenner erhalten.
Der kleine amerikanische Mitbürger in der Neusiedlung am Ki-Chi-Saga wurde auf die Namen Nils Oskar Danjel getauft. Sie wollten ihn Danjel rufen. Die drei Namen erhielt er nach dem Großvater väterlicherseits, seinem Vater und dem, der ihn getauft hatte, dem Onkel seiner Mutter. Alle drei waren gute schwedische Namen. Ulrika hatte ihm bei der Taufe einen vierten Namen, einen amerikanischen, geben wollen, weil er im neuen Vaterland zur Welt gekommen sei. Die Eltern fanden jedoch, daß sie mit amerikanischen Namen bis zu einem anderen Mal, vielleicht bis zur nächsten Kindtaufe, warten könnten: Der Junge sei jedenfalls bereits in Schweden entstanden.
Nach der heiligen Handlung betete die Patin ein eigenes stilles Gebet zum Herrn des Himmels um das Wohlergehen des Neugetauften im Leben. Sie fügte abschließend hinzu: Möge der Allmächtige immer seine Hand über Nils Oskar Danjel halten, so daß er niemals Schaden nähme oder ihm nachteilige Folgen daraus entstünden, daß er in Schweden erzeugt sei.
Das war am letzten Tag des Jahres, Anno 1850 war zu Ende. Es war das bisher bemerkenswerteste Jahr im Leben der Einwanderer.

3

Das Neujahr 1851 begann im Territorium mit starken Stürmen und Schneegestöbern, denen große Schneefälle folgten. Der Schnee türmte sich so hoch um die Wände des Hauses, daß er die Fenster verdeckte und bis an den Dachfirst reichte. Karl Oskar Nilssons Blockhaus erhob sich dort am Waldrand wie eine große, bucklige Schneewehe, die von außen kaum so aussah wie eine menschliche Behausung. Und dort drinnen lebten die Bewohner des Hauses wie in einer Grube vergraben.

Sie hatten von einem Neusiedler erzählen hören, der die Tür seines Hauses so aufgehängt hatte, daß sie nach außen aufging. Nach einem anhaltenden Schneefall konnte er sie nicht öffnen. Er war drei Wochen lang in seiner Behausung eingesperrt, und er war beinahe verhungert, bevor der Schnee wegzuschmelzen begann, so daß er hinausgelangen konnte. Daheim wurden die Haustüren immer so angebracht, daß sie nach innen aufgingen und man am besten gegen ein Eindringen gesichert war. Der eingeschlossene Neusiedler konnte also kein Schwede gewesen sein.

Nach großen Unwettern mußten die Männer angestrengt arbeiten, um den Schnee vor der Tür wegzuschaufeln und Wege zu bahnen – zum See, zur Hütte, zur Wasserstelle am Bach. Sie beseitigten den Schnee vor den Fenstern, aber die hohen Schneemauern, die sich an den Wänden angesammelt hatten, ließen sie liegen, denn sie schützten gegen den Wind und hielten die Wärme im Hause.

Wenn nach den Stürmen wieder Ruhe eingetreten war, kam eine Zeit mit gleichmäßig strenger Kälte. Die Luft war kalt und rein wie eine Quellader, und der Atem fühlte sich in der Brust an wie verschluckte stechende Brocken von Klareis. Die Kälte riß und kratzte mit scharfen Frostklauen. Auf dem festen Harsch, der erwachsene Männer auf seinem schimmernden Rücken trug, entstanden leicht begehbare Wege durch das Land. In der windlosen Stille der Nächte verschärfte sich

der Frost zu einer klirrenden Kälte unter einem sternenfunkelnden Himmel.
Vor dem Erfrieren waren sie auf der Hut. Im Blockhaus wurde Tag und Nacht das Heizfeuer unterhalten. Das Kochfeuer allein wäre gegen die Strenge der Kälte nicht ausreichend gewesen. Wenn das Feuer auf dem Herd in der späten Nacht einige Stunden erloschen gewesen war, spürte man drinnen morgens gleich die schneidende Kälte: Die Kinder steckten nicht gern ihre Nase aus der Bettdecke heraus, wenn es noch nicht wieder auf dem Herd brannte. Am liebsten hielten sich Große und Kleine nahe am Feuer, nahe an dem guten, gesegneten Feuer auf.
Es machte den Eindruck, als hätten sich alle Tiere in unsichtbare Verstecke verzogen. Die Wasservögel auf dem See waren seit langem fort, und fort waren die Tiere, die sich auf dem Erdboden bewegt hatten: Verschwunden waren alle Wildkaninchen und Eichhörnchen, fort waren die *rabbits* und *squirrels* und *gophers*. Auch die *crickets* hörte man nicht mehr quietschen und ihr ungeschmiertes Wagenrad drehen: Der Kreischhüpfer hatte sich bis weit in den November hinein im Grase vernehmen lassen, doch nun war er endlich verstummt.
Und die Neueingewanderten am Ki-Chi-Saga wunderten sich darüber, wie die kleinen empfindlichen Tiere des Waldes diesen Winter und diese unbarmherzige Kälte überleben konnten. Hier machte es ja schon erwachsenen Menschen dauernde Mühe und erforderte ständige Wachsamkeit, sich am Leben zu erhalten.

4

Und mit dem alten Jahre ging der Kalender zu Ende, für die Einwanderer war jetzt die schwedische Zeit beendet. Sie hatten nichts, wonach sie sich richten konnten, wenn sie die Tage und Namenstage verfolgen und zwischen Wochentagen und Feiertagen unterscheiden wollten.

Robert hatte eine Eingebung: Er konnte den alten Kalender für 1850 vornehmen und nach ihm den Lauf der Tage im neuen Jahr ausrechnen. Er konnte einen neuen Kalender schreiben, der für das ganze Jahr 1851 galt. In Schweden war es ja streng verboten, einen anderen Kalender zu benutzen als den, den die Obrigkeit druckte und verkaufte, doch in Nordamerika hatten sie eine volksfreundliche Regierung, und hier konnten sie also ganz frei und ungestraft nach ihrem eigenen Kalender leben. Wenn er erst einmal einen angefertigt hatte, konnte er ihn abschreiben und noch mehr davon herstellen und sie dann an die anderen hier hergezogenen Schweden verkaufen, die sich mit Beginn des neuen Jahres auch nicht mehr in der Zeit zurechtfanden.

Karl Oskar gab seinem Bruder einige Bogen Schreibpapier, das er gekauft hatte, als er den Brief nach Schweden schreiben wollte. Robert kniffte jeden Bogen zweimal und schnitt ihn auf, und darauf heftete er die Blätter mit Nadel und Faden zu einem kleinen Heft zusammen. Es wurde ein zurechtgeschnittener und zusammengenähter Kalender, der ungefähr so groß war wie der alte. Dann nahm er Feder und Tinte und füllte alle Blätter mit seiner Schrift.

Die Arbeit zerstreute Robert an den langen dunklen Wintertagen, und in einer Woche schrieb er einen Kalender zusammen, der für ein ganzes Jahr reichte. Mit den Buchstaben der Aufschrift gab er sich große Mühe, damit sie so aussähen wie die Aufschrift auf dem alten Kalender.

In allen Kalendern gab es einen Abschnitt, der zur Aufklärung und zum Nutzen des Volkes darin abgedruckt war; für Anno 1850 hieß die Überschrift: *Über die Bewässerung von Wiesen und die Düngung.* Daher begann auch Robert seinen Kalender mit einem Abschnitt, der gute Aufklärung vermitteln und guten Nutzen stiften sollte: Er brachte eine Beschreibung von Nordamerika hinein, die er nach Aufzeichnungen, die er aufgehoben hatte, schon lange hatte anfertigen wollen. In seiner Beschreibung hatte er alle älteren, falschen und fehlerhaften Beschreibungen der Neuen Welt geändert.

KALENDER

auf das Jahr
nach der Geburt des Erlösers Jesu Christi
1851

welches Jahr man als das fünftausendacht-
hundertdreiundfünfzigste seit Erschaffung der Welt ansieht.
Für den Stockholmer Horizont,
gelegen bei 59 Grad 20 ½ Minuten Polhöhe.

Ohne Seiner Königl. Majestät
Gnädigste Verordnung
oder Genehmigung herausgegeben, geschrieben
und zusammengenäht
von Axel Robert Nilsson aus Schweden.
Im Jahre 1850 ausgewandert nach N. Amerika.

NEUE BESCHREIBUNG
DER VEREINIGTEN STAATEN
VON NORDAMERIKA

Wahrheitsgemäß aufgezeichnet
nach eigener Anschauung an Ort und Stelle.
Begonnen auf der Reise mit dem Dampfschiff
auf dem Mississippi-Fluß am 27. Juli 1850.

Erster Abschnitt

Ein Schiffer namens Christoffer Columbus war der erste weiße Mann, der die Vereinigten Staaten von Nordamerika fand. Columbus kam fast vierhundert Jahre vor mir nach der Nordamerikanischen Republik, und er zeigte allen anderen Einwanderern und Schiffern den Weg nach hier. Er wurde später ins Gefängnis geworfen und streng bestraft.

Nordamerika ist ein sehr großes und geräumiges Land. Wenn das ganze Königreich Schweden hier herüberkäme, wäre es nicht zu sehen. Hier geht die Sonne des Abends sechs Stunden später unter als in Schweden, was daher kommt, daß die Uhren sechs Stunden nachgestellt sind. Das Land ist aber so groß und umfangreich, daß die Sonne nicht überall zur gleichen Zeit untergehen kann. Weit westlich in Nordamerika geht sie erst mehrere Stunden nach Einbruch der Dunkelheit unter.

Die Menschen in Nordamerika sprechen alle englisch, was daher kommt, daß sie sich in der Weise von Englands Tyrannei frei gemacht haben, indem die Leute das Blei des Standbildes des englischen Königs in New York zu Gewehrkugeln einschmolzen. Die englische Sprache wird auch die Sprache der Stotterer genannt, weil es einem Menschen, der stottert, am leichtesten fällt, sie zu sprechen. Die meisten Wörter sind nämlich kurz, und wenn sie lang sind, sollen sie beim Sprechen abgehackt werden, und wer stottert, wenn er spricht, denkt leichter als andere daran, die Wörter im richtigen Augenblick abzuhacken.

Die Gewässer des Landes sind an vielen Stellen voller ansteckkender Krankheiten, und im Sommer ist es vielenorts heiß und ungesund. Es ist besser, Land im Wald zu nehmen, wo die Seen voller Fische sind, als sich in den großen Ebenen niederzulassen, wo die Flüsse voller Schüttelfrost und Fieber sind.

Man kann Pferd und Wagen kaufen und bequem durch Nordamerika fahren, aber das ist teuer und nimmt durch das große Land lange Zeit in Anspruch. Statt dessen kann man ohne Gefahr für sein Leben mit dem Dampfwagen fahren. Da braucht man auch keinen Führer, sondern der Dampfwagen bewegt sich selbst auf dem vorgeschriebenen Wege, ohne daß sich der Fahrende darum zu bekümmern braucht. Zwei Geleise in Nordamerika werden ein Weg genannt. Dampfschiffe werden auf allen Flüssen schneller vorwärtsgetrieben, als das Wasser fließt. Sie werden auch Packets genannt, weil sie Pakken von Post befördern. Im Winter liegt das Eis oben auf dem fließenden Wasser und macht den Schiffen jedes Vorwärtskommen unmöglich.

Das Gerücht, daß weiße Einwanderer nach Nordamerika als

Sklaven verkauft und zum Hundetürken geschickt werden, entspricht nicht der Wahrheit. Das habe ich nach Untersuchungen an Ort und Stelle sicher feststellen können.
Schwarze Menschen werden zu ihrem vollen Wert angeboten und verkauft, aber die weißhäutigen sind nicht gefragt und sind im Handel wertlos.

Zweiter Abschnitt

Die ältesten amerikanischen Menschen im Lande sind Wilde und werden Indianer genannt. Sie sind am Körper nicht rot, wie fälschlich geschrieben worden ist, sondern braun. Weil sie eine andere Körperfarbe haben als die weißen Amerikaner, wollen sie kein ordentliches und arbeitsames Leben führen. Wenn die Braunen getötet werden sollen, leisten sie zuweilen einen ungestümen Widerstand und überfallen die weißen Neusiedler. Die Indianer, die zahm sind, laufen überall mit grauen Decken über dem Kopf frei umher.
Die Indianer sind Heiden, aber sie essen keine Menschen, wie es Heiden in ihrem Unverstand zu tun pflegen, sondern einen wilden Grassamen, der Reis genannt wird und der zwischen dem Schilf in den Seen wächst. Die Körner sind klein, und es nimmt daher viel Zeit in Anspruch, sich an ihnen sattzuessen. Als Zukost essen die Indianer dieselbe Speise wie Johannes der Täufer draußen in der Wüste, geröstete Heuschrecken und wilden Honig und andere größere und kleinere Tiere. Doch wenn sie im Walde einer gefährlichen Klapperschlange begegnen, sagen sie freundlich zu ihr: Geh du deiner Wege, dann gehe ich meiner Wege! Und sie töten sie nicht.
Die Erwerbszweige der Indianer sind die Jagd und Ackerbau von der Art, der ohne Arbeit erledigt werden kann. Auf kleinen Ackerstücken bauen sie ein Korn an, das keine Ähren hat, sondern lange Kolben, weil dieses Korn Arbeit spart und nicht mit dem Flegel gedroschen zu werden braucht. Die Indianer malen alle Farben auf ihre Äxte. Sie benutzen die Äxte aber nicht dazu, Bäume umzuhauen und Brennholz zu hauen, sondern Menschen und Tieren die Schädel zu zerschlagen. Wenn

der Indianer einen Feind in der Nähe sieht, schneidet er ihm gleich die Kopfhaut vom Schädel, darauf hängt er die Haut mit dem Kopfhaar zum Trocknen vor sein Zelt, wenn schönes Wetter ist. Wer die meisten Kopfhäute hinaushängt, ist der Oberste des Stammes. Häute ohne Kopfhaar sind wertlos und werden nicht gerechnet. Glatzköpfigen wird nicht die Kopfhaut abgezogen, sondern sie laufen frei umher.

Die Indianer sind im Schießen mit dem Bogen sehr gewandt. Sogar wenn sie auf einen Baum geklettert sind und ihnen der Hals vom Baumwipfel durchbohrt ist, können sie mehrere Pfeile abschießen. Dann treffen sie jedoch selten ihr Ziel.

Bei den Indianern sind die Männer am klügsten und verständigsten. Die Frauen verrichten alle Arbeit.

Alle Menschen in Nordamerika sind Duzbrüder ohne Rücksicht auf Stellung und Reichtum und Lage. Das Wort *You* in der englischen Sprache bedeutet du, und es wird ju ausgesprochen; das sagen alle ungestraft zueinander ohne Gefahr. Es ist nicht verboten, beim Grüßen die Kopfbedeckung abzunehmen, aber es ist erniedrigend für die Nordamerikanische Republik und ist nicht üblich.

Hierzulande betrachtet man es nicht wie in Schweden als vornehm und herrschaftlich, zu zeigen, daß man wohlhabend ist und am Körper dick und fett. In Nordamerika ist ein magerer Mensch ebenso angesehen und geachtet wie ein wohlbeleibter und fetter. Die Rinder in den Vereinigten Staaten genießen eine so gute Weide, daß manchmal die Hörner von ihnen in dem hohen Gras nicht zu sehen sind. Alle Haustiere sind groß und schön und sehr teuer. Auch die Frauen in Nordamerika sind selten und stehen hoch im Kurse.

Häusliche Prüfungen werden in der Nordamerikanischen Republik nicht abgehalten. Das habe ich nach Untersuchungen an Ort und Stelle feststellen können.

Die Obrigkeit in Amerika ist nicht wie in Schweden ewig und allmächtig, was daher kommt, daß sie nicht wie in Schweden von Gott verordnet ist. Die Obrigkeit gibt es zwar, aber man sieht sie nicht.

Die Regierung der Republik benutzt nicht den Katechismus, um das Volk gehorsam zu erhalten. Niemand braucht einem anderen zu gehorchen, wenn er nicht mordet oder stiehlt. Wenn ein Mann in Nordamerika einem anderen gehorcht, was manchmal vorkommt, kommt das daher, daß er noch zu sehr Schwede ist.

Die Entfernung von Schweden nach Nordamerika macht ein Viertel des Umfangs der ganzen Erde aus, was die meisten Schweden daran hindert, nach hier auszuwandern.

Bei dieser meiner neuen Beschreibung der Vereinigten Staaten von Nordamerika im Kalender für Anno 1851 bin ich mit keinem Wort von der Wahrheit abgewichen.

Mutter soll Brot backen!

1

Die eine schwedische Ansiedlung hatte ihren Namen, Neu-Kärragärde, erhalten, aber die andere war noch ungetauft. Danjel riet Karl Oskar, sein eigenes Vorbild zu befolgen und sein Anwesen nach dem elterlichen Hof in Schweden Neu-Korpamoen zu nennen. Doch Karl Oskar erwiderte: Korpamoen sei der letzte Name, den er seinem neuen Wohnsitz geben würde. Er wolle hier nicht an seine sechs vertanen Jahre in diesem Steingewirr erinnert werden. Er wolle in Amerika kein neues Korpamoen haben, er habe von dem alten in Schweden genug bekommen. Sie wollten einen Namen ausfindig machen, der für den neuen Wohnsitz besser paßte. Und diese Taufe hier sei nicht so eilig, es sei nicht wie mit der Taufe des Jungen: Sie wollten einem Stück Land einen Namen geben, nicht eine Menschenseele taufen.
Danjel meinte auch, daß er den See bei seinem Heim umtaufen müßte: Er selbst würde nicht an einem See mit einem abscheulichen heidnischen Namen wohnen. Er müßte dem Ki-Chi-Saga einen frommen schwedischen Namen geben, den ein christlicher Mensch ohne Widerwillen in den Mund nehmen könne.
Karl Oskar entgegnete: Da er an einer kleinen Bucht des großen Gewässers Ki-Chi-Saga wohne, wäre es vermessen von ihm, dem ganzen See einen Namen zu geben. Solange er allein an dem See siedele, müsse die Umtaufe noch zurückgestellt werden: Eines Tages werde er an den fruchtbaren Ufern des Ki-Chi-Saga sicherlich Mitsiedler bekommen.
Die Menschen in den beiden einsamen Siedlungen leisteten einander jeden möglichen Beistand. Der Winter war ihnen eine Hilfe, wenn sie einander besuchen wollten: Solange der Harsch trug, machte er den Fußweg durch den Wald leichter, als wenn der Boden ohne Schnee war.

Ulrika kam mitunter zum Blockhaus am Ki-Chi-Saga, um zu sehen, wie ihr Patenkind nach der Taufe wachse und gedeihe. Einmal kam sie zusammen mit der Schweden-Anna, und die beiden Frauen gerieten in einen heftigen Wortwechsel über Sektierer und religiöse Schwärmer.
Die Schweden-Anna sagte: »Ich danke dem Herrn, daß Er den Jungen vor dem Wiedertäufer in Stillwater gerettet hat!«
Ulrika fuhr auf und verbat sich, daß sie etwas Schlechtes über Pastor Jackson sagte. Denn man könne von einem Mann, der so edelmütig und barmherzig und mildtätig sei wie er, nur Gutes sagen. Keiner hätte von ihm annehmen können, daß er Pfarrer sei: Er habe ihr einen Eimer abgenommen und sei selbst nach Wasser gegangen. Und dann gehe es niemand etwas an, welche Lehre er habe, ob er Lutheraner oder Baptist, Methodist oder Adventist sei: Wenn ein Mann wie Pastor Jackson eine Religion predige, mache er sie zur richtigen Religion, wenn sie es bis dahin nicht gewesen sei.
Nun solle die Schweden-Anna es ein für allemal erfahren. Sie, Ulrika, sei selbst von dem Augenblick an, als sie zu Danjel gekommen sei, Sektiererin gewesen; sie hätte ihr Patenkind ebensogern bei Pastor Jackson in Stillwater zur Taufe getragen.
Die Schweden-Anna war ganz entsetzt: Ulrika hatte sich von der reinen lutherischen Lehre fort verirrt und war bereits in den Schlingen des Erbfeindes verstrickt. Denn keine anderen als die Lutheraner waren in der Religion auf dem rechten Wege und lebten, wie sie sollten, nach den zehn göttlichen Geboten auf den steinernen Tafeln.
Wie lebten die Lutheraner in Schweden? fragte Ulrika dagegen. Daheim gälten Gottes Gebote nur für arme und einfache Leute. Die Pfarrer wagten nie, die hohen Herrschaften zu tadeln, was sie auch täten. Wenn die hohen Herren hundertmal am Tage gegen alle zehn Gebote Gottes verstießen, würden sie doch nie von den Kanzeln zurechtgewiesen. Und wenn der Bischof in Växjö bei seinen Visitationen sich auf den Pfarrhöfen Mägde so vornehme, daß die Bettböden auseinander-

krachten, gebe es im Bistum keinen Pfarrer, der darüber zu mucksen wage. Ja, wenn der König in Schweden nicht nur alle göttlichen Gebote im Katechismus überträte, sondern dazu alles täte, was unzüchtig und tierisch und widernatürlich sei, würden sich alle Pfarrer trotzdem ebenso tief vor ihm verneigen und ihn jeden Sonntag nach den Worten des Gesangbuches preisen und segnen, obwohl sie die Wahrheit kennten. Denn der König sei es, der ihnen die Pfarrstellen gebe. So sei die lutherische Pfarrerschaft, und so werde sie bleiben, sagte Ulrika.

Doch die Schweden-Anna war eine strenge Lutheranerin; die beiden Frauen konnten sich nicht miteinander anfreunden.

Schon in den Weihnachtsfeiertagen hatte Jonas Petter Kristina gesagt, daß Anders Månsson sich mit Ulrika in Västergöhl verheiraten wolle. Als Ulrika nächstes Mal zu Besuch kam, fragte sie sie, ob das stimme.

»Das stimmt: Der Månsson will mich heiraten.«

»Kann ich dir Glück wünschen, Ulrika . . .?«

»Nein!« erklärte das Freudenweib. »Denn ich gedenke mich nicht mir ihm zu verheiraten.«

Anders Månsson hatte um Ulrika angehalten, und sie hatte für das Angebot gedankt und nein gesagt.

»Ist er nicht aber ein freundlicher und gutmütiger Mann?« sagte Kristina.

»Er ist freundlich und gutmütig. Er ist aber kein Mann. Deswegen lasse ich diesen Tanz aus!«

Kristina empfand Mitleid mit dem Sohn der Fina-Kajsa, der hier so lange in der Abgeschiedenheit der Wildmark gewohnt hatte. Er war auch so wortkarg und verschlossen, als hätte er sich über etwas gegrämt. Bereute er vielleicht seine Auswanderung, obwohl er nichts verlauten ließ? Karl Oskar hatte gesagt, daß irgend etwas bei ihm nicht stimmen könne, weil er auf seinem Neuland nicht weitergekommen sei. Er kam eben gerade durch: In diesem Winter hatte er von Danjel dreißig Dollar geborgt. Wer schon fünf Jahre hier war, hätte, wenn die richtigen Kräfte in ihm gesteckt hätten, schon so weit

kommen müssen, daß er kein Geld von neu Angekommenen zu leihen brauchte. Bei Anders Månsson steckte irgend etwas dahinter.
Ulrika sagte: Fina-Kajsas Sohn sei zu ihnen so hilfsbereit gewesen, als sie im vergangenen Sommer hier hergekommen seien und kein Dach über dem Kopf gehabt hätten, und sie finde, daß er ein netter Kerl sei. Und er könne ihr ja ein Heim bieten. Sie brauchte ihm aber nur die Hand zu geben, dann spüre sie, daß er nicht richtig sei, wie Männer sein müßten. Es fehle ihm etwas, ob es bei ihm nun im Schädel, im Rückgrat oder anderswo sei. Etwas, was ein Mann haben müsse. Es sei nur etwas, was sie spüre, und sie pflege richtig zu spüren. Denn die Männer habe sie in- und auswendig kennengelernt. Und hier in Amerika habe man eine so große Auswahl an Männern, daß sie nicht den ersten Freier, der ankomme, zu nehmen brauche. Und sie sei erst kürzlich hier hergekommen, sie müsse sich etwas Bedenkzeit nehmen, bevor sie sich ihren Gatten aussuche. Gott werde ihr sicherlich helfen, einen auszuwählen, wenn die Zeit heran sei, daß sie sich trauen lasse.
Sie habe aber Anders Månsson getröstet, so gut sie könne. Sie habe versprochen, nichts von seinem abgelehnten Antrag zu erzählen, und sie habe das Versprechen gehalten, denn sie sei kein so ekelhaftes und widerliches Weib, daß sie herumlaufen und sich damit aufspielen müsse, daß man sich um sie bemühe. Der Månsson habe jedoch zunächst Jonas Petter gebeten, ihm als Brautwerber behilflich zu sein, und dieser Quatschkopf habe natürlich nicht den Mund halten können ... Er hätte bestimmt selbst um sie angehalten, wenn er nicht schon eine Frau in Schweden gehabt hätte. Denn er laufe hier umher und wisse nicht aus noch ein und sei unbeschreiblich geil.
Während der Harsch noch trug, gingen Karl Oskar, Danjel und Jonas Petter eines Tages gemeinsam durch die Wälder nach Stillwater. Die schwedischen Neusiedler benutzten die englischen Wörter, die sie inzwischen gelernt hatten, als sie jetzt bei der Landbehörde in der Stadt anmeldeten, daß sie

sich als *squatters* in Minnesota Territory niedergelassen hätten, und die Orte ihrer neuen Wohnsitze angaben. Und sie erhielten bei der Landbehörde den Bescheid, daß Landmesser im Sommer zu ihnen hinauskommen und ihre *claims* abstekken und ausmessen würden.

In Stillwater besorgten sie auch ihre Saatgutkäufe für das Frühjahr. Schon jetzt mußte das Saatgut bestellt und bezahlt werden, wenn es rechtzeitig eintreffen sollte. Karl Oskar gab den Rest seiner Barschaft für Roggen und Gerste aus, die er säen wollte, und für Kartoffeln zum Legen. Von dem Geld für seinen Hof, das Vieh und den Hausrat daheim hatte er noch fünfzehn Dollar – seinen letzten Geldbesitz wollte er im Frühjahr in die Erde senken, um im Herbst für den nächsten Winter ernten zu können und Nahrung zu haben.

Von Stillwater liefen Danjel und Jonas Petter in südlicher Richtung nach St. Paul weiter, um sich zusammen ein Paar Zugochsen zu kaufen, während Karl Oskar, der keine Mittel hatte, ein Gespann einzusetzen, nach Hause zurückkehrte. Nachdem sie fünf Tage fortgewesen waren, kamen seine Nachbarn mit einem Paar junger Ochsen, gut anderthalb Meter hoch, die sie für fünfundsiebzig Dollar erstanden hatten, zurück. Die Tiere hatten zu einer Herde gehört, die von Illinois nach St. Paul gekommen war. Sie waren ungezähmt und konnten noch nicht für Fuhren eingesetzt werden. Karl Oskar wurde zugesagt, daß er das neue Gespann leihen könne, wenn er im Frühjahr mit dem Pflügen beginnen wollte.

Auf der Wanderung von St. Paul nach Hause erfror Jonas Petter in der strengen Kälte die Nase, so daß er eine Weile in Stillwater bleiben und sich von einem Doktor behandeln lassen mußte.

Der Winter schritt vor, und die Lebensmittelvorräte begannen den Menschen, die am Ki-Chi-Saga von vorn anfingen, auszugehen. Sie näherten sich dem Boden der Mehltonne, und Kristina knappte den Erwachsenen im Haushalt das Brot ab und schnitt jedem jedesmal nur eine Scheibe ab. Bei den Kartoffeln begannen sie vom letzten Scheffel zu nehmen, und

Kristina teilte Kindern und Erwachsenen bei jeder Mahlzeit je zwei Kartoffeln zu. Noch hatten sie eine kleine Holztiene mit eingesalzenem Wildfleisch, und noch teilte sie, wenn sie essen wollten, nicht die Zukost zu. Doch frische Zukost vom Wild kam jetzt selten auf den Tisch: Es sah so aus, als sei das Wild während des strengen Winters aus der Gegend verschwunden. Die Indianer hatten reichlich Hunde, doch wer in dieser Jahreszeit ohne Hund auf die Jagd ging, kam oft ohne Beute zurück. Und die Kuh Lady versiegte immer mehr und gab nur noch zwei Drittel Liter Milch am Tage.
Und als das Eis sich auf den See und der Schnee sich auf das Eis gelegt hatte, war das Fischen kein Kinderspiel mehr. Während der See noch blank dalag, schlugen sie zu dieser Zeit laichende Hechte und machten gute Fänge: Wenn die Hechte unter der durchsichtigen Eisdecke umherhuschten, schlugen sie mit der stumpfen Seite der Axt zu. Der Schlag betäubte den Hecht, so daß er liegenblieb und den weißen Bauch nach oben kehrte, und es war leicht, ein Loch ins Eis zu hauen und ihn herauszuholen. Wenn der Schnee jedoch mehrere Fuß hoch auf dem See lag, waren Karl Oskar und Robert gezwungen, große Waken aufzuhauen, ehe sie fischen konnten. In den Waken kam meist der Katzenfisch an die Oberfläche, der sich leicht fangen ließ; sie konnten ihn ohne größere Mühe mit ihren von der Kälte roten und erstarrten Händen aus dem Wasser herausnehmen. Sein Fleisch fühlte sich aber tranig an, und er schmeckte schlechter als die anderen Fische des Sees. Der Katzenfisch hatte lange Schnurrhaare ums Maul, er hatte einen runden Kopf und knurrte und schnurrte, wenn er gefangen wurde, so daß sich niemand über den Namen wundern konnte.
Wenn Robert abends Katzenfisch gegessen hatte, behauptete er, der Fisch knurre und schnurre die ganze Nacht über in seinem Magen, so daß er nicht schlafen könne.
»Es ist besser, wenn ein Fisch in dir knurrt, als wenn der leere Magen knurrt!« sagte Karl Oskar.
Kristina kochte den Katzenfisch, briet ihn, salzte ihn, trock-

nete ihn, kochte von ihm Suppe und versuchte, ihn auf alle Weise schmackhaft zu machen. Sie aßen den Katzenfisch zu fast jeder Mahlzeit, er war ihre einzige frische Winternahrung, die einzige frische Zukost, und wenn ihr eingesalzener Fleischvorrat einmal zu Ende ging, würde er ihre einzige Zukost auf dem Tisch sein. Er sehe häßlich aus und schmecke nicht gut im Munde, wenn man ihn jeden Tag esse, aber es wäre undankbar, diesem Fisch, der denselben Schöpfer habe wie sie selber, etwas Schlechtes nachzusagen, fand Kristina: Wenn der Mensch hungrig sei, solle er ohne Murren und Klagen alles Eßbare verzehren, was er bekomme. Und der Katzenfisch sei ihnen jetzt treu, wo alle andere Zukost zu Lande und zu Wasser sie im Stiche lasse – sie müßten den bärtigen, rundköpfigen und knurrenden Fisch aus den Eiswaken auf dem See als eine Gottesgabe entgegennehmen, die ihnen helfe, das Leben über den Winter zu erhalten.

Roberts Kalender zeigte an, daß das Jahr bis zum Februar vorgeschritten war. Und die neu Eingewanderten stellten sich jeden Tag dieselbe alte Frage: Wie lange dauerte es noch bis zu der Jahreszeit, in der der Erdboden grün war, wenn die Gewässer frei wurden? Wie lange dauerte es noch, bis der Frühling vor der Tür stand?

Sie hatten Anders Månsson gefragt, der mehr Winter im Territorium verbracht hatte als irgendein anderer ihrer Landsleute, und er hatte geantwortet: Die Ankunft des Frühlings könne sich von einem Jahr zu anderen um mehrere Wochen verschieben. In einem Jahre gehe der Frost in der letzten Märzwoche aus der Erde, in einem anderen lasse das Auftauen des Erdreiches so lange auf sich warten, daß er einmal erst in der zweiten Aprilwoche den Pflug in die Erde habe senken können. Doch im Durchschnitt gehe das Eis auf dem St.-Croix-Fluß Ende März auf, und von dem Tage an, da das Wasser des Flusses frei fließe, rechne man den Einzug des Frühlings im St.-Croix-Tal.

So hatten sie noch zwei Wintermonate durchzumachen.

Die Siedler in dem Blockhaus am Ki-Chi-Saga heizten ihre Wohnung mit dem dauernden Feuer auf dem Herd und hielten sich gut gegen jede Witterung der Jahreszeit. Vor der Kälte hatten sie keine Angst mehr. Sie begannen aber den Hunger zu fürchten.

2

Kristina wußte es: Es war immer schwieriger, die Familie im Winter sattzumachen als im Sommer. Alle im Haushalt waren hungriger und aßen im Winter mehr. Im kalten Teil des Jahres verlangte der Mensch reichliche und kräftige Kost, die das Blut und den Körper wärmte. Und jetzt, als die Nahrung ihnen auszugehen anfing, waren alle in ihrem Haushalt, auch sie selbst, verhungerter als in einem früheren Winter. Der Magen tat ihr Tag und Nacht weh, und es geschah, daß sie nachts davon erwachte. Sie hatte aber die Verantwortung für das Essen; bevor sie selbst aß, mußte sie zusehen, daß die anderen genug zu essen hatten.
Kristina stand etwas vor den anderen vom Tisch auf, damit sie nicht in Versuchung käme, so viel zu essen, daß das Essen nicht mehr genügte, um die Kinder zu sättigen.
Sie war mit dem Brotmehl so zurückhaltend, daß sie sich kaum getraute, einige Fingerspitzen für die Tunke zu nehmen. Doch wie sie auch mit den kleinsten Mehlmengen haushielt, sie konnte die Tonne nicht tiefer machen. Es kam der Augenblick, da sie den Boden der Mehltonne reinkehrte, als sie den Teig zum Brotbacken machen wollte. Und es kam der Augenblick, da das aus diesem Mehl gebackene Brot aufgegessen war. Dann hatte sie nichts mehr, woraus sie Teig hätte machen können: Sie waren ohne Brot.
Eines Tages, als sie sich zum Essen setzten, fehlte das Brot auf dem Tisch. Keiner sagte etwas, niemand fragte nach dem, was man vermißte. Was hätte das genützt? Die Männer hatten schon lange auf das Mahl gewartet, bei dem das Brot fortblei-

ben würde. Doch sowohl Karl Oskar als auch Robert warfen dann und wann einen Blick auf die leere Stelle des Tisches, wo das Brot zu liegen pflegte. Es war, als hätten sie geglaubt, es werde plötzlich wieder auftauchen, während sie aßen.
Als es aber auch bei der nächsten Mahlzeit fehlte, fing der kleine Johan an zu murren: »Wo ist das Brot, Mutter? Ich will Brot haben!«
»Das Brot ist alle, mein Junge!« sagte die Mutter.
»Mutter soll Brot backen!« sagte Johan. »Denn ich will haben!«
Keiner am Tische sagte etwas, der Junge behielt das letzte Wort: »Mutter soll Brot backen!«
Kein Essen sättigt den Magen eines Menschen so wie Brot. Kein Essen schenkt eine so dauerhafte Sättigung wie Brot. Nichts kann an die Stelle des Brotes gesetzt werden, weder für groß noch klein. Und niemand fällt es schwerer, das Brot zu entbehren, als einem kleinen Menschenkörper, der wachsen soll.
Es ist für eine Mutter schwer, das eigene Kind abzuweisen, das ihr am Rock hängt und beharrlich quarrt: Mutter soll Brot backen ...!
Es war bei jeder Mahlzeit dasselbe, kein anderer sagte etwas, aber es war mehr, als Kristina ertrug. Sie wußte wohl, wie es bei ihnen bestellt war, daß sie das, was sie an Geld besaßen, verbraucht hatten. Sie mußte aber schließlich mit Karl Oskar darüber sprechen: Ihre Kinder brauchten Brot, wenn sie stark werden und den Winter überleben sollten. Wer wachsen und leben solle, brauche Brot. Und wenn sie einen kleinen Sack Mehl hätten, von dem sie backen könnten – nur einen kleinen Sack ...?
Das sei das, was er sich selbst dauernd durch den Kopf gehen lasse, wo jetzt das Brot auf seinem Platz auf dem Tisch fehle: einen Sack Brotmehl ... Doch alles, was sie noch an Barmitteln gehabt hätten, sei für das Saatgut draufgegangen, das er zum Frühjahr bestellt habe. Das Saatgut sei für sie notwendiger als irgend etwas anderes, denn das sei die Ernte des Jahres.

Wenn sie in diesem Winter das Geld für das Saatgut verbraucht hätten, wären sie im nächsten Winter verhungert.
Kristina erwiderte: Es komme wohl fast auf dasselbe heraus, in welchem Winter sie verhungerten – in diesem oder im nächsten. Was nütze ihnen das Saatgut im kommenden Frühjahr, wenn sie sich nicht bis zum Frühjahr ernähren könnten? Könnten sie ein Saatkorn, damit es keime, in die Erde legen, wenn sie bereits selbst unter der Erde lägen?
Karl Oskar sagte: Er wolle zu Danjel gehen und leihen. Er habe darüber nachgedacht: Das sei der einzige Ausweg. Er habe bei keinem anderen Kredit. Hier fragten alle nach Bargeld, nach *cash*. Wenn er etwas für einen einzigen Cent kaufen wolle, frage man, ob er cash habe. Cash sei ein englisches Wort, das er jetzt wohl verstehe – er habe inzwischen gelernt, was es heiße. *Cash, cash, cheap for cash* – wie viele Male habe er es doch gehört. *Cash, cash* – das klinge für seine Ohren wie das Knistern großer Dollarnoten. Er könne die Stimme hören, die dem Schotten Abbot im Kaufmannsladen in Taylors Falls gehöre: *Do you have cash, Mister Nelson?* Für einen Siedler hängt Leben oder Tod von *cash* ab.
Er schämte sich aber, als er, wieder um etwas zu leihen, zu Danjel Andreasson gehen sollte. Noch schuldete er dem Onkel seiner Frau fünfzig Reichstaler für die Hypothekenzinsen im Korpamoen, noch saßen ihm die daheim vertanen Jahre in den Knochen und belasteten ihn. Und nun stand Danjel auf seiner Ansiedlung nicht viel besser da als er selbst: Er hatte einen großen Haushalt zu versorgen, er hatte den halben Anteil an einem Paar Ochsen gekauft, er hatte Anders Månsson dreißig Dollar geliehen, er war so freigebig zu Ulrika und ihrer Tochter, er half anderen Menschen aus freien Stücken. Er hatte mit den Barmitteln, die er bei seiner Ankunft besessen hatte, schlecht hausgehalten, er war auch bald mittellos und entblößt.
Karl Oskar ging zu Danjel und kehrte mit fünf blanken Silbermünzen in der Hand, fünf Dollars, zurück: »Wir können uns einen Sack Brotmehl kaufen!«

Die Menschen in Taylors Falls kauften ihren Bedarf für den Winter im Herbst: bereits vor Weihnachten ging der Mehlvorrat im Laden Abbots zu Ende und würde nicht aufgefüllt werden, solange der Fluß zugefroren war. Karl Oskar mußte jetzt nach dem Sack Mehl bis nach Stillwater gehen, das war sechs Meilen weiter als bis Taylors Falls. Von dem Siedlerdörfchen an den großen Stromschnellen hatte er schon so viele Lasten heimgetragen, mit den Händen, auf den Schultern, auf dem Rücken hatte er getragen und sich abgemüht und geschleppt. Im letzten Halbjahr war er mehr gelaufen und hatte mehr getragen als in seinem ganzen Leben. Der Weg durch den Wald nach Taylors Falls betrug aber nur neun Meilen, und nach Stillwater war er fünfzehn Meilen lang. Diesen Weg hin und zurück zu laufen und auf dem Rückweg einen Mehlsack auf dem Rücken zu tragen, würde ein hartes Tagewerk sein. Und er mußte es so einrichten, daß er den Heimweg zurücklegte, während er noch etwas sehen konnte.

In aller Herrgottsfrühe, eine Stunde vor Tagesanbruch, machte sich Karl Oskar mit einem leeren Sack unter dem Arm auf den Weg. Johan war aufgewacht und setzte sich im Bett hoch und rief dem Vater in der Tür freudig nach: »Vater soll Mehl kaufen! Mutter soll Brot backen!«

»Nimm jetzt im Winter deine Nase in acht!« sagte Kristina. »Denk an Jonas Petter!«

Es war aber eine Woche lang mildes Wetter gewesen, der Harsch trug nicht mehr, und die Schneedecke auf dem Erdboden war dünner geworden, so daß sie nicht viel mehr als einen Fuß hoch lag. Es herrschte keine spürbare Kälte, es war diesig in der Luft, und es gab kleine Schauer mit stiebendem Schnee. Karl Oskar war bisher erst ein einziges Mal durch die Gegend nach Stillwater hin und zurück gelaufen, aber bei dieser Gelegenheit hatte er sich einiges gemerkt und sich mit dem Weg vertraut gemacht, daß er sicher war, sich zurechtzufinden. Er ging am Ostufer des Ki-Chi-Saga entlang und lief fast genau nach Süden. Er kam an allen Stellen vorbei, die er kannte: einer umgefallenen Rieseneiche, die als Steg über einem Bach lag, einer verlassenen alten Reisighütte, einem Eichenhügel mit einem Totempfahl, einem aufgeworfenen Erdhügel, einem Indianergrab, das so aussah wie ein aufgegangenes Brötchen. Als er den Bach überschritten hatte, konnte er einem alten Chippewapfad folgen, bis er den Weg der Holzfuhrleute erreichte, den die Holzkompanie in Stillwater hatte aushauen lassen, und dann konnte er nicht fehlgehen.

Der Weg von zu Hause fort war leicht, er ging unbeschwert mit einem leeren Sack. Er war bereits vor Mittag in Stillwater und konnte sich die Zeit nehmen, Pastor Jackson, den freigebigen Pfarrer, aufzusuchen, wie er es bei seinem vorigen Besuch in der Stadt gemacht hatte. Jackson war aus seinem Häuschen am Flußufer ausgezogen und wohnte in einem größeren, neuerbauten Hause, das neben der kleinen weißen Kirche lag, in der er predigte. Die Tür zum Hause des Pastors war jedoch verschlossen, und als Karl Oskar klopfte, machte ihm niemand auf. Pastor Jackson war wohl auf Reisen; er fuhr oft draußen im Bezirk umher und predigte.

Karl Oskar ging um die Baptistenkirche herum und guckte. Er hatte noch nie andere Gotteshäuser als lutherische gesehen. Die Kirche der Sektierer war einfach und aus Holz errichtet, das mit Brettern verkleidet war. Sie war das kleinste Gotteshaus, das er gesehen hatte. Er setzte sich auf eine Bank vor der Kirche und aß sein mitgenommenes Essen, ein Stück Salzfleisch und ein paar gekochte kalte Kartoffeln. Er schlang alles gierig hinunter, ohne eine Sättigung zu spüren. Dann ging er auf die lange Straße hinaus, die am St.-Croix-Fluß entlanglief, und betrachtete nach seiner Gewohnheit die Schilder und Aufschriften an den Häusern: *Pierre's Tavern – Abraham Smith, Barber and Druggist – James Clark, Hardware – Tools.* Vor mehreren Häusern waren Pferde angebunden; die Farmer aus der Umgebung von Stillwater hatten es schon so weit gebracht, daß sie Pferde als Zugtiere benutzten.

Ein großes Plakat fiel ihm auf, das an einem flüchtig zusammengeschlagenen windschiefen Bretterhaus aufgehängt war:

CHRISTOFFER CALDWELL PHYSICIAN AND HOUSEBUILDER CARPENTER AND BLACKSMITH

Der Doktor, der Jonas Petters erfrorene Nase behandelt hatte, hieß Caldwell, er wohnte also in diesem Haus hier. Jonas Petter hatte gesagt, der Doktor habe das Haus eigenhändig gebaut und sei vor kurzem eingezogen. Er sei nicht nur ein studierter Doktor, der alle Krankheiten heilen könne, sondern auch ein tüchtiger Tischler und ein geschickter Schmied und Hufschmied. Als er, Jonas Petter, ihn aufgesucht hatte, sei er gerade dabei gewesen, ein Pferd zu beschlagen, und als er mit den Füßen des Pferdes fertig gewesen sei, habe er sich seiner, Jonas Petters, erfrorenen Nase zugewandt. Er gehe mit Körperteilen von Menschen und Tieren gleich geschickt um; so gelehrte und kenntnisreiche Ärzte wie Caldwell gebe es daheim in Schweden kaum.

Karl Oskar dachte: Es konnte vorkommen, daß jemand von ihnen krank wurde. Er wollte an Doktor Caldwell denken.

Er wollte aber nun das erledigen, weswegen er in die Stadt gekommen war: Er ging in den Laden, der am größten und prächtigsten aussah: *Harrington's General Store. Store* hieß Laden, aber er fragte sich, warum das Wort General auch in der Aufschrift an der Tür stehe. Vielleicht war der Eigentümer General.

Hinter dem langen, hohen Ladentisch in *Harrington's General Store* standen zwei Verkäufer, die ganz gleich gekleidet waren, nämlich in graue baumwollene Oberhemden, lange, weiße Schürzen und Hüte mit rundem Kopf. Sie hatten ihre Kopfbedeckungen drinnen auf, sie machten bei den Kunden in den amerikanischen Läden keine Umstände.

Während die beiden Clerks ein paar Männer in dicker Pelzkleidung bedienten, die bereits am Ladentisch standen, sah sich Karl Oskar drinnen um:

Mitten auf dem Ladentisch stand ein kleines Holzfaß mit der Aufschrift: *Kentucky Straight Whisky pure 14 G.* Karl Oskar

kannte jetzt die amerikanischen Maßeinheiten für feste und flüssige Waren, und er begriff, daß das Fäßchen vierzehn Gallonen des starken amerikanischen Branntweins faßte. Hierzulande fehlten ihm die Mittel, Branntwein zu trinken; daheim hatte er ihn selbst brennen können. Doch hier gab es auch Eßwaren: Auf dem Ladentisch lagen gewaltige Bündel langer, dicker getrockneter und geräucherter Würste; gelbe fettglänzende Käse waren übereinandergestapelt; hier erhoben sich Haufen von weißen, schwellenden Weißbroten und länglichen, runden und viereckigen Gebäckstücken. Über dem Ladentisch hingen ausladende geräucherte Schinken und schöne Rind- und Schweinefleischstücke, Speckseiten und Büge und Rippespeer, und mitten unter diesen ganzen Fleischwaren hing an langer eiserner Kette eine Laufgewichtswaage herab, als sagte sie: Dies alles wiege ich für dich ab! Auf dem Fußboden standen Kisten voller großer Hühnereier und Holzeimer mit gesalzenen Fischen. In einer Ecke standen Säcke mit Mehl, Grütze, Erbsen und Bohnen. In kleinen Kästen lagen Zuckerstangen, Nüsse und getrocknete Beeren und Dörrobst. In den Regalen waren Stoffe in allen Farben ausgebreitet, dort standen reihenweise Steingut- und Porzellangefäße der verschiedensten Art. Auf Brettern am Fenster standen Flaschen und Dosen aller Formen und Größen, runde und flache, längliche und viereckige, die Flüssigkeiten, Salben, Tropfen und Medikamente enthielten.
Und oben an der Decke des Ladens hingen Kessel und Töpfe, Eimer und Körbe, Sättel und Ochsenjoche, Wagenräder, Sägen, Büchsen, Hüte, Lederstiefel und Ledermäntel, auf der Erde standen hölzerne Pflüge, Butterfässer, Feuerhaken, Äxte, Hacken, Spaten und Schaufeln. Und sah man hier drinnen in den Winkeln und Ecken und auf allen Brettern genau nach, fehlte nichts, wonach ein Mensch hier auf der Welt trachten und was er sich wünschen konnte: Hier gab es Tabaksbeutel und Pfeifen, Tabaksdosen, Schnupftabakdosen und Kautabakbüchsen, Pulverhörner und Kugelbeutel, Bücher, so groß wie Postillen und klein wie Kalender, Bibeln,

Gesangbücher, Spielkarten und Würfelspiele. Hier wurde alles angeboten, was ein Anfänger in der Wildmark für seine geistigen und körperlichen Bedürfnisse brauchte.
Karl Oskar sah zehnmal soviel Güter und Waren wie in Abbots *store* in Taylors Falls, und er seufzte, als er all diesen Reichtum betrachtete: Ihn überkam der Hunger. Seine Augen sahen, und seine Nase roch den Duft all dieser guten Eßwaren, des frischen Weizenbrotes, der geräucherten Würste und Schinken, der fettglänzenden gelben Käse. Die Leute in Stillwater hatten den Wald hierherum gefällt und waren von dem Holz reich geworden, sie hatten das Geld, sich hier drinnen zu kaufen, was sie wollten ... Und es war sicher ein General oder ein ebenso hoher und reicher Mann, dem dieser Laden und alles, was darin Platz hatte und was es darin gab, gehörte.
Doch diese Menge guter Dinge war nicht für ihn da. Er war nur ein *squatter*, der kam, um einen Sack Brotmehl zu kaufen, den er über fünfzehn Meilen auf dem Rücken heimtragen wollte, ein armer Anfänger, dem das Brot auf dem Tische fehlte.
Der eine Clerk wurde frei, Karl Oskar nahm seinen leeren Sack hervor und zeigte auf das Roggenmehl in der Ecke: »Für five Taler ...!«
Er hielt die fünf Finger der rechten Hand hoch. Der Clerk sprach ununterbrochen, doch die Worte strömten ihm so schnell aus dem Mund, daß Karl Oskar fast nichts verstand. Mit Mister Abbot in Taylors Falls konnte er notdürftig sprechen; sie hatten angefangen, sich an ihre Sprache zu gewöhnen. Doch jedesmal, wenn er mit einem fremden Amerikaner zusammenkam, stand er wieder da, machte große Augen und das Kinn zitterte ihm: Weder verstand er, noch wurde er verstanden. Es war so, als müßte er bei jedem neuen Amerikaner, den er traf, von neuem Englisch lernen. Und jedesmal kam er sich ebenso dumm und schafsköpfig vor, er stand da, als zeigte man mit Fingern auf ihn. Er hatte jedoch noch keinen Amerikaner gesehen, der über einen Ankömmling wegen seiner Sprache gelacht oder sich lustig gemacht hätte. Statt des-

sen wollten ihm alle beim Sprechen behiflich sein, sie kamen ihm entgegen und versuchten zu erraten, was er sagen wollte. Der Verkäufer füllte zweimal ein hölzernes Maß mit Roggenmehl und kippte es in den Sack des Siedlers: *»For five dollars!«*
Karl Oskar hob den Sack an: Es waren ungefähr hundert schwedische Pfund, soviel wie eine halbe Tonne. Er hatte berechnet, daß er für seine fünf Silberdollar mindestens fünfundzwanzig Pfund mehr bekommen würde. Es nützte wohl nichts, etwas vorzubringen, und er konnte auch nicht so viel auf englisch sagen, aber er versuchte es: »No more . . .? No more für mich . . .?«
Der Clerk schüttelte entschieden den Kopf: *»No! Cheap for cash!«*
Karl Oskar mußte sich damit trösten, daß der Sack entsprechend leichter zu tragen war; eine halbe Tonne würde er gut bewältigen können. Mit einem kräftigen Schwung warf er das Mehl auf den Rücken.
»Too heavy for your back!« sagte der Clerk. *»Do you have a pair of oxen outside?«*
Er sprach von Ochsen, er glaubte bestimmt, daß der Sack mit einer Fuhre mitgehen sollte. Der Siedler sagte aber: ›No! No!‹ Dann ging er aus dem Laden, wobei er in der Eile in seiner Muttersprache ›Auf Wiedersehen‹ sagte.
Karl Oskar war von Stillwater mit hundert Pfund Mehl auf dem Rücken auf dem Heimweg. Er watete durch Haufen von Sägespänen, als er aus der Holzstadt hinausging. Die Luft war klarer und kälter geworden. Das Wetter war völlig ruhig, der Schnee knarrte und knirschte unter den Stiefelsohlen. Alles deutete auf strenge Kälte zur Nacht hin.
Er zog sich seine dicken Fausthandschuhe über. Wie immer hier war der Witterungsumschlag plötzlich gekommen. Am Morgen hatte niemand voraussehen können, daß ein Wechsel bevorstand. Er hatte seine dicke Lodenjacke zu Hause gelassen und hatte sich mit seiner Schaffelljacke begnügt, weil er leicht und unbeschwert gehen wollte. Nun bereute er, daß er nicht auch das schwere Kleidungsstück angezogen hatte.

Mühelos war er in dem Laden mit dem Mehlsack umgegangen, und leicht hatte er ihn auf den Rücken genommen. Und zu Beginn seines Heimweges spürte er wenig von seiner Bürde. Als er aber einige Meilen gegangen war, fing der Sack an, herunterzuhängen, er wollte den Rücken hinabgleiten und am Gesäß hängen. Immer wieder faßte der Mann den Knoten von neuem und besser: Der Sack wurde um so schwerer, je weiter er ging; in dem Maße, wie der Weg weiter wurde, nahm das Gewicht des Mehls auf seinem Rücken zu.

Er hatte daheim doppelt so schwere Säcke getragen, doch niemals so weit, wie er nun zu Fuß gehen mußte. Und wenn er nachdachte, war der Heimweg, zwei und eine halbe schwedische Meile, für eine Last wie diese reichlich weit. Er mußte sein Brotmehl zweimal bezahlen, das erste Mal mit Geld, das zweite Mal mit Schmerzen in seinem Rücken.

Zwei tiefe, gewundene Spuren von Schlitten und Schleifen kennzeichneten den Holzweg durch die Wälder. Mitten in den reinen Schneespuren lagen kleine Haufen Kot von den Zugochsen wie dunkle Brötchen auf einer blendendweißen Schüssel, und hie und da war der Schnee von gelben Harnflekken gefärbt. In der Ferne hallten Axthiebe, hier waren irgendwo Lager von Waldarbeitern.

Der Sack drückte, der rechte Stiefel scheuerte an der Ferse, und die Kälte stach schärfer. Doch Karl Oskar ließ sich keine Zeit, seine Bürde abzusetzen und zu rasten, er ging darauf zu: Er durfte keine Zeit vertun, er beeilte sich, denn er wollte die weglose Strecke zwischen dem Holzweg und dem Ki-Chi-Saga zurücklegen, bevor es schummerig wurde. Wenn er an den See kam, würde das Ufer ihn bis zum Haus leiten, aber bis dahin hatte er noch einige Meilen durch Wald zurückzulegen, wo es für ihn schwierig sein würde, sich im Dunkel zurechtzufinden.

Der Holzweg ging zu Ende, und nun hatte er nur seine eigenen Fußspuren aus den früheren Tagestunden, nach denen er sich beim Weitergehen richten konnte. Bei einem leichten Schneefall am Vormittag waren sie halb zugeweht, doch sie

waren so deutlich, daß er sie unterscheiden konnte, solange es hell war.
Er lief mit dem Blick auf dem Schnee weiter und verfolgte seine eigenen Stiefelabdrücke. Er fand auch seine Wegzeichen: Er kam zu der verlassenen Reisighütte, und er lief an dem Eichenhügel mit dem Indianerpfahl vorbei. Wenn er zu dem Bach kam, über den die durch den Wind umgeworfene Eiche einen Steg bildete, würde es zum See nicht mehr weit sein.
Karl Oskar mühte sich ab und schleppte, er quälte sich steile Hänge hinauf und stolperte Abhänge hinunter, er zwängte sich durch Wald mit dichtem Gezweig, er duckte sich mit dem Sack unter Bäumen und Zweigen. Im Walde wurde es eher dämmerig, als er berechnet hatte, und es wurde schwieriger, die Spuren auszumachen, die ihm den Weg zeigten. Die Kälte nahm zu, und die Finger wurden ihm in den dicken Fausthandschuhen steif. Und der Stiefel scheuerte an der Ferse, und der Sack drückte – der Mehlsack rutschte am Kreuz herunter, über das Gesäß, glitt auf die Oberschenkel hinab. Der Sack wollte nicht mehr mitkommen, er wollte in die Kniekehlen, auf die Erde hinunter. Der Sack war an den Schultern, auf dem Rücken, in den Knien, in den Beinen, in den Füßen und in den Händen zu spüren.
Nach einer ununterbrochenen Wanderung von einigen Stunden fühlte sich das Roggenmehl an, als wöge es zweihundert Pfund, nun hatte er das Gewicht einer ganzen Tonne auf dem Rücken. Und er hatte noch einen weiten Weg vor sich, noch würde die Bürde schwerer werden.
Das Tuch der Dunkelheit breitete sich schnell zwischen den Bäumen aus und wurde so dicht, daß er die Abdrücke seiner Füße im Schnee aus den Morgenstunden nicht mehr sehen konnte. Der Schnee leuchtete, doch im übrigen war es im Walde um ihn herum schwarz wie in einer Tonne mit aufgelegtem Deckel. Er verschwendete keine Zeit darauf, nach seinen Fußspuren zu suchen, sondern lief genau der Nase nach weiter, genau in nördlicher Richtung. Das mußte die richtige

Richtung sein, denn nach Norden zu lag der See, und am See lag sein Heim.
Er kam aber nicht zu dem Bach mit dem Eichensteg, und das beunruhigte ihn allmählich. Eine ganze Weile, bevor er den Ki-Chi-Saga erreichte, müßte er über diesen Bach gehen. Wo war er geblieben? Er war mit Eis bedeckt und konnte nicht irgendwohin davonfließen.
Jetzt hatte er angefangen, langsamer zu gehen. In gemächlichem Trott suchte er sich im Dunkel einen gangbaren Weg zwischen den Bäumen. Herunterhängende Äste streckten sich aus wie hindernde Hände, die versuchten, den Mehlsack vom Rücken des Wanderers herabzureißen. Er hielt seine Last mit seinen durch die Fausthandschuhe plumpen Händen fest, er riß sich an spitzen Zweigen und Dornen, er sah nichts. Der Mond würde heute abend spät aufgehen, die Sterne waren oben an der Feste bereits angesteckt, waren aber kaum zu sehen. Sie glitzerten schwach zwischen den Kronen der hohen Bäume. Nichts leuchtete ihm mehr als der Schnee, und der zeigte ihm nicht mehr mit den Spuren seiner Füße den Weg.
Der Fußwanderer mühte sich durch das Dunkel mit dem Mehl auf seinem gebeugten Rücken. Er kam jedoch an keinen See, an keinen Bach, er ging durch immer dichteren Wald. Er hatte keine Uhr, denn er nahm seine Uhr nicht auf längere Wanderungen mit, aus Furcht, sie zu verlieren, und nun wußte er nicht, wie lange er auf dem Heimweg gelaufen war. Sicher aber waren mehreren Stunden vergangen, seit er den Weg der Holzfuhrleute verlassen hatte: Wenn er richtig gelaufen war, hätte er schon lange am Ki-Chi-Saga sein müssen.
Mit jedem Schritt, den er tat, erwartete er, daß der Wald aufhörte, daß er sich lichtete und sich zu einer ebenmäßigen und glatten großen Schneefläche, zu einem von Eis bedeckten See öffnete. Dann konnte er am Ufer des Sees weitergehen, bis er ein neugebautes Blockhaus sah, wo Frau und Kinder warteten. Er geriet aber immer weiter zwischen dicke, gewaltige Bäume, immer weiter in Urwald hinein.
Er sagte sich immer wieder: Ich gehe geradeaus, ich gehe nach

Norden, ich gehe zum Ki-Chi-Saga, ich gehe richtig! Doch die Stunden flossen dahin, und die Landschaft um ihn herum zeigte, daß er verkehrt lief.
Schließlich streckten sich seine steifen Finger in den Wollfäusteln, sie wurden gerade und ließen den Knoten des Sackes los. Karl Oskar Nilsson stellte seinen Mehlsack in den Schnee und setzte sich selbst auf den Sack.
Er wurde sich darüber klar: Er wanderte aufs Geratewohl, er wußte nicht, in welcher Richtung sein Haus lag, er wußte nicht mehr, wo er sich befand – er hatte sich verirrt.

3

Er rastete, er saß auf seinem Sack, und es zitterten ihm die Beine vor Müdigkeit und Kälte. Er war von der vielstündigen Mehlschlepperei völlig erschöpft, und er ermattete schneller, weil sein Magen leer war: Bei Hunger wurden die Glieder schlaff. Im Magen saß der nagende Hunger, in Gliedern und Rücken saß die schmerzende Müdigkeit; am schlimmsten aber spürte er die Qual der Kälte, als er eine Weile stillgesessen hatte: Die Kälte umpreßte seinen Körper von Kopf bis Fuß, kroch wie eisige Schlangen die Beine aufwärts, drang in den Schritt, riß in Brust und Hals, kniff in Ohren, Nase und Wangen. Er blieb aber sitzen und ließ sich von der Qual umschließen, er mußte ausruhen.
Er hatte Kristina gesagt, daß er rechtzeitig vorm Schlafengehen zurück sein würde, und es war schon so spät am Abend, daß er jetzt schon zu Hause gewesen wäre, wenn er nicht den Weg verloren hätte. Kristina war sicher noch auf und wartete auf ihn, stopfte Strümpfe oder flickte Kleider. Sie wartete nicht nur auf ihn, sondern auch auf den Sack Mehl – sie wollte bestimmt den Teig für die Brotbackerei schon heute abend kneten, so daß sie ihn morgen in den Ofen schieben konnte.
Und er saß hier und ruhte sich auf ihrem Brotmehl aus und wußte nicht, in welche Richtung er es tragen sollte.

Er irrte im Dunkel des Waldes umher wie beim Blindekuhspiel. Vielleicht war er zu weit nach links gelaufen, vielleicht war er zu weit nach rechts gegangen. Als er geglaubt hatte, daß er nach Norden gegangen sei, war er vielleicht nach Süden gelaufen. Als er gemeint hatte, daß er sich mit jedem Schritt seinem Haus nähere, hatte er sich vielleicht von ihm entfernt.
Er hatte sich ausgerechnet, daß er sich vor Einbruch der Dunkelheit wieder auf bekannten Wegen befinden würde, und er hatte sich geirrt. So ging es – so war er schnell in die Irre gelaufen. Es blieb ihm nur eines übrig: weiterzugehen! Er konnte nicht im Walde übernachten, dazu war die nächtliche Kälte zu streng. Er konnte kein wärmendes Feuer machen, er hatte keine Streichhölzer. Ohne Zündhölzer kein Feuer, ohne Feuer kein Nachtlager. Wenn er sich heute nacht hier im Walde schlafen legte, würde dieser Schlaf zu seinem ewigen werden.
Weiter! Er mußte sich durch Bewegung Wärme verschaffen. Wie er da auf dem Mehlsack saß und sich ausruhte, bebte und zitterte sein ganzer Körper vor Kälte. Er stampfte mit den Füßen, er rieb Nase, Ohren und Wangen. Er hielt das Stechen und Kneifen der Kälte nicht mehr aus, sie jagte ihn wieder auf.
Karl Oskar wanderte weiter, aufs Geratewohl; irgendeine Richtung mußte er sich aussuchen, und die eine Richtung konnte ebensogut sein wie die andere, wenn er die richtige nicht kannte. Er war im Dunkel die Blindekuh, er ging hier mit verbundenen Augen.
Verdammtes Pech . . .! Wenn er doch bis zum See gekommen wäre, bevor es schummerig wurde! Er war so schnell ausgeschritten, wie er gekonnt hatte, aber da war der verdammte Sack gewesen, der war so schwer geworden und hatte ihn aufgehalten! Was tat er? Verfluchte er den Sack mit dem Brotmehl – mit dem Brot für sie, dem Brot, das auf dem Tisch fehlte, dem Brot, das seine Kinder sattmachen sollte? Schwindlig vor Müdigkeit und Mattigkeit, war er bestimmt nicht mehr klar im Kopf.

›Vater soll Mehl kaufen! Mutter soll Brot backen . . .!‹
Sollte er den Sack unter einen Baum stellen und so weitergehen . . .? Ohne die Traglast fand er aber auch nicht leichter heim. Und vielleicht fand er sein Mehl nie wieder . . . Es war am besten, es zu tragen, solange er vermochte. Sein Rücken fühlte sich aber wie gebrochen an, und die Beine wollten nur einknicken. Er hatte jetzt viele Stunden lang, eine ewige Strecke, getragen. Er war am Zusammenbrechen: Immer wieder rutschte seine Rückenlast nach unten, zu den Oberschenkeln, zu den Kniekehlen, immer wieder lockerte sich der Griff seiner Hände um den Sackknoten und streckten sich die Finger: Sein Rücken wollte die Bürde loswerden, seine Hände wollten sie loslassen.
Die Müdigkeit übermannte Karl Oskar, er ging nicht mehr, die Schritte schwankten, er ging seitwärts, er wankte, zwischen den Baumstämmen taumelnd, vorwärts. Er wagte es aber nicht, sich bei dieser Kälte hinzusetzen und auszuruhen. Wegen der Kälte durfte er nicht unbeweglich verharren, und er konnte sich vor Müdigkeit nicht bewegen. Was sollte er tun? Entweder – oder: Entweder stillsitzen oder gehen. Er wagte das eine und hatte zu dem anderen keine Kraft.
Er trampelte vorwärts, gemächlich und schwer, er schwankte und stolperte, wobei er sich mit seiner Bürde tief duckte. Er stieß gegen die Bäume, er sah nicht, wohin er ging. Er kam zu keiner bekannten Stelle, zu keinem See, an keinen Bach. Vielleicht war er über den Bach mit dem Eichensteg hinübergegangen, ohne daß er es gemerkt hatte. Ein paarmal lichteten sich die Bäume, und er lief über eine offene Stelle, doch gleich kam er wieder in den tiefen Wald.
Plötzlich stieß er mit dem Kopf an etwas Hartes; der Sack fiel ihm hinunter, und er stürzte rücklings hin.
Langsam rappelte er sich wieder aus dem Schnee hoch: Über seinem Kopf wurde er ein Tier gewahr. Ein zottiger Tierkopf tauchte ein paar Armlängen von ihm entfernt auf. Ein Bär – ein Wolf – oder ein Luchs? Das Tier riß im Dunkeln drohend seinen Rachen auf, zeigte scharfe Zähne und starrte mit roten

Augen. Es war dicht vor ihm – er kroch langsam rückwärts und riß sein Messer aus der Scheide.
Er kroch einige Schritt nach hinten. Das Tier kam aber nicht hinterher, es bewegte sich nicht. Aufgestellte Ohren, spitze Schnauze, zottiger Nacken – ein Wolf . . . Die Augen des wilden Tieres funkelten im Dunkel auf. Er wartete auf den Sprung, er kauerte sich zusammen und verhielt sich ruhig. Er wartete. Doch der Wolf blieb auch ruhig; Karl Oskar sah nur den Kopf mit den hochstehenden Ohren vor sich.
Er schrie das Tier an, gab ein lautes Gebrüll von sich – versuchte, das Tier zu verscheuchen: »Uuuuh! Uuuuh! Weg mit dir, du Teufel! Du Satan . . .! Uuuuh!«
Der Kopf des Tieres rührte sich jedoch nicht, es schien wie in derselben Stellung erstarrt, mit hochstehenden Ohren und unbeweglichen roten Augen. Ihm kam ein Verdacht: Er erhob sich und ging vorwärts, wobei er mit den Händen vor sich tastete. Er bekam das Tier zu fassen, es war nicht zottig und weich, es war kalt und hart und hölzern: Es war ein Wolfskopf aus Holz, der auf einem Pfahl angebracht war.
Und nach der Spannung erschlaffte sein Körper: einer der Pfähle der Indianer, in der Gestalt eines Wolfes, mit aufgemalten roten Augen und einem Rachen mit zugespitzten Holzzähnen. Der konnte einem im Dunkeln schon einen Schreck einjagen. Oder war er nur so müde und unfähig zum Denken, daß er sich von einem hölzernen Pfahl erschrecken ließ . . .?
Ihm tat die Stirn weh; dort bekam er nach dem Zusammenstoß mit dem Wolfskopf sicher eine Beule. Und er hatte sich im Gesicht und an den Händen an Strauchdornen und Baumzweigen gerissen. Es blutete, er leckte Blut von den Fingern. Das Blut fühlte sich warm an, als es im Munde klebte. In dieser Nacht mit ihrer strengen Kälte brauchte er wahrhaftig etwas Warmes im Körper . . .
Mit großer Anstrengung bekam er den Mehlsack wieder auf den Rücken. Er schwankte und stolperte in seinem müden Trott weiter. Im Walde wurde es etwas heller. Mehr Sterne

leuchteten am Himmel auf. Hoch über dem schneebedeckten Waldgebiet mit seinem dichten Gezweig, wo der verirrte Siedler mit seiner Last umhertaumelte, strahlte ein herrlicher schwarzblauer Sternenhimmel. Das Firmament dort oben erschien heute nacht wie eine dunkle Decke aus weichem Fell mit silbernen Funken, die Gott über die gefrorene Erde gespannt hatte.
Der Verirrte unten auf der Erde ging mit gebeugtem Kopf und duckte sich unter seinem Sack; er konnte nicht zu den Himmelslichtern aufschauen. Er trug die schwere Frucht der Erde auf seinem Rücken, er schleppte an dem Brot für die Seinen. Und er lief mit taumelnden und stolpernden Schritten, ohne zu wissen, wohin sie ihn führten. Nach Hause zu – in welcher Richtung lag das Haus, wo die Frau und die Kinder ihn erwarteten? Trug er ihr Brot heim – oder trug er es fort?
Auf einmal erblickte er große Stiefelabdrücke im Schnee: seine eigenen Füße! Das Herz tat einen starken Schlag: Hier war er heute morgen gelaufen! Als er genauer hinschaute, waren es ganz frische Spuren: Hier war eben erst entlanggegangen ...
Er ging im Kreise, er ging in seinen eigenen Spuren im Kreise. Er trug ihr Brot nicht fort, aber er trug es auch nicht heim. Er entfernte sich nicht von seiner Wohnung, aber er kam auch nicht näher. Er lief weiter, er taumelte vorwärts, er ging, nur um zu gehen, um sich zu bewegen, von der Kälte gejagt, um dem Erfrierungstod zu entfliehen.
Er ging, bis er über etwas stolperte, was es nun sein mochte, ein umgestürzter Baum, ein schneebedeckter Baumstumpf? Dort fiel er hilflos vornüber, und die hundert Pfund des Mehlsacks fielen über ihn. Er stürzte schwer in den Schnee, er sank nieder, er sank zusammen wie ein Haufen hingeworfener Kleider, ein entkräfteter Menschenkörper.
Er fiel und blieb liegen. Langsam, mit großer Anstrengung, zerrte er den Sack unter sich – mit einem herrlichen Gefühl der Befreiung streckte er sich der Länge lang mit dem Mehlsack als Kopfkissen im Schnee aus.

4

Die Frucht der Erde ist gut und nahrhaft, die Frucht der Erde ist unentbehrlich, doch sie ist schwer, wenn man sie einen weiten Weg auf dem Rücken tragen muß.
Ebensogut kann man still liegenbleiben . . . Besser, auf dem Mehl zu liegen, als sich zu Tode damit abzuschleppen . . . Wenn man nicht weiß, wo man es hinträgt . . . Fort oder heim . . .? Und es ist übermächtig schwer geworden, fünfhundert Pfund schwer . . . Es ist Blei im Sack, fünfhundert Pfund Blei . . . Zu viel, um es auf dem Rücken zu tragen. Wenn man auch nicht weiß, in welcher Richtung es nach Hause geht . . . Besser, dazuliegen und sich auf dem Mehlsack auszuruhen, als ihn zu tragen.
Die Kälte ist gemein und gefährlich, die Kälte hat scharfe Zähne, die sich ins Fleisch graben wie die Zähne des Wolfes, die Kälte hat Zähne, die kneifen, und Stichel, die stechen. Sie brennt wie Feuer auf der Haut. Es ist aber schön zu ruhen . . . Lieber etwas frieren als gehen und tragen. Wenn man nicht mehr gehen und tragen kann. Keine Angst vor der Kälte! Nichts ist für einen Menschen gefährlicher als Angst zu haben! sagte Vater. Für den, der keine Angst hat, gibt es nichts Gefährliches . . . Und er hat keine Angst . . . Ein Auswanderer braucht eine gute Gesundheit, darf sich nicht die Butter vom Brot nehmen lassen und muß unverzagt sein. Das hat Vater nicht gesagt, aber das hat er selbst lernen müssen . . . Das weiß er nun, wo das Brot auf seinem Platz fehlt.
Doch Vater ist gewachsen, seit er ihn das letztemal gesehen hat, seit er ihn da neben der Mutter auf der Vortreppe hat stehen sehen . . . Er ist sechs Fuß groß, wie er da vor ihm steht, und er steht ganz gerade, er ist kein Krüppel mehr, er hat seine Krücken beiseite geworfen . . . Nein, die eine Krücke hat er noch in der Hand, aber er stützt sich nicht auf sie, er droht damit seinem ältesten Sohn: Und du nimmst deine Kinder mit! Du nimmst nicht nur deine Kinder, du nimmst auch meine Enkel und Urenkel! Du ziehst das Geschlecht aus dem Lande!

Du bist ebenso starrköpfig wie deine Nase groß und lang ist, und deshalb wird es dir schlechtgehen!
Der Sack . . . der verdammte Mehlsack . . .! Ah, der liegt hier drunter . . . Auf ihm liegt man gut, Roggenmehl ist weich und sanft und gut als Kopfkissen. Wer einen ganzen Sack Mehl hat, kommt bis zum Frühjahr durch, er hat Brot zu essen, er stirbt nicht in diesem Winter . . . Aber wo ist das Brot? Hast du es fortgetragen? Es liegt nicht auf seinem Platz auf dem Eßtisch . . .
›Mutter soll Brot backen . . .!‹

Vater spricht streng zu ihm und droht mit der Krücke: Was bist du für ein verfluchter Dummkopf, Karl Oskar! Warum läufst du hier mit einem kleinen erbärmlichen Mehlsack auf dem Rücken in den Wäldern umher? Du hast ja Ochsen und Pferde in Korpamoen, du kannst wie andere Bauern deine Mahlfuhre selbst zur Mühle fahren. Und du kannst selbst auf der Fuhre mitfahren, wie andere Bauern auf den Säcken sitzen, die ganze Strecke nur dasitzen und dich ausruhen. Es ist ein Unterschied, ob man auf einem Mehlsack ruht oder ihn meilenweit durch die Wälder trägt . . . Keiner kann dich einen klugen Bauern nennen, Karl Oskar! Hier schleppst du an einigen Scheffeln Roggenmehl wie ein elender Häusler! Du bist nicht schlau! Ein verfluchter Dummkopf bist du! Gerade du, wo du hier zu Hause nie zufrieden warst, wo du unbedingt auswandern mußtest. Wenn die Leute hier zu Hause dich sehen könnten, wie du daliegst . . .! Was würden sie sagen? Haben wir es nicht gleich gesagt? Nein, laß dich von keinem sehen, Karl Oskar! Verkriech dich im Schnee, verkriech dich und verstecke dich in der Schneewehe! Verstecke dich, daß dich aus dem Kirchspiel niemand mehr zu sehen bekommt!
Nimm im Winter deine Nase in acht! sagt Kristina. Sie ist umsichtig, sie ist eine gute Ehefrau. Sie spricht von seiner Nase, weil Jonas Petters erfroren ist und weil seine Nase so groß und lang ist. Sie meint aber: Nimm dein Leben in acht! Nimm dich vor dem Erfrierungstod in acht! Halte dich nicht zu lange

still! Leg dich auf keinen Fall in den Schnee, lieg nicht im Schnee still! Denn ich will heute abend backen, ich brauche das Mehl ...
Du kommt heim, endlich! sagt sie. Da will ich heute abend anfangen, den Teig zurechtzumachen, und ihn kneten. Dann können wir den Ofen heizen, die Glut herausholen und das Brot morgen früh hineinschieben. Du hast mir einen schönen Backofen gemauert, aber er gibt nicht genug Oberwärme zum Backen ... Hundert Pfund, drei Scheffel – das reicht gut, bis es Frühling wird ... Aber der Sack ... der Sack ... wo hast du den Sack ...? Hast du den Sack vergessen ...? Kommst du ohne das Mehl nach Hause ...? Der Sack liegt noch im Wald, aber ich weiß, wo ich ihn gelassen habe, ich habe ihn in den Schnee eingebuddelt ... Wie konnte ich mich nur so dumm anstellen? Ich will ihn aber holen ... Hol gleich den Sack! ... Mach schnell ...! Beeil dich, Karl Oskar! Geh! Geh, bevor es zu spät ist.
Für dich ist es schon zu spät! sagt Vater, und nun hat er in beiden Händen Krücken und stützt sich auf sie. Jetzt ist er wieder ein armseliger Krüppel, ein kleiner zusammengesunkener alter Mann. Und er klagt: Es ist zu spät, Karl Oskar! Du schaffst es jetzt nicht. Du schaffst es nicht, nach dem Sack zurückzulaufen! Du findest ihn nicht mehr ...! Wie konntest du den Sack im Walde im Schnee vergessen, wo du deine Kinder in ihm hattest? Sie liegen ja alle darin ... Wie konntest du alle Kinder nach Nordamerika mitnehmen und sie in einem Sack auf dem Rücken tragen? fragt Vater. Du konntest dir doch vorher sagen, daß diese Last dir zu schwer werden würde, du konntest dir doch denken, daß du es nicht fertigbringen würdest, daß du nie und nimmer hinkommen würdest ... Der weite Weg, das konntest du dir doch denken ... Ich habe es dir ja gesagt: Du kommst nicht hin. Und du hast sie in den Schnee hinuntergelassen, und nun ist es zu spät, sie zu holen ... Sie müssen schon erfroren und verhungert sein ... Habe ich dir nicht gesagt, daß es dir in Nordamerika schlecht ergehen würde? Weil du keine Lehre angenommen hast, weil

du deinen Eltern nicht gehorcht hast, weil du ein ungehorsamer und eigenmächtiger Sohn gewesen bist ...
Nein ... nein ... Nun mußte er sich verteidigen und Vater sagen, wie es sich wirklich verhalten hatte: Er war ja um der Kinder willen, in allererster Linie um ihretwillen ausgewandert. Er war mit Frau und drei Kindern gefahren, aber er hatte auch ein Paar alter entzweigegangener verbrauchter Schuhe mitgenommen, die einem vierten gehört hatten: Annas Stiefel. Erinnert sich Vater nicht mehr an sie, die Anna? Die da an dem Gerstengrützbrei gestorben ist, die sich vor Hunger zu Tode gegessen hat? Er hat nur noch ihre alten Schuhe, die hatte er mitgenommen, als er auswanderte. Damit sie ihn an sein Kind erinnerten, und damit er an den Hunger daheim dächte, der sie ihm genommen hatte. Vater weiß es, er muß wissen: von dem Notwinter, von dem Notbrot, von den Armen, die gebettelt hatten, von allen, die verhungert waren. Sonst kann er Vater die Schuhe zeigen, sie liegen ja hier im Sack: Ich habe Annas alte Schuhe in einen Sack gesteckt, den ich nach Amerika mitgenommen habe, hier sind sie: Es ist nichts anderes in dem Sack ...!
Als er das Mädchen verlor, war er in einer solchen Trauer wie nie zuvor in seinem Leben. Vater entsinnt sich bestimmt: Er hatte astfreie Bretter für den Sarg herausgesucht. Er wurde in die Erde gesenkt, aber ihre Schuhe hat er behalten, und er nimmt sie manchmal vor und hält sie in der Hand: Sie hat ihre Füßchen in ihnen gehabt, ihre Füße haben sie getragen, sie angehoben und wieder hinuntergesetzt, viele tausend Male – Annas Füße ... Vater, das Sterben tut so weh! Gott darf nicht kommen und mich holen ... Ich will bei Vater sein ... Es soll aber nicht wieder vorkommen, es soll bei keinem seiner Kinder wieder vorkommen ... Er will sie dem Elend entreißen, er will sie von dem Hunger erlösen – sie hier hertragen, hierher – und nun ist er hier mit seinem Sack, und der wird immer schwerer, bis er unter ihm zusammensinkt ... Er liegt da und wühlt im Schnee mit der Last auf dem Rücken. Es ist glühend heiß im Schnee, es brennt und brennt ...

Doch Vater ist auch hier in Amerika. Er hat keinen Brief geschrieben, obwohl er schreiben gelernt hat, nachdem er ein ans Haus gebundener Krüppel geworden war. Er ist selbst hier hergekommen. Und Nils Jakobs Sohn spricht streng zu seinem ältesten Sohn: Ich habe dich gewarnt, deine Mutter hat dich gewarnt, deine Frau hat dich gewarnt, Freunde und Nachbarn haben dich gewarnt ... Du mußtest es aber unbedingt tun. Denn du bist selbstgefällig und starrköpfig und gehorchst niemand. Und nun ist es dir so gegangen, wie es gegangen ist: Was habe ich dir gesagt? Was haben wir alle gesagt? Jetzt liegst du dort ... Du bist mit meinen Kindern und Enkeln von dannen gezogen. Und deine eigenen Kinder – wo hast du sie? Wie hast du sie gehütet? Hast du sie schon gefunden? Fällt dir die Stelle ein, wo du sie im Schnee vergraben hast? Nimm im Winter deine Nase in acht ...!

Vater soll Mehl kaufen ... Mutter soll Brot backen ... Das ist dein Sohn. Wo liegt das Brot? Du hast es fortgetragen statt heim. Du bist aber mein Sohn. Und du hast es jetzt so bekommen, wie du gewollt hattest, Karl Oskar! Du sitzt da und schaust nach dem Brot auf deinem Tisch ... Du bist ebenso starrköpfig wie deine Nase lang ist, und du hattest keine Ruhe, bevor du nach Nordamerika gekommen warst. Du wolltest hierherfahren, um dieses Roggenmehl hier zu bekommen, um diesen Sack hier umherzutragen. Es hat sich nicht gelohnt, deswegen hier herzukommen ... Nicht für jemand, der es zu etwas bringen will. Doch ich habe dir ja gesagt, daß es zum Fortziehen zu weit ist, daß du nicht hinkommen würdest, daß es zu weit und zu schwer zu tragen ist ... Und ein großer Sack in einer solchen hundekalten Nacht – nicht einmal ein armer Teufel von einem Kätner schleppt sich in dieser strengen Kälte zur Nachtzeit ab.

Es wird schon gelingen, ich werde es schon zu etwas bringen ... Und er nimmt wieder den Sack auf den Rücken und winkt Vater und Mutter, die draußen auf dem Treppenabsatz stehen und ihm nachsehen, zum Abschied mit der Hand. Er geht zu der schmalen Zauntür hinaus, er geht mit seiner Last auf die Straße hinaus, er dreht sich um: Vater und Mutter stehen unbeweglich. Er ruft ihnen zu, doch sie antworten nicht. Sie stehen weiter auf dem Treppenabsatz, taub und stumm und lahm. Sie werden sich nie mehr im Leben bewegen, sie werden dort stehenbleiben und hinter ihm herschauen, dem Sohn, der zur Zauntür hinausging, der von dannen zog. Für alle Zeiten werden sie da stehen. Sie hören ihn nicht, wenn er sie anruft. Er muß es ihnen aber sagen, er muß lauter schreien: Es war nicht, weil ich ungehorsam und selbstgefällig und unzufrieden gewesen bin. Daran erinnert ihr euch doch? Deswegen bin ich nicht gefahren. *Ich wollte aber nicht noch mehr Särge machen.* Ich wollte nicht Bretter zu Särgen für meine Kinder heraussuchen, die sich vor Hunger zu Tode gegessen hatten – denkt ihr daran? Keinen Sarg mehr! Deswegen bin ich ausgewandert!

Doch Vater und Mutter hören nicht zu, sie hören ihn nicht. Und sie können sich nicht rühren. Denn sie sind nur ein Paar hölzerner Bilder, ein Paar Pfähle, die die Indianer im Walde aufgestellt haben. Es sind keine Menschen, die da stehen und ihn mit glutroten Augen und einem großen, breiten Rachen anglotzen: Die Indianer haben auf Vaters und Mutters Körper Tierköpfe gesetzt ... Sie haben seinen Eltern die Köpfe abgeschnitten und ihnen statt dessen Wolfsköpfe aufgesetzt. Deshalb sind sie stumm, deswegen hören sie ihn nicht, wie er sie auch anruft: Hört ihr ...? Ich werde es schon schaffen ...! Ihr könnt sagen, was ihr wollt – ich komme hin!

Er ruft und schreit, jetzt kann er nicht mehr schweigen, er hält es nicht aus, er muß wegen des höllischen Brennens jammern, er schreit laut, wie er zwischen den brennenden Scheiten in dem eisigkalten Schnee liegt.

5

Karl Oskar Nilsson setzte sich auf und fuhr sich übers Gesicht: Wo war er? War er zu Hause bei Vater und verantwortete sich wegen seiner Auswanderung oder war Vater hier hergekommen? Oder war er gleichzeitig in zwei Ländern? Und war er nicht auf dem Heimweg mit einem ... *der Sack ...!*
Seine wirren Gedankengänge wurden klarer. Er hatte sich auf seinem Mehlsack im Schnee schlafen gelegt. Doch der Kälteschmerz war im Körper zu spüren, so daß er sich selbst wachgeschrien hatte.
Er sprang auf, ungestüm, als hätte ihn ein Schwarm stechender Wespen überfallen. Er benahm sich wie ein Verrückter, er sprang und stampfte und stieß mit den Beinen, er schlug die Hände zusammen, fuchtelte und schlug mit den Armen um sich, schlug die Arme um den Körper, knetete sich die Glieder, rieb sich das Gesicht, schlug sich auf den Leib, schlug sich selbst mit geballten Fäusten, versetzte Armen, Brust und Beinen so heftige Faustschläge wie er konnte. Einige Minuten lang mißhandelte er seinen Körper so schwer, wie er konnte – das Blut kam in schnellere Bewegung, und die Wärme fing an zurückzukehren.
Er hatte nur eine kurze Weile dagelegen und geschlummert, bald hätte er kein Gefühl mehr gehabt, und danach wäre er nicht mehr aufgewacht: Er wäre eingeschlafen, und nichts hätte ihn mehr wecken können. Wie konnte er sich hinlegen zu ...? Wie konnte er sich in dieser kalten Nacht hinlegen, dem trügerischen Ruhebedürfnis nachgeben? Wie konnte er sich vergessen ...? Nimm im Winter dein Leben in acht!
Er hatte nicht lange geruht, doch schon schlechte Träume geträumt und viele Stimmen gehört, und die hatten Dinge gesagt, die er im stillen wohl gedacht hatte. Und die ganze Zeit über hatte er das Brennen der Kälte wie glühendes Feuer auf der Haut gespürt. Gott sei Dank – er hatte noch sein Gefühl – noch war er nicht erfroren! Doch da unten, in der Vertiefung, die sein Körper im Schnee gemacht hatte, lagen die eiskalten

Leichentücher des Erfrierungstodes für ihn bereit – er brauchte sich nur wieder hinzulegen, eine Weile stillzuliegen und zu warten, und das Brennen würde abnehmen und verschwinden, und er würde zum letzte Male süß entschlummern.

Doch noch lebte er und konnte sich von der Stelle bewegen und sich rühren und laufen. Er machte seine erstarrten Glieder geschmeidig, er bekam seinen starrgewordenen Körper wieder in Gang. Und noch einmal schwang er sich den Mehlsack auf den Rücken. Fast ingrimmig nahm er seine Bürde wieder hoch: Er ging mit ihr zornig um, erbittert war er bereit, sie weiterzutragen, noch ein Stück, bis nach Hause! Wer hatte gesagt, daß er aufgeben wollte? Wer traute ihm das zu?

Und ihm strömten Kräfte gerade aus seinem Ingrimm, aus dem Zorn über das Mißgeschick zu. Die Kräfte der Entrüstung und der Verbitterung hatten ihm früher schon viele Male geholfen, sie waren wie ein Geschenk gekommen, wenn er sie am nötigsten brauchte, und jetzt kamen sie ihm gut zupasse: Wer sagte, daß er keine Kraft mehr hatte, ans Ziel zu kommen? Sollten die Schadenfrohen zu Hause von ihm äußern dürfen: Haben wir es ihm nicht gesagt? Er schafft es nicht . . .!

Er war ergrimmt, er wurde warm vom Zorn, er half ihm, er wärmte ihn auch. Er trat mit der Stiefelspitze heftig gegen den großen Baumstumpf, über den er gestolpert war, als er fiel. Die Füße fühlten sich in den Stiefeln noch wie Eisklumpen an. Als er aber dem Stumpf einige kräftige Tritte versetzt hatte, hielt er inne und blieb unbeweglich stehen: Wer hatte hier, mitten in der unberührten Wildnis, einen großen Baum gefällt? Wie konnte hier ein mit der Axt gehauener Stumpf stehen?

Er beugte sich hinab, wischte auf allen Seiten den Schnee von dem Stumpf und untersuchte ihn genau: Er hatte sich nicht geirrt. Es war kein hoher Stumpf, der von einem aufrecht stehenden amerikanischen Waldarbeiter geschlagen worden war, sondern ein niedriger, gleichmäßiger Stumpf, der von einem Schweden gehauen war: Er erkannte ihn ja jetzt wieder: *Er hatte hier selbst den Stumpf gehauen.*

So wahr er Augen im Kopf hatte: Hier waren die Spuren seiner eigenen Axt, mit seinen eigenen Händen eingehauen. Es war ein großer Baum gewesen, und er erinnerte sich gut, wie er ihn gefällt hatte: Aus der großen Eiche, die er hier im vergangenen Herbst umgehauen hatte, war von ihm der prächtige Eßtisch angefertigt worden. Und diese Eiche hatte auf einem kleinen Hügel dicht oberhalb des Hauses, einige hundert Schritt von seiner Wohnung gestanden.

Nun fand er nach Hause. Er war so gut wie zu Hause. Er brauchte nur noch einige Minuten durch den Wald bis zu seinem Blockhaus zu gehen.

Karl Oskar legte das noch übrige Stück Weges zurück, er ging es sehr langsam und gemächlich, stolpernd und schwankend. Er brauchte sich jetzt nicht zu beeilen, nicht alle seine Kräfte daranzugeben. Sein Körper war bereits schlaff genug, seine Glieder waren schon schwer genug. Das kam vom Schleppen des Mehlsackes über die weite Entfernung – er hatte ihn weiter getragen, als er brauchte, weiter als die fünfzehn Meilen, denn durch sein Umherirren im Dunkel war er einen Umweg gegangen: Er war zu weit nach rechts abgebogen und hatte einen so großen Bogen ins Waldgebiet hinein gemacht, daß er nie zu dem See Ki-Chi-Saga gekommen wäre. Und er hatte sich nicht zurechtgefunden, nicht einmal, als er anfing, sich seinen eigenen vier Pfählen zu nähern, nicht einmal, als er über seinen eigenen Baumstumpf stolperte.

Es mochte noch angehen, daß er sich in fremdem Gebiet, in dichtem Dunkel verirrt hatte, er konnte es sich aber nicht verzeihen, daß er sich in den Schnee gelegt hatte und eingeschlafen war. Bald leuchtete ihm der gelbe Schein eines Fensters zwischen den Stämmen der Zuckerahornbäume entgegen: Dort stand sein Haus, das Feuer brannte drinnen auf dem Herd. Die letzten Schritte legte er unsicher zurück, er zog die Beine weit hinter sich her: Auf dem letzten Stück wurde der Sack wieder doppelt so schwer.

Er rief leise Kristinas Namen, und sie schob da drinnen den Türriegel zurück. Mit Anstrengung hob er seine Füße über die hohe Türschwelle und ließ den Mehlsack vom Rücken fallen, er stellte ihn schwer auf den Fußboden, mit einem dumpfen Bums, zum letzten Male setzte er seine Bürde ab. Darauf sank er selbst ebenso schwer in den ausgehöhlten Eichstammstuhl am Herd – schlaff, weich in den Gelenken, müdegelaufen. Er stellte einen vollen Sack auf dem Fußboden ab und sank selbst auf einen Stuhl nieder wie ein beiseitegeworfener leerer Sack.

»Du hast dich verspätet«, sagte Kristina. »Ich wurde schon ein bißchen ängstlich.«

»Es war ein schwieriges Stück Weges.«

»Das kann ich mir denken. Es ist kalt heute nacht. Hast du gefroren?«

»Ziemlich. Das letzte Stück.«

»Du hättest die dicke Jacke mithaben müssen.«

»Ja, heute früh war aber mildes Wetter.«

Karl Oskar fing an, seinen erstarrten Körper am Feuer des Herdes aufzutauen. Er fragte sich, wie es seinen Füßen ergangen war – vielleicht hatte er Frost in die Zehen bekommen. Er wollte eine Schaufel Schnee hereinholen, und dann wollte er Talg schmelzen, und dann wollte er alle Glieder und Körperteile erst mit dem Schnee und dann mit dem Talg einreiben.

Kristina hatte schon den Knoten des Mehlsacks gelöst. Sie steckte die Hand hinein und nahm ein bißchen Mehl heraus; dann untersuchte sie das Mehl, während sie es durch die Finger rinnen ließ: »Sehr schönes Roggenmehl. Sind es drei Scheffel?«

»Ungefähr drei, glaube ich.«

»Da hattest du genug zu tragen.«

»Es hat mir gelangt.«

»Jetzt reicht das Brot bis zum Frühjahr. Wir können nun auch Kartoffeln borgen.«

Sie erzählte, daß Danjel heute dagewesen sei und gefragt habe, ob sie mit den Lebensmitteln knapp seien. Sie könnten solange von ihm einen Scheffel Kartoffeln leihen und einen von Jonas Petter; sie könnten zum Herbst zurückzahlen, wenn sie eigene gehackt hätten.

»Das ist schön«, sagte Karl Oskar. »Sie sind uns so gefällig.«

»Wir haben es ja auch am schlechtesten. Wir sind hier die Ärmsten«, sagte Kristina. »Danjel hat gefragt, ob wir über den Winter kämen.«

»Ach doch. Wir kommen schon. Wir werden schon durchkommen . . .«

Karl Oskar zog sich Stiefel und Strümpfe aus und saß da und hatte seine bloßen Füße auf die Herdplatte gelegt. Es brannte heiß in den Zehen und schmerzte in den Nägeln, das Gefühl war vorhanden, und es kehrte zurück.

Er saß eine ganze Weile schweigend da und dachte: Es war nahe daran, daß ein Brief mit einer Neuigkeit zum Kirchspiel Ljuder gekommen wäre – Danjel oder Jonas Petter hätten ihn geschrieben: Karl Oskar Nilsson aus Korpamoen sei draußen im Walde, nur ein Stückchen von seinem Haus entfernt, in einer kalten Nacht im Februar dieses Jahres erfroren. Seine Leiche habe man auf einem Sack Roggenmehl liegend gefunden, den er vom Laden über zwei schwedische Meilen auf dem Rücken getragen habe. Der erschöpfte Mann habe nicht mehr weitergekonnt, sondern habe sich in der strengen Kälte zum Ausruhen hingelegt; er sei dabei eingeschlafen und nicht mehr erwacht.

Doch nun kam diese Nachricht nicht nach Hause, und alle, die vorausgesagt hatten, daß es ihm hier draußen schlechtgehen werde, kamen um ihre Freude. Was er in der Nacht der strengen Wildmarkenkälte erlebt hatte, sollte nie wieder vorkommen. Das Brot war für das Leben unentbehrlich. Er mußte sich aber vorsehen, so daß er dafür nicht sein Leben darangab.

Kristina setzte ihm auf dem Tisch Essen vor. Dann wolle sie Teig kneten, bevor sie sich hinlege, sagte sie; morgen in der Frühe wolle sie den Backofen heizen.

Johan wachte in seinem Bett in der Ecke auf und stieß einen

Freudenschrei aus, als er seinen Vater drüben am Herd sitzen sah: »Vater ist wieder zu Hause . . .!«
Der Junge stand schnell aus seinem Bett auf und setzte sich Karl Oskar auf den Schoß: »Vater hat Mehl gekauft. Mutter soll Brot backen..!«
Der Vater saß schweigend da, er strich seinem Sohn einen Augenblick mit steifen, von Kälte ungelenken Händen über den Kopf.
»Du bist sicher ausgehungert«, sagte Kristina zu ihrem Mann. »Setz dich hin und iß!«
Karl Oskar setzte sich an den Eßtisch und aß sein Abendbrot. Er saß ruhig und schweigend, aber in seinem Schweigen befriedigt da: Morgen würde das fehlende Brot wieder auf seinem Platz hier auf dem Tisch liegen.

Der Brief aus Schweden

1

Dies war der längste Winter, den die Einwanderer, an der Zeit ihres Wartens auf den Frühling gemessen, erlebt hatten. Der Monat März hatte seine Mütze voll Schnee und schüttelte sie in einem großen Schneesturm. Doch nach dem Schneefall trat mit einem tagaus, tagein wehenden Südwind mildes Wetter ein. Die Schneedecke wurde dünner, das Eis auf dem See wurde frei und blau, es fror in der Nacht, doch tagsüber war die Luft von der Sonne lau. Sie hielten nachts kein Wärmefeuer mehr in ihrer Wohnung.

Eines Tages kam Johan hereingelaufen; er schrie schon, ehe er über die Schwelle gekommen war. Was war denn mit ihm geschehen? In der Hand hatte er ein Blümchen, das er mit den Wurzeln ausgerissen hatte.

»Sieh mal, Mutter! Ein Leberblümchen! Ich habe ein Leberblümchen gepflückt!«

Er hatte die Blume auf einem freien Stück Erde drüben am Bach gefunden. Alle im Hause versammelten sich um den Jungen, um zu gucken: Es war eine schmächtige kleine Blume, ein schwächliches Pflänzchen, kaum höher als drei Zoll, mit leberbraunen Blättern, die um den Stengel herauswuchsen, und einer blauen Blüte. Dicht unter der Blüte saß ein Kranz grüner, herzförmiger Blätter. Es mußte ein Leberblümchen sein, doch es war so klein, und niemand von ihnen hatte ein so kleines Leberblümchen gesehen. Kristina behauptete, daß die Blume daheim in Schweden eine größere Blüte habe. Dieses amerikanische Leberblümchen hier duftete auch nicht. Karl Oskar und Robert konnten sich nicht erinnern, wie es mit den Leberblümchen daheim war, aber Kristina wollte sich besinnen, daß sie dufteten; in der Heimat dufteten alle Blumen.

Doch so klein die Blume auch war – es war ein Leberblümchen. In Schweden und Amerika blühte dieselbe Blume als erste im Frühling, und es war eine seltsame Entdeckung für die Einwanderer. Hier stand die Blume an einem Bach in Minnesota, und zur gleichen Zeit sproß sie an Bächen in Småland. Das Leberblümchen wurde für sie zu etwas, was die beiden Länder vereinte, was das Zuhause und die Fremde zusammenführte.

Kristina stellte die kleine Blume in einer angeschlagenen Kaffeetasse in Wasser aufs Fensterbrett: Die erste Frühlingsbotschaft war zu ihnen gekommen.

Der März schüttelte noch einmal seine Mütze, aber es war ein nasser Schneefall, der bald in einen großen Regen überging. Einige Tage lang war die Erde von strömendem Schmelzwasser überflutet. Vom See hörte man allmählich die Schreie der Wasservögel: Das war die zweite Frühlingsbotschaft.

Der Erdboden war schneefrei, doch noch lag das Eis auf dem St.-Croix-Fluß. Robert wartete. Er lag abends in seinem Bett wach und lauschte den wechselnden Geräuschen in seinem linken Ohr. Er hörte das Geräusch, das ihn ungeduldig von hier fortrief: das dumpfe Rauschen eines mächtigen Gewässers, das noch unter der winterlichen Decke des Eises floß, das sich aber bald einen Weg zutage bahnen würde und in seiner lenzlichen Flut anschwellen und ein Fahrzeug mit roten Adlerfedern am Bug – ein Fahrzeug, das ihn fortführen sollte – tragen würde. Das nächste Mal würde er auf dem großen Strom, der auf seiner ewigen Wanderung zum Meere war, mit der Strömung fahren: Robert wartete auf die ›*Red Wing*‹ aus St. Louis.

Karl Oskar und Kristina warteten auf dasselbe Schiff, *the pakket*. Sie warteten auf den Brief aus Schweden.

Es war jetzt ein Jahr verflossen, seit sie das Heimatland verlassen hatten, und bisher hatten sie mit keinem Wort etwas von ihren Eltern und Geschwistern, die sie zurückgelassen hatten, erfahren.

Karl Oskar hatte im vergangenen Sommer einen Brief nach Schweden geschrieben und einen im Herbst, und in diesem

Frühjahr erwartete er Antwort. Im Herbst hatte Robert für Kristina einen Brief an ihre Eltern in Duvemåla geschrieben, und auch sie erwartete jetzt Antwort.

Als sie damals in ihrem Dorf lesen lernte, hätte sie auch darum bitten sollen, schreiben zu lernen, so daß sie jetzt selbst einen Brief an ihre Angehörigen und Freunde im Heimatort hätte schreiben können. Doch ihr Vater hatte gemeint, daß die Frauen nichts mit der Kunst des Schreibens anfangen könnten, da die Männer alle Schreiben und Versteigerungslisten, alle Kaufverträge und Schriftstücke aufsetzten. Sie bereute es jetzt bitter, daß sie den Vater hatte bestimmen lassen. Doch als sie als kleines Mädchen in die Dorfschule ging, konnte sie nicht wissen, was sie im Leben durchmachen müßte. Damals konnte sie nicht ahnen, daß sie einmal nach Nordamerika auswandern würde. Damals wußte sie nicht, daß es dieses Land gab: Erst vor zwei Jahren hatte sie zum erstenmal das Wort Nordamerika gehört.

Karl Oskar verrichtete für Jonas Petter Tagewerke und half ihm beim Hauen von Zaunlatten. Er mußte ein paar Dollar verdienen, so daß sie im Laden von Mister Abbot in Taylors Falls Eßwaren kaufen konnten. Er half auch seinen Nachbarn, die neugekauften Ochsen zu zähmen und einen Ochsenwagen zu bauen, ein Fahrzeug aus Holz mit eichenen Scheiben als Rädern, das nach dem Vorbild des Wagens von Anders Månsson gemacht wurde. Solange Karl Oskar keine Zugtiere hatte, brauchte er keinen Wagen, nun übte er sich an dem Wagen der Nachbarn, bis er seinen eigenen herstellen konnte.

Danjel machte seine erste Fahrt mit seinem neuen Gespann und Gefährt, als er Ulrika und ihre Tochter nach Stillwater fuhr, wo Elin sich um eine Stelle bewerben wollte. Er fuhr auf einem neuen Weg, den die Holzkompanie im vergangenen Winter durch die Wälder hatte aushauen lassen. Ulrika kam mit dem Fuhrwerk ohne ihre Tochter zurück, und einige Tage später ging sie zu der Siedlung am Ki-Chi-Saga und erzählte Kristina von der Fahrt nach Stillwater:

Elin war als Dienstmädchen bei feinen amerikanischen Herrschaften. Sie waren zu Pastor Jackson gegangen, und er hatte ihrem Mädel eine Stelle bei einem der reichsten Männer seiner Gemeinde verschafft, einem hohen Herrn, der die Holzkompanie leitete. Elin sollte außer Verpflegung und Unterkunft acht Dollar im Monat bekommen, und sie sollte nur abwaschen und aufwischen und die Wäsche waschen, sie brauchte keine Arbeiten im Freien zu verrichten, nicht einmal Holz und Wasser zu holen. Das war ein Unterschied gegenüber Schweden, wo die Mägde auch die schwere Arbeit der Männer verrichten mußten und mit einem Reichstaler im Monat entlohnt wurden. Hier wurde von einer Magd nicht halb soviel Arbeit verlangt – für einen dreißigmal so hohen Lohn: Acht Dollar waren dreißig Reichstaler.

Und Ulrika pries Gott, der ihr und ihrer Tochter geholfen hatte, hierher nach Amerika zu kommen, und dann den Pastor Jackson, der ihrer Tochter zu der Stelle in Stillwater verholfen hatte.

Diesmal habe sie einigermaßen mit Pastor Jackson sprechen können; sie habe fast die Hälfte der Worte verstanden, die er sagte, er habe über die Hälfte dessen verstanden, was sie sagte, und den Rest hätten sie zu erraten gesucht, und sie hätten fast immer richtig geraten. Das Freudenweib war aufgeweckt und hatte eine leichte Auffassungsgabe, und sie hatte so viele englische Wörter aufgeschnappt und gelernt, daß Kristina, die selbst kaum erst ein einziges gelernt hatte, erstaunt war.

Ulrika war so keck und unternehmungslustig, sie ließ sich mit allen amerikanischen Menschen, die ihr begegneten, in ein Gespräch ein. Sie wurde oft von amerikanischen Männern angesprochen, die nach Art der Männer gern ihre Blicke auf einer schönen und stattlichen Frau ruhen ließen: So hatte sie Gelegenheit, sich in der fremden Sprache zu üben. Durch ihr schönes Aussehen lernte sie das Englische schneller als andere Frauen, die nicht so oft angesprochen wurden. Sie hatte gesagt, daß sie in manchen Nächten schon in der englischen

Sprache träume, sie höre im Traum Männer, die ganze englische Sätze sprächen. Noch könne es natürlich vorkommen, daß sie bei manchen Wörtern verkehrt träume.
Jonas Petter hatte behauptet, daß die ledige Ulrika in Västergöhl einen neuen Freier, Samuel Nöjd, erhalten habe, den Pelztierjäger, der aus Dalarna hierhergekommen sei. Nun wollte Kristina wissen, ob er die Unwahrheit gesagt habe.
»Er hat die Wahrheit gesagt. Nöjd hat gefreit!«
»Er auch ...! Und du hast ihn Bescheid gegeben?«
»Er hat denselben Bescheid bekommen wie Månsson, und denselben Trost!«
Das wollte Ulrika sagen: Sie versuche, gerecht zu sein, sie behandele alle ihre Freier gleichmäßig. Hier in Amerika sollten ja alle Menschen gleich behandelt werden, da es nicht vier Stände gebe wie in Schweden, sondern nur den Menschenstand selbst. Samuel Nöjd habe ihr ein Heim in St. Paul angeboten, wo er ein Geschäft mit Fleischwaren, Braten, Wurst und Sülze aufzumachen gedenke. Er wolle gleich den Beruf des Pelztierjägers aufgeben. Sie habe aber den Mann aus Dalarna nie leiden können: Nichts sei ihm recht; wohin er komme, klage er über alles, über das Essen, die Wohnungen und die Menschen. Sie habe den Pelzjäger auf Samuel Missnöjd getauft. Wenn sie sich mit ihm verheiratet hätte, wäre er bald unzufrieden geworden und hätte angefangen, auch über sie zu klagen. Sie glaube auch nicht, daß er ein Mann sei, den man gern im Bett haben wolle. Man spüre zwar, daß er ein Mann sei, aber er wolle im Schmutz leben, er halte sich nicht sauber: Er rieche schlecht, wenn man näher an ihn herankomme, er rieche schon auf eine Elle Entfernung. Er rieche nach altem verdorbenem Geschlachteten, es sei ein Geruch von Talg und Blut und Eingeweiden und Tierdärmen. Und seine Tätigkeit bestehe nur darin, Tiere abzuziehen und sie auszunehmen und ihr Fell zu trocknen. Sie hätte gern in seinem Geschäft in der Stadt St. Paul, wo zweitausend Menschen wohnen sollten, gestanden, und sie hätte Braten und Wurst bestimmt mit großem Gewinn für ihn verkaufen kön-

nen. Sie wolle in ihrem Ehebett aber nicht mit einem Ehemann zusammenliegen, der wie ein Darmreiniger rieche.
Sie werde also nicht Mrs. Samuel Nöjd werden, sie habe für das Anerbieten gedankt.
»Ich möchte wissen, wer als nächster um dich anhält!« sagte Kristina.
»Nach Nöjd habe ich schon einen Freier gehabt«, erwiderte Ulrika. »Dieser Norweger in Stillwater war schon auf dem besten Wege.«
Der kleine norwegische Schuster Thomassen, den sie getroffen hätten, als sie im Herbst angekommen seien, habe Pastor Jacksons Haus aufgesucht, als sie dort gewesen sei und habe gefragt, ob sie schon verheiratet sei: Dieser Mann habe Lust. Sie habe noch nie einen so geilen Kerl gesehen. Er sei ganz außer sich, wenn er eine Frau erblicke. Er sei aber so klein und schmächtig, daß es schwierig sein würde zu wissen, wo er eigentlich im Bett stecke. Bevor er dazu gekommen sei zu freien, habe sie ihm zu verstehen gegeben, daß sie nicht Schuhmacherfrau in Stillwater werden wolle. Wenn sie sich mit einem Mann ausländischer Herkunft verheiraten würde, müsse es ein Amerikaner sein. Hier in Minnesota gebe es keine große Auswahl von Schweden, fast alle unverheirateten hätten bereits um sie angehalten. Sie sei geradezu gezwungen, sich mit einem Amerikaner zu verheiraten.
Und Jonas Petter hatte Kristina gesagt: Ulrika in Västergöhl sei die meistbegehrte Frau im ganzen St.-Croix-Tal geworden. Das sei nicht weiter erstaunlich, hatte sie erwidert: Alle unverheirateten Männer hier suchten nach Frauen, und Ulrika sei nun einmal so gebaut, daß sie die Männer in Versuchung bringe und verlocke; sie sei schön und mache noch einen jungen Eindruck, jünger als ihren Jahren nach, sie habe eine frische und blühende Haut, und seit ihrer Ankunft in Amerika sei sie seelisch und körperlich aufgeblüht. Dann sei sie tüchtig in ihrer Arbeit und koche ein gutes Essen, sie sei gesellig und immer guter Dinge und frohgestimmt. Niemand habe das Freudenweib weinen sehen; wer sie kenne, könne

sich nicht vorstellen, daß diese Frau weinen könne. Wer wolle nicht eine solche Frau haben?
Jonas Petter sagte voraus, daß das Freudenweib noch vor Beginn des Sommers verheiratet sein würde.
»Ich möchte wissen, wer schließlich dein Mann wird«, sagte Kristina.
»Ich selbst frage mich gar nicht!« erwiderte Ulrika getrost. »Ich überlasse alles dem Ratschluß des Höchsten!«

2

Bevor Elin ihren Dienst bei der amerikanischen Herrschaft in Stillwater antrat, hatte Robert mit ihr den *Ratgeber für schwedisches Gesinde in Amerika,* ein Kapitel im Wegweiser für Einwanderer, durchgenommen. Sie müsse lernen, die Anordnungen ihrer Dienstherrin zu verstehen, sonst könnte sie etwas Verkehrtes tun und schon am ersten Tage aus dem Dienst entlassen werden.
Robert las mit ihr die wichtigsten Sätze, die von ihren Obliegenheiten handelten; sie lasen sie zusammen immer wieder auf englisch, bis das künftige Dienstmädchen sie auswendig konnte. Sie fingen mit dem ersten Tage an und gingen dann die ganze Woche durch.
Guten Morgen, gnädige Frau. Ich bin das neue Dienstmädchen. – Willkommen. Lege ab und fühle dich wie zu Hause. – Wann muß ich am Morgen herunterkommen? – Du mußt um sechs Uhr aufstehen. – Nimm die Asche aus dem Herd. – Gib mir den Kochtopf, und ich werde dir zeigen, wie man Haferbrei kocht. – Gieß das Schmutzwasser aus und mach das Schlafzimmer sauber! – Iß jetzt dein eigenes Frühstück! – Laß nichts Eßbares im Speisezimmer, während du fegst und Staub wischst. – Wasch das Geschirr und die Kochtöpfe ab. – Morgen ist Waschtag. Am Dienstagmorgen muß alles geplättet sein. – Am Sonntag kannst du nach dem Mittagessen in die Kirche gehen. – Du mußt um halb zehn zu Hause sein. – Am

Mittwoch soll das obere Stockwerk gefegt werden. Iß jetzt gleich dein eigenes Mittagessen.
Sie nahmen die Woche eines Dienstmädchens bei einer amerikanischen Herrschaft durch.
Elin bewegte jetzt die Lippen weniger und hielt die Zunge weiter hinten im Munde, wenn sie englisch sprach. Sie hatte, seit sie angekommen war, große Fortschritte in der Sprache gemacht, und das kam daher, daß ihre Mutter ihr beibrachte, was sie selbst aufgeschnappt hatte, wenn sie mit amerikanischen Männern sprach.
Wo Elin daheim in Ljuder im Dienst gewesen war, hatte der Dienstherr morgens mit Knechten und Mägden Hausandacht gehalten; jeden Morgen mußten sie ihrem Dienstherrn den neunten und zehnten Vers aus dem zweiten Kapitel des Titusbriefes auswendig hersagen, ehe sie Frühstück erhielten: ›Den Knechten sage, daß sie ihren Herren untertänig seien, in allen Dingen zu Gefallen tun, nicht widerbellen, nicht veruntreuen, sondern alle gute Treue erzeigen, auf daß sie die Lehre Gottes, unsers Heilandes, zieren in allen Stücken.‹ Elin glaubte nun, daß sie als Dienstmädchen diesen Absatz auch hier aufsagen müsse, so daß sie ihn auf englisch lernen müsse, aber Robert sagte ihr wahrheitsgemäß: Die Amerikaner hielten ihr Gesinde nicht mit dem Katechismus in Botmäßigkeit. Hier draußen sei übrigens niemand verpflichtet, der Obrigkeit zu gehorchen, weil sie nicht von Gott verordnet sei. Hier in dem Buche könne sie sehen, daß sie in Amerika das Gesinde gerecht behandelten und ihm Langmut bewiesen: Die Dienstherrschaft heiße sie willkommen und bitte sie, sich zu Hause zu fühlen, und sie erhielten dienstfrei, um in die Kirche zu gehen. Ja, die Dienstherrin sei so hochsinnig, ihrem Dienstmädchen zu sagen, daß sie essen solle, sowohl Frühstück als auch Mittagessen – in Schweden habe man wohl noch nie gehört, daß ein Dienstherr oder eine Dienstherrin die Knechte und Mägde zum Essen aufforderte?
Elin bekam eine Stelle in Stillwater, aber Robert blieb zu Hause und wartete. Er wartete auf eine geheime Botschaft,

die sie ihm versprochen hatte. An einem Sonnabend in der dritten Märzwoche kam sie: Das Eis auf dem St.-Croix-Fluß war aufgegangen, und das erste Dampfschiff wurde in Stillwater erwartet.

Am Sonntag ging Robert zu Danjels Siedlung und sprach mit Arvid. Sie waren bereit, sie waren schon lange bereit gewesen, sie hatten nur gewartet. Und als Robert am Abend nach Hause kam, unterrichtete er Karl Oskar: »Morgen früh laufen wir nach Stillwater, Arvid und ich. Wir wollen das Steamboot abpassen.«

»Das Steamboot . . .? Wollt ihr fortfahren?«

»Wir fahren zu den Goldfeldern in Kalifornien.«

»Was erzählst du da? Was wollt ihr denn da?«

»Gold graben, natürlich.«

»Gold graben . . .?«

Karl Oskar glaubte zuerst, daß Robert wieder etwas erfunden habe, womit er ihn anführen wolle.

»Wir haben uns schon im vorigen Herbst entschlossen. Wir haben aber darauf gewartet, daß das Eis auf dem River schmilzt.«

»Ist das dein Ernst?«

Karl Oskar begann sich zu fragen, ob Robert und Arvid an einen Amerikaner geraten seien, der sie verführen wolle, sich mit ihm auf Abenteuer zu begeben, doch als er Robert zugehört hatte, erkannte er, daß die verrückten Einfälle seines Bruders mit der Goldgräberei alt waren und von ihm selbst herrührten. Er hatte Gerüchte von dem Goldland ganz weit im Westen aufgeschnappt und glaubte sie alle; er lebte in seinen absonderlichen Vorstellungen. Und obwohl Arvid ein erwachsener Mann sein sollte, war er ebenso gutgläubig und leicht zu verlocken wie Robert und ebenso kindlichen Gemütes. Und diese beiden wollten sich zusammen auf eine weite Reise durch dieses ausgedehnte und gefährliche Land begeben – es ließ sich leicht voraussagen, wie dieses Unternehmen enden würde!

Diesen verrückten Einfall seines Bruders mußte Karl Oskar

abwenden: »Du wirst nicht allein fertig, Robert. Du bist noch zu jung und zu schwächlich!«
»Gold zu graben ist keine schwere Arbeit. Es ist schwerer, einen Acker aufzuhacken.«
»Wenn du noch Gold fändest, ja! Wenn sich deine Einbildungen bewahrheiteten! Und Kalifornien liegt weit weg am Ende von Amerika. Wie wollt ihr da hinkommen?«
»Wir nehmen Arbeit auf dem Steamboot nach St. Louis. Dann können wir zu Lande weiterlaufen. Ich kenne die Karte, ich komme mit meinem Englisch durch! Um mich brauchst du keine Angst zu haben, Karl Oskar!«
Und für morgen früh habe er sich hier zu Hause mit Arvid verabredet. Danjel wolle seinen Knecht nicht gegen seinen Willen im Dienst halten, habe er gesagt. Und Arvid habe ihm für die Überfahrt schon ein Jahr gedient, das könne reichen, Danjel sei nicht ungefällig. Arvid habe seinen freien Willen.
»Das nimmt kein gutes Ende!« entfuhr es Karl Oskar.
Er schrie seine Warnung fast hinaus. Wenn Robert ein kräftiger und entschlossener junger Mann gewesen wäre! Doch sein jüngerer Bruder war für ihn nur ein weichlicher, unerfahrener und furchtsamer Junge, der vor toten Indianern fortlief und das Pfeifen von Indianerpfeilen hörte, die nie abgeschossen worden waren. Dazu war er auf dem linken Ohr ganz schwerhörig. Er war aber von seinen Einbildungen besessen; bedauernswert waren alle Menschen, die von ihren Einbildungen besessen waren! Es war, als liefen sie mit offenen Augen geradewegs in ihr Verderben. Karl Oskar erinnerte sich, daß Robert sich schon als Junge daheim sonderbar benommen hatte. Er war zwölf Jahre alt, als er immer noch hinter dem Regenbogen herlief, er glaubte, daß er ihn mit den Händen greifen könne. Der Regenbogen stand im Walde und glitzerte und leuchtete in die Augen – doch wie weit Robert auch hinter ihm herlief, er war gleich weit fort. Karl Oskar war als kleiner Junge nie hinter dem Regenbogen hergerannt, um ihn herunterzureißen.
Aus reinem Unverstand wollte Robert sich jetzt fortbegeben.

Doch Karl Oskar flehte und ermahnte: Warum könne er nicht hier bei ihm bleiben? Wenn er ihn überreden wolle, sich die Goldgräberschrullen aus dem Kopf zu schlagen, dann nicht, weil er ihn als Knecht brauche – er würde es wohl allein schaffen – sondern um seiner selbst willen. Er könne es nicht vor seinem Gewissen verantworten, seinen Bruder auf dieses unüberlegte und gefährliche Unternehmen fortzulassen. Er vertrete hier in einem fremden Lande bei ihm Vater- und Mutterstelle. Und habe er an all die Gefahren gedacht, die ihn und Arvid bedrohen könnten? Sie wollten durch große wilde Gebiete reisen, sie kennten die Wege nicht, sie könnten sich leicht verirren, sie kennten nicht die Menschen, sie würden leicht begaunert und betrogen, sie könnten überfallen und totgeschlagen werden.

»Du wirst allein nicht fertig, glaube es mir! Du bist erst achtzehn Jahre alt!«

»Du bist erst vierzehn gewesen, als du von zu Hause fortgingst!« erwiderte Robert.

»Das stimmt. Aber das war daheim. Das ist ein Unterschied.«

»Als du vierzehn Jahre alt warst, hast du deinem Vater gesagt: Ich gehe, wohin ich will! Ich bin mein eigener Herr! Und dann bist du gegangen!«

»Das stimmt – aber das war in Schweden . . .«

»Du bist hingegangen, wo du wolltest, als du vierzehn Jahre alt warst. Habe ich nicht das Recht, dasselbe zu tun, wo ich achtzehn bin?«

Robert hatte seinem älteren Bruder den Mund gestopft. Es stimmte: Seit seinem vierzehnten Lebensjahr war er sein eigener Herr gewesen, war hingegangen, wo er wollte, hatte getan, was er wollte. Er konnte seinem Bruder dasselbe Recht nicht verweigern.

»Du kannst mich nicht hindern, Karl Oskar!«

Robert hatte bereits seine Habseligkeiten zusammengesucht; alles, was er besaß, hatte in einem Bündel gut Platz. Worte der Überredung und der Ermahnung waren bei ihm vertan, und sie konnten ihn nicht binden, nicht hier auf dem Anwesen festbinden, wie man Vieh anband. Und das Karl Oskar ihn nicht mit Gewalt hindern konnte, war es ihm auch nicht möglich, ihn auf andere Weise zu hindern. Robert mußte über sich selbst bestimmen und von jetzt an selbst die Verantwortung für sein Leben übernehmen. Und Karl Oskar suchte sein Gewissen zu trösten: Er hatte alles getan, was in seinen Kräften stand, es war nichts anderes zu tun.

Kristina wurde ebenso besorgt um Robert wie Karl Oskar, aber sie stimmte mit ihm darin überein: Sie mußten ihn gewähren lassen. Was konnten sie tun?

Robert besaß fünf gesparte Dollar, drei, die er von Danjel Andreasson für Tagewerke bekommen hatte, und zwei, die er als Bezahlung für die Kalender erhalten hatte, die er zu Neujahr für die eingewanderten Schweden im St.-Croix-Tal geschrieben hatte. Von den acht Dollar, die Karl Oskar für das Zaunlattenhauen bei Jonas Petter verdient hatte, besaß er noch fünf, und die gab er nun seinem Bruder, bevor dieser sein Heim verließ. Dies war die einzige Hilfe, die er ihm zuteil werden lassen konnte, er gab ihm seine letzten Münzen, das war das einzige, was er tun konnte. Kristina fing an, Robert für die Reise einen ordentlichen Mundvorrat zurechtzumachen, das war das einzige, was sie tun konnte. Und er würde bestimmt viele Male hungrig werden und viele Mahlzeiten essen müssen, ehe er zu den Goldfeldern in Kalifornien kam.

Robert sagte: Er begebe sich fort, weil er schon in jungen Jahren reich werden wolle, so daß er seinen Reichtum genießen könne, während er sich noch in der Kraft seiner jungen Jahre befinde. Er werde aber Karl Oskar und Kristina nicht vergessen, wenn er mit seinem Gold aus Kalifornien zurückkehre. Er werde davon abgeben, vor allem solle Karl Oskar Geld für ein Paar Ochsen erhalten, ein Paar ordentlicher Zugtiere, so daß er sich hier nicht abzumühen und schwere Lasten über lange Strecken zu schleppen brauche. Und er werde einige Kühe kaufen und Kristina schenken, richtig gute Milchkühe, so daß sie für sie alle im Haushalt süße Milch habe. Sie seien gut zu ihm gewesen, und er werde an sie denken. Sie könnten

sich darauf verlassen: Er werde das Gold nicht für sich selbst behalten, wenn er damit zurückkomme.
Vor Hellwerden am Montagmorgen kam Arvid und weckte sie im Blockhaus – Robert und er wollten den Weg durch die Wälder nach Stillwater wandern.
Robert hatte zehn Dollar in der Tasche und sein Bündel und den Mundvorrat für eine Woche auf dem Rücken. Als er seinem Bruder zum Abschied die Hand gab, sagte er: Er habe sich etwas vorgenommen, als er heute nacht wachgelegen und Schmerzen in seinem Ohr gehabt habe: Wenn er aus Kalifornien zurückkehre, wolle er auf eine Weile nach Schweden heimfahren und dem Leutnant Rudeborg das Rittergut Kråkesjö abkaufen und es Vater und Mutter schenken. Vater und Mutter wohnten ja so beengt und seien auf ihrem Altenteil in Korpamoen so übel dran. Es werde schön für sie sein, im Alter auf einem Rittergut zu wohnen. Das hätten sie verdient. Sie würden das ganze Gutsgebäude in Kråkesjö für sich selbst bekommen. Ja, er werde Vater und Mutter zu Hause auch nicht vergessen, darauf könne Karl Oskar sich verlassen – das sei das Letzte, was er seinem Bruder sagen wolle, bevor sie sich trennten.
Karl Oskar und Kristina standen vor der Tür des Blockhauses und schauten Robert und Arvid nach, als sie fortgingen – sie sahen, wie die Jünglinge hinten am Waldrand verschwanden. Und sie legten sich beide dieselbe Frage vor, als sie sich überlegten, ob sie sie in diesem Leben jemals wiedersehen würden.

3

Das Wasser des St.-Croix-Flusses floß offen und frei dahin – das war die letzte und endgültige Frühlingsbotschaft im St.-Croix-Tal.
In den Buchten und Engen des Ki-Chi-Saga begann das Paarungsspiel der Hechte zwischen den letzten, schmelzenden Eisschollen, und die Siedler hatten frischen Hecht mit dicken,

vom Laich schwellenden Bäuchen zu jeder Mahlzeit als Zukost auf dem Tisch. Und die Kaninchen kamen aus ihren Bauen und winterlichen Unterschlüpfen hervor und fraßen die frische, grüne Nahrung auf dem Wiesenland. Die Tiere waren nicht so fett wie im vergangenen Herbst, aber das Fleisch schmeckte im Frühling beinahe noch besser. Mit jedem Tage hatten sie weniger Sorgen um das Essen. Die Tage waren milde unter einer laue Wärme spendenden Sonne, und unter der Rinde der Baumstämme stieg der Saft. Karl Oskar bohrte mit seinem großen Bohrer die Zuckerahornbäume am Blockhaus an, und die Gefäße, die er unter die Löcher hängte, füllten sich mit der herausfließenden Flüssigkeit. Von dem Ahornsaft kochten sie einen süßen und guten Sirup, den sie an Stelle von Butter aufs Brot strichen. Das Leckerste, was die Kinder sich vorstellen konnten, war ein Sirupbrot. Es waren gute und nützliche Bäume, die um ihr Heim wuchsen, sie bargen menschliche Nahrung unter ihrer Rinde.

Menschen und Tiere lebten auf, das Dasein, frisch und neu und jung, begann an den Ufern des Ki-Chi-Saga wieder von vorn. Es sprudelte eine neue Freude in allen Lebewesen des Erdbodens und des Wassers – die Freude darüber, daß sie ihr Leben über den Winter gerettet hatten.

Robert und Arvid hatten die ›*Red Wing*‹ bestiegen, das erste Dampfschiff des Frühjahrs in Stillwater. Dieses Schiff kam mit der ersten Post des Jahres zum Territorium – es würde mit dem Brief aus Schweden kommen.

Kristina sprach jeden Tag von diesem Brief, auf den sie so lange gewartet hatten, und wollte, daß Karl Oskar zum Postamt in Taylors Falls gehe und danach frage. Doch diese Wanderung erforderte fast einen halben Tag, und er hatte in diesen Tagen viel zu tun, der Frost war bald aus der Erde gegangen, und er hatte angefangen, einen Wendepflug für das Aufbrechen des Ackers zu verfertigen. Schließlich aber tat er seiner ungeduldigen Frau ihren Willen – eines Morgens begab er sich auf den neun Meilen langen Weg nach Taylors Falls, um im Laden des Schotten nach dem Brief aus Schweden zu fragen.

An der Außenseite der Tür zum *store* von Mister Abbot war immer ein Stück Papier angenagelt, eine Liste mit den Namen derjenigen, für die Briefe im Laden lagen:

LETTERS
remaining at the Post Office in Taylors Falls.
Walter H. Abbot
Postmaster

Wie viele Male war Karl Oskar auf der Treppe zum Laden stehengeblieben und hatte diese Liste durchgelesen und nach seinem Namen gesucht! Er hatte noch niemals dort gestanden. Die Namen aller anderen Siedler in Taylors Falls und Umgebung hatte er auf dem Anschlag gesehen, bloß seinen eigenen nicht. Er hatte die Namen gelesen und auf diese Weise gelernt, sie wiederzuerkennen, doch immer hatte er seinen eigenen vermißt. Und er hatte sich viele Male die Frage vorgelegt, was es für ein Gefühl sein würde, seinen Namen unter den Menschen angegeben zu sehen, für die Briefe bei dem Kaufmann und Postmeister Walter H. Abbot lagen.
Und als er heute kam, stand er auf der Liste an der Tür des Ladens! Sein Name stand sogar zu allererst, zu alleroberst. Er zählte siebzehn Namen, die unter seinem angeschrieben waren. Es war, als wäre sein Brief der wichtigste von ihnen allen gewesen, weil er zuerst erwähnt war. Er fühlte sich, als wäre er etwas Besseres als die anderen, die dort drinnen Briefe hatten. Sein Name war mit der kräftigen Handschrift des Schotten, mit großen, runden, deutlichen Buchstaben geschrieben, er war leicht zu lesen: *Mr. Karl Oskar Nilsson*. Er wurde hier Mister genannt, wie andere. Das war ja dasselbe wie Herr in Schweden. Er war hier ein Herr wie alle anderen. Doch die beiden Buchstaben vor dem Namen sahen so fremd aus. Es war so, als paßten sie nicht vor einen Namen wie den seinigen, sie paßten vor Jackson und Abbot und andere amerikanische Namen, jedoch nicht vor Karl Oskar Nilsson. Nun ging es doch ihn an: Der Brief aus Schweden war gekommen.

Karl Oskar öffnete die Tür zum Laden. Mister Walter H. Abbot stand an seinem Platz hinter dem Ladentisch. Der Schotte war ein hochgewachsener, hagerer Mann mit einem eckigen, von kleinen Runzeln durchzogenen Gesicht und scharf dreinschauenden Augen. Er behielt immer dasselbe ernste Aussehen, seine Gesichtszüge waren irgendwie unbeweglich. Und das Bemerkenswerteste bei ihm war, daß er sprechen konnte, beinahe ohne die Lippen zu bewegen. Unter den Siedlern galt er als ein freundlicher Mann, der in Geschäftsangelegenheiten sehr genau war. Er gab den Kunden das Gewicht der Ware – aber nicht ein einziges Gramm darüber. Er war ein reeller Kaufmann, doch bei ihm erhielt niemand Zahlungsaufschub: In seinem Laden wurde nur gegen *cash* verkauft.
Karl Oskar wollte heute nichts kaufen, er besaß keinen Cent, seit Robert mit seinen letzten Barmitteln von zu Hause fortgegangen war. Deswegen hatte er auch gezögert, hier herzugehen, er konnte nichts für sich einkaufen. Er war nur gekommen, um den Brief zu holen, der jetzt angekommen sein mußte.
Und bevor er dazu gekommen war, es zu erwähnen, sagte der Postmeister und Kaufmann hinter dem Ladentisch: *»I have a letter for you, Mister Nelson.«*
Mister Abbot zog eine Schublade unter dem Ladentisch auf, suchte in einem Bündel Briefe, bis er einen kleinen quadratischen graublauen Umschlag gefunden hatte: *»Here it is! Yes, Mister Nelson.«*
Karl Oskars Gesicht erhellte sich, als er den Brief erkannte: Es war die Art von Umschlägen, die sie zu Hause verwendeten. Er streckte die Hand danach aus.
»Fifteen cents!«
Der lange Schotte hielt den Brief zwischen Daumen und Zeigefinger, gab ihn aber dem Schweden jenseits des Ladentisches nicht: *»Fifteen cents, Sir!«*
»What meinen you, Mister Abbot ...?«
Karl Oskar benutzte sein Englisch. Warum gab Postmaster Abbot seinen Brief nicht heraus? Wollte er sich dafür bezah-

len lassen, daß er ihn in Verwahrung gehabt hatte – was meinte er mit diesen fünfzehn Cent da?
»You have to pay fifteen cents in postage due, Mister Nelson!«
Der Postmeister in Taylors Falls hielt immer noch den kleinen graublauen Umschlag in der rechten Hand, zwischen dem Daumen und dem Zeigefinger, während er mit dem Zeigefinger der linken Hand auf die Freimarken in der rechten Ecke zeigte. Und Karl Oskar Nilsson hatte immer noch seine Hand nach dem Brief aus Schweden ausgestreckt.
Dann glaubte er zu verstehen: Der Brief war nicht bezahlt. Er mußte ihn mit fünfzehn Cent auslösen.
Er hatte jedoch keinen einzigen Cent.
»Yes, Sir?«
Mister Abbot wartete mit unbeweglichem Gesicht und mit dem Brief in der Hand, er hielt ihn mit festem, sicherem Griff, als hätte er Angst, ihn fallen zu lassen, oder als könnte er ihm mit Gewalt fortgenommen werden. Doch Abbot war nicht der Mann, der etwas fallen ließ oder dem man etwas mit Gewalt fortnahm.
»No . . . No . . .« Der Einwanderer versuchte es mit der Sprache des Landes. »Ich can't heute . . . Not today . . . No . . . Habe not . . . Not an cent . . .«
Und damit der Postmeister auch ganz genau verstehe, daß er kein Geld habe, steckte er die Hände in die Hosentaschen und zog das Futter heraus: leer!
Der Postmeister sprach in bedauerndem Tonfall: *»No cash, Mister Nelson? Sorry! I have to keep your letter.«*
Er legte den Brief wieder in die Schublade unter seinem Ladentisch.
Karl Oskar hatte die Hand nach dem Brief aus Schweden ausgestreckt, mußte sie aber leer zurückziehen – er steckte sie in seine leere Hosentasche.
Der Kaufmann jenseits des Ladentisches betrachtete ihn; angesichts der scharfen Augen blickte er beschämt auf den Fußboden hinunter. Er konnte den Brief, den er abholen wollte, nicht auslösen. *No cash, Mister Nelson?* Diese Worte hatte er

so oft gehört, daß er inzwischen gelernt hatte, was sie bedeuteten – *cash* – das hörte sich an wie Rascheln mit Papiergeld, wie ein Blättern in Stößen von Dollarnoten. Das war ein Wort in der fremden Sprache, das er nicht leiden konnte, über das er nicht hinwegkommen konnte, er stieß immer dagegen wie gegen eine Mauer: *Cash* – das war das Wort der dauernden Bedrängnis, das Wort und das Zeichen für das große Hindernis des Neusiedlers.

Mister Abbot sah auf seine Füße, auf sein Schuhwerk. Um die Stiefel zu schonen, die sich allmählich stark abgenutzt hatten, benutzte Karl Oskar jetzt seine Holzschuhe auch außerhalb seiner Wohnung, auch wenn er weit lief. Die Leute in Taylors Falls guckten ihn an, wenn er mit Holzschuhen an den Füßen daherkam; sie hatten noch nie eine solche Fußbekleidung gesehen. Sie dachten natürlich, daß die Menschen, die in Schuhwerk aus Holz gingen, verarmt und erbärmlich seien. Und er sah nun in den Augen von Mister Abbot, was dieser dachte: Er bemitleidete den Schweden in den hölzernen Schuhen, den Neusiedler, der nicht fünfzehn Cent besaß, so daß er einen Brief aus seiner Heimat auslösen konnte.

Wenn es etwas in der Welt gab, was Karl Oskar verabscheute, dann, bemitleidet zu werden.

»All right«, sagte er, als ginge ihn der Brief nichts mehr an. Und er versuchte, diese Worte wie ein Amerikaner zu sprechen.

»Sorry«, sagte Mister Abbot. *»But I have to keep the letter.«*

Die Nachrichten aus Schweden – die ersten in einem Jahr – lagen wieder in der Schublade des Postmeisters verwahrt. Alles, was sie so lange über ihre Angehörigen zu Hause hatten wissen wollen – ob sie gesund oder krank waren, ob sie alle lebten oder ob jemand tot war, alles über ihre Gesundheit und ihr Leben – es war in der Lade der daliegenden Briefe beiseite gelegt, bis die Nachgebühr bezahlt war. Karl Oskar konnte jedoch dem Postmeister keine Vorwürfe machen, es war nicht seine Schuld, daß der Empfänger des Briefes keine fünfzehn Cent hatte: Die Postkompanie bewilligte keinen Zahlungsauf-

schub, und Mister Abbot unterstand der Postkompanie und tat nur seine Pflicht, wenn er die Sendung behielt.
Karl Oskar nickte einen kurzen Abschied und ging zur Tür.
»*Sorry!*« sagte Abbot wieder, zum dritten oder vierten Male. Sein Gesichtsausdruck war unverändert, aber in seiner Stimme schwang Betrübnis mit. Der Postmaster war um seinetwillen traurig, weil er seinen Brief nicht auslösen konnte. *Sorry* – dieses Wort war in amerikanischen Gesprächen so oft zu hören; es hörte sich so an, als gingen hier fast alle Menschen umher und trauerten um anderer Menschen willen. Viele sprachen das Wort so schnell und leicht aus, daß er nicht immer glauben konnte, daß sie Trauer empfänden. Er hörte jedoch, daß Mister Abbot betrübt war, weil er ohne den Brief aus Schweden gehen mußte.
Der Tag war fast vertan, eine Fußwanderung nach Taylor Falls hin und zurück war ermüdend. Seine Holzschuhe waren schwer und plump, und wenn er ein längeres Stück in ihnen gelaufen war, taten ihm die Füße weh. Und sollte er nun die neun Meilen ohne einen Brief wieder heimgehen . . .?
Doch Anders Månsson wohnte ja hier im Siedlerdorf: Bis zu seiner Wohnung war es nur eine halbe Meile. Er wollte ihn bitten, ihm fünfzehn Cent zu leihen, und dann wollte er zu Abbots *post office* zurückkehren und das Geld auf den Ladentisch legen.
Auf Månssons Grundstück war es heute verlassen und still. Fina-Kajsa saß im Sonnenschein an der Wand des Häuschens und besserte eine Lederjacke ihres Sohnes aus. Sie starrte mit müden, unbeweglichen Augen vor sich hin, sie saß versunken da, als hätte sie weit hinten im Urwald etwas erblickt. Sie sah nicht auf ihre Arbeit, sie blickte starr, wie in tiefem Grübeln; sie grübelte sicherlich immer noch über die enttäuschende Reise nach, die sie zu dem prächtigen Hof ihres Sohnes in Minnesota unternommen hatte: Noch war sie nicht angekommen.
Der vorgestülpte Mund der Alten bewegte sich zu einer Antwort, als Karl Oskar guten Tag sagte. Er fragte nach Anders.

»Er liegt heute längelang da.«
»Längelang . . .?«
»Ja, er liegt längelang im Haus!«
Fina-Kajsas Stimme hatte etwas seltsam Dumpfes und Unheilverkündendes. Karl Oskar schaute sie erstaunt an: Lag Anders Månsson an einem Wochentag untätig zu Hause? Oder war ihm etwas geschehen?
»Ist er nicht auf dem Posten? Ist er liegengeblieben?«
Die Mutter antwortete nicht, sie zeigte nur auf die Tür und nickte vielsagend: Geh hinein! Und er ging in das Häuschen, wo sich alle Mitglieder seiner Einwanderergesellschaft im vergangenen Herbst zusammengedrängt hatten.
Ein starker süßlicher Duft stieg ihm in die Nase, als er über die Schwelle gekommen war und die verbrauchte Luft des Raumes einatmete. Es war ein Wochentag, und es war mitten am Tage, aber Anders Månsson lag ausgezogen im Hemd auf dem Bett, lag der Länge nach auf dem Rücken, schlief und schnarchte. Die Tür quietschte laut in ungeschmierten Angeln, und Karl Oskar ging in seinen Holzschuhen mit polternden Schritten, doch der Schlafende erwachte von den Geräuschen nicht. Anders Månsson lag nicht in einem leichten Mittagsschlummer, er war in einen tiefen Schlaf versunken.
Karl Oskar trat ans Bett; als er näher an den Schlafenden herankam, spürte er den widerlich süßlichen Geruch stärker. Dann entdeckte er, wo der Geruch herkam: Er stieß mit dem Fuß gegen ein hölzernes Fäßchen, das umgeworfen neben dem Bett auf der Erde lag.
Es war ein Whiskyfäßchen. Es lag mitten in einem feuchten Fleck, einer dunkelbraunen Stelle auf der Erde – aus dem Fäßchen war ein wenig herausgesickert, was sich über den Boden verbreitet hatte. Es waren jedoch nicht allzu viele Tropfen verlorengegangen – das Gefäß war so gut wie leer gewesen, als es umgeworfen wurde. Und der Mann, der das Fäßchen geleert hatte, lag jetzt dort auf dem Bett und schlief und ruhte sich nach seinem Trinkgeschäft aus, er schlief mit weit aufgesperrtem Mund und atmete laut mit schweren, unregelmäßigen

und schnarchenden Atemzügen. Es pfiff in der Nase, es röchelte im Hals, und der Brustkorb wogte langsam auf und ab. Es hörte sich an, als ob jeder neue Atemzug, den er tat, ihn zu ersticken drohte, als ob er im Halse steckenbliebe und sein letzter wäre.
Anders Månsson hatte sich heute, mitten in der Woche, in den Schlaf des Trinkers getrunken, er lag mitten am hellen Arbeitstage sinnlos betrunken auf seinem Bett: Er lag längelang da.
Doch sein Gesicht blühte rosig und rot, die Wangen blühten mit den Rosen der Gesundheit. Warum bist du so rot im Gesicht? hatte Fina-Kajsa ihren Sohn gefragt, als sie im Herbst ankam. Und es stimmte: Als Karl Oskar die Alte einmal bei Danjel getroffen und nach Anders gefragt hatte, war ihm die Antwort geworden: Er liegt längelang zu Hause! Er hatte sich gewundert, was sie damit meinte.
Karl Oskar stand angeekelt und beklommen da: Der Betrunkene lag in einem schweren Schlaf der Betäubung, man konnte ihn noch nicht wecken. Aus seiner Kehle klang es wie Todesröcheln.
Wie er so dalag, sah er aber so rot und gesund aus, und wer rot war, war noch lange nicht tot.
Der Besucher ging sacht wieder aus dem Häuschen. Draußen saß noch die Mutter des Betrunkenen; er hatte ihr nichts zu sagen.
Sie fragte: »Wolltest du etwas von Anders?«
»Nichts Wichtiges. Ich wollte nur einmal hineinschauen, wo ich so dicht vorbeikam.«
»Er wacht gegen Abend auf.«
»Soo . . . Macht er es immer so? Kommt es oft vor, daß . . .?«
»So oft er etwas hat, wofür er sich etwas zu trinken kaufen kann. Es ist verschieden . . .«
Die alte Fina-Kajsa redete in die Luft, ganz leise, mit tonloser Stimme – jenseits von Gram und Betrübnis: »Er hat sich daran gewöhnt, als er hier allein wohnte.«
»Das kann ich mir denken . . .«

»Er hatte es satt. Er sehnte sich fort und wollte weg.«
»Ach so . . .«
Karl Oskar kam sich verlegen und beschämt vor, als hätte er ihren Sohn bei einem natürlichen, heimlichen Geschäft überrascht, das niemand etwas anging als ihn selbst und das Menschen verrichten, ohne daß sie von anderen gesehen werden.
»Anders sagt, er sei hier gleichgültig geworden. Es nimmt den Kopf mit, wenn einer einwandert und gleichgültig wird.«
Karl Oskar suchte nach etwas, womit er die Alte trösten könnte. Doch eigenartig – wie weit war es zu den Worten des Trostes, als er sie brauchte . . . Er bekam nicht ein einziges heraus. Er hatte Fina-Kajsa immer noch nichts zu sagen. Er bestellte einen schönen Gruß von Kristina, darauf ging er von dannen. Die Alte saß da und starrte unbeweglich über den Urwald hin. Der Sohn, der noch längelang auf dem Bett lag, war gleichgültig geworden.
Nun wußte Karl Oskar, warum der Sohn der Fina-Kajsa in den Jahren seines Aufenthalts hier im Territorium nicht hatte weiterkommen können – er kannte jetzt das Geheimnis des Anders Månsson.

4

Karl Oskar konnte bei den Schweden in Taylors Falls nicht fünfzehn Cent aufbringen. Bei seinen Nachbarn am See Genezareth konnte er sich den Betrag borgen. Doch der Tag reichte nicht für eine zweite Wanderung zum *store* von Mister Abbot nach dem Brief aus Schweden. Er mußte solange in seinem Kasten in dem Laden liegenbleiben. Er lag nicht auf der Straße, bei Postmaster Abbot war er gut aufgehoben.
Karl Oskar ging gleich wieder nach Hause.
Schon an der Tür empfing ihn Kristina: »Hast du den Brief bekommen? Was steht darin? Sind sie zu Hause gesund?«
Sie hatte schon drei eifrige Fragen bereit und schaffte noch eine vierte, bevor er antwortete: »Ist der Brief noch nicht angekommen?«

»Angekommen ist er. Er muß aber ausgelöst werden. Das kostet fünfzehn Cent.«
»Hast du ihn nicht auslösen können?«
»Nein . . .«
»Du hast den Hin- und Rückweg vergeblich gemacht?«
»Jaa . . .«
Kristina war so voller Erwartung gewesen, sie war sicher gewesen, daß er heute mit dem Brief aus Schweden kommen werde. Nun fühlte sie sich wie ein Kind, das vor der Tür auf die Weihnachtsbescherung gewartet hat und schließlich fortgewiesen wird.
Karl Oskar erwartete noch eine Frage von ihr, doch auf diese wollte er im voraus antworten. Er sagte: Diesmal habe er nicht zu ihren Nachbarn gehen und sich das Geld borgen wollen. So stolz sei er doch, daß er nicht nach fünfzehn Cent fragen wolle. Er wolle nicht bei allen Schweden hier im Tal herumgehen und seine Armut zeigen. Es handele sich um einen so kleinen Betrag, daß er sich sicher selbst helfen könne. Und sie müßten sich solange gedulden, den Brief von zu Hause zu lesen. Er sei auf dem Postamt in Taylors Falls gut aufgehoben. Niemand werde ihn ihnen fortnehmen.
»Hast du die Aufschrift auf dem Brief gesehen?« erkundigte sich Kristina.
»Nein. Ich habe ihn nicht in der Hand gehabt.«
»Du weißt also nicht, wer den Brief geschrieben hat?«
»Nein.«
Er sei aber wohl von seinen oder ihren Eltern, er sei natürlich von seinem oder ihrem Vater geschrieben.
Es vergingen einige Tage. Der Frühling war ins St.-Croix-Tal gekommen, auf dem Fluß war das Eis aufgegangen, und das Dampfschiff war mit dem Brief aus Schweden angekommen. Er lag aber noch in einer Lade bei dem Kaufmann in Taylors Falls und kostete fünfzehn Cent. Kristina dachte: Es war gut, daß die Sonne und die Wärme ohne Gebühr zu den Menschen kamen; wenn sie den Frühling auch noch mit fünfzehn Cent hätten auslösen müssen, hätten sie noch Winter gehabt.

Karl Oskar und Kristina erwähnten tagsüber den Brief aus Schweden nicht, doch blieb er in ihren Gedanken. Sie konnten ihn nicht aus dem Kopf bekommen, sie sannen nach, und sie fragten sich: Was für eine Nachricht brachte er ihnen? Was stand in dem Brief? War es ein Trauerbrief oder eine freudige Nachricht? Vielleicht stand darin etwas von jemand, der verstorben war, jemand, der ihnen nahestand? Wieviel konnte sich in einem ganzen Jahr zu Hause ereignet haben! Von allem, was geschehen war, stand in dem Brief zu lesen, der so weit befördert worden war und jetzt so nahe bei ihnen war. Er hatte aber seine Botschaft nicht bis zu ihnen hintragen können, es fehlte noch ein kleines Stück, und dieses Stück bedeutete, daß der Brief ebenso fern von ihnen war. Er kostete fünfzehn Cent.

Es wäre besser gewesen, wenn sie nichts von dem Brief gewußt hätte, dachte Kristina. Es wäre besser gewesen, wenn Karl Oskar nichts davon gesagt hätte. Nun verstrickte sie sich nur in Grübelei über die Nachrichten von daheim, die sie so nahe bei sich hatte, aber nicht erreichen konnte.

Karl Oskar geduldete sich und wollte, daß sie sich auch geduldete. Er arbeitete tagaus, tagein an dem neuen hölzernen Wendepflug, den er fertig haben wollte, bis der Boden frostfrei geworden war und er die Ochsen seiner Nachbarn leihen und anfangen konnte zu pflügen. Der Pflug war für ihn dringender als der Brief, er sprach bei jeder Mahlzeit von ihm, die er im Hause einnahm, früh und spät nahm er seinen Pflug vor: Es war das erste Mal, daß er das wichtigste Gerät des Bauern anfertigte, und das verlangte geübte Hände. Er tischlerte und schnitt, schnitzelte und schnitzte, versuchte mehrere Holzarten, verwarf und begann von vorn, schnitzte und verbesserte von Tag zu Tag: Das Streichbrett sollte richtig geschwungen sein, die Zugstange sollte die richtige Krümmung haben, die Sterze ihre richtige Neigung und die Handgriffe ihre richtige Stellung. Der Pflugkörper sollte geschmeidig sein und den Händen des Pflügenden gehorchen und leicht die Schollen durchschneiden – hinter diesem Pflug wollte er dann lange in der Furche hergehen; er wollte bis zu dem Tag hinter ihm hergehen, an dem das ganze Grasland rundherum in Ackerland verwandelt war: Der neue Wendepflug sollte ihnen den Acker geben, auf dem ihr Brot wuchs.

Kristina wollte bald nichts mehr von dem Pflug hören, den er anfertigte, sie wollte von dem Brief hören, den sie auslösen sollten. Karl Oskar kam sich zu stolz vor, einen so kleinen Betrag wie fünfzehn Cent von seinen Nachbarn zu leihen. Wenn der Arme sich nichts anderes erlauben könne, sei er wenigstens in der Lage, stolz zu sein, meinte er: Dies sei ihm eine gute Lehre von daheim in Schweden. Doch vielleicht war die Lehre für einen armen Anfänger hier in der Wildmark weder gut noch nützlich. Er konnte sich von seinem Stolz nicht ernähren. Und woher wollte er fünfzehn Cent bekommen, wenn er sie sich nicht von Danjel oder Jonas Petter borgte?

Es vergingen noch ein paar Tage; Karl Oskar war zu Hause und arbeitete an seinem hölzernen Pflug. Jetzt wollte sich Kristina nicht mehr gedulden und nicht mehr warten: Wolle er den Brief nicht bald auslösen? Er erwiderte: Der Brief sei gut aufgehoben, Mister Abbot werde ihn nicht aus der Hand geben, sie solle sich darüber keine Sorgen machen, der Pflug gehe vor.

Da entschloß sie sich: Sie wollte selbst zu ihrem Onkel gehen und fünfzehn Cent leihen.

Ohne daß Karl Oskar davon eine Ahnung hatte, wollte sie sich morgen früh auf den Weg durch den Wald zu Danjels Siedlung machen. Sie wollte ihrem starrköpfigen Mann zeigen, daß sie selbst die Nachricht von zu Hause holen konnte. So stolz sollte er nicht sein dürfen, daß er ihr den Brief aus Schweden noch länger vorenthielt.

Selten kam ein Fremder an dem Blockhaus am Ki-Chi-Saga vorüber; manchmal führte der Weg eines Pelztierjägers in dieser Richtung. Doch am selben Tage, als Kristina ihren Entschluß gefaßt hatte, kam ein Fremder zum Hause.

Es war ein Mann von der Holzkompanie in Stillwater. Er war unterwegs, um neue Wege durchs Land abzustecken, und er

hatte sich verirrt. Der Fremde kam gerade, als die Siedlerfamilie beim Mittagessen saß, und er wurde eingeladen, sich mit an den Tisch zu setzen und mitzuessen: Ob er mit einer einfachen Bewirtung vorliebnehmen wolle? Karl Oskar und der Amerikaner verstanden einander nur notdürftig; es hörte sich aber so an, als ob er ein freundlicher Mensch sei. Er zeigte sich dankbar für das, was man ihm vorgesetzt hatte, und bevor er von dannen ging, gab er Johan einen Klaps auf den Kopf und eine Münze in die Hand. Kaum war der Fremde zur Tür hinaus, als Kristina sich eilig das Geldstück vornahm, das der Junge bekommen hatte: Es war ein Zehncentstück.
Sie drehte die kleine Münze tief enttäuscht um: Das war ebenso schlimm. Es fehlten doch noch fünf Cent. Sie mußten doch borgen. Und wer fünf Cent borgte, zeigte seine Armut noch mehr als jemand, der sich fünfzehn Cent lieh.
»Das hätte beinahe gereicht . . .!«
»Willst du damit sagen, daß . . .?«
Karl Oskar sah seine Frau schnell an.
»Du verstehst doch, was ich meine.«
»Wir werden doch aber nicht das Geld des Jungen nehmen?«
Johan stand da und zerrte seiner Mutter am Arm: »Ich will mein Geld behalten, Mutter!«
»Gib es dem Jungen wieder!« sagte der Vater. »Es ist das erste, was er selbst besitzt.«
Kristina gab dem Kind die Münze wieder: »Wir hätten sie wohl aber geliehen, wenn es fünfzehn Cent gewesen wären.«
Johan hielt das Zehncentstück krampfhaft in seinem Händchen: »Das Geld ist meins . . . Ich habe es bekommen . . .«
Karl Oskar sagte: Sie hätten dem Jungen das Geldstück, das er bekommen habe, die erste Münze, die er in seinem Leben besessen habe, nicht fortnehmen können. Nein, das würde nichts Gutes bedeuten, wenn sie es täten.
Jetzt brauste Kristina auf: »Dann geh doch und besorge fünfzehn Cent! Sich gedulden und immer wieder gedulden! Wie lange wollen wir uns gedulden? Wann willst du den Brief auslösen? Soll er vielleicht bis zu Weihnachten daliegen?«

»Ich werde ihn morgen früh auslösen gehen.«
»Das möchte ich erst einmal sehen, bevor ich's glaube! Ich glaube es nicht! Du bist wie ein störrisches Pferd, Karl Oskar! Ich halte es nicht mehr aus! So, jetzt weißt du es!«
Vor Entrüstung glühten ihr die Wangen, und ihre Augen blitzten.
Er ließ ihren Ausbruch vorüber und erwiderte nichts, bis sie gesagt hatte, was sie über seinen Starrsinn zu sagen hatte. Dann sagte er, ruhig wie zuvor: Morgen früh wolle er mit dem getrockneten Fell des großen Hirsches, den er im Herbst geschossen habe, zu dem Deutschen Fischer in Taylors Falls gehen und es ihm anbieten. Sie hätten ja sonst beabsichtigt, das Fell für Kleidung zu bereiten, und nun müßten sie es wohl verkaufen, denn sie könnten nicht länger völlig mittellos dastehen. Er werde sicherlich für das Fell ein paar Dollar bekommen – das reiche für den Brief und einige Waren aus dem Laden.
»Hättest du nicht gleich das Fell mitnehmen können?« warf ihm Kristina vor. »Warum hast du . . .?«
Sie wurde unterbrochen, weil die Tür geöffnet wurde. Der Mann von der Holzkompanie, der Johan das Geld gegeben hatte und gerade gegangen war, kam jetzt wieder zurück. Er blieb auf der Schwelle stehen und zeigte zum See-Ufer hinunter. Während er sprach, drehte er einen großen Priem in der Hand.
Karl Oskar hörte ganz aufmerksam zu und versuchte zu verstehen – er hörte das Wort *hay* heraus: Der Fremde sprach von Heu. Und gleich ging es Karl Oskar auf, daß der Mann von der Holzkompanie auf die Heudiemen dort unten zeigte, die er im vergangenen Herbst aufgestellt hatte. Es standen noch drei große Diemen da – es war das Heu, das die Kuh Lady noch nicht aufgefressen hatte, als sie vor dem Kalben im Frühjahr wieder zu ihrem Eigentümer gekommen war. Der Fremde kehrte um, weil er die Heudiemen entdeckt hatte . . .
Und Karl Oskar ging mit ihm zum See hinunter. Nach einer kleinen Weile kehrte er ins Haus zurück mit drei großen sil-

bernen Münzen in der Hand: Die Holzkompanie in Stillwater, die jetzt zum Frühjahr für ihre Zugtiere dringend Futter brauchte, hatte seine drei übriggebliebenen Heudiemen für drei Dollar gekauft.

Noch nie war ein Verkäufer nach einem abgeschlossenen Handel zufriedener gewesen: »Ich hatte es im Herbst schon im Gefühl, als ich das Heu mähte! Ich hatte das Gefühl, daß wir gute Verwendung dafür haben würden!«

Am selben Tage lief Karl Oskar zum zweitenmal den Weg nach Taylors Falls, um den Brief aus Schweden zu holen, und diesmal hatte er ihn auf dem Heimweg in der Tasche. Er erkannte die Buchstaben, die sein Vater geschrieben hatte, in der Aufschrift wieder, aber er trug den Brief ungeöffnet nach Hause: Er wollte ihn in Gegenwart Kristinas aufmachen und sie gleichzeitig zuhören lassen, während er selbst las.

Sobald er über die Schwelle gekommen war, fragte er: Wolle sie jetzt zuhören? Karl Oskar und Kristina setzten sich jeder auf eine Seite des Eßtisches; sie kamen sich vor, als wollten sie mitten in der Woche hier drinnen in der Stube eine Fest- und Feierstunde abhalten. Sie wurden ganz andächtig. Und Karl Oskar erbrach den Brief aus Schweden, er schnitt ihn mit dem Brotmesser auf, dem schärfsten Messer, das sie im Hause hatten, er schnitt sacht und vorsichtig, damit das Papier keinen Schaden nehme.

Es war ein kleiner Brief, ein kleines, schmales Stück Briefpapier, das von oben bis unten vollgeschrieben war. Die Buchstaben waren krumm und steif und geknickt – sie glichen den gekrümmten, steifgewordenen und gichtbrüchigen Fingern, die sie geformt und niedergeschrieben hatten.

Der Brief aus Schweden hatte ihm, der las, und ihr, die zuhörte, dieses zu berichten:

Mein teurer Sohn, Schwiegertochter und Kinder, unsere zärtlich geliebten, möge es Euch wohlergehen, ist unser immerwährender Wunsch.

Wir haben den Brief mit der Nachricht bekommen, daß Ihr le-

bendig und gesund angekommen seid, was zu hören für uns eine große Freude war. Ich will schreiben und Euch von uns mitteilen, daß wir alle die Gottesgabe der Gesundheit besitzen, und daß es uns gut geht. Viel, Schlimmes und Gutes, ist seit unserem Abschied hier zu Hause geschehen. Der Kirchenälteste in Åkerby hat sich im vergangenen Sommer an der Mühle zuschanden gefahren. Der älteste Sohn hat die Hufe übernommen. Auf meiner alten Hufe geht die Arbeit ihren gewohnten Gang. Der Bauer, der uns das Altenteil gibt, ist ziemlich geizig, doch sonst freundlich. In diesem Jahre war das Wetter gut, und die Ernte wurde ziemlich gut.
Wir, Mutter und ich, gehen nicht woanders hin. Wir pusseln hier zu Hause herum; ich bleibe meist drinnen am Herd, wie Du wohl weißt. Du hast Deinen freien Willen gebraucht und Deine alte Heimat verlassen. Wir hoffen alle, daß Ihr Erfolg habt. Zu Anfang kann es in einem fremden Lande wohl kein Zuckerlecken für Euch sein. Mutter hätte gern gewußt, ob Ihr einen Pfarrer habt, der Euch Gottes reines Wort predigt. Dein Gott ist auch in der Fremde mit Dir. Gehe zu Ihm nach Hilfe, wenn die eigene Kraft nicht reicht.
Macht Euch um uns keinen Kummer und keine Sorge, grüße die Kinderchen und Deine liebe Frau recht lieb von uns. Ihren Eltern und Geschwistern in Dufwemåla geht es gut, und sie wünschen Kristina ebenso Gutes in Nordamerika. Ich habe die Beförderungsgebühr für den Brief bezahlt, wenn es reicht. Du hast wohl nicht mehr Geld dafür als ich. Du bist ein Fremder im fremden Land. Wir haben Euch alle stündlich in unseren Gedanken. Ich rufe den Segen des Herrn auf Euch herab, unsere Lieben hienieden!

Niedergeschrieben von Deinem Vater
Nils Jakobs Son.

Korpamoen in der Gemeinde Ljuder, den 9. Oktober Anno 1850. Laß keinen nicht verwandten Menschen dieses Geschluder von mir sehen.

Die ledige Ulrika in Västergöhl weint

1

Karl Oskar mußte Kristina den Brief aus Schweden dreimal hintereinander vorlesen, ehe sie zufrieden war. Erst danach konnte er ihr die bemerkenswerte Neuigkeit erzählen, die er in Taylors Falls erfahren hatte: Ulrika in Västergöhl wolle die Ehe mit Mister Walter H. Abbot eingehen. Ulrika wolle nach Taylors Falls ziehen und die Frau des Kaufmanns und Postmeisters werden. Das habe er erfahren, und er hätte der Sache keinen rechten Glauben geschenkt, wenn es nicht die Schweden-Anna erzählt hätte. Sie pflege keine unwahren Gerüchte zu verbreiten. Und es sei bestimmt, daß sie selbst nach Neu-Kärragärde ziehen und an Stelle von Ulrika dem Haushalt von Danjel und Jonas Petter vorstehen solle.

Mister Abbot habe nach dem, was die Schweden-Anna wisse, in letzter Zeit oft die schwedische Neusiedlung am See Genezareth besucht. Und Ulrika habe ihn dabei zum Essen eingeladen, dem leckersten Essen, das sie bereiten könne, sie habe süßen Käse gekocht und Käsekuchen und Eierkuchen mit Speck gebacken, sie habe ihm alles Wohlschmeckende vorgesetzt, was sie habe erdenken können. Und Mister Abbot sei von der schwedischen Kost so eingenommen gewesen, daß er sie alle Tage auf seinem Tisch haben wolle. Um täglich das gute Essen essen zu können, müsse er die Köchin in seinem Haus haben, und so habe er um Ulrika angehalten.

Die Schweden-Anna vermute, daß die bevorstehende Ehe ein Werk der Zauberei sei: Ulrika habe Abbot mit dem Essen verzaubert, das sie ihm gegeben habe. Sie habe daraus Nutzen gezogen, daß der arme Mann vorher nicht gewußt habe, wie menschliche Nahrung schmecken müsse. Ulrika könne ihrem Schöpfer danken, daß sie hier in Amerika noch nicht gelernt hätten, sich ihr Essen zuzubereiten.

Die Schweden-Anna habe gesprochen, als ob Ulrika eine schwere Sünde begangen hätte, als sie Mister Abbot zu ihrem schwedischen Essen eingeladen habe.

Der Kaufmann und Postmeister in Taylors Falls war ein wohlhabender Mann. In seinem Hause fehlte nichts von den guten Dingen dieser Welt; es gab bestimmt noch mehr Frauen als das Freudenweib, die über einen Laden mit vielerlei Waren herrschen wollten. Karl Oskar vermutete deswegen, daß die Schweden-Anna aus Neid so gesprochen habe, als sie Ulrika tadelte und herabsetzte.

Kristina hatte Mister Abbot im Herbst ein paarmal gesehen, als er hinter dem langen Tisch in seinem Laden stand. Seine lange, dürre Gestalt reichte im Laden bis an die Decke. Er hatte große, schwarzbehaarte Hände und breite, platte Füße. Er war immer in einen Rock aus vielfarbigem Zeug mit langen Schößen gekleidet, und der Kragen seines Hemdes war am Hals umgeschlagen. Alle sprachen von ihm als einem ehrlichen und anständigen Kaufmann; Kristina fand, daß er hartherzig sei, wenn er die armen Neusiedler in seinem Laden nicht für einen Cent borgen ließ. Sie konnte ihn aber nicht als geizig bezeichnen: Er hatte den Kindern mehrmals als Geschenk Zuckerstangen mitgeschickt.

Kristina sagte zu Karl Oskar: Am nächsten Sonntag müsse er allein zu Hause bleiben und auf die Kinder aufpassen. Sie wolle zu Onkel Danjels Haus gehen und Ulrika in Västergöhl zu ihrer Heirat beglückwünschen.

2

Sie trat ihre Wanderung am frühen Morgen an. Es war das erstemal, daß sie den Weg zwischen dem Ki-Chi-Saga und der Siedlung am See Genezareth allein lief. Karl Oskar warnte sie vor der Wanderung, aber sie wollte versuchen, einmal allein auf dem ausgehauenen Weg durch den Wald zu gehen; irgendwann müsse sie sich wohl einmal selbständig in der Gegend bewegen, in der sie für den Rest ihres Lebens wohnen sollte. Sie fühle sich eingesperrt wie ein Stück Vieh, wenn sie niemals von zu Hause fortgehen könne, ohne daß jemand mitkomme und auf sie aufpasse. Nun könne sie sich nicht verirren, da es nicht mehr als einen Weg gebe, den sie gehen könne. Die Indianer waren zwar zurückgekehrt und hatten sich wieder am Ki-Chi-Saga gezeigt. Sie versuchte aber, sich die Angst vor den Kupferhäutigen mit diesem Gedanken aus dem Kopf zu schlagen: Wenn Gott mich vor ihnen bewahrt, brauche ich keine Furcht zu empfinden, wenn ich allein durch den Wald gehe. Wenn Gott mich nicht bewahrt, hilft es mir nichts, wenn ich auch noch so viele Menschen bei mir habe!

Der Wald war durch die milden Frühjahrsregen wie blank geputzt, die Grasspitzen grünten, bei allen Laubbäumen brachen die Knospen auf, es duftete frisch und gut nach Laub und Nadeln, nach Halm und Rinde, nach Mulm und Erde. Und Kristina ging leichten Fußes auf dem kaum gebahnten Weg dahin und atmete unbeschwert. Auf weiten Strecken konnte sie sich vorstellen, daß sie durch den Weidewald daheim in Duvemåla ging, so ähnlich war hier alles. Hier wuchsen dieselben Bäume, sie waren nur dichter, stärker und urwüchsiger als zu Hause. Sie schloß mit den Bäumen und Sträuchern leichter Bekanntschaft als mit den Menschen in dieser Gegend, sie fühlte sich nicht vereinsamt, wenn sie durch diesen Wald ging.

Sie vergaß jedoch nicht die Gefahren, die er barg; jeden Augenblick konnte ihr etwas Erschreckendes begegnen. Als die Schweden-Anna das letztemal zu Besuch gekommen war, hatte sie unterwegs einen abgehauenen Menschenfuß gesehen: Er war an einem Holzstock befestigt, der in die Erde gesteckt worden war. Es war ein blutiger Fuß mit brauner Haut, der Fuß eines Indianers. Es war ein scheußliches Zeichen, das die Indianer in der Gegend aufgestellt hatten. Die Schweden-Anna glaubte, daß das Krieg zwischen den Chippewa und den Sioux bedeute.

Kristina vergaß auch die Schlangen nicht, die die Frühlingssonne hervorgelockt hatte, und die ihr auflauern konnten. Doch weder Menschen noch Tiere taten ihr an diesem Sonntag auf ihrer Wanderung etwas zuleide; sie sah unterwegs weder Schlangen noch abgehauene Menschenfüße.

Als sie zu Danjels Blockhaus kam, war Ulrika allein da. Jonas Petter hatte ein kleines Ruderboot gezimmert, und er und Danjel hatten darin die Kinder mit auf den See hinausgenommen; sie wollten zum Mittagessen frische Fische fischen.

Am Abend zuvor war Ulrika von einer Wanderung nach Stillwater zurückgekehrt, wo sie ihre Tochter besucht hatte. Elin war mit ihrem neuen Dienst zufrieden, die Arbeit war leicht, und ihre amerikanische Herrschaft war edelmütig gegen Gesinde. Ulrika hatte auch Pastor Jackson in seinem neuen Haus aufgesucht, und sie war in der Kirche gewesen und hatte ihn predigen hören.

Kristina wurde gleich gewahr, daß das Freudenweib heute ganz anders auftrat. Sie war nicht so lebhaft und sprudelnd, wie sie zu sein pflegte, sie machte eine ernste Miene, in ihren Bewegungen und ihrem Gehaben war etwas Neues, etwas ganz Nachdenkliches. Sie zeigte gleichsam ein neues Gesicht, ein ernstes, feierliches Gesicht. Das kam wohl von der großen Veränderung, die durch die bevorstehende Heirat in ihrem Leben eintreten sollte.

Sie hatte ihre Reisetasche hervorgeholt, und als Kristina kam, stand sie da und legte Kleidungsstücke sehr sorgfältig zusammen; darauf legte sie eines nach dem anderen in die Tasche. Sie hatte bereits mit ihren Umzugsvorbereitungen begonnen: »Ich pussele hier gerade etwas herum . . .«

»Ich habe es schon gehört!« sagte Kristina, sobald sie sich gesetzt hatte. »Du willst nach Taylors Falls ziehen und die Frau des Kaufmanns werden!«

Das Freudenweib sah sie schnell an, mit einem ernsten, sonderbaren Blick. Sie antwortete nicht. Kristina wünschte ihr Wohlergehen in der Ehe, und zweimal wiederholte sie ihre Worte. Doch Ulrika schien nicht besonders davon erbaut zu sein. Eher schien es, als hätte sie dieser Wunsch für ihr Wohl-

ergehen gequält. Sie erwiderte nichts, sie dankte nicht für ihn. Sie stand verlegen und betreten da, während sie ein frischgewaschenes und frischgeplättetes Hemd hervornahm – Kristina hatte gerade vermutet, daß das leuchtendweiße Gewand ihr zukünftiges Brauthemd sei.
Was war heute mit dem Freudenweib? So wie sie sich benahm, kannte Kristina sie nicht wieder. Sie war doch immer munter und guter Dinge, und sie hatte doch nie mehr Grund dazu als gerade jetzt. Da mußte irgend etwas nicht stimmen. Und Kristina kam ein Verdacht: Vielleicht fand die Heirat mit Mister Abbot nicht statt? Vielleicht war etwas dazwischengekommen? Hatte der Freier sich die Sache anders überlegt und sein Angebot zurückgezogen? Irgend etwas war geschehen.
Sie war aber hier beim Einpacken ihrer Sachen – sie wollte doch aus Danjels Haus ausziehen! Kristina fragte sie geradeheraus danach.
»Doch, ich will ziehen«, sagte sie, während sie ihr reines Hemd langsam auf dem Tisch ausbreitete: »Aber nicht nach Taylors Falls. Ich werde nicht die Frau des Kaufmanns Abbot.«
»Ist denn nichts Wahres daran?«
»Doch, es war etwas Wahres daran, oder jedenfalls beinahe.« In Ulrikas Stimme war ein Zittern zu vernehmen, das Kristina noch nie gehört hatte: »Es war so dicht daran, wie etwas nur sein kann. Ich könnte schon mit Mister Abbot verheiratet sein. Jetzt hat sich aber alles verändert.«
»Was erzählst du da . . .!«
»Bei mir ist alles anders geworden.«
Kristina hielt den Atem an: Ulrika meinte wohl, daß der Freier anderer Meinung geworden sei? Da mußte jemand sie bei Mister Abbot hinter ihrem Rücken schlechtgemacht haben – ihm von ihrem früheren Leben in Schweden erzählt haben. Und es mußte jemand von zu Hause sein. Wer war es? Wer konnte so gemein sein – wer konnte Ulrika verraten haben?
»Ist etwas dazwischengekommen?«
»Ja, es ist etwas dazwischengekommen.«

In Kristina begann es vor Entrüstung zu kochen. Wer dieser Schurke auch war, der Ulrikas Ehe zunichte gemacht hatte – sie wollte ihm oder ihr niemals mehr die Hand geben.
»Hat es dir ein schlechter und neidischer Mensch verdorben?«
»Nein!« erwiderte Ulrika langsam. »Es ist kein Mensch gewesen.«
»Kein Mensch?«
»Es ist Gott selbst gewesen.«
»Wie meinst du das?«
»Gott selbst ist dazwischengetreten. Er wollte nicht, daß ich mich mit Mister Abbot verheiratete.«
Ulrika legte die Ärmel des Hemdes zusammen. Sie wandte sich nun Kristina zu, und ihr schwellender Busen hob sich unter der anliegenden Jacke: »Der Herr hat eingegriffen und die Ehe abgewendet.«
Kristina blieb verwirrt sitzen: Es hörte sich nicht so an, als hätte sie ein Glück verloren. Es klang so, als hätte das Freudenweib von einem großen Unglück gesprochen, das sie beinahe ereilt hätte, das Gott jedoch im letzten Augenblick abgewehrt hatte.
»Ich will es dir erklären«, fuhr sie fort:
Mister Abbot sei der Amerikaner, mit dem sie die meisten englischen Worte und Silben gesprochen habe, sie verstehe ihn besser als irgendeinen anderen, und das meiste, was sie von der neuen Sprache gelernt habe, sei ihr im Gespräch mit ihm zugeflossen. Und seit Neujahr habe sie gemerkt, daß der Kaufmann in Taylors Falls sie ehelichen wolle. Einmal vor Weihnachten, als sie in seinem Laden eingekauft habe, sei er ein Stück mit ihr auf dem Heimweg mitgekommen und habe ihr geholfen, die Waren zu tragen. Er habe es noch ein paarmal so gemacht, und schließlich sei er eines Abends mit ihr bis nach Hause mitgekommen und sei über Nacht hier im Hause geblieben. Er habe natürlich mitessen können; sie habe ihm keine andere Kost vorsetzen können als die, die sie für Danjel und Jonas Petter zuzubereiten pflege, doch niemals habe sich

ein Mann für Essen, das sie ihm vorgesetzt habe, so dankbar gezeigt. Er habe gesagt, daß sie, was das Kochen anbeträfe, eine ganz ausgezeichnete Frau sei. Und vor ein paar Wochen habe er gefreit. Er habe gesagt: Er brauche eine Haushälterin, sie brauche ein Heim – wenn sie sich verheirateten, würden sie beide bekommen, was sie brauchten.

Abbot sei ein gesitteter und guter Mann, er sei zu ihr so, wie amerikanische Männer zu Frauen seien: Wie viele Pfund habe er nicht für sie auf dem Wege von Taylors Falls nach Hause getragen! Das sei ein Freier, den auch eine wählerische Frau annehmen könne. Sie sei aber mit seinem Antrag als solchem nicht zufrieden. Er hätte sagen müssen: Ich brauche einen Menschen zur Gesellschaft am Tage in meiner Wohnung und eine Frau zur Gesellschaft in meinem Bett in der Nacht. Doch das habe er nicht gesagt. Er habe nur gesagt, daß er eine Haushälterin, eine Köchin brauche. Hätte er so wie zuerst gesagt gesprochen, hätte sie gleich ja geantwortet. Jetzt habe sie ihn um etwas Bedenkzeit gebeten – obwohl sie es auf eine solche Weise getan habe, daß er es sicher als halbes Heiratsversprechen aufgefaßt habe.

Sie brauche nicht nur ein Heim, sie brauche auch einen Mann, wo sie über drei Jahre lang keinen Mann bei sich gehabt habe. Sie fühle sich wie in ihren besten Jahren, das Jugendblut ströme ihr noch warm durch die Glieder. Und wenn sie sich verheiratete, würde es mit einem Mann sein, der mehr danach frage, was eine Frau ihm im Bett schenken als was sie ihm auf dem Herd kochen könne. Sie habe sich schon so lange einen Mann gewünscht, der lieber am Eßtisch hungere als auf das verzichte, was eine Frau ihm mit Leib und Seele geben könne. Sie wolle einen Mann haben, der ihr körperlich und seelisch eine Hilfe sein könne, einen Menschen, auf den sie sich immer verlassen und an den sie sich immer anschließen könne.

Sie fürchte, daß ihre Ehe mit Mister Abbot eine unrechte Ehe, eine Ehe im Fleische, werden würde.

Deswegen habe sie sich Bedenkzeit ausgebeten. Und gestern, als sie auf dem Nachhauseweg von Stillwater an Taylors Falls

vorbeigekommen sei, sei sie zu Mister Abbot in seinen Laden gegangen und habe gesagt: Sein Angebot ehre sie, doch könne sie es nicht annehmen, weil der Herr Jesus zu der Ehe nicht seine Zustimmung geben wolle.
Kristina starrte, immer noch ebenso verwirrt, Ulrika an: Sie lehnte es ab, Kaufmannsfrau zu werden, sie verzichtete auf die Herrlichkeiten in Mister Abbots Laden, sie wies den freundlichen Mann ab, der ihr geholfen hatte, auf dem Rückweg so schwere Lasten zu tragen!
»Ist es dein Ernst?«
»So ernst ist es mir noch nie gewesen.«
»Du packst doch aber. Willst du doch von Danjel fortziehen?«
»Ja. Ich will von hier fortziehen. Nach Stillwater. Denn dort ist mir ein Wunder geschehen.«
Auf den letzten Satz legte sie besonderen Nachdruck.
Es lag etwas Neues über Ulrikas Gesicht und Miene, ein neuer Schimmer in ihren lebhaften Augen, ein neuer bebender Ernst in ihrer Stimme: »Du bist die erste, die es erfährt: Ich soll noch einmal getauft werden. Ich soll zur Baptistin getauft werden.«
»Ach so! Jetzt fange ich an zu begreifen. Du hast es dir in der Religion anders überlegt?«
»Nein. Ich habe es mir nicht anders überlegt. Ich habe diesen Weg schon lange beschritten. Aber erst jetzt bin ich bei Gott angelangt. Das habe ich Pastor Jackson zu verdanken.«
»So! Er hat dich also zur Baptistin gemacht?«
»Ja. Der mich taufen wird, ist mein künftiger Gemahl.«
»Was erzählst du da?«
»Ich will mich mit Pastor Jackson in Stillwater verheiraten.«
Und Ulrika in Västergöhl wandte sich wieder dem Tisch zu, wo sie eben ihr frischgewaschenes Leinenhemd ausgebreitet hatte.
Kristina saß zuerst völlig verwirrt da. Es dauerte jedoch nicht lange. Mit jedem Augenblick wurde es ihr klarer, ihre Verwunderung schwand dahin: Das hier hätte sie von Anfang an erraten können – sie hätte sich sagen können, was nach allem,

was sie Ulrika über Pastor Jackson und ihre Besuche bei ihm hatte erzählen hören, nach allen Lobesworten, die sie von Ulrika über ihn gehört hatte, geschehen würde.
»Da staunst du wohl?«
»Nein«, erwiderte Kristina rasch. »Das ist das beste, was dir geschehen konnte. Einen besseren Mann kannst du nicht bekommen. Bei dem Pastor Jackson braucht dir niemand Wohlergehen zu wünschen!«
Gott war zwischen Ulrika und Mister Abbot getreten: Er hatte einen anderen Lebensgefährten für sie ausgesucht.
Ulrika sollte im Frühjahr in der Kirche der Baptistengemeinde in Stillwater getraut werden. Doch ehe sie Pastor Jackson angetraut wurde, sollte sie bei der großen Taufe der Gemeinde, die jedes Frühjahr im St.-Croix-Fluß vorgenommen wurde, getauft werden.
»Das ist ein Gotteswunder!« sagte das Freudenweib. »Das verstehst du nicht, Kristina.« Sie fuhr mit der Hand über das weiße Hemd auf dem Tisch, sacht und vorsichtig, die Bewegung war wie eine Liebkosung. Es war so, wie Kristina gedacht hatte: Dort lag ihr Brauthemd.
Ulrika sprach weiter: Sie sei ja vor drei Jahren von Danjel bekehrt worden, doch in dieser ganzen Zeit habe sie trotzdem das Gefühl gehabt, daß ihr etwas fehle. Sie habe ihren alten Menschen abgelegt, habe sich aber in ihrem neuen nicht zufrieden gefühlt. In ihrer Neugeburt in Christus habe etwas gefehlt. Seit sie Jackson kennengelernt habe, habe sie im Winter viele Male mit Danjel über die Baptisten gesprochen und ihn gefragt, ob eine neue Taufe ihrer Seele neues Wohlbefinden verleihen könne. Danjel glaube nicht mehr, daß Gott ihm die Verantwortung für eine andere Seele als seine eigene auferlegt habe; er, der in Selbstgefälligkeit Irrwege gegangen sei, könne keinen anderen auf den rechten Weg führen. Und er habe ihr vor langem gesagt, daß sie in der Religion ihren eigenen freien Willen habe. Sie fühle selbst am besten, was Gott verlange: Er würde sie nicht tadeln, wenn sie Baptistin würde und sich neu taufen ließe.

Und nun wisse sie, daß das, was ihr gefehlt habe, gerade eine neue Taufe sei. Nur die Baptisten seien schon in dieser Welt ganz und gar neugeboren. Bevor sie den Menschen, der im Fleische lebe, völlig loswerde, müsse sie wiederum die Taufe durchmachen. Doch diese Taufe werde erst vorgenommen, wenn der Mensch, was seinen Verstand betreffe, voll erwachsen sei, so daß er begreife, was mit ihm vor sich gehe. Nun sei sie so alt, daß sie kaum mehr Verstand erhalten werde, als sie habe, nun sei sie so klug, wie eine Frau in ihrem Stande und Alter werden könne. Für sie sei die Zeit heran, sich noch einmal zur Baptistin taufen zu lassen. Und die Krönung des ganzen Wunders sei, daß ihr eigener künftiger Gatte sie mit eigenen Händen taufen werde.

Die Taufe solle erfolgen, wenn das Wasser des Flusses wärmer geworden sei. Mehrere andere sollten gleichzeitig mit ihr getauft werden. Sie würden in voller Kleidung sein, aber die Taufe zur Neugeburt verlange, daß der ganze Körper unter Wasser sei. Deswegen müßten sie so weit in den Fluß hineingehen, daß das Wasser ihnen über den Kopf gehe. Pastor Jackson halte einen im Genick und tauche den Kopf unter, während er das Taufgebet spreche: Das dauere nur einige Augenblicke, habe er gesagt, es seien nur einige Augenblicke unter Wasser erforderlich, damit die Taufe Kraft erhalte. Dann müßten die Neugetauften nach Hause eilen und sich umziehen und warme Getränke zu sich nehmen, warmgemachte Milch oder kochendheißen Kaffee, so daß sie nicht kalt würden und hinterher eine Lungenentzündung bekämen. Sie würden aber mit der Taufe bis etwas weiter in den Frühling hinein warten, wenn das Wasser des St.-Croix-Flusses wärmer sei.

»Ich kann es aber nicht erklären! Ich kann nicht mehr sagen . . .! Oh, Kristina . . .! Das nimmt mich mit . . .!«

Und als Ulrika am allerlebhaftesten sprach, brach sie ab – sie stützte die Ellbogen auf den Tisch und brach in lautes Weinen aus.

Sie sank auf den Stuhl, als hätten ihr die Beine den Dienst versagt, sie fing so heftig an zu weinen, daß ihr Körper bebte, sie hielt sich die Hände vors Gesicht, die Tränen tropften durch die Finger auf das ausgebreitete Hemd auf dem Tisch herunter.

»Du Liebe ... Gute ...! Liebe, gute Ulrika!«

Kristina hatte Ulrika in Västergöhl niemals weinen sehen, niemand hatte sie weinen sehen. Niemand hätte sich vorstellen können, daß sie weinen könnte – wo sie eine so starke und freimütige Frau war. Nun war es Kristina klar, daß etwas Ernstes und Großes mit ihr geschehen war.

»Jetzt machst du mich erstaunt! Du bist doch sonst nie traurig ...«

Ulrikas Tränen flossen reichlich, während sie mit zitterndem Munde hervorstammelte: Sie sei nicht traurig, sie sei froh. Ihr Weinen sei ein Ausdruck der Freude. Sie könne nicht weinen, wenn sie traurig sei. Sie vermöge es nur, wenn sie froh sei. Deswegen habe sie ja nie geweint, denn bis jetzt sei sie nie froh gewesen, vielleicht in ihrem ganzen Leben nicht. Weswegen hätte sie froh sein sollen? Nie habe es etwas gegeben – nie, außer jetzt ...!

Das Freudenweib weinte. Sie benetzte ihr Brauthemd mit ihren Tränen.

Kristina saß nur da und schaute sie an. Es war ganz still, in der Stube hörte man nur den Laut von Ulrikas Weinen. Lange hatte sie mit ihren Tränen gekargt, jetzt war die Stunde gekommen, wo sie verbrauchte, was sie gespart hatte. Es war, als hätten sich all die Tränen, an denen sie die Jahre hindurch getragen hatte und die sie zurückgehalten hatte, jetzt gesammelt und wären in einem starken Strom hervorgebrochen – als wollte sie auf einmal die Tränen der Freude ausweinen, die ihr viele Jahre lang verwehrt gewesen waren.

Schließlich sah sie, daß es auf das weiße Stück hinuntertropfte; da nahm sie die Schürze vors Gesicht und hielt sie vor die Augen, sie weinte weiter in die Schürze. Die frische Haut ihrer Wangen wurde von der Tränenflut benetzt, sie trocknete sie mit der Schürze.

Kristina saß still dabei; wer Freudentränen vergießt, braucht ja keinen Trost. Sie freute sich für Ulrika, sie hätte mitweinen mögen, um zu zeigen, daß sie ihre Freude teilte.

Als die Tränen des Freudenweibes zu versiegen anfingen und sie wieder richtig sprechen konnte, ließ sie Kristina wissen, was nach vielen Jahren die Quelle der Tränen bei ihr eröffnet hatte: Es war die verzeihende Liebe Gottes, die sie gerade durch ihren künftigen Mann – durch Henry – hatte erfahren dürfen.

Als er sie gefragt habe, ob sie seine Frau werden wolle – und er habe langsam und deutlich gesprochen, damit sie die englischen Worte leicht verstünde –, habe sie gleich gesehen, wer er sei: Der Mann, den Gott für sie ausgewählt und für sie aufgehoben habe, und der lange in Nordamerika auf sie gewartet habe. Da habe sie ihm auch zeigen müssen, wer sie sei, Gott habe es von ihr verlangt, sie dazu gezwungen: Sie habe ihm gesagt, daß sie nichts anderes sei als eine große Sünderin, daß sie in der Heimat in Sünde und Schande gelebt habe, und daß sie Freude und Wohlbehagen in ihrem sündigen Körper gefühlt und Lust an ihrem Lebenswandel gehabt habe. Sie sei eine Schwester in der Sünde der Ehebrecherin in der Bibel, die sie zu Jesus gebracht hätten, daß er sie verdamme. Sie selbst sei zu einem Apostel des Herrn gekommen, der Jesu Worte zu ihr gesprochen habe: Gehe hin und sündige hinfort nicht mehr! Und drei Jahre lang habe sie einen besseren Wandel geführt, drei Jahre lang habe ihr niemals ein Mann nahekommen dürfen.

Henry habe erwidert, daß Gott ihm bereits gesagt habe, daß sie eine große Sünderin gewesen sei. Doch wem Gott schon vergeben habe, brauche von Menschen nichts zu fürchten. Wer sei er, daß er sie verurteilte? Er sei selbst nichts mehr als ein großer Sünder, dem Gott vergeben habe. Sie seien ihresgleichen, er und sie. Das Alte sei vergangen und durch die neue Geburt ausgetilgt.

Und wenn ihr noch etwas von dem alten Sündenleib anhaftete, würde sie davon in der Taufe reingewaschen werden, die

er ihr im Fluß geben werde, wenn das Frühjahr weiter vorgeschritten und es im Wasser wärmer geworden sei.
Um Gottes Liebe willen, um der alles verzeihenden Liebe willen, weine sie, Ulrika, hier und benetze ihr Brauthemd mit ihren Tränen.
Doch nur der Mensch, der wisse, was Sünde sei, könne ihre Freude recht verstehen. Und kein Mensch wisse, was sie als Sünderin durchgemacht habe: Die Sünde sei mit einer Wespe zu vergleichen, einer großen, bösartigen, surrenden Wespe. Die Sünde sei ganz so wie eine Wespe oder eine Biene: Die Sünde habe süßen Honig im Munde und einen spitzen, stechenden Stachel am Hinterleib. Zunächst locke sie den Menschen mit der Süße ihres Honigs, dann steche sie ihn mit ihrem Stachel. Wie habe sie die Sünde mit dem lieblichen süßen Honig in ihrem Mund verleitet! Doch wie bitter und brennend habe der Sündenstachel sie dann gestochen! Nichts auf der Welt könne so tiefe Wunden stechen wie die Sünde!
Doch auch die Menschen hätten ihr viel Böses angetan. Wieviel Entrüstung und Bosheit habe sie von ihnen erdulden müssen! Seit sie herangewachsen sei, habe man sie die ledige Ulrika in Västergöhl gescholten; dies sei ihr Spitzname geworden, als sie ihr erstes Kind geboren habe. Er stehe sogar im Kirchenbuch. Sie sei unehelich geboren, dafür könne sie nichts. Gott habe sie nun einmal unehelich geschaffen, und er habe sie so geschaffen, daß ihr das Kinderkriegen leichtfalle, sie könne nichts dafür. Und sie habe sich dann nicht verheiraten können, als sie das, was die Männer im Brautbett verlangten, nicht mehr gehabt habe. Dafür könne sie aber auch nichts: Sie habe nie eine Jungfernschaft zu bewahren gehabt, da der Bauer in Ålarum sie ihr gewaltsam genommen habe. Und sie sei ja noch ein Kind gewesen, was habe sie schon verstanden?
Sie sei nicht allein daran schuld, daß sie die ledige Ulrika in Västergöhl geworden sei.
Doch jetzt habe sie so lange allein auf ihrem Bett gelegen, jetzt habe sie ihren Körper so lange nicht hergegeben, daß die

alten Sündenzeichen ausgetilgt sein müßten. Sie komme sich wie eine Jungfrau vor, eine Maid in Erwartung und Unruhe, wo sie jetzt ins Brautbett gehen solle. Und darüber freue sie sich auch, darüber könne man auch Freudentränen vergießen. Das sei auch ein Wunder.

Von draußen hörte man Männerstimmen, und Ulrika in Västergöhl stand schnell auf: »Die Männer kommen mit dem Fisch zum Mittagessen! Und hier sitze ich und plärre.«

Sie nahm ihr Brauthemd vom Tisch und legte es eilig zusammen.

»Ich muß den Topf mit den Kartoffeln aufsetzen!«

Und sie wischte sich schnell ein letztes Mal mit dem Schürzenzipfel über die Augen: Jetzt habe sie nach Herzenslust geweint, jetzt habe sie sich so herrlich ausweinen können – jetzt habe sie in ihrer Freude darüber, daß das Alte vergangen sei, darüber, daß alles neu geworden sei, zu Ende geweint.

Sie, die den Namen Freudenweib getragen habe, sei jetzt endlich froh geworden.

3

Kristina mußte sich am frühen Nachmittag auf den Heimweg begeben: Der kleine Danjel wartete in seiner Wiege auf sie. Sie hatte ihrem Letztgeborenen eine große Mahlzeit gegeben, bevor sie am Morgen fortgegangen war, aber er schrie um diese Zeit bestimmt vor Hunger, da er ein Kind war, das viel Nahrung verlangte.

Ihr Onkel hatte in diesem Frühjahr zwei Kühe gekauft. Die eine hatte gerade gekalbt, und da sie zu Hause bei seiner Nichte wieder ohne Milch dastanden, wollte er ihr jetzt einen Krug Milch mitgeben. Kristina freute sich über das Geschenk sehr; sie wollte den ganzen Krug für die Kinder aufheben. Es waren kostbare Tropfen; nun wollte sie das Gefäß auf dem löcherigen und unebenen Weg durch den Aushau vorsichtig tragen und sich bei jedem Schritt vorsehen, damit sie nicht stolperte und etwas von der Milch vergoß.

Als sie in der Haustür stand und gehen wollte, flüsterte Ulrika ihr zu, daß sie ihr noch mehr anzuvertrauen und zu erzählen habe, was sie im Hause nicht sagen wolle, wenn Danjel und Jonas Petter drinnen seien und zuhörten.
Ulrika ging mit Kristina ein Stück mit und trug ihr den Milchkrug.
Kristina sagte: Es freue sie, daß jetzt niemand zu Pastor Jackson gehen und seine künftige Ehefrau hinter dem Rücken schlechtmachen könne, daß kein schlechter Mensch diese Ehe verderben könne. Nach allem, was Ulrika in ihrem Leben habe durchmachen müssen, habe sie das glückliche Los der Ehefrau des Pfarrers in Stillwater wirklich verdient.
Ulrika erwiderte: Sie habe ja immer gesagt: Das Glücklichste, was einer Frau hier auf der Welt geschehen könne, sei, mit einem Mann verheiratet zu sein, dem sie zugetan sei und auf den sie sich verlassen könne. Henry habe eine eigene Wohnung in einem neuerbauten Haus, und er könne ihr des Lebens Notdurft bieten. Bei Mister Abbot hätte sie mehr als das Notdürftige bekommen können, wenn sie auf das Körperliche gesehen hätte und mit ihm im Fleische hätte leben wollen. Pastor Jackson verdiene das tägliche Brot, doch nichts darüber. Hier im Territorium erhalte ein Pfarrer nicht viel Geld dafür, daß er sich der Menschenseelen annehme; die Menschen gäben das meiste für ihren Körper aus. Pastor Jackson erhalte für eine lange Predigt zwei, drei Pfund Fleisch, für eine Trauung einen Klacks Butter, für Fürbitten für einen Kranken eine Mandel Eier. Davon könne kein Mensch reich werden. Und er müsse sich schinden und alle möglichen Schwierigkeiten auf sich nehmen, wenn er hier in der Wildmark umherreise und predige: Er predige unter freiem Himmel, in Blockhäusern und Heuscheunen, in Holzställen und Reisighütten, in Waldarbeiterbehausungen und Jägerhütten, in allen möglichen Höhlen und Unterschlüpfen, er predige am Tage, und er predige bei Nacht, er predige zu jeder Stunde des Tages und der Nacht, die ganze Woche hindurch predige er – nur des Sonntags könne er daheim in seiner Kirche predi-

gen. Doch so müsse ein ehrlicher Pfarrer predigen, nach dem Wort, das in der Apostelgeschichte stehe: Aber der Allerhöchste wohnt nicht in Tempeln, die mit Händen gemacht sind.
Sie selbst werde es als Pfarrersfrau in Stillwater leicht und bequem haben: Henry wasche ab und mache rein und scheuere den Fußboden, er hole Holz und Wasser ins Haus, er besorge alles, was für die Wirtschaft erforderlich sei. Sie brauche nur das Essen zu kochen und seinen Haushalt zu führen. Sie könne also zu Hause bleiben und sich damit beschäftigen, sich selbst reinlich und sauber zu halten. Die Amerikaner hielten ihre Frauen rein und sauber, und sie übernähmen selbst alle schweren Arbeiten und schonten ihre Frauen, so daß diese keinen krummen Rücken bekämen und nicht vor Schmerzen ihre Glieder nicht bewegen könnten und nicht schon in jungen Jahren alt und runzelig im Gesicht würden. Doch die schwedischen Männer beeilten sich, ihre Frauen mit schwerer Beschäftigung und Sklavenarbeit zu verderben, sobald sie könnten – so daß sie einen guten Vorwand erhielten, wenn sie dann zu jüngeren und hübscheren Frauen gingen.
»Du kommst doch zu meiner Hochzeit, Kristina?« sagte Ulrika. Kristina erklärte, sie sei sehr betrübt darüber, aber sie komme nicht so lange von den Kindern fort, daß sie bis nach Stillwater fahren könne. Karl Oskar würde schon für sie zu Hause bleiben, wenn sie ihn bitte, aber er könne ja dem Kleinsten nicht die Brust geben.
»Dafür komme ich zu eurer ersten Kindtaufe! Da brauche ich den Jungen nicht mehr zu stillen.«
»Das dauert aber noch eine Weile. Du mußt warten, bis das Kind erwachsen ist und der Vater es im Fluß tauft.«
Da Ulrika Kristinas Letztgeborenen über die Taufe gehalten hatte, mußte sie eigentlich dafür Ulrikas Erstgeborenes in der Ehe zur Taufe tragen. Sie hatte jedoch die Religion der Eltern vergessen – ihre Kinder wurden ja erst getauft, wenn sie erwachsen waren.
»Henry will den Herrn um viele Kinder bitten«, erklärte Ulrika in Västergöhl.

»Dazu bist du auch noch nicht zu alt.«
»Ich kann noch zehn Jahre lang Kinder zur Welt bringen.«
»Du hast auch nicht solche Schwierigkeiten im Kindbett, hast du gesagt.«
»Nicht so wie du beim letztenmal.«
Pastor Jackson erwartete nicht einen so großen Segen des Herrn wie Israel – daß er der Vater von zwölf Stämmen werden würde –, doch er würde es als eine unverdiente Gnade von Gott betrachten, wenn er der Vater der Hälfte, von sechs werden könnte.
Ulrika fuhr fort: Sie selbst wollte Gott nun zunächst um einen Sohn bitten, der in die Fußstapfen des Vaters träte und Pfarrer würde. Sie selbst dürfe nicht Pfarrer werden, eine Frau tauge ja nicht dazu: Sie sei nicht gut und rein genug. Doch Gott gestatte der Frau, die Männer zu gebären, die für das heilige Predigtamt geweiht werden sollten. Es sei ihr nicht verboten oder verwehrt, ihr Teil dazu beizusteuern. Es sei ihr erlaubt, sie in ihrem Leib zu tragen, sie ganze neun Monate lang zu tragen und sie dann, nach den Worten der Bibel, in Schmerzen zu gebären. Und es sei ihr, Ulrikas, großer Wunsch, von dieser Erlaubnis Gebrauch zu machen: Sie habe nie beabsichtigt, sich mit einem Pfarrer zu verheiraten, sie habe sich aber immer gewünscht, einen Pfarrer gebären zu dürfen.
Und dürfe sie mit dem Segen des Höchsten den Tag erleben, da dieses geschehe, würde sie dem Propst Brusander in Ljuder, der sie von der Kirche und dem Abendmahl ausgeschlossen habe, einen Brief heimschreiben und es berichten: Es seien große Gaben vom Herrn erforderlich, um Pfarrer zu werden, doch jetzt habe sie etwas gemacht, was der Herr Propst nicht tun könne: Sie habe einen Pfarrer geboren.
So wolle sie schreiben. Und als Ulrika das erzählte, während sie auf dem Waldweg an der Seite Kristinas ging und ihren Milchkrug trug, bekam ihr Gesicht einen Zug von tiefer Nachdenklichkeit und glücklicher Erwartung.
»Du wolltest mir doch etwas unter vier Augen sagen?« erinnerte Kristina.

»Ja, richtig! Stimmt ja!«
Unter dem Siegel der Verschwiegenheit, bis sie ihre Ehe eingegangen sei, wolle sie Kristina etwas anvertrauen: *Sie hatte sich einen Hut gekauft.*
Der Kauf sei gestern in einem Laden in Stillwater vor sich gegangen, und ihr Hut liege vorläufig noch in einer Tüte versteckt daheim unter ihrem Bett. Sie habe es nicht geschafft, Kristina ihren Hut zu zeigen, als sie allein im Hause gewesen seien, und sie wolle ihn in Gegenwart Jonas Petters nicht vornehmen, denn er würde sich nur über sie lustig machen. In Schweden lache man eine einfache Frau, die sich nicht mit ihrem Tuch um den Kopf begnüge, aus und halte sich über sie auf. Die herrschaftlichen Frauen duldeten es nicht, daß jemand anders als sie selbst sich mit einem Hut schmücke. Und mit etwas anderem auch nicht. Eine Frau, die nicht zu den Herrschaften gehöre, dürfe nicht umhergehen und zeigen, daß man sie ruhig mit beiden Augen betrachten könne, obwohl sie nur des Herrn Werk zeige. Doch hier in Nordamerika sei es ihr nicht verwehrt, einen Hut auf dem Kopf zu tragen, hier könne sie ohne Furcht vor Hohn und Spott jede Kopfbedeckung tragen, die sie sich wünsche, denn hier ließen die Menschen einander gewähren, hier vertrügen sie sich miteinander – hier könne sie sich benehmen, wie sie wolle.
Deswegen habe sie sich für ihre Heirat einen großen Hut gekauft, der mit Straußenfedern und anderen Federn, Blumen, Bändern und Schleifen geschmückt sei. Kristina werde ihn ein andermal zu sehen bekommen. Er sei so hübsch, wie sie es sich nicht vorstellen könne.
Diesen Hut wolle sie aufsetzen, sobald sie getraut worden sei. Und an dem Tage, an dem sie den Hut auf den Kopf gesetzt habe, sei die ledige Ulrika in Västergöhl für immer verschwunden.

4

Dies waren die Veränderungen, die der Frühling unter den Einwanderern im St.-Croix-Tal mit sich gebracht hatte: Robert und Arvid hielten sich an unbekannter Stelle auf, unterwegs nach dem in der Ferne liegenden Lande Kalifornien. Ulrika und ihre Tochter zogen aus dem Hause Danjel Andreassons in die Stadt Stillwater, und an Ulrikas Stelle kam die Schweden-Anna zur Siedlung am See Genezareth, um Danjel und Jonas Petter den Haushalt zu führen.

An einem schönen und sonnenwarmen Frühlingssonntag wurde Ulrika im Wasser des St.-Croix-Flusses getauft, am darauffolgenden Sonnabend wurde sie in dem weiß angestrichenen Holzkirchlein in Stillwater getraut und wurde Mrs. Reverend Henry O. Jackson.

Sie war die erste schwedische Braut im St.-Croix-Tal. Hier würde sie die Mutter einer neuen Kinderschar werden und einen neuen, gesunden Stamm in die Welt setzen, ein neues, kräftiges und lebenstüchtiges Geschlecht: Einmal würden ihre Urenkel voller Stolz über ihre Herkunft aus dem Dorf Västergöhl in Schweden sprechen, aus dem ihre Stammutter hundert Jahre vorher ausgewiesen worden und ausgewandert war.

Bei uns in Amerika – drüben in Schweden

I

Der Sonnenbogen stieg, und die Tage wurden länger, doch die Abende hatten noch nicht angefangen, heller zu werden. Die Sonne ging fort, statt dessen kam die Dunkelheit, keine dämmerige Helle verharrte über der Erde unter einem blassen Himmel. Kristina wartete: Der Frühling war noch im Anfang. Es wurde April. Am Ufer des Ki-Chi-Saga kamen klare, sonnenheiße Tage, doch die Abende blieben fast ebenso dunkel wie im Winter. Kristina wartete immer noch.

Und als sich ihr Warten schließlich als vergeblich erwies, versetzte sie sich in ihren Gedanken in ein Land, wo die Abende im Frühling hell waren.

Nach den vielerlei Arbeiten, die jeden Tag gleich schwer auf ihr ruhten, war ihr Körper müde, wenn sie sich am Ende des Tages im Bette ausstreckte. Doch ihr Inneres wollte nicht zur Ruhe kommen, sie lag eine Weile wach, die Gedanken hielten sie hellwach. Vor den kleinen Fenstern des Blockhauses stand der Abend dunkel, sie lag mit ihren offenen Augen da und schaute in das Dunkel hinaus, wo sie nichts sehen konnte.

Als der Frühling vorschritt und sie nicht mehr wartete, dauerte es immer länger, bis sie einschlief. Die Stunde des wachen Grübelns im Bett dehnte sich aus, sie lag da und sah ins Dunkel hinaus – und in das Land hinein, wo die Abende im Frühling hell waren.

Die Erinnerungen wurden wachgerufen, die Bilder stiegen klar herauf. Sie saßen am Fenster und machten Dämmerstunde, sie warteten mit dem Anstecken des Lichtes, die Helligkeit des Frühlingsabends leuchtete ihnen, wie sie im leisen Gespräch dasaßen. Sie sprachen in der Dämmerung nie laut, das Licht des Aprilabends paßte für flüsternde Unterhaltungen. Am Giebel des Hauses stand der große Rosenstrauch und scharrte mit seinen gerade ergrünenden Zweigen, die Knospen zu treiben begannen, am Fenster. Später im Sommer kamen die Rosen, und dann breitete sich der Strauch in seiner ganzen freudenspendenden Blüte aus und verdeckte das ganze Fenster. Und da stand in der Helle des Abends der junge Astrachanapfelbaum, den sie selbst zur Gesellschaft für den einsamen Rosenstrauch am Giebel gepflanzt hatte. Sie hatte jeden Herbst um das Bäumchen den Boden aufgegraben. Der Astrachanapfelbaum trug seine ersten Äpfel in dem letzten Herbst, in dem sie noch zu Hause war – große, schöne, von Saft schwellende Äpfel, klar und durchscheinend in der Schale. Der Saft lief einem um den Mund, wenn man hineinbiß. Das Obst dieses Baumes war so säuerlich frisch im Geschmack; sie war in jenem Herbst mehrmals nach Hause gegangen, nur um von den Äpfeln des Astrachanapfelbaumes, ihres Apfelbaumes, zu kosten.

Würde ihr Apfelbaum in diesem Frühjahr blühen? Würde der Baum im Herbst Äpfel tragen? Und würden die Stachelbeersträucher, die sie am Keller gepflanzt hatte, in diesem Jahr Beeren tragen? Ihre Beeren wurden so groß wie Daumenenden und leuchteten dunkelrot, wenn sie vollreif waren; sie schmeckten zuckersüß.

Seit dem Abend Anfang April, als sie von Vater und Mutter und Geschwistern am Zauntor vor dem elterlichen Hause Abschied genommen hatte, war ein Jahr vergangen. Sie, die fahren wollte, stand auf der Außenseite des Tores, und die, von denen sie fortfahren wollte, standen auf der Innenseite. Mutter sagte: Vergiß nicht, unsere liebe Tochter, daß wir dich bei Gott treffen wollen! Vater stand da und lehnte sich gegen den Torpfosten, er sagte nichts, er stand mit abgewandtem Gesicht da und lehnte sich gegen den Pfosten, als suchte er Halt. Sie ging von dort, und sie blieben da; die geblieben waren, würde sie auf dieser Welt nicht mehr sehen.

Dieser Abend war ein heller Abend, eine einzige, langsam sich herabsenkende Dämmerung, und die Helligkeit des Abends leuchtete ihr gut, wie sie auf dem Wege ging. Es hatte tagsüber

geregnet, zum Abend aber war es klar geworden. Über schwarzen Äckern und grünen Feldern stand Frühlingsduft, als sie den Hof verließ, auf dem sie geboren war.
Und seit diesem Abend hatte das Jahr seinen Kreis vollendet, das große Rad des Jahres hatte sich herumgedreht und sie auf dem Erdball weit fortgeführt. Tausende von Meilen fort. Sie war ausgewandert und wohnte so weit fort, daß nur der Gedanke sie zurückbringen konnte. Sie lag hier in ihrem Bett in ihrem neuen Heim neben ihrem Mann und sah ins Dunkel hinaus und hielt Ausschau nach dem Lande, wo die Abende im Frühjahr hell waren.
Sie legte den Weg nach dort zurück, sie reiste wieder über die großen Wasser und die gewaltigen Landgebiete. Sie fuhr den Weg zurück, der sie von ihrem Heimatort trennte. Sie sah den Weg vor sich, Stück für Stück, Meile um Meile. Die Meile, die sie von daheim kannte, war eine lange Strecke, sie brauchte zwei, drei Stunden, sie zu wandern. Und diese Strecke sah sie nun sich tausendmal verlängern, als sie ins Dunkel der Stube starrte. Sie maß Meile auf Meile aus, sie zählte die Meilen, die sie reiste, sie zählte bis zehn, bis zwanzig, bis dreißig, bis sie der Reise überdrüssig wurde, sie kam nur ein Stück auf den Weg. Bis zur tausendsten Meile würde ihre Einbildung niemals reichen; die Reise hörte auf, die Reisende befiel vor der erschreckenden Wegstrecke eine Lähmung. Nach einer Weile schwindelte es ihr vor den Augen, die da drinnen in dem Dunkel suchten, wo sie nichts sehen konnten – sie war nicht imstande, den Weg abzumessen, der sie von der Heimat trennte. Das war der Weg, den sie nie mehr reisen würde.
Der Griff des Heimwehs schloß sich mächtiger um Kristina, als der Frühling kam und die Abende dunkel blieben. Und die Stunde des Abends, in der sie wach lag, wurde die Stunde des Tages, die sie fürchtete.

2

Was fehlte Kristina? Wonach sehnte sie sich? Sie wohnte ja hier, sie hatte ihr Heim hier, sie war zu Hause. Wie konnte sie sich nach Hause sehnen, wenn sie schon zu Hause war?
Hier zu Hause am Ki-Chi-Saga werde ich nächstes Mal ein großes Haus bauen! sagte Karl Oskar. *Hier zu Hause* – doch sie fühlte sich, als wäre sie in der Fremde, als wäre sie fortgezogen in ein fremdes Land. Sie sagte immer: *Hier drüben* in Amerika – *daheim* in Schweden. So dachte sie, und so sprach sie. Es war jedoch nicht recht gedacht und nicht recht gesagt, wenn sie ihr Heim für immer hier haben sollte. Sie sollte umgekehrt sprechen, sie sollte die Länder vertauschen: Sie mußte in der Fremde gegen daheim austauschen.
Und sie versuchte es, sie versuchte, umgekehrt zu denken und zu sprechen. Sie sprach für sich selbst: *Hier zu Hause* in Amerika – *dort drüben* in Schweden. Sie wiederholte es mehrere Male hintereinander. Der Mund lernte es sagen, doch weiter kam sie bei ihrem Versuch nicht: Das nächste Mal vergaß sie sich und tauschte die beiden Begriffe wieder zurück, *hier zu Hause* und *dort drüben*. Es war etwas in ihr, was sich dagegen wehrte, etwas, was sie nicht zwingen konnte. Sie mußte denken und sprechen, wie sie es von Anfang an getan hatte, als sie hier herkam. Sie konnte die Länder nicht dazu bringen, ihre Plätze zu wechseln – drüben wollte für Kristina nicht zu Hause werden.
Was fehlte ihr? Sie fragte es sich selbst, und Karl Oskar hatte sie auch gefragt. Als er gefragt hatte, war ihre Antwort gewesen: Es fehle ihr nichts. Und hatte sie gelogen, als sie so geantwortet hatte? Hatte sie nicht die Wahrheit gesprochen? Sie begnügte sich mit ihrem Los, sie klagte nicht über etwas: Sie hatte Mann und Kinder bei sich, sie waren alle gesund, sie hatten des Lebens Notdurft, alles für Menschen Unentbehrliche, sie hatten, was sie brauchten, damit ihr Leben weitergehe. Und bei allen Mühen bauten sie auf die guten Verheißungen, die die Zukunft in dem neuen Lande ihnen gab.

Nichts fehlte Kristina. Und doch vermißte sie etwas. Es war so unbegreiflich, wenn sie nachdachte.
Was fehlte ihr? Worum trauerte sie? Warum lag sie des Abends wach und dachte an den Rosenstrauch und den Astrachanapfelbaum daheim in Duvemåla? Sie konnte doch nicht die Sträucher und Bäume ihres Heimatortes vermissen. Hier wuchsen wahrhaftig genug Sträucher und Bäume und Kräuter um ihr Haus herum, sie wuchsen viel üppiger als zu Hause, und sie trugen massenhaft Früchte, Beeren und Äpfel aller Art, viel reichere Frucht als die Bäume und Sträucher in Schweden. Sie konnte mit all dem Guten, was es hier gab, zufrieden sein, sie konnte sich wohl damit trösten.
Warum sehnte sie sich dann fort? Das kam wohl von ihrem weichen und empfindlichen Wesen. Oder vielleicht war noch etwas Kindlichkeit in ihr zurückgeblieben? Sie hatte lange mädchenhafte Gedanken: Sie war eine verheiratete Frau und Mutter mehrerer Kinder, als sie auf der Tenne für sich eine Schaukel anbrachte. Das war kindlich. Und nun war es beinahe kindisch von ihr, an Sträucher und Bäume zu denken, die sie an ihrem Elternhaus gepflanzt hatte – darüber zu trauern, daß sie nie mehr die Äpfel von ihrem Astrachanapfelbaum schmecken würde und nie mehr den Rosenstrauch am Hausgiebel würde blühen sehen.
Sie war aber groß und erwachsen, und sie wollte es auch sein und Karl Oskar nicht zeigen, daß sie kindlich und weich war, sie wollte sich nicht wie ein verpimpeltes Mädel benehmen. Deswegen hatte sie sich ihm nicht anvertraut. Kein Mensch wußte, was in ihr vorging, wenn sie nach dem Zubettgehen abends – zu der Zeit des Tages, die sie fürchtete – wach dalag.
Sie war wohl so beschaffen, daß sie diesen Verlust brennen fühlen mußte, daß sie darunter litt, die Menschen zu entbehren, die sie liebhatte, und das Leben, zu dem sie in ihrem Heimatort geboren und erzogen war. In den klaren Erinnerungsbildern, die den Astrachanapfelbaum und den Rosenstrauch in der Helle des Frühlings zeigten, stand ihr alles vor Augen, alles, wonach ihre Sehnsucht verlangte, wenn sie ins Dunkel

hinausblickte: Das Zusammensein mit den Menschen, gewohnte Bräuche und Sitten, der Sonntag vor der Kirche, die Märkte im Frühjahr und Herbst, die Feste und großen Tage des Jahres, kirchliche Festzeiten und Feiertage im Kreis des bäuerlichen Jahres. Hier in der Wildmark war alles so anders, hier lebten die Menschen so anders. Und sie selbst lebte wie ein verirrter und verzagter Fremdling unter den Menschen, die sie nicht mit der Sprache ihrer Zunge erreichte, die sie nicht mit der Sprache ihrer Zunge erreichten.

Sie sah die Sonne leuchten, sie sah den Schein des Mondes und der Sterne am Himmel, und es waren dieselbe Sonne und derselbe Mond und dieselben Sterne, die sie daheim gesehen hatte. Die Himmelslichter hatten sie auf der Auswanderung begleitet und leuchteten ihr hier, und sie waren dort zu Hause angesteckt und schienen über die Menschen, die sie zurückgelassen hatte.

Sonne, Mond und Sterne offenbarten ihr, daß sie sich an einer fremden Stelle auf der Erde befand. Sie war fort, und sie würde fortbleiben. In dem Lande hier würde sie für den Rest ihres Lebens leben, ob es nun kurz oder lang war, ob es in jungen Jahren zu Ende ging oder bis ins hohe Alter reichte. Hier würde sie leben, hier würde sie sterben, hier würde sie begraben sein.

Und das war es, was Kristina fehlte: die Fähigkeit, sich in das Unwiderrufliche zu finden. Sie war auf Lebenszeit ausgewandert, aber ihr war so, als befände sie sich noch auf einer Reise, die sie eines Tages wieder heimführen würde.

Und Abend für Abend lag sie wach und maß einen Weg aus, den sie niemals reisen würde.

3

Tagsüber nahmen die Arbeiten ihre Gedanken in Anspruch, am Tage wehrte sie sich. Doch während sie des Abends hellwach dalag und darauf wartete, daß der Schlaf sich über sie senke, war sie offen und ungeschützt, und da drängten sich das Gefühl des Verlustes und das Sehnen auf. Das Abendgebet schenkte zuweilen ihrem Innern Ruhe und half ihr, einzuschlafen. Karl Oskar schlief immer vor ihr ein, oft, sobald er seinen Kopf aufs Kissen niedergelegt hatte, und sie pflegte mit ihrem Abendgebet zu warten, bis er schlief. Sie wollte nicht, daß ein anderer als Gott sie höre.

Eines Abends machte sie einen Zusatz zu ihrem üblichen Abendgebet: Sie bat Gott, daß Er sie einmal ihren Heimatort und die Ihrigen wiedersehen lassen solle. Bei Gott war nichts unmöglich: Wenn Er wollte, konnte er den Arm seiner Stärke ausstrecken und sie von Nordamerika nach Schweden zurückversetzen.

Sie lag hinterher wach und war in Gedanken bei denen zu Hause und machte Schummerstunde. Das Abendgebet half ihr nicht immer.

Nun fühlte sie Karl Oskars Hand auf der Decke, sacht die ihre suchend: »Kristina . . .«

»Ich hatte geglaubt, du schliefest schon, Karl Oskar.«

»Ich bin durch etwas wach geworden. Es war wohl ein Kreischhüpfer.«

»Heute abend ist kein Kreischhüpfer hier im Haus.«

Der Kreischhüpfer war sie wohl selbst gewesen, als sie ihr Abendgebet sprach.

»Bist du schon lange wach?«

»Nein. Ich bin eben aufgewacht.«

Da hatte er sie wohl nicht gehört.

Seine Hand hatte die ihrige auf der Bettdecke ausfindig gemacht: »Was ist mit dir, Kristina?«

»Nichts. Nichts ist mit mir. Schlaf nur!«

Doch ihre Stimme hörte sich so erstickt, so traurigdumpf an,

daß sie es nicht verstehen konnte. Ihre Stimme leugnete die Worte, die sie sprach. Ihre Stimme sagte: Ja, es ist etwas: Schlaf nicht ein, Karl Oskar! Bleib wach und hilf mir!
Und sie hatte Angst, daß er hörte, was die Stimme sagte.
»Weshalb liegst du aber noch wach?« wollte er wissen.
»Ach ... es ist nichts ... Es ist nur dumm und kindisch.«
Sie wollte stark sein, sie wollte ebenso stark und ausdauernd sein wie er.
»Sehnst du dich fort ...? Gefällt es dir hier nicht, Kristina?«
»Ich weiß nicht, wie ich es nennen soll ...«
Er hielt ihre Hand in seiner großen, harten; er hielt ihre Hand so fest gepackt, daß sie erstaunt war.
»Sind wir nicht wie früher die besten Freunde?«
»Doch, Karl Oskar. Das sind wir ...«
»Da mußt du es aber sagen, alles. Wenn du mit etwas kämpfst, dann wollen wir uns gegenseitig helfen. Denn die besten Freunde müssen sich helfen.«
Sie erwiderte nichts. Es war einen Augenblick still zwischen ihnen.
Dann sagte er – seine Worte klangen bestimmt und fest entschlossen: »Wenn du willst, daß Gottes Arm dich zurückversetzt, strecke ich meinen Arm aus und halte dich hier bei mir fest!« Und seine Worte waren bestimmt und entschlossen.
Nicht nur Gott hatte sie heute abend gehört.
»Ach! Nun weißt du es ja, Karl Oskar.«
Sie sagte es mit einem langen, zögernden Seufzer und fügte hinzu: »Es ist nicht viel mehr zu sagen. Das war ein kindischer Wunsch, der mich heute abend überkam, als ich das Abendgebet sprach.«
»Die Frage habe ich mir damals im Herbst schon vorgelegt, als du bei der Umzugsfeier weintest«, sagte er. »Seitdem habe ich mich immer gefragt, was mit dir ist. Und zuletzt habe ich es begriffen: Du kannst dich mit den Dingen hier draußen nicht abfinden. Du fühlst dich unglücklich.«
»Ich finde mich schon ab. Das ist es nicht. Ich weiß selbst nicht, was es ist.«

Und plötzlich wollte sie ihrem Mann alles erzählen und ihm ihr Herz ausschütten, sie wollte, daß er wisse und verstehe. Denn es zehrte an den Kräften, eine Qual wie die ihrige verborgen zu halten, es belastete ihr Gemüt so stark, eine Sehnsucht und ein Leid zu tragen, die jederzeit verborgen werden mußten – verborgen auch vor dem, mit dem sie ehelich vereint war. Und waren nicht Karl Oskar und sie vereint, um die Mühen des Lebens einander zu erleichtern und das, was dem anderen Schmerzen bereitete, zu lindern? Sollte er nicht erfahren, daß sie abends wachlag und sich vorstellte, wie sie den Weg zurück nach Hause reiste – Stück um Stück, Meile um Meile?

Jetzt sollte er die Erklärung erhalten: Sie sei mit ihrem neuen Heim oder ihrem neuen Land nicht unzufrieden. Sie glaube wohl wie er: Sie würden es hier schön und geborgen haben, wenn sie gesund bleiben dürften und weiter die Jahre hindurch streben und ringen könnten. Doch ein Land könne sich nicht verwandeln und zu einem anderen werden. Amerika könne nie Schweden für sie werden. Sie könne nie nach hier herüberbekommen, was sie von ihrer Kindheit und Jugend in der Heimat her vermisse. Und dann habe sie das Gefühl gehabt, als ob die Auswanderung etwas wäre, was vorüberginge. Sie sei doch erst sechsundzwanzig Jahre alt, und wenn sie sich die ganzen kommenden Jahre hier draußen vorstelle, all die Jahre, die sie noch zu leben habe, komme diese unbegreifliche Seelenqual über sie und halte sie wach. Sie habe erst jetzt verstanden, was es bedeute, für das ganze Leben auszuwandern: Das sei etwas, was ein Mensch sich durch den Kopf gehen lassen müsse. Und nun habe sie schließlich heute abend um Hilfe durch den Arm des Allmächtigen gebetet – ob Er ihn einmal ausstrecken wolle . . .

»Kristinchen . . .!«

Er hatte ihre Hand nicht losgelassen – jetzt faßte er sie so kräftig, daß es wehtat: Er hielt sie so, als wollte gerade jetzt jemand versuchen, Kristina aus ihrem Bett zu reißen, sie von seiner Seite fortzureißen.

Er sagte aber jetzt nichts. Sie fragte: »Aber du, Karl Oskar: Sehnst du dich niemals nach deinem alten Heim?«
»Das kann schon vorkommen. Manchmal. Zuweilen.«
Doch, sagte er, das wolle er zugeben: Zuweilen könne auch ihn das Gefühl überkommen, daß ihm etwas fehle. Das komme wohl dann und wann über alle Auswanderer. Er schüttele es aber gleich ab. Er habe Angst, daß es das Gemüt belaste. Er brauche seine Kräfte für andere Dinge. Er brauche seine Kräfte dafür, daß sie hier draußen vorwärtskämen. Er nehme sich in acht – er vertue sie nicht in Grübeleien über das, was er für immer verlassen habe. Wie gefährlich es sei, sich in Grübeleien zu vergraben, habe er dieser Tage sehen können, als er einen ausgewanderten Mann auf dem Bett seines Elends habe liegen sehen, wie er ihr erzählt habe.
Ja, sie wisse es ja so gut: Das, worüber sie grüble, lasse sich nie ändern. All ihr Überlegen und Nachsinnen habe doch keinen Zweck – nütze gar nichts.
»Ich kann aber nicht dafür, Karl Oskar . . .«
»Nein, du Liebe, Gute . . .!«
Er setzte sich im Bett hoch: »Ich werde dir mal etwas holen.« Er stand auf, und sie hörte, wie er über den Fußboden ging. Er ging barfuß zur Herdecke hin, sie hörte, wie er sich drüben an der Schweden-Truhe zu schaffen machte. Was wollte er für sie holen? Wollte er Tropfen holen? Glaubte er, daß die Viererlei Tropfen oder Hoffmanns herzstärkende Tropfen ihr hälfen? Sie heilten? In jeder Flasche war wohl noch ein Eßlöffel voll, sie waren sparsam damit umgegangen.
Karl Oskar kam ebenso barfüßig-leise wieder zum Bett zurück. Er hatte etwas in der Hand und gab es seiner Frau. Es waren keine Tropfen, es waren ein Paar kleiner, abgetragener, entzweigegangener Schuhe, ein Paar Kinderschuhe.
Verdutzt nahm sie sie entgegen, verdutzt erkannte sie sie: »Annas alte Stiefel . . .!«
»Ja. Die helfen mir, mich zu erinnern. Wenn ich mich mal etwas sehne.«
»Du meinst, daß . . .?«

»Vielleicht können dir diese Stiefel auch helfen.«
»Lieber Karl Oskar . . .!« Ihre Stimme klang wieder erstickt.
»Du erinnerst dich doch an den Winter, als uns das Mädel starb? Du besinnst dich doch?«
»Ja. Es war der Winter, in dem ich dazu meine Zustimmung gab, daß wir auswanderten. Ich bin wohl manchmal drauf und dran gewesen, es zu bereuen. Ich stehe aber zu meiner Zustimmung. Ich werfe dir nichts vor, Karl Oskar. Du erinnerst dich doch, was ich in der Nacht auf dem Schiff gesagt habe?«
Er erinnerte sich gut, an nichts erinnerte er sich besser: Sie hatte gesagt, daß sie nichts habe, weswegen sie ihn tadeln könne, ihm nichts zu verzeihen habe. Sie seien die besten Freunde. Er erinnerte sich an nichts klarer als an dieses. Denn das war die Nacht, in der er glaubte, sie müsse sterben.
Diesmal ergriff sie seine Hand und hielt sie ganz fest in der ihrigen. Und zwischen ihnen auf der Decke lagen die alten Schuhe, von einem Wanderschuster im heimatlichen Kirchspiel für die Füße ihres Kindes angefertigt – für Anna, die nicht mehr als ein Paar Schuhe verbrauchen konnte, während sie hier auf Erden lebte. Und nun waren diese Stiefel hier in Amerika, und sie stifteten noch Nutzen, sie erinnerten die Eltern der Toten und zeigten ihnen, was sie in der Heimat durchgemacht hatten: Um des Hungers willen war das Leben des Mädchens so kurz gewesen, daß sie nicht mehr als ein Paar Schuhe gebraucht hatte.
Karl Oskar sagte: Hier in Minnesota sei ihr Heim, und hier solle ihr Heim bleiben. Hier hätten sie ihre Kinder und all ihren Besitz um sich herum, alles, was ihnen auf der Welt gehöre. In Schweden besäßen sie keinen Holzlöffel mehr, in Schweden seien sie ohne Wohnung. Hier sei ihr Wohnsitz.
Und wenn Kristina immer noch das Gefühl habe, sich in der Fremde zu befinden, dann wolle er dazu beitragen, daß die Fremde für sie zur Heimat werde: »Ich habe dir schon lange etwas sagen wollen. Du mußt wissen: Einmal werden unsere Kinder es uns danken, daß wir hierher, nach Nordamerika, ausgewandert sind.«

»Meinst du? Glaubst du das?«
»Ich fühle es. Ich weiß es.«
»Das kann sein. So etwas kann man aber niemals wissen.«
»Ich fühle es so wahr und gewiß, Kristina: Unsere Kinder werden ihren Eltern dafür danken, daß wir sie hier in dieses Land gebracht haben, als sie klein waren.«
»Das kann niemand wissen . . .«
Karl Oskar versuchte jedoch, sie es glauben zu machen: Jedesmal, wenn er das Land hierherum betrachte und sich all das vorstelle, was es tragen und ihnen geben könne, sei er dessen gewiß: Die Kinder würden ihren Eltern sehr dankbar sein. Sie müsse auch an die Zeit denken, die komme, an die Zeit, die sie vor sich hätten, an ihre Kinder und Kindeskinder, die einmal kämen, an alle die Glieder in der Familie nach ihnen. Und alle, die hinterher kämen, würden denken und finden und sagen, daß sie und er es an dem Tage, an dem sie von Schweden nach Nordamerika ausgewandert seien, recht getan hätten.
Und bei diesem Gedanken verweile er oft, denn der sei ihm eine gute Hilfe, wenn sein Streben ihm manchmal schwer und endlos erscheine. Er gebe ihm Kraft, wenn er einmal nachlasse. Und könne nicht dieser Gedanke auch ihr zu großem Troste gereichen, wenn sie sich unglücklich fühle?
»Vielleicht hast du recht, Karl Oskar«, sagte sie. »Vielleicht . . . Wir wissen aber nichts von dem Tag, den wir nicht gesehen haben.«
Über etwas anderes hatte Karl Oskar auch nachgedacht, und er wollte es seiner Frau jetzt sagen: Es sei an der Zeit, daß sie ihrem Wohnsitz einen Namen gäben.
Sie hätten jetzt so lange hier gewohnt, einen Herbst, einen Winter und bald einen Frühling, daß sie ihr neugebautes Heim taufen müßten, wo sie nun ein für allemal hier ansässig seien und niemals umziehen würden. An dem Tage im vergangenen Herbst, als sie hier hergezogen seien, habe sie gesagt, daß der Platz an dem See so aussehe wie Duvemåla, daß es hier beinahe ebenso hübsch und herrlich sei wie daheim in Duvemåla. Seitdem habe er mehrmals gedacht: Sie könnten

ihrem Wohnsitz einen Namen nach dem Dorf im Kirchspiel Algutsboda geben, wo ihre Wiege gestanden habe. Und nach dem, was er sie heute abend habe äußern hören, werde er in diesem Gedanken noch mehr bestärkt: Sie wollten ihr neues Heim in dem neuen Lande Duvemåla nennen.

Was sage sie dazu? Was sage sie dazu, daß sie den Namen ihres Elternheims nach hier versetzten?

Kristina freute sich, zum zweiten Male heute abend griff sie nach seiner Hand und behielt sie in der ihrigen: Der Name für ihr Heim sei ein guter Einfall. Sie selbst sei nicht auf den Gedanken gekommen, daß sie den Platz nach ihrem Heimatdorf nennen könnten.

»Duvemåla . . . Wir wohnen nicht mehr am Ki-Chi-Saga. Wir wohnen in Duvemåla. Wie eigenartig es klingt . . .«

Ihre Stimme war klar, nicht mehr erstickt und getrübt.

»Dann ist der Name abgemacht«, sagte Karl Oskar. Und in seiner Stimme war etwas von dem Ernst und der Feierlichkeit eines Taufenden.

Kristina dachte: Von jetzt an würde sie in Duvemåla leben und wohnen. Und sie wolle sich aufs neue vorzustellen versuchen, daß sie hier zu Hause sei.

Das erste Heim am Ki-Chi-Saga im Minnesota Territory hatte seinen Namen erhalten, und das geschah an einem späten Abend im Frühjahr, als die Gatten, die es erbaut hatten, in ihrem Bett wachlagen und miteinander sprachen.

Sie sprachen lange miteinander; die Frau erzählte ihm ganz offen, was sie nach ihren Worten so kindisch vermißte. Sie erwähnte die jetzige Frühjahrshelle daheim, den Rosenstrauch und den Astrachanapfelbaum und die Stachelbeersträucher und alles, was ihr zu dieser Zeit des Abends in den Sinn zu kommen pflegte.

Es ging auf Mitternacht zu, und sie lagen noch wach. Karl Oskar sagte: Nun müßten sie schlafen. Wenn sie nicht bald einschliefen, würden sie morgen früh müde aufstehen. Und der morgige Tag bringe ihnen reichlich Arbeit. Er selbst wolle morgen mit der wichtigsten Arbeit der nächsten Jahre anfan-

gen: Der Wendepflug, den er mit so großer Mühe eigenhändig aus Holz angefertigt habe, sei endlich fertig, und das Ochsengespann stehe bei den Nachbarn am See Genezareth zum Abholen bereit: Er wolle anfangen, das Wiesenland dort draußen auf dem Hang aufzupflügen – den Boden, der ihr guter und tragender und nährender Acker werden solle.
»Weißt du, daß morgen ein großer Gedenktag ist, Kristina?«
»Nein. Ist es nicht ein gewöhnlicher Wochentag?«
»Es ist der vierzehnte April. Der Tag, an dem wir in Karlshamn das Schiff bestiegen haben.«
Morgen war ein Jahr vergangen, seit sie das letztemal den Boden ihres Vaterlandes unter den Füßen gehabt hatten. Morgen wollte er zum erstenmal seinen Pflug in die Erde Amerikas senken.

Karl Oskar schlief gleich tief, Kristina lag noch eine Weile wach. Sie lag in der Nacht da und lauschte den Lauten von dem Bett, das in der entgegengesetzten Ecke der Stube stand – kurzen, schnellen Atemzügen, dem leichten Säuseln vom Atemholen der Kinder im Schlaf. Es erinnerte sie an das, was Karl Oskar ihr heute abend gesagt hatte: Einmal würden ihre Kinder ihren Eltern dafür dankbar sein, daß sie mit ihnen ausgewandert waren, während sie noch klein waren und das Leben vor sich hatten.
Es konnte so kommen, vielleicht hatte er recht. Doch das wußte man nie, darüber konnte kein Mensch etwas wissen, darüber konnte man nichts prophezeien oder voraussagen.
Was sie jedoch voraussagen und sicher und gewiß wissen konnte, war, daß ihre Kinder nicht den Schmerz des Vermissens und der Sehnsucht durchzumachen brauchten, den sie durchmachte und erlitt: Sie trugen nicht ihre Erinnerungen aus der Heimat mit, ihr Gefühl des Vermissens und ihre Sehnsucht konnten sie niemals heimsuchen, keine klaren Bilder aus einem vergangenen Leben in einem anderen Lande konnten aufsteigen und sie quälen. Wenn sie einmal aufgewachsen waren, würden sie von keinem anderen Leben wissen als dem,

das sie hier in ihrem Einwanderungsland lebten. Und deren Kinder ihrerseits würden noch weniger von einem anderen Land wissen. Ihre Kinder und Enkel würden nicht wie sie nach Bäumen und Sträuchern fragen, die sie in einem anderen Lande gepflanzt hatten, sich nicht fragen, ob sie im Frühling aufbrächen und blühten und im Herbst Frucht trügen. Sie würden nie wie sie des Abends wachliegen und ins Dunkel hinausspähen nach einem Land, wo die Abende im Frühling hell waren.

Die, die sie zur Welt gebracht hatte, und die, die von ihnen geboren wurden, würden bereits im Anfang ihres Lebens sagen, was ihre eigene Zunge nicht zu sagen vermochte: *Hier zu Hause* in Amerika – *dort drüben* in Schweden.

Bei diesem Gedanken verweilend und auf die Atemzüge ihrer Kinder lauschend, schlummerte Kristina ein.

Der Brief nach Schweden

Dufwemåla beim Påstamt von Taylors Falls
in Minnesota Teretårry
Northamerica
Den 14. Juni 1851

Zärtlich geliebte Eltern!

Möge es Euch immer wohlergehen, das ist mein täglicher Wunsch.

Vaters lieben Brief haben wir vor langem bekommen, ich sage Dank dafür. Daß ich nicht geschrieben habe, ist eine große Nachlässigkeit von mir. Es war eine große Freude zu hören, daß Ihr lebt und gesund seid, und dasselbe will ich Euch von Eurem Sohn in Northamerica und seiner Familie hören lassen.

Wir haben uns die ganze Zeit sehr anstrengen müssen, aber wir haben mit allem Glück. Auf meinem Land habe ich im Frühjahr fünf Äkker Acker aufgepflügt, ich habe die Erde mit drei Bussels Roggen und zwei Bussels Gerste besät. Dazu habe ich vier Bussels Kartoffeln gesetzt. Der amerikanische Scheffel ist ein halbmal größer als der schwedische. Alles auf dem Acker wächst und gedeiht, so daß es eine Freude ist, es anzusehen.

Könntet Ihr wohl Kristinas Eltern bitten, uns Kerne des Astrachanapfels in Dufwemåla zu schicken? Wir wollten hier in Minnesota einen neuen Astrachanapfelbaum pflanzen, damit wir dieselbe Sorte Äpfel bekommen. Die Äpfel zu Hause hatten einen so frischen Geschmack, wie wir uns gut erinnern. Und wir hätten gleichsam etwas nach hier versetzt. Schweden besitzt gute Apfelkerne, und hier draußen ist guter Boden zum Keimen und Wachsen. Da kann es mit dem Willen des Allmächtigen wohl ein großer Baum werden, der einmal hier draußen in Blüte stehen wird.

Wie Ihr aus diesem Brief erseht, trägt unser Wohnort jetzt den

Namen Dufwemåla. Diesen Namen hat Kristina lieb, wie Ihr Euch vorstellen könnt; hier wird es bald für sie so sein wie im Elternhaus. Wir haben bereits Sommer und warmes Wetter. Ich bekomme schweißige Hände, während ich dieses schreibe. Der Schweiß läuft aufs Papier. Ich habe nichts Ausführliches zu schreiben. Bei uns ist nichts vorgefallen.
Es sind lange Zwischenräume zwischen meinen Briefen, aber sie werden nicht ausbleiben. Ich lebe in der Ferne, doch es ist kein Tag zu Ende gegangen, ohne daß ich an die liebe Heimat und Euch, meine teuren Eltern, gedacht habe. Euer Sohn vergißt seine Heimat nie. Seid so gut und entschuldigt meine schlechte Schrift.

Eilig niedergeschrieben von
Eurem Euch liebenden Sohn
Karl Oskar Nilsson